I0358299

www.ingramcontent.com/pod-product-compliance
Lightning Source LLC
Chambersburg PA
CBHW081101070526
44583CB00019B/2513

شاهنامه

حکیم ابوالقاسم فردوسی

جلد اول از دوره سه جلدی

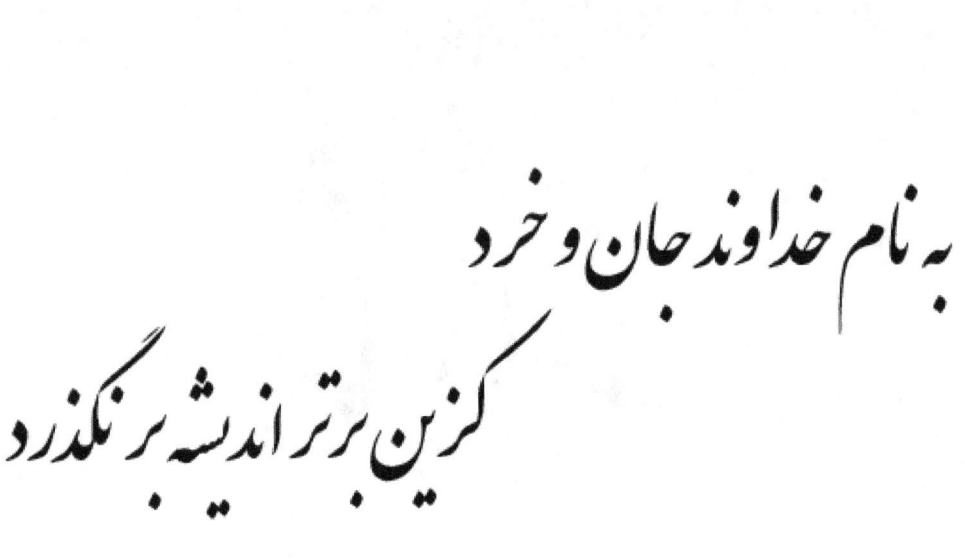

به نام خداوند جان و خرد
کزین برتر اندیشه برنگذرد

عنوان کتاب: شاهنامه جلد ۱ از ۳

اثر: حکیم ابوالقاسم فردوسی

ناشر: موسسه راه مولانا - ونکوور - کانادا

کد مدرک آموزشی: RPI-OT-۰۰۲

شابک:
جلد اول: ۹۷۸-۱-۷۷۸۹۹-۰۴۵-۸
جلد دوم: ۹۷۸-۱-۷۷۸۹۹-۰۴۶-۵
جلد سوم : ۹۷۸-۱-۷۷۸۹۹-۰۴۷-۲

محل چاپ: شبکه بین المللی در بیش از چهل هزار کتابفروشی در بیش از ۱۱۷ کشور جهان

ثبت: در کتابخانه مرکزی - آتاوا - کانادا

Shahnameh

دوست دارد یار این آشفتگی   کوشش بیهوده به از خفتگی

پیشگفتار

پروردگار یکتا را بی‌پایان سپاس می‌گوییم که توفیق یافتیم موسسه راه مولانا را به همراه جمعی از عاشقان طریقت عشق الهی در شهر ونکوور، کانادا پایه‌گذاری کنیم.

در راستای جهش به سوی تحولی بنیادین و تغییر نگرش‌ها در عرصه آموزش و بازنگری برنامه‌های پرورشی، موفق شدیم با تکیه بر مبانی عرفان نظری (مولویه) و با توجه به چهارچوب برنامه درسی موسسه، فعالیت خود را آغاز کنیم. این برنامه‌ها، فارغ از هرگونه مسائل سیاسی، اجتماعی، ملی، منطقه‌ای و بین‌المللی، تنها بر محتوای کتاب‌ها و منابع موجود به زبان‌های مختلف متمرکز است و ترجمه آن‌ها به زبان فارسی و بازتولید محتوای دروس آموزشی موسسه را هدف قرار داده است. در این مسیر، تلاش کردیم تا سازماندهی و طرح درسی بسته آموزشی موسسه را به فرجام برسانیم.

سری کتاب‌های درسی موسسه راه مولانا از کلاس اول دبستان آغاز و تا دوازدهم ادامه می‌یابد و پس از آن با سایر انتشارات و کتاب‌های رده بالاتر تکمیل می‌شود.

این مجموعه کتاب‌ها مختص به زمان و مکان خاصی نیست و برای هر فردی که علاقه‌مند به یادگیری زبان فارسی و قرارگیری در مسیر طریقت عشق الهی می‌باشد، طراحی شده است. هدف ما این است که به همراه آموزش این زبان شیرین، مفاهیم عرفان نظری (مولویه) را نیز به فراگیران ارائه دهیم. از این طریق، آنان می‌توانند با مطالعه کتب مهمی همچون مثنوی معنوی (مولانا)، دیوان شمس و سایر کتب مرتبط به زبان فارسی، با طریقت عشق الهی آشنا شده و در این مسیر گام بردارند. لذا به جای درج تاریخ انتشار بر روی جلد کتاب، شماره نگارش و کد آموزشی مدرک مربوطه درج می‌شود.

این بدان معناست که محتوای این مجموعه کتاب‌ها با گذشت زمان تغییر نخواهد کرد و فردی که ده‌ها و یا صدها سال بعد در هر نقطه‌ای از جهان، وارد عرصه وجود شود، قادر خواهد بود از این سری آموزشی دوازده‌گانه و دوره‌های عالی پس از آن برای یادگیری زبان فارسی، آشنایی با مفاهیم عرفان نظری (مولویه)، مطالعه مثنوی معنوی و دیگر کتاب‌های منتشره موسسه راه مولانا بهره‌برداری نماید.

برای پویاتر کردن آموزش و عمق‌بخشی به آموخته‌ها، توصیه می‌شود از روش‌های فعال، مشارکتی و همیاری استفاده شود تا دانش‌آموزان، دانشجویان و پژوهشگران در فرآیند یاددهی-یادگیری نقش مؤثرتری ایفا کنند و استعدادهای خود را شکوفا سازند.

لازم به ذکر است که برای تهیه این سری آموزشی از منابع مختلف در ادوار مختلف تاریخ استفاده شده و محتوای آن‌ها مطابق با مسیر ذکر شده در بالا بازنگری و تنظیم گردیده است.

امیدواریم آموزش از طریق این برنامه‌ها، سبب شکوفایی فردیت و دستیابی به شادمانی جاودانه گردد.

موسسه راه مولانا
ونکوور - کانادا

www.rumispath.com

فهرست

آغاز کتاب...... ۱
آغاز کتاب...... ۲
گفتار اندر آفرینش جهان...... ۳
گفتار اندر ستایش خرد...... ۳
گفتار اندر آفرینش مردمان...... ۴
گفتار اندر آفرینش آفتاب...... ۵
گفتار اندر آفرینش ماه...... ۶
گفتار اندر ستایش پیغمبر...... ۶
گفتار اندر فراهم آمدن شاهنامه...... ۸
داستان دقیقی شاعر...... ۹
ستایش انوشه روان امیر منصور...... ۱۰
گفتار اندر ستایش سلطان محمود...... ۱۱
کیومرس...... ۱۳
کیومرس...... ۱۴
هوشنگ...... ۱۷
پادشاهینگ...... ۱۸
تهمورس...... ۲۱
پادشاهی تهمورس...... ۲۲
جمشید...... ۲۵
پادشاهی جمشید...... ۲۶
داستان مرداس...... ۲۹
ضحاک...... ۳۵
پادشاهی ضحاک...... ۳۶
خواب دیدن ضحاک...... ۳۷

أ

زادن فریدون از مادر	40
پژوهش فریدون از فرانک درباره نژاد	41
داستان کاوه آهنگر با ضحاک	43
آهنگ جنگ فریدون با ضحاک	46

فریدون 55

آغاز داستان	56
فرستادن فریدون، جندل را به یمن	58
پاسخ دادن شاه یمن، جندل را	60
رفتن پسران فریدون نزد شاه یمن	62
بخش کردن فریدون جهان را بر پسران	63
رشک بردن سلم، بر ایرج	63
سخن گفتن فریدون با ایرج در باره کردار سلم و تور	67
نامه نوشتن فریدون به سلم و تور	69
رفتن ایرج بانامه پدر نزد برادران	70
کشتن برادران، ایرج را	71
آوردن تابوت ایرج به نزد فریدون	72
زادن منوچهر از مادر	74
آگاه شدن سلم و تور از پادشاهی منوچهر فرستادن پیام به نزد فریدون	76
آهنگ رزم منوچهر با سلو و تور	81
نبرد منوچهر با سلم و تور	82
نامه منوچهر به نزد فریدون	85
درگذشتن فریدون	90

منوچهر 91

پادشاهی منوچهر	92

زال و رودابه 95

داستان زال و رودابه	96
پناه دادن سیمرغ، زال را	97
آگاه شدن سام نریمان، از زال	98

100	آگاه شدن منوچهر از کار سام و زال
105	رفتن زال به سوی کابل
106	دل باختن زال به رودابه
107	مهر پیوستن رودابه به زال
110	رفتن کنیزکان رودابه به دیدن زال زر
113	بازگشتن کنیزکان به نزد رودابه
116	رای زدن زال با موبدان در کار رودابه
118	نامه زال به نزدیک سام
119	رای زدن سام با موبدان در کار زال
121	آگاه شدن سیندخت از شیفتگی زال و رودابه
124	آگاه شدن مهراب از کار رودابه
126	آگاه شدن منوچهر از کار زال
127	رسین سام به نزد منوچهر
130	رفتن سام به جنگ مهراب
132	نامه سام نزد منوچهر شاه
135	خشم گرفتن مهراب بر سیندخت
136	رفتن سیندخت به نزد سام
140	رسیدن زال با نامه سام به نزد منوچهر
141	آزمودن موبدان، زال را
141	پرسیدن منوچهر، اختر زال را از اخترماران
144	هنر نمودن زال در میدان
145	پاسخ منوچهر به سام
147	رسیدن زال به سام
148	گواه گیران رودابه و زال
150	رستم
151	رستم‌زاد
153	آمدن سام به دیدن رستم
156	اندرز کردن منوچهر

نوذر	۱۵۹
پادشاهی نوذر	۱۶۰
نامه نوشتن نوذر به نزدیک سام	۱۶۰
آگاهی یافتن پشنگ از مرگ منوچهر	۱۶۲
آمدن افراسیاب به ایران‌زمین	۱۶۴
رزم نخستین افراسیاب	۱۶۵
دیگر میدان رزم	۱۶۹
افراسیاب	۱۷۳
گرفتار شدن نوذر بر دست افراسیاب	۱۷۴
نبرد قارو و ویسه، و گریختن ویسه	۱۷۵
لشکرکشی شماساس و خزروان به سیستان	۱۷۶
رسیدن زال به یاری مهراب	۱۷۷
پادشاهی افراسیاب اندر ایران‌زمین	۱۸۰
کشتن افراسیاب، اغریث نیک‌پی را	۱۸۲
زو تهماسپ	۱۸۵
پادشاهی زو تهماسپ	۱۸۶
گرشاسپ	۱۸۹
پادشاهی گرشاسپ	۱۹۰
لشکر کشیدن افراسیاب به ایران	۱۹۰
سخن گفتن زال با رستم و جواب دادن زال را رستم	۱۹۱
گرفتن رستم، رخش را	۱۹۲
آوردن رستم، کیقباد را از البرز کوه	۱۹۴
لشکر کشیدن زال سوی افراسیاب	۱۹۴
کیقباد	۱۹۹
پادشاهی کیقباد	۲۰۰
نخستین نبرد رستم با اسفندیار	۲۰۱
گریختن افراسیاب نزد پدرش، پشنگ	۲۰۲
آشتی خواستن پشنگ از کیقباد	۲۰۴

کی کاووس	209
پادشاهی کاووس، آمدن رامشگری از مازندران نزد کاووس	210
پند دادن زال مر کاووس را	213
لشکر کشیدن کیکاووس به مازندران	215
پیام کاووس به نزد زال	218
هفتخوان رستم	221
هفت خوان رستم	222
خوان نخست، گذر از بیابان خشک	223
خوان دویم، کشتن رخش، شیر را	223
خوان سیوم، رزم رستم با اژدها	225
خوان چهارم، زن جادو	227
خوان پنجم، گرفتار شدن اولاد بر دست رستم	228
خوان ششم، رسیدن رستم به نزد کاووس و ایرانیان	231
خوان هفتم، رزم رستم با دیو سپید	234
نامه کیکاووس به شاه مازندران	236
رفتن رستم به نزد شاه مازندران	238
نبرد کاووس با شاه مازندران	241
باز آمدن کاووس به شهر ایران و رفتن رستم به سیستان	245
بخشیدن کاووس مازندران را به اولاد	245
گشتن کاووس بر گرد جهان	247
رزم کاووس با شاه هاماوران	248
بزن خواستن کاووس، سودابه دختر شاه هاماوران را	249
به بند افکندن شاه هاماوران، کاووس را	251
آمدن تورانیان و تازیان به ایران	254
یاری خواستن ایرانیان از رستم	254
رزم رستم با سه شاه و گشادن کاووس را از بند	257
نامه کاووس به افراسیاب	259
آراستن کاووس، جهان را	260

پرواز کاووس بر آسمان	۲۶۱
آوردن پهلوانان، کاووس را	۲۶۳
نبرد هفت پهلوان	۲۶۴
آگاه شدن افراسیاب از آمدن پهلوانان ایران به نخچیرگاه	۲۶۶
گریختن افراسیاب از رزمگاه	۲۷۰
رستم و سهراب	۲۷۳
آغاز داستان	۲۷۴
داستان رستم و سهراب	۲۷۴
رسیدن رستم به شهر سمنگان	۲۷۵
آمدن تهمینه دخت شاه سمنگان ببالین رستم	۲۷۶
زادن سهراب از مادر	۲۷۸
فرستادن افراسیاب، هومان و بارمان را به نزد سهراب	۲۷۹
آمدن سهراب به ایران و گرفتن دژ سپید را	۲۸۰
رزم سهراب با گرد آفرید	۲۸۲
نامه گژدهم به کیکاووس	۲۸۵
نامه کیکاووس به رستم زال	۲۸۶
خشم گرفتن کاووس بر رستم	۲۸۸
رایزنی در انجمن مهیستان ایران	۲۹۰
لشکر کشیدن کاووس بجنگ سهراب	۲۹۲
کشته شدن ژنده رزم، بر دست رستم	۲۹۳
نشان جستن سهراب از هجیر	۲۹۵
رزم رستم و سهراب	۳۰۱
بازگشتن رستم و سهراب به لشکرگاه	۳۰۳
کشتی گرفتن رستم با سهراب	۳۰۵
کشته شدن سهراب به دست رستم	۳۰۸
سیاوش	۳۱۵
داستان سیاوش	۳۱۶
بردن رستم سیاوش را به سیستان و پروریدن وی را	۳۱۸

۳۱۹	باز آمدن سیاوش از زابلستان
۳۲۱	شیفته شدن سودابه بر سیاوش
۳۲۲	رفتن سیاوش به شبستان کاووس
۳۲۵	رفتن سیاوش به شبستان دو دیگر بار
۳۲۸	رفتن سیاوش به شبستان سدیگر بار
۳۳۴	گذشتن سیاوش بر آتش
۳۳۷	تاختن افراسیاب به ایران
۳۳۹	آراستن سیاوش، سپاه خود را
۳۴۰	لشکر کشیدن سیاوس بسوی افراسیاب
۳۴۱	نامه سیاوش به کاووس
۳۴۲	خواب دیدن افراسیاب
۳۴۷	رسیدن گرسیوز به نزد سیاوش
۳۵۰	نامه سیاوش به نزد کاووس و رفتن رستم
۳۵۳	پاسخ نامه کاووس به نزد سیاوش
۳۵۷	رفتن زنگنه شاروان و بردن گروگانان به نزد افراسیاب
۳۵۹	نامه افراسیاب به سیاوش
۳۶۰	نامه سیاوش به کاووس و رفتن به نزد افراسیاب
۳۶۵	هنر نمودن سیاوش پیش افراسیاب
۳۶۸	گفتار پیران با سیاوش
۳۷۲	پیوند کردن سیاوش با افراسیاب
۳۷۴	دادن افراسیاب کشوری را به سیاوش
۳۷۶	صفت کنگ دز سیاوش به ترکستان
۳۸۰	ساختن سیاوش، سیاوشکرد را
۳۸۳	رفتن گرسیوز به نزد سیاوش
۳۹۰	رفتن گرسیوز به نزد سیاوش دیگر بار
۳۹۴	نامه سیاوش به افراسیاب
۳۹۵	خواب دیدن سیاوش
۳۹۸	بهم رسیدن افراسیاب و سیاوش

کشته شدن سیاوش	402
آگاهانیدن پیلسم، پیران ویسه را	403
اندر زادن کیخسرو از مادر	406
سپردن پیران، کیخسرو را به شبانان	407
آگاهی یافتن ایرانیان از کشته شدن سیاوش	412
رفتن رستم به نزد کیکاووس و کشتن سودابه را	412
لشکر کشیدن ایرانیان به کین سیاوش	414
آگاهی یافتن افراسیاب از سپاه ایران	416
آگاهی یافتن افراسیاب از کشته شدن سرخه	418
پادشاهی رستم در توران زمین	424
بازگشتن رستم به ایران و افراسیاب به توران	427
خواب دیدن گودرز، سروش را	428
رفتن گیو به ترکستان به جستن شاه کیخسرو	430
یافتن گیو، کیخسرو را	431
گرفتن کیخسرو، شبرنگ بهزاد را	434
آگاه شدن پیران از گریختن کیخسرو و فرنگیس	437
رفتن پیران در پی شاه کیخسرو و رزم	439
آگاه شدن افراسیاب از گریختن کیخسرو و گیو و فرنگیس	442
گفتگوی گیو با بازبان	444
رسیدن کیخسرو به ایران زمین	447
رسیدن کیخسرو به نزدیک تخت کاووس کی	448
رفتن توس و فریبرز به دژ بهمن	452
رفتن کیخسرو و گودرز به دژ بهمن	453
باز آمدن کیخسرو به پیروزی	455
بر تخت نشاندن کاووس خسرو را	456
پادشاهی کیخسرو	459
آغاز داستان	460
آمدن زال و رستم به دیدن کیخسرو	460

گردیدن کیخسرو گرد پادشاهی خود	462
پیمان بستن کیخسرو با کاووس در جنگ افراسیاب	463
شمردن کیخسرو پهلوانان را و گنج بخشیدن ایشان را	465
آراستن کیخسرو لشکر خود را	470
گفتار اندر رزم فرود سیاوشان	474
رزم فرود با ریونیز و کشته شدن ریونیز	483
رزم فرود با زرسپ	484
رزم فرود با توس	485
رزم فرود با گیو	487
رزم فرود با بیژن	489
اندر خواب دیدن جریره مادر فرود	490
رزم فرود با ایرانیان و کشته شدن فرود	491
رزم بیژن با پلاشان	494
نامه کیخسرو به فریبرز کاووس	504
نشستن فریبرز کاووس به جای توس نوذران	507
رفتن گیو و بیژن از پس بهرام	516
گریختن ایران سپاه از پیران ویسه	518
داستان کاموس کشانی	521
داستان کاموس کشانی	522
بخشیدن خسرو گناه توس و ایرانیان را	524
پیغام پیران به لشکر ایران	526
فرستادن خسرو توس را به توران	526
نبرد توس با هومان ویسه	529
پناه گرفتن ایرانیان در کوه هماون	538
تاختن ایرانیان بر تورانیان	542
آگاهی یافتن کیخسرو از کار سپاه	545
اندر خواب دیدن توس نوذر سیاوش را	547
فرستادن افراسیاب خاقان چین و کلموس را به یاری توران	549

آمدن خاقان چین به هماون	۵۵۱
آگاه شدن توس از آمدن سپاه ایران	۵۵۵
رفتن خاقان چین به دیدن لشکر ایران	۵۵۵
رسیدن فریبرز کاووس به کوه هماون	۵۵۷
رای زدن پیران با خاقان چین	۵۵۹
رسیدن رستم به نزدیک ایرانیان	۵۶۳
لشکر آراستن تورانیان و ایرانیان	۵۶۵
رزم رستم با اشکبوس	۵۶۸
پرسیدن پیران از آمدن رستم	۵۷۱
کشته شدن الوای زابلی بر دست کاموس	۵۷۳
نبرد رستم با کاموس کشانی	۵۷۵
داستان خاقان چین	۵۷۷
خبر یافتن خاقان از کشته شدن کاموس	۵۷۸
رزم چنگش با رستم	۵۷۹
فرستادن خاقان هومان را نزد رستم	۵۸۰
رای زدن پیران با هومان و خاقان	۵۸۳
سخن گفتن رستم با لشکر خویش	۵۹۰
لشکر آراستن ایرانیان و تورانیان	۵۹۳
نبرد رستم با ساوه شاه و و گهار گهانی و کشته شدن هر دو بر دست رستم	۵۹۹
نامه رستم زال به کیخسرو	۶۰۸
آگاهی یافتن افراسیاب از کار لشکر	۶۱۱
رای زدن افراسیاب با بزرگان توران در کار جنگ	۶۱۱
نامه افراسیاب به پولادوند	۶۱۹
رزم رستم زال با پولادوند	۶۲۱
داستان اکوان دیو	**۶۳۱**
آغاز داستان	۶۳۲
جستن رستم اکوان دیو را	۶۳۳
انداختن اکوان دیو رستم را به دریا	۶۳۴
کشته شدن اکوان دیو بر دست رستم	۶۳۷

آغاز کتاب

به نام خداوند جان و خرد
کزین برتر اندیشه برنگذرد
خداوند نام و خداوند جای
خداوند روزی ده رهنمای
خداوند کیوان و گردان سپهر
فروزنده ماه و ناهید و مهر
ز نام و نشان و گمان برترست
نگارنده‌ی بر شده پیکرست
به بینندگان آفریننده را
نبینی مرنجان دو بیننده را
نیابد بدو نیز اندیشه راه
که او برتر از نام و از جایگاه
سخن هر چه زین گوهران بگذرد
نیابد بدو راه جان و خرد
خرد گر سخن برگزیند همی
همان را گزیند که بیند همی
ستودن نداند کس او را چو هست
میان بندگی را ببایدت بست
خرد را و جان را همی سنجد اوی
در اندیشه‌ی سخته کی گنجد اوی
بدین آلت رای و جان و زبان
ستود آفریننده را کی توان
به هستیش باید که خستو شوی
ز گفتار بی‌کار یکسو شوی
پرستنده باشی و جوینده راه
به ژرفی به فرمانش کردن نگاه
توانا بود هر که دانا بود
ز دانش دل پیر برنا بود
از این پرده برتر سخن‌گاه نیست
ز هستی مر اندیشه را راه نیست

گفتار اندر ستایش خرد

کنون ای خردمند وصف خرد — بدین جایگه گفتن اندرخورد
کنون تا چه داری بیار از خرد — که گوش نیوشنده زو برخورد
خرد بهتر از هر چه ایزد بداد — ستایش خرد را به از راه داد
خرد رهنمای و خرد دلگشای — خرد دست گیرد به هر دو سرای
ازو شادمانی وزویت غمیست — وزویت فزونی وزویت کمیست
خرد تیره و مرد روشن روان — نباشد همی شادمان یک زمان
چه گفت آن خردمند مرد خرد — که دانا ز گفتار از برخورد
کسی کو خرد را ندارد ز پیش — دلش گردد از کرده‌ی خویش ریش
هشیوار دیوانه خواند ورا — همان خویش بیگانه داند ورا
ازویی به هر دو سرای ارجمند — گسسته خرد پای دارد ببند
خرد چشم جانست چون بنگری — تو بی‌چشم شادان جهان نسپری
نخست آفرینش خرد را شناس — نگهبان جانست و آن سه پاس
سه پاس تو چشم است وگوش و زبان — کزین سه رسد نیک و بد بی‌گمان
خرد را و جان را که یارد ستود — و گر من ستایم که یارد شنود

گفتار اندر آفرینش جهان

حکیما چو کس نیست گفتن چه سود — ازین پس بگو کافرینش چه بود
تویی کرده‌ی کردگار جهان — ببینی همی آشکار و نهان
به گفتار دانندگان راه جوی — به گیتی بپوی و به هر کس بگوی
ز هر دانشی چون سخن بشنوی — از آموختن یک زمان نغنوی
چو دیدار یابی به شاخ سخن — بدانی که دانش نیابد به من
از آغاز باید که دانی درست — سر مایه‌ی گوهران از نخست

که یزدان ز ناچیز چیز آفرید	بدان تا توانایی آرد پدید
سرمایه‌ی گوهران این چهار	برآورده بی‌رنج و بی‌روزگار
یکی آتشی برشده تابناک	میان آب و باد از بر تیره خاک
نخستین که آتش به جنبش دمید	ز گرمیش پس خشکی آمد پدید
وزان پس ز آرام سردی نمود	ز سردی همان باز تری فزود
چو این چار گوهر به جای آمدند	ز بهر سپنجی سرای آمدند
گهرها یک اندر دگر ساخته	ز هرگونه گردن برافراخته
پدید آمد این گنبد تیزرو	شگفتی نماینده‌ی نوبه‌نو
ابرده و دو هفت شد کدخدای	گرفتند هر یک سزاوار جای
در بخشش و دادن آمد پدید	ببخشید دانا چنان چون سزید
فلکها یک اندر دگر بسته شد	بجنبید چون کار پیوسته شد
چو دریا و چون کوه و چون دشت و راغ	زمین شد به کردار روشن چراغ
ببالید کوه آبها بر دمید	سر رستنی سوی بالا کشید
زمین را بلندی نبد جایگاه	یکی مرکزی تیره بود و سیاه
ستاره برو بر شگفتی نمود	به خاک اندرون روشنائی فزود
همی بر شد آتش فرود آمد آب	همی گشت گرد زمین آفتاب
گیا رست با چند گونه درخت	به زیر اندر آمد سرانشان ز بخت
ببالد ندارد جز این نیرویی	نپوید چو پیوندگان هر سویی

گفتار اندر آفرینش مردمان

وزان پس چو جنبنده آمد پدید	همه رستنی زیر خویش آورید
خور و خواب و آرام جوید همی	وزان زندگی کام جوید همی
نه گویا زبان و نه جویا خرد	ز خاک و ز خاشاک تن پرورد
نداند بد و نیک فرجام کار	نخواهد ازو بندگی کردگار
چو دانا توانا بد و دادگر	از ایرا نکرد ایچ پنهان هنر
چنینست فرجام کار جهان	نداند کسی آشکار و نهان

چو زین بگذری مردم آمد پدید   شد این بندها را سراسر کلید
سرش راست بر شد چو سرو بلند   به گفتار خوب و خرد کاربند
پذیرنده‌ی هوش و رای و خرد   مر او را دد و دام فرمان برد
ز راه خرد بنگری اندکی   که مردم به معنی چه باشد یکی
مگر مردمی خیره خوانی همی   جز این را نشانی ندانی همی
ترا از دو گیتی برآورده‌اند   به چندین میانچی بپرورده‌اند
نخستین فطرت پسین شمار   تویی خویشتن را به بازی مدار
شنیدم ز دانا دگرگونه زین   چه دانیم راز جهان آفرین
نگه کن سرانجام خود را ببین   چو کاری بیابی ازین به گزین
به رنج اندر آری تنت را رواست   که خود رنج بردن به دانش سزاست
چو خواهی که یابی ز هر بد رها   سر اندر نیاری به دام بلا
نگه کن بدین گنبد تیزگرد   که درمان ازویست و زویست درد
نه گشت زمانه بفرسایدش   نه آن رنج و تیمار بگزایدش
نه از جنبش آرام گیرد همی   نه چون ما تباهی پذیرد همی
ازو دان فزونی ازو هم شمار   بد و نیک نزدیک او آشکار

گفتار اندر آفرینش آفتاب

ز یاقوت سرخست چرخ کبود   نه از آب و گرد و نه از باد و دود
به چندین فروغ و به چندین چراغ   بیاراسته چون به نوروز باغ
روان اندرو گوهر دلفروز   کزو روشنایی گرفتست روز
ز خاور برآید سوی باختر   نباشد ازین یک روش راست‌تر
ایا آنکه تو آفتابی همی   چه بودت که بر من نتابی همی

گفتار اندر آفرینش ماه

چراغست مر تیره شب را بسیچ به بد تا توانی تو هرگز مپیچ
چو سی روز گردش بپیمایدا شود تیره گیتی بدو روشنا
پدید آید آنگاه باریک و زرد چو پشت کسی کو غم عشق خورد
چو بیننده دیدارش از دور دید هم اندر زمان او شود ناپدید
دگر شب نمایش کند بیشتر ترا روشنایی دهد بیشتر
به دو هفته گردد تمام و درست بدان باز گردد که بود از نخست
بود هر شبانگاه باریکتر به خورشید تابنده نزدیکتر
بدینسان نهادش خداوند داد بود تا بود هم بدین یک نهاد

گفتار اندر ستایش پیغمبر

ترا دانش و دین رهاند درست در رستگاری ببایدت جست
وگر دل نخواهی که باشد نژند نخواهی که دایم بوی مستمند
به گفتار پیغمبرت راه جوی دل از تیرگیها بدین آب شوی
چه گفت آن خداوند تنزیل و وحی خداوند امر و خداوند نهی
که خورشید بعد از رسولان مه نتابید بر کس ز بوبکر به
عمر کرد اسلام را آشکار بیاراست گیتی چو باغ بهار
پس از هر دوان بود عثمان گزین خداوند شرم و خداوند دین
چهارم علی بود جفت بتول که او را به خوبی ستاید رسول
که من شهر علمم علیم در ست درست این سخن قول پیغمبرست
گواهی دهم کاین سخنها ز اوست تو گویی دو گوشم پرآواز اوست
علی را چنین گفت و دیگر همین کزیشان قوی شد به هر گونه دین
نبی آفتاب و صحابان چو ماه به هم بستهٔ یکدگر راست راه

منم بنده‌ی اهل بیت نبی	ستاینده‌ی خاک و پای وصی
حکیم این جهان را چو دریا نهاد	برانگیخته موج ازو تندباد
چو هفتاد کشتی برو ساخته	همه بادبانها برافراخته
یکی پهن کشتی بسان عروس	بیاراسته همچو چشم خروس
محمد بدو اندرون با علی	همان اهل بیت نبی و ولی
خردمند کز دور دریا بدید	کرانه نه پیدا و بن ناپدید
بدانست کو موج خواهد زدن	کس از غرق بیرون نخواهد شدن
به دل گفت اگر با نبی و وصی	شوم غرقه دارم دو یار وفی
همانا که باشد مرا دستگیر	خداوند تاج و لوا و سریر
خداوند جوی می و انگبین	همان چشمه‌ی شیر و ماء معین
اگر چشم داری به دیگر سرای	به نزد نبی و علی گیر جای
گرت زین بد آید گناه منست	چنین است و این دین و راه منست
برین زادم و هم برین بگذرم	چنان دان که خاک پی حیدرم
دلت گر به راه خطا مایلست	ترا دشمن اندر جهان خود دلست
نباشد جز از بی‌پدر دشمنش	که یزدان به آتش بسوزد تنش
هر آنکس که در جانش بغض علیست	ازو زارتر در جهان زار کیست
نگر تا نداری به بازی جهان	نه برگردی از نیک پی همرهان
همه نیکی‌ات باید آغاز کرد	چو با نیکنامان بوی همنورد
از این در سخن چند رانم همی	همانا کرانش ندانم همی
سخن هر چه گویم همه گفته‌اند	بر باغ دانش همه رفته‌اند

گفتار اندر فراهم آمدن شاهنامه

اگر بر درخت برومند جای نیابم که از بر شدن نیست پای
کسی کو شود زیر نخل بلند همان سایه زو بازدارد گزند
توانم مگر پایه‌ای ساختن بر شاخ آن سرو سایه فکن
کزین نامور نامه‌ی شهریار به گیتی بمانم یکی یادگار
تو این را دروغ و فسانه مدان به رنگ فسون و بهانه مدان
ازو هر چه اندر خورد با خرد دگر بر ره رمز و معنی برد
یکی نامه بود از گه باستان فراوان بدو اندرون داستان
پراگنده در دست هر موبدی ازو بهره‌ای نزد هر بخردی
یکی پهلوان بود دهقان نژاد دلیر و بزرگ و خردمند و راد
پژوهنده‌ی روزگار نخست گذشته سخنها همه باز جست
ز هر کشوری موبدی سالخورد بیاورد کاین نامه را یاد کرد
بپرسیدشان از کیان جهان وزان نامداران فرخ مهان
که گیتی به آغاز چون داشتند که ایدون به ما خوار بگذاشتند
چه گونه سرآمد به نیک اختری برایشان همه روز کند آوری
بگفتند پیشش یکایک مهان سخنهای شاهان و گشت جهان
چو بنشنید ازیشان سپهبد سخن یکی نامور نافه افکند بن
چنین یادگاری شد اندر جهان برو آفرین از کهان و مهان

داستان دقیقی شاعر

چو از دفتر این داستانها بسی
همی خواند خواننده بر هر کسی

جهان دل نهاده بدین داستان
همان بخردان نیز و هم راستان

جوانی بیامد گشاده زبان
سخن گفتن خوب و طبع روان

به شعر آرم این نامه را گفت من
ازو شادمان شد دل انجمن

جوانیش را خوی بد یار بود
ابا بد همیشه به پیکار بود

برو تاختن کرد ناگاه مرگ
نهادش به سر بر یکی تیره ترگ

بدان خوی بد جان شیرین بداد
نبد از جوانیش یک روز شاد

یکایک ازو بخت برگشته شد
به دست یکی بنده بر کشته شد

برفت او و این نامه ناگفته ماند
چنان بخت بیدار او خفته ماند

الهی عفو کن گناه ورا
بیفزای در حشر جاه ورا

دل روشن من چو برگشت ازوی
سوی تخت شاه جهان کرد روی

که این نامه را دست پیش آورم
ز دفتر به گفتار خویش آورم

بپرسیدم از هر کسی بیشمار
بترسیدم از گردش روزگار

مگر خود درنگم نباشد بسی
بباید سپردن به دیگر کسی

و دیگر که گنجم وفادار نیست
همین رنج را کس خریدار نیست

برین گونه یک چند بگذاشتم
سخن را نهفته همی داشتم

سراسر زمانه پر از جنگ بود
به جویندگان بر جهان تنگ بود

ز نیکو سخن به چه اندر جهان
به نزد سخن سنج فرخ مهان

اگر نامدی این سخن از خدای
نبی کی بدی نزد ما رهنمای

به شهرم یکی مهربان دوست بود
تو گفتی که با من به یک پوست بود

مرا گفت خوب آمد این رای تو
به نیکی گراید همی پای تو

نبشته من این نامه‌ی پهلوی
به پیش تو آرم مگر نغنوی

گشتاده زبان و جوانیت هست
سخن گفتن پهلوانیت هست

شو این نامه‌ی خسروان بازگوی
بدین جوی نزد مهان آبروی

چو آورد این نامه نزدیک من	برافروخت این جان تاریک من

ستایش انوشه‌روان امیر منصور

بدین نامه چون دست بردم فراز	یکی پهلوان بود گردنفراز
جوان بود و از گوهر پهلوان	خردمند و بیدار و روشن روان
خداوند رای و خداوند شرم	سخن گفتن خوب و آوای نرم
مرا گفت کز من چه باید همی	که جانت سخن برگراید همی
به چیزی که باشد مرا دسترس	بکوشم نیازت نیارم به کس
همی داشتم چون یکی تازه سیب	که از باد نامد به من بر نهیب
به کیوان رسیدم ز خاک نژند	از آن نیکدل نامدار ارجمند
به چشمش همان خاک و هم سیم و زر	کریمی بدو یافته زیب و فر
سراسر جهان پیش او خوار بود	جوانمرد بود و وفادار بود
چنان نامور گم شد از انجمن	چو در باغ سرو سهی از چمن
نه زو زنده بینم نه مرده نشان	به دست نهنگان مردم کشان
دریغ آن کمربند و آن گردگاه	دریغ آن کیی برز و بالای شاه
گرفتار زو دل شده ناامید	نوان لرز لرزان به کردار بید
یکی پند آن شاه یاد آوریم	ز کژی روان سوی داد آوریم
مرا گفت کاین نامه‌ی شهریار	گرت گفته آید به شاهان سپار
بدین نامه من دست بردم فراز	به نام شهنشاه گردنفراز

گفتار اندر ستایش سلطان محمود

جهان آفرین تا جهان آفرید	چنو مرزبانی نیامد پدید
چو خورشید بر چرخ بنمود تاج	زمین شد به کردار تابنده عاج
چه گویم که خورشید تابان که بود	کزو در جهان روشنایی فزود
ابوالقاسم آن شاه پیروزبخت	نهاد از بر تاج خورشید تخت
ز خاور بیاراست تا باختر	پدید آمد از فر او کان زر
مرا اختر خفته بیدار گشت	به مغز اندر اندیشه بسیار گشت
بدانستم آمد زمان سخن	کنون نو شود روزگار کهن
بر اندیشه‌ی شهریار زمین	بخفتم شبی لب پر از آفرین
دل من چو نور اندر آن تیره شب	نخفته گشاده دل و بسته لب
چنان دید روشن روانم به خواب	که رخشنده شمعی برآمد ز آب
همه روی گیتی شب لاژورد	از آن شمع گشتی چو یاقوت زرد
در و دشت برسان دیبا شدی	یکی تخت پیروزه پیدا شدی
نشسته برو شهریاری چو ماه	یکی تاج بر سر به جای کلاه
رده بر کشیده سپاهش دو میل	به دست چپش هفتصد ژنده پیل
یکی پاک دستور پیشش به پای	بداد و بدین شاه را رهنمای
مرا خیره گشتی سر از فر شاه	وزان ژنده پیلان و چندان سپاه
چو آن چهره‌ی خسروی دیدمی	ازان نامداران بپرسیدمی
که این چرخ و ماهست یا تاج و گاه	ستارست پیش اندرش یا سپاه
یکی گفت کاین شاه روم است و هند	ز قنوج تا پیش دریای سند
به ایران و توران ورا بنده‌اند	به رای و به فرمان او زنده‌اند
بیاراست روی زمین را به داد	بپردخت ازان تاج بر سر نهاد
جهاندار محمود شاه بزرگ	به آبشخور آرد همی میش و گرگ
ز کشمیر تا پیش دریای چین	برو شهریاران کنند آفرین
چو کودک لب از شیر مادر بشست	ز گهواره محمود گوید نخست

نپیچد کسی سر ز فرمان اوی — نیارد گذشتن ز پیمان اوی
تو نیز آفرین کن که گوینده‌ای — بدو نام جاوید جوینده‌ای
چو بیدار گشتم بجستم ز جای — چه مایه شب تیره بودم به پای
بر آن شهریار آفرین خواندم — نبودم درم جان برافشاندم
به دل گفتم این خواب را پاسخ است — که آواز او بر جهان فرخ است
برآن آفرین کو کند آفرین — بر آن بخت بیدار و فرخ زمین
ز فرش جهان شد چو باغ بهار — هوا پر ز ابر و زمین پرنگار
از ابر اندرآمد به هنگام نم — جهان شد به کردار باغ ارم
به ایران همه خوبی از داد اوست — کجا هست مردم همه یاد اوست
به بزم اندرون آسمان سخاست — به رزم اندرون تیز چنگ اژدهاست
به تن ژنده پیل و به جان جبرئیل — به کف ابر بهمن به دل رود نیل
سر بخت بدخواه با خشم اوی — چو دینار خوارست بر چشم اوی
نه کند آوری گیرد از باج و گنج — نه دل تیره دارد ز رزم و ز رنج
هر آنکس که دارد ز پروردگان — از آزاد و از نیکدل بردگان
شهنشاه را سربه‌سر دوستوار — به فرمان ببسته کمر استوار
نخستین برادرش کهتر به سال — که در مردمی کس ندارد همال
ز گیتی پرستنده‌ی فر و نصر — زید شاد در سایه‌ی شاه عصر
کسی کش پدر ناصرالدین بود — سر تخت او تاج پروین بود
و دیگر دلاور سپهدار طوس — که در جنگ بر شیر دارد فسوس
ببخشد درم هر چه یابد ز دهر — همی آفرین یابد از دهر بهر
به یزدان بود خلق را رهنمای — سر شاه خواهد که باشد به جای
جهان بی‌سر و تاج خسرو مباد — همیشه بماناد جاوید و شاد
همیشه تن آباد با تاج و تخت — ز درد و غم آزاد و پیروز بخت
کنون بازگردم به آغاز کار — سوی نامه‌ی نامور شهریار

کیومرس

کیومرس

سخن گوی دهقان چه گوید نخست
که نامی بزرگی به گیتی که جست

که بود آنکه دیهیم بر سر نهاد
ندارد کس آن روزگاران به یاد

مگر کز پدر یاد دارد پسر
بگوید ترا یک به یک در به در

که نام بزرگی که آورد پیش
کرا بود از آن برتران پایه بیش

پژوهنده‌ی نامه‌ی باستان
که از پهلوانان زند داستان

چنین گفت کیین تخت و کلاه
کیومرس آورد و او بود شاه

چو آمد به برج حمل آفتاب
جهان گشت با فر و آیین و آب

بتابید ازآن سان ز برج بره
که گیتی جوان گشت ازآن یکسره

کیومرس شد بر جهان کدخدای
نخستین به کوه اندرون ساخت جای

سر بخت و تختش برآمد به کوه
پلنگینه پوشید خود با گروه

ازو اندر آمد همی پرورش
که پوشیدنی نو بد و نو خورش

به گیتی درون سال سی شاه بود
به خوبی چو خورشید بر گاه بود

همی تافت زو فر شاهنشهی
چو ماه دو هفته ز سرو سهی

دد و دام و هر جانور کش بدید
ز گیتی به نزدیک او آرمید

دوتا می‌شدندی بر تخت او
از آن بر شده فره و بخت او

به رسم نماز آمدندیش پیش
وزو برگرفتند آیین خویش

پسر بد مراورا یکی خوبروی
هنرمند و همچون پدر نامجوی

سیامک بدش نام و فرخنده بود
کیومرس را دل بدو زنده بود

به جانش بر از مهر گریان بدی
ز بیم جداییش بریان بدی

برآمد برین کار یک روزگار
فروزنده شد دولت شهریار

به گیتی نبودش کسی دشمنا
مگر بدکنش ریمن آهرمنا

به رشک اندر آهرمن بدسگال
همی رای زد تا ببالید بال

یکی بچه بودش چو گرگ سترگ
دلاور شده با سپاه بزرگ

جهان شد برآن دیوبچه سیاه
ز بخت سیامک وزآن پایگاه

سپه کرد و نزدیک او راه جست	همی تخت و دیهیم کی شاه جست
همی گفت با هر کسی رای خویش	جهان کرد یکسر پرآوای خویش
کیومرس زین خودکی آگاه بود	که تخت مهی را جز او شاه بود
یکایک بیامد خجسته سروش	بسان پری پلنگینه پوش
بگفتش ورا زین سخن دربه‌در	که دشمن چه سازد همی با پدر
سخن چون به گوش سیامک رسید	ز کردار بدخواه دیو پلید
دل شاه بچه برآمد به جوش	سپاه انجمن کرد و بگشاد گوش
بپوشید تن را به چرم پلنگ	که جوشن نبود و نه آیین جنگ
پذیره شدش دیو را جنگجوی	سپه را چو روی اندر آمد به روی
سیامک بیامد برهنه تنا	برآویخت با پور آهرمنا
بزد چنگ وارونه دیو سیاه	دوتا اندر آورد بالای شاه
فکند آن تن شاهزاده به خاک	به چنگال کردش کمرگاه چاک
سیامک به دست خروزان دیو	تبه گشت و ماند انجمن بی‌خدیو
چو آگه شد از مرگ فرزند شاه	ز تیمار گیتی برو شد سیاه
فرود آمد از تخت ویله کنان	زنان بر سر و موی و رخ را کنان
دو رخساره پر خون و دل سوگوار	دو دیده پر از نم چو ابر بهار
خروشی برآمد ز لشکر به زار	کشیدند صف بر در شهریار
همه جامه‌ها کرده پیروزه رنگ	دو چشم ابر خونین و رخ بادرنگ
دد و مرغ و نخچیر گشته گروه	برفتند ویله کنان سوی کوه
برفتند با سوگواری و درد	ز درگاه کی شاه برخاست گرد
نشستند سالی چنین سوگوار	پیام آمد از داور کردگار
درود آوریدش خجسته سروش	کزین بیش مخروش و بازآر هوش
سپه ساز و برکش به فرمان من	برآور یکی گرد از آن انجمن
از آن بد کنش دیو روی زمین	بپرداز و پردخته کن دل ز کین
کی نامور سر سوی آسمان	برآورد و بدخواست بر بدگمان
بر آن برترین نام یزدانش را	بخواند و بپالود مژگانش را
وزان پس به کین سیامک شتافت	شب و روز آرام و خفتن نیافت
خجسته سیامک یکی پور داشت	که نزد نیا جاه دستور داشت
گرانمایه را نام هوشنگ بود	تو گفتی همه هوش و فرهنگ بود

Shahnameh

به نزد نیا یادگار پدر	نیا پروریده مراو را به بر
نیایش به جای پسر داشتی	جز او بر کسی چشم نگماشتی
چو بنهاد دل کینه و جنگ را	بخواند آن گرانمایه هوشنگ را
همه گفتنیها بدو بازگفت	همه رازها بر گشاد از نهفت
که من لشکری کرد خواهم همی	خروشی برآورد خواهم همی
ترا بود باید همی پیشرو	که من رفتنی‌ام تو سالار نو
پری و پلنگ انجمن کرد و شیر	ز درندگان گرگ و ببر دلیر
سپاهی دد و دام و مرغ و پری	سپهدار پرکین و کندآوری
پس پشت لشکر کیومرس شاه	نبیره به پیش اندرون با سپاه
بیامد سیه دیو با ترس و باک	همی به آسمان بر پراگند خاک
ز هرای درندگان چنگ دیو	شده سست از خشم کیهان دیو
به هم برشکستند هردو گروه	شدند از دد و دام دیوان ستوه
بیازید هوشنگ چون شیر چنگ	جهان کرد بر دیو نستوه تنگ
کشیدش سراپای یکسر دوال	سپهبد برید آن سر بی‌همال
به پای اندر افگند و بسپرد خوار	دریده برو چرم و برگشته کار
چو آمد مر آن کینه را خواستار	سرآمد کیومرس را روزگار
برفت و جهان مردری ماند از وی	نگر تا کرا نزد او آبروی
جهان فریبنده را گرد کرد	ره سود بنمود و خود مایه خورد
جهان سربه‌سر چو فسانست و بس	نماند بد و نیک بر هیچ‌کس

هوشنگ

پادشاهی هوشنگ

جهاندار هوشنگ با رای و داد   به جای نیا تاج بر سر نهاد
بگشت از برش چرخ سالی چهل   پر از هوش مغز و پر از رای دل
چو بنشست بر جایگاه مهی   چنین گفت بر تخت شاهنشهی
که بر هفت کشور منم پادشا   جهاندار پیروز و فرمانروا
به فرمان یزدان پیروزگر   به داد و دهش تنگ بستم کمر
وزان پس جهان یکسر آباد کرد   همه روی گیتی پر از داد کرد
نخستین یکی گوهر آمد به چنگ   به آتش ز آهن جدا کرد سنگ
سر مایه کرد آهن آبگون   کزان سنگ خارا کشیدش برون
یکی روز شاه جهان سوی کوه   گذر کرد با چند کس همگروه
پدید آمد از دور چیزی دراز   سیه رنگ و تیره‌تن و تیزتاز
دوچشم از بر سر چو دو چشمه خون   ز دود دهانش جهان تیره‌گون
نگه کرد هوشنگ باهوش و سنگ   گرفتش یکی سنگ و شد تیزچنگ
به زور کیانی رهانید دست   جهانسوز مار از جهانجوی جست
برآمد به سنگ گران سنگ خرد   همان و همین سنگ بشکست گرد
فروغی پدید آمد از هر دو سنگ   دل سنگ گشت از فروغ آذرنگ
نشد مار کشته ولیکن ز راز   ازین طبع سنگ آتش آمد فراز
جهاندار پیش جهان آفرین   نیایش همی کرد و خواند آفرین
که او را فروغی چنین هدیه داد   همین آتش آنگاه قبله نهاد
بگفتا فروغیست این ایزدی   پرستید باید اگر بخردی
شب آمد برافروخت آتش چو کوه   همان شاه در گرد او با گروه
یکی جشن کرد آن شب و باده خورد   سده نام آن جشن فرخنده کرد
ز هوشنگ ماند این سده یادگار   بسی باد چون او دگر شهریار
کز آباد کردن جهان شاد کرد   جهانی به نیکی ازو یاد کرد
چو بشناخت آهنگری پیشه کرد   از آهنگری اره و تیشه کرد

چو این کرده شد چاره‌ی آب ساخت ز دریای‌ها رودها را بتاخت
به جوی و به رود آبها راه کرد به فرخندگی رنج کوتاه کرد
چراگاه مردم بدان برفزود پراگند پس تخم و کشت و درود
برنجید پس هر کسی نان خویش بورزید و بشناخت سامان خویش
بدان ایزدی جاه و فر کیان ز نخچیر گور و گوزن ژیان
جدا کرد گاو و خر و گوسفند به ورز آورید آنچه بد سودمند
ز پویندگان هر چه مویش نکوست بکشت و به سرشان برآهیخت پوست
چو روباه و قاقم چو سنجاب نرم چهارم سمورست کش موی گرم
برین گونه از چرم پویندگان بپوشید بالای گویندگان
برنجید و گسترد و خورد و سپرد برفت و به جز نام نیکی نبرد
بسی رنج برد اندران روزگار به افسون و اندیشه‌ی بی‌شمار
چو پیش آمدش روزگار بهی ازو مردری ماند تخت مهی
زمانه ندادش زمانی درنگ شد آن هوش هوشنگ بافر و سنگ
نپیوست خواهد جهان با تو مهر نه نیز آشکارا نمایدت چهر

Shahnameh

تهمورس

پادشاهی تهمورس

پسر بد مراو را یکی هوشمند / گرانمایه تهمورس دیوبند
بیامد به تخت پدر بر نشست / به شاهی کمر برمیان بر ببست
همه موبدان را ز لشکر بخواند / به خوبی چه مایه سخنها براند
چنین گفت کامروز تخت و کلاه / مرا زیبد این تاج و گنج و سپاه
جهان از بدیها بشویم به رای / پس آنگه کنم درگهی گرد پای
ز هر جای کوته کنم دست دیو / که من بود خواهم جهان را خدیو
هر آن چیز کاندر جهان سودمند / کنم آشکارا گشایم ز بند
پس از پشت میش و بره پشم و موی / برید و به رشتن نهادند روی
به کوشش ازو کرد پوشش به رای / به گستردنی بد هم او رهنمای
ز پویندگان هر چه بد تیزرو / خورش کردشان سبزه و کاه و جو
رمنده ددان را همه بنگرید / سیه گوش و یوز از میان برگزید
به چاره بیاوردش از دشت و کوه / به بند آمدند آنکه بد زان گروه
ز مرغان مر آن را که بد نیک تاز / چو باز و چو شاهین گردن فراز
بیاورد و آموختن‌شان گرفت / جهانی بدو مانده اندر شگفت
چو این کرده شد ماکیان و خروس / کجا بر خرو شد گه زخم کوس
بیاورد و یکسر به مردم کشید / نهفته همه سودمندش گزید
بفرمودشان تا نوازند گرم / نخوانندشان جز به آواز نرم
چنین گفت کاین را ستایش کنید / جهان آفرین را نیایش کنید
که او دادمان بر ددان دستگاه / ستایش مراو را که بنمود راه
مر او را یکی پاک دستور بود / که رایش ز کردار بد دور بود
خنیده به هر جای شهرسپ نام / نزد جز به نیکی به هر جای گام
همه روزه بسته ز خوردن دو لب / به پیش جهاندار برپای شب
چنان بر دل هر کسی بود دوست / نماز شب و روزه آیین اوست
سر مایه بد اختر شاه را / در بسته بد جان بدخواه را

همه راه نیکی نمودی به شاه / همه راستی خواستی پایگاه
چنان شاه پالوده گشت از بدی / که تابید ازو فره‌ی ایزدی
برفت اهرمن را به افسون ببست / چو بر تیزرو بارگی برنشست
زمان تا زمان زینش برساختی / همی گرد گیتیش برتاختی
چو دیوان بدیدند کردار او / کشیدند گردن ز گفتار او
شدند انجمن دیو بسیار مر / که پردخته مانند ازو تاج و فر
چو تهمورس آگه شد از کارشان / برآشفت و بشکست بازارشان
به فر جهاندار بستش میان / به گردن برآورد گرز گران
همه نره دیوان و افسونگران / برفتند جادو سپاهی گران
دمنده سیه دیوشان پیشرو / همی به آسمان برکشیدند غو
جهاندار تهمورس بافرین / بیامد کمربسته‌ی جنگ و کین
یکایک بیاراست با دیو چنگ / نبد جنگشان را فراوان درنگ
ازیشان دو بهره به افسون ببست / دگرشان به گرز گران کرد پست
کشیدندشان خسته و بسته خوار / به جان خواستند آن زمان زینهار
که ما را مکش تا یکی نو هنر / بیاموزی از ماکت آید به بر
کی نامور دادشان زینهار / بدان تا نهانی کنند آشکار
چو آزاد گشتند از بند او / بجستند ناچار پیوند او
نبشتن به خسرو بیاموختند / دلش را به دانش برافروختند
نبشتن یکی نه که نزدیک سی / چه رومی چه تازی و چه پارسی
چه سغدی چه چینی و چه پهلوی / ز هر گونه‌ای کان همی بشنوی
جهاندار سی سال ازین بیشتر / چه گونه پدید آوریدی هنر
برفت و سرآمد برو روزگار / همه رنج او ماند ازو یادگار

جمشید

پادشاهی جمشید

گرانمایه جمشید فرزند او	کمر بست یکدل پر از پند او
برآمد بر آن تخت فرخ پدر	به رسم کیان بر سرش تاج زر
کمر بست با فر شاهنشهی	جهان گشت سرتاسر او را رهی
زمانه بر آسود از داوری	به فرمان او دیو و مرغ و پری
جهان را فزوده بدو آبروی	فروزان شده تخت شاهی بدوی
منم گفت با فره‌ی ایزدی	همم شهریاری همم موبدی
بدان را ز بد دست کوته کنم	روان را سوی روشنی ره کنم
نخست آلت جنگ را دست برد	در نام جستن به گردان سپرد
به فر کیی نرم کرد آهنا	چو خود و زره کرد و چون جوشنا
چو خفتان و تیغ و چو برگستوان	همه کرد پیدا به روشن روان
بدین اندرون سال پنجاه رنج	ببرد و ازین چند بنهاد گنج
دگر پنجه اندیشه‌ی جامه کرد	که پوشند هنگام ننگ و نبرد
ز کتان و ابریشم و موی قز	قصب کرد پرمایه دیبا و خز
بیاموختشان رشتن و تافتن	به تار اندرون پود را بافتن
چو شد بافته شستن و دوختن	گرفتند ازو یکسر آموختن
چو این کرده شد ساز دیگر نهاد	زمانه بدو شاد و او نیز شاد
ز هر انجمن پیشه‌ور گرد کرد	بدین اندرون نیز پنجاه خورد
گروهی که کاتوزیان خوانی‌اش	به رسم پرستندگان دانی‌اش
جدا کردشان از میان گروه	پرستنده را جایگه کرد کوه
بدان تا پرستش بود کارشان	نوان پیش روشن جهاندارشان
صفی بر دگر دست بنشاندند	همی نام نیساریان خواندند
کجا شیر مردان جنگ آورند	فروزنده‌ی لشکر و کشورند
کزیشان بود تخت شاهی به جای	وزیشان بود نام مردی به پای
بسودی سه دیگر گره را شناس	کجا نیست از کس بریشان سپاس

بکارند و ورزند و خود بدروند   به گاه خورش سرزنش نشنوند
ز فرمان تن‌آزاده و ژنده‌پوش   ز آواز پیغاره آسوده گوش
تن آزاد و آباد گیتی بروی   بر آسوده از داور و گفتگوی
چه گفت آن سخن‌گوی آزاده مرد   که آزاده را کاهلی بنده کرد
چهارم که خوانند اهتو خوشی   همان دست‌ورزان اباسرکشی
کجا کارشان همگنان پیشه بود   روانشان همیشه پراندیشه بود
بدین اندرون سال پنجاه نیز   بخورد و بورزید و بخشید چیز
ازین هر یکی را یکی پایگاه   سزاوار بگزید و بنمود راه
که تا هر کس اندازه‌ی خویش را   ببیند بداند کم و بیش را
بفرمود پس دیو ناپاک را   به آب اندر آمیختن خاک را
هرانچ از گل آمد چو بشناختند   سبک خشک را کالبد ساختند
به سنگ و به گج دیو دیوار کرد   نخست از برش هندسی کار کرد
چو گرمابه و کاخهای بلند   چو ایران که باشد پناه از گزند
ز خارا گهر جست یک روزگار   همی کرد ازو روشنی خواستار
به چنگ آمدش چندگونه گهر   چو یاقوت و بیجاده و سیم و زر
ز خارا به افسون برون آورید   شد آراسته بندها را کلید
دگر بویهای خوش آورد باز   که دارند مردم به بویش نیاز
چو بان و چو کافور و چون مشک ناب   چو عود و چو عنبر چو روشن گلاب
پزشکی و درمان هر دردمند   در تندرستی و راه گزند
همان رازها کرد نیز آشکار   جهان را نیامد چنو خواستار
گذر کرد ازان پس به کشتی برآب   ز کشور به کشور گرفتی شتاب
چنین سال پنجه برنجید نیز   ندید از هنر بر خرد بسته چیز
همه کردنیها چو آمد به جای   ز جای مهی برتر آورد پای
به فر کیانی یکی تخت ساخت   چه مایه بدو گوهر اندر نشاخت
که چون خواستی دیو برداشتی   ز هامون به گردون برافراشتی
چو خورشید تابان میان هوا   نشسته برو شاه فرمانروا
جهان انجمن شد بر آن تخت او   شگفتی فرومانده از بخت او
به جمشید بر گوهر افشاندند   مران روز را روز نو خواندند
سر سال نو هرمز فرودین   برآسوده از رنج روی زمین

بزرگان به شادی بیاراستند
می و جام و رامشگران خواستند

چنین جشن فرخ ازان روزگار
به ما ماند ازان خسروان یادگار

چنین سال سیصد همی رفت کار
ندیدند مرگ اندران روزگار

ز رنج و ز بدشان نبد آگهی
میان بسته دیوان بسان رهی

به فرمان مردم نهاده دو گوش
ز رامش جهان پر ز آوای نوش

چنین تا بر آمد برین روزگار
ندیدند جز خوبی از کردگار

جهان سربه‌سر گشت او را رهی
نشسته جهاندار با فرهی

یکایک به تخت مهی بنگرید
به گیتی جز از خویشتن را ندید

منی کرد آن شاه یزدان شناس
ز یزدان بپیچید و شد ناسپاس

گرانمایگان را ز لشگر بخواند
چه مایه سخن پیش ایشان براند

چنین گفت با سالخورده مهان
که جز خویشتن را ندانم جهان

هنر در جهان از من آمد پدید
چو من نامور تخت شاهی ندید

جهان را به خوبی من آراستم
چنانست گیتی کجا خواستم

خور و خواب و آرامتان از منست
همان کوشش و کامتان از منست

بزرگی و دیهیم شاهی مراست
که گوید که جز من کسی پادشاست

همه موبدان سرفگنده نگون
چرا کس نیارست گفتن نه چون

چو این گفته شد فر یزدان از وی
بگشت و جهان شد پر از گفت‌وگوی

منی چون بپیوست با کردگار
شکست اندر آورد و برگشت کار

چه گفت آن سخن‌گوی با فر و هوش
چو خسرو شوی بندگی را بکوش

به یزدان هر آنکس که شد ناسپاس
به دلش اندر آید ز هر سو هراس

به جمشید بر تیره‌گون گشت روز
همی کاست آن فر گیتی‌فروز

داستان مرداس

یکی مرد بود اندر آن روزگار	ز دشت سواران نیزه گذار
گرانمایه هم شاه و هم نیک مرد	ز ترس جهاندار با باد سرد
که مرداس نام گرانمایه بود	به داد و دهش برترین پایه بود
مراو را ز دوشیدنی چارپای	ز هر یک هزار آمدندی به جای
همان گاو دوشابه فرمانبری	همان تازی اسب گزیده مری
بز و میش بد شیرور همچنین	به دوشیزگان داده بد پاکدین
به شیر آن کسی را که بودی نیاز	بدان خواسته دست بردی فراز
پسر بد مراین پاکدل را یکی	کش از مهر بهره نبود اندکی
جهانجوی را نام ضحاک بود	دلیر و سبکسار و ناپاک بود
کجا بیور اسپش همی خواندند	چنین نام بر پهلوی راندند
کجا بیور از پهلوانی شمار	بود بر زبان دری دههزار
ز اسپان تازی به زرین ستام	ورا بود بیور که بردند نام
شب و روز بودی دو بهره به زین	ز روی بزرگی نه از روی کین
چنان بد که ابلیس روزی پگاه	بیامد بسان یکی نیکخواه
دل مهتر از راه نیکی ببرد	جوان گوش گفتار او را سپرد
بدو گفت پیمانت خواهم نخست	پس آنگه سخن برگشایم درست
جوان نیکدل گشت فرمانش کرد	چنان چون بفرمود سوگند خورد
که راز تو با کس نگویم ز بن	ز تو بشنوم هر چه گویی سخن
بدو گفت جز تو کسی کدخدای	چه باید همی با تو اندر سرای
چه باید پدرکش پسر چون تو بود	یکی پندت را من بباید شنود
زمانه برین خواجه‌ی سالخورد	همی دیر ماند تو اندر نورد
بگیر این سر مایه‌ور جاه او	ترا زیبد اندر جهان گاه او
برین گفته‌ی من چو داری وفا	جهاندار باشی یکی پادشا
چو ضحاک بشنید اندیشه کرد	ز خون پدر شد دلش پر ز درد

به ابلیس گفت این سزاوار نیست	دگرگوی کین از در کار نیست
بدوگفت گر بگذری زین سخن	بتابی ز سوگند و پیمان من
بماند به گردنت سوگند و بند	شوی خوار و ماند پدرت ارجمند
سر مرد تازی به دام آورید	چنان شد که فرمان او برگزید
بپرسید کین چاره با من بگوی	نتابم ز رای تو من هیچ روی
بدو گفت من چاره سازم ترا	به خورشید سر برفرازم ترا
مر آن پادشا را در اندر سرای	یکی بوستان بود بس دلگشای
گرانمایه شبگیر برخاستی	ز بهر پرستش بیاراستی
سر و تن بشستی نهفته به باغ	پرستنده با او ببردی چراغ
بیاورد وارونه ابلیس بند	یکی ژرف چاهی به ره بر بکند
پس ابلیس وارونه آن ژرف چاه	به خاشاک پوشید و بسترد راه
سر تازیان مهتر نامجوی	شب آمد سوی باغ بنهاد روی
به چاه اندر افتاد و بشکست پست	شد آن نیکدل مرد یزدان‌پرست
به هر نیک و بد شاه آزاد مرد	به فرزند بر نازده باد سرد
همی پروریدش به ناز و به رنج	بدو بود شاد و بدو داد گنج
چنان بدگهر شوخ فرزند او	بگشت از ره داد و پیوند او
به خون پدر گشت همداستان	ز دانا شنیدم من این داستان
که فرزند بد گر شود نره شیر	به خون پدر هم نباشد دلیر
مگر در نهانش سخن دیگرست	پژوهنده را راز با مادرست
فرومایه ضحاک بیدادگر	بدین چاره بگرفت جای پدر
به سر برنهاد افسر تازیان	بریشان ببخشید سود و زیان
چو ابلیس پیوسته دید آن سخن	یکی بند بد را نو افگند بن
بدو گفت گر سوی من تافتی	ز گیتی همه کام دل یافتی
اگر همچنین نیز پیمان کنی	نپیچی ز گفتار و فرمان کنی
جهان سربه‌سر پادشاهی تراست	دد و مردم و مرغ و ماهی تراست
چو این کرده شد ساز دیگر گرفت	یکی چاره کرد از شگفتی شگفت
جوانی برآراست از خویشتن	سخنگوی و بینادل و رایزن
همیدون به ضحاک بنهاد روی	نبودش به جز آفرین گفت و گوی
بدو گفت اگر شاه را در خورم	یکی نامور پاک خوالیگرم

چو بشنید ضحاک بنواختش ——— ز بهر خورش جایگه ساختش
کلید خورش خانه‌ی پادشا ——— بدو داد دستور فرمانروا
فراوان نبود آن زمان پرورش ——— که کمتر بد از خوردنیها خورش
ز هر گوشت از مرغ و از چارپای ——— خورشگر بیاورد یک یک به جای
به خویش بپرورد برسان شیر ——— بدان تا کند پادشا را دلیر
سخن هر چه گویدش فرمان کند ——— به فرمان او دل گروگان کند
خورش زرده‌ی خایه دادش نخست ——— بدان داشتش یک زمان تندرست
بخورد و برو آفرین کرد سخت ——— مزه یافت خواندش ورا نیکبخت
چنین گفت ابلیس نیرنگساز ——— که شادان زی ای شاه گردنفراز
که فردات ازان گونه سازم خورش ——— کزو باشدت سربه‌سر پرورش
برفت و همه شب سگالش گرفت ——— که فردا ز خوردن چه سازد شگفت
خورشها ز کبک و تذرو سپید ——— بسازید و آمد دلی پرامید
شه تازیان چون به نان دست برد ——— سر کم خرد مهر او را سپرد
سیم روز خوان را به مرغ و بره ——— بیاراستش گونه گون یکسره
به روز چهارم چو بنهاد خوان ——— خورش ساخت از پشت گاو جوان
بدو اندرون زعفران و گلاب ——— همان سالخورده می و مشک ناب
چو ضحاک دست اندر آورد و خورد ——— شگفت آمدش زان هشیوار مرد
بدو گفت بنگر که از آرزوی ——— چه خواهی بگو با من ای نیکخوی
خورشگر بدو گفت کای پادشا ——— همیشه بزی شاد و فرمانروا
مرا دل سراسر پر از مهر تست ——— همه توشه‌ی جانم از چهرتست
یکی حاجتستم به نزدیک شاه ——— و گرچه مرا نیست این پایگاه
که فرمان دهد تا سر کتف اوی ——— ببوسم بدو بر نهم چشم و روی
چو ضحاک بشنید گفتار اوی ——— نهانی ندانست بازار اوی
بدو گفت دارم من این کام تو ——— بلندی بگیرد ازین نام تو
بفرمود تا دیو چون جفت او ——— همی بوسه داد از بر سفت او
ببوسید و شد بر زمین ناپدید ——— کس اندر جهان این شگفتی ندید
دو مار سیه از دو کتفش برست ——— عمی گشت و از هر سویی چاره جست
سرانجام ببرید هر دو ز کفت ——— سزد گر بمانی بدین در شگفت
چو شاخ درخت آن دو مار سیاه ——— برآمد دگر باره از کتف شاه

Shahnameh

پزشکان فرزانه گرد آمدند   همه یک‌به‌یک داستانها زدند
ز هر گونه نیرنگها ساختند   مر آن درد را چاره نشناختند
بسان پزشکی پس ابلیس تفت   به فرزانگی نزد ضحاک رفت
بدو گفت کین بودنی کار بود   بمان تا چه گردد نباید درود
خورش ساز و آرامشان ده به خورد   نباید جزین چاره‌ای نیز کرد
به جز مغز مردم مده‌شان خورش   مگر خود بمیرند ازین پرورش
نگر تا که ابلیس ازین گفت‌وگوی   چه‌کردوچه خواست اندرین جستجوی
مگر تا یکی چاره سازد نهان   که پردخته گردد ز مردم جهان
از آن پس برآمد ز ایران خروش   پدید آمد از هر سویی جنگ و جوش
سیه گشت رخشنده روز سپید   گسستند پیوند از جمشید
برو تیره شد فره‌ی ایزدی   به کژی گرایید و نابخردی
پدید آمد از هر سویی خسروی   یکی نامجویی ز هر پهلوی
سپه کرده و جنگ را ساخته   دل از مهر جمشید پرداخته
یکایک ز ایران برآمد سپاه   سوی تازیان برگفتند راه
شنودند کانجا یکی مهترست   پر از هول شاه اژدها پیکرست
سواران ایران همه شاهجوی   نهادند یکسر به ضحاک روی
به شاهی برو آفرین خواندند   ورا شاه ایران زمین خواندند
کی اژدهافش بیامد چو باد   به ایران زمین تاج بر سر نهاد
از ایران و از تازیان لشکری   گزین کرد گرد از همه کشوری
سوی تخت جمشید بنهاد روی   چو انگشتری کرد گیتی بروی
چو جمشید را بخت شد کندرو   به تنگ اندر آمد جهاندار نو
برفت و بدو داد تخت و کلاه   بزرگی و دیهیم و گنج و سپاه
چو صدسالش اندر جهان کس ندید   برو نام شاهی و او ناپدید
صدم سال روزی به دریای چین   پدید آمد آن شاه ناپاک دین
نهان گشته بود از بد اژدها   نیامد به فرجام هم زو رها
چو ضحاکش آورد ناگه به چنگ   یکایک ندادش زمانی درنگ
به ارش سراسر به دو نیم کرد   جهان را ازو پاک بی‌بیم کرد
شد آن تخت شاهی و آن دستگاه   زمانه ربودش چو بیجاده کاه
ازو بیش بر تخت شاهی که بود   بران رنج بردن چه آمدش سود

گذشته برو سالیان هفتصد — پدید آوریده همه نیک و بد

چه باید همه زندگانی دراز — چو گیتی نخواهد گشادنت راز

همی پروراندت با شهد و نوش — جز آواز نرمت نیاید به گوش

یکایک چو گیتی که گسترد مهر — نخواهد نمودن به بد نیز چهر

بدو شاد باشی و نازی بدوی — همان راز دل را گشایی بدوی

یکی نغز بازی برون آورد — به دلت اندرون درد و خون آورد

دلم سیر شد زین سرای سپنج — خدایا مرا زود برهان ز رنج

ضحاک

پادشاهی ضحاک

چو ضحاک شد بر جهان شهریار　　برو سالیان انجمن شد هزار
سراسر زمانه بدو گشت باز　　برآمد برین روزگار دراز
نهان گشت کردار فرزانگان　　پراگنده شد کام دیوانگان
هنر خوار شد جادویی ارجمند　　نهان راستی آشکارا گزند
شده بر بدی دست دیوان دراز　　به نیکی نرفتی سخن جز به راز
دو پاکیزه از خانه‌ی جمشید　　برون آوریدند لرزان چو بید
که جمشید را هر دو دختر بدند　　سر بانوان را چو افسر بدند
ز پوشیده‌رویان یکی شهرناز　　دگر پاکدامن به نام ارنواز
به ایوان ضحاک بردندشان　　بران اژدهافش سپردندشان
بپروردشان از ره جادویی　　بیاموختشان کژی و بدخویی
ندانست جز کژی آموختن　　جز از کشتن و غارت و سوختن
چنان بد که هر شب دو مرد جوان　　چه کهتر چه از تخمه‌ی پهلوان
خورشگر ببردی به ایوان شاه　　همی ساختی راه درمان شاه
بکشتی و مغزش بپرداختی　　مران اژدها را خورش ساختی
دو پاکیزه از گوهر پادشا　　دو مرد گرانمایه و پارسا
یکی نام ارمایل پاکدین　　دگر نام گرمایل پیشبین
چنان بد که بودند روزی به هم　　سخن رفت هر گونه از بیش و کم
ز بیدادگر شاه و ز لشکرش　　وزان رسمهای بد اندر خورش
یکی گفت ما را به خوالیگری　　بباید بر شاه رفت آوری
وزان پس یکی چاره‌ای ساختن　　ز هر گونه اندیشه انداختن
مگر زین دو تن را که ریزند خون　　یکی را توان آوریدن برون
برفتند و خوالیگری ساختند　　خورشها و اندازه بشناختند
خورش خانه‌ی پادشاه جهان　　گرفت آن دو بیدار دل در نهان
چو آمد به هنگام خون ریختن　　به شیرین روان اندر آویختن

ازان روز بانان مردم‌کشان	گرفته دو مرد جوان راکشان
زنان پیش خوالیگران تاختند	ز بالا به روی اندر انداختند
پر از درد خوالیگران را جگر	پر از خون دو دیده پر از کینه سر
همی بنگرید این بدان آن بدین	ز کردار بیداد شاه زمین
از آن دو یکی را بپرداختند	جزین چاره‌ای نیز نشناختند
برون کرد مغز سر گوسفند	بیامیخت با مغز آن ارجمند
یکی را به جان داد زنهار و گفت	نگر تا بیاری سر اندر نهفت
نگر تا نباشی به آباد شهر	ترا از جهان دشت و کوهست بهر
به جای سرش زان سری بی‌بها	خورش ساختند از پی اژدها
ازین گونه هر ماهیان سی‌جوان	ازیشان همی یافتندی روان
چو گرد آمدی مرد ازیشان دویست	بران سان که نشناختندی که کیست
خورشگر بدیشان بزی چند و میش	سپردی و صحرا نهادند پیش
کنون کرد از آن تخمه داد نژاد	که ز آباد ناید به دل برش یاد
پس آیین ضحاک وارونه خوی	چنان بد که چون می‌بدش آرزوی
ز مردان جنگی یکی خواستی	به کشتی چو با دیو برخاستی
کجا نامور دختری خوبروی	به پرده درون بود بی‌گفت‌گوی
پرستنده کردیش بر پیش خویش	نه بر رسم دین و نه بر رسم کیش

خواب دیدن ضحاک

چو از روزگارش چهل سال ماند	نگر تا بسر برش یزدان چه راند
در ایوان شاهی شبی دیر یاز	به خواب اندرون بود با ارنواز
چنان دید کز کاخ شاهنشهان	سه جنگی پدید آمدی ناگهان
دو مهتر یکی کهتر اندر میان	به بالای سرو و به فر کیان
کمر بستن و رفتن شاهوار	بچنگ اندرون گرزه‌ی گاوسار
دمان پیش ضحاک رفتی به جنگ	نهادی به گردن برش پالهنگ
همی تاختی تا دماوند کوه	کشان و دوان از پس اندر گروه

بپیچید ضحاک بیدادگر	بدریدش از هول گفتی جگر
یکی بانگ برزد بخواب اندرون	که لرزان شد آن خانه‌ی صدستون
بجستند خورشید رویان ز جای	از آن غلغل نامور کدخدای
چنین گفت ضحاک را ارنواز	که شاها چه بودت نگویی به راز
که خفته به آرام در خان خویش	برین سان بترسیدی از جان خویش
زمین هفت کشور به فرمان تست	دد و دام و مردم به پیمان تست
به خورشید رویان جهاندار گفت	که چونین شگفتی بشاید نهفت
که گر از من این داستان بشنوید	شودتان دل از جان من ناامید
به شاه گرانمایه گفت ارنواز	که بر ما بباید گشادنت راز
توانیم کردن مگر چاره‌ای	که بی‌چاره‌ای نیست پتیاره‌ای
سپهبد گشاد آن نهان از نهفت	همه خواب یک یک بدیشان بگفت
چنین گفت با نامور ماهروی	که مگذار این را ره چاره چوی
نگین زمانه سر تخت تست	جهان روشن از نامور بخت تست
تو داری جهان زیر انگشتری	دد و مردم و مرغ و دیو و پری
ز هر کشوری گرد کن مهتران	از اخترشناسان و افسونگران
سخن سربه سر موبدان را بگوی	پژوهش کن و راستی بازجوی
نگه کن که هوش تو بر دست کیست	ز مردم شمار ار ز دیو و پریست
چو دانسته شد چاره ساز آن زمان	به خیره مترس از بد بدگمان
شه پر منش را خوش آمد سخن	که آن سرو سیمین برافگند بن
جهان از شب تیره چون پر زاغ	هم آنگه سر از کوه برزد چراغ
تو گفتی که بر گنبد لاژورد	بگسترد خورشید یاقوت زرد
سپهبد به هرجا که بد موبدی	سخن دان و بیداردل بخردی
ز کشور به نزدیک خویش آورید	بگفت آن جگر خسته خوابی که دید
نهانی سخن کردشان آشکار	ز نیک و بد و گردش روزگار
که بر من زمانه کی آید بسر	کرا باشد این تاج و تخت و کمر
گر این راز با من بباید گشاد	و گر سر به خواری بباید نهاد
لب موبدان خشک و رخساره تر	زبان پر ز گفتار با یکدیگر
که گر بودنی باز گوییم راست	به جانست پیکار و جان بی‌بهاست
و گر نشنود بودنیها درست	بباید هم اکنون ز جان دست شست

سه روز اندرین کار شد روزگار
سخن کس نیارست کرد آشکار

به روز چهارم برآشفت شاه
برآن موبدان نماینده راه

که گر زنده‌تان دار باید بسود
و گر بودنیها بباید نمود

همه موبدان سرفگنده نگون
پر از هول دل دیدگان پر ز خون

از آن نامداران بسیار هوش
یکی بود بینادل و تیزگوش

خردمند و بیدار و زیرک بنام
کزان موبدان او زدی پیش گام

دلش تنگتر گشت و ناباک شد
گشاده زبان پیش ضحاک شد

بدو گفت پردخته کن سر ز باد
که جز مرگ را کس ز مادر نزاد

جهاندار پیش از تو بسیار بود
که تخت مهی را سزاوار بود

فراوان غم و شادمانی شمرد
برفت و جهان دیگری را سپرد

اگر باره‌ی آهنینی به پای
سپهرت بساید نمانی به جای

کسی را بود زین سپس تخت تو
به خاک اندر آرد سر و بخت تو

کجا نام او آفریدون بود
زمین را سپهری همایون بود

هنوز آن سپهبد ز مادر نزاد
نیامد گه پرسش و سرد باد

چو او زاید از مادر پرهنر
بسان درختی شود بارور

به مردی رسد برکشد سر به ماه
کمر جوید و تاج و تخت و کلاه

به بالا شود چون یکی سرو برز
به گردن برآرد ز پولاد گرز

زند بر سرت گرزه‌ی گاوسار
بگیردت زار و ببنددت خوار

بدو گفت ضحاک ناپاک دین
چرا بنددم از منش چیست کین

دلاور بدو گفت گر بخردی
کسی بی‌بهانه نسازد بدی

برآید به دست تو هوش پدرش
از آن درد گردد پر از کینه سرش

یکی گاو برمایه خواهد بدن
جهانجوی را دایه خواهد بدن

تبه گردد آن هم به دست تو بر
بدین کین کشد گرزه‌ی گاوسر

چو بشنید ضحاک بگشاد گوش
ز تخت اندر افتاد و زو رفت هوش

گرانمایه از پیش تخت بلند
بتابید روی از نهیب گزند

چو آمد دل نامور بازجای
بتخت کیان اندر آورد پای

نشان فریدون بگرد جهان
همی باز جست آشکار و نهان

نه آرام بودش نه خواب و نه خورد
شده روز روشن برو لاژورد

زادن فریدون از مادر

برآمد برین روزگار دراز	کشید اژدهافش به تنگی فراز
خجسته فریدون ز مادر بزاد	جهان را یکی دیگر آمد نهاد
ببالید برسان سرو سهی	همی تافت زو فر شاهنشهی
جهانجوی با فر جمشید بد	به کردار تابنده خورشید بود
جهان را چو باران به بایستگی	روان را چو دانش به شایستگی
بسر بر همی گشت گردان سپهر	شده رام با آفریدون به مهر
همان گاو کش نام بر مایه بود	ز گاوان ورا برترین پایه بود
ز مادر جدا شد چو طاووس نر	بهر موی بر تازه رنگی دگر
شده انجمن بر سرش بخردان	ستاره‌شناسان و هم موبدان
که کس در جهان گاو چونان ندید	نه از پیرسر کاردانان شنید
زمین کرده ضحاک پر گفت و گوی	به گرد جهان هم بدین جست و جوی
فریدون که بودش پدر آبتین	شده تنگ بر آبتین بر زمین
گریزان و از خویشتن گشته سیر	برآویخت ناگاه بر کام شیر
از آن روزبانان ناپاک مرد	تنی چند روزی بدو باز خورد
گرفتند و بردند بسته چو یوز	برو بر سر آورد ضحاک روز
خردمند مام فریدون چو دید	که بر جفت او بر چنان بد رسید
فرانک بدش نام و فرخنده بود	به مهر فریدون دل آگنده بود
پر از داغ دل خسته‌ی روزگار	همی رفت پویان بدان مرغزار
کجا نامور گاو برمایه بود	که بایسته بر تنش پیرایه بود
به پیش نگهبان آن مرغزار	خروشید و بارید خون بر کنار
بدو گفت کاین کودک شیرخوار	ز من روزگاری بزنهار دار
پدروارش از مادر اندر پذیر	وزین گاو نغزش بپرور به شیر
و گر باره خواهی روانم تراست	گروگان کنم جان بدان کت هواست
پرستنده‌ی بیشه و گاو نغز	چنین داد پاسخ بدان پاک مغز

که چون بنده در پیش فرزند تو	بباشم پرستنده‌ی پند تو
سه سالش همی داد زان گاو شیر	هشیوار بیدار زنهارگیر
نشد سیر ضحاک از آن جست‌جوی	شد از گاو گیتی پر از گفت‌گوی
دوان مادر آمد سوی مرغزار	چنین گفت با مرد زنهاردار
که اندیشه‌ای در دلم ایزدی	فراز آمدست از ره بخردی
همی کرد باید کزین چاره نیست	که فرزند و شیرین روانم یکیست
ببرم پی از خاک جادوستان	شوم تا سر مرز هندوستان
شوم ناپدید از میان گروه	برم خوب رخ را به البرز کوه
بیاورد فرزند را چون نوند	چو مرغان بران تیغ کوه بلند
یکی مرد دینی بران کوه بود	که از کار گیتی بی‌اندوه بود
فرانک بدو گفت کای پاک دین	منم سوگواری ز ایران زمین
بدان کاین گرانمایه فرزند من	همی بود خواهد سرانجمن
ترا بود باید نگهبان او	پدروار لرزنده بر جان او
پذیرفت فرزند او نیک مرد	نیاورد هرگز بدو باد سرد
خبر شد به ضحاک بدروزگار	از آن گاو برمایه و مرغزار
بیامد ازان کینه چون پیل مست	مران گاو برمایه را کرد پست
همه هر چه دید اندرو چارپای	بیفگند و زیشان بپرداخت جای
سبک سوی خان فریدون شتافت	فراوان پژوهید و کس را نیافت
به ایوان او آتش اندر فگند	ز پای اندر آورد کاخ بلند

پژوهش فریدون از فرانک درباره نژاد

چو بگذشت ازان بر فریدون دو هشت	ز البرز کوه اندر آمد به دشت
بر مادر آمد پژوهید و گفت	که بگشای بر من نهان از نهفت
بگو مر مرا تا که بودم پدر	کیم من ز تخم کدامین گهر
چه گویم کیم بر سر انجمن	یکی دانشی داستانم بزن
فرانک بدو گفت کای نامجوی	بگویم ترا هر چه گفتی بگوی

تو بشناس کز مرز ایران زمین	یکی مرد بد نام او آبتین
ز تخم کیان بود و بیدار بود	خردمند و گرد و بی‌آزار بود
ز تهمورس گرد بودش نژاد	پدر بر پدر بر همی داشت یاد
پدر بد ترا و مرا نیک شوی	نبد روز روشن مرا جز بدوی
چنان بد که ضحاک جادوپرست	از ایران به جان تو یازید دست
ازو من نهانت همی داشتم	چه مایه به بد روز بگذاشتم
پدرت آن گرانمایه مرد جوان	فدی کرده پیش تو روشن روان
ابر کتف ضحاک جادو دو مار	برست و برآورد از ایران دمار
سر بابت از مغز پرداختند	همان اژدها را خورش ساختند
سرانجام رفتم سوی بیشه‌ای	که کس را نه زان بیشه اندیشه‌ای
یکی گاو دیدم چو خرم بهار	سراپای نیرنگ و رنگ و نگار
نگهبان او پای کرده بکش	نشسته به بیشه درون شاهفش
بدو دادمت روزگاری دراز	همی پروردیدت به بر بر به ناز
ز پستان آن گاو طاووس رنگ	برافراختی چون دلاور پلنگ
سرانجام زان گاو و آن مرغزار	یکایک خبر شد سوی شهریار
ز بیشه ببردم ترا ناگهان	گریزنده ز ایوان و از خان و مان
بیامد بکشت آن گرانمایه را	چنان بی‌زبان مهربان دایه را
وز ایوان ما تا به خورشید خاک	برآورد و کرد آن بلندی مغاک
فریدون چو بشنید بگشادگوش	ز گفتار مادر برآمد به جوش
دلش گشت پردرد و سر پر ز کین	به ابرو ز خشم اندر آورد چین
چنین داد پاسخ به مادر که شیر	نگردد مگر ز آزمایش دلیر
کنون کردنی کرد جادوپرست	مرا برد باید به شمشیر دست
بپویم به فرمان یزدان پاک	برآرم ز ایوان ضحاک خاک
بدو گفت مادر که این رای نیست	ترا با جهان سر به سر پای نیست
جهاندار ضحاک با تاج و گاه	میان بسته فرمان او را سپاه
چو خواهد ز هر کشوری صدهزار	کمر بسته او را کند کارزار
جز اینست آیین پیوند و کین	جهان را به چشم جوانی مبین
که هر کاو نبید جوانی چشید	به گیتی جز از خویشتن را ندید
بدان مستی اندر دهد سر بباد	ترا روز جز شاد و خرم مباد

داستان کاوه آهنگر با ضحاک

چنان بد که ضحاک را روز و شب
به نام فریدون گشادی دو لب

بران برز بالا ز بیم نشیب
شده ز آفریدون دلش پر نهیب

چنان بد که یک روز بر تخت عاج
نهاده به سر بر ز پیروزه تاج

ز هر کشوری مهتران را بخواست
که در پادشاهی کند پشت راست

از آن پس چنین گفت با موبدان
که ای پرهنر با گهر بخردان

مرا در نهانی یکی دشمن‌ست
که بربخردان این سخن روشن است

به سال اندکی و به دانش بزرگ
گوی بدنژادی دلیر و سترگ

اگر چه به سال اندک ای راستان
درین کار موبد زدش داستان

که دشمن اگر چه بود خوار و خرد
نبایدت او را به پی بر سپرد

ندارم همی دشمن خرد خوار
بترسم همی از بد روزگار

همی زین فزون بایدم لشکری
هم از مردم و هم ز دیو و پری

یکی لشگری خواهم انگیختن
ابا دیو مردم برآمیختن

بباید بدین بود همداستان
که من ناشکبیم بدین داستان

یکی محضر اکنون بباید نوشت
که جز تخم نیکی سپهبد نکشت

نگوید سخن جز همه راستی
نخواهد به داد اندرون کاستی

زبیم سپهبد همه راستان
برآن کار گشتند همداستان

بر آن محضر اژدها ناگزیر
گواهی نوشتند برنا و پیر

هم آنگه یکایک ز درگاه شاه
برآمد خروشیدن دادخواه

ستم دیده را پیش او خواندند
بر نامدارانش بنشاندند

بدو گفت مهتر بروی دژم
که بر گوی تا از که دیدی ستم

خروشید و زد دست بر سر ز شاه
که شاها منم کاوه‌ی دادخواه

یکی بی‌زیان مرد آهنگرم
ز شاه آتش آید همی بر سرم

تو شاهی و گر اژدها پیکری
بباید بدین داستان داوری

که گر هفت کشور به شاهی تراست
چرا رنج و سختی همه بهر ماست

شماریت با من بباید گرفت / بدان تا جهان ماند اندر شگفت
مگر کز شمار تو آید پدید / که نوبت ز گیتی به من چون رسید
که مارانت را مغز فرزند من / همی داد باید ز هر انجمن
سپهبد به گفتار او بنگرید / شگفت آمدش کان سخن‌ها شنید
بدو باز دادند فرزند او / به خوبی بجستند پیوند او
بفرمود پس کاوه را پادشا / که باشد بران محضر اندر گوا
چو بر خواند کاوه همه محضرش / سبک سوی پیران آن کشورش
خروشید کای پای مردان دیو / بریده دل از ترس گیهان خدیو
همه سوی دوزخ نهادید روی / سپر دید دلها به گفتار اوی
نباشم بدین محضر اندر گوا / نه هرگز براندیشم از پادشا
خروشید و برجست لرزان ز جای / بدرید و بسپرد محضر به پای
گرانمایه فرزند او پیش اوی / ز ایوان برون شد خروشان به کوی
مهان شاه را خواندند آفرین / که ای نامور شهریار زمین
ز چرخ فلک بر سرت باد سرد / نیارد گذشتن به روز نبرد
چرا پیش تو کاوه‌ی خام‌گوی / بسان همالان کند سرخ روی
همه محضر ما و پیمان تو / بدرد بپیچد ز فرمان تو
کی نامور پاسخ آورد زود / که از من شگفتی بباید شنود
که چون کاوه آمد ز درگه پدید / دو گوش من آواز او را شنید
میان من و او ز ایوان درست / تو گفتی یکی کوه آهن برست
ندانم چه شاید بدن زین سپس / که راز سپهری ندانست کس
چو کاوه برون شد ز درگاه شاه / برو انجمن گشت بازارگاه
همی بر خروشید و فریاد خواند / جهان را سراسر سوی داد خواند
ازان چرم کاهنگران پشت پای / بپوشند هنگام زخم درای
همان کاوه آن بر سر نیزه کرد / همانگه ز بازار برخاست گرد
خروشان همی رفت نیزه بدست / که ای نامداران یزدان پرست
کسی کاو هوای فریدون کند / دل از بند ضحاک بیرون کند
بپویید کاین مهتر آهرمنست / جهان آفرین را به دل دشمن است
بدان بی‌بها ناسزاوار پوست / پدید آمد آوای دشمن ز دوست
همی رفت پیش اندرون مردگرد / جهانی برو انجمن شد نه خرد

بدانست خود کافریدون کجاست / سراندر کشید و همی رفت راست
بیامد بدرگاه سالار نو / بدیدندش آنجا و برخاست غو
چو آن پوست بر نیزه بر دید کی / به نیکی یکی اختر افگند پی
بیاراست آن را به دیبای روم / ز گوهر بر و پیکر از زر بوم
بزد بر سر خویش چون گرد ماه / یکی فال فرخ پی افکند شاه
فرو هشت ازو سرخ و زرد و بنفش / همی خواندش کاویانی درفش
از آن پس هر آنکس که بگرفت گاه / به شاهی بسر برنهادی کلاه
بران بی‌بها چرم آهنگران / برآویختی نو به نو گوهران
ز دیبای پرمایه و پرنیان / برآن گونه شد اختر کاویان
که اندر شب تیره خورشید بود / جهان را ازو دل پرامید بود
بگشت اندرین نیز چندی جهان / همی بودنی داشت اندر نهان
فریدون چو گیتی برآن گونه دید / جهان پیش ضحاک وارونه دید
سوی مادر آمد کمر برمیان / به سر برنهاده کلاه کیان
که من رفتنی‌ام سوی کارزار / ترا جز نیایش مباد ایچ کار
ز گیتی جهان آفرین را پرست / ازو دان بهر نیکی زور دست
فرو ریخت آب از مژه مادرش / همی خواند با خون دل داورش
به یزدان همی گفت زنهار من / سپردم ترا ای جهاندار من
بگردان ز جانش بد جاودان / بپرداز گیتی ز نابخردان
فریدون سبک ساز رفتن گرفت / سخن را ز هر کس نهفتن گرفت
برادر دو بودش دو فرخ همال / ازو هر دو آزاده مهتر به سال
یکی بود ازیشان کیانوش نام / دگر نام پرمایه‌ی شادکام
فریدون بریشان زبان برگشاد / که خرم زئید ای دلیران و شاد
که گردون نگردد بجز بر بهی / به ما بازگردد کلاه مهی
بیارید داننده آهنگران / یکی گرز فرمود باید گران
چو بگشاد لب هر دو بشتافتند / به بازار آهنگران تاختند
هر آنکس کزان پیشه بد نام جوی / به سوی فریدون نهادند روی
جهانجوی پرگار بگرفت زود / وزان گرز پیکر بدیشان نمود
نگاری نگارید بر خاک پیش / همیدون بسان سر گاومیش
بر آن دست بردند آهنگران / چو شد ساخته کار گرز گران

به پیش جهانجوی بردند گرز	فروزان به کردار خورشید برز
پسند آمدش کار پولادگر	ببخشیدشان جامه و سیم و زر
بسی کردشان نیز فرخ امید	بسی دادشان مهتری را نوید
که گر اژدها را کنم زیر خاک	بشویم شما را سر از گرد پاک

آهنگ جنگ فریدون با ضحاک

فریدون به خورشید بر برد سر	کمر تنگ بسته به کین پدر
برون رفت خرم به خرداد روز	به نیک اختر و فال گیتی فروز
سپاه انجمن شد به درگاه او	به ابر اندر آمد سرگاه او
به پیلان گردون کش و گاومیش	سپه را همی توشه بردند پیش
کیانوش و پرمایه بر دست شاه	چو کهتر برادر ورا نیک خواه
همی رفت منزل به منزل چو باد	سری پر ز کینه دلی پر ز درد
به اروند رود اندر آورد روی	چنان چون بود مرد دیهیم جوی
اگر پهلوانی ندانی زبان	بتازی تو اروند را دجله خوان
دگر منزل آن شاه آزادمرد	لب دجله و شهر بغداد کرد
چو آمد به نزدیک ارونـدرود	فرستاد زی رودبانان درود
بران رودبان گفت پیروز شاه	که کشتی برافگن هم اکنون به راه
مرا با سپاهم بدان سو رسان	از اینها کسی را بدین سو ممان
بدان تا گذر یابم از روی آب	به کشتی و زورق هم اندر شتاب
نیاورد کشتی نگهبان رود	نیامد بگفت فریدون فرود
چنین داد پاسخ که شاه جهان	چنین گفت با من سخن در نهان
که مگذار یک پشه را تا نخست	جوازی بیابی و مهری درست
فریدون چو بشنید شد خشمناک	ازان ژرف دریا نیامدش باک
هم آنگه میان کیانی ببست	بران باره‌ی تیزتک بر نشست
سرش تیز شد کینه و جنگ را	به آب اندر افگند گلرنگ را
ببستند یارانش یکسر کمر	همیدون به دریا نهادند سر

بر آن باد پایان با آفرین	به آب اندرون غرقه کردند زین
به خشکی رسیدند سر کینه جوی	به بیت‌المقدس نهادند روی
که بر پهلوانی زبان راندند	همی کنگ دژهودجش خواندند
بتازی کنون خانه‌ی پاک دان	برآورده ایوان ضحاک دان
چو از دشت نزدیک شهر آمدند	کزان شهر جوینده بهر آمدند
ز یک میل کرد آفریدون نگاه	یکی کاخ دید اندر آن شهر شاه
فروزنده چون مشتری بر سپهر	همه جای شادی و آرام و مهر
که ایوانش برتر ز کیوان نمود	که گفتی ستاره بخواهد بسود
بدانست کان خانه‌ی اژدهاست	که جای بزرگی و جای بهاست
به یارانش گفت آنکه بر تیره خاک	برآرد چنین بر ز جای از مغاک
بترسم همی زانکه با او جهان	مگر راز دارد یکی در نهان
بباید که ما را بدین جای تنگ	شتابیدن آید به روز درنگ
بگفت و به گرز گران دست برد	عنان باره‌ی تیزتک را سپرد
تو گفتی یکی آتشستی درست	که پیش نگهبان ایوان برست
گران گرز برداشت از پیش زین	تو گفتی همی بر نوردد زمین
کس از روزبانان بدر بر نماند	فریدون جهان آفرین را بخواند
به اسب اندر آمد به کاخ بزرگ	جهان ناسپرده جوان سترگ
طلسمی که ضحاک سازیده بود	سرش به آسمان برفرازیده بود
فریدون ز بالا فرود آورید	که آن جز به نام جهاندار دید
وزان جادوان کاندر ایوان بدند	همه نامور نره دیوان بدند
سرانشان به گرز گران کرد پست	نشست از برگاه جادوپرست
نهاد از بر تخت ضحاک پای	کلاه کی جست و بگرفت جای
برون آورید از شبستان اوی	بتان سیه‌موی و خورشید روی
بفرمود شستن سرانشان نخست	روانشان ازان تیرگیها بشست
ره داور پاک بنمودشان	ز آلودگی پس بپالودشان
که پرورده‌ی بت پرستان بدند	سراسیمه برسان مستان بدند
پس آن دختران جهاندار جم	به نرگس گل سرخ را داده نم
گشادند بر آفریدون سخن	که نو باش تا هست گیتی کهن
چه اختر بد این از تو ای نیک‌بخت	چه باری ز شاخ کدامین درخت

Shahnameh

که ایدون به بالین شیرآمدی ستمکاره مرد دلیر آمدی
چه مایه جهان گشت بر ما ببد ز کردار این جادوی بی‌خرد
ندیدیم کس کاین چنین زهره داشت بدین پایگه از هنر بهره داشت
کش اندیشه‌ی گاه او آمدی و گرش آرزو جاه او آمدی
چنین داد پاسخ فریدون که تخت نماند به کس جاودانه نه بخت
منم پور آن نیک‌بخت آبتین که بگرفت ضحاک ز ایران زمین
بکشتش به زاری و من کینه جوی نهادم سوی تخت ضحاک روی
همان گاو بر مایه کم دایه بود ز پیکر تنش همچو پیرایه بود
ز خون چنان بی‌زبان چارپای چه آمد برآن مرد ناپاک رای
کمر بسته‌ام لاجرم جنگجوی از ایران به کین اندر آورده روی
سرش را بدین گرزه‌ی گاو چهر بکوبم نه بخشایش آرم نه مهر
چو بشنید ازو این سخن ارنواز گشاده شدش بر دل پاک راز
بدو گفت شاه آفریدون تویی که ویران کنی تنبل و جادویی
کجا هوش ضحاک بر دست تست گشاد جهان بر کمربست تست
ز تخم کیان ما دو پوشیده پاک شده رام با او ز بیم هلاک
همی جفت‌مان خواند او جفت مار چگونه توان بودن ای شهریار
فریدون چنین پاسخ آورد باز که گر چرخ دادم دهد از فراز
ببرم پی اژدها را ز خاک بشویم جهان را ز ناپاک پاک
بباید شما را کنون گفت راست که آن بی‌بها اژدهافش کجاست
برو خوب رویان گشادند راز مگر که اژدها را سرآید به گاز
بگفتند کاو سوی هندوستان بشد تا کند بند جادوستان
ببرد سر بی‌گناهان هزار هراسان شدست از بد روزگار
کجا گفته بودش یکی پیشبین که پردختگی گردد از تو زمین
که آید که گیرد سر تخت تو چگونه فرو پژمرد بخت تو
دلش زان زده فال پر آتشست همه زندگانی برو ناخوشست
همی خون دام و دد و مرد و زن بریزد کند در یکی آبدن
مگر کاو سرو تن بشوید به خون شود فال اخترشناسان نگون
همان نیز از آن مارها بر دو کفت به رنج درازست مانده شگفت
ازین کشور آید به دیگر شود ز رنج دو مار سیه نغنود

بیامد کنون گاه بازآمدنش / که جایی نباید فراوان بدنش
گشاد آن نگار جگر خسته راز / نهاده بدو گوش گردن‌فراز
چو کشور ز ضحاک بودی تهی / یکی مایه ور بد بسان رهی
که او داشتی گنج و تخت و سرای / شگفتی به دل سوزگی کدخدای
ورا کندرو خواندندی بنام / به کندی زدی پیش بیداد گام
به کاخ اندر آمد دوان کندرو / در ایوان یکی تاجور دید نو
نشسته به آرام در پیشگاه / چو سرو بلند از برش گرد ماه
ز یک دست سرو سهی شهرناز / به دست دگر ماه‌روی ارنواز
همه شهر یکسر پر از لشکرش / کمربستگان صف زده بر درش
نه آسیمه گشت و نه پرسید راز / نیایش کنان رفت و بردش نماز
برو آفرین کرد کای شهریار / همیشه بزی تا بود روزگار
خجسته نشست تو با فرهی / که هستی سزاوار شاهنشهی
جهان هفت کشور ترا بنده باد / سرت برتر از ابر بارنده باد
فریدونش فرمود تا رفت پیش / بکرد آشکارا همه راز خویش
بفرمود شاه دلاور بدوی / که رو آلت تخت شاهی بجوی
نبیذ آر و رامشگران را بخوان / بپیمای جام و بیارای خوان
کسی کاو به رامش سزای منست / به دانش همان دلزدای منست
بیار انجمن کن بر تخت من / چنان چون بود در خور بخت من
چو بنشنید از او این سخن کدخدای / بکرد آنچه گفتش بدو رهنمای
می روشن آورد و رامشگران / همان در خورش باگهر مهتران
فریدون غم افکند و رامش گزید / شبی کرد جشنی چنان چون سزید
چو شد رام گیتی دوان کندرو / برون آمد از پیش سالار نو
نشست از بر باره‌ی راه جوی / سوی شاه ضحاک بنهاد روی
بیامد چو پیش سپهبد رسید / سراسر بگفت آنچه دید و شنید
بدو گفت کای شاه گردنکشان / به برگشتن کارت آمد نشان
سه مرد سرافراز با لشکری / فراز آمدند از دگر کشوری
ازان سه یکی کهتر اندر میان / به بالای سرو و به چهر کیان
به سالست کهتر فزونیش بیش / از آن مهتران او نهد پای پیش
یکی گرز دارد چو یک لخت کوه / همی تابد اندر میان گروه

به اسپ اندر آمد بایوان شاه	دو پرمایه با او همیدون براه
بیامد به تخت کی بر نشست	همه بند و نیرنگ تو کرد پست
هر آنکس که بود اندر ایوان تو	ز مردان مرد و ز دیوان تو
سر از پای یکسر فروریختشان	همه مغز با خون برامیختشان
بدو گفت ضحاک شاید بدن	که مهمان بود شاد باید بدن
چنین داد پاسخ ورا پیشکار	که مهمان ابا گرزه‌ی گاوسار
به مردی نشیند به آرام تو	زتاج و کمر بسترد نام تو
به آیین خویش آورد ناسپاس	چنین گر تو مهمان شناسی شناس
بدو گفت ضحاک چندین منال	که مهمان گستاخ بهتر به فال
چنین داد پاسخ بدو کندرو	که آری شنیدم تو پاسخ شنو
گرین نامور هست مهمان تو	چه کارستش اندر شبستان تو
که با دختران جهاندار جم	نشیند زند رای بر بیش و کم
به یک دست گیرد رخ شهرناز	به دیگر عقیق لب ارنواز
شب تیره گون خود بترزین کند	به زیر سر از مشک بالین کند
چومشک آن دو گیسوی دو ماه تو	که بودند همواره دلخواه تو
بگیرد ببرشان چو شد نیم مست	بدین گونه مهمان نباید بدست
برآشفت ضحاک برسان کرگ	شنید آن سخن کارزو کرد مرگ
به دشنام زشت و به آواز سخت	شگفتی بشورید با شوربخت
بدو گفت هرگز تو در خان من	ازین پس نباشی نگهبان من
چنین داد پاسخ ورا پیشکار	که ایدون گمانم من ای شهریار
کزان بخت هرگز نباشدت بهر	به من چون دهی کدخدایی شهر
چو بی‌بهره باشی ز گاه مهی	مرا کار سازندگی چون دهی
چرا تو نسازی همی کار خویش	که هرگز نیامدت ازین کار پیش
ز تاج بزرگی چو موی از خمیر	برون آمدی مهترا چاره‌گیر
ترا دشمن آمد به گه برنشست	یکی گرزه‌ی گاوپیکر به دست
همه بند و نیرنگت از رنگ برد	دلارام بگرفت و گاهت سپرد
جهاندار ضحاک ازان گفتگوی	به جوش آمد و زود بنهاد روی
چو شب گردش روز پرگار زد	فروزنده را مهره در قار زد
بفرمود تا برنهادند زین	بران باد پایان باریک بین

بیامد دمان با سپاهی گران	همه نره دیوان جنگ آوران
ز بی‌راه مر کاخ را بام و در	گرفت و به کین اندر آورد سر
سپاه فریدون چو آگه شدند	همه سوی آن راه بی‌ره شدند
ز اسپان جنگی فرو ریختند	در آن جای تنگی برآویختند
همه بام و در مردم شهر بود	کسی کش ز جنگ آوری بهر بود
همه در هوای فریدون بدند	که از درد ضحاک پرخون بدند
ز دیوارها خشت و ز بام سنگ	به کوی اندرون تیغ و تیر و خدنگ
بباريد چون ژاله ز ابر سیاه	پی را نبد بر زمین جایگاه
به شهر اندرون هر که برنا بدند	چه پیران که در جنگ دانا بدند
سوی لشکر آفریدون شدند	ز نیرنگ ضحاک بیرون شدند
خروشی برآمد ز آتشکده	که بر تخت اگر شاه باشد دده
همه پیر و برناش فرمان بریم	یکایک ز گفتار او نگذریم
نخواهیم برگاه ضحاک را	مرآن اژدهادوش ناپاک را
سپاهی و شهری به کردار کوه	سراسر به جنگ اندر آمد گروه
از آن شهر روشن یکی تیره گرد	برآمد که خورشید شد لاجورد
پس آنگاه ضحاک شد چاره جوی	ز لشکر سوی کاخ بنهاد روی
به آهن سراسر بپوشید تن	بدان تا نداند کسش ز انجمن
به چنگ اندرون شست یازی کمند	برآمد بر بام کاخ بلند
بدید آن سیه نرگس شهرناز	پر از جادویی با فریدون به راز
دو رخساره روز و دو زلفش چو شب	گشاده به نفرین ضحاک لب
به مغز اندرش آتش رشک خاست	به ایوان کمند اندر افگند راست
نه از تخت یاد و نه جان ارجمند	فرود آمد از بام کاخ بلند
به دست اندرش آبگون دشنه بود	به خون پری چهرگان تشنه بود
ز بالا چو پی بر زمین برنهاد	بیامد فریدون به کردار باد
بران گرزه‌ی گاوسر دست برد	بزد بر سرش ترگ بشکست خرد
بیامد سروش خجسته دمان	مزن گفت کاو را نیامد زمان
همیدون شکسته ببندش چو سنگ	ببر تا دو کوه آیدت پیش تنگ
به کوه اندرون به بود بند او	نیاید برش خویش و پیوند او
فریدون چو بنشنید ناسود دیر	کمندی بیاراست از چرم شیر

۵۱

به تندی ببستش دو دست و میان	که نگشاید آن بند پیل ژیان
نشست از بر تخت زرین او	بیفگند ناخوب آیین او
بفرمود کردن به در بر خروش	که هر کس که دارید بیدار هوش
نباید که باشید با ساز جنگ	نه زین گونه جوید کسی نام و ننگ
سپاهی نباید که به پیشه‌ور	به یک روی جویند هر دو هنر
یکی کارورز و یکی گرزدار	سزاوار هر کس پدیدست کار
چو این کار آن جوید آن کار این	پرآشوب گردد سراسر زمین
به بند اندرست آنکه ناپاک بود	جهان را ز کردار او باک بود
شما دیر مانید و خرم بوید	به رامش سوی ورزش خود شوید
شنیدند یکسر سخنهای شاه	ازان مرد پرهیز با دستگاه
وزان پس همه نامداران شهر	کسی کش بد از تاج وز گنج بهر
برفتند با رامش و خواسته	همه دل به فرمانش آراسته
فریدون فرزانه بنواختشان	براندازه بر پایگه ساختشان
همی پندشان داد و کرد آفرین	همی یاد کرد از جهان آفرین
همی گفت کاین جایگاه منست	به نیک اختر بومتان روشنست
که یزدان پاک از میان گروه	برانگیخت ما را ز البرز کوه
بدان تا جهان از بد اژدها	بفرمان گرز من آید رها
چو بخشایش آورد نیکی دهش	به نیکی بباید سپردن رهش
منم کدخدای جهان سر به سر	نشاید نشستن به یک جای بر
وگرنه من ایدر همی بودمی	بسی با شما روز پیمودمی
مهان پیش او خاک دادند بوس	ز درگاه برخاست آوای کوس
دمادم برون رفت لشکر ز شهر	وزان شهر نایافته هیچ بهر
ببردند ضحاک را بسته خوار	به پشت هیونی برافگنده زار
همی راند ازین گونه تا شیرخوان	جهان را چو این بشنوی پیر خوان
بسا روزگارا که بر کوه و دشت	گذشتست و بسیار خواهد گذشت
بران گونه ضحاک را بسته سخت	سوی شیر خوان برد بیدار بخت
همی راند او را به کوه اندرون	همی خواست کارد سرش را نگون
بیامد هم آنگه خجسته سروش	به خوبی یکی راز گفتش به گوش
که این بسته را تا دماوند کوه	ببر همچنان تازیان بی‌گروه

مبر جز کسی را که نگزیردت	به هنگام سختی به بر گیردت
بیاورد ضحاک را چون نوند	به کوه دماوند کردش ببند
به کوه اندرون تنگ جایش گزید	نگه کرد غاری بنش ناپدید
بیاورد مسمارهای گران	به جایی که مغزش نبود اندران
فرو بست دستش بر آن کوه باز	بدان تا بماند به سختی دراز
ببستش بران گونه آویخته	وزو خون دل بر زمین ریخته
ازو نام ضحاک چون خاک شد	جهان از بد او همه پاک شد
گسسته شد از خویش و پیوند او	بمانده بدان گونه در بند او

۵۳

فریدون

آغاز داستان

فریدون چو شد بر جهان کامگار	ندانست جز خویشتن شهریار
به رسم کیان تاج و تخت مهی	بیاراست با کاخ شاهنشهی
به روز خجسته سر مهرماه	به سر بر نهاد آن کیانی کلاه
زمانه بی‌اندوه گشت از بدی	گرفتند هر کس ره ایزدی
دل از داوریها بپرداختند	به آیین یکی جشن نو ساختند
نشستند فرزانگان شادکام	گرفتند هر یک ز یاقوت جام
می روشن و چهره‌ی شاه نو	جهان نو ز داد و سر ماه نو
بفرمود تا آتش افروختند	همه عنبر و زعفران سوختند
پرستیدن مهرگان دین اوست	تن آسانی و خوردن آیین اوست
اگر یادگارست ازو ماه مهر	بکوش و به رنج ایچ منمای چهر
ورا بد جهان سالیان پانصد	نیفکند یک روز بنیاد بد
جهان چون برو بر نماند ای پسر	تو نیز آز مپرست و انده مخور
نماند چنین دان جهان برکسی	درو شادکامی نیابی بسی
فرانک نه آگاه بد زین نهان	که فرزند او شاه شد بر جهان
ز ضحاک شد تخت شاهی تهی	سرآمد برو روزگار مهی
پس آگاهی آمد ز فرخ پسر	به مادر که فرزند شد تاجور
نیایش کنان شد سر و تن بشست	به پیش جهانداور آمد نخست
نهاد آن سرش پست بر خاک بر	همی خواند نفرین به ضحاک بر
همی آفرین خواند بر کردگار	برآن شادمان گردش روزگار
وزان پس کسی را که بودش نیاز	همی داشت روز بد خویش راز
نهانش نوا کرد و کس را نگفت	همان راز او داشت اندر نهفت
یکی هفته زین گونه بخشید چیز	چنان شد که درویش نشناخت نیز
دگر هفته مر بزم را کرد ساز	مهانی که بودند گردن فراز
بیاراست چون بوستان خان خویش	مهان را همه کرد مهمان خویش

وزان پس همه گنج آراسته ... فراز آوریده نهان خواسته
همان گنجها راگشادن گرفت ... نهاده همه رای دادن گرفت
گشادن در گنج را گاه دید ... درم خوار شد چون پسر شاه دید
همان جامه و گوهر شاهوار ... همان اسپ تازی به زرین عذار
همان جوشن و خود و زوپین و تیغ ... کلاه و کمر هم نبودش دریغ
همه خواسته بر شتر بار کرد ... دل پاک سوی جهاندار کرد
فرستاد نزدیک فرزند چیز ... زبانی پر از آفرین داشت نیز
چو آن خواسته دید شاه زمین ... بپذرفت و بر مام کرد آفرین
بزرگان لشگر چو بشناختند ... بر شهریار جهان تاختند
که ای شاه پیروز یزدانشناس ... ستایش مر او را زویت سپاس
چنین روز روزت فزون باد بخت ... بد اندیشگان را نگون باد بخت
ترا باد پیروزی از آسمان ... مبادا بجز داد و نیکی گمان
وزان پس جهاندیدگان سوی شاه ... ز هر گوشه‌ای برگرفتند راه
همه زر و گوهر برآمیختند ... به تاج سپهبد فرو ریختند
همان مهتران از همه کشورش ... بدان خرمی صف زده بر درش
ز یزدان همی خواستند آفرین ... بران تاج و تخت و کلاه و نگین
همه دست برداشته به آسمان ... همی خواندندش به نیکی گمان
که جاوید بادا چنین شهریار ... برومند بادا چنین روزگار
وزان پس فریدون به گرد جهان ... بگردید و دید آشکار و نهان
هران چیز کز راه بیداد دید ... هر آن بوم و برکان نه آباد دید
به نیکی ببست از همه دست بد ... چنانک از ره هوشیاران سزد
بیاراست گیتی بسان بهشت ... به جای گیا سرو گلبن بکشت
از آمل گذر سوی تمیشه کرد ... نشست اندر آن نامور بیشه کرد
کجا کز جهان گوش خوانی همی ... جز این نیز نامش ندانی همی

فرستادن فریدون، جندل را به یمن

ز سالش چو یک پنجه اندر کشید سه فرزندش آمد گرامی پدید
به بخت جهاندار هر سه پسر سه خسرو نژاد از در تاج زر
به بالا چو سرو و به رخ چون بهار به هر چیز مانندهی شهریار
از این سه دو پاکیزه از شهرناز یکی کهتر از خوب چهر ارنواز
پدر نوز ناکرده از ناز نام همی پیش پیلان نهادند گام
فریدون از آن نامداران خویش یکی را گرانمایه‌تر خواند پیش
کجا نام او جندل پرهنر بخ هر کار دلسوز بر شاه بر
بدو گفت برگرد گرد جهان سه دختر گزین از نژاد مهان
سه خواهر ز یک مادر و یک پدر پری چهره و پاک و خسرو گهر
به خوبی سزای سه فرزند من چنان چون بشاید به پیوند من
به بالا و دیدار هر سه یکی که این را ندانند ازان اندکی
چو بشنید جندل ز خسرو سخن یکی رای پاکیزه افگند بن
که بیدار دل بود و پاکیزه مغز زبان چرب و شایسته‌ی کار نغز
ز پیش سپهبد برون شد به راه ابا چند تن مر ورا نیکخواه
یکایک ز ایران سراندر کشید پژوهید و هرگونه گفت و شنید
به هر کشوری کز جهان مهتری به پرده درون داشتن دختری
نهفته بجستی همه رازشان شنیدی همه نام و آوازشان
ز دهقان پر مایه کس را ندید که پیوسته‌ی آفریدون سزید
خردمند و روشن‌دل و پاک‌تن بیامد بر سرو شاه یمن
نشان یافت جندل مر اورا درست سه دختر چنان چون فریدون بجست
خرامان بیامد به نزدیک سرو چنان چون به پیش گل اندر تذرو
زمین را ببوسید و چربی نمود برآن کهتری آفرین برفزود
به جندل چنین گفت شاه یمن که بی‌آفرینت مبادا دهن
چه پیغام داری چه فرمان دهی فرستاده‌ای گر گرامی رهی

بدو گفت جندل که خرم بدی	همیشه ز تو دور دست بدی
از ایران یکی کهترم چون شمن	پیام آوریده به شاه یمن
درود فریدون فرخ دهم	سخن هر چه پرسند پاسخ دهم
ترا آفرین از فریدون گرد	بزرگ آنکسی کو نداردش خرد
مرا گفت شاه یمن را بگوی	که بر گاه تا مشک بوید ببوی
بدان ای سر مایه‌ی تازیان	کز اختر بدی جاودان بی‌زیان
مرا پادشاهی آباد هست	همان گنج و مردی و نیروی دست
سه فرزند شایسته‌ی تاج و گاه	اگر داستان را بود گاه ماه
ز هر کام و هر خواسته بی‌نیاز	به هر آرزو دست ایشان دراز
مر این سه گرانمایه را در نهفت	بباید کنون شاهزاده سه جفت
ز کار آگهان آگهی یافتم	بدین آگهی تیز بشتافتم
کجا از پس پرده پوشیده روی	سه پاکیزه داری تو ای نامجوی
مران هرسه را نوز ناکرده نام	چو بشنیدم این دل شدم شادکام
که ما نیز نام سه فرخ نژاد	چو اندر خور آید نکردیم یاد
کنون این گرامی دو گونه گهر	بباید برآمیخت با یکدگر
سه پوشیده رخ را سه دیهیم جوی	سزا را سزاوار بی‌گفت‌وگوی
فریدون پیامم بدین گونه داد	تو پاسخ گزار آنچه آیدت یاد
پیامش چو بشنید شاه یمن	بپژمرد چون زاب کنده سمن
همی گفت گر پیش بالین من	نبیند سه ماه این جهان‌بین من
مرا روز روشن بود تاره شب	بباید گشادن به پاسخ دو لب
سراینده را گفت کای نامجوی	زمان باید اندر چنین گفت‌گوی
شتابت نباید بپاسخ کنون	مرا چند رازست با رهنمون
فرستاده را زود جایی گزید	پس آنگه به کار اندرون بنگرید
بیامد در بار دادن ببست	به انبوه اندیشگان در نشست
فراوان کس از دشت نیزه‌وران	بر خویش خواند آزموده سران
نهفته برون آورید از نهفت	همه رازها پیش ایشان بگفت
که ما را به گیتی ز پیوند خویش	سه شمعست روشن به دیدار پیش
فریدون فرستاد زی من پیام	بگسترد پیشم یکی خوب دام
همی کرد خواهد ز چشمم جدا	یکی رای بایدزدن با شما

۵۹

فرستاده گوید چنین گفت شاه
که ما را سه شاهست زیبای گاه

گراینده هر سه به پیوند من
به سه روی پوشیده فرزند من

اگر گویم آری و دل زان تهی
دروغم نه اندر خورد با مهی

وگر آرزوها سپارم بدوی
شود دل پر آتش پر از آب روی

وگر سر بپیچم ز فرمان او
به یک سو گرایم ز پیمان او

کسی کو بود شهریار زمین
نه بازیست با او سگالید کین

شنیدستم از مردم راه‌جوی
که ضحاک را زو چه آمد بروی

ازین در سخن هر چه دارید یاد
سراسر به من بر بباید گشاد

جهان آزموده دلاور سران
گشادند یک‌یک به پاسخ زبان

که ما همگنان آن نبینیم رای
که هر باد را تو بجنبی ز جای

اگر شد فریدون جهان شهریار
نه ما بندگانیم با گوشوار

سخن‌گفتن و کوشش آیین ماست
عنان و سنان تافتن دین ماست

به خنجر زمین را میستان کنیم
به نیزه هوا را نیستان کنیم

سه فرزند اگر بر تو هست ارجمند
سربدره بگشای و لب را ببند

و گر چاره‌ی کار خواهی همی
بترسی ازین پادشاهی همی

ازو آرزوهای پرمایه جوی
که کردار آنرا نبینند روی

پاسخ دادن شاه یمن، جندل را

چو بشنید از آن نامداران سخن
نه سردید آن را به گیتی نه بن

فرستاده‌ی شاه را پیش خواند
فراوان سخن را به خوبی براند

که من شهریار ترا کهترم
به هرچ او بفرمود فرمانبرم

بگویش که گرچه تو هستی بلند
سه فرزند تو برتو بر ارجمند

پسر خود گرامی بود شاه را
بویژه که زیبا بود گاه را

سخن هر چه گفتی پذیرم همی
ز دختر من اندازه گیرم همی

اگر پادشا دیده خواهد ز من
و گر دشت گردان و تخت یمن

مرا خوارتر چون سه فرزند خویش
نبینم به هنگام بایست پیش

پس ار شاه را این چنین است کام	نشاید زدن جز به فرمانش گام
به فرمان شاه این سه فرزند من	برون آنگه آید ز پیوند من
کجا من ببینم سه شاه ترا	فروزنده‌ی تاج و گاه ترا
بیایند هر سه به نزدیک من	شود روشن این شهر تاریک من
شود شادمان دل به دیدارشان	ببینم روانهای بیدارشان
ببینم کشان دل پر از داد هست	به زنهارشان دست گیرم به دست
پس آنگه سه روشن جهان‌بین خویش	سپارم بدیشان بر آیین خویش
چو آید بدیدار ایشان نیاز	فرستم سبکشان سوی شاه باز
سراینده جندل چو پاسخ شنید	ببوسید تختش چنان چون سزید
پر از آفرین لب ز ایوان اوی	سوی شهریار جهان کرد روی
بیامد چو نزد فریدون رسید	بگفت آن کجا گفت و پاسخ شنید
سه فرزند را خواند شاه جهان	نهفته برون آورید از نهان
از آن رفتن جندل و رای خویش	سخنها همه پاک بنهاد پیش
چنین گفت کاین شهریار یمن	سر انجمن سرو سایه فکن
چو ناسفته گوهر سه دخترش بود	نبودش پسر دختر افسرش بود
سروش ار بیابد چو ایشان عروس	دهد پیش هر یک مگر خاک‌بوس
ز بهر شما از پدر خواستم	سخنهای بایسته آراستم
کنون تان بباید بر او شدن	به هر بیش و کم رای فرخ زدن
سراینده باشید و بسیارهوش	به گفتار او برنهاده دوگوش
به خوبی سخنهاش پاسخ دهید	چو پرسد سخن رای فرخ نهید
ازیرا که پرورده‌ی پادشا	نباید که باشد بجز پارسا
سخن‌گوی و روشن دل و پاک‌دین	به کاری که پیش آیدش پیش‌بین
زبان راستی را بیاراسته	خرد خیره کرده ابر خواسته
شما هر چه گویم ز من بشنوید	اگر کار بندید خرم بوید
یکی ژرف‌بین است شاه یمن	که چون او نباشد به هرانجمن
گرانمایه و پاک هرسه پسر	همه دل‌نهاده به گفت پدر
ز پیش فریدون برون آمدند	پر از دانش و پرفسون آمدند
بجز رای و دانش چه اندرخورد	پسر را که چونان پدر پرورد

۶۱

رفتن پسران فریدون نزد شاه یمن

سوی خانه رفتند هر سه چوباد	شب آمد بخفتند پیروز و شاد
چو خورشید زد عکس برآسمان	پراگند بر لاژورد ارغوان
برفتند و هر سه بیاراستند	ابا خویشتن موبدان خواستند
کشیدند با لشکری چون سپهر	همه نامداران خورشیدچهر
چو از آمدنشان شد آگاه سرو	بیاراست لشکر چو پر تذرو
فرستادشان لشکری گشن پیش	چه بیگانه فرزانگان و چه خویش
شدند این سه پرمایه اندر یمن	برون آمدند از یمن مرد و زن
همی گوهر و زعفران ریختند	همی مشک با می برآمیختند
همه یال اسپان پر از مشک و می	پراگنده دینار در زیر پی
نشستن گهی ساخت شاه یمن	همه نامداران شدند انجمن
در گنجهای کهن کرد باز	گشاد آنچه یک چند گه بود راز
سه خورشید رخ را چو باغ بهشت	که موبد چو ایشان صنوبر نکشت
ابا تاج و با گنج نادیده رنج	مگر زلفشان دیده رنج شکنج
بیاورد هر سه بدیشان سپرد	که سه ماه نو بود و سه شاه گرد
ز کینه به دل گفت شاه یمن	که از آفریدون بد آمد به من
بد از من که هرگز مبادم میان	که ماده شد از تخم نره کیان
به اختر کس آندان که دخترش نیست	چو دختر بود روشن اخترش نیست
به پیش همه موبدان سرو گفت	که زیبا بود ماه را شاه جفت
بدانید کین سه جهان بین خویش	سپردم بدیشان بر آیین خویش
بدان تا چو دیده بدارندشان	چو جان پیش دل بر نگارندشان
خروشید و بار غریبان ببست	ابر پشت شرزه هیونان مست
ز گوهر یمن گشت افروخته	عماری یک اندردگر دوخته
چو فرزند را باشد آئین و فر	گرامی به دل بر چه ماده چه نر
به سوی فریدون نهادند روی	جوانان بینادل راه جوی

بخش کردن فریدون جهان را بر پسران

نهفته چو بیرون کشید از نهان	به سه بخش کرد آفریدون جهان
یکی روم و خاور دگر ترک و چین	سیم دشت گردان و ایران‌زمین
نخستین به سلم اندرون بنگرید	همه روم و خاور مراو را سزید
به فرزند تا لشکری برگزید	گرازان سوی خاور اندرکشید
به تخت کیان اندر آورد پای	همی خواندندیش خاور خدای
دگر تور را داد توران زمین	ورا کرد سالار ترکان و چین
یکی لشکری نامزد کرد شاه	کشید آنگهی تور لشکر به راه
بیامد به تخت کی برنشست	کمر بر میان بست و بگشاد دست
بزرگان برو گوهر افشاندند	همی پاک توران شهش خواندند
از ایشان چو نوبت به ایرج رسید	مر او را پدر شاه ایران گزید
هم ایران و هم دشت نیزه‌وران	هم آن تخت شاهی و تاج سران
بدو داد کورا سزا بود تاج	همان کرسی و مهر و آن تخت عاج
نشستند هر سه به آرام و شاد	چنان مرزبانان فرخ نژاد

رشک بردن سلم، بر ایرج

برآمد برین روزگار دراز	زمانه به دل در همی داشت راز
فریدون فرزانه شد سالخورد	به باغ بهار اندر آورد گرد
برین گونه گردد سراسر سخن	شود سست نیرو چو گردد کهن
چو آمد به کاراندرون تیرگی	گرفتند پرمایگان خیرگی
بجنبید مر سلم را دل ز جای	دگرگونه‌تر شد به آیین و رای
دلش گشت غرقه به آزاندرون	به اندیشه بنشست با رهنمون
نبودش پسندیده بخش پدر	که داد او به کهتر پسر تخت زر

به دل پر زکین شد به رخ پر ز چین
فرسته فرستاد زی شاه چین

فرستاد نزد برادر پیام
که جاوید زی خرم و شادکام

بدان ای شهنشاه ترکان و چین
گسسته دل روشن از به گزین

ز نیکی زیان کرده گویی پسند
منش پست و بالا چو سرو بلند

کنون بشنو ازمن یکی داستان
کزین گونه نشنیدی از باستان

سه فرزند بودیم زیبای تخت
یکی کهتر از ما برآمد به بخت

اگر مهترم من به سال و خرد
زمانه به مهر من اندر خورد

گذشته ز من تاج و تخت و کلاه
نزیبد مگر بر تو ای پادشاه

سزد گر بمانیم هر دو دژم
کزین سان پدر کرد بر ما ستم

چو ایران و دشت یلان و یمن
به ایرج دهد روم و خاور به من

سپارد ترا مرز ترکان و چین
که از تو سپهدار ایران زمین

بدین بخشش اندر مرا پای نیست
به مغز پدر اندرون رای نیست

هیون فرستاده بگزارد پای
بیامد به نزدیک توران خدای

به خوبی شنیده همه یاد کرد
سر تور بی‌مغز پرباد کرد

چو این راز بشنید تور دلیر
برآشفت ناگاه برسان شیر

چنین داد پاسخ که با شهریار
بگو این سخن هم چنین یاد دار

که ما را به گاه جوانی پدر
بدین گونه بفریفت ای دادگر

درختیست این خود نشانده بدست
کجا آب او خون و برگش کبست

ترا با من اکنون بدین گفت‌گوی
بباید بروی اندر آورد روی

زدن رای هشیار و کردن نگاه
هیونی فگندن به نزدیک شاه

زبان‌آوری چرب گوی از میان
فرستاد باید به شاه جهان

به جای زبونی و جای فریب
نباید که یابد دلاور شکیب

نشاید درنگ اندرین کار هیچ
کجا آید آسایش اندر بسیچ

فرستاده چون پاسخ آورد باز
برهنه شد آن روی پوشیده‌راز

برفت این برادر ز روم آن ز چین
به زهر اندر آمیخته انگبین

رسیدند پس یک به دیگر فراز
سخن راندند آشکارا و راز

گزیدند پس موبدی تیزویر
سخن گوی و بینادل و یادگیر

ز بیگانه پرداخته کردند جای
سگالش گرفتند هر گونه رای

سخن سلم پیوند کرد از نخست
ز شرم پدر دیدگان را بشست

فرستاده را گفت ره برنورد / نباید که یابد ترا باد و گرد
چو آیی به کاخ فریدون فرود / نخستین ز هر دو پسر ده درود
پس آنگه بگویش که ترس خدای / بباید که باشد به هر دو سرای
جوان را بود روز پیری امید / نگردد سیه‌موی گشته سپید
چه سازی درنگ اندرین جای تنگ / که شد تنگ بر تو سرای درنگ
جهان مرترا داد یزدان پاک / ز تابنده خورشید تا تیره خاک
همه برزو ساختی رسم و راه / نکردی به فرمان یزدان نگاه
نجستی به جز کژی و کاستی / نکردی به بخشش درون راستی
سه فرزند بودت خردمند و گرد / بزرگ آمدت تیره بیدار خرد
ندیدی هنر با یکی بیشتر / کجا دیگری زو فرو برد سر
یکی را دم ر ساختی / یکی را به ابر اندار افراختی
یکی تاج بر سر ببالین تو / برو شاد گشته جهان‌بین تو
نه ما زو به مام و پدر کمتریم / نه بر تخت شاهی نه اندر خوریم
ایا دادگر شهریار زمین / برین داد هرگز مباد آفرین
اگر تاج از آن تارک بی‌بها / شود دور و یابد جهان زو رها
سپاری بدو گوشه‌ای از جهان / نشیند چو ما از تو خسته نهان
و گرنه سواران ترکان و چین / هم از روم گردان جوینده کین
فراز آورم لشگر گرزدار / از ایران و ایرج برآرم دمار
چو بشنید موبد پیام درشت / زمین را ببوسید و بنمود پشت
بر آنسان به زین اندر آورد پای / که از باد آتش بجنبد ز جای
به درگاه شاه آفریدون رسید / برآورده‌ای دید سر ناپدید
به ابر اندر آورده بالای او / زمین کوه تا کوه پهنای او
نشسته به در بر گرانمایگان / به پرده درون جای پرمایگان
به یک دست بربسته شیر و پلنگ / به دست دگر ژنده پیلان جنگ
ز چندان گرانمایه گرد دلیر / خروشی برآمد چو آوای شیر
سپهریست پنداشت ایوان به جای / گران لشگری گرد او بر به پای
برفتند بیدار کارآگهان / بگفتند با شهریار جهان
که آمد فرستاده‌ای نزد شاه / یکی پرمنش مرد با دستگاه
بفرمود تا پرده برداشتند / بر اسپش ز درگاه بگذاشتند

چو چشمش به روی فریدون رسید همه دیده و دل پر از شاه دید
به بالای سرو و چو خورشید روی چو کافور گرد گل سرخ موی
دولب پر ز خنده دو رخ پر ز شرم کیانی زبان پر ز گفتار نرم
نشاندش هم آنگه فریدون ز پای سزاوار کردش بر خویش جای
بپرسیدش از دو گرامی نخست که هستند شادان دل و تن‌درست
دگر گفت کز راه دور و دراز شدی رنجه اندر نشیب و فراز
فرستاده گفت ای گرانمایه شاه ابی تو مبیناد کس پیش‌گاه
ز هر کس که پرسی به کام تواند همه پاک زنده به نام تواند
منم بنده‌ای شاه را ناسزا چنین بر تن خویش ناپارسا
پیامی درشت آوریده به شاه فرستنده پر خشم و من بیگناه
بگویم چو فرمایدم شهریار پیام جوانان ناهوشیار
بفرمود پس تا زبان برگشاد شنیده سخن سر به سر کرد یاد
فریدون بدو پهن بگشاد گوش چو بشنید مغزش برآمد به جوش
فرستاده را گفت کای هوشیار بباید ترا پوزش اکنون به کار
که من چشم از ایشان چنین داشتم همی بر دل خویش بگذاشتم
که از گوهر بد نیاید مهی مرا دل همی داد این آگهی
بگوی آن دو ناپاک بیهوده را دو اهریمن مغز پالوده را
انوشه که کردید گوهر پدید درود از شما خود بدین سان سزید
ز پند من ار مغزتان شد تهی همی از خردتان نبود آگهی
ندارید شرم و نه بیم از خدای شما را همانا همین‌ست رای
مرا پیشتر قیرگون بود موی چو سرو سهی قد و چون ماه روی
سپهری که پشت مرا کرد کوز نشد پست و گردان بجایست نوز
خماند شما را هم این روزگار نماند برین گونه بس پایدار
بدان برترین نام یزدان پاک به رخشنده خورشید و بر تیره خاک
به تخت و کلاه و به ناهید و ماه که من بد نکردم شما را نگاه
یکی انجمن کردم از بخردان ستاره شناسان و هم موبدان
بسی روزگاران شدست اندرین نکردیم بر باد بخشش زمین
همه راستی خواستم زین سخن به کژی نه سر بود پیدا نه بن
همه ترس یزدان بد اندر میان همه راستی خواستم در جهان

چو آباد دادند گیتی به من	نجستم پراگندن انجمن
مگر همچنان گفتم آباد تخت	سپارم به سه دیده‌ی نیک بخت
شما را کنون گر دل از راه من	به کژی و تاری کشید اهرمن
ببینید تا کردگار بلند	چنین از شما کرد خواهد پسند
یکی داستان گویم ار بشنوید	همان بر که کارید خود بدروید
چنین گفت باما سخن رهنمای	جزین است جاوید ما را سرای
به تخت خرد بر نشست آزتان	چرا شد چنین دیو انبازتان
بترسم که در چنگ این اژدها	روان یابد از کالبدتان رها
مرا خود ز گیتی گه رفتن است	نه هنگام تندی و آشفتن است
ولیکن چنین گوید آن سالخورد	که بودش سه فرزند آزاد مرد
که چون آز گردد ز دلها تهی	چه آن خاک و آن تاج شاهنشهی
کسی کو برادر فروشد به خاک	سزد گر نخوانندش از آب پاک
جهان چون شما دید و بیند بسی	نخواهد شدن رام با هر کسی
کزین هر چه دانید از کردگار	بود رستگاری به روز شمار
بجویید و آن توشه‌ی ره کنید	بکوشید تا رنج کوته کنید
فرستاده بشنید گفتار اوی	زمین را ببوسید و برگاشت روی
ز پیش فریدون چنان بازگشت	که گفتی که با باد انباز گشت

سخن گفتن فریدون با ایرج در باره کردار سلم و تور

فرستاده‌ی سلم چون گشت باز	شهنشاه بنشست و بگشاد راز
گرامی جهانجوی را پیش خواند	همه گفتها پیش او بازراند
ورا گفت کان دو پسر جنگجوی	ز خاور سوی ما نهادند روی
از اختر چنین استشان بهره خود	که باشند شادان به کردار بد
دگر آنکه دو کشور آبشخورست	که آن بومها را درشتی برست
برادرت چندان برادر بود	کجا مر ترا بر سر افسر بود
چو پژمرده شد روی رنگین تو	نگردد دگر گرد بالین تو

Shahnameh

تو گر پیش شمشیر مهرآوری	سرت گردد آشفته از داوری
دو فرزند من کز دو دوش جهان	برینسان گشادند بر من زبان
گرت سر بکارست بپسیچ کار	در گنج بگشای و بربند بار
تو گر چاشت را دست یازی به جام	و گر نه خورند ای پسر بر تو شام
نباید ز گیتی ترا یار کس	بی‌آزاری و راستی یار بس
نگه کرد پس ایرج نامور	بر آن مهربان پاک فرخ پدر
چنین داد پاسخ که ای شهریار	نگه کن بدین گردش روزگار
که چون باد بر ما همی بگذرد	خردمند مردم چرا غم خورد
همی پژمراند رخ ارغوان	کند تیره دیدار روشن‌روان
به آغاز گنج است و فرجام رنج	پس از رنج رفتن ز جای سپنج
چو بستر ز خاکست و بالین ز خشت	درختی چرا باید امروز کشت
که هر چند چرخ از برش بگذرد	تنش خون خورد بار کین آورد
خداوند شمشیر و گاه و نگین	چو ما دید بسیار و بیند زمین
از آن تاجور نامداران پیش	ندیدند کین اندر آیین خویش
چو دستور باشد مرا شهریار	به بد نگذرانم بد روزگار
نباید مرا تاج و تخت و کلاه	شوم پیش ایشان دوان بی‌سپاه
بگویم که ای نامداران من	چنان چون گرامی تن و جان من
به بیهوده از شهریار زمین	مدارید خشم و مدارید کین
به گیتی مدارید چندین امید	نگر تا چه بد کرد با جمشید
به فرجام هم شد ز گیتی بدر	نماندش همان تاج و تخت و کمر
مرا با شما هم به فرجام کار	بباید چشیدن بد روزگار
دل کینه ورشان بدین آورم	سزاوارتر زانکه کین آورم
بدو گفت شاه ای خردمند پور	برادر همی رزم جوید تو سور
مرا این سخن یاد باید گرفت	ز مه روشنایی نیاید شگفت
ز تو پر خرد پاسخ ایدون سزید	دلت مهر پیوند ایشان گزید
ولیکن چو جانی شود بی‌بها	نهد پر خرد در دم اژدها
چه پیش آیدش جز گزاینده زهر	کش از آفرینش چنین است بهر
ترا ای پسر گر چنین است رای	بیارای کار و بپرداز جای
پرستنده چند از میان سپاه	بفرمای کایند با تو به راه

۶۸

ز درد دل اکنون یکی نامه من	نویسم فرستم بدان انجمن
مگر باز بینم ترا تن درست	که روشن روانم به دیدار تست

نامه نوشتن فریدون به سلم و تور

یکی نامه بنوشت شاه زمین	به خاور خدای و به سالار چین
سر نامه کرد آفرین خدای	کجا هست و باشد همیشه به جای
چنین گفت کاین نامه‌ی پندمند	به نزد دو خورشید گشته بلند
دو سنگی دو جنگی دو شاه زمین	میان کیان چون درخشان نگین
از آنکو ز هر گونه دیده جهان	شده آشکارا برو بر نهان
گراینده‌ی تیغ و گرز گران	فروزنده‌ی نامدار افسران
نماینده‌ی شب به روز سپید	گشاینده‌ی گنج پیش امید
همه رنجها گشته آسان بدوی	برو روشنی اندر آورده روی
نخواهم همی خویشتن را کلاه	نه آگنده گنج و نه تاج و نه گاه
سه فرزند را خواهم آرام و ناز	از آن پس که دیدیم رنج دراز
برادر کزو بود دلتان به درد	وگر چند هرگز نزد باد سرد
دوان آمد از بهر آزارتان	که بود آرزومند دیدارتان
بیفگند شاهی شما را گزید	چنان کز ره نامداران سزید
ز تخت اندر آمد به زین برنشست	برفت و میان بندگی را ببست
بدان کو به سال از شما کهترست	نوازیدن کهتر اندر خورست
گرامیش دارید و نوشه خورید	چو پرورده شد تن روان پرورید
چو از بودنش بگذرد روز چند	فرستید با زی منش ارجمند
نهادند بر نامه بر مهر شاه	ز ایوان بر ایرج گزین کرد راه
بشد با تنی چند برنا و پیر	چنان چون بود راه را ناگریز

رفتن ایرج با نامه پدر نزد برادران

چو تنگ اندر آمد به نزدیکشان — نبود آگه از رای تاریکشان
پذیره شدندش به آیین خویش — سپه سربسر باز بردند پیش
چو دیدند روی برادر به مهر — یکی تازه‌تر برگشادند چهر
دو پرخاشجوی با یکی نیک خوی — گرفتند پرسش نه بر آرزوی
دو دل پر ز کینه یکی دل به جای — برفتند هر سه به پرده سرای
به ایرج نگه کرد یکسر سپاه — که او بد سزاوار تخت و کلاه
بی‌آرامشان شد دل از مهر او — دل از مهر و دیده پر از چهر او
سپاه پراگنده شد جفت جفت — همه نام ایرج بد اندر نهفت
که هست این سزاوار شاهنشهی — جز این را نزیبد کلاه مهی
به لکشر نگه کرد سلم از کران — سرش گشت از کار لشکر گران
به لشگرگه آمد دلی پر ز کین — چگر پر ز خون ابروان پر ز چین
سراپرده پرداخت از انجمن — خود و تور بنشست با رای زن
سخن شد پژوهنده از هردری — ز شاهی و از تاج هر کشوری
به تور از میان سخن سلم گفت — که یک یک سپاه از چه گشتند جفت
به هنگامه‌ی بازگشتن ز راه — نکردی همانا به لشکر نگاه
سپاه دو شاه از پذیره شدن — دگر بود و دیگر به بازآمدن
که چندان کجا راه بگذاشتند — یکی چشم از ایرج نه برداشتند
از ایران دلم خود به دو نیم بود — به اندیشه اندیشگان برفزود
سپاه دو کشور چو کردم نگاه — از این پس جز او را نخوانند شاه
اگر بیخ او نگسلانی ز جای — ز تخت بلندت کشد زیر پای
برین گونه از جای برخاستند — همه شب همی چاره آراستند

کشتن برادران، ایرج را

چو برداشت پرده ز پیش آفتاب	سپیده برآمد به پالود خواب
دو بیهوده را دل بدان کار گرم	که دیده بشویند هر دو ز شرم
برفتند هر دو گرازان ز جای	نهادند سر سوی پرده‌سرای
چو از خیمه ایرج به ره بنگرید	پر از مهر دل پیش ایشان دوید
برفتند با او به خیمه درون	سخن بیشتر بر چرا رفت و چون
بدو گفت تور ار تو از ماکهی	چرا برنهادی کلاه مهی
ترا باید ایران و تخت کیان	مرا بر در ترک بسته میان
برادر که مهتر به خاور به رنج	به سر بر ترا افسر و زیر گنج
چنین بخششی کان جهانجوی کرد	همه سوی کهتر پسر روی کرد
نه تاج کیان مانم اکنون نه گاه	نه نام بزرگی نه ایران سپاه
چو از تور بشنید ایرج سخن	یکی پاکتر پاسخ افگند بن
بدو گفت کای مهتر کام جوی	اگر کام دل خواهی آرام جوی
من ایران نخواهم نه خاور نه چین	نه شاهی نه گسترده روی زمین
بزرگی که فرجام او تیرگیست	برآن مهتری بر بباید گریست
سپهر بلند ار کشد زین تو	سرانجام خشتست بالین تو
مرا تخت ایران اگر بود زیر	کنون گشتم از تاج و از تخت سیر
سپردم شما را کلاه و نگین	بدین روی با من مدارید کین
مرا با شما نیست ننگ و نبرد	روان را نباید برین رنجه کرد
زمانه نخواهم به آزارتان	اگر دورمانم ز دیدارتان
جز از کهتری نیست آیین من	مباد آز و گردن‌کشی دین من
چو بشنید تور از برادر چنین	به ابرو ز خشم اندر آورد چین
نیامدش گفتار ایرج پسند	نبد راستی نزد او ارجمند
به کرسی به خشم اندر آورد پای	همی گفت و برجست هزمان ز جای
یکایک برآمد ز جای نشست	گرفت آن گران کرسی زر بدست

۷۱

بزد بر سر خسرو تاجدار	ازو خواست ایرج به جان زینهار
نیایدت گفت ایچ بیم از خدای	نه شرم از پدر خود همینست رای
مکش مر مراکت سرانجام کار	بپیچاند از خون من کردگار
مکن خویشتن را ز مردم‌کشان	کزین پس نیابی ز من خودنشان
بسنده کنم زین جهان گوشه‌ای	بکوشش فراز آورم توشه‌ای
به خون برادر چه بندی کمر	چه سوزی دل پیر گشته پدر
جهان خواستی یافتی خون مریز	مکن با جهاندار یزدان ستیز
سخن را چو بشنید پاسخ نداد	همان گفتن آمد همان سرد باد
یکی خنجر آبگون برکشید	سراپای او چادر خون کشید
بدان تیز زهرآبگون خنجرش	همی کرد چاک آن کیانی برش
فرود آمد از پای سرو سهی	گسست آن کمرگاه شاهنشهی
روان خون از آن چهره‌ی ارغوان	شد آن نامور شهریار جوان
جهانا بپروردیش در کنار	وز آن پس ندادی به جان زینهار
نهانی ندانم ترا دوست کیست	بدین آشکارت بباید گریست
سر تاجور ز آن تن پیلوار	به خنجر جدا کرد و برگشت کار
بیاگند مغزش به مشک و عبیر	فرستاد نزد جهان‌بخش پیر
چنین گفت کاینت سر آن نیاز	که تاج نیاگان بدو گشت باز
کنون خواه تاجش ده و خواه تخت	شد آن سایه‌گستر نیازی درخت
برفتند باز آن دو بیداد شوم	یکی سوی ترک و یکی سوی روم

آوردن تابوت ایرج به نزد فریدون

فریدون نهاده دو دیده به راه	سپاه و کلاه آرزومند شاه
چو هنگام برگشتن شاه بود	پدر زان سخن خود کی آگاه بود
همی شاه را تخت پیروزه ساخت	همی تاج را گوهر اندر شاخت
پذیره شدن را بیاراستند	می و رود و رامشگران خواستند
تبیره ببردند و پیل از درش	ببستند آذین به هر کشورش

به زین اندرون بود شاه و سپاه	یکی گرد تیره برآمد ز راه
هیونی برون آمد از تیره گرد	نشسته برو سوگواری به درد
خروشی برآورد دل سوگوار	یکی زر تابوتش اندر کنار
به تابوت زر اندرون پرنیان	نهاده سر ایرج اندر میان
ابا ناله و آه و با روی زرد	به پیش فریدون شد آن شوخ مرد
ز تابوت زر تخته برداشتند	که گفتار او خوار پنداشتند
ز تابوت چون پرنیان برکشید	سر ایرج آمد بریده پدید
بیافتاد ز اسپ آفریدون به خاک	سپه سر به سر جامه کردند چاک
سیه شد رخ و دیدگان شد سپید	که دیدن دگرگونه بودش امید
چو خسرو برانگونه آمد ز راه	چنین بازگشت از پذیره سپاه
دریده درفش و نگونسار کوس	رخ نامداران به رنگ آبنوس
تبیره سیه کرده و روی پیل	پراکنده بر تازی اسپانش نیل
پیاده سپهبد پیاده سپاه	پر از خاک سر برگرفتند راه
خروشیدن پهلوانان به درد	کنان گوشت تن را بران رادمرد
برین گونه گردد به ما بر سپهر	بخواهد ربودن چو بنمود چهر
مبر خود به مهر زمانه گمان	نه نیکو بود راستی در کمان
چو دشمنش گیری نمایدت مهر	و گر دوست خوانی نبینیش چهر
یکی پند گویم ترا من درست	دل از مهر گیتی ببایدت شست
سپه داغ دل شاه با های و هوی	سوی باغ ایرج نهادند روی
به روزی کجا جشن شاهان بدی	وزان پیشتر بزمگاهان بدی
فریدون سر شاه پور جوان	بیامد ببر برگرفته نوان
بر آن تخت شاهنشهی بنگرید	سر شاه را نزدر تاج دید
همان حوض شاهان و سرو سهی	درخت گلفشان و بید و بهی
تهی دید از آزادگان جشنگاه	به کیوان برآورده گرد سیاه
همی سوخت باغ و همی خست روی	همی ریخت اشک و همی کند موی
میان را بزناز خونین ببست	فکند آتش اندر سرای نشست
گلستانش برکند و سروان بسوخت	به یکبارگی چشم شادی بدوخت
نهاده سر ایرج اندر کنار	سر خویشتن کرد زی کردگار
همی گفت کای داور دادگر	بدین بیگنه کشته اندر نگر

به خنجر سرش کنده در پیش من	تنش خورده شیران آن انجمن
دل هر دو بیداد از آن سان بسوز	که هرگز نبینند جز تیره روز
به داغی جگرشان کنی آژده	که بخشایش آرد بریشان دده
همی خواهم از روشن کردگار	که چندان زمان یابم از روزگار
که از تخم ایرج یکی نامور	بیاید برین کین ببندد کمر
چو دیدم چنین زان سپس شایدم	اگر خاک بالا بپیمایدم
برین‌گونه بگریست چندان بزار	همی تاگیا رستش اندر کنار
زمین بستر و خاک بالین او	شده تیره روشن جهان‌بین او
در بار بسته گشاده زبان	همی گفت کای داور راستان
کس از تاجداران بدین‌سان نمرد	که مردست این نامبردار گرد
سرش را بریده به زار اهرمن	تنش را شده کام شیران کفن
خروشی به زاری و چشمی پرآب	ز هر دام و دد برده آرام و خواب
سراسر همه کشورش مرد و زن	به هر جای کرده یکی انجمن
همه دیده پرآب و دل پر ز خون	نشسته به تیمار و گرم اندرون
همه جامه کرده کبود و سیاه	نشسته به اندوه در سوگ شاه
چه مایه چنین روز بگذاشتند	همه زندگی مرگ پنداشتند

زادن منوچهر از مادر

برآمد برین نیز یک چندگاه	شبستان ایرج نگه کرد شاه
یکی خوب و چهره پرستنده دید	کجا نام او بود ماه‌آفرید
که ایرج برو مهر بسیار داشت	قضا را کنیزک ازو بار داشت
پری چهره را بچه بود در نهان	از آن شاد شد شهریار جهان
از آن خوبرخ شد دلش پرامید	به کین پسر داد دل را نوید
چو هنگامه‌ی زادن آمد پدید	یکی دختر آمد ز ماه آفرید
جهانی گرفتند پروردنش	برآمد به ناز و بزرگی تنش
مر آن ماه‌رخ را ز سر تا به پای	تو گفتی مگر ایرجستی به جای

چو بر جست و آمدش هنگام شوی	چو پروین شدش روی و چون مشک موی
نیا نامزد کرد شویش پشنگ	بدو داد و چندی برآمد درنگ
یکی پور زاد آن هنرمند ماه	چگونه سزاوار تخت و کلاه
چو از مادر مهربان شد جدا	سبک تاختندش به نزدنیا
بدو گفت موبد که ای تاجور	یکی شادکن دل به ایرج نگر
جهان‌بخش را لب پر از خنده شد	تو گفتی مگر ایرجش زنده شد
نهاد آن گرانمایه را برکنار	نیایش همی کرد با کردگار
همی گفت کاین روز فرخنده باد	دل بدسگالان ما کنده باد
همان کز جهان آفرین کرد یاد	ببخشود و دیده بدو باز داد
فریدون چو روشن جهان را بدید	به چهر نوآمد سبک بنگرید
چنین گفت کز پاک مام و پدر	یکی شاخ شایسته آمد به بر
می روشن آمد ز پرمایه جام	مر آن چهر دارد منوچهر نام
چنان پروردیدش که باد هوا	برو بر گذشتی نبودی روا
پرستنده‌ای کش به بر داشتی	زمین را به پی هیچ نگذاشتی
به پای اندرش مشک سارا بدی	روان بر سرش چتر دیبا بدی
چنین تا برآمد برو سالیان	نیامدش ز اختر زمانی زیان
هنرها که آید شهان را به کار	بیاموختش نامور شهریار
چو چشم و دل پادشا باز شد	سپه نیز با او هم آواز شد
نیا تخت زرین و گرز گران	بدو داد و پیروزه تاج سران
سراپرده‌ی دیبه‌ی هفترنگ	بدو اندرون خیمه‌های پلنگ
چه اسپان تازی به زرین ستام	چه شمشیر هندی به زرین نیام
چه از جوشن و ترگ و رومی زره	گشادند مر بندها را گره
کمان‌های چاچی وتیر خدنگ	سپرهای چینی و ژوپین جنگ
برین گونه آراسته گنجها	که بودش به گرد آمده رنجها
سراسر سزای منوچهر دید	دل خویش را زو پر از مهر دید
کلید در گنج آراسته	به گنجور او داد با خواسته
همه پهلوانان لشکرش را	همه نامداران کشورش را
بفرمود تا پیش او آمدند	همه با دلی کینه‌جو آمدند
به شاهی برو آفرین خواندند	زبرجد به تاجش برافشاندند

چو جشنی بد این روزگار بزرگ	شده در جهان میش پیدا ز گرگ
سپهدار چون قارن کاوگان	سپهکش چو شیروی و چون آوگان
چو شد ساخته کار لشکر همه	برآمد سر شهریار از رمه

آگاه شدن سلم و تور از پادشاهی منوچهر فرستادن پیام به نزد فریدون

به سلم و به تور آمد این آگهی	که شد روشن آن تخت شاهنشهی
دل هر دو بیدادگر پر نهیب	که اختر همی رفت سوی نشیب
نشستند هر دو به اندیشگان	شده تیره روز جفاپیشگان
یکایک بران رایشان شد درست	کزان روی شان چاره بایست جست
که سوی فریدون فرستند کس	به پوزش کجا چاره این بود بس
بجستند از آن انجمن هردوان	یکی پاک دل مرد چیره‌زبان
بدان مرد باهوش و با رای و شرم	بگفتند با لابه بسیار گرم
در گنج خاور گشادند باز	بدیدند هول نشیب از فراز
ز گنج گهر تاج زر خواستند	همی پشت پیلان بیاراستند
به گردونه‌ها بر چه مشک و عبیر	چه دیبا و دینار و خز و حریر
ابا پیل گردونکش و رنگ و بوی	ز خاور به ایران نهادند روی
هر آنکس که بد بر در شهریار	یکایک فرستادشان یادگار
چو پردخته‌شان شد دل از خواسته	فرستاده آمد برآراسته
بدادند نزد فریدون پیام	نخست از جهاندار بردند نام
که جاوید باد آفریدون گرد	همه فرهی ایزد او را سپرد
سرش سبز باد و تنش ارجمند	منش برگذشته ز چرخ بلند
بدان کان دو بدخواه بیدادگر	پر از آب دیده ز شرم پدر
پشیمان شده داغ دل بر گناه	همی سوی پوزش نمایند راه
چه گفتند دانندگان خرد	که هر کس که بد کرد کیفر برد
بماند به تیمار و دل پر ز درد	چو ما مانده‌ایم ای شه رادمرد
نوشته چنین بودمان از بوش	به رسم بوش اندر آمد روش

هژبر جهانسوز و نر اژدها — ز دام قضا هم نیابد رها
و دیگر که فرمان ناپاک دیو — ببرد دل از ترس کیهان خدیو
به ما بر چنین خیره شد رای بد — که مغز دو فرزند شد جای بد
همی چشم داریم از آن تاجور — که بخشایش آرد به ما بر مگر
اگر چه بزرگست ما را گناه — به بی‌دانشی برنهد پیشگاه
و دیگر بهانه سپهر بلند — که گاهی پناهست و گاهی گزند
سوم دیو کاندر میان چون نوند — میان بسته دارد ز بهر گزند
اگر پادشا را سر از کین ما — شود پاک و روشن شود دین ما
منوچهر را با سپاه گران — فرستد به نزدیک خواهشگران
بدان تا چو بنده به پیشش به پای — بباشیم جاوید و اینست رای
مگر کان درختی کزین کین برست — به آب دو دیده توانیم شست
بپوییم تا آب و رنجش دهیم — چو تازه شود تاج و گنجش دهیم
فرستاده آمد دلی پر سخن — سخن را نه سر بود پیدا نه بن
اباپیل و با گنج و با خواسته — به درگاه شاه آمد آراسته
به شاه آفریدون رسید آگهی — بفرمود تا تخت شاهنشهی
به دیبای چینی بیاراستند — کلاه کیانی بپیراستند
نشست از بر تخت پیروزه شاه — چو سرو سهی بر سرش گرد ماه
ابا تاج و با طوق و باگوشوار — چنان چون بود در خور شهریار
خجسته منوچهر بر دست شاه — نشسته نهاده به سر بر کلاه
به زرین عمود و به زرین کمر — زمین کرده خورشیدگون سر به سر
دو رویه بزرگان کشیده رده — سراپای یکسر به زر آژده
به یک دست بربسته شیر و پلنگ — به دست دگر ژنده پیلان جنگ
برون شد ز درگاه شاپور گرد — فرستاده‌ی سلم را پیش برد
فرستاده چون دید درگاه شاه — پیاده دوان اندر آمد ز راه
چو نزدیک شاه آفریدون رسید — سر و تخت و تاج بلندش بدید
ز بالا فرو برد سر پیش اوی — همی بر زمین بر بمالید روی
گرانمایه شاه جهان کدخدای — به کرسی زرین ورا کرد جای
فرستاده بر شاه کرد آفرین — که ای نازش تاج و تخت و نگین
زمین گلشن از پایه‌ی تخت تست — زمان روشن از مایه‌ی بخت تست

همه بنده‌ی خاک پای توایم   همه پاک زنده به رای توایم
پیام دو خونی به گفتن گرفت   همه راستیها نهفتن گرفت
گشاده زبان مرد بسیار هوش   بدو داده شاه جهاندار گوش
ز کردار بد پوزش آراستن   منوچهر را نزد خود خواستن
میان بستن او را بسان رهی   سپردن بدو تاج و تخت مهی
خریدن ازو باز خون پدر   بدینار و دیبا و تاج و کمر
فرستاده گفت و سپهبد شنید   مر آن بند را پاسخ آمد کلید
چو بشنید شاه جهان کدخدای   پیام دو فرزند ناپاک رای
یکایک بمرد گرانمایه گفت   که خورشید را چون توانی نهفت
نهان دل آن دو مرد پلید   ز خورشید روشن‌تر آمد پدید
شنیدم همه هر چه گفتی سخن   نگه کن که پاسخ چه یابی ز بن
بگو آن دو بی‌شرم ناپاک را   دو بیداد و بد مهر و ناباک را
که گفتار خیره نیرزد به چیز   ازین در سخن خود نرانیم نیز
اگر بر منوچهرتان مهر خاست   تن ایرج نامورتان کجاست
که کام دد و دام بودش نهفت   سرش را یکی تنگ تابوت جفت
کنون چون ز ایرج بپرداختید   به کین منوچهر بر ساختید
نبینید رویش مگر با سپاه   ز پولاد بر سر نهاده کلاه
ابا گرز و با کاویانی درفش   زمین کرده از سم اسپان بنفش
سپهدار چون قارون رزم زن   چو شاپور و نستوه شمشیر زن
به یک دست شیدوش جنگی به پای   چو شیروی شیراوژن رهنمای
چو سام نریمان و سرو یمن   به پیش سپاه اندرون رای زن
درختی که از کین ایرج برست   به خون برگ و بارش بخواهیم شست
از آن تاکنون کین اوکس نخواست   که پشت زمانه ندیدیم راست
نه خوب آمدی با دو فرزند خویش   کجا جنگ را کردمی دست پیش
کنون زان درختی که دشمن بکند   برومند شاخی برآمد بلند
بیاید کنون چون هژبر ژیان   به کین پدر تنگ بسته میان
فرستاده آن هول گفتار دید   نشست منوچهر سالار دید
بپژمرد و برخاست لرزان ز جای   هم آنگه به زین اندر آورد پای
همه بودنیها به روشن روان   بدید آن گرانمایه مرد جوان

که با سلم و با تور گردان سپهر	نه بس دیر چین اندر آرد بچهر
بیامد به کردار باد دمان	سری پر ز پاسخ دلی پرگمان
ز دیدار چون خاور آمد پدید	به هامون کشیده سراپرده دید
بیامد به درگاه پرده سرای	به پرده درون بود خاور خدای
یکی خیمه‌ی پرنیان ساخته	ستاره زده جای پرداخته
دو شاه دو کشور نشسته به راز	بگفتند کامد فرستاده باز
بیامد هم آنگاه سالار بار	فرستاده را برد زی شهریار
نشستنگهی نو بیاراستند	ز شاه نو آیین خبر خواستند
بجستند هر گونه‌ای آگهی	ز دیهیم و ز تخت شاهنشهی
ز شاه آفریدون و از لشکرش	ز گردان جنگی و از کشورش
و دیگر ز کردار گردان سپهر	که دارد همی بر منوچهر مهر
بزرگان کدامند و دستور کیست	چه مایستشان گنج و گنجور کیست
فرستاده گفت آنکه روشن بهار	بدید و ببیند در شهریار
بهایست خرم در اردیبهشت	همه خاک عنبر همه زر خشت
سپهر برین کاخ و میدان اوست	بهشت برین روی خندان اوست
به بالای ایوان او راغ نیست	به پهنای میدان او باغ نیست
چو رفتم به نزدیک ایوان فراز	سرش با ستاره همی گفت راز
به یک دست پیل و به یک دست شیر	جهان را به تخت اندر آورده زیر
ابر پشت پیلانش بر تخت زر	ز گوهر همه طوق شیران نر
تبیره زنان پیش پیلان به پای	ز هر سو خروشیدن کره نای
تو گفتی که میدان بجوشد همی	زمین به آسمان بر خورشد همی
خرامان شدم پیش آن ارجمند	یکی تخت پیروزه دیدم بلند
نشسته برو شهریاری چو ماه	ز یاقوت رخشان به سر بر کلاه
چو کافور موی و چو گلبرگ روی	دل آزرم جوی و زبان چرب‌گوی
جهان را ازو دل به بیم و امید	تو گفتی مگر زنده شد جمشید
منوچهر چون زاد سرو بلند	به کردار تهمورس دیوبند
نشسته بر شاه بر دست راست	تو گویی زبان و دل پادشاست
به پیش اندرون قارن رزم زن	به دست چپش سرو شاه یمن
چو شاه یمن سرو دستورشان	چو پیروز گرشاسپ گنجورشان

79

شمار در گنجها ناپدید — کس اندر جهان آن بزرگی ندید
همه گرد ایوان دو رویه سپاه — به زرین عمود و به زرین کلاه
سپهدار چون قارن کاوگان — به پیش سپاه اندرون آوگان
مبارز چو شیروی درنده شیر — چو شاپور یل ژنده پیل دلیر
چنو بست بر کوهه‌ی پیل کوس — هوا گردد از گرد چون آبنوس
گر آیند زی ما به جنگ آن گروه — شود کوه هامون و هامون کوه
همه دل پر از کین و پرچین بروی — به جز جنگشان نیست چیز آرزوی
بریشان همه برشمرد آنچه دید — سخن نیز کز آفریدون شنید
دو مرد جفا پیشه را دل ز درد — بپیچید و شد رویشان لاژورد
نشستند و جستند هرگونه رای — سخن را نه سر بود پیدا نه پای
به سلم بزرگ آنگهی تور گفت — که آرام و شادی بباید نهفت
نباید که آن بچه‌ی نره‌شیر — شود تیزدندان و گردد دلیر
چنان نامور بی‌هنر چون بود — کش آموزگار آفریدون بود
نبیره چو شد رای زن بانیا — ازان جایگه بردمد کیمیا
بباید بسیچید ما را بجنگ — شتاب آوریدن به جای درنگ
ز لشکر سواران برون تاختند — ز چین و ز خاور سپه ساختند
فتاد اندران بوم و بر گفت‌گوی — جهانی بدیشان نهادند روی
سپاهی که آن را کرانه نبود — بدان بد که اختر جوانه نبود
ز خاور دو لشکر به ایران کشید — بخفتان و خود اندرون ناپدید
ابا ژنده پیلان و با خواسته — دو خونی به کینه دل آراسته

آهنگ رزم منوچهر با سلو و تور

سپه چون به نزدیک ایران کشید
همانگه خبر با فریدون رسید

بفرمود پس تا منوچهر شاه
ز پهلو به هامون گذارد سپاه

یکی داستان زد جهاندیده کی
که مرد جوان چون بود نیک‌پی

بدام آیدش ناسگالیده میش
پلنگ از پس پشت و صیاد پیش

شکیبایی و هوش و رای و خرد
هژبر از بیابان به دام آورد

و دیگر ز بد مردم بد کنش
به فرجام روزی بپیچد تنش

ببادافره آنگه شتابیدمی
که تفسیده آهن بتابیدمی

چو لشکر منوچهر بر ساده دشت
برون برد آنجا ببد روز هشت

فریدونش هنگام رفتن بدید
سخنها به دانش بدو گسترید

منوچهر گفت ای سرافراز شاه
کی آید کسی پیش تو کینه خواه

مگر بد سگالد بدو روزگار
به جان و تن خود خورد زینهار

من اینک میان را به رومی زره
ببندم که نگشایم از تن گره

به کین جستن از دشت آوردگاه
برآرم به خورشید گرد سپاه

ازان انجمن کس ندارم به مرد
کجا جست یارند با من نبرد

بفرمود تا قارن رزم جوی
ز پهلو به دشت اندر آورد روی

سراپرده‌ی شاه بیرون کشید
درفش همایون به هامون کشید

همی رفت لشکر گروها گروه
چو دریا بجوشید هامون و کوه

چنان تیره شد روز روشن ز گرد
تو گفتی که خورشید شد لاجورد

ز کشور برآمد سراسر خروش
همی کرشدی مردم تیزگوش

خروشیدن تازی اسپان ز دشت
ز بانگ تبیره همی برگذشت

ز لشگر گه پهلوان تا دو میل
کشیده دو رویه رده ژنده‌پیل

ازان شصت بر پشتشان تخت زر
به زر اندرون چند گونه گهر

چو سیصد بنه برنهادند بار
چو سیصد همان از در کارزار

همه زیر برگستوان اندرون
نبدشان جز از چشم ز آهن برون

سراپرده‌ی شاه بیرون زدند	ز تمیشه لشکر بهامون زدند
سپهدار چون قارن کینه‌دار	سواران جنگی چو سیصدهزار
همه نامداران جوشن‌وران	برفتند با گرزهای گران
دلیران یکایک چو شیر ژیان	همه بسته بر کین ایرج میان
به پیش اندرون کاویانی درفش	به چنگ اندرون تیغهای بنفش
منوچهر با قارن پیلتن	برون آمد از بیشه‌ی نارون
بیامد به پیش سپه برگذشت	بیاراست لشکر بران پهن‌دشت
چپ لشکرش را بگرشاسپ داد	ابر میمنه سام یل با قباد
رده بر کشیده ز هر سو سپاه	منوچهر با سرو در قلب‌گاه
همی تافت چون مه میان گروه	نبود ایچ پیدا ز افراز کوه
سپه کش چو قارن مبارز چو سام	سپه برکشیده حسام از نیام
طلایه به پیش اندرون چون قباد	کمین ور چو گرد تلیمان نژاد
یکی لشکر آراسته چون عروس	به شیران جنگی و آوای کوس

نبرد منوچهر با سلم و تور

به تور و به سلم آگهی تاختند	که ایرانیان جنگ را ساختند
ز بیشه بهامون کشیدند صف	ز خون جگر بر لب آورده کف
دو خونی همان با سپاهی گران	برفتند آگنده از کین سران
کشیدند لشکر به دشت نبرد	الانان دژ را پس پشت کرد
یکایک طلایه بیامد قباد	چو تور آگهی یافت آمد چو باد
بدو گفت نزد منوچهر شو	بگویش که ای بی‌پدر شاه نو
اگر دختر آمد ز ایرج نژاد	ترا تیغ و کوپال و جوشن که داد
بدو گفت آری گزارم پیام	بدین سان که گفتی و بردی تو نام
ولیکن گر اندیشه گردد دراز	خرد با دل تو نشیند براز
بدانی که کاریت هولست پیش	بترسی ازین خام گفتار خویش
اگر بر شما دام و دد روز و شب	همی گریدی نیستی بس عجب

که از بیشه‌ی نارون تا بچین	سواران جنگند و مردان کین
درفشیدن تیغهای بنفش	چو بینید باکاویانی درفش
بدرد دل و مغزتان از نهیب	بلندی ندانید باز از نشیب
قباد آمد آنگه به نزدیک شاه	بگفت آنچه بشنید ازان رزم خواه
منوچهر خندید و گفت آنگهی	که چونین نگوید مگر ابلهی
سپاس از جهاندار هر دو جهان	شناسنده‌ی آشکار و نهان
که داند که ایرج نیای منست	فریدون فرخ گوای منست
کنون گر بجنگ اندر آریم سر	شود آشکارا نژاد و گهر
به زرور خداوند خورشید و ماه	که چندان نمانم ورا دستگاه
که بر هم زند چشم زیر و زبر	بریده به لشکر نمایمش سر
بفرمود تا خوان بیاراستند	نشستنگه رود و می‌خواستند
بدان گه که روشن جهان تیره گشت	طلایه پراگنده بر گرد دشت
به پیش سپه قارن رزم زن	ابا رای زن سرو شاه یمن
خروشی برآمد ز پیش سپاه	که ای نامداران و مردان شاه
بکوشید کاین جنگ آهرمنست	همان درد و کین است و خون خستنست
میان بسته دارید و بیدار بید	همه در پناه جهاندار بید
کسی کو شود کشته زین رزمگاه	بهشتی بود شسته پاک از گناه
هر آن کس که از لشکر چین و روم	بریزند خون و بگیرند بوم
همه نیکنامند تا جاودان	بمانند با فره‌ی موبدان
هم از شاه یابند دیهیم و تخت	ز سالار زر و ز دادار بخت
چو پیدا شود پاک روز سپید	دو بهره بپیماید از چرخ شید
ببندید یکسر میان یلی	ابا گرز و با خنجر کابلی
بدارید یکسر همه جای خویش	یکی از دگر پای منهید پیش
سران سپه مهتران دلیر	کشیدند صف پیش سالار شیر
به سالار گفتند ما بنده‌ایم	خود اندر جهان شاه را زنده‌ایم
چو فرمان دهد ما همیدون کنیم	زمین را ز خون رود جیحون کنیم
سوی خیمه‌ی خویش باز آمدند	همه با سری کینه ساز آمدند
سپیده چو از تیره شب بردمید	میان شب تیره اندر خمید
منوچهر برخاست از قلبگاه	ابا جوشن و تیغ و رومی کلاه

سپه یکسره نعره برداشتند / سنانها به ابر اندر افراشتند
پر از خشم سر ابروان پر ز چین / همی بر نوشتند روی زمین
چپ و راست و قلب و جناح سپاه / بیاراست لشکر چو بایست شاه
زمین شد به کردار کشتی برآب / تو گفتی سوی غرق دارد شتاب
بزد مهره بر کوهه‌ی ژنده پیل / زمین جنب جنبان چو دریای نیل
همان پیش پیلان تبیره زنان / خروشان و جوشان و پیلان دمان
یکی بزمگاهست گفتی به جای / ز شیپور و نالیدن کره نای
برفتند از جای یکسر چو کوه / دهاده برآمد ز هر دو گروه
بیابان چو دریای خون شد درست / تو گفتی که روی زمین لاله رست
پی ژنده پیلان بخون اندرون / چنان چون ز بیجاده باشد ستون
همه چیزگی با منوچهر بود / کزو مغز گیتی پر از مهر بود
چنین تا شب تیره سر بر کشید / درخشنده خورشید شد ناپدید
زمانه بیک سان ندارد درنگ / گهی شهد و نوش است و گاهی شرنگ
دل تور و سلم اندر آمد بجوش / به راه شبیخون نهادند گوش
چو شب روز شد کس نیامد به جنگ / دو جنگی گرفتند ساز درنگ
چو از روز رخشنده نیمی برفت / دل هر دو جنگی ز کینه بتفت
به تدبیر یک با دگر ساختند / همه رای بیهوده انداختند
که چون شب شود ما شبیخون کنیم / همه دشت و هامون پر از خون کنیم
چو کارآگهان آگهی یافتند / دوان زی منوچهر بشتافتند
رسیدند پیش منوچهر شاه / بگفتند تا برنشاند سپاه
منوچهر بشنید و بگشاد گوش / سوی چاره شد مرد بسیار هوش
سپه را سراسر به قارن سپرد / کمین‌گاه بگزید سالار گرد
ببرد از سران نامور سی‌هزار / دلیران و گردان خنجرگزار
کمین‌گاه را جای شایسته دید / سواران جنگی و بایسته دید
چو شب تیره شد تور با صدهزار / بیامد کمربسته‌ی کارزار
شبیخون سگالیده و ساخته / بپیوسته تیر و کمان آخته
چو آمد سپه دید بر جای خویش / درفش فروزنده بر پای پیش
جز از جنگ و پیکار چاره ندید / خروش از میان سپه بر کشید
ز گرد سواران هوا بست میغ / چو برق درخشنده پولاد تیغ

هوا را تو گفتی همی برفروخت	چو الماس روی زمین را بسوخت
به مغز اندرون بانگ پولاد خاست	به ابر اندرون آتش و باد خاست
برآورد شاه از کمین گاه سر	نبد تور را از دو رویه گذر
عنان را بپیچید و برگاشت روی	برآمد ز لشکر یکی های هوی
دمان از پس ایدر منوچهر شاه	رسید اندر آن نامور کینه خواه
یکی نیزه انداخت بر پشت او	نگونسار شد خنجر از مشت او
ز زین برگرفتش بکردار باد	بزد بر زمین داد مردی بداد
سرش را هم آنگه ز تن دور کرد	دد و دام را از تنش سور کرد
بیامد به لشکرگه خویش باز	به دیدار آن لشکر سرفراز

نامه منوچهر به نزد فریدون

به شاه آفریدون یکی نامه کرد	ز مشک و ز عنبر سر خامه کرد
نخست از جهان آفرین کرد یاد	خداوند خوبی و پاکی و داد
سپاس از جهاندار فریادرس	نگیرد به سختی جز او دست کس
دگر آفرین بر فریدون برز	خداوند تاج و خداوند گرز
همش داد و هم دین و هم فرهی	همش تاج و هم تخت شاهنشهی
همه راستی راست از بخت اوست	همه فر و زیبایی از تخت اوست
رسیدم به خوبی بتوران زمین	سپه برکشیدیم و جستیم کین
سه جنگ گران کرده شد در سه روز	چه در شب چه در هور گیتی فروز
از ایشان شبیخون و از ماکمین	کشیدیم و جستیم هر گونه کین
شنیدم که ساز شبیخون گرفت	ز بیچارگی بند افسون گرفت
کمین ساختم از پس پشت اوی	نماندم بجز باد در مشت اوی
یکایک چو از جنگ برگاشت روی	پی اندر گرفتم رسیدم بدوی
بخفتانش بر نیزه بگذاشتم	به نیرو ازان زینش برداشتم
بینداختم چون یکی اژدها	بریدم سرش از تن بی‌بها
فرستادم اینک به نزد نیا	بسازم کنون سلم را کیمیا

چنان چون سر ایرج شهریار به تابوت زر اندر افگند خوار
به نامه درون این سخن کرد یاد هیونی برافگند برسان باد
فرستاده آمد رخی پر ز شرم دو چشم از فریدون پر از آب گرم
که چون برد خواهد سر شاه چین بریده بر شاه ایران زمین
که فرزند گر سر بپیچید ز دین پدر را بدو مهر افزون ز کین
گنه بس گران بود و پوزش نبرد و دیگر که کین خواه او بود گرد
بیامد فرستاده‌ی شوخ روی سر تور بنهاد در پیش اوی
فریدون همی بر منوچهر بر یکی آفرین خواست از دادگر
به سلم آگهی رفت ازین رزمگاه وزان تیرگی کاندر آمد به ماه
پس پشتش اندر یکی حصن بود برآورده سر تا به چرخ کبود
چنان ساخت کاید بدان حصن باز که دارد زمانه نشیب و فراز
هم این یک سخن قارن اندیشه کرد که برگاشتش سلم روی از نبرد
الانی دژش باشد آرامگاه سزد گر برو بربگیریم راه
که گر حصن دریا شود جای اوی کسی نگسلاند ز بن پای اوی
یکی جای دارد سر اندر سحاب به چاره برآورده از قعر آب
نهاده ز هر چیز گنجی به جای فگنده برو سایه پر همای
مرا رفت باید بدین چاره زود رکاب و عنان را بباید بسود
اگر شاه بیند ز جنگ‌آوران به کهتر سپارد سپاهی گران
همان با درفش همایون شاه هم انگشتر تور با من به راه
بباید کنون چاره‌ای ساختن سپه را بحصن اندر انداختن
من و گردگر شاسپ و این تیره شب برین راز بر باد مگشای لب
چو روی هوا گشت چون آبنوس نهادند بر کوهه‌ی پیل کوس
همه نامداران پرخاشجوی ز خشکی به دریا نهادند روی
سپه را به شیروی بسپرد و گفت که من خویشتن را بخواهم نهفت
شوم سوی دژبان به پیغمبری نمایم بدو مهر انگشتری
چو در دژ شوم برفرازم درفش درفشان کنم تیغهای بنفش
شما روی یکسر سوی دژ نهید چنانک اندر آیید دمید و دهید
سپه را به نزدیک دریا بماند به شیروی شیراوژن و خود براند
بیامد چو نزدیکی دژ رسید سخن گفت و دژدار مهرش بدید

چنین گفت کز نزد تور آمدم   بفرمود تا یک زمان دم زدم
مرا گفت شو پیش دژبان بگوی   که روز و شب آرام و خوردن مجوی
کز ایدر درفش منوچهر شاه   سوی دژ فرستد همی با سپاه
تو با او به نیک و به بد یار باش   نگهبان دژ باش و بیدار باش
چو دژبان چنین گفتها را شنید   همان مهر انگشتری را بدید
همان گه در دژ گشادند باز   بدید آشکارا ندانست راز
نگر تا سخنگوی دهقان چه گفت   که راز دل آن دید کو دل نهفت
مرا و ترا بندگی پیشه باد   ابا پیشه‌مان نیز اندیشه باد
به نیک و به بد هر چه شاید بدن   بباید همی داستهانها زدن
چو دژدار و چون قارن رزمجوی   یکایک بروی اندر آورده روی
یکی بدسگال و یکی ساده دل   سپهبد بهر چاره آماده دل
همی جست آن روز تا شب زمان   نه آگاه دژدار از آن بدگمان
به بیگانه بر مهر خویشی نهاد   بداد از گزافه سر و دژ بباد
چو شب روز شد قارن رزمخواه   درفشی برافراخت چون گرد ماه
خروشید و بنمود یک یک نشان   به شیروی و گردان گردنکشان
چو شیروی دید آن درفش یلی   به کین روی بنهاد با پردلی
در حصن بگرفت و اندر نهاد   سران را ز خون بر سر افسر نهاد
به یک دست قارن به یک دست شیر   به سر گرز و تیغ آتش و آب زیر
ر بر تیغ گنبد رسید   نه آیین دژ بد نه دژبان پدید
نه دژ بود گفتی نه کشتی بر آب   یکی دود دیدی سراندر سحاب
درخشیدن آتش و باد خاست   خروش سواران و فریاد خاست
چو خورشید تابان ز بالا بگشت   چه آن دژ نمود و چه آن پهن دشت
بکشتند ازیشان فزون از شمار   همی دود از آتش برآمد چوقار
همه روی دریا شده قیرگون   همه روی صحرا شده جوی خون
تهی شد ز کینه سر کینه دار   گریزان همی رفت سوی حصار
پس اندر سپاه منوچهر شاه   دمان و دنان برگرفتند راه
چو شد سلم تا پیش دریا کنار   ندید آنچه کشتی برآن رهگذار
چنان شد ز بس کشته و خسته دشت   که پوینده را راه دشوار گشت
پر از خشم و پر کینه سالار نو   نشست از بر چرمه‌ی تیزرو

بیفگند بر گستوان و بتاخت / به گرد سپه چرمه اندر نشاخت
رسید آنگهی تنگ در شاه روم / خروشید کای مرد بیداد شوم
بکشتی برادر ز بهر کلاه / کله یافتی چند پویی براه
کنون تاجت آوردم ای شاه و تخت / به بار آمد آن خسروانی درخت
زتاج بزرگی گریزان مشو / فریدونت گاهی بیاراست نو
درختی که پروردی آمد به بار / بیابی هم اکنون برش در کنار
اگر بار خارست خود کشته‌ای / و گر پرنیانست خود رشته‌ای
همی تاخت اسپ اندرین گفتگوی / یکایک به تنگی رسید اندر اوی
یکی تیغ زد زود بر گردنش / بدو نیمه شد خسروانی تنش
بفرمود تا سرش برداشتند / به نیزه به ابر اندر افراشتند
بماندند لشکر شگفت اندر اوی / ازان زور و آن بازوی جنگجوی
همه لشکر سلم همچون رمه / که بپراگند روزگار دمه
برفتند یکسر گروها گروه / پراگنده در دشت و دریا و کوه
یکی پرخرد مرد پاکیزه مغز / که بودش زبان پر ز گفتار نغز
بگفتند تازی منوچهر شاه / شوم گرم و باشد زبان سپاه
بگوید که گفتند ما کهتریم / زمین جز به فرمان او نسپریم
گروهی خداوند بر چارپای / گروهی خداوند کشت و سرای
سپاهی بدین رزمگاه آمدیم / نه بر آرزو ظ آمدیم
کنون سر به سر شاه را بنده‌ایم / دل و جان به مهر وی آگنده‌ایم
گرش رای جنگ است و خون ریختن / نداریم نیروی آویختن
سران یکسره پیش شاه آوریم / بر او سر بیگناه آوریم
براند هر آن کام کو را هواست / برین بیگنه جان ما پادشاست
بگفت این سخن مرد بسیار هوش / سپهدار خیره بدو دادگوش
چنین داد پاسخ که من کام خویش / به خاک افگنم برکشم نام خویش
هر آن چیز کان نز ره ایزدیست / از آهرمنی گر ز دست بدیست
سراسر ز دیدار من دور باد / بدی را تن دیو رنجور باد
شما گر همه کینه‌دار منید / وگر دوستدارید و یار منید
چو پیروزگر دادمان دستگاه / گنه کار پیدا شد از بیگناه
کنون روز دادست بیداد شد / سران را سر از کشتن آزاد شد

همه مهر جویید و افسون کنید	ز تن آلت جنگ بیرون کنید
خروشی برآمد ز پرده‌سرای	که ای پهلوانان فرخنده‌رای
ازین پس به خیره مریزید خون	که بخت جفاپیشگان شد نگون
همه آلت لشکر و ساز جنگ	ببردند نزدیک پور پشنگ
سپهبد منوچهر بنواختشان	براندازه بر پایگه ساختشان
سوی دژ فرستاد شیروی را	جهاندیده مرد جهانجوی را
بفرمود کان خواسته برگرای	نگه کن همه هر چه یابی به جای
به پیلان گردونکش آن خواسته	به درگاه شاه‌آور آراسته
بفرمود تا کوس رویین و نای	زدند و فرو هشت پرده‌سرای
سپه را ز دریا به هامون کشید	ز هامون سوی آفریدون کشید
چو آمد به نزدیک تمیشه باز	نیا را بدیدار او بد نیاز
برآمد ز در ناله‌ی کرنای	سراسر بجنبید لشکر ز جای
همه پشت پیلان ز پیروزه تخت	بیاراست سالار پیروز بخت
چه با مهد زرین به دیبای چین	بگوهر بیاراسته همچنین
چه با گونه‌گونه درفشان درفش	جهانی شده سرخ و زرد و بنفش
ز دریای گیلان چو ابر سیاه	دمادم بساری رسید آن سپاه
چو آمد بنزدیک شاه آن سپاه	فریدون پذیره بیامد براه
همه گیل مردان چو شیر یله	ابا طوق زرین و مشکین کله
پس پشت شاه اندر ایرانیان	دلیران و هر یک چو شیر ژیان
به پیش سپاه اندرون پیل و شیر	پس ژنده پیلان یلان دلیر
درفش درفشان چو آمد پدید	سپاه منوچهر صف بر کشید
پیاده شد از باره سالار نو	درخت نوآیین پر از بار نو
زمین را ببوسید و کرد آفرین	بران تاج و تخت و کلاه و نگین
فریدونش فرمود تا برنشست	ببوسید و بسترد رویش به دست
پس آنگه سوی آسمان کرد روی	که ای دادگر داور راست‌گوی
تو گفتی که من دادگر داورم	به سختی ستم‌دیده را یاورم
همم داد دادی و هم داوری	همم تاج دادی هم انگشتری
بفرمود پس تا منوچهر شاه	نشست از بر تخت زر با کلاه
سپهدار شیروی با خواسته	به درگاه شاه آمد آراسته

بفرمود پس تا منوچهر شاه   ببخشید یکسر همه با سپاه

درگذشتن فریدون

چو این کرده شد روز برگشت بخت   بپژمرد برگ کیانی درخت

کرانه گزید از بر تاج و گاه   نهاده بر خود سر هر سه شاه

پر از خون دل و پر ز گریه دو روی   چنین تا زمانه سرآمد بروی

فریدون شد و نام ازو ماند باز   برآمد برین روزگار دراز

همان نیکنامی به و راستی   که کرد ای پسر سود برکاستی

منوچهر بنهاد تاج کیان   بزنار خونین ببستش میان

برآیین شاهان یکی دخمه کرد   چه از زر سرخ و چه از لاژورد

نهادند زیر اندرش تخت عاج   بیاویختند از بر عاج تاج

بپدرود کردنش رفتند پیش   چنان چون بود رسم آیین و کیش

در دخمه بستند بر شهریار   شد آن ارجمند از جهان زار و خوار

جهانا سراسر فسوسی و باد   بتو نیست مرد خردمند شاد

منوچهر

پادشاهی منوچهر

منوچهر یک هفته با درد بود	دو چشمش پر آب و رخش زرد بود
بهشتم بیامد منوچهر شاه	بسر بر نهاد آن کیانی کلاه
همه پهلوانان روی زمین	برو یکسره خواندند آفرین
چو دیهیم شاهی بسر بر نهاد	جهان را سراسر همه مژده داد
به داد و به آیین و مردانگی	به نیکی و پاکی و فرزانگی
منم گفت بر تخت گردان سپهر	همم خشم و جنگست و هم داد و مهر
زمین بنده و چرخ یار منست	سر تاجداران شکار منست
همم دین و هم فره‌ی ایزدیست	همم بخت نیکی و هم بخردیست
شب تار جوینده‌ی کین منم	همان آتش تیز برزین منم
خداوند شمشیر و زرینه کفش	فرازنده‌ی کاویانی درفش
فروزنده‌ی میغ و برنده تیغ	بجنگ اندرون جان ندارم دریغ
گه بزم دریا دو دست منست	دم آتش از بر نشست منست
بدان را ز بد دست کوته کنم	زمین را بکین رنگ دیبه کنم
گراینده گرز و نماینده تاج	فروزنده‌ی ملک بر تخت عاج
ابا این هنرها یکی بنده‌ام	جهان آفرین را پرستنده‌ام
همه دست بر روی گریان زنیم	همه داستانها ز یزدان زنیم
کزو تاج و تختست ازویم سپاه	ازویم سپاس و بدویم پناه
براه فریدون فرخ رویم	نیامان کهن بود گر ما نویم
هر آنکس که در هفت کشور زمین	بگردد ز راه و بتابد ز دین
نماینده‌ی رنج درویش را	زبون داشتن مردم خویش را
برافراختن سر به بیشی و گنج	به رنجور مردم نماینده رنج
همه نزد من سر به سر کافرند	وز آهرمن بدکنش بدترند
هر آن کس که او جز برین دین بود	ز یزدان و از منش نفرین بود
وزان پس به شمشیر یازیم دست	کنم سر به سر کشور و مرز پست

همه پهلوانان روی زمین	منوچهر را خواندند آفرین
که فرخ نیای تو ای نیکخواه	ترا داد شاهی و تخت و کلاه
ترا باد جاوید تخت ردان	همان تاج و هم فره‌ی موبدان
دل ما یکایک به فرمان تست	همان جان ما زیر پیمان تست
جهان پهلوان سام بر پای خاست	چنین گفت کای خسرو داد راست
ز شاهان مرا دیده بر دیدنست	ز تو داد و ز ما پسندیدنست
پدر بر پدر شاه ایران تویی	گزین سواران و شیران تویی
ترا پاک یزدان نگه‌دار باد	دلت شادمان بخت بیدار باد
تو از باستان یادگار منی	به تخت کی بر بهار منی
به رزم اندرون شیر پاینده‌ای	به بزم اندرون شید تابنده‌ای
زمین و زمان خاک پای تو باد	همان تخت پیروزه جای تو باد
تو شستی به شمشیر هندی زمین	به آرام بنشین و رامش گزین
ازین پس همه نوبت ماست رزم	ترا جای تخت است و شادی و بزم
شوم گرد گیتی برآیم یکی	ز دشمن ببند آورم اندکی
مرا پهلوانی نیای تو داد	دلم را خرد مهر و رای تو داد
برو آفرین کرد بس شهریار	بسی دادش از گوهر شاهوار
چو از پیش تختش گرازید سام	پسش پهلوانان نهادند گام
خرامید و شد سوی آرامگاه	همی کرد گیتی به آیین و راه

زال و رودابه

داستان زال و رودابه

کنون پرشگفتی یکی داستان	بپیوندم از گفته‌ی باستان
نگه کن که مر سام را روزگار	چه بازی نمود ای پسر گوش دار
نبود ایچ فرزند مرسام را	دلش بود جوینده‌ی کام را
نگاری بد اندر شبستان اوی	ز گلبرگ رخ داشت و ز مشک موی
از آن ماهش امید فرزند بود	که خورشید چهر و برومند بود
ز سام نریمان همو بارداشت	ز بارگران تنش آزار داشت
ز مادر جدا شد بران چند روز	نگاری چو خورشید گیتی فروز
به چهره چنان بود تابنده شید	ولیکن همه موی بودش سپید
پسر چون ز مادر بران گونه زاد	نکردند یک هفته بر سام یاد
شبستان آن نامور پهلوان	همه پیش آن خرد کودک نوان
کسی سام یل را نیارست گفت	که فرزند پیر آمد از خوب جفت
یکی دایه بودش به کردار شیر	بر پهلوان اندر آمد دلیر
که بر سام یل روز فرخنده باد	دل بدسگالان او کنده باد
پس پرده‌ی تو در ای نامجوی	یکی پور پاک آمد از ماه روی
تنش نقره‌ی سیم و رخ چون بهشت	برو بر نبینی یک اندام زشت
از آهو همان کش سپیدست موی	چنین بود بخش تو ای نامجوی
فرود آمد از تخت سام سوار	به پرده درآمد سوی نوبهار
چو فرزند را دید مویش سپید	ببود از جهان سر به سر ناامید
سوی آسمان سربرآورد راست	ز دادآور آنگاه فریاد خواست
که ای برتر از کژی و کاستی	بهی زان فزاید که تو خواستی
اگر من گناهی گران کرده‌ام	وگر کیش آهرمن آورده‌ام
به پوزش مگر کردگار جهان	به من بر ببخشاید اندر نهان
بپیچد همی تیره جانم ز شرم	بجوشد همی در دلم خون گرم
چو آیند و پرسند گردنکشان	چه گویم ازین بچه‌ی بدنشان

۹۶

چه گویم که این بچه‌ی دیو چیست　　پلنگ و دورنگست و گرنه پریست
ازین ننگ بگذارم ایران زمین　　نخواهم برین بوم و بر آفرین
بفرمود پس تاش برداشتند　　از آن بوم و بر دور بگذاشتند
بجایی که سیمرغ را خانه بود　　بدان خانه این خرد بیگانه بود
نهادند بر کوه و گشتند باز　　برآمد برین روزگاری دراز
چنان پهلوان زاده‌ی بیگناه　　ندانست رنگ سپید از سیاه
پدر مهر و پیوند بفگند خوار　　جفا کرد بر کودک شیرخوار
یکی داستان زد برین نره شیر　　کجا بچه را کرده بد شیر سیر
که گر من ترا خون دل دادمی　　سپاس ایچ بر سرت ننهادمی
که تو خود مرا دیده و هم دلی　　دلم بگسلد گر زمن بگسلی

پناه دادن سیمرغ، زال را

چو سیمرغ را بچه شد گرسنه　　به پرواز بر شد دمان از بنه
یکی شیرخواره خروشنده دید　　زمین را چو دریای جوشنده دید
ز خاراش گهواره و دایه خاک　　تن از جامه دور و لب از شیر پاک
به گرد اندرش تیره خاک نژند　　به سر برش خورشید گشته بلند
پلنگش بدی کاشکی مام و باب　　مگر سایه‌ای یافتی ز آفتاب
فرود آمد از ابر سیمرغ و چنگ　　بزد برگرفتش از آن گرم سنگ
ببردش دمان تا به البرز کوه　　که بودش بدانجا کنام و گروه
سوی بچگان برد تا بشکرند　　بدان ناله‌ی زار او ننگرند
ببخشود یزدان نیکی‌دهش　　کجا بودنی داشت اندر بوش
نگه کرد سیمرغ با بچگان　　بران خرد خون از دو دیده چکان
شگفتی برو بر فگندند مهر　　بماندند خیره بدان خوب چهر
شکاری که نازکتر آن برگزید　　که بی‌شیر مهمان همی خون مزید
بدین گونه تا روزگاری دراز　　برآورد داننده بگشاد راز
چو آن کودک خرد پر مایه گشت　　برآن کوه بر روزگاری گذشت

یکی مرد شد چون یکی زاد سرو	برش کوه سیمین میانش چو غرو
نشانش پراگنده شد در جهان	بد و نیک هرگز نماند نهان

آگاه شدن سام نریمان، از زال

به سام نریمان رسید آگهی	از آن نیک پی پور با فرهی
شبی از شبان داغ دل خفته بود	ز کار زمانه برآشفته بود
چنان دید در خواب کز هندوان	یکی مرد بر تازی اسپ دوان
ورا مژده دادی به فرزند او	بران برز شاخ برومند او
چو بیدار شد موبدان را بخواند	ازین در سخن چندگونه براند
چه گویید گفت اندرین داستان	خردتان برین هست همداستان
هر آنکس که بودند پیر و جوان	زبان برگشادند بر پهلوان
که بر سنگ و بر خاک شیر و پلنگ	چه ماهی به دریا درون با نهنگ
همه بچه را پرورانندهاند	ستایش به یزدان رسانندهاند
تو پیمان نیکی دهش بشکنی	چنان بیگنه بچه را بفگنی
بیزدان کنون سوی پوزش گرای	که اویست بر نیکویی رهنمای
چو شب تیره شد رای خواب آمدش	از اندیشهی دل شتاب آمدش
چنان دید در خواب کز کوه هند	درفشی برافراشتندی بلند
جوانی پدید آمدی خوب روی	سپاهی گران از پس پشت اوی
بدست چپش بر یکی موبدی	سوی راستش نامور بخردی
یکی پیش سام آمدی زان دو مرد	زبان بر گشادی بگفتار سرد
که ای مرد بیباک ناپاک رای	دل و دیده شسته ز شرم خدای
ترا دایه گر مرغ شاید همی	پس این پهلوانی چه باید همی
گر آهوست بر مرد موی سپید	ترا ریش و سرگشت چون خنگ بید
پس از آفریننده بیزار شو	که در تنت هر روز رنگیست نو
پسر گر به نزدیک تو بود خوار	کنون هست پروردهی کردگار
کزو مهربانتر ورا دایه نیست	ترا خود به مهر اندرون مایه نیست

به خواب اندرون بر خروشید سام	چو شیر ژیان کاندر آید به دام
چو بیدار شد بخردانرا بخواند	سران سپه را همه برنشاند
بیامد دمان سوی آن کوهسار	که افگندگان را کند خواستار
سراندر ثریا یکی کوه دید	که گفتی ستاره بخواهد کشید
نشیمی ازو برکشیده بلند	که ناید ز کیوان برو بر گزند
فرو برده از شیز و صندل عمود	یک اندر دگر ساخته چوب عود
بدان سنگ خارا نگه کرد سام	بدان هیبت مرغ و هول کنام
یکی کاخ بد تارک اندر سماک	نه از دست رنج و نه از آب و خاک
ره بر شدن جست و کی بود راه	دد و دام را بر چنان جایگاه
ابر آفریننده کرد آفرین	بمالید رخسارگان بر زمین
همی گفت کای برتر از جایگاه	ز روشن روان و ز خورشید و ماه
گرین کودک از پاک پشت منست	نه از تخم بد گوهر آهرمنست
از این بر شدن بنده را دست گیر	مرین پر گنه را تو اندرپذیر
چنین گفت سیمرغ با پور سام	که ای دیده رنج نشیم و کنام
پدر سام یل پهلوان جهان	سرافرازتر کس میان مهان
بدین کوه فرزند جوی آمدست	ترا نزد او آب روی آمدست
روا باشد اکنون که بردارمت	بی‌آزار نزدیک او آرمت
به سیمرغ بنگر که دستان چه گفت	که سیر آمدستی همانا ز جفت
نشیم تو رخشنده گاه منست	دو پر تو فر کلاه منست
چنین داد پاسخ که گر تاج و گاه	ببینی و رسم کیانی کلاه
مگر کاین نشیمت نیاید به کار	یکی آزمایش کن از روزگار
ابا خویشتن بر یکی پر من	خجسته بود سایه‌ی فر من
گرت هیچ سختی بروی آورند	ور از نیک و بد گفت‌وگوی آورند
برآتش برافگن یکی پر من	ببینی هم اندر زمان فر من
که در زیر پرت بپرورده‌ام	ابا بچگانت برآورده‌ام
همان گه بیایم چو ابر سیاه	بی‌آزارت آرم بدین جایگاه
فرامش مکن مهر دایه ز دل	که در دل مرا مهر تو دلگسل
دلش کرد پدرام و برداشتش	گرازان به ابر اندر افراشتش
ز پروازش آورد نزد پدر	رسیده به زیر برش موی سر

تنش پیلوار و به رخ چون بهار	پدر چون بدیدش بنالید زار
فرو برد سر پیش سیمرغ زود	نیایش همی بفرین برفزود
سراپای کودک همی بنگرید	همی تاج و تخت کی را سزید
برو و بازوی شیر و خورشید روی	دل پهلوان دست شمشیر جوی
سپیدش مژه دیدگان قیرگون	چو بسد لب و رخ به مانند خون
دل سام شد چون بهشت برین	بران پاک فرزند کرد آفرین
به من ای پسر گفت دل نرم کن	گذشته مکن یاد و دل گرم کن
منم کمترین بنده یزدان‌پرست	ازان پس که آوردمت باز دست
پذیرفته‌ام از خدای بزرگ	که دل بر تو هرگز ندارم سترگ
بجویم هوای تو ازنیک و بد	ازین پس چه خواهی تو چونان سزد
تنش را یکی پهلوانی قبای	بپوشید و از کوه بگزارد پای
فرود آمد از کوه و بالای خواست	همان جامه‌ی خسرو آرای خواست
سپه یکسره پیش سام آمدند	گشاده دل و شادکام آمدند
تبیره‌زنان پیش بردند پیل	برآمد یکی گرد مانند نیل
خروشیدن کوس با کرنای	همان زنگ زرین و هندی درای
سواران همه نعره برداشتند	بدان خرمی راه بگذاشتند
چو اندر هوا شب علم برگشاد	شد آن روی رومیش زنگی نژاد
بران دشت هامون فرود آمدند	بخفتند و یکبار دم بر زدند
چو بر چرخ گردان درفشنده شید	یکی خیمه زد از حریر سپید
به شادی به شهر اندرون آمدند	ابا پهلوانی فزون آمدند

آگاه شدن منوچهر از کار سام و زال

یکایک به شاه آمد این آگهی	که سام آمد از کوه با فرهی
بدان آگهی شد منوچهر شاد	بسی از جهان آفرین کرد یاد
بفرمود تا نوذر نامدار	شود تازیان پیش سام سوار
کند آفرین کیانی براوی	بدان شادمانی که بگشاد روی

بفرمایدش تا سوی شهریار شود تا سخنها کند خواستار
ببیند یکی روی دستان سام به دیدار ایشان شود شادکام
وزین جا سوی زابلستان شود برآیین خسروپرستان شود
چو نوذر بر سام نیرم رسید یکی نو جهان پهلوان را بدید
فرود آمد از باره سام سوار گرفتند مر یکدیگر را کنار
ز شاه و ز گردان بپرسید سام ازیشان بدو داد نوذر پیام
چو بشنید پیغام شاه بزرگ زمین را ببوسید سام سترگ
دوان سوی درگاه بنهاد روی چنان کش بفرمود دیهیم جوی
چو آمد به نزدیکی شهریار سپهبد پذیره شدش از کنار
درفش منوچهر چون دید سام پیاده شد از باره بگذارد گام
منوچهر فرمود تا برنشست مر آن پاک‌دل گرد خسروپرست
سوی تخت و ایوان نهادند روی چه دیهیم دار و چه دیهیم جوی
منوچهر برگاه بنشست شاد کلاه بزرگی به سر برنهاد
به یک دست قارن به یک دست سام نشستند روشن‌دل و شادکام
پس آراسته زال را پیش شاه برزین عمود و برزین کلاه
گرازان بیاورد سالار بار شگفتی بماند اندرو شهریار
بران بر ز بالای آن خوب چهر تو گفتی که آرام جانست و مهر
چنین گفت مر سام را شهریار که از من تو این را به زنهاردار
بخیره میازارش از هیچ روی به کس شادمانه مشو جز بدوی
که فر کیان دارد و چنگ شیر دل هوشمندان و آهنگ شیر
پس از کار سیمرغ و کوه بلند وزان تا چرا خوار شد ارجمند
یکایک همه سام با او بگفت هم از آشکارا هم اندر نهفت
وز افگندن زال بگشاد راز که چون گشت با او سپهر از فراز
سرانجام گیتی ز سیمرغ و زال پر از داستان شد به بسیار سال
برفتم به فرمان گیهان خدای به البرز کوه اندر آن زشت جای
یکی کوه دیدم سراندر سحاب سپهری‌ست گفتی ز خارا بر آب
برو بر نشیمی چو کاخ بلند ز هر سوی برو بسته راه گزند
بدو اندرون بچه‌ی مرغ و زال تو گفتی که هستند هر دو همال
همی بوی مهر آمد از باد اوی به دل راحت آمد هم از یاد اوی

ابا داور راست گفتم به راز	که ای آفریننده‌ی بی‌نیاز
رسیده بهر جای برهان تو	نگردد فلک جز به فرمان تو
یکی بنده‌ام با تنی پرگناه	به پیش خداوند خورشید و ماه
امیدم به بخشایش تست بس	به چیزی دگر نیستم دسترس
تو این بنده‌ی مرغ پرورده را	به خواری و زاری برآورده را
همی پر پوشد بجای حریر	مزد گوشت هنگام پستان شیر
به بد مهری من روانم مسوز	به من باز بخش و دلم برفروز
به فرمان یزدان چو این گفته شد	نیایش همانگه پذیرفته شد
بزد پر سیمرغ و بر شد به ابر	همی حلقه زد بر سر مرد گبر
ز کوه اندر آمد چو ابر بهار	گرفته تن زال را بر کنار
به پیش من آورد چون دایه‌ای	که در مهر باشد ورا مایه‌ای
من آوردمش نزد شاه جهان	همه آشکاراش کردم نهان
بفرمود پس شاه با موبدان	ستاره‌شناسان و هم بخردان
که جویند تا اختر زال چیست	بران اختر از بخت سالار کیست
چو گیرد بلندی چه خواهد بدن	همی داستان از چه خواهد زدن
ستاره‌شناسان هم اندر زمان	از اختر گرفتند پیدا نشان
بگفتند باشاه دیهیم دار	که شادان بزی تا بود روزگار
که او پهلوانی بود نامدار	سرافراز و هشیار و گرد و سوار
چو بنشنید شاه این سخن شاد شد	دل پهلوان از غم آزاد شد
یکی خلعتی ساخت شاه زمین	که کردند هر کس بدو آفرین
از اسپان تازی به زرین ستام	ز شمشیر هندی به زرین نیام
ز دینار و خز و ز یاقوت و زر	ز گستردنیهای بسیار مر
غلامان رومی به دیبای روم	همه گوهرش پیکر و زرش بوم
زبرجد طبقها و پیروزه جام	چه از زر سرخ و چه از سیم خام
پر از مشک و کافور و پر زعفران	همه پیش بردند فرمان بران
همان جوشن و ترگ و برگستوان	همان نیزه و تیر و گرز گران
همان تخت پیروزه و تاج زر	همام مهر یاقوت و زرین کمر
وزان پس منوچهر عهدی نوشت	سراسر ستایش بسان بهشت
همه کابل و زابل و مای و هند	ز دریای چین تا به دریای سند

ز زابلستان تا بدان روی بست / به نوی نوشتند عهدی درست
چو این عهد و خلعت بیاراستند / پس اسپ جهان پهلوان خواستند
چو این کرده شد سام بر پای خاست / که ای مهربان مهتر داد و راست
ز ماهی بر اندیشه تا چرخ ماه / چو تو شاه ننهاد بر سر کلاه
به مهر و به داد و به خوی و خرد / زمانه همی از تو رامش برد
همه گنج گیتی به چشم تو خوار / مبادا ز تو نام تو یادگار
فرود آمد و تخت را داد بوس / ببستند بر کوهه‌ی پیل کوس
سوی زابلستان نهادند روی / نظاره برو بر همه شهر و کوی
چو آمد به نزدیکی نیمروز / خبر شد ز سالار گیتی فروز
بیاراسته سیستان چون بهشت / گلش مشک سارابد و زر خشت
بسی مشک و دینار برریختند / بسی زعفران و درم بیختند
یکی شادمانی بد اندر جهان / سراسر میان کهان و مهان
هر آنجا که بد مهتری نامجوی / ز گیتی سوی سام بنهاد روی
که فرخنده بادا پی این جوان / برین پاک دل نامور پهلوان
چو بر پهلوان آفرین خواندند / ابر زال زر گوهر افشاندند
نشست آنگهی سام با زیب و جام / همی داد چیز و همی راند کام
کسی کو به خلعت سزاوار بود / خردمند بود و جهاندار بود
براندازه‌شان خلعت آراستند / همه پایه‌ی برتری خواستند
جهاندیدگان را ز کشور بخواند / سخنهای بایسته چندی براند
چنین گفت با نامور بخردان / که ای پاک و بیدار دل موبدان
چنین است فرمان هشیار شاه / که لشکر همی راند باید به راه
سوی گرگساران و مازندران / همی راند خواهم سپاهی گران
بماند به نزد شما این پسر / که همتای جان‌ست و جفت جگر
دل و جانم ایدر بماند همی / مژه خون دل برفشاند همی
بگاه جوانی و کند آوری / یکی بیهده ساختم داوری
پسر داد یزدان بیانداختم / ز بی‌دانشی ارج نشناختم
گرانمایه سیمرغ برداشتش / همان آفریننده بگماشتش
بپرورد او را چو سرو بلند / مرا خوار بد مرغ را ارجمند
چو هنگام بخشایش آمد فراز / جهاندار یزدان بمن داد باز

بدانید کاین زینهار منست / به نزد شما یادگار منست
گرامیش دارید و پندش دهید / همه راه و رای بلندش دهید
سوی زال کرد آنگهی سام روی / که داد و دهش گیر و آرام جوی
چنان دان که زابلستان خان تست / جهان سر به سر زیر فرمان تست
ترا خان و مان باید آبادتر / دل دوستداران تو شادتر
کلید در گنجها پیش تست / دلم شاد و غمگین به کم بیش تست
به سام آنگهی گفت زال جوان / که چون زیست خواهم من ایدر نوان
جدا پیشتر زین کجا داشتی / مدارم که آمد گه آشتی
کسی کو ز مادر گنه کار زاد / من آنم سزد گر بنالم ز داد
گهی زیر چنگال مرغ اندرون / چمیدن به خاک و چریدن ز خون
کنون دور ماندم ز پروردگار / چنین پروراند مرا روزگار
ز گل بهره‌ی من بجز خار نیست / بدین با جهاندار پیگار نیست
بدو گفت پرداختن دل سزاست / بپرداز و بر گوی هرچت هواست
ستاره شمر مرد اخترگرای / چنین زد ترا ز اختر نیک رای
که ایدر ترا باشد آرامگاه / هم ایدر سپاه و هم ایدر کلاه
گذر نیست بر حکم گردان سپهر / هم ایدر بگسترد بایدت مهر
کنون گرد خویش اندرآور گروه / سواران و مردان دانش پژوه
بیاموز و بشنو ز هر دانشی / که یابی ز هر دانشی رامشی
ز خورد و ز بخشش میاسای هیچ / همه دانش و داد و دادن بسیچ
بگفت این و برخاست آوای کوس / هوا قیرگون شد زمین آبنوس
خروشیدن زنگ و هندی درای / برآمد ز دهلیز پرده سرای
سپهبد سوی جنگ بنهاد روی / یکی لشکری ساخته جنگجوی
بشد زال با او دو منزل براه / بدان تا پدر چون گذارد سپاه
پدر زال را تنگ در برگرفت / شگفتی خروشیدن اندر گرفت
بفرمود تا بازگردد ز راه / شود شادمان سوی تخت و کلاه
بیامد پر اندیشه دستان سام / که تا چون زید تا بود نیک نام
نشست از بر نامور تخت عاج / به سر بر نهاد آن فروزنده تاج
ابا یاره و گرزه‌ی گاو سر / ابا طوق زرین و زرین کمر
ز هر کشوری موبدانرا بخواند / پژوهید هر کار و هر چیز راند

ستاره‌شناسان و دین‌آوران	سواران جنگی و کین‌آوران
شب و روز بودند با او به هم	زدندی همی رای بر بیش و کم
چنان گشت زال از بس آموختن	تو گفتی ستاره‌ست از افروختن
به رای و به دانش به جایی رسید	که چون خویشتن در جهان کس ندید
بدین سان همی گشت گردان سپهر	ابر سام و بر زال گسترده مهر

رفتن زال به سوی کابل

چنان بد که روزی چنان کرد رای	که در پادشاهی بجنبد ز جای
برون رفت با ویژه‌گردان خویش	که با او یکی بودشان رای و کیش
سوی کشور هندوان کرد رای	سوی کابل و دنبر و مرغ و مای
به هر جایگاهی بیاراستی	می و رود و رامشگران خواستی
گشاده در گنج و افگنده رنج	برآیین و رسم سرای سپنج
ز زابل به کابل رسید آن زمان	گرازان و خندان و دل شادمان
یکی پادشا بود مهراب نام	زبر دست با گنج و گسترده کام
به بالا به کردار آزاده سرو	به رخ چون بهار و به رفتن تذرو
دل بخردان داشت و مغز ردان	دو کتف یلان و هش موبدان
ز ضحاک تازی گهر داشتی	به کابل همه بوم و برداشتی
همی داد هر سال مر سام ساو	که با او به رزمش نبود ایچ تاو
چو آگه شد از کار دستان سام	ز کابل بیامد بهنگام بام
ابا گنج و اسپان آراسته	غلامان و هر گونه‌ای خواسته
ز دینار و یاقوت و مشک و عبیر	ز دیبای زربفت و چینی حریر
یکی تاج با گوهر شاهوار	یکی طوق زرین زبرجد نگار
چو آمد به دستان سام آگهی	که مهراب آمد بدین فرهی
پذیره شدش زال و بنواختش	به آیین یکی پایگه ساختش
سوی تخت پیروزه باز آمدند	گشاده دل و بزم ساز آمدند
یکی پهلوانی نهادند خوان	نشستند بر خوان با فرخان

گسارنده‌ی می می‌آورد و جام	نگه کرد مهراب را پورسام
خوش آمد هماناش دیدار او	دلش تیزتر گشت در کار او
چو مهراب برخاست از خوان زال	نگه کرد زال اندر آن برز و یال
چنین گفت با مهتران زال زر	که زیبنده‌تر زین که بندد کمر
یکی نامدار از میان مهان	چنین گفت کای پهلوان جهان
پس پرده‌ی او یکی دخترست	که رویش ز خورشید روشن‌ترست
ز سر تا به پایش به کردار عاج	به رخ چون بهشت و به بالا چو ساج
بران سفت سیمنش مشکین کمند	سرش گشته چون حلقه‌ی پای‌بند
رخانش چو گلنار و لب ناردان	ز سیمین برش رسته دو ناروان
دو چشمش بسان دو نرگس بباغ	مژه تیرگی برده از پر زاغ
دو ابرو بسان کمان طراز	برو توز پوشیده ازمشک ناز
بهشتیست سرتاسر آراسته	پر آرایش و رامش و خواسته
برآورد مر زال را دل به جوش	چنان شد کزو رفت آرام وهوش

دل باختن زال به رودابه

شب آمد پر اندیشه بنشست زال	به نادیده برگشت بی‌خورد و هال
چو زد بر سر کوه بر تیغ شید	چو یاقوت شد روی گیتی سپید
در بار بگشاد دستان سام	برفتند گردان به زرین نیام
در پهلوان را بیاراستند	چو بالای پرمایگان خواستند
برون رفت مهراب کابل خدای	سوی خیمه‌ی زال زابل خدای
چو آمد به نزدیکی بارگاه	خروش آمد از در که بگشای راه
بر پهلوان اندرون رفت گو	بسان درختی پر از بار نو
دل زال شد شاد و بنواختش	ازان انجمن سر برافراختش
بپرسید کز من چه خواهی بخواه	ز تخت و ز مهر و ز تیغ و کلاه
بدو گفت مهراب کای پادشا	سرافراز و پیروز و فرمان روا
مرا آرزو در زمانه یکیست	که آن آرزو بر تو دشوار نیست

که آیی به شادی سوی خان من	چو خورشید روشن کنی جان من
چنین داد پاسخ که این رای نیست	به خان تو اندر مرا جای نیست
نباشد بدین سام همداستان	همان شاه چون بشنود داستان
که ما می‌گساریم و مستان شویم	سوی خانه‌ی بت پرستان شویم
جزان هر چه گویی تو پاسخ دهم	به دیدار تو رای فرخ نهم
چو بشنید مهراب کرد آفرین	به دل زال را خواند ناپاک دین
خرامان برفت از بر تخت اوی	همی آفرین خواند بر بخت اوی
چو دستان سام از پسش بنگرید	ستودش فراوان چنان چون سزید
ازان کو نه هم دین و هم راه بود	زبان از ستودنش کوتاه بود
برو هیچکس چشم نگماشتند	مر او را ز دیوانگان داشتند
چو روشن دل پهلوان را بدوی	چنان گرم دیدند با گفت‌وگوی
مر او را ستودند یک یک مهان	همان کز پس پرده بودش نهان
ز بالا و دیدار و آهستگی	ز بایستگی هم ز شایستگی
دل زال یکباره دیوانه گشت	خرد دور شد عشق فرزانه گشت
سپهدار تازی سر راستان	بگوید برین بر یکی داستان
که تا زنده‌ام چرمه جفت منست	خم چرخ گردان نهفت منست
عروسم نباید که رعنا شوم	به نزد خردمند رسوا شوم
از اندیشگان زال شد خسته دل	بران کار بنهاد پیوسته دل
همی بود پیچان دل از گفت‌وگوی	مگر تیره گردد ازین آبروی
همی گشت یکچند بر سر سپهر	دل زال آگنده یکسر بمهر

مهر پیوستن رودابه به زال

چنان بد که مهراب روزی پگاه	برفت و بیامد ازان بارگاه
گذر کرد سوی شبستان خویش	همی گشت بر گرد بستان خویش
دو خورشید بود اندر ایوان او	چو سیندخت و رودابه‌ی ماه روی
بیاراسته همچو باغ بهار	سراپای پر بوی و رنگ و نگار

شگفتی برودابه اندر بماند	همی نام یزدان بروبر بخواند
یکی سرو دید از برش گرد ماه	نهاده ز عنبر به سر بر کلاه
به دیبا و گوهر بیاراسته	بسان بهشتی پر از خواسته
بپرسید سیندخت مهراب را	ز خوشاب بگشاد عناب را
که چون رفتی امروز و چون آمدی	که کوتاه باد از تو دست بدی
چه مردست این پیر سر پور سام	همی تخت یاد آیدش گر کنام
خوی مردمی هیچ دارد همی	پی نامداران سپارد همی
چنین داد مهراب پاسخ بدوی	که ای سرو سیمین بر ماه روی
به گیتی در از پهلوانان گرد	پی زال زر کس نیارد سپرد
چو دست و عنانش بر ایوان نگار	نبینی نه بر زین چنو یک سوار
دل شیر نر دارد و زور پیل	دو دستش به کردار دریای نیل
چو برگاه باشد درافشان بود	چو در جنگ باشد سرافشان بود
رخش پژمراننده‌ی ارغوان	جوان سال و بیدار و بختش جوان
به کین اندرون چون نهنگ بلاست	به زین اندرون تیز چنگ اژدهاست
نشاننده‌ی خاک در کین بخون	فشاننده‌ی خنجر آبگون
از آهو همان کش سپیدست موی	بگوید سخن مردم عیب جوی
سپیدی مویش بزیبد همی	تو گویی که دلها فریبد همی
چو بشنید رودابه آن گفت‌گوی	برافروخت و گلنارگون کرد روی
دلش گشت پرآتش از مهر زال	ازو دور شد خورد و آرام و هال
چو بگرفت جای خرد آرزوی	دگر شد به رای و به آیین و خوی
ورا پنج ترک پرستنده بود	پرستنده و مهربان بنده بود
بدان بندگان خردمند گفت	که بگشاد خواهم نهان از نهفت
شما یک به یک رازدار منید	پرستنده و غمگسار منید
بدانید هر پنج و آگه بوید	همه ساله با بخت همره بوید
که من عاشقم همچو بحر دمان	ازو بر شده موج تا آسمان
پر از پور سامست روشن دلم	به خواب اندر اندیشه زو نگسلم
همیشه دلم در غم مهر اوست	شب و روزم اندیشه‌ی چهر اوست
کنون این سخن را چه درمان کنید	چگویید و با من چه پیمان کنید
یکی چاره باید کنون ساختن	دل و جانم از رنج پرداختن

پرستندگان را شگفت آمد آن	که بیکاری آمد ز دخت ردان
همه پاسخش را بیاراستند	چو اهرمن از جای برخاستند
که ای افسر بانوان جهان	سرافراز بر دختران مهان
ستوده ز هندوستان تا به چین	میان بتان در چو روشن نگین
به بالای تو بر چمن سرو نیست	چو رخسار تو تابش پرو نیست
نگار رخ تو ز قنوج و رای	فرستد همی سوی خاور خدای
ترا خود بدیده درون شرم نیست	پدر را به نزد تو آزرم نیست
که آن را که اندازد از بر پدر	تو خواهی که گیری مر او را به بر
که پروردهی مرغ باشد به کوه	نشانی شده در میان گروه
کس از مادران پیر هرگز نزاد	نه ز آنکس که زاید بباشد نژاد
چنین سرخ دو بسد شیر بوی	شگفتی بود گر شود پیرجوی
جهانی سراسر پر از مهر تست	به ایوانها صورت چهرتست
ترا با چنین روی و بالای و موی	ز چرخ چهارم خور آیدت شوی
چو رودابه گفتار ایشان شنید	چو از باد آتش دلش بردمید
بریشان یکی بانگ برزد به خشم	بتابید روی و بخوابید چشم
وزان پس به چشم و به روی دژم	به ابرو ز خشم اندر آورد خم
چنین گفت کاین خام پیکارتان	شنیدن نیرزید گفتارتان
نه قیصر بخواهم نه فغفور چین	نه از تاجداران ایران زمین
به بالای من پور سامست زال	ابا بازوی شیر و با برز و یال
گرش پیرخوانی همی گر جوان	مرا او بجای تنست و روان
مرا مهر او دل ندیده گزید	همان دوستی از شنیده گزید
برو مهربانم به بر روی و موی	به سوی هنر گشتمش مهرجوی
پرستنده آگه شد از راز او	چو بشنید دل خسته آواز او
به آواز گفتند ما بندهایم	به دل مهربان و پرستندهایم
نگه کن کنون تا چه فرمان دهی	نیاید ز فرمان تو جز بهی
یکی گفت زیشان که ای سر و بن	نگر تا نداند کسی این سخن
اگر جادویی باید آموختن	به بند و فسون چشمها دوختن
بپریم با مرغ و جادو شویم	بپوییم و در چاره آهو شویم
مگر شاه را نزد ماه آوریم	به نزدیک او پایگاه آوریم

۱۰۹

لب سرخ رودابه پرخنده کرد	رخان معصفر سوی بنده کرد
که این گفته را گر شوی کاربند	درختی برومند کاری بلند
که هر روز یاقوت بار آورد	برش تازیان بر کنار آورد

رفتن کنیزکان رودابه به دیدن زال زر

پرستنده برخاست از پیش اوی	بدان چاره بیچاره بنهاد روی
به دیبای رومی بیاراستند	سر زلف برگل بپیراستند
برفتند هر پنج تا رودبار	ز هر بوی و رنگی چو خرم بهار
مه فرودین وسر سال بود	لب رود لشکرگه زال بود
همی گل چدند از لب رودبار	رخان چون گلستان و گل در کنار
نگه کرد دستان ز تخت بلند	بپرسید کاین گل پرستان کیند
چنین گفت گوینده با پهلوان	که از کاخ مهراب روشن روان
پرستندگان را سوی گلستان	فرستد همی ماه کابلستان
به نزد پری چهرگان رفت زال	کمان خواست از ترک و بفراخت یال
پیاده همی رفت جویان شکار	خشیشار دید اندر آن رودبار
کمان ترک گلرخ به زه بر نهاد	به دست جهان پهلوان در نهاد
نگه کرد تا مرغ برخاست ز آب	یکی تیره بنداخت اندر شتاب
ز پروازش آورد گردان فرود	چکان خون و وشی شده آب رود
بترک آنگهی گفت زان سو گذر	بیاور تو آن مرغ افگنده پر
به کشتی گذر کرد ترک سترگ	خرامید نزد پرستنده ترک
پرستنده پرسید کای پهلوان	سخن گوی و بگشای شیرین زبان
که این شیر بازو گو پیلتن	چه مردست و شاه کدام انجمن
که بگشاد زین گونه تیر از کمان	چه سنجد به پیش اندرش بدگمان
ندیدیم زیبنده تر زین سوار	به تیر و کمان بر چنین کامگار
پری روی دندان به لب برنهاد	مکن گفت ازین گونه از شاه یاد
شه نیمروزست فرزند سام	که دستانش خوانند شاهان به نام

بگردد جهان گر بگردد سوار
ازین سان نبیند یکی نامدار

پرستنده با کودک ماه روی
بخندید و گفتش که چندین مگوی

که ماهیست مهراب را در سرای
به یک سر ز شاه تو برتر بپای

به بالای ساج است و همرنگ عاج
یکی ایزدی بر سر از مشک تاج

دو نرگس دژم و دو ابرو به خم
ستون دو ابرو چو سیمین قلم

دهانش به تنگی دل مستمند
سر زلف چون حلقه‌ی پای‌بند

دو جادوش پر خواب و پرآب روی
پر از لاله رخسار و پر مشک موی

نفس را مگر بر لبش راه نیست
چنو در جهان نیز یک ماه نیست

پرستندگان هر یکی آشکار
همی کرد وصف رخ آن نگار

بدین چاره تا آن لب لعل فام
کند آشنا با لب پور سام

چنین گفت با بندگان خوب چهر
که با ماه خوبست رخشنده مهر

ولیکن به گفتن مگر روی نیست
بود کاب را ره بدین جوی نیست

دلاور که پرهیز جوید ز جفت
بماند بسانی اندر نهفت

بدان تاش دختر نباشد ز بن
نباید شنیدنش ننگ سخن

چنین گفت مر جفت را باز نر
چو بر خایه بنشست و گسترد پر

کزین خایه گر مایه بیرون کنم
ز پشت پدر خایه بیرون کنم

ازیشان چو برگشت خندان غلام
بپرسید از و نامور پور سام

که با تو چه گفت آن که خندان شدی
گشاده لب و سیم دندان شدی

بگفت آنچه بشنید با پهلوان
ز شادی دل پهلوان شد جوان

چنین گفت با ریدک ماه روی
که رو مر پرستندگان را بگوی

که از گلستان یک زمان مگذرید
مگر با گل از باغ گوهر برید

درم خواست و دینار و گوهر ز گنج
گرانمایه دیبای زربفت پنج

بفرمود کاین نزد ایشان برید
کسی را مگوئید و پنهان برید

نباید شدن شان سوی کاخ باز
بدان تا پیامی فرستم براز

برفتند زی ماه رخسار پنج
ابا گرم گفتار و دینار و گنج

بدیشان سپردند زر و گهر
پیام جهان پهلوان زال زر

پرستنده با ماه دیدار گفت
که هرگز نماند سخن در نهفت

مگر آنکه باشد میان دو تن
سه تن نانهانست و چار انجمن

بگوی ای خردمند پاکیزه رای
سخن گر به رازست با ما سرای

Shahnameh

پرستنده گفتند یک با دگر	که آمد به دام اندرون شیر نر
کنون کار رودابه و کام زال	به جای آمد و این بود نیک فال
بیامد سیه چشم گنجور شاه	که بود اندر آن کار دستور شاه
سخن هر چه بشنید از آن دلنواز	همی گفت پیش سپهبد به راز
سپهبد خرامید تا گلستان	بر امید خورشید کابلستان
پری روی گلرخ بتان طراز	برفتند و بردند پیشش نماز
سپهبد بپرسید ازیشان سخن	ز بالا و دیدار آن سرو بن
ز گفتار و دیدار و رای و خرد	بدان تا به خوی وی اندر خورد
بگویید با من یکایک سخن	به کژی نگر نفگنید ایچ بن
اگر راستی‌تان بود گفت‌وگوی	به نزدیک من تان بود آبروی
وگر هیچ کژی گمانی برم	به زیر پی پیلتان بسپرم
رخ لاله رخ گشت چون سندروس	به پیش سپهبد زمین داد بوس
چنین گفت کز مادر اندر جهان	نزاید کس اندر میان مهان
به دیدار سام و به بالای او	به پاکی دل و دانش و رای او
دگر چون تو ای پهلوان دلیر	بدین برز بالا و بازوی شیر
همی می‌چکد گویی از روی تو	عبیرست گویی مگر بوی تو
سه دیگر چو رودابه‌ی ماه روی	یکی سرو سیمست با رنگ و بوی
ز سر تا به پایش گلست و سمن	به سرو سهی بر سهیل یمن
از آن گنبد سیم سر بر زمین	فرو هشته بر گل کمند از کمین
به مشک و به عنبر سرش بافته	به یاقوت و زمرد تنش تافته
سر زلف و جعدش چو مشکین زره	فگندست گویی گره بر گره
ده انگشت برسان سیمین قلم	برو کرده از غالیه صدرقم
بت آرای چون او نبیند بچین	برو ماه و پروین کنند آفرین
سپهبد پرستنده را گفت گرم	سخنهای شیرین به آوای نرم
که اکنون چه چارست با من بگوی	یکی راه جستن به نزدیک اوی
که ما را دل و جان پر از مهر اوست	همه آرزو دیدن چهر اوست
پرستنده گفتا چو فرمان دهی	گذاریم تا کاخ سرو سهی
ز فرخنده رای جهان پهلوان	ز گفتار و دیدار روشن روان
فریبیم و گوییم هر گونه‌ای	میان اندرون نیست واژونه‌ای

سرمشک بویش به دام آوریم ... لبش زی لب پور سام آوریم
خرامد مگر پهلوان با کمند ... به نزدیک دیوار کاخ بلند
کند حلقه در گردن کنگره ... شود شیر شاد از شکار بره
برفتند خوبان و برگشت زال ... دلش گشت با کام و شادی همال

بازگشتن کنیزکان به نزد رودابه

رسیدند خوبان به درگاه کاخ ... به دست اندرون هر یک از گل دو شاخ
نگه کرد دربان برآراست جنگ ... زبان کرد گستاخ و دل کرد تنگ
که بی‌گه ز درگاه بیرون شوید ... شگفت آیدم تا شما چون شوید
بتان پاسخش را بیاراستند ... به تنگی دل از جای برخاستند
که امروز روزی دگر گونه نیست ... به راه گلان دیو واژونه نیست
بهار آمد ازگلستان گل چنیم ... ز روی زمین شاخ سنبل چنیم
نگهبان در گفت کامروز کار ... نباید گرفتن بدان هم شمار
که زال سپهبد بکابل نبود ... سراپرده‌ی شاه زابل نبود
نبینید کز کاخ کابل خدای ... به زین اندر آرد بشبگیر پای
اگرتان ببیند چنین گل بدست ... کند بر زمین‌تان هم آنگاه پست
شدند اندر ایوان بتان طراز ... نشستند و با ماه گفتند راز
نهادند دینار و گوهر به پیش ... بپرسید رودابه از کم و بیش
که چون بودتان کار با پور سام ... بدیدن بهست ار بواز و نام
پری چهره هر پنج بشتافتند ... چو با ماه جای سخن یافتند
که مردیست برسان سرو سهی ... همش زیب و هم فر شاهنشهی
همش رنگ و بوی و همش قد و شاخ ... سواری میان لاغر و بر فراخ
دو چشمش چو دو نرگس قیرگون ... لبانش چو بسد رخانش چو خون
کف و ساعدش چو کف شیر نر ... هیون ران و موبد دل و شاه فر
سراسر سپیدست مویش برنگ ... از آهو همین است و این نیست ننگ
سر جعد آن پهلوان جهان ... چو سیمین زره بر گل ارغوان

که گویی همی خود چنان بایدی / وگر نیستی مهر نفزایدی
به دیار تو داده‌ایمش نوید / ز ما بازگشتستت دل پرامید
کنون چاره‌ی کار مهمان بساز / بفرمای تا بر چه گردیم باز
چنین گفت با بندگان سرو بن / که دیگر شدستی به رای و سخن
همان زال کو مرغ پرورده بود / چنان پیر سر بود و پژمرده بود
به دیدار شد چون گل ارغوان / سهی قد و زیبا رخ و پهلوان
رخ من به پیشش بیاراستی / به گفتار و زان پس بهاخواستی
همی گفت و لب را پر از خنده داشت / رخان هم چو گلنار آگنده داشت
پرستنده با بانوی ماه‌روی / چنین گفت کاکنون ره چاره جوی
که یزدان هر آنچت هوا بود داد / سرانجام این کار فرخنده باد
یکی خانه بودش چو خرم بهار / ز چهر بزرگان برو بر نگار
به دیبای چینی بیاراستند / طبق‌های زرین بپیراستند
عقیق و زبرجد برو ریختند / می و مشک و عنبر برآمیختند
همه زر و پیروزه بد جامشان / به روشن گلاب اندر آشامشان
بنفشه گل و نرگس و ارغوان / سمن شاخ و سنبل به دیگر کران
از آن خانه‌ی دخت خورشید روی / برآمد همی تا به خورشید بوی
چو خورشید تابنده شد ناپدید / در حجره بستند و گم شد کلید
پرستنده شد سوی دستان سام / که شد ساخته کار بگذار گام
سپهبد سوی کاخ بنهاد روی / چنان چون بود مردم جفت جوی
برآمد سیه چشم گلرخ به بام / چو سرو سهی بر سرش ماه تام
چو از دور دستان سام سوار / پدید آمد آن دختر نامدار
دو بیجاده بگشاد و آواز داد / که شاد آمدی ای جوانمرد شاد
درود جهان آفرین بر تو باد / خم چرخ گردان زمین تو باد
پیاده بدین سان ز پرده سرای / برنجیدت این خسروانی دو پای
سپهبد کزان گونه آوا شنید / نگه کرد و خورشید رخ را بدید
شده بام از آن گوهر تابناک / به جای گل سرخ یاقوت خاک
چنین داد پاسخ که ای ماه چهر / درودت ز من آفرین از سپهر
چه مایه شبان دیده اندر سماک / خروشان بدم پیش یزدان پاک
همی خواستم تا خدای جهان / نماید مرا رویت اندر نهان

کنون شاد گشتم بواز تو	بدین خوب گفتار با ناز تو
یکی چاره‌ی راه دیدار جوی	چه پرسی تو بر باره و من به کوی
پری روی گفت سپهبد شنود	سر شعر گلنار بگشاد زود
کمندی گشاد او ز سرو بلند	کس از مشک زان سان نپیچد کمند
خم اندر خم و مار بر مار بر	بران غبغبش نار بر نار بر
بدو گفت بر تاز و برکش میان	بر شیر بگشای و چنگ کیان
بگیر این سیه گیسو از یک سوم	ز بهر تو باید همی گیسوم
نگه کرد زال اندران ماه روی	شگفتی بماند اندران روی و موی
چنین داد پاسخ که این نیست داد	چنین روز خورشید روشن مباد
که من دست را خیره بر جان زنم	برین خسته دل تیز پیکان زنم
کمند از رهی بستد و داد خم	بیفگند خوار و نزد ایچ دم
به حلقه درآمد سر کنگره	برآمد ز بن تا به سر یکسره
چو بر بام آن باره بنشست باز	برآمد پری روی و بردش نماز
گرفت آن زمان دست دستان به دست	برفتند هر دو به کردار مست
فرود آمد از بام کاخ بلند	به دست اندرون دست شاخ بلند
سوی خانه‌ی زرنگار آمدند	بران مجلس شاهوار آمدند
بهشتی بد آراسته پر ز نور	پرستنده بر پای و بر پیش حور
شگفت اندرو مانده بد زال زر	برآن روی و آن موی و بالا و فر
ابا یاره و طوق و با گوشوار	ز دینار و گوهر چو باغ بهار
دو رخساره چون لاله اندر سمن	سر جعد زلفش شکن بر شکن
همان زال با فر شاهنشهی	نشسته بر ماه بر فرهی
حمایل یکی دشنه اندر برش	ز یاقوت سرخ افسری بر سرش
همی بود بوس و کنار و نبید	مگر شیر کو گور را نشکرید
سپهبد چنین گفت با ماهروی	که ای سرو سیمین بر و رنگ بوی
منوچهر اگر بشنود داستان	نباشد برین کار همداستان
همان سام نیرم برآرد خروش	ازین کار بر من شود او بجوش
ولیکن نه پرمایه جانست و تن	همان خوار گیرم بپوشم کفن
پذیرفتم از دادگر داورم	که هرگز ز پیمان تو نگذرم
شوم پیش یزدان ستایش کنم	چو ایزد پرستان نیایش کنم

مگر کو دل سام و شاه زمین
بشوید ز خشم و ز پیکار و کین
جهان آفرین بشنود گفت من
مگر کاشکارا شوی جفت من
بدو گفت رودابه من همچنین
پذیرفتم از داور کیش و دین
که بر من نباشد کسی پادشا
جهان آفرین بر زبانم گوا
جز از پهلوان جهان زال زر
که با تخت و تاجست وبا زیب و فر
همی مهرشان هر زمان بیش بود
خرد دور بود آرزو پیش بود
چنین تا سپیده برآمد ز جای
تبیره برآمد ز پرده‌سرای
پس آن ماه را شید پدرود کرد
بر خویش تار و برش پود کرد
ز بالا کمند اندر افگند زال
فرود آمد از کاخ فرخ همال

رای زدن زال با موبدان در کار رودابه

چو خورشید تابان برآمد ز کوه
برفتند گردان همه همگروه
بدیدند مر پهلوان را پگاه
وزان جایگه برگرفتند راه
سپهبد فرستاد خواننده را
که خواند بزرگان داننده را
چو دستور فرزانه با موبدان
سرافراز گردان و فرخ ردان
به شادی بر پهلوان آمدند
خردمند و روشن روان آمدند
زبان تیز بگشاد دستان سام
لبی پر ز خنده دلی شادکام
نخست آفرین جهاندار کرد
دل موبد از خواب بیدار کرد
چنین گفت کز داور راد و پاک
دل ما پر امید و ترس است و باک
به بخشایش امید و ترس از گناه
به فرمانها ژرف کردن نگاه
ستودن مراو را چنان چون توان
شب و روز بودن به پیشش نوان
خداوند گردنده خورشید و ماه
روان را به نیکی نماینده راه
بدویست گیهان خرم به پای
همو داد و داور به هر دو سرای
بهار آرد و تیرماه و خزان
برآرد پر از میوه دار رزان
جوان داردش گاه با رنگ و بوی
گهش پیر بینی دژم کرده روی
ز فرمان و رایش کسی نگذرد
پی مور بی او زمین نسپرد

بدانگه که لوح آفرید و قلم	بزد بر همه بودنیها رقم
جهان را فزایش ز جفت آفرید	که از یک فزونی نیاید پدید
ز چرخ بلند اندر آمد سخن	سراسر همین است گیتی ز بن
زمانه به مردم شد آراسته	وزو ارج گیرد همی خواسته
اگر نیستی جفت اندر جهان	بماندی توانای اندر نهان
و دیگر که مایه ز دین خدای	ندیدم که ماندی جوان را بجای
بویژه که باشد ز تخم بزرگ	چو بی‌جفت باشد بماند سترگ
چه نیکوتر از پهلوان جوان	که گردد به فرزند روشن روان
چو هنگام رفتن فراز آیدش	به فرزند نو روز بازآیدش
به گیتی بماند ز فرزند نام	که این پور زالست و آن پور سام
بدو گردد آراسته تاج و تخت	ازان رفته نام و بدین مانده بخت
کنون این همه داستان منست	گل و نرگس بوستان منست
که از من رمیدست صبر و خرد	بگویید کاین را چه اندر خورد
نگفتم من این تا نگشتم غمی	به مغز و خرد در نیامد کمی
همه کاخ مهراب مهر منست	زمینش چو گردان سپهر منست
دلم گشت با دخت سیندخت رام	چه گوینده باشد بدین رام سام
شود رام گویی منوچهر شاه	جوانی گمانی برد یا گناه
چه مهتر چه کهتر چو شد جفت جوی	سوی دین و آیین نهادست روی
بدین در خردمند را جنگ نیست	که هم راه دینست و هم ننگ نیست
چه گوید کنون موبد پیش بین	چه دانید فرزانگان اندرین
ببستند لب موبدان و ردان	سخن بسته شد بر لب بخردان
که ضحاک مهراب را بد نیا	دل شاه ازیشان پر از کیمیا
گشاده سخن کس نیارست گفت	که نشنید کس نوش با نیش جفت
چو نشنید از ایشان سپهبد سخن	بجوشید و رای نو افگند بن
که دانم که چون این پژوهش کنید	بدین رای بر من نکوهش کنید
ولیکن هر آنکو بود پر منش	بباید شنیدن بسی سرزنش
مرا اندرین گر نمایش کنید	وزین بند راه گشایش کنید
به جای شما آن کنم در جهان	که با کهتران کس نکرد از مهان
ز خوبی و از نیکی و راستی	ز بد ناورم بر شما کاستی

همه موبدان پاسخ آراستند
همه کام و آرام او خواستند
که ما مر ترا یک به یک بنده‌ایم
نه از بس شگفتی سرافگنده‌ایم
ابا آنکه مهراب ازین پایه نیست
بزرگست و گرد و سبک مایه نیست
بدانست کز گوهر اژدهاست
و گر چند بر تازیان پادشاست
اگر شاه رابد نگردد گمان
نباشد ازو ننگ بر دودمان
یکی نامه باید سوی پهلوان
چنان چون تو دانی به روشن روان
ترا خود خرد زان ما بیشتر
روان و گمانت به اندیشتر
مگر کو یکی نامه نزدیک شاه
فرستد کند رای او را نگاه
منوچهر هم رای سام سوار
نپردازد از ره بدین مایه کار

نامه زال به نزدیک سام

سپهبد نویسنده را پیش خواند
دل آگنده بودش همه برفشاند
یکی نامه فرمود نزدیک سام
سراسر نوید و درود و خرام
ز خط نخست آفرین گسترید
بدان دادگر کو جهان آفرید
ازویست شادی ازویست زور
خداوند کیوان و ناهید و هور
خداوند هست و خداوند نیست
همه بندگانیم و ایزد یکیست
ازو باد بر سام نیرم درود
خداوند کوپال و شمشیر و خود
چماننده‌ی دیزه هنگام گرد
چراننده‌ی کرگس اندر نبرد
فزاینده‌ی باد آوردگاه
فشاننده‌ی خون ز ابر سیاه
گراینده‌ی تاج و زرین کمر
نشاننده‌ی زال بر تخت زر
به مردی هنر در هنر ساخته
خرد از هنرها برافراخته
من او را بسان یکی بنده‌ام
به مهرش روان و دل آگنده‌ام
ز مادر بزادم بران سان که دید
ز گردون به من بر ستمها رسید
پدر بود در ناز و خز و پرند
مرا برده سیمرغ بر کوه هند
نیازم بد آنکو شکار آورد
ابا بچه‌ام در شمار آورد
همی پوست از باد بر من بسوخت
زمان تا زمان خاک چشمم بدوخت

همی خواندندی مرا پور سام	به اورنگ بر سام و من در کنام
چو یزدان چنین راند اندر بوش	بران بود چرخ روان را روش
کس از داد یزدان نیابد گریغ	وگر چه بپرد برآید به میغ
سنان گر بدندان بخاید دلیر	بدرد ز آواز او چرم شیر
گرفتار فرمان یزدان بود	وگر چند دندانش سندان بود
یکی کار پیش آمدم دل شکن	که نتوان ستودنش بر انجمن
پدر گر دلیرست و نراژدهاست	اگر بشنود راز بنده رواست
من از دخت مهراب گریان شدم	چو بر آتش تیز بریان شدم
ستاره شب تیره یار منست	من آنم که دریا کنار منست
به رنجی رسیدستم از خویشتن	که بر من بگرید همه انجمن
اگر چه دلم دید چندین ستم	نیارم زدن جز به فرمانت دم
چه فرماید اکنون جهان پهلوان	گشایم ازین رنج و سختی روان
ز پیمان نگردد سپهبد پدر	بدین کار دستور باشد مگر
که من دخت مهراب را جفت خویش	کنم راستی را به آیین و کیش
به پیمان چنین رفت پیش گروه	چو باز آوریدم ز البرز کوه
که هیچ آرزو بر دلت نگسلم	کنون اندرین است بسته دلم

رای زدن سام با موبدان در کار زال

سواری به کردار آذر گشسپ	ز کابل سوی سام شد بر دو اسپ
بفرمود و گفت ار بماند یکی	نباید ترا دم زدن اندکی
به دیگر تو پای اندر آور برو	برین سان همی تاز تا پیش گو
فرستاده در پیش او باد گشت	به زیر اندرش چرمه پولاد گشت
چو نزدیکی گرگساران رسید	یکایک ز دورش سپهبد بدید
همی گشت گرد یکی کوهسار	چماننده یوز و رمنده شکار
چنین گفت با غمگساران خویش	بدان کار دیده سواران خویش
که آمد سواری دمان کابلی	چمان چرمه‌ی زیر او زابلی

فرستاده‌ی زال باشد درست	ازو آگهی جست باید نخست
ز دستان و ایران و از شهریار	همی کرد باید سخن خواستار
هم اندر زمان پیش او شد سوار	به دست اندرون نامه‌ی نامدار
فرود آمد و خاک را بوس داد	بسی از جهان آفرین کرد یاد
بپرسید و بستد ازو نامه سام	فرستاده گفت آنچه بود از پیام
سپهدار بگشاد از نامه بند	فرود آمد از تیغ کوه بلند
سخنهای دستان سراسر بخواند	بپژمرد و بر جای خیره بماند
پسندش نیامد چنان آرزوی	دگرگونه بایستش او را به خوی
چنین داد پاسخ که آمد پدید	سخن هر چه از گوهر بد سزید
چو مرغ ژیان باشد آموزگار	چنین کام دل جوید از روزگار
ز نخچیر کامد سوی خانه باز	به دلش اندر اندیشه آمد دراز
همی گفت اگر گویم این نیست رای	مکن داوری سوی دانش گرای
سوی شهریاران سر انجمن	شوم خام گفتار و پیمان شکن
و گر گویم آری و کامت رواست	بپرداز دل را بدانچت هواست
ازین مرغ پرورده وان دیوزاد	چه گویی چگونه برآید نژاد
سرش گشت از اندیشه‌ی دل گران	بخفت و نیاسوده گشت اندران
سخن هر چه بر بنده دشوارتر	دلش خسته‌تر زان و تن زارتر
گشاده‌تر آن باشد اندر نهان	چو فرمان دهد کردگار جهان
چو برخاست از خواب با موبدان	یکی انجمن کرد با بخردان
گشاد آن سخن بر ستاره شمر	که فرجام این بر چه باشد گذر
دو گوهر چو آب و چو آتش به هم	برآمیخته باشد از بن ستم
همانا که باشد به روز شمار	فریدون و ضحاک را کارزار
از اختر بجوئید و پاسخ دهید	همه کار و کردار فرخ نهید
ستاره‌شناسان به روز دراز	همی ز آسمان بازجستند راز
بدیدند و با خنده پیش آمدند	که دو دشمن از بخت خویش آمدند
به سام نریمان ستاره شمر	چنین گفت کای گرد زرین کمر
ترا مژده از دخت مهراب و زال	که باشند هر دو به شادی همال
ازین دو هنرمند پیلی ژیان	بیاید ببندد به مردی میان
جهان زیرپای اندر آرد به تیغ	نهد تخت شاه از بر پشت میغ

ببرد پی بدسگالان ز خاک — به روی زمین بر نماند مغاک
نه سگسار ماند نه مازندران — زمین را بشوید به گرز گران
به خواب اندرد آرد سر دردمند — ببندد در جنگ و راه گزند
بدو باشد ایرانیان را امید — ازو پهلوان را خرام و نوید
پی باره‌ای کو چماند به جنگ — بمالد برو روی جنگی پلنگ
خنک پادشاهی که هنگام او — زمانه به شاهی برد نام او
چو بشنید گفتار اخترشناس — بخندید و پذرفت ازیشان سپاس
ببخشیدشان بی‌کران زر و سیم — چو آرامش آمد به هنگام بیم
فرستاده‌ی زال را پیش خواند — زهر گونه با او سخنها براند
بگفتش که با او به خوبی بگوی — که این آرزو را نبد هیچ روی
ولیکن چو پیمان چنین بد نخست — بهانه نشاید به بیداد جست
من اینک به شبگیر ازین رزمگاه — سوی شهر ایران گذارم سپاه
فرستاده را داد چندی درم — بدو گفت خیره مزن هیچ دم
گسی کردش و خود به راه ایستاد — سپاه و سپهبد از آن کار شاد
ببستند از آن گرگساران هزار — پیاده به زاری کشیدند خوار
دو بهره چو از تیره شب درگذشت — خروش سواران برآمد ز دشت
همان ناله‌ی کوس با کره نای — برآمد ز دهلیز پرده‌سرای
سپهبد سوی شهر ایران کشید — سپه را به نزد دلیران کشید
فرستاده آمد دوان سوی زال — ابا بخت پیروز و فرخنده فال
گرفت آفرین زال بر کردگار — بران بخشش گردش روزگار
درم داد و دینار درویش را — نوازنده شد مردم خویش را

آگاه شدن سیندخت از شیفتگی زال و رودابه

میان سپهدار و آن سرو بن — زنی بود گوینده شیرین سخن
پیام آوریدی سوی پهلوان — هم از پهلوان سوی سرو روان
سپهدار دستان مر او را بخواند — سخن هر چه بشنید با او براند
بدو گفت نزدیک رودابه رو — بگویش که ای نیک دل ماه نو

سخن چون ز تنگی به سختی رسید	فراخیش را زود بینی کلید
فرستاده باز آمد از پیش سام	ابا شادمانی و فرخ پیام
بسی گفت و بشنید و زد داستان	سرانجام او گشت همداستان
سبک پاسخ نامه زن را سپرد	زن از پیش او بازگشت و ببرد
به نزدیک رودابه آمد چو باد	بدین شادمانی ورا مژده داد
پری روی بر زن درم برفشاند	به کرسی زر پیکرش برنشاند
یکی شاره سربند پیش آورید	شده تار و پود اندرو ناپدید
همه پیکرش سرخ یاقوت و زر	شده زر همه ناپدید از گهر
یکی جفت پر مایه انگشتری	فروزنده چون بر فلک مشتری
فرستاد نزدیک دستان سام	بسی داد با آن درود و پیام
زن از حجره آنگه به ایوان رسید	نگه کرد سیندخت او را بدید
زن از بیم برگشت چون سندروس	بترسید و روی زمین داد بوس
پر اندیشه شد جان سیندخت ازوی	به آواز گفت از کجایی بگوی
زمان تا زمان پیش من بگذری	به حجره درآیی به من ننگری
دل روشنم بر تو شد بدگمان	بگویی مرا تا زهی گر کمان
بدو گفت زن من یکی چاره‌جوی	همی نان فراز آرم از چند روی
بدین حجره رودابه پیرایه خواست	بدو دادم اکنون همینست راست
بیاوردمش افسر پرنگار	یکی حلقه پرگوهر شاهوار
بدو گفت سیندخت بنمایی‌ام	دل بسته ز اندیشه بگشایی‌ام
سپردم به رودابه گفت این دو چیز	فزون خواست اکنون بیارمش نیز
بها گفت بگذار بر چشم من	یکی آب بر زن برین خشم من
درم گفت فردا دهد ماه روی	بها تا نیابم تو از من مجوی
همی کژ دانست گفتار او	بیاراست دل را به پیکار او
بیامد بجستش بر و آستی	همی جست ازو کژی و کاستی
به خشم اندرون شد ازان زن غمی	به خواری کشیدش بروی زمی
چو آن جامه‌های گرانمایه دید	هم از دست رودابه پیرایه دید
در کاخ بر خویشتن بر ببست	از اندیشگان شد به کردار مست
بفرمود تا دخترش رفت پیش	همی دست برزد به رخسار خویش
دو گل را بدو نرگس خوابدار	همی شست تا شد گلان آبدار

به رودابه گفت ای سرافراز ماه
گزین کردی از ناز برگاه چاه
چه ماند از نکو داشتی در جهان
که ننمودمت آشکار و نهان
ستمگر چرا گشتی ای ماه‌روی
همه رازها پیش مادر بگوی
که این زن ز پیش که آید همی
به پیشت ز بهر چه آید همی
سخن بر چه سانست و آن مرد کیست
که زیبای سربند و انگشتریست
ز گنج بزرگ افسر تازیان
به ما ماند بسیار سود و زیان
بدین نام بد دادخواهی به باد
چو من زاده‌ام دخت هرگز مباد
زمین دید رودابه و پشت پای
فرو ماند از خشم مادر به جای
فرو ریخت از دیدگان آب مهر
به خون دو نرگس بیاراست چهر
به مادر چنین گفت کای پر خرد
همی مهر جان مرا بشکرد
مرا مام فرخ نزادی ز بن
نرفتی ز من نیک یا بد سخن
سپهدار دستان به کابل بماند
چنین مهر اویم بر آتش نشاند
چنان تنگ شد بر دلم بر جهان
که گریان شدم آشکار و نهان
نخواهم بدن زنده بی‌روی او
جهانم نیرزد به یک موی او
بدان کو مرا دید و بامن نشست
به پیمان گرفتیم دستش بدست
فرستاده شد نزد سام بزرگ
فرستاد پاسخ به زال سترگ
زمانی بپیچید و دستور بود
سخنهای بایسته گفت و شنود
فرستاده را داد بسیار چیز
شنیدم همه پاسخ سام نیز
به دست همین زن که کندیش موی
زدی بر زمین و کشیدی به روی
فرستاده آرنده‌ی نامه بود
مرا پاسخ نامه این جامه بود
فروماند سیندخت زان گفت‌گوی
پسند آمدش زال را جفت اوی
چنین داد پاسخ که این خرد نیست
چو دستان ز پرمایگان گرد نیست
بزرگست پور جهان پهلوان
همش نام و هم رای روشن روان
هنرها همه هست و آهو یکی
که گردد هنر پیش او اندکی
شود شاه گیتی بدین خشمناک
ز کابل برآرد به خورشید خاک
نخواهد که از تخم ما بر زمین
کسی پای خوار اندر آرد به زین
رها کرد زن را و بنواختش
چنان کرد پیدا که نشناختش
چنان دید رودابه را در نهان
کجا نشنود پند کس در جهان
بیامد ز تیمار گریان بخفت
همی پوست بر تنش گفتی بکفت

آگاه شدن مهراب از کار رودابه

چو آمد ز درگاه مهراب شاد	همی کرد از زال بسیار یاد
گرانمایه سیندخت را خفته دید	رخش پژمریده دل آشفته دید
بپرسید و گفتا چه بودت بگوی	چرا پژمرید آن چو گلبرگ روی
چنین داد پاسخ به مهراب باز	که اندیشه اندر دلم شد دراز
ازین کاخ آباد و این خواسته	وزین تازی اسپان آراسته
وزین بندگان سپهبدپرست	ازین تاج و این خسروانی نشست
وزین چهره و سرو بالای ما	وزین نام و این دانش و رای ما
بدین آبداری و این راستی	زمان تا زمان آورد کاستی
به ناکام باید به دشمن سپرد	همه رنج ما باد باید شمرد
یکی تنگ تابوت ازین بهر ماست	درختی که تریاک او زهر ماست
بکشتیم و دادیم آبش به رنج	بیاویختیم از برش تاج و گنج
چو بر شد به خورشید و شد سایه‌دار	به خاک اندر آمد سر مایه‌دار
برینست فرجام و انجام ما	بدان تا کجا باشد آرام ما
به سیندخت مهراب گفت این سخن	نوآوردی و نو نگردد کهن
سرای سپنجی بدین سان بود	خرد یافته زو هراسان بود
یکی اندر آید دگر بگذرد	گذر نی که چرخش همی بسپرد
به شادی و انده نگردد دگر	برین نیست پیکار با دادگر
بدو گفت سیندخت این داستان	بروی دگر بر نهد باستان
خرد یافته موبد نیک بخت	به فرزند زد داستان درخت
زدم داستان تا ز راه خرد	سپهبد به گفتار من بنگرد
فرو برد سرو سهی داد خم	به نرگس گل سرخ را داد نم
که گردون به سر بر چنان نگذرد	که ما را همی باید ای پرخرد
چنان دان که رودابه را پور سام	نهانی نهادست هر گونه دام
ببردست روشن دلش را ز راه	یکی چاره مان کرد باید نگاه

بسی دادمش پند و سودش نکرد	دلش خیره بینم همی روی زرد
چو بشنید مهراب بر پای جست	نهاد از بر دست شمشیر دست
تنش گشت لرزان و رخ لاجورد	پر از خون جگر دل پر از باد سرد
همی گفت رودابه را رود خون	بروی زمین بر کنم هم کنون
چو این دید سیندخت برپای جست	کمر کرد بر گردگاهش دو دست
چنین گفت کز کهتر اکنون یکی	سخن بشنو و گوش دار اندکی
ازان پس همان کن که رای آیدت	روان و خرد رهنمای آیدت
بپیچید و بنداخت او را بدست	خروشی برآورد چون پیل مست
مرا گفت چون دختر آمد پدید	ببایستش اندر زمان سر برید
نکشتم بگشتم ز راه نیا	کنون ساخت بر من چنین کیمیا
پسر کو ز راه پدر بگذرد	دلیرش ز پشت پدر نشمرد
همم بیم جانست و هم جای ننگ	چرا بازداری سرم را ز جنگ
اگر سام یل با منوچهر شاه	بیابند بر ما یکی دستگاه
ز کابل برآید به خورشید دود	نه آباد ماند نه کشت و درود
چنین گفت سیندخت با مرزبان	کزین در مگردان به خیره زبان
کزین آگهی یافت سام سوار	به دل ترس و تیمار و سختی مدار
وی از گرگساران بدین گشت باز	گشاده شدست این سخن نیست راز
چنین گفت مهراب کای ماهروی	سخن هیچ با من به کژی مگوی
چنین خود کی اندر خورد با خرد	که مر خاک را باد فرمان برد
مرا دل بدین نیستی دردمند	اگر ایمنی یابمی از گزند
که باشد که پیوند سام سوار	نخواهد ز اهواز تا قندهار
بدو گفت سیندخت کای سرفراز	به گفتار کژی مبادم نیاز
گزند تو پیدا گزند منست	دل درمند تو بند منست
چنین است و این بر دلم شد درست	همین بدگمانی مرا از نخست
اگر باشد این نیست کاری شگفت	که چندین بد اندیشه باید گرفت
فریدون به سرو یمن گشت شاه	جهانجوی دستان همین دید راه
هرانگه که بیگانه شد خویش تو	شود تیره رای بداندیش تو
به سیندخت فرمود پس نامدار	که رودابه را خیز پیش من آر
بترسید سیندخت ازان تیز مرد	که او را ز درد اندر آرد به گرد

بدو گفت پیمانت خواهم نخست   به چاره دلش را ز کینه بشست
زبان داد سیندخت را نامجوی   که رودابه را بد نیارد بروی
بدو گفت بنگر که شاه زمین   دل از ما کند زین سخن پر ز کین
نه ماند بر و بوم و نه مام و باب   شود پست رودابه با رودآب
چو بشنید سیندخت سر پیش اوی   فرو برد و بر خاک بنهاد روی
بر دختر آمد پر از خنده لب   گشاده رخ روزگون زیر شب
همی مژده دادش که جنگی پلنگ   ز گور ژیان کرد کوتاه چنگ
کنون زود پیرایه بگشای و رو   به پیش پدر شو به زاری بنو
بدو گفت رودابه پیرایه چیست   به جای سر مایه بی‌مایه چیست
روان مرا پور سامست جفت   چرا آشکارا بباید نهفت
به پیش پدر شد چو خورشید شرق   به یاقوت و زر اندرون گشته غرق
بهشتی بد آراسته پرنگار   چو خورشید تابان به خرم بهار
پدر چون ورا دید خیره بماند   جهان آفرین را نهانی بخواند
بدو گفت ای شسته مغز از خرد   ز پرگوهران این کی اندر خورد
که با اهرمن جفت گردد پری   که مه تاج بادت مه انگشتری
چو بشنید رودابه آن گفت‌وگوی   دژم گشت و چون زعفران کرد روی
سیه مژه بر نرگسان دژم   فرو خوابنید و نزد هیچ دم
پدر دل پر از خشم و سر پر ز جنگ   همی رفت غران بسان پلنگ
سوی خانه شد دختر دل‌شده   رخان معصفر بزر آژده
به یزدان گرفتند هر دو پناه   هم این دل شده ماه و هم پیشگاه

آگاه شدن منوچهر از کار زال

پس آگاهی آمد به شاه بزرگ   ز مهراب و دستان سام سترگ
ز پیوند مهراب وز مهر زال   وزان ناهمالان گشته همال
سخن رفت هر گونه با موبدان   به پیش سرافراز شاه ردان
چنین گفت با بخردان شهریار   که بر ما شود زین دژم روزگار

چو ایران ز چنگال شیر و پلنگ
برون آوریدم به رای و به جنگ
فریدون ز ضحاک گیتی بشست
بترسم که آید ازان تخم رست
نباید که بر خیره از عشق زال
همال سرافگنده گردد همال
چو از دخت مهراب و از پور سام
برآید یکی تیغ تیز از نیام
اگر تاب گیرد سوی مادرش
زگفت پراگنده گردد سرش
کند شهر ایران پر آشوب و رنج
بدو بازگردد مگر تاج و گنج
همه موبدان آفرین خواندند
ورا خسرو پاک‌دین خواندند
بگفتند کز ما تو داناتری
به بایستها بر تواناتری
همان کن کجا با خرد درخورد
دل اژدها را خرد بشکرد
بفرمود تا نوذر آمدش پیش
ابا ویژگان و بزرگان خویش
بدو گفت رو پیش سام سوار
بپرسش که چون آمد از کارزار
چو دیدی بگویش کزین سوگرای
ز نزدیک ماکن سوی خانه رای
هم آنگاه برخاست فرزند شاه
ابا ویژگان سرنهاده به راه
سوی سام نیرم نهادند روی
ابا ژنده‌پیلان پرخاش جوی

رسین سام به نزد منوچهر

چو زین کار سام یل آگاه شد
پذیره سوی پورکی شاه شد
ز پیش پدر نوذر نامدار
بیامد به نزدیک سام سوار
همه نامداران پذیره شدند
ابا ژنده‌پیل و تبیره شدند
رسیدند پس پیش سام سوار
بزرگان و کی نوذر نامدار
پیام پدر شاه نوذر بداد
به دیدار او سام یل گشت شاد
چنین داد پاسخ که فرمان کنم
ز دیدار او رامش جان کنم
نهادند خوان و گرفتند جام
نخست از منوچهر بردند نام
پس از نوذر و سام و هر مهتری
گرفتند شادی ز هر کشوری
به شادی درآمد شب دیریاز
چو خورشید رخشنده بگشاد راز
خروش تبیره برآمد ز در
هیون دلاور برآورد پر

سوی بارگاه منوچهر شاه	به فرمان او برگرفتند راه
منوچهر چون یافت زو آگهی	بیاراست دیهیم شاهنشهی
ز ساری و آمل برآمد خروش	چو دریای سبز اندر آمد به جوش
ببستند آئین ژوپین وران	برفتند با خشتهای گران
سپاهی که از کوه تا کوه مرد	سپر در سپر ساخته سرخ و زرد
ابا کوس و با نای روئین و سنج	ابا تازی اسپان و پیلان و گنج
ازین گونه لشکر پذیره شدند	بسی با درفش و تبیره شدند
چو آمد به نزدیکی بارگاه	پیاده شد و راه بگشاد شاه
چو شاه جهاندار بگشاد روی	زمین را ببوسید و شد پیش اوی
منوچهر برخاست از تخت عاج	ز یاقوت رخشنده بر سرش تاج
بر خویش بر تخت بنشاختش	چنان چون سزا بود بنواختش
وزان گرگساران جنگ آوران	وزان نره دیوان مازندران
بپرسید و بسیار تیمار خورد	سپهبد سخن یک به یک یادکرد
که نوشه زی ای شاه تا جاودان	ز جان تو کوته بد بدگمان
برفتم بران شهر دیوان نر	نه دیوان که شیران جنگی به بر
که از تازی اسپان تکاورترند	ز گردان ایران دلاورترند
سپاهی که سگسار خوانندشان	پلنگان جنگی نمایندشان
ز من چون بدیشان رسید آگهی	از آواز من مغزشان شد تهی
به شهر اندرون نعره برداشتند	ازان پس همه شهر بگذاشتند
همه پیش من جنگ جوی آمدند	چنان خیره و پوی پوی آمدند
سپه جنب جنبان شد و روز تار	پس اندر فراز آمد و پیش غار
نبیره جهاندار سلم بزرگ	به پیش سپاه اندر آمد چو گرگ
سپاهی به کردار مور و ملخ	نبد دشت پیدا نه کوه و نه شخ
چو برخاست زان لشکر گشن گرد	رخ نامداران ما گشت زرد
من این گرز یک زخم برداشتم	سپه را هم آنجای بگذاشتم
خروشی خروشیدم از پشت زین	که چون آسیا شد بریشان زمین
دل آمد سپه را همه بازجای	سراسر سوی رزم کردند رای
چو بشنید کاکوی آواز من	چنان زخم سرباز کوپال من
بیامد به نزدیک من جنگ ساز	چو پیل ژیان با کمند دراز

مرا خواست کارد به خم کمند	چو دیدم خمیدم ز راه گزند
کمان کیانی گرفتم به چنگ	به پیکان پولاد و تیر خدنگ
عقاب تکاور برانگیختم	چو آتش بدو بر تبر ریختم
گمانم چنان بد که سندان سرش	که شد دوخته مغز تا مغفرش
نگه کردم از گرد چون پیل مست	برآمد یکی تیغ هندی به دست
چنان آمدم شهریارا گمان	کزو کوه زنهار خواهد بجان
وی اندر شتاب و من اندر درنگ	همی جستمش تا کی آید به چنگ
چو آمد به نزدیک من سرفراز	من از چرمه چنگال کردم دراز
گرفتم کمربند مرد دلیر	ز زین برگسستم بکردار شیر
زدم بر زمین بر چو پیل ژیان	بدین آهنین دست و گردی میان
چو افگنده شد شاه زین گونه خوار	سپه روی برگشت از کارزار
نشیب و فراز بیابان و کوه	به هر سو شده مردمان هم گروه
سوار و پیاده ده و دو هزار	فگنده پدید آمد اندر شمار
چو بشنید گفتار سالار شاه	برافراخت تا ماه فرخ کلاه
چو روز از شب آمد بکوشش ستوه	ستوهی گرفته فرو شد به کوه
می و مجلس آراست و شد شادمان	جهان پاک دید از بد بدگمان
به بگماز کوتاه کردند شب	به یاد سپهبد گشادند لب
چو شب روز شد پرده‌ی بارگاه	گشادند و دادند زی شاه راه
بیامد سپهدار سام سترگ	به نزد منوچهر شاه بزرگ
چنی گفت با سام شاه جهان	کز ایدر برو با گزیده مهان
به هندوستان آتش اندر فروز	همه کاخ مهراب و کابل بسوز
نباید که او یابد از بد رها	که او ماند از بچه‌ی اژدها
زمان تا زمان زو برآید خروش	شود رام گیتی پر از جنگ و جوش
هر آنکس که پیوسته‌ی او بود	بزرگان که در دسته‌ی او بود
سر از تن جدا کن زمین را بشوی	ز پیوند ضحاک و خویشان اوی
چنین داد پاسخ که ایدون کنم	که کین از دل شاه بیرون کنم
ببوسید تخت و بمالید روی	بران نامور مهر انگشت اوی
سوی خانه بنهاد سر با سپاه	بدان باد پایان جوینده راه

رفتن سام به جنگ مهراب

به مهراب و دستان رسید این سخن	که شاه و سپهبد فگندند بن
خروشان ز کابل همی رفت زال	فروهشته لفج و برآورده یال
همی گفت اگر اژدهای دژم	بیاید که گیتی بسوزد به دم
چو کابلستان را بخواهد بسود	نخستین سر من بباید درود
به پیش پدر شد پر از خون جگر	پر اندیشه دل پر ز گفتار سر
چو آگاهی آمد به سام دلیر	که آمد ز ره بچه‌ی نره شیر
همه لشکر از جای برخاستند	درفش فریدون بیاراستند
پذیره شدن را تبیره زدند	سپاه و سپهبد پذیره شدند
همه پشت پیلان به رنگین درفش	بیاراسته سرخ و زرد و بنفش
چو روی پدر دید دستان سام	پیاده شد از اسپ و بگذارد گام
بزرگان پیاده شدند از دو روی	چه سالارخواه و چه سالارجوی
زمین را ببوسید زال دلیر	سخن گفت با او پدر نیز دیر
نشست از بر تازی اسپ سمند	چو زرین درخشنده کوهی بلند
بزرگان همه پیش او آمدند	به تیمار و با گفت و گو آمدند
که آزرده گشتست بر تو پدر	یکی پوزش آور مکش هیچ سر
چنین داد پاسخ کزین باک نیست	سرانجام آخر به جز خاک نیست
پدر گر به مغز اندر آرد خرد	همانا سخن بر سخن نگذرد
و گر برگشاید زبان را به خشم	پس از شرمش آب اندر آرم به چشم
چنین تا به درگاه سام آمدند	گشاده‌دل و شادکام آمدند
فرود آمد از باره سام سوار	هم اندر زمان زال را داد بار
چو زال اندر آمد به پیش پدر	زمین را ببوسید و گسترد بر
یکی آفرین کرد بر سام گرد	وزاب دو نرگس همی گل سترد
که بیدار دل پهلوان شاد باد	روانش گراینده‌ی داد باد
ز تیغ تو الماس بریان شود	زمین روز جنگ از تو گریان شود

کجا دیزه‌ی تو چمد روز جنگ	شتاب آید اندر سپاه درنگ
سپهری کجا باد گرز تو دید	همانا ستاره نیارد کشید
زمین نسپرد شیر با داد تو	روان و خرد کشته بنیاد تو
همه مردم از داد تو شادمان	ز تو داد یابد زمین و زمان
مگر من که از داد بی‌بهره‌ام	و گرچه به پیوند تو شهره‌ام
یکی مرغ پرورده‌ام خاک خورد	به گیتی مرا نیست با کس نبرد
ندانم همی خویشتن را گناه	که بر من کسی را بران هست راه
مگر آنکه سام یلستم پدر	و گر هست با این نژادم هنر
ز مادر بزادم بینداختی	به کوه اندرم جایگه ساختی
فگندی به تیمار زاینده را	به آتش سپردی فزاینده را
ترا با جهان آفرین نیست جنگ	که از چه سیاه و سپیدست رنگ
کنون کم جهان آفرین پرورید	به چشم خدایی به من بنگرید
ابا گنج و با تخت و گرز گران	ابا رای و با تاج و تخت و سران
نشستم به کابل به فرمان تو	نگه داشتم رای و پیمان تو
که گر کینه جویی نیازارمت	درختی که کشتی به بار آرمت
ز مازندران هدیه این ساختی	هم از گرگساران بدین تاختی
که ویران کنی خان آباد من	چنین داد خواهی همی داد من
من اینک به پیش تو استاده‌ام	تن بنده خشم ترا داده‌ام
به اره میانم بدو نیم کن	ز کابل مپیمای با من سخن
سپهبد چو بشنید گفتار زال	برافراخت گوش و فرو برد یال
بدو گفت آری همینست راست	زبان تو بر راستی بر گواست
همه کار من با تو بیداد بود	دل دشمنان بر تو بر شاد بود
ز من آرزو خود همین خواستی	به تنگی دل از جای برخاستی
مشو تیز تا چاره‌ی کار تو	بسازم کنون نیز بازار تو
یکی نامه فرمایم اکنون به شاه	فرستم به دست تو ای نیک‌خواه
سخن هر چه باید به یاد آورم	روان و دلش سوی داد آورم
اگر یار باشد جهاندار ما	به کام تو گردد همه کار ما

۱۳۱

نامه سام نزد منوچهر شاه

نویسنده را پیش بنشاندند	ز هر در سخنها همی راندند
سرنامه کرد آفرین خدای	کجا هست و باشد همیشه به جای
ازویست نیک و بد و هست و نیست	همه بندگانیم و ایزد یکیست
هر آن چیز کو ساخت اندر بوش	بران است چرخ روان را روش
خداوند کیوان و خورشید و ماه	وزو آفرین بر منوچهر شاه
به رزم اندرون زهر تریاک سوز	به بزم اندرون ماه گیتی فروز
گراینده گرز و گشاینده شهر	ز شادی به هر کس رساننده بهر
کشنده درفش فریدون به جنگ	کشنده سرافراز جنگی پلنگ
ز باد عمود تو کوه بلند	شود خاک نعل سرافشان سمند
همان از دل پاک و پاکیزه کیش	به آبشخور آری همی گرگ و میش
یکی بنده‌ام من رسیده به جای	به مردی بشست اندر آورده پای
همی گرد کافور گیرد سرم	چنین کرد خورشید و ماه افسرم
ببستم میان را یکی بندهوار	ابا جاودان ساختم کارزار
عنان پیچ و اسپ افگن و گرزدار	چو من کس ندیدی به گیتی سوار
بشد آب گردان مازندران	چو من دست بردم به گرز گران
ز من گر نبودی به گیتی نشان	برآورده گردن ز گردن کشان
چنان اژدها کو ز رود کشف	برون آمد و کرد گیتی چو کف
زمین شهر تا شهر پهنای او	همان کوه تا کوه بالای او
جهان را ازو بود دل پر هراس	همی داشتندی شب و روز پاس
هوا پاک دیدم ز پرندگان	همان روی گیتی ز درندگان
ز تفش همی پر کرگس بسوخت	زمین زیر زهرش همی برفروخت
نهنگ دژم بر کشیدی ز آب	به دم درکشیدی ز گردون عقاب
زمین گشت بی‌مردم و چارپای	همه یکسر او را سپردند جای
چو دیدم که اندر جهان کس نبود	که با او همی دست یارست سود

۱۳۲

به زور جهاندار یزدان پاک — بیفگندم از دل همه ترس و باک
میان را ببستم به نام بلند — نشستم بران پیل پیکر سمند
به زین اندرون گرزه‌ی گاوسر — به بازو کمان و به گردن سپر
برفتم بسان نهنگ دژم — مرا تیز چنگ و ورا تیز دم
مرا کرد پدرود هرکو شنید — که بر اژدها گرز خواهم کشید
ز سر تا به دمش چو کوه بلند — کشان موی سر بر زمین چون کمند
زبانش بسان درختی سیاه — ز فر باز کرده فگنده به راه
چو دو آبگیرش پر از خون دو چشم — مرا دید غرید و آمد به خشم
گمانی چنان بردم ای شهریار — که دارم مگر آتش اندر کنار
جهان پیش چشمم چو دریا نمود — به ابر سیه بر شده تیره دود
ز بانگش بلرزید روی زمین — ز زهرش زمین شد چو دریای چین
برو بر زدم بانگ برسان شیر — چنان چون بود کار مرد دلیر
یکی تیر الماس پیکان خدنگ — به چرخ اندرون راندم بی‌درنگ
چو شد دوخته یک کران از دهانش — بماند از شگفتی به بیرون زبانش
هم اندر زمان دیگری همچنان — زدم بر دهانش بپیچید ازان
سدیگر زدم بر میان زفرش — برآمد همی جوی خون از جگرش
چو تنگ اندر آورد با من زمین — برآهختم این گاوسر گرزکین
به نیروی یزدان گیهان خدای — برانگیختم پیلتن را ز جای
زدم بر سرش گرزه‌ی گاو چهر — برو کوه بارید گفتی سپهر
شکستم سرش چون تن ژنده پیل — فرو ریخت زو زهر چون رود نیل
به زخمی چنان شد که دیگر نخاست — ز مغزش زمین گشت باکوه راست
کشف رود پر خون و زرداب شد — زمین جای آرامش و خواب شد
همه کوهساران پر از مرد و زن — همی آفرین خواندندی بمن
جهانی بران جنگ نظاره بود — که آن اژدها زشت پتیاره بود
مرا سام یک زخم ازان خواندند — جهان زر و گوهر برافشاندند
چو زو بازگشتم تن روشنم — برهنه شد از نامور جوشنم
فرو ریخت از باره بر گستوان — وزین هست هر چند رانم زیان
بران بوم تا سالیان بر نبود — جز از سوخته خار خاور نبود
چنین و جزین هر چه بودیم رای — سران را سرآوردمی زیر پای

کجا من چمانیدمی بادپای
بپرداختی شیر درنده جای

کنون چند سالست تا پشت زین
مرا تختگاه است و اسپم زمین

همه گرگساران و مازندران
به تو راست کردم به گرز گران

نکردم زمانی برو بوم یاد
ترا خواستم راد و پیروز و شاد

کنون این برافراخته یال من
همان زخم کوبنده کوپال من

بدان هم که بودی نماند همی
بر و گردگاهم خماند همی

کمندی بینداخت از دست شست
زمانه مرا باژگونه ببست

سپردیم نوبت کنون زال را
که شاید کمربند و کوپال را

یکی آرزو دارد اندر نهان
بیاید بخواهد ز شاه جهان

یکی آرزو کان به یزدان نکوست
کجا نیکویی زیر فرمان اوست

نکردیم بی‌رای شاه بزرگ
که بنده نباید که باشد سترگ

همانا که با زال پیمان من
شنیدست شاه جهان‌بان من

که از رای او سر نپیچم به هیچ
درین روزها کرد زی من بسیچ

به پیش من آمد پر از خون رخان
همی چاک چاک آمدش ز استخوان

مرا گفت بردار آمل کنی
سزاتر که آهنگ کابل کنی

چو پرورده‌ی مرغ باشد به کوه
نشانی شده در میان گروه

چنان ماه بیند به کابلستان
چو سرو سهی بر سرش گلستان

چو دیوانه گردد نباشد شگفت
ازو شاه را کین نباید گرفت

کنون رنج مهرش به جایی رسید
که بخشایش آرد هر آن کش بدید

ز بس درد کو دید بر بی‌گناه
چنان رفت پیمان که بشنید شاه

گسی کردمش با دلی مستمند
چو آید به نزدیک تخت بلند

همان کن که با مهتری در خورد
ترا خود نیاموخت باید خرد

چو نامه نوشتند و شد رای راست
ستد زود دستان و بر پای خاست

چو خورشید سر سوی خاور نهاد
نخفت و نیاسود تا بامداد

چو آن جامه‌ها سوده بفگند شب
سپیده بخندید و بگشاد لب

بیامد به زین اندر آورد پای
برآمد خروشیدن کره نای

به سوی شهنشاه بنهاد روی
ابا نامه‌ی سام آزاده خوی

خشم گرفتن مهراب بر سیندخت

چو در کابل این داستان فاش گشت	سر مرزبان پر ز پرخاش گشت
برآشفت و سیندخت را پیش خواند	همه خشم رودابه بر وی براند
بدو گفت کاکنون جزین رای نیست	که با شاه گیتی مرا پای نیست
که آرمت با دخت ناپاک تن	کشم زارتان بر سر انجمن
مگر شاه ایران ازین خشم و کین	برآساید و رام گردد زمین
به کابل که با سام یارد چخید	ازان زخم گرزش که یارد چشید
چو بشنید سیندخت بنشست پست	دل چاره‌جوی اندر اندیشه بست
یکی چاره آورد از دل به جای	که بد ژرف بین و فزاینده رای
وزان پس دوان دست کرده به کش	بیامد بر شاه خورشید فش
بدو گفت بشنو ز من یک سخن	چو دیگر یکی کامت آید بکن
ترا خواسته گر ز بهر تنست	ببخش و بدان کین شب آبستنست
اگر چند باشد شب دیریاز	برو تیرگی هم نماند دراز
شود روز چون چشمه روشن شود	جهان چون نگین بدخشان شود
بدو گفت مهراب کز باستان	مزن در میان یلان داستان
بگو آنچه دانی و جان را بکوش	وگر چادر خون به تن بر بپوش
بدو گفت سیندخت کای سرفراز	بود کت به خونم نیاید نیاز
مرا رفت باید به نزدیک سام	زبان برگشایم چو تیغ از نیام
بگویم بدو آنچه گفتن سزد	خرد خام گفتارها را پزد
ز من رنج جان و ز تو خواسته	سپردن به من گنج آراسته
بدو گفت مهراب بستان کلید	غم گنج هرگز نباید کشید
پرستنده و اسپ و تخت و کلاه	بیارای و با خویشتن بر به راه
مگر شهر کابل نسوزد به ما	چو پژمرده شد برفروزد به ما
چنین گفت سیندخت کای نامدار	به جای روان خواسته خواردار
نباید که چون من شوم چاره‌جوی	تو رودابه را سختی آری به روی

مرا در جهان انده جان اوست کنون با توم روز پیمان اوست
ندارم همی انده خویشتن ازویست این درد و اندوه من
یکی سخت پیمان ستد زو نخست پس آنگه به مردی ره چاره جست

رفتن سیندخت به نزد سام

بیاراست تن را به دیبا و زر به در و به یاقوت پرمایه سر
پس از گنج زرش ز بهر نثار برون کرد دینار چون سی‌هزار
به زرین ستام آوریدند سی از اسپان تازی و از پارسی
ابا طوق زرین پرستنده شست یکی جام زر هر یکی را به دست
پر از مشک و کافور و یاقوت و زر ز پیروزه‌ی چند چندی گهر
چهل جامه دیبای پیکر به زر طرازش همه گونه گونه گهر
به زرین و سیمین دوصد تیغ هند جزان سی به زهراب داده پرند
صد اشتر همه ماده‌ی سرخ موی صد استر همه بارکش راه جوی
یکی تاج پرگوهر شاهوار ابا طوق و با یاره و گوشوار
بسان سپهری یکی تخت زر برو ساخته چند گونه گهر
برش خسروی بیست پهنای او چو سیصد فزون بود بالای او
وزان ژنده‌پیلان هندی چهار همه جامه و فرش کردند بار
چو شد ساخته کار خود بر نشست چو گردی به مردی میان را ببست
یکی ترگ رومی به سر بر نهاد یکی باره زیراندرش همچو باد
بیامد گرازان به درگاه سام نه آواز داد و نه برگفت نام
به کار آگهان گفت تا ناگهان بگویند با سرفراز جهان
که آمد فرستاده‌ای کابلی به نزد سپهبد یل زابلی
ز مهراب گرد آوریده پیام به نزد سپهبد جهانگیر سام
بیامد بر سام یل پرده‌دار بگفت و بفرمود تا داد بار
فرود آمد از اسپ سیندخت و رفت به پیش سپهبد خرامید تفت
زمین را ببوسید و کرد آفرین ابر شاه و بر پهلوان زمین

نثار و پرستنده و اسپ و پیل	رده بر کشیده ز در تا دو میل
یکایک همه پیش سام آورید	سر پهلوان خیره شد کان بدید
پر اندیشه بنشست برسان مست	بکش کرده دست و سرافگنده پست
که جایی کجا مایه چندین بود	فرستادن زن چه آیین بود
گر این خواسته زو پذیرم همه	ز من گردد آزرده شاه رمه
و گر بازگردانم از پیش زال	برآرد به کردار سیمرغ بال
برآورد سر گفت کاین خواسته	غلامان و پیلان آراسته
برید این به گنجور دستان دهید	به نام مه کابلستان دهید
پری روی سیندخت بر پیش سام	زبان کرد گویا و دل شادکام
چو آن هدیه‌ها را پذیرفته دید	رسیده بهی و بدی رفته دید
سه بت روی با او به یک جا بدند	سمن پیکر و سرو بالا بدند
گرفته یکی جام هر یک به دست	بفرمود کامد به جای نشست
به پیش سپهبد فرو ریختند	همه یک به دیگر برآمیختند
چو با پهلوان کار بر ساختند	ز بیگانه خانه بپرداختند
چنین گفت سیندخت با پهلوان	که با رای تو پیر گردد جوان
بزرگان ز تو دانش آموختند	به تو تیرگیها برافروختند
به مهر تو شد بسته دست بدی	به گرزت گشاده ره ایزدی
گنهکار گر بود مهراب بود	ز خون دلش دیده سیراب بود
سر بیگناهان کابل چه کرد	کجا اندر آورد باید بگرد
همه شهر زنده برای تواند	پرستنده و خاک پای تواند
ازان ترس کو هوش و زور آفرید	درخشنده ناهید و هور آفرید
نیاید چنین کارش از تو پسند	میان را به خون ریختن در مبند
بدو سام یل گفت با من بگوی	ازان کت بپرسم بهانه مجوی
تو مهراب را کهتری گر همال	مر آن دخت او را کجا دید زال
به روی و به موی و به خوی و خرد	به من گوی تا باکی اندر خورد
ز بالا و دیدار و فرهنگ اوی	بران سان که دیدی یکایک بگوی
بدو گفت سیندخت کای پهلوان	سر پهلوانان و پشت گوان
یکی سخت پیمانت خواهم نخست	که لرزان شود زو بر و بوم و رست
که از تو نیاید به جانم گزند	نه آنکس که بر من بود ارجمند

مرا کاخ و ایوان آباد هست ... همان گنج و خویشان و بنیاد هست
چو ایمن شوم هر چه گویی بگوی ... بگویم بجویم بدین آب روی
نهفته همه گنج کابلستان ... بکوشم رسانم به زابلستان
جزین نیز هر چیز کاندر خورد ... ببید ز من مهتر پر خرد
گرفت آن زمان سام دستش به دست ... ورا نیک بنواخت و پیمان ببست
چو بشنید سیندخت سوگند او ... همان راست گفتار و پیوند او
زمین را ببوسید و بر پای خاست ... بگفت آنچه اندر نهان بود راست
که من خویش ضحاکم ای پهلوان ... زن گرد مهراب روشن روان
همان مام رودابه‌ی ماه روی ... که دستان همی جان فشاند بروی
همه دودمان پیش یزدان پاک ... شب تیره تا برکشد روز چاک
همی بر تو بر خواندیم آفرین ... همان بر جهاندار شاه زمین
کنون آمدم تا هوای تو چیست ... ز کابل ترا دشمن و دوست کیست
اگر ما گنهکار و بدگوهریم ... بدین پادشاهی نه اندر خوریم
من اینک به پیش توام مستمند ... بکش گر کشی ور ببندی ببند
دل بیگناهان کابل مسوز ... کجا تیره روز اندر آید به روز
سخنها چو بشنید ازو پهلوان ... زنی دید با رای و روشن روان
به رخ چون بهار و به بالا چو سرو ... میانش چو غرو و به رفتن تذرو
چنین داد پاسخ که پیمان من ... درست است اگر بگسلد جان من
تو با کابل و هر که پیوند تست ... بمانید شادان دل و تن‌درست
بدین نیز همداستانم که زال ... ز گیتی چو رودابه جوید همال
شما گرچه از گوهر دیگرید ... همان تاج و اورنگ را در خورید
چنین است گیتی وزین ننگ نیست ... ابا کردگار جهان جنگ نیست
چنان آفرینند که آیدش رای ... نمانیم و ماندیم با های های
یکی بر فراز و یکی در نشیب ... یکی با فزونی یکی با نهیب
یکی از فزایش دل آراسته ... ز کمی دل دیگری کاسته
یکی نامه با لابه‌ی دردمند ... نبشتم به نزدیک شاه بلند
به نزد منوچهر شد زال زر ... چنان شد که گفتی برآورده پر
به زین اندر آمد که زین را ندید ... همان نعل اسپش زمین را ندید
بدین زال را شاه پاسخ دهد ... چو خندان شود رای فرخ نهد

که پرورده‌ی مرغ بی‌دل شدست / از آب مژه پای در گل شدست
عروس ار به مهر اندرون همچو اوست / سزد گر برآیند هر دو ز پوست
یکی روی آن بچه‌ی اژدها / مرا نیز بنمای و بستان بها
بدو گفت سیندخت اگر پهلوان / کند بنده را شاد و روشن روان
چماند به کاخ من اندر سمند / سرم بر شود به آسمان بلند
به کابل چنو شهریار آوریم / همه پیش او جان نثار آوریم
لب سام سیندخت پرخنده دید / همه بیخ کین از دلش کنده دید
نوندی دلاور به کردار باد / برافگند و مهراب را مژده داد
کز اندیشه‌ی بد مکن یاد هیچ / دلت شاد کن کار مهمان بسیچ
من اینک پس نامه اندر دمان / بیایم نجویم به ره بر زمان
دوم روز چون چشمه‌ی آفتاب / بجنیبد و بیدار شد سر ز خواب
گرانمایه سیندخت بنهاد روی / به درگاه سالار دیهیم جوی
روارو برآمد ز درگاه سام / مه بانوان خواندندش به نام
بیامد بر سام و بردش نماز / سخن گفت باوا زمانی دراز
به دستوری بازگشتن به جای / شدن شادمان سوی کابل خدای
دگر ساختن کار مهمان نو / نمودن به داماد پیمان نو
ورا سام یل گفت برگرد و رو / بگو آنچه دیدی به مهراب گو
سزاوار او خلعت آراستند / ز گنج آنچه پرمایه‌تر خواستند
بکابل دگر سام را هر چه بود / ز کاخ و زباغ و زکشت و درود
دگر چارپایان دوشیدنی / ز گستردنی هم ز پوشیدنی
به سیندخت بخشید و دستش بدست / گرفت و یک نیز پیمان ببست
پذیرفت مر دخت او را بزال / که باشند هر دو بشادی همال
سرافراز گردی و مردی دویست / بدو داد و گفتش که ایدر مایست
به کابل بباش و به شادی بمان / ازین پس مترس از بد بدگمان
شگفته شد آن روی پژمرده ماه / به نیک اختری برگرفتند راه

رسیدن زال با نامه سام به نزد منوچهر

پس آگاهی آمد سوی شهریار	که آمد ز ره زال سام سوار
پذیره شدندش همه سرکشان	که بودند در پادشاهی نشان
چو آمد به نزدیکی بارگاه	سبک نزد شاهش گشادند راه
چو نزدیک شاه اندر آمد زمین	ببوسید و بر شاه کرد آفرین
زمانی همی داشت بر خاک روی	بدو داد دل شاه آزرمجوی
بفرمود تا رویش از خاک خشک	ستردند و بر وی پراگند مشک
بیامد بر تخت شاه ارجمند	بپرسید ازو شهریار بلند
که چون بودی ای پهلو راد مرد	بدین راه دشوار با باد و گرد
به فر تو گفتا همه بهتریست	ابا تو همه رنج رامشگریست
ازو بستد آن نامه‌ی پهلوان	بخندید و شد شاد و روشن روان
چو بر خواند پاسخ چنین داد باز	که رنجی فزودی به دل بر دراز
ولیکن بدین نامه‌ی دلپذیر	که بنوشت با درد دل سام پیر
اگر چه مرا هست ازین دل دژم	برانم که نندیشم از بیش و کم
بسازم برآرم همه کام تو	گر اینست فرجام آرام تو
تو یک چند اندر به شادی به پای	که تا من به کارت زنم نیک رای
ببردند خوالیگران خوان زر	شهنشاه بنشست با زال زر
بفرمود تا نامداران همه	نشستند بر خوان شاه رمه
چو از خوان خسرو بپرداختند	به تخت دگر جای می‌ساختند
چو می خورده شد نامور پور سام	نشست از بر اسپ زرین ستام
برفت و بپیمود بالای شب	پر اندیشه دل پر ز گفتار لب
بیامد به شبگیر بسته کمر	به پیش منوچهر پیروزگر
برو آفرین کرد شاه جهان	چو برگشت بستودش اندر نهان

پرسیدن منوچهر، اختر زال را از اخترماران

بفرمود تا موبدان و ردان	ستاره‌شناسان و هم بخردان
کنند انجمن پیش تخت بلند	به کار سپهری پژوهش کنند
برفتند و بردند رنج دراز	که تا با ستاره چه دارند راز
سه روز اندران کارشان شد درنگ	برفتند با زیج رومی به چنگ
زبان بر گشادند بر شهریار	که کردیم با چرخ گردان شمار
چنین آمد از داد اختر پدید	که این آب روشن بخواهد دوید
ازین دخت مهراب و از پور سام	گوی پر منش زاید و نیک نام
بود زندگانیش بسیار مر	همش زور باشد هم آیین و فر
همش برز باشد همش شاخ و یال	به رزم و به بزمش نباشد همال
کجا باره‌ی او کند موی تر	شود خشک همرزم او را جگر
عقاب از بر ترگ او نگذرد	سران جهان را بکس نشمرد
یکی برز بالا بود فرمند	همه شیر گیرد به خم کمند
هوا را به شمشیر گریان کند	بر آتش یکی گور بریان کند
کمر بسته‌ی شهریاران بود	به ایران پناه سواران بود
چنین گفت پس شاه گردن فراز	کزین هر چه گفتید دارید راز

آزمودن موبدان، زال را

بخواند آن زمان زال را شهریار	کزو خواست کردن سخن خواستار
بدان تا بپرسند ازو چند چیز	نهفته سخنهای دیرینه نیز
نشستند بیدار دل بخردان	همان زال با نامور موبدان
بپرسید مر زال را موبدی	ازین تیزهش راه بین بخردی
که از ده و دو تای سرو سهی	که رستست شاداب با فرهی

ازان بر زده هر یکی شاخ سی
نگردد کم و بیش در پارسی

دگر موبدی گفت کای سرفراز
دو اسپ گرانمایه و تیزتاز

یکی زان به کردار دریای قار
یکی چون بلور سپید آبدار

بجنبید و هر دو شتابنده‌اند
همان یکدیگر را نیابنده‌اند

سدیگر چنین گفت کان سی سوار
کجا بگذرانند بر شهریار

یکی کم شود باز چون بشمری
همان سی بود باز چون بنگری

چهارم چنین گفت کان مرغزار
که بینی پر از سبزه و جویبار

یکی مرد با تیز داسی بزرگ
سوی مرغزار اندر آید سترگ

همی بدرود آن گیا خشک و تر
نه بردارد او هیچ ازان کار سر

دگر گفت کان برکشیده دو سرو
ز دریای با موج برسان غرو

یکی مرغ دارد بریشان کنام
نشیمش به شام آن بود این به بام

ازین چون بپرد شود برگ خشک
بران بر نشیند دهد بوی مشک

ازان دو همیشه یکی آبدار
یکی پژمریده شده سوگوار

بپرسید دیگر که بر کوهسار
یکی شارستان یافتم استوار

خرامند مردم ازان شارستان
گرفته به هامون یکی خارستان

بناها کشیدند سر تا به ماه
پرستنده گشتند و هم پیشگاه

وزان شارستان شان به دل نگذرد
کس از یادکردن سخن نشمرد

یکی بومهین خیزد از ناگهان
بر و بومشان پاک گردد نهان

بدان شارستان‌شان نیاز آورد
هم اندیشگان دراز آورد

به پرده درست این سخنها بجوی
به پیش ردان آشکارا بگوی

گر این رازها آشکارا کنی
ز خاک سیه مشک سارا کنی

زمانی پر اندیشه شد زال زر
برآورد یال و بگسترد بر

وزان پس به پاسخ زبان برگشاد
همه پرسش موبدان کرد یاد

نخست از ده و دو درخت بلند
که هر یک همی شاخ سی برکشند

به سالی ده و دو بود ماه نو
چو شاه نو آیین ابر گاه نو

به سی روز مه را سرآید شمار
برین سان بود گردش روزگار

کنون آنکه گفتی ز کار دو اسپ
فروزان به کردار آذرگشسپ

سپید و سیاهست هر دو زمان
پس یکدگر تیز هر دو دوان

شب و روز باشد که می‌بگذرد
دم چرخ بر ما همی بشمرد

سدیگر که گفتی که آن سی سوار	کجا برگذشتند بر شهریار
ازان سی سواران یکی کم شود	به گاه شمردن همان سی بود
نگفتی سخن جز ز نقصان ماه	که یک شب کم آید همی گاه گاه
کنون از نیام این سخن برکشیم	دو بن سرو کان مرغ دارد نشیم
ز برج بره تا ترازو جهان	همی تیرگی دارد اندر نهان
چنین تا ز گردش به ماهی شود	پر از تیرگی و سیاهی شود
دو سرو ای دو بازوی چرخ بلند	کزو نیمه شادب و نیمی نژند
برو مرغ پران چو خورشید دان	جهان را ازو بیم و امید دان
دگر شارستان بر سر کوهسار	سرای درنگست و جای قرار
همین خارستان چون سرای سپنج	کزو ناز و گنجست و هم درد و رنج
همی دم زدن بر تو بر بشمرد	هم او برفرازد هم او بشکرد
برآید یکی باد با زلزله	ز گیتی برآید خروش و خله
همه رنج ما ماند زی خارستان	گذر کرد باید سوی شارستان
کسی دیگر از رنج ما برخورد	نپاید برو نیز و هم بگذرد
چنین رفت از آغاز یکسر سخن	همین باشد و نو نگردد کهن
اگر توشه‌مان نیکنامی بود	روانها بران سر گرامی بود
و گر آز ورزیم و پیچان شویم	پدید آید آنگه که بیجان شویم
گر ایوان ما سر به کیوان برست	ازان بهره‌ی ما یکی چادرست
چو پوشند بر روی ما خون و خاک	همه جای بیمست و تیمار و باک
بیابان و آن مرد با تیز داس	کجا خشک و تر زو دل اندر هراس
تر و خشک یکسان همی بدرود	وگر لابه سازی سخن نشنود
دروگر زمانست و ما چون گیا	همانش نبیره همانش نیا
به پیر و جوان یک به یک ننگرد	شکاری که پیش آیدش بشکرد
جهان را چنینست ساز و نهاد	که جز مرگ را کس ز مادر نزاد
ازین در درآید بدان بگذرد	زمانه برو دم همی بشمرد
چو زال این سخنها بکرد آشکار	ازو شادمان شد دل شهریار
به شادی یکی انجمن برشگفت	شهنشاه گیتی زهازه گرفت
یکی جشنگاهی بیاراست شاه	چنان چون شب چارده چرخ ماه
کشیدند می تا جهان تیره گشت	سرمیگساران ز می خیره گشت

خروشیدن مرد بالای گاه
یکایک برآمد ز درگاه شاه

برفتند گردان همه شاد و مست
گرفته یکی دست دیگر به دست

چو برزد زبانه ز کوه آفتاب
سر نامداران برآمد ز خواب

بیامد کمربسته زال دلیر
به پیش شهنشاه چون نره شیر

به دستوری بازگشتن ز در
شدن نزد سالار فرخ پدر

به شاه جهان گفت کای نیکخوی
مرا چهر سام آمدست آرزوی

ببوسیدم ای پایه‌ی تخت عاج
دلم گشت روشن بدین برز و تاج

بدو گفت شاه ای جوانمرد گرد
یک امروز نیزت بباید سپرد

ترا بویه‌ی دخت مهراب خاست
دلت راهش سام زابل کجاست

هنر نمودن زال در میدان

بفرمود تا سنج و هندی درای
به میدان گذارند با کره نای

ابا نیزه و گرز و تیر و کمان
برفتند گردان همه شادمان

کمانها گرفتند و تیر خدنگ
نشانه نهادند چون روز جنگ

بپیچید هر یک به چیزی عنان
به گرز و به تیغ و به تیر و سنان

درختی گشن بد به میدان شاه
گذشته برو سال بسیار و ماه

کمان را بمالید دستان سام
برانگیخت اسپ و برآورد نام

بزد بر میان درخت سهی
گذاره شد آن تیر شاهنشهی

هم اندر تگ اسپ یک چوبه تیر
بینداخت و بگذاشت چون نره شیر

سپر برگرفتند ژوپین‌وران
بگشتند با خشتهای گران

سپر خواست از ریدک ترک زال
برانگیخت اسپ و برآورد یال

کمان را بینداخت و ژوپین گرفت
به ژوپین شکار نوآیین گرفت

بزد خشت بر سه سپر گیل‌وار
گشاده به دیگر سو افگند خوار

به گردنکشان گفت شاه جهان
که با او که جوید نبرد از مهان

یکی برگراییدش اندر نبرد
که از تیر و ژوپین برآورد گرد

همه برکشیدند گردان سلیح
بدل خشمناک و زبان پر مزیح

به آورد رفتند پیچان عنان	ابا نیزه و آب داده سنان
چنان شد که مرد اندر آمد به مرد	برانگیخت زال اسپ و برخاست گرد
نگه کرد تا کیست زیشان سوار	عنان پیچ و گردنکش و نامدار
ز گرد اندر آمد بسان نهنگ	گرفتش کمربند او را به چنگ
چنان خوارش از پشت زین برگرفت	که شاه و سپه ماند اندر شگفت
به آواز گفتند گردنکشان	که مردم نبیند کسی زین نشان
هر آن کس که با او بجوید نبرد	کند جامه مادر برو لاژورد
ز شیران نزاید چنین نیز گرد	چه گرد از نهنگانش باید شمرد
خنک سام یل کش چنین یادگار	بماند به گیتی دلیر و سوار
برو آفرین کرد شاه بزرگ	همان نامور مهتران سترگ
بزرگان سوی کاخ شاه آمدند	کمر بسته و با کلاه آمدند
یکی خلعت آراست شاه جهان	که گشتند ازان خیره یکسر مهان
چه از تاج پرمایه و تخت زر	چه از یاره و طوق و زرین کمر
همان جامه‌های گرانمایه نیز	پرستنده و اسپ و هر گونه چیز
به زال سپهبد سپرد آن زمان	همه چیزها از کران تا کران

پاسخ منوچهر به سام

پس آن نامه‌ی سام پاسخ نوشت	شگفتی سخنهای فرخ نوشت
که ای نامور پهلوان دلیر	به هر کار پیروز برسان شیر
نبیند چو تو نیز گردان سپهر	به رزم و به بزم و به رای و به چهر
همان پور فرخنده زال سوار	کزو ماند اندر جهان یادگار
رسید و بدانستم از کام او	همان خواهش و رای و آرام او
برآمد هر آنچ آن ترا کام بود	همان زال را رای و آرام بود
همه آرزوها سپردم بدوی	بسی روزه فرخ شمردم بدوی
ز شیری که باشد شکارش پلنگ	چه زاید جز از شیر شرزه به جنگ
گسی کردمش با دلی شادمان	کزو دور بادا بد بدگمان

برون رفت با فرخی زال زر	ز گردان لشکر برآورده سر
نوندی برافگند نزدیک سام	که برگشتم از شاه دل شادکام
ابا خلعت خسروانی و تاج	همان یاره و طوق و هم تخت عاج
چنان شاد شد زان سخن پهلوان	که با پیر سر شد به نوی جوان
سواری به کابل برافگند زود	به مهراب گفت آن کجا رفته بود
نوازیدن شهریار جهان	وزان شادمانی که رفت از مهان
من اینک چو دستان بر من رسد	گذاریم هر دو چنان چون سزد
چنان شاد شد شاه کابلستان	ز پیوند خورشید زابلستان
که گفتی همی جان برافشاندند	ز هر جای رامشگران خواندند
چو مهراب شد شاد و روشن روان	لبش گشت خندان و دل شادمان
گرانمایه سیندخت را پیش خواند	بسی خوب گفتار با او براند
بدو گفت کای جفت فرخنده رای	بیفروخت از رایت این تیره جای
به شاخی زدی دست کاندر زمین	برو شهریاران کنند آفرین
چنان هم کجا ساختی از نخست	بباید مر این را سرانجام جست
همه گنج پیش تو آراستست	اگر تخت عاجست اگر خواستست
چو بشنید سیندخت ازو گشت باز	بر دختر آمد سراینده راز
همی مژده دادش به دیدار زال	که دیدی چنان چون بباید همال
زن و مرد را از بلندی منش	سزد گر فرازد سر از سرزنش
سوی کام دل تیز بشتافتی	کنون هر چه جستی همه یافتی
بدو گفت رودابه ای شاه زن	سزای ستایش به هر انجمن
من از خاک پای تو بالین کنم	به فرمانت آرایش دین کنم
ز تو چشم آهرمنان دور باد	دل و جان تو خانه‌ی سور باد
چو بشنید سیندخت گفتار اوی	به آرایش کاخ بنهاد روی
بیاراست ایوانها چون بهشت	گلاب و می و مشک و عنبر سرشت
بساطی بیفگند پیکر به زر	زبر جد برو بافته سر به سر
دگر پیکرش در خوشاب بود	که هر دانه‌ای قطره‌ای آب بود
یک ایوان همه تخت زرین نهاد	به آیین و آرایش چین نهاد
همه پیکرش گوهر آگنده بود	میان گهر نقشها کنده بود
ز یاقوت مر تخت را پایه بود	که تخت کیان بود و پرمایه بود

یک ایوان همه جامه‌ی رود و می / بیاورده از پارس و اهواز و ری
بیاراست رودابه را چون نگار / پر از جامه و رنگ و بوی بهار
همه کابلستان شد آراسته / پر از رنگ و بوی و پر از خواسته
همه پشت پیلان بیاراستند / ز کابل پرستندگان خواستند
نشستند بر پیل رامشگران / نهاده به سر بر زر افسران
پذیره شدن را بیاراستند / نثارش همه مشک و زر خواستند
همی رند دستان گرفته شتاب / چو پرنده مرغ و چو کشتی برآب

رسیدن زال به سام

کسی را نبد ز آمدنش آگهی / پذیره نرفتند با فرهی
خروشی برآمد ز پرده سرای / که آمد ز ره زال فرخنده‌رای
پذیره شدش سام یل شادمان / همی داشت اندر برش یک زمان
فرود آمد از باره بوسید خاک / بگفت آن کجا دید و بشنید پاک
نشست از بر تخت پرمایه سام / ابا زال خرم دل و شادکام
سخنهای سیندخت گفتن گرفت / لبش گشت خندان نهفتن گرفت
چنین گفت کامد ز کابل پیام / پیمبر زنی بود سیندخت نام
ز من خواست پیمان و دادم زمان / که هرگز نباشم بدو بدگمان
ز هر چیز کز من به خوبی بخواست / سخنها بران برنهادیم راست
نخست آنکه با ماه کابلستان / شود جفت خورشید زابلستان
دگر آنکه زی او به مهمان شویم / بران دردها پاک درمان شویم
فرستاده‌ای آمد از نزد اوی / که پردخته شد کار بنمای روی
کنون چیست پاسخ فرستاده را / چه گوییم مهراب آزاده را
ز شادی چنان شد دل زال سام / که رنگش سراپای شد لعل فام
چنین داد پاسخ که ای پهلوان / گر ایدون که بینی به روشن روان
سپه رانی و ما به کابل شویم / بگوییم زین در سخن بشنویم
به دستان نگه کرد فرخنده سام / بدانست کورا ازین چیست کام

سخن هر چه از دخت مهراب نیست	به نزدیک زال آن جز از خواب نیست
بفرمود تا زنگ و هندی درای	زدند و گشادند پرده سرای
هیونی برافگند مرد دلیر	بدان تا شود نزد مهراب شیر
بگوید که آمد سپهبد ز راه	ابا زال با پیل و چندی سپاه
فرستاده تازان به کابل رسید	خروشی برآمد چنان چون سزید
چنان شاد شد شاه کابلستان	ز پیوند خورشید زابلستان
که گفتی همی جان برافشاندند	ز هر جای رامشگران خواندند

گواه گیران رودابه و زال

بزد نای مهراب و بربست کوس	بیاراست لشکر چو چشم خروس
ابا ژنده‌پیلان و رامشگران	زمین شد بهشت از کران تا کران
ز بس گونه گون پرنیانی درفش	چه سرخ و سپید و چه زرد و بنفش
چه آوای نای و چه آوای چنگ	خروشیدن بوق و آوای زنگ
تو گفتی مگر روز انجامش است	یکی رستخیز است گر رامش است
همی رفت ازین گونه تا پیش سام	فرود آمد از اسپ و بگذارد گام
گرفتش جهان پهلوان در کنار	بپرسیدش از گردش روزگار
شه کابلستان گرفت آفرین	چه بر سام و بر زال زر همچنین
نشست از بر باره‌ی تیزرو	چو از کوه سر برکشد ماه نو
یکی تاج زرین نگارش گهر	نهاد از بر تارک زال زر
به کابل رسیدند خندان و شاد	سخنهای دیرینه کردند یاد
همه شهر ز آوای هندی درای	ز نالیدن بربط و چنگ و نای
تو گفتی دد و دام رامشگرست	زمانه به آرایشی دیگرست
بش و یال اسپان کران تا کران	بر اندوده پر مشک و پر زعفران
برون رفت سیندخت با بندگان	میان بسته سیصد پرستندگان
مر آن هر یکی را یکی جام زر	به دست اندرون پر ز مشک و گهر
همه سام را آفرین خواندند	پس از جام گوهر برافشاندند

بدان جشن هر کس که آمد فراز / شد از خواسته یک به یک بی‌نیاز
بخندید و سیندخت را سام گفت / که رودابه را چند خواهی نهفت
بدو گفت سیندخت هدیه کجاست / اگر دیدن آفتابت هواست
چنین داد پاسخ به سیندخت سام / که ازمن بخواه آنچه آیدت کام
برفتند تا خانه‌ی زرنگار / کجا اندرو بود خرم بهار
نگه کرد سام اندران ماه روی / یکایک شگفتی بماند اندروی
ندانست کش چون ستاید همی / برو چشم را چون گشاید همی
بفرمود تا رفت مهراب پیش / ببستند عقدی برآیین و کیش
به یک تختشان شاد بنشاندند / عقیق و زبرجد برافشاندند
سر ماه با افسر نام دار / سر شاه با تاج گوهرنگار
بیاورد پس دفتر خواسته / یکی نخست گنج آراسته
برو خواند از گنجها هر چه بود / که گوش آن نیارست گفتی شنود
برفتند از آنجا به جای نشست / ببودند یک هفته با می به دست
وز ایوان سوی باغ رفتند باز / سه هفته به شادی گرفتند ساز
بزرگان کشورش با دست بند / کشیدند بر پیش کاخ بلند
سر ماه سام نریمان برفت / سوی سیستان روی بنهاد تفت
ابا زال و با لشکر و پیل و کوس / زمانه رکاب ورا داد بوس
عماری و بالای و هودج بساخت / یکی مهد تا ماه را در نشاخت
چو سیندخت و مهراب و پیوند خویش / سوی سیستان روی کردند پیش
برفتند شادان دل و خوش منش / پر از آفرین لب ز نیکی کنش
رسیدند پیروز تا نیمروز / چنان شاد و خندان و گیتی فروز
یکی بزم سام آنگهی ساز کرد / سه روز اندران بزم بگماز کرد
پس آنگاه سیندخت آنجا بماند / خود و لشکرش سوی کابل براند
سپرد آن زمان پادشاهی به زال / برون برد لشکر به فرخنده فال
سوی گرگساران شد و باختر / درفش خجسته برافراخت سر
شوم گفت کان پادشاهی مراست / دل و دیده با ما ندارند راست
منوچهر منشور آن شهر بر / مرا داد و گفتا همی دار و خوار
بترسم ز آشوب بد گوهران / به ویژه ز گردان مازنداران
بشد سام یکزخم و بنشست زال / می و مجلس آراست و بفراخت یال

رستم

بسی برنیامد برین روزگار	که آزاده سرو اندر آمد به بار
بهار دل افروز پژمرده شد	دلش را غم و رنج بسپرده شد
شکم گشت فربه و تن شد گران	شد آن ارغوانی رخش زعفران
بدو گفت مادر که ای جان مام	چه بودت که گشتی چنین زرد فام
چنین داد پاسخ که من روز و شب	همی برگشایم به فریاد لب
همانا زمان آمدستم فراز	وزین بار بردن نیابم جواز
تو گویی به سنگستم آگنده پوست	و گر آهنست آنکه نیز اندروست
چنین تا گه زادن آمد فراز	به خواب و به آرام بودش نیاز
چنان بد که یک روز ازو رفت هوش	از ایوان دستان برآمد خروش
خروشید سیندخت و بشخود روی	بکند آن سیه گیسوی مشک بوی
یکایک بدستان رسید آگهی	که پژمرده شد برگ سرو سهی
به بالین رودابه شد زال زر	پر از آب رخسار و خسته جگر
همان پر سیمرغش آمد به یاد	بخندید و سیندخت را مژده داد
یکی مجمر آورد و آتش فروخت	وزآن پر سیمرغ لختی بسوخت
هم اندر زمان تیره گون شد هوا	پدید آمد آن مرغ فرمان روا
چو ابری که بارانش مرجان بود	چه مرجان که آرایش جان بود
برو کرد زال آفرین دراز	ستودش فراوان و بردش نماز
چنین گفت با زال کین غم چراست	به چشم هژبر اندرون نم چراست
کزین سرو سیمین بر ماهروی	یکی نره شیر آید و نامجوی
که خاک پی او ببوسد هژبر	نیارد گذشتن به سر برش ابر
از آواز او چرم جنگی پلنگ	شود چاک چاک و بخاید دو چنگ
هران گرد کاواز کوپال اوی	ببیند بر و بازوی و یال اوی
ز آواز او اندر آید ز پای	دل مرد جنگی برآید ز جای
به جای خرد سام سنگی بود	به خشم اندرون شیر جنگی بود

به بالای سرو و به نیروی پیل	به آورد خشت افگند بر دو میل
نیاید به گیتی ز راه زهش	به فرمان دادار نیکی دهش
بیاور یکی خنجر آبگون	یکی مرد بینادل پرفسون
نخستین به می ماه را مست کن	ز دل بیم و اندیشه را پست کن
بکافد تهیگاه سرو سهی	نباشد مر او را ز درد آگهی
وزو بچه‌ی شیر بیرون کشد	همه پهلوی ماه در خون کشد
وز آن پس بدوز آن کجا کرد چاک	ز دل دور کن ترس و تیمار و باک
گیاهی که گویمت با شیر و مشک	بکوب و بکن هر سه در سایه خشک
بساو و برآلای بر خستگیش	ببینی همان روز پیوستگیش
بدو مال ازان پس یکی پر من	خجسته بود سایه‌ی فر من
ترا زین سخن شاد باید بدن	به پیش جهاندار باید شدن
که او دادت این خسروانی درخت	که هر روز نو بشکفاندش بخت
بدین کار دل هیچ غمگین مدار	که شاخ برومندت آمد به بار
بگفت و یکی پر ز بازو بکند	فگند و به پرواز بر شد بلند
بشد زال و آن پر او برگرفت	برفت و بکرد آنچه گفت ای شگفت
بدان کار نظاره شد یک جهان	همه دیده پر خون و خسته روان
فرو ریخت از مژه سیندخت خون	که کودک ز پهلو کی آید برون

رستم‌زاد

بیامد یکی موبدی چرب دست	مر آن ماه رخ را به می کرد مست
بکافید بی‌رنج پهلوی ماه	بتابید مر بچه را سر ز راه
چنان بی‌گزندش برون آورید	که کس در جهان این شگفتی ندید
یکی بچه بد چون گوی شیرفش	به بالا بلند و به دیدار کش
شگفت اندرو مانده بد مرد و زن	که نشنید کس بچه‌ی پیل تن
همان دردگاهش فرو دوختند	به داور همه درد بسپوختند
شبانروز مادر ز می خفته بود	ز می خفته و هش ازو رفته بود

چو از خواب بیدار شد سرو بن	به سیندخت بگشاد لب بر سخن
برو زر و گوهر برافشاندند	ابر کردگار آفرین خواندند
مر آن بچه را پیش او تاختند	بسان سپهری برافراختند
بخندید ازان بچه سرو سهی	بدید اندرو فر شاهنشهی
به رستم بگفتا غم آمد بسر	نهادند رستمش نام پسر
یکی کودکی دوختند از حریر	به بالای آن شیر ناخورده شیر
درون وی آگنده موی سمور	برخ بر نگاریده ناهید و هور
به بازوش بر اژدهای دلیر	به چنگ اندرش داده چنگال شیر
به زیر کش اندر گرفته سنان	به یک دست کوپال و دیگر عنان
نشاندندش آنگه بر اسپ سمند	به گرد اندرش چاکران نیز چند
چو شد کار یکسر همه ساخته	چنان چون ببایست پرداخته
هیون تکاور برانگیختند	به فرمان بران بر درم ریختند
پس آن صورت رستم گرزدار	ببردند نزدیک سام سوار
یکی جشن کردند در گلستان	ز زاولستان تا به کابلستان
همه دشت پر باده و نای بود	به هر کنج صد مجلس آرای بود
به زاولستان از کران تا کران	نشسته به هر جای رامشگران
نبد کهتر از مهتران بر فرود	نشسته چنان چون بود تار و پود
پس آن پیکر رستم شیرخوار	ببردند نزدیک سام سوار
ابر سام یل موی بر پای خاست	مرا ماند این پرنیان گفت راست
اگر نیم ازین پیکر آید تنش	سرش ابر ساید زمین دامنش
وزان پس فرستاده را پیش خواست	درم ریخت تا بر سرش گشت راست
به شادی برآمد ز درگاه کوس	بیاراست میدان چو چشم خروس
می‌آورد و رامشگران را بخواند	به خواهندگان بر درم برفشاند
بیاراست جشنی که خورشید و ماه	نظاره شدند اندران بزمگاه
پس آن نامه‌ی زال پاسخ نوشت	بیاراست چون مرغزار بهشت
نخست آفرین کرد بر کردگار	بران شادمان گردش روزگار
ستودن گرفت آنگهی زال را	خداوند شمشیر و کوپال را
پس آمد بدان پیکر پرنیان	که یال یلان داشت و فر کیان
بفرمود کین را چنین ارجمند	بدارید کز دم نیابد گزند

نیایش همی کردم اندر نهان	شب و روز با کردگار جهان
که زنده ببیند جهانبین من	ز تخم تو گردی به آیین من
کنون شد مرا و ترا پشت راست	نباید جز از زندگانیش خواست
فرستاده آمد چو باد دمان	بر زال روشن دل و شادمان
چو بشنید زال این سخنهای نغز	که روشن روان اندر آید به مغز
به شادیش بر شادمانی فزود	برافراخت گردن به چرخ کبود
همی گشت چندی بروبر جهان	برهنه شد آن روزگار نهان
به رستم همی داد ده دایه شیر	که نیروی مردست و سرمایه شیر
چو از شیر آمد سوی خوردنی	شد از نان و از گوشت افزودنی
بدی پنج مرده مراو را خورش	بماندند مردم ازان پرورش
چو رستم بپیمود بالای هشت	بسان یکی سرو آزاد گشت
چنان شد که رخشان ستاره شود	جهان بر ستاره نظاره شود
تو گفتی که سام یلستی به جای	به بالا و دیدار و فرهنگ و رای

آمدن سام به دیدن رستم

چو آگاهی آمد به سام دلیر	که شد پور دستان همانند شیر
کس اندر جهان کودک نارسید	بدین شیر مردی و گردی ندید
بجنبید مرسام را دل ز جای	به دیدار آن کودک آمدش رای
سپه را به سالار لشکر سپرد	برفت و جهاندیدگان را ببرد
چو مهرش سوی پور دستان کشید	سپه را سوی زاولستان کشید
چو زال آگهی یافت بر بست کوس	ز لشکر زمین گشت چون آبنوس
خود و گرد مهراب کابل خدای	پذیره شدن را نهادند رای
بزد مهره در جام و برخاست غو	برآمد ز هر دو سپهدار و رو
یکی لشکر از کوه تا کوه مرد	زمین قیرگون و هوا لاژورد
خروشیدن تازی اسپان و پیل	همی رفت آواز تا چند میل
یکی ژنده پیلی بیاراستند	برو تخت زرین بپیراستند

نشست از بر تخت زر پور زال	ابا بازوی شیر و با کتف و یال
به سر برش تاج و کمر بر میان	سپر پیش و در دست گرز گران
چو از دور سام یل آمد پدید	سپه بر دو رویه رده برکشید
فرود آمد از باره مهراب و زال	بزرگان که بودند بسیار سال
یکایک نهادند سر بر زمین	ابر سام یل خواندند آفرین
چو گل چهره‌ی سام یل بشکفید	چو بر پیل بر بچه‌ی شیر دید
چنان همش بر پیل پیش آورید	نگه کرد و با تاج و تختش بدید
یکی آفرین کرد سام دلیر	که تهما هژبرا بزی شاد دیر
ببوسید رستمش تخت ای شگفت	نیا را یکی نو ستایش گرفت
که ای پهلوان جهان شاد باش	ز شاخ توام من تو بنیاد باش
یکی بنده‌ام نامور سام را	نشایم خور و خواب و آرام را
همی پشت زین خواهم و درع و خود	همی تیر ناوک فرستم درود
به چهر تو ماند همی چهره‌ام	چو آن تو باشد مگر زهره‌ام
وزان پس فرود آمد از پیل مست	سپهدار بگرفت دستش بدست
همی بر سر و چشم او داد بوس	فروماند پیلان و آوای کوس
سوی کاخ ازان پس نهادند روی	همه راه شادان و با گفت‌وگوی
همه کاخها تخت زرین نهاد	نشستند و خوردند و بودند شاد
برآمد برین بر یکی ماهیان	به رنجی نبستند هرگز میان
بخوردند باده به آوای رود	همی گفت هر یک به نوبت سرود
به یک گوشه‌ی تخت دستان نشست	دگر گوشه رستمش گرزی به دست
به پیش اندرون سام گیهان گشای	فرو هشته از تاج پر همای
ز رستم همی در شگفتی بماند	برو هر زمان نام یزدان بخواند
بدان بازوی و یال و آن پشت و شاخ	میان چون قلم سینه و بر فراخ
دو رانش چو ران هیونان ستبر	دل شیر نر دارد و زور ببر
بدین خوب رویی و این فر و یال	ندارد کس از پهلوانان همال
بدین شادمانی کنون می خوریم	به می جان اندوه را بشکریم
به زال آنگهی گفت تا صد نژاد	بپرسی کس این را ندارد بیاد
که کودک ز پهلو برون آورند	بدین نیکویی چاره چون آورند
بسیمرغ بادا هزار آفرین	که ایزد ورا ره نمود اندرین

که گیتی سپنجست پر آی و رو   کهن شد یکی دیگر آرند نو
به می دست بردند و مستان شدند   ز رستم سوی یاد دستان شدند
همی خورد مهراب چندان نبید   که چون خویشتن کس به گیتی ندید
همی گفت نندیشم از زال زر   نه از سام و نز شاه با تاج و فر
من و رستم و اسب شبدیز و تیغ   نیارد برو سایه گسترد میغ
کنم زنده آیین ضحاک را   به پی مشک سارا کنم خاک را
پر از خنده گشته لب زال و سام   ز گفتار مهراب دل شادکام
سر ماه نو هرمز مهرماه   بران تخت فرخنده بگزید راه
بسازید سام و برون شد به در   یکی منزلی زال شد با پدر
همی رفت بر پیل دستم دژم   به پدرود کردن نیا را به هم
چنین گفت مر زال را کای پسر   نگر تا نباشی جز از دادگر
به فرمان شاهان دل آراسته   خرد را گزین کرده بر خواسته
همه ساله بر بسته دست از بدی   همه روز جسته ره ایزدی
چنان دان که بر کس نماند جهان   یکی بایدت آشکار و نهان
برین پند من باش و مگذر ازین   بجز بر ره راست مسپر زمین
که من در دل ایدون گمانم همی   که آمد به تنگی زمانم همی
دو فرزند را کرد پدرود و گفت   که این پندها را نباید نهفت
برآمد ز درگاه زخم درای   ز پیلان خروشیدن کرنای
سپهبد سوی باختر کرد روی   زبان گرمگوی و دل آزرمجوی
برتند با او دو فرزند او   پر از آب رخ دل پر از پند او
دو منزل برفتند و گشتند باز   کشید آن سپهبد براه دراز
وزان روی زال سپهبد به راه   سوی سیستان باز برد آن سپاه
شب و روز با رستم شیرمرد   همی کرد شادی و هم باده خورد

اندرز کردن منوچهر

منوچهر را سال شد بر دو شست	ز گیتی همی بار رفتن ببست
ستاره‌شناسان بر او شدند	همی ز آسمان داستانها زدند
ندیدند روزش کشیدن دراز	ز گیتی همی گشت بایست باز
بدادند زان روز تلخ آگهی	که شد تیره آن تخت شاهنشهی
گه رفتن آمد به دیگر سرای	مگر نزد یزدان به آیدت جای
نگر تا چه باید کنون ساختن	نباید که مرگ آورد تاختن
سخن چون ز داننده بشنید شاه	به رسم دگرگون بیاراست گاه
همه موبدان و ردان را بخواند	همه راز دل پیش ایشان براند
بفرمود تا نوذر آمدش پیش	ورا پندها داد ز اندازه بیش
که این تخت شاهی فسونست و باد	برو جاودان دل نباید نهاد
مرا بر صد و بیست شد سالیان	به رنج و به سختی ببستم میان
بسی شادی و کام دل راندم	به رزم اندرون دشمنان ماندم
به فر فریدون ببستم میان	به پندش مرا سود شد هر زیان
بجستم ز سلم و ز تور سترگ	همان کین ایرج نیای بزرگ
جهان ویژه کردم ز پتیاره‌ها	بس شهر کردم بس باره‌ها
چنانم که گویی ندیدم جهان	شمار گذشته شد اندر نهان
نیرزد همی زندگانیش مرگ	درختی که زهر آورد بار و برگ
ازان پس که بردم بسی درد و رنج	سپردم ترا تخت شاهی و گنج
چنان چون فریدون مرا داده بود	ترا دادم این تاج شاه آزمود
چنان دان که خوردی و بر تو گذشت	به خوشتر زمان بازم بایدت گشت
نشانی که ماند همی از تو باز	برآید برو روزگار دراز
نباید که باشد جز از آفرین	که پاکی نژاد آورد پاک دین
نگر تا نتابی ز دین خدای	که دین خدای آورد پاک رای
کنون نو شود در جهان داوری	چو موسی بیاید به پیغمبری

پدید آید آنگه به خاور زمین
نگر تا نتابی بر او به کین
بدو بگرو آن دین یزدان بود
نگه کن ز سر تا چه پیمان بود
تو مگذار هرگز ره ایزدی
که نیکی ازویست و هم زو بدی
ازان پس بیاید ز ترکان سپاه
نهند از بر تخت ایران کلاه
ترا کارهای درشتست پیش
گهی گرگ باید بدن گاه میش
گزند تو آید ز پور پشنگ
ز توران شود کارها بر تو ننگ
بجوی ای پسر چون رسد داوری
ز سام و ز زال آنگهی یاوری
وزین نو درختی که از پشت زال
برآمد کنون برکشد شاخ و یال
ازو شهر توران شود بی‌هنر
به کین تو آید همان کینه‌ور
بگفت و فرود آمد آبش بروی
همی زار بگریست نوذر بروی
بی‌آنکش بدی هیچ بیماریی
نه از دردها هیچ آزاریی
دو چشم کیانی به هم بر نهاد
بپژمرد و برزد یکی سرد باد
شد آن نامور پرهنر شهریار
به گیتی سخن ماند زو یادگار

نوذر

پادشاهی نوذر

چو سوگ پدر شاه نوذر بداشت	ز کیوان کلاه کیی برفراشت
به تخت منوچهر بر بار داد	بخواند انجمن را و دینار داد
برین برنیامد بسی روزگار	که بیدادگر شد سر شهریار
ز گیتی برآمد به هر جای غو	جهان را کهن شد سر از شاه نو
چو او رسمهای پدر درنوشت	ابا موبدان و ردان تیز گشت
همی مردمی نزد او خوار شد	دلش برده‌ی گنج و دینار شد
کدیور یکایک سپاهی شدند	دلیران سزاوار شاهی شدند
چو از روی کشور برآمد خروش	جهانی سراسر برآمد به جوش
بترسید بیدادگر شهریار	فرستاد کس نزد سام سوار
به سگسار مازندران بود سام	فرستاد نوذر بر او پیام

نامه نوشتن نوذر به نزدیک سام

خداوند کیوان و بهرام و هور	که هست آفریننده‌ی پیل و مور
نه دشواری از چیز برترمنش	نه آسانی از اندک اندر بوش
همه با توانایی او یکیست	اگر هست بسیار و گر اندکیست
کنون از خداوند خورشید و ماه	ثنا بر روان منوچهر شاه
ابر سام یل باد چندان درود	که آید همی ز ابر باران فرود
مران پهلوان جهاندیده را	سرافراز گرد پسندیده را
همیشه دل و هوشش آباد باد	روانش ز هر درد آزاد باد
شناسد مگر پهلوان جهان	سخنها هم از آشکار و نهان
که تا شاه مژگان به هم برنهاد	ز سام نریمان بسی کرد یاد
همیدون مرا پشت گرمی بدوست	که هم پهلوانست و هم شاه دوست

نگهبان کشور به هنگام شاه	ازویست رخشنده فرخ کلاه
کنون پادشاهی پرآشوب گشت	سخنها از اندازه اندر گذشت
اگر برنگیرد وی آن گرز کین	ازین تخت پردخته ماند زمین
چو نامه بر سام نیرم رسید	یکی باد سرد از جگر برکشید
به شبگیر هنگام بانگ خروس	برآمد خروشیدن بوق و کوس
یکی لشکری راند از گرگسار	که دریای سبز اندرو گشت خوار
چو نزدیک ایران رسید آن سپاه	پذیره شدندش بزرگان به راه
پیاده همه پیش سام دلیر	برفتند و گفتند هر گونه دیر
ز بیدادی نوذر تاجور	که بر خیره گم کرد راه پدر
جهان گشت ویران ز کردار اوی	غنوده شد آن بخت بیدار اوی
بگردد همی از ره بخردی	ازو دور شد فره‌ی ایزدی
چه باشد اگر سام یل پهلوان	نشیند برین تخت روشن روان
جهان گردد آباد با داد او	برویست ایران و بنیاد او
که ما بنده باشیم و فرمان کنیم	روانها به مهرش گروگان کنیم
بدیشان چنین گفت سام سوار	که این کی پسندد ز من کردگار
که چون نوذری از نژاد کیان	به تخت کیی بر کمر بر میان
به شاهی مرا تاج باید بسود	محالست و این کس نیارد شنود
خود این گفت یارد کس اندر جهان	چنین زهره دارد کس اندر نهان
اگر دختری از منوچهر شاه	بران تخت زرین شدی با کلاه
نبودی جز از خاک بالین من	بدو شاد بودی جهانبین من
دلش گر ز راه پدر گشت باز	برین برنیامد زمانی دراز
هنوز آهنی نیست زنگار خورد	که رخشنده دشوار شایدش کرد
من آن ایزدی فره باز آورم	جهان را به مهرش نیاز آورم
شما بر گذشته پشیمان شوید	به نوی ز سر باز پیمان شوید
گر آمرزش کردگار سپهر	نیابید و از نوذر شاه مهر
بدین گیتی اندر بود خشم شاه	به برگشتن آتش بود جایگاه
بزرگان ز کرده پشیمان شدند	یکایک ز سر باز پیمان شدند
چو آمد به درگاه سام سوار	پذیره شدش نوذر شهریار
به فرخ پی نامور پهلوان	جهان سر به سر شد به نوی جوان

Shahnameh

به پوزش مهان پیش نوذر شدند	به جان و به دل ویژه کهتر شدند
برافروخت نوذر ز تخت مهی	نشست اندر آرام با فرهی
جهان پهلوان پیش نوذر به پای	پرستنده او بود و هم رهنمای
به نوذر در پندها را گشاد	سخنهای نیکو بسی کرد یاد
ز گرد فریدون و هوشنگ شاه	همان از منوچهر زیبای گاه
که گیتی بداد و دهش داشتند	به بیداد بر چشم نگماشتند
دل او ز کژی به داد آورید	چنان کرد نوذر که او رای دید
دل مهتران را بدو نرم کرد	همه داد و بنیاد آزرم کرد
چو گفته شد از گفتنیها همه	به گردنکشان و به شاه رمه
برون رفت با خلعت نوذری	چه تخت و چه تاج و چه انگشتری
غلامان و اسپان زرین ستام	پر از گوهر سرخ زرین دو جام

آگاهی یافتن پشنگ از مرگ منوچهر

برین نیز بگذشت چندی سپهر	نه با نوذر آرام بودش نه مهر
پس آنگه ز مرگ منوچهر شاه	بشد آگهی تا به توران سپاه
ز نارفتن کار نوذر همان	یکایک بگفتند با بدگمان
چو بشنید سالار ترکان پشنگ	چنان خواست کاید به ایران به جنگ
یکی یاد کرد از نیا زادشم	هم از تور بر زد یکی تیز دم
ز کار منوچهر و از لشکرش	ز گردان و سالار و از کشورش
همه نامداران کشورش را	بخواند و بزرگان لشکرش را
چو ارجسپ و گرسیوز و بارمان	چو کلباد جنگی هژبر دمان
سپهبدش چون ویسه‌ی تیزچنگ	که سالار بد بر سپاه پشنگ
جهان پهلوان پورش افراسیاب	بخواندش درنگی و آمد شتاب
سخن راند از تور و از سلم گفت	که کین زیر دامن نشاید نهفت
کسی را کجا مغز جوشیده نیست	برو بر چنین کار پوشیده نیست
که با ما چه کردند ایرانیان	بدی را ببستند یک یک میان

کنون روز تندی و کین جستنست	رخ از خون دیده گه شستنست
ز گفت پدر مغز افراسیاب	برآمد ز آرام وز خورد و خواب
به پیش پدر شد گشاده زبان	دل آگنده از کین کمر برمیان
که شایسته‌ی جنگ شیران منم	هم‌آورد سالار ایران منم
اگر زادشم تیغ برداشتی	جهان را به گرشاسپ نگذاشتی
میان را ببستی به کین آوری	بایران نکردی مگر سروری
کنون هرچه مانیده بود از نیا	ز کین جستن و چاره و کیمیا
گشادنش بر تیغ تیز منست	گه شورش و رستخیز منست
به مغز پشنگ اندر آمد شتاب	چو دید آن سهی قد افراسیاب
بر و بازوی شیر و هم زور پیل	وزو سایه گسترده بر چند میل
زبانش به کردار برنده تیغ	چو دریا دل و کف چو بارنده میغ
بفرمود تا برکشد تیغ جنگ	به ایران شود با سپاه پشنگ
سپهبد چو شایسته بیند پسر	سزد گر برآرد به خورشید سر
پس از مرگ باشد سر او به جای	ازیرا پسر نام زد رهنمای
چو شد ساخته کار جنگ آزمای	به کاخ آمد اغریرث رهنمای
به پیش پدر شد پراندیشه دل	که اندیشه دارد همی پیشه دل
چنین گفت کای کار دیده پدر	ز ترکان به مردی برآورده سر
منوچهر از ایران اگر کم شدست	سپهدار چون سام نیرم شدست
چو گرشاسپ و چون قارن رزم زن	جز این نامداران آن انجمن
تو دانی که با سلم و تور سترگ	چه آمد ازان تیغ زن پیر گرگ
نیا زادشم شاه توران سپاه	که ترگش همی سود بر چرخ و ماه
ازین در سخن هیچ گونه نراند	به آرام بر نامه‌ی کین نخواند
اگر ما نشوریم بهتر بود	کزین جنبش آشوب کشور بود
پسر را چنین داد پاسخ پشنگ	که افراسیاب آن دلاور نهنگ
یکی نره شیرست روز شکار	یکی پیل جنگی گه کارزار
ترا نیز با او بباید شدن	به هر بیش و کم رای فرخ زدن
نبیره که کین نیا را نجست	سزد گر نخوانی نژادش درست
چو از دامن ابر چین کم شود	بیابان ز باران پر از نم شود
چراگاه اسپان شود کوه و دشت	گیاها ز یال یلان برگذشت

جهان سر به سر سبز گردد ز خوید	به هامون سراپرده باید کشید
سپه را همه سوی آمل براند	دلی شاد بر سبزه و گل براند
دهستان و گرگان همه زیر نعل	بکوبید وز خون کنید آب لعل
منوچهر از آن جایگه جنگجوی	به کینه سوی تور بنهاد روی
بکوشید با قارن رزم زن	دگر گرد گرشاسپ زان انجمن
مگر دست یابید بر دشت کین	برین دو سرافراز ایران زمین
روان نیاگان ما خوش کنید	دل بدسگالان پرآتش کنید
چنین گفت با نامور نامجوی	که من خون به کین اندر آرم به جوی

آمدن افراسیاب به ایران‌زمین

چو دشت از گیا گشت چون پرنیان	ببستند گردان توران میان
سپاهی بیامد ز ترکان و چین	هم از گرزداران خاور زمین
که آن را میان و کرانه نبود	همان بخت نوذر جوانه نبود
چو لشکر به نزدیک جیحون رسید	خبر نزد پور فریدون رسید
سپاه جهاندار بیرون شدند	ز کاخ همایون به هامون شدند
به راه دهستان نهادند روی	سپهدارشان قارن رزم‌جوی
شهنشاه نوذر پس پشت اوی	جهانی سراسر پر از گفت و گوی
چو لشکر به پیش دهستان رسید	تو گفتی که خورشید شد ناپدید
سراپرده‌ی نوذر شهریار	کشیدند بر دشت پیش حصار
خود اندر دهستان نیاراست جنگ	برین بر نیامد زمانی درنگ
که افراسیاب اندر ایران زمین	دو سالار کرد از بزرگان گزین
شماساس و دیگر خزروان گرد	ز لشکر سواران بدیشان سپرد
ز جنگ آوران مرد چون سی هزار	برفتند شایسته‌ی کارزار
سوی زابلستان نهادند روی	ز کینه به دستان نهادند روی
خبر شد که سام نریمان بمرد	همی دخمه سازد ورا زال گرد
ازان سخت شادان شد افراسیاب	بدید آنکه بخت اندر آمد به خواب

بیامد چو پیش دهستان رسید	برابر سراپرده‌ای برکشید
سپه را که دانست کردن شمار	برو چارصد بار بشمر هزار
بجوشید گفتی همه ریگ و شخ	بیابان سراسر چو مور و ملخ
ابا شاه نوذر صد و چل هزار	همانا که بودند جنگی سوار
به لشکر نگه کرد افراسیاب	هیونی برافگند هنگام خواب
یکی نامه بنوشت سوی پشنگ	که جستیم نیکی و آمد به چنگ
همه لشکر نوذر ار بشکریم	شکارند و در زیر پی بسپریم
دگر سام رفت از در شهریار	همانا نیاید بدین کارزار
ستودان همی سازدش زال زر	ندارد همی جنگ را پای و پر
مرا بیم ازو بد به ایران زمین	چو او شد ز ایران بجوییم کین
همانا شماساس در نیمروز	نشستست با تاج گیتی فروز
به هنگام هر کار جستن نکوست	زدن رای با مرد هشیار و دوست
چو کاهل شود مرد هنگام کار	ازان پس نیابد چنان روزگار
هیون تکاور برآورد پر	بشد نزد سالار خورشید فر

رزم نخستین افراسیاب

سپیده چو از کوه سر برکشید	طلایه به پیش دهستان رسید
میان دو لشکر دو فرسنگ بود	همه ساز و آرایش جنگ بود
یکی ترک بد نام او بارمان	همی خفته را گفت بیدار مان
بیامد سپه را همی بنگرید	سراپرده‌ی شاه نوذر بدید
بشد نزد سالار توران سپاه	نشان داد ازان لشکر و بارگاه
وزان پس به سالار بیدار گفت	که ما را هنر چند باید نهفت
به دستوری شاه من شیروار	بجویم ازان انجمن کارزار
ببینند پیدا ز من دستبرد	جز از من کسی را نخوانند گرد
چنین گفت اغریرث هوشمند	که گر بارمان را رسد زین گزند
دل مرزبانان شکسته شود	برین انجمن کار بسته شود

۱۶۵

یکی مرد بی‌نام باید گزید	که انگشت ازان پس نباید گزید
پرآژنگ شد روی پور پشنگ	ز گفتار اغریرث آمدش ننگ
بروی دژم گفت با بارمان	که جوشن بپوش و به زه کن کمان
تو باشی بران انجمن سرفراز	به انگشت دندان نیاید به گاز
بشد بارمان تا به دشت نبرد	سوی قارن کاوه آواز کرد
کزین لشکر نوذر نامدار	که داری که با من کند کارزار
نگه کرد قارن به مردان مرد	ازان انجمن تا که جوید نبرد
کس از نامدارانش پاسخ نداد	مگر پیرگشته دلاور قباد
دژم گشت سالار بسیار هوش	ز گفت برادر برآمد به جوش
ز خشمش سرشک اندر آمد به چشم	از آن لشکر گشن بد جای خشم
ز چندان جوان مردم جنگجوی	یکی پیر جوید همی رزم اوی
دل قارن آزرده گشت از قباد	میان دلیران زبان برگشاد
که سال تو اکنون به جایی رسید	که از جنگ دستت بباید کشید
تویی مایه‌ور کدخدای سپاه	همی بر تو گردد همه رای شاه
بخون گر شود لعل مویی سپید	شوند این دلیران همه ناامید
شکست اندرآید بدین رزمگاه	پر از درد گردد دل نیک‌خواه
نگه کن که با قارن رزم زن	چه گوید قباد اندران انجمن
بدان ای برادر که تن مرگ راست	سر رزم زن سودن ترگ راست
ز گاه خجسته منوچهر باز	از امروز بودم تن اندر گداز
کسی زنده بر آسمان نگذرد	شکارست و مرگش همی بشکرد
یکی را برآید به شمشیر هوش	بدانگه که آید دو لشگر به جوش
تنش کرگس و شیر درنده راست	سرش نیزه و تیغ برنده راست
یکی را به بستر برآید زمان	همی رفت باید ز بن بی‌گمان
اگر من روم زین جهان فراخ	برادر به جایست با برز و شاخ
یکی دخمه‌ی خسروانی کند	پس از رفتنم مهربانی کند
سرم را به کافور و مشک و گلاب	تنم را بدان جای جاوید خواب
سپار ای برادر تو پدرود باش	همیشه خرد تار و تو پود باش
بگفت این و بگرفت نیزه به دست	به آوردگه رفت چون پیل مست
چنین گفت با رزم زن بارمان	که آورد پیشم سرت را زمان

ببایست ماندن که خود روزگار   همی کرد با جان تو کارزار
چنین گفت مر بارمان را قباد   که یکچند گیتی مرا داد داد
به جایی توان مرد کاید زمان   بیاید زمان یک زمان بی‌گمان
بگفت و برانگیخت شبدیز را   بداد آرمیدن دل تیز را
ز شبگیر تا سایه گسترد هور   همی این بر آن آن برین کرد زور
به فرجام پیروز شد بارمان   به میدان جنگ اندر آمد دمان
یکی خشت زد بر سرین قباد   که بند کمرگاه او برگشاد
ز اسپ اندر آمد نگونسار سر   شد آن شیردل پیر سالار سر
بشد بارمان نزد افراسیاب   شکفته دو رخسار با جاه و آب
یکی خلعتش داد کاندر جهان   کس از کهتران نستد آن از مهان
چو او کشته شد قارن رزمجوی   سپه را بیاورد و بنهاد روی
دو لشکر به کردار دریای چین   تو گفتی که شد جنب جنبان زمین
درخشیدن تیغ الماس گون   شده لعل و آهار داده به خون
به گرد اندرون همچو دریای آب   که شنگرف بارد برو آفتاب
پر از ناله‌ی کوس شد مغز میغ   پر از آب شنگرف شد جان تیغ
به هر سو که قارن برافگند اسپ   همی تافت آهن چو آذرگشسپ
تو گفتی که الماس مرجان فشاند   چه مرجان که در کین همی جان فشاند
ز قارن چو افراسیاب آن بدید   بزد اسپ و لشکر سوی او کشید
یکی رزم تا شب برآمد ز کوه   بکردند و نامد دل از کین ستوه
چو شب تیره شد قارن رزمخواه   بیاورد سوی دهستان سپاه
بر نوذر آمد به پرده سرای   ز خون برادر شده دل ز جای
ورا دید نوذر فروریخت آب   ازان مژه‌ی سیرنادیده خواب
چنین گفت کز مرگ سام سوار   ندیدم روان را چنین سوگوار
چو خورشید بادا روان قباد   ترا زین جهان جاودان بهر باد
کزین رزم وز مرگمان چاره نیست   زمی را جز از گور گهواره نیست
چنین گفت قارن که تا زاده‌ام   تن پرهنر مرگ را داده‌ام
فریدون نهاد این کله بر سرم   که بر کین ایرج زمین بسپرم
هنوز آن کمربند نگشاده‌ام   همان تیغ پولاد ننهاده‌ام
برادر شد آن مرد سنگ و خرد   سرانجام من هم برین بگذرد

انوشه بدی تو که امروز جنگ / به تنگ اندر آورد پور پشنگ
چو از لشکرش گشت لختی تباه / از آسودگان خواست چندی سپاه
مرا دید با گرزه‌ی گاوروی / بیامد به نزدیک من جنگجوی
به رویش بران گونه اندر شدم / که با دیدگانش برابر شدم
یکی جادوی ساخت با من به جنگ / که با چشم روشن نماند آب و رنگ
شب آمد جهان سر به سر تیره گشت / مرا بازو از کوفتن خیره گشت
تو گفتی زمانه سرآید همی / هوا زیر خاک اندر آید همی
ببایست برگشتن از رزمگاه / که گرد سپه بود و شب شد سیاه
برآسود پس لشکر از هر دو روی / برفتند روز دوم جنگجوی
رده برکشیدند ایرانیان / چنان چون بود ساز جنگ کیان
چو افراسیاب آن سپه را بدید / بزد کوس رویین و صف برکشید
چنان شد ز گرد سواران جهان / که خورشید گفتی شد اندر نهان
دهاده برآمد ز هر دو گروه / بیابان نبود ایچ پیدا ز کوه
برانسان سپه بر هم آویختند / چو رود روان خون همی ریختند
به هر سو که قارن شدی رزمخواه / فرو ریختی خون ز گرد سیاه
کجا خاستی گرد افراسیاب / همه خون شدی دشت چون رود آب
سرانجام نوذر ز قلب سپاه / بیامد به نزدیک او رزمخواه
چنان نیزه بر نیزه انداختند / سنان یک به دیگر برافراختند
که بر هم نپیچد بران گونه مار / شهان را چنین کی بود کارزار
چنین تا شب تیره آمد به تنگ / برو خیره شد دست پور پشنگ
از ایران سپه بیشتر خسته شد / وزان روی پیکار پیوسته شد
به بیچارگی روی برگاشتند / به هامون برافگنده بگذاشتند
دل نوذر از غم پر از درد بود / که تاجش ز اختر پر از گرد بود
چو از دشت بنشست آوای کوس / بفرمود تا پیش او رفت طوس
بشد طوس و گستهم با او به هم / لبان پر ز باد و روان پر ز غم
بگفت آنک در دل مرا درد چیست / همی گفت چندی و چندی گریست
از اندرز فرخ پدر یاد کرد / پر از خون جگر لب پر از باد سرد
کجا گفته بودش که از ترک و چین / سپاهی بیاید به ایران زمین
ازیشان ترا دل شود دردمند / بسی بر سپاه تو آید گزند

ز گفتار شاه آمد اکنون نشان	فراز آمد آن روز گردنکشان
کس از نامه‌ی نامداران نخواند	که چندین سپه کس ز ترکان براند
شما را سوی پارس باید شدن	شبستان بیاوردن و آمدن
وزان جا کشیدن سوی زاوه کوه	بران کوه البرز بردن گروه
ازیدر کنون زی سپاهان روید	وزین لشکر خویش پنهان روید
ز کار شما دل شکسته شوند	برین خستگی نیز خسته شوند
ز تخم فریدون مگر یک دو تن	برد جان ازین بی‌شمار انجمن
ندانم که دیدار باشد جزین	یک امشب بکوشیم دست پسین
شب و روز دارید کارآگهان	بجویید هشیار کار جهان
ازین لشکر ار بد دهند آگهی	شود تیره این فر شاهنشهی
شما دل مدارید بس مستمند	که باید چنین بد ز چرخ بلند
یکی را به جنگ اندر آید زمان	یکی با کلاه مهی شادمان
تن کشته با مرده یکسان شود	طپد یک زمان بازش آسان شود
بدادش مران پندها چون سزید	پس آن دست شاهانه بیرون کشید
گرفت آن دو فرزند را در کنار	فرو ریخت آب از مژه شهریار

دیگر میدان رزم

ازان پس بیاسود لشکر دو روز	سه دیگر چو بفروخت گیتی فروز
نبد شاه را روزگار نبرد	به بیچارگی جنگ بایست کرد
ابا لشکر نوذر افراسیاب	چو دریای جوشان بد و رود آب
خروشیدن آمد ز پرده‌سرای	ابا ناله‌ی کوس و هندی درای
تبیره برآمد ز درگاه شاه	نهادند بر سر ز آهن کلاه
به پرده‌سرای رد افراسیاب	کسی را سر اندر نیامد به خواب
همه شب همی لشکر آراستند	همی تیغ و ژوپین بپیراستند
زمین کوه تا کوه جوشن‌وران	برفتند با گرزهای گران
نبد کوه پیدا ز ریگ و ز شخ	ز دریا به دریا کشیدند نخ

بیاراست قارن به قلب اندرون	که با شاه باشد سپه را ستون
چپ شاه گرد تلیمان بخاست	چو شاپور نستوه بر دست راست
ز شبگیر تا خور ز گردون بگشت	نبد کوه پیدا نه دریا نه دشت
دل تیغ گفتی ببالد همی	زمین زیر اسپان بنالد همی
چو شد نیزه‌ها بر زمین سایه‌دار	شکست اندر آمد سوی مایه‌دار
چو آمد به بخت اندرون تیرگی	گرفتند ترکان برو چیرگی
بران سو که شاپور نستوه بود	پراگنده شد هرک انبوه بود
همی بود شاپور تا کشته شد	سر بخت ایرانیان گشته شد
از انبوه ترکان پرخاشجوی	به سوی دهستان نهادند روی
شب و روز بد بر گذرهاش جنگ	برآمد برین نیز چندی درنگ
چو نوذر فرو هشت پی در حصار	برو بسته شد راه جنگ سوار
سواران بیاراست افراسیاب	گرفتش ز جنگ درنگی شتاب
یکی نامور ترک را کرد یاد	سپهبد کروخان ویسه نژاد
سوی پارس فرمود تا برکشید	به راه بیابان سر اندر کشید
کزان سو بد ایرانیان را بنه	بجوید بنه مردم بدتنه
چو قارن شنود آنکه افراسیاب	گسی کرد لشکر به هنگام خواب
شد از رشک جوشان و دل کرد تنگ	بر نوذر آمد بسان پلنگ
که توران شه آن ناجوانمرد مرد	نگه کن که با شاه ایران چه کرد
سوی روی پوشیدگان سپاه	سپاهی فرستاد بی مر به راه
شبستان ماگر به دست آورد	برین نامداران شکست آورد
به ننگ اندرون سر شود ناپدید	به دنب کروخان بباید کشید
ترا خوردنی هست و آب روان	سپاهی به مهر تو دارد روان
همی باش و دل را مکن هیچ بد	که از شهریاران دلیری سزد
کنون من شوم بر پی این سپاه	بگیرم بریشان ز هر گونه راه
بدو گفت نوذر که این رای نیست	سپه را چو تو لشکرآرای نیست
ز بهر بنه رفت گستهم و طوس	بدانگه که برخاست آوای کوس
بدین زودی اندر شبستان رسد	کند ساز ایشان چنان چون سزد
نشستند بر خوان و می خواستند	زمانی دل از غم بپیراستند
پس آنگه سوی خان قارن شدند	همه دیده چون ابر بهمن شدند

سخن را فگندند هر گونه بن	بران برنهادند یکسر سخن
که ما را سوی پارس باید کشید	نباید برین جایگاه آرمید
چو پوشیده رویان ایران سپاه	اسیران شوند از بد کینه‌خواه
که گیرد بدین دشت نیزه به دست	کرا باشد آرام و جای نشست
چو شیدوش و کشواد و قارن بهم	زدند اندرین رای بر بیش و کم
چو نیمی گذشت از شب دیریاز	دلیران به رفتن گرفتند ساز
بدین روی دژدار بد گژدهم	دلیران بیدار با او بهم
وزان روی دژ بارمان و سپاه	ابا کوس و پیلان نشسته به راه
کزو قارن رزم‌زن خسته بود	به خون برادر کمربسته بود
برآویخت چون شیر با بارمان	سوی چاره جستن ندادش زمان
یکی نیزه زد بر کمربند اوی	که بگسست بنیاد و پیوند اوی
سپه سر به سر دل شکسته شدند	همه یک ز دیگر گسسته شدند
سپهبد سوی پارس بنهاد روی	ابا نامور لشکر جنگ‌جوی

۱۷۱

Shahnameh

افراسیاب

گرفتار شدن نوذر بر دست افراسیاب

چو بشنید نوذر که قارن برفت	دمان از پسش روی بنهاد و تفت
همی تاخت کز روز بد بگذرد	سپهرش مگر زیر پی نسپرد
چو افراسیاب آگهی یافت زوی	که سوی بیابان نهادست روی
سپاه انجمن کرد و پویان برفت	چو شیر از پسش روی بنهاد و تفت
چو تنگ اندر آمد بر شهریار	همش تاختن دید و هم کارزار
بدان سان که آمد همی جست راه	که تا بر سر آرد سری بی‌کلاه
شب تیره تا شد بلند آفتاب	همی گشت با نوذر افراسیاب
ز گرد سواران جهان تار شد	سرانجام نوذر گرفتار شد
خود و نامداران هزار و دویست	تو گفتی کشان بر زمین جای نیست
بسی راه جستند و بگریختند	به دام بلا هم برآویختند
چنان لشکری را گرفته به بند	بیاورد با شهریار بلند
اگر با تو گردون نشیند به راز	هم از گردش او نیابی جواز
همو تاج و تخت بلندی دهد	همو تیرگی و نژندی دهد
به دشمن همی ماند و هم به دوست	گهی مغز یابی ازو گاه پوست
سرت گر بساید به ابر سیاه	سرانجام خاک است ازو جایگاه
وزان پس بفرمود افراسیاب	که از غار و کوه و بیابان و آب
بجویید تا قارن رزم زن	رهایی نیابد ازین انجمن
چو بشنید کاو پیش ازان رفته بود	ز کار شبستان برآشفته بود
غمی گشت ازان کار افراسیاب	ازو دور شد خورد و آرام و خواب
که قارن رها یافت از وی به جان	بران درد پیچید و شد بدگمان
چنین گفت با ویسه‌ی نامور	که دل سخت گردان به مرگ پسر
که چون قارن کاوه جنگ آورد	پلنگ از شتابش درنگ آورد
ترا رفت باید ببسته کمر	یکی لشکری ساخته پرهنر

نبرد قارو و ویسه، و گریختن ویسه

بشد ویسه سالار توران سپاه
ابا لشکری نامور کینه‌خواه

ازان پیشتر تابه قارن رسید
گرامیش را کشته افگنده دید

دلیران و گردان توران سپاه
بسی نیز با او فگنده به راه

دریده درفش و نگونسار کوس
چو لاله کفن روی چون سندروس

ز ویسه به قارن رسید آگهی
که آمد به پیروزی و فرهی

ستوران تازی سوی نیمروز
فرستاد و خود رفت گیتی فروز

ز درد پسر ویسه‌ی جنگجوی
سوی پارس چون باد بنهاد روی

چو از پارس قارن به هامون کشید
ز دست چپش لشکر آمد پدید

ز گرد اندر آمد درفش سیاه
سپهدار ترکان به پیش سپاه

رده برکشیدند بر هر دو روی
برفتند گردان پرخاشجوی

ز قلب سپه ویسه آواز داد
که شد تاج و تخت بزرگی به باد

ز قنوج تا مرز کابلستان
همان تا در بست و زابلستان

همه سر به سر پاک در چنگ ماست
بر ایوانها نقش و نیرنگ ماست

کجا یافت خواهی تو آرامگاه
ازان پس کجا شد گرفتار شاه

چنین داد پاسخ که من قارنم
گلیم اندر آب روان افگنم

نه از بیم رفتم نه از گفت‌وگوی
به پیش پسرت آمدم کینه جوی

چو از کین او دل بپرداختم
کنون کین و جنگ ترا ساختم

برآمد چپ و راست گرد سیاه
نه روی هوا ماند روشن نه ماه

سپه یک به دیگر برآویختند
چو رود روان خون همی ریختند

بر ویسه شد قارن رزم جوی
ازو ویسه در جنگ برگاشت روی

فراوان ز جنگ آوران کشته شد
بورد چون ویسه سرگشته شد

چو بر ویسه آمد ز اختر شکن
نرفت از پسش قارن رزم‌زن

بشد ویسه تا پیش افراسیاب
ز درد پسر مژه کرده پرآب

لشکر کشی شماساس و خزروان به سیستان

و دیگر که از شهر ارمان شدند	به کینه سوی زابلستان شدند
شماساس کز پیش جیحون برفت	سوی سیستان روی بنهاد و تفت
خزروان ابا تیغزن سی هزار	ز ترکان بزرگان خنجرگزار
برفتند بیدار تا هیرمند	ابا تیغ و با گرز و بخت بلند
ز بهر پدر زال با سوگ و درد	به گوراب اندر همی دخمه کرد
به شهر اندرون گرد مهراب بود	که روشن روان بود و بی‌خواب بود
فرستاده‌ای آمد از نزد اوی	به سوی شماساس بنهاد روی
به پیش سراپرده آمد فرود	ز مهراب دادش فراوان درود
که بیداردل شاه توران سپاه	بماناد تا جاودان با کلاه
ز ضحاک تازیست ما را نژاد	بدین پادشاهی نیم سخت شاد
به پیوستگی جان خریدم همی	جز این نیز چاره ندیدم همی
کنون این سرای و نشست منست	همان زاولستان به دست منست
ازایدر چو دستان بشد سوگوار	ز بهر ستودان سام سوار
دلم شادمان شد به تیمار اوی	برآنم که هرگز نبینمش روی
زمان خواهم از نامور پهلوان	بدان تا فرستم هیونی دوان
یکی مرد بینادل و پرشتاب	فرستم به نزدیک افراسیاب
مگر کز نهان من آگه شود	سخنهای گوینده کوته شود
نثاری فرستم چنان چون سزاست	جز این نیز هرچ از در پادشاست
گر ایدونک گوید به نزد من آی	جز از پیش تختش نباشم به پای
همه پادشاهی سپارم بدوی	همیشه دلی شاد دارم بدوی
تن پهلوان را نیارم به رنج	فرستمش هرگونه آگنده گنج
ازین سو دل پهلوان را ببست	وزان در سوی چاره یازید دست
نوندی برافگند نزدیک زال	که پرنده شو باز کن پر و بال
به دستان بگو آنچ دیدی ز کار	بگویش که از آمدن سر مخار

که دو پهلوان آمد ایدر بجنگ	ز ترکان سپاهی چو دشتی پلنگ
دو لشکر کشیدند بر هیرمند	به دینارشان پای کردم به بند
گر از آمدن دم زنی یک زمان	برآید همی کامه‌ی بدگمان

رسیدن زال به یاری مهراب

فرستاده نزدیک دستان رسید	به کردار آتش دلش بردمید
سوی گرد مهراب بنهاد روی	همی تاخت با لشکری جنگجوی
چو مهراب را پای بر جای دید	به سرش اندرون دانش و رای دید
به دل گفت کاکنون ز لشکر چه باک	چه پیشم خزروان چه یک مشت خاک
پس آنگه سوی شهر بنهاد روی	چو آمد به شهر اندرون نامجوی
به مهراب گفت ای هشیوار مرد	پسندیده اندر همه کارکرد
کنون من شوم در شب تیره‌گون	یکی دست یازم بریشان به خون
شوند آگه از من که بازآمدم	دل آگنده و کینه ساز آمدم
کمانی به بازو در افگند سخت	یکی تیر برسان شاخ درخت
نگه کرد تا جای گردان کجاست	خدنگی به چرخ اندرون راند راست
بینداخت سه جای سه چوبه تیر	برآمد خروشیدن دار و گیر
چو شب روز شد انجمن شد سپاه	بران تیر کردند هر کس نگاه
بگفتند کاین تیر زالست و بس	نراند چنین در کمان تیر کس
چو خورشید تابان ز بالا بگشت	خروش تبیره برآمد ز دشت
به شهر اندرون کوس با کرنای	خروشیدن زنگ و هندی درای
برآمد سپه را به هامون کشید	سراپرده و پیل بیرون کشید
سپاه اندرآورد پیش سپاه	چو هامون شد از گرد کوه سیاه
خزروان دمان با عمود و سپر	یکی تاختن کرد بر زال زر
عمودی بزد بر بر روشنش	گسسته شد آن نامور جوشنش
چو شد تافته شاه زابلستان	برفتند گردان کابلستان
یکی درع پوشید زال دلیر	به جنگ اندر آمد به کردار شیر

بدست اندرون داشت گرز پدر	سرش گشته پر خشم و پر خون جگر
بزد بر سرش گرزه‌ی گاورنگ	زمین شد ز خونش چو پشت پلنگ
بیفگند و بسپرد و زو درگذشت	ز پیش سپاه اندر آمد به دشت
شماساس را خواست کاید برون	نیامد برون کش بخوشید خون
به گرد اندرون یافت کلباد را	به گردن برآورد پولاد را
چو شمشیرزن گرز دستان بدید	همی کرد ازو خویشتن ناپدید
کمان را به زه کرد زال سوار	خدنگی بدو اندرون راند خوار
بزد بر کمربند کلباد بر	بران بند زنجیر پولاد بر
میانش ابا کوهه‌ی زین بدوخت	سپه را به کلباد بر دل بسوخت
چو این دو سرافگنده شد در نبرد	شماساس شد بی‌دل و روی زرد
شماساس و آن لشکر رزم ساز	پراگنده از رزم گشتند باز
پس اندر دلیران زاولستان	برفتند با شاه کابلستان
چنان شد ز بس کشته در رزمگاه	که گفتی جهان تنگ شد بر سپاه
سوی شاه ترکان نهادند سر	گشاده سلیح و گسسته کمر
شماساس چون در بیابان رسید	ز ره قارن کاوه آمد پدید
که از لشکر ویسه برگشته بود	به خواری گرامیش را کشته بود
به هم بازخوردند هر دو سپاه	شماساس با قارن کینه‌خواه
بدانست قارن که ایشان کیند	ز زاولستان ساخته بر چیند
بزد نای رویین و بگرفت راه	به پیش سپاه اندر آمد سپاه
ازان لشکر خسته و بسته مرد	به خورشید تابان برآورد گرد
گریزان شماساس با چند مرد	برفتند ازان تیره گرد نبرد
سوی شاه ترکان رسید آگهی	کزان نامداران جهان شد تهی
دلش گشت پر آتش از درد و غم	دو رخ را به خون جگر داد نم
برآشفت و گفتا که نوذر کجاست	کزو ویسه خواهد همی کینه خواست
چه چاره است جز خون او ریختن	یکی کینه‌ی نو برانگیختن
به دژخیم فرمود کو را کشان	ببر تا بیاموزد او سرفشان
سپهدار نوذر چو آگاه شد	بدانست کش روز کوتاه شد
سپاهی پر از غلغل و گفت و گوی	سوی شاه نوذر نهادند روی
ببستند بازوش با بند تنگ	کشیدندش از جای پیش نهنگ

به دشت آوریدندش از خیمه خوار	برهنه سر و پای و برگشته کار
چو از دور دیدش زبان برگشاد	ز کین نیاگان همی کرد یاد
ز تور و ز سلم اندر آمد نخست	دل و دیده از شرم شاهان بشست
بدو گفت هر بد که آید سزاست	بگفت و برآشفت و شمشیر خواست
بزد گردن خسرو تاجدار	تنش را بخاک اندر افگند خوار
شد آن یادگار منوچهر شاه	تهی ماند ایران ز تخت و کلاه
ایا دانشی مرد بسیار هوش	همه چادر آزمندی مپوش
که تخت و کله چون تو بسیار دید	چنین داستان چند خواهی شنید
رسیدی به جایی که بشتافتی	سرآمد کزو آرزو یافتی
چه جویی از این تیره خاک نژند	که هم بازگرداندت مستمند
که گر چرخ گردان کشد زین تو	سرانجام خاکست بالین تو
پس آن بستگان را کشیدند خوار	به جان خواستند آنگهی زینهار
چو اغریرث پرهنر آن بدید	دل او ببر در چو آتش دمید
همی گفت چندین سر بی‌گناه	ز تن دور ماند به فرمان شاه
بیامد خروشان به خواهشگری	بیاراست با نامور داوری
که چندین سرافراز گرد و سوار	نه با ترگ و جوشن نه در کارزار
گرفتار کشتن نه والا بود	نشیبست جایی که بالا بود
سزد گر نیاید به جانشان گزند	سپاری همیدون به من شان ببند
بریشان یکی غار زندان کنم	نگهدارشان هوشمندان کنم
به ساری به زاری برآرند هوش	تو از خون به کش دست و چندین مکوش
ببخشید جان‌شان به گفتار اوی	چو بشنید با درد پیکار اوی
بفرمودشان تا به ساری برند	به غل و به مسمار و خواری برند
چو این کرده شد ساز رفتن گرفت	زمین زیر اسپان نهفتن گرفت
ز پیش دهستان سوی ری کشید	از اسپان به رنج و به تک خوی کشید
کلاه کیانی به سر بر نهاد	به دینار دادن در اندرگشاد
به گستهم و طوس آمد این آگهی	که تیره شد آن فر شاهنشهی

پادشاهی افراسیاب اندر ایرانزمین

به شمشیر تیز آن سر تاجدار / به زاری بریدند و برگشت کار
بکندند موی و شخودند روی / از ایران برآمد یکی های‌وهوی
سر سرکشان گشت پرگرد و خاک / همه دیده پر خون همه جامه چاک
سوی زابلستان نهادند روی / زبان شاه‌گوی و روان شاه‌جوی
بر زال رفتند با سوگ و درد / رخان پر ز خون و سران پر ز گرد
که زارا دلیرا شها نوذرا / گوا تاجدارا مها مهترا
نگهبان ایران و شاه جهان / سر تاجداران و پشت مهان
سرت افسر از خاک جوید همی / زمین خون شاهان ببوید همی
گیایی که روید بران بوم و بر / نگون دارد از شرم خورشید سر
همی داد خواهیم و زاری کنیم / به خون پدر سوگواری کنیم
نشان فریدون بدو زنده بود / زمین نعل اسپ ورا بنده بود
به زاری و خواری سرش را ز تن / بریدند با نامدار انجمن
همه تیغ زهرآبگون برکشید / به کین جستن آیید و دشمن کشید
همانا برین سوگ با ما سپهر / ز دیده فرو باردی خون به مهر
شما نیز دیده پر از خون کنید / همه جامه‌ی ناز بیرون کنید
که با کین شاهان نشاید که چشم / نباشد پر از آب و دل پر ز خشم
همه انجمن زار و گریان شدند / چو بر آتش تیز بریان شدند
زبان داد دستان که تا رستخیز / نبینند نیام مرا تیغ تیز
چمان چرمه در زیر تخت منست / سنان‌دار نیزه درخت منست
رکابست پای مرا جایگاه / یکی ترگ تیره سرم را کلاه
برین کینه آرامش و خواب نیست / همی چون دو چشمم به جوی آب نیست
روان چنان شهریار جهان / درخشنده بادا میان مهان
شما را به داد جهان آفرین / دل ارمیده بادا به آیین و دین
ز مادر همه مرگ را زاده‌ایم / برینیم و گردن ورا داده‌ایم

چو گردان سوی کینه بشتافتند	به ساری سران آگهی یافتند
ازیشان بشد خورد و آرام و خواب	پر از بیم گشتند از افراسیاب
ازان پس به اغریرث آمد پیام	که ای پرمنش مهتر نیک‌نام
به گیتی به گفتار تو زنده‌ایم	همه یک به یک مر ترا بنده‌ایم
تو دانی که دستان به زابلستان	به جایست با شاه کابلستان
چو برزین و چون قارن رزمزن	چو خراد و کشواد لشکرشکن
یلانند با چنگهای دراز	ندارند از ایران چنین دست باز
چو تابند گردان ازین سو عنان	به چشم اندر آرند نوک سنان
ازان تیز گردد رد افراسیاب	دلش گردد از بستگان پرشتاب
پس آنگه سر یک رمه بی‌گناه	به خاک اندر آرد ز بهر کلاه
اگر بیند اغریرث هوشمند	مر این بستگان را گشاید ز بند
پراگنده گردیم گرد جهان	زبان برگشاییم پیش مهان
به پیش بزرگان ستایش کنیم	همان پیش یزدان نیایش کنیم
چنین گفت اغریرث پرخرد	کزین گونه گفتار کی درخورد
ز من آشکارا شود دشمنی	بجوشد سر مرد آهرمنی
یکی چاره سازم دگرگونه زین	که با من نگردد برادر به کین
گر ایدون که دستان شود تیزچنگ	یکی لشکر آرد بر ما به جنگ
چو آرد به نزدیک ساری رمه	به دستان سپارم شما را همه
بپردازم آمل نیایم به جنگ	سرم را ز نام اندرآرم به ننگ
بزرگان ایران ز گفتار اوی	بروی زمین برنهادند روی
چو از آفرینش بپرداختند	نوندی ز ساری برون تاختند
بپویید نزدیک دستان سام	بیاورد ازان نامداران پیام
که بخشود بر ما جهاندار ما	شد اغریرث پر خرد یار ما
یکی سخت پیمان فگندیم بن	بران برنهادیم یکسر سخن
کز ایران چو دستان آزادمرد	بیایند و جویند با وی نبرد
گرانمایه اغریرث نیک پی	ز آمل گذارد سپه را به ری
مگر زنده از چنگ این اژدها	تن یک جهان مردم آید رها
چو پوینده در زابلستان رسید	سراینده در پیش دستان رسید
بزرگان و جنگ‌آوران را بخواند	پیام یلان پیش ایشان براند

ازان پس چنین گفت کای سروران ‌ پلنگان جنگی و نام‌آوران
کدامست مردی کنارنگ دل ‌ به مردی سیه کرده در جنگ دل
خریدار این جنگ و این تاختن ‌ به خورشید گردن برافراختن
ببر زد بران کار کشواد دست ‌ منم گفت یازان بدین داد دست
برو آفرین کرد فرخنده زال ‌ که خرم بدی تا بود ماه و سال
سپاهی ز گردان پرخاشجوی ‌ ز زابل به آمل نهادند روی
چو از پیش دستان برون شد سپاه ‌ خبر شد به اغریرث نیک خواه
همه بستگان را به ساری بماند ‌ بزد نای رویین و لشکر براند
چو گشواد فرخ به ساری رسید ‌ پدید آمد آن بندها را کلید
یکی اسپ مر هر یکی را بساخت ‌ ز ساری سوی زابلستان بتاخت
چو آمد به دستان سام آگهی ‌ که برگشت گشواد با فرهی
یکی گنج ویژه به درویش داد ‌ سراینده را جامه‌ی خویش داد
چو گشواد نزدیک زابل رسید ‌ پذیره شدش زال زر چون سزید
بران بستگان زار بگریست دیر ‌ کجا مانده بودند در چنگ شیر
پس از نامور نوذر شهریار ‌ به سر خاک بر کرد و بگریست زار
به شهر اندر آوردشان ارجمند ‌ بیاراست ایوانهای بلند
چنان هم که هنگام نوذر بدند ‌ که با تاج و با تخت و افسر بدند
بیاراست دستان همه دستگاه ‌ شد از خواسته بی‌نیاز آن سپاه

کشتن افراسیاب، اغریث نیک پی را

چو اغریرث آمد ز آمل به ری ‌ وزان کارها آگهی یافت کی
بدو گفت کاین چیست کانگیختی ‌ که با شهد حنظل برآمیختی
بفرمودمت کای برادر به کش ‌ که جای خرد نیست و هنگام هش
بدانش نیاید سر جنگجوی ‌ نباید به جنگ اندرون آبروی
سر مرد جنگی خرد نسپرد ‌ که هرگز نیامیخت کین با خرد
چنین داد پاسخ به افراسیاب ‌ که لختی بباید همی شرم و آب

هر آنگه کت آید به بد دسترس	ز یزدان بترس و مکن بد بکس
که تاج و کمر چون تو بیند بسی	نخواهد شدن رام با هر کسی
یکی پر ز آتش یکی پرخرد	خرد با سر دیو کی درخورد
سپهبد برآشفت چون پیل مست	به پاسخ به شمشیر یازید دست
میان برادر بدونیم کرد	چنان سنگدل ناهشیوار مرد
چو از کار اغریرث نامدار	خبر شد به نزدیک زال سوار
چنین گفت کاکنون سر بخت اوی	شود تار و ویران شود تخت اوی
بزد نای رویین و بربست کوس	بیاراست لشکر چو چشم خروس
سپهبد سوی پارس بنهاد روی	همی رفت پرخشم و دل کینه جوی
ز دریا به دریا همی مرد بود	رخ ماه و خورشید پر گرد بود
چو بشنید افراسیاب این سخن	که دستان جنگی چه افگند بن
بیاورد لشکر سوی خوار ری	بیاراست جنگ و بیفشارد پی
طلایه شب و روز در جنگ بود	تو گفتی که گیتی برو تنگ بود
مبارز بسی کشته شد بر دو روی	همه نامداران پرخاشجوی

زوتهماسپ

پادشاهی زوتهماسپ

شبی زال بنشست هنگام خواب | سخن گفت بسیار ز افراسیاب
هم از رزم‌زن نامداران خویش | وزان پهلوانان و یاران خویش
همی گفت هرچند کز پهلوان | بود بخت بیدار و روشن روان
بباید یکی شاه خسرونژاد | که دارد گذشته سخنها بیاد
به کردار کشتیست کار سپاه | همش باد و هم بادبان تخت شاه
اگر داردی طوس و گستهم فر | سپاهست و گردان بسیار مر
نزیبد بریشان همی تاج و تخت | بباید یکی شاه بیداربخت
که باشد بدو فره‌ی ایزدی | بتابد ز دیهیم او بخردی
ز تخم فریدون بجستند چند | یکی شاه زیبای تخت بلند
ندیدند جز پور طهماسپ زو | که زور کیان داشت و فرهنگ‌گو
بشد قارن و موبد و مرزبان | سپاهی ز بامین و ز گرزبان
یکی مژده بردند نزدیک زو | که تاج فریدون به تو گشت نو
سپهدار دستان و یکسر سپاه | ترا خواستند ای سزاوار گاه
چو بشنید زو گفته‌ی موبدان | همان گفته‌ی قارن و بخردان
بیامد به نزدیک ایران سپاه | به سر بر نهاده کیانی کلاه
به شاهی برو آفرین خواند زال | نشست از بر تخت زو پنج سال
کهن بود بر سال هشتاد مرد | بداد و به خوبی جهان تازه کرد
سپه را ز کار بدی باز داشت | که با پاک یزدان یکی راز داشت
گرفتن نیارست و بستن کسی | وزان پس ندیدند کشتن بسی
همان بد که تنگی بد اندر جهان | شده خشک خاک و گیا را دهان
نیامد همی ز اسمان هیچ نم | همی برکشیدند نان با درم
دو لشکر بران گونه تا هشت ماه | به روی اندر آورده روی سپاه
نکردند یکروز جنگی گران | نه روز یلان بود و رزم سران
ز تنگی چنان شد که چاره نماند | سپه را همی پود و تاره نماند

سخن رفتشان یک به یک همزبان	که از ماست بر ما بد آسمان
ز هر دو سپه خاست فریاد و غو	فرستاده آمد به نزدیک زو
که گر بهر ما زین سرای سپنج	نیامد بجز درد و اندوه و رنج
بیا تا ببخشیم روی زمین	سراییم یک با دگر آفرین
سر نامداران تهی شد ز جنگ	ز تنگی نبد روزگار درنگ
بر آن برنهادند هر دو سخن	که در دل ندارند کین کهن
ببخشند گیتی به رسم و به داد	ز کار گذشته نیارند یاد
ز دریای پیکند تا مرز تور	ازان بخش گیتی ز نزدیک و دور
روارو چنین تا به چین و ختن	سپردند شاهی بران انجمن
ز مرزی کجا مرز خرگاه بود	ازو زال را دست کوتاه بود
وزین روی ترکان نجویند راه	چنین بخش کردند تخت و کلاه
سوی پارس لشکر برون راند زو	کهن بود لیکن جهان کرد نو
سوی زابلستان بشد زال زر	جهانی گرفتند هر یک به بر
پر از غلغل و رعد شد کوهسار	زمین شد پر از رنگ و بوی و نگار
جهان چون عروسی رسیده جوان	پر از چشمه و باغ و آب روان
چو مردم بدارد نهاد پلنگ	بگردد زمانه برو تار و تنگ
مهان را همه انجمن کرد زو	به دادار بر آفرین خواند نو
فراخی که آمد ز تنگی پدید	جهان آفرین داشت آن را کلید
به هر سو یکی جشنگه ساختند	دل از کین و نفرین بپرداختند
چنین تا برآمد برین سال پنج	نبودند آگه کس از درد و رنج
ببد بخت ایرانیان کندرو	شد آن دادگستر جهاندار زو

187

گرشاسپ

پادشاهی گرشاسپ

پسر بود زو را یکی خویش‌کام	پدر کرده بودیش گرشاسپ نام
بیامد نشست از بر تخت و گاه	به سر بر نهاد آن کیانی کلاه
چو بنشست بر تخت و گاه پدر	جهان را همی داشت با زیب و فر
چنین تا برآمد برین روزگار	درخت بلا کینه آورد بار
به ترکان خبر شد که زو درگذشت	بران سان که بد تخت بی‌کار گشت
بیامد به خوار ری افراسیاب	ببخشید گیتی و بگذاشت آب
نیاورد یک تن درود پشنگ	سرش پر ز کین بود و دل پر ز جنگ
دلش خود ز تخت و کله گشته بود	به تیمار اغریرث آغشته بود
بدو روی ننمود هرگز پشنگ	شد آن تیغ روشن پر از تیره زنگ
فرستاده رفتی به نزدیک اوی	بدو سال و مه هیچ ننمود روی
همی گفت اگر تخت را سر بدی	چو اغریرثش یار درخور بدی
تو خون برادر بریزی همی	ز پرورده مرغی گریزی همی
مرا با تو تا جاودان کار نیست	به نزد منت راه دیدار نیست
پرآواز شد گوش ازین آگهی	که بی‌کار شد تخت شاهنشهی

لشکر کشیدن افراسیاب به ایران

پیامی بیامد به کردار سنگ	به افراسیاب از دلاور پشنگ
که بگذار جیحون و برکش سپاه	ممان تا کسی برنشیند به گاه
یکی لشکری ساخت افراسیاب	ز دشت سپنجاب تا رود آب
که گفتی زمین شد سپهر روان	همی بارد از تیغ هندی روان
یکایک به ایران رسید آگهی	که آمد خریدار تخت مهی
سوی زابلستان نهادند روی	جهان شد سراسر پر از گفت‌وگوی

بگفتند با زال چندی درشت
که گیتی بس آسان گرفتی به مشت
پس از سام تا تو شدی پهلوان
نبودیم یک روز روشن روان
سپاهی ز جیحون بدین سو کشید
که شد آفتاب از جهان ناپدید
اگر چاره دانی مراین را بساز
که آمد سپهبد به تنگی فراز
چنین گفت پس نامور زال زر
که تا من ببستم به مردی کمر
سواری چو من پای بر زین نگاشت
کسی تیغ و گرز مرا برنداشت
به جایی که من پای بفشاردم
عنان سواران شدی پاردم
شب و روز در جنگ یکسان بدم
ز پیری همه ساله ترسان بدم
کنون چنبری گشت یال یلی
نتابد همی خنجر کابلی
کنون گشت رستم چو سرو سهی
بزیبد برو بر کلاه مهی
یکی اسپ جنگیش باید همی
کزین تازی اسپان نشاید همی
بجویم یکی باره‌ی پیلتن
بخواهم ز هر سو که هست انجمن
بخوانم به رستم بر این داستان
که هستی برین کار همداستان
که بر کینه‌ی تخمه‌ی زادشم
ببندی میان و نباشی دژم
همه شهر ایران ز گفتار اوی
ببودند شادان دل و تازه روی
ز هر سو هیونی تکاور بتاخت
سلیح سواران جنگی بساخت
به رستم چنین گفت کای پیلتن
به بالا سرت برتر از انجمن
یکی کار پیشست و رنجی دراز
کزو بگسلد خواب و آرام و ناز

سخن گفتن زال با رستم و جواب دادن زال را رستم

ترا نوز پورا گه رزم نیست
چه سازم که هنگامه‌ی بزم نیست
هنوز از لبت شیر بوید همی
دلت ناز و شادی بجوید همی
چگونه فرستم به دشت نبرد
ترا پیش ترکان پر کین و درد
چه گویی چه سازی چه پاسخ دهی
که جفت تو بادا مهی و بهی
چنین گفت رستم به دستان سام
که من نیستم مرد آرام و جام
چنین یال و این چنگهای دراز
نه والا بود پروریدن به ناز

اگر دشت کین آید و رزم سخت	بود یار یزدان پیروزبخت
ببینی که در جنگ من چون شوم	چو اندر پی ریزش خون شوم
یکی ابر دارم به چنگ اندرون	که همرنگ آبست و بارانش خون
همی آتش افروزد از گوهرش	همی مغز پیلان بساید سرش
یکی باره باید چو کوه بلند	چنان چون من آرم به خم کمند
یکی گرز خواهم چو یک لخت کوه	گرآیند پیشم ز توران گروه
سرانشان بکوبم بدان گرز بر	نیاید برم هیچ پرخاشخر
که روی زمین را کنم بی‌سپاه	که خون بارد ابر اندر آوردگاه
چنان شد ز گفتار او پهلوان	که گفتی برافشاند خواهد روان

گرفتن رستم، رخش را

گله هرچ بودش به زابلستان	بیاورد لختی به کابلستان
همه پیش رستم همی راندند	برو داغ شاهان همی خواندند
هر اسپی که رستم کشیدیش پیش	به پشتش بیفشاردی دست خویش
ز نیروی او پشت کردی به خم	نهادی به روی زمین بر شکم
چنین تا ز کابل بیامد زرنگ	فسیله همی تاخت از رنگ‌رنگ
یکی مادیان تیز بگذشت خنگ	برش چون بر شیر و کوتاه لنگ
دو گوشش چو دو خنجر آبدار	بر و یال فربه میانش نزار
یکی کره از پس به بالای او	سرین و برش هم به پهنای او
سیه چشم و بورابرش و گاودم	سیه خایه و تند و پولادسم
تنش پرنگار از کران تا کران	چو داغ گل سرخ بر زعفران
چو رستم بران مادیان بنگرید	مر آن کره‌ی پیلتن را بدید
کمند کیانی همی داد خم	که آن کره را بازگیرد ز رم
به رستم چنین گفت چوپان پیر	که ای مهتر اسپ کسان را مگیر
بپرسید رستم که این اسپ کیست	که دو رانش از داغ آتش تهیست
چنین داد پاسخ که داغش مجوی	کزین هست هر گونه‌ای گفت‌وگوی

همی رخش خوانیم بورابرش است / به خو آتشی و به رنگ آتش است

خداوند این را ندانیم کس / همی رخش رستمش خوانیم و بس

سه سالست تا این بزین آمدست / به چشم بزرگان گزین آمدست

چو مادرش بیند کمند سوار / چو شیر اندرآید کند کارزار

بینداخت رستم کیانی کمند / سر ابرش آورد ناگه ببند

بیامد چو شیر ژیان مادرش / همی خواست کندن به دندان سرش

بغرید رستم چو شیر ژیان / از آواز او خیره شد مادیان

یکی مشت زد نیز بر گردنش / کزان مشت برگشت لرزان تنش

بیفتاد و برخاست و برگشت از وی / بسوی گله تیز بنهاد روی

بیفشارد ران رستم زورمند / برو تنگتر کرد خم کمند

بیازید چنگال گردی بزور / بیفشارد یک دست بر پشت بور

نکرد ایچ پشت از فشردن تهی / تو گفتی ندارد همی آگهی

بدل گفت کاین برنشست منست / کنون کار کردن به دست منست

ز چوپان بپرسید کاین اژدها / به چندست و این را که خواهد بها

چنین داد پاسخ که گر رستمی / برو راست کن روی ایران زمی

مر این را بر و بوم ایران بهاست / بدین بر تو خواهی جهان کرد راست

لب رستم از خنده شد چون بسد / همی گفت نیکی ز یزدان سزد

به زین اندر آورد گلرنگ را / سرش تیز شد کینه و جنگ را

گشاده زنخ دیدش و تیزتگ / بدیدش که دارد دل و تاو و رگ

کشد جوشن و خود و کوپال او / تن پیلوار و بر و یال او

چنان گشت ابرش که هر شب سپند / همی سوختندش ز بیم گزند

چپ و راست گفتی که جادو شدست / به آورد تا زنده آهو شدست

دل زال زر شد چو خرم بهار / ز رخش نوآیین و فرخ سوار

در گنج بگشاد و دینار داد / از امروز و فردا نیامدش یاد

بزد مهره در جام بر پشت پیل / ازو برشد آواز تا چند میل

لشکر کشیدن زال سوی افراسیاب

خروشیدن کوس با کرنای	همان ژنده پیلان و هندی درای
برآمد ز زاولستان رستخیز	زمین خفته را بانگ برزد که خیز
به پیش اندرون رستم پهلوان	پس پشت او سالخورده گوان
چنان شد ز لشکر در و دشت و راغ	که بر سر نیارست پرید زاغ
تبیره زدندی همی شست جای	جهان را نه سر بود پیدا نه پای
به هنگام بشکوفه‌ی گلستان	بیاورد لشکر ز زابلستان
ز زال آگهی یافت افراسیاب	برآمد ز آرام و از خورد و خواب
بیاورد لشکر سوی خوار ری	بران مرغزاری که بد آب و نی
ز ایران بیامد دمادم سپاه	ز راه بیابان سوی رزمگاه
ز لشکر به لشکر دو فرسنگ ماند	سپهبد جهاندیدگان را بخواند
بدیشان چنین گفت کای بخردان	جهاندیده و کارکرده ردان
هم ایدر من این لشکر آراستم	بسی سروری و مهی خواستم
پراگنده شد رای بی تخت شاه	همه کار بی‌روی و بی‌سر سپاه
چو بر تخت بنشست فرخنده زو	ز گیتی یکی آفرین خاست نو
شهی باید اکنون ز تخم کیان	به تخت کیی بر کمر بر میان
شهی کاو باورنگ دارد ز می	که بی‌سر نباشد تن آدمی
نشان داد موبد مرا در زمان	یکی شاه با فر و بخت جوان
ز تخم فریدون یل کیقباد	که با فر و برزست و با رای و داد

آوردن رستم، کیقباد را از البرز کوه

به رستم چنین گفت فرخنده زال	که برگیر کوپال و بفراز یال
برو تازیان تا به البرز کوه	گزین کن یکی لشکر همگروه

۱۹۴

ابر کیقباد آفرین کن یکی   مکن پیش او بر درنگ اندکی
به دو هفته باید که ایدر بوی   گه و بیگه از تاختن نغنوی
بگویی که لشکر ترا خواستند   همی تخت شاهی بیاراستند
که در خورد تاج کیان جز تو کس   نبینیم شاها تو فریادرس
تهمتن زمین را به مژگان برفت   کمر برمیان بست و چون باد تفت
ز ترکان طلایه بسی بد براه   رسید اندر ایشان یل صف پناه
برآویخت با نامداران جنگ   یکی گرزه‌ی گاو پیکر به چنگ
دلیران توران برآویختند   سرانجام از رزم بگریختند
نهادند سر سوی افراسیاب   همه دل پر از خون و دیده پر آب
بگفتند وی را همه بیش و کم   سپهبد شد از کار ایشان دژم
بفرمود تا نزد او شد قلون   ز ترکان دلیری گوی پرفسون
بدو گفت بگزین ز لشکر سوار   وز ایدر برو تا در کوهسار
دلیر و خردمند و هشیار باش   به پاس اندرون نیز بیدار باش
که ایرانیان مردمی ریمنند   همی ناگهان بر طلایه زنند
برون آمد از نزد خسرو قلون   به پیش اندرون مردم رهنمون
سر راه بر نامداران ببست   به مردان جنگی و پیلان مست
وزان روی رستم دلیر و گزین   بپیمود زی شاه ایران زمین
یکی میل ره تا به البرز کوه   یکی جایگه دید برنا شکوه
درختان بسیار و آب روان   نشستنگه مردم نوجوان
یکی تخت بنهاده نزدیک آب   برو ریخته مشک ناب و گلاب
جوانی به کردار تابنده ماه   نشسته بران تخت بر سایه‌گاه
رده برکشیده بسی پهلوان   به رسم بزرگان کمر بر میان
بیاراسته مجلسی شاهوار   بسان بهشتی به رنگ و نگار
چو دیدند مر پهلوان را به راه   پذیره شدندش ازان سایه‌گاه
که ما میزبانیم و مهمان ما   فرود آی ایدر به فرمان ما
بدان تا همه دست شادی بریم   به یاد رخ نامور می خوریم
تهمتن بدیشان چنین گفت باز   که ای نامداران گردن فراز
مرا رفت باید به البرز کوه   به کاری که بسیار دارد شکوه
نباید به بالین سر و دست ناز   که پیشست بسیار رنج دراز

Shahnameh

سر تخت ایران ابی شهریار	مرا باده خوردن نیاید به کار
نشانی دهیدم سوی کیقباد	کسی کز شما دارد او را به یاد
سر آن دلیران زبان برگشاد	که دارم نشانی من از کیقباد
گر آیی فرود و خوری نان ما	بیفروزی از روی خود جان ما
بگوییم یکسر نشان قباد	که او را چگونست رستم و نهاد
تهمتن ز رخش اندر آمد چو باد	چو بشنید از وی نشان قباد
بیامد دمان تا لب رودبار	نشستند در زیر آن سایه‌دار
جوان از بر تخت خود برنشست	گرفته یکی دست رستم به دست
به دست دگر جام پر باده کرد	وزو یاد مردان آزاده کرد
دگر جام بر دست رستم سپرد	بدو گفت کای نامبردار و گرد
بپرسیدی از من نشان قباد	تو این نام را از که داری به یاد
بدو گفت رستم که از پهلوان	پیام آوریدم به روشن روان
سر تخت ایران بیاراستند	بزرگان به شاهی ورا خواستند
پدرم آن گزین یلان سر به سر	که خوانند او را همی زال زر
مرا گفت رو تا به البرز کوه	قباد دلاور ببین با گروه
به شاهی برو آفرین کن یکی	نباید که سازی درنگ اندکی
بگویش که گردان ترا خواستند	به شادی جهانی بیاراستند
نشان ار توانی و دانی مرا	دهی و به شاهی رسانی ورا
ز گفتار رستم دلیر جوان	بخندید و گفتش که ای پهلوان
ز تخم فریدون منم کیقباد	پدر بر پدر نام دارم به یاد
چو بشنید رستم فرو برد سر	به خدمت فرود آمد از تخت زر
که ای خسرو خسروان جهان	پناه بزرگان و پشت مهان
سر تخت ایران به کام تو باد	تن ژنده پیلان به دام تو باد
نشست تو بر تخت شاهنشهی	همت سرکشی باد و هم فرهی
درودی رسانم به شاه جهان	ز زال گزین آن یل پهلوان
اگر شاه فرمان دهد بنده را	که بگشایم از بند گوینده را
قباد دلاور برآمد ز جای	ز گفتار رستم دل و هوش و رای
تهمتن همانگه زبان برگشاد	پیام سپهدار ایران بداد
سخن چون به گوش سپهبد رسید	ز شادی دل اندر برش برطپید

بیازید جامی لبالب نبید	بیاد تهمتن به دم درکشید
تهمتن همیدون یکی جام می	بخورد آفرین کرد بر جان کی
برآمد خروش از دل زیر و بم	فراوان شده شادی اندوه کم
شهنشه چنین گفت با پهلوان	که خوابی بدیدم به روشن روان
که از سوی ایران دو باز سپید	یکی تاج رخشان به کردار شید
خرامان و نازان شدندی برم	نهادندی آن تاج را بر سرم
چو بیدار گشتم شدم پرامید	ازان تاج رخشان و باز سپید
بیاراستم مجلسی شاهوار	برین سان که بینی بدین مرغزار
تهمتن مرا شد چو باز سپید	ز تاج بزرگان رسیدم نوید
تهمتن چو بشنید از خواب شاه	ز باز و ز تاج فروزان چو ماه
چنین گفت با شاه کنداوران	نشانست خوابت ز پیغمبران
کنون خیز تا سوی ایران شویم	به یاری به نزد دلیران شویم
قباد اندر آمد چو آتش ز جای	ببور نبرد اندر آورد پای
کمر برمیان بست رستم چو باد	بیامد گرازان پس کیقباد
شب و روز از تاختن نغنوید	چنین تا به نزد طلایه رسید
قلون دلاور شد آگه ز کار	چو آتش بیامد سوی کارزار
شهنشاه ایران چو زان گونه دید	برابر همی خواست صف برکشید
تهمتن بدو گفت کای شهریار	ترا رزم جستن نیاید بکار
من و رخش و کوپال و برگستوان	همانا ندارند با من توان
بگفت این و از جای برکرد رخش	به زخمی سواری همی کرد پخش
قلون دید دیوی بجسته ز بند	به دست اندرون گرز و برزین کمند
برو حمله آورد مانند باد	بزد نیزه و بند جوشن گشاد
تهمتن بزد دست و نیزه گرفت	قلون از دلیریش مانده شگفت
ستد نیزه از دست او نامدار	بغرید چون تندر از کوهسار
بزد نیزه و برگرفتش ز زین	نهاد آن بن نیزه را بر زمین
قلون گشت چون مرغ با بابزن	بدیدند لشکر همه تن به تن
هزیمت شد از وی سپاه قلون	به یکبارگی بخت بد را زبون
تهمتن گذشت از طلایه سوار	بیامد شتابان سوی کوهسار
کجا بد علفزار و آب روان	فرود آمد آن جایگه پهلوان

۱۹۷

چنین تا شب تیره آمد فراز   تهمتن همی کرد هرگونه ساز
از آرایش جامه‌ی پهلوی   همان تاج و هم باره‌ی خسروی
چو شب تیره شد پهلو پیش‌بین   برآراست باشاه ایران زمین
به نزدیک زال آوریدش به شب   به آمد شدن هیچ نگشاد لب
نشستند یک هفته با رای زن   شدند اندران موبدان انجمن
بهشتم بیاراست پس تخت عاج   برآویختند از بر عاج تاج

کیقباد

پادشاهی کیقباد

به شاهی نشست از برش کیقباد / همان تاج گوهر به سر برنهاد
همه نامداران شدند انجمن / چو دستان و چون قارن رزم‌زن
چو کشواد و خراد و برزین گو / فشاندند گوهر بران تاج نو
قباد از بزرگان سخن بشنوید / پس افراسیاب و سپه را بدید
دگر روز برداشت لشکر ز جای / خروشیدن آمد ز پرده‌سرای
بپوشید رستم سلیح نبرد / چو پیل ژیان شد که برخاست گرد
رده بر کشیدند ایرانیان / ببستند خون ریختن را میان
به یک دست مهراب کابل خدای / دگر دست گژدهم جنگی به پای
به قلب اندرون قارن رزم‌زن / ابا گرد کشواد لشگر شکن
پس پشت‌شان زال با کیقباد / به یک دست آتش به یک دست باد
به پیش اندرون کاویانی درفش / جهان زو شده سرخ و زرد و بنفش
ز لشکر چو کشتی سراسر زمین / کجا موج خیزد ز دریای چین
سپر در سپر بافته دشت و راغ / درفشیدن تیغها چون چراغ
جهان سر به سر گشت دریای قار / برافروخته شمع ازو صدهزار
ز نالیدن بوق و بانگ سپاه / تو گفتی که خورشید گم کرد راه
سبک قارن رزم‌زن کان بدید / چو رعد از میان نعره‌ای برکشید
میان سپاه اندر آمد دلیر / سپهدار قارن به کردار شیر
گهی سوی چپ و گهی سوی راست / بران گونه از هر سویی کینه خواست
به گرز و به تیغ و سنان دراز / همی کشت از ایشان گو سرفراز
ز کشته زمین کرد مانند کوه / شدند آن دلیران ترکان ستوه
شماساس را دید گرد دلیر / که می‌بر خروشید چون نره شیر
بیامد دمان تا بر او رسید / سبک تیغ تیز از میان برکشید
بزد بر سرش تیغ زهر آبدار / بگفتا منم قارن نامدار
نگون اندر آمد شماساس گرد / چو دید او ز قارن چنان دست برد

چنین است کردار گردون پیر گهی چون کمانست و گاهی چو تیر
چو رستم بدید آنک قارن چه کرد چه‌گونه بود ساز ننگ و نبرد

نخستین نبرد رستم با اسفندیار

به پیش پدر شد بپرسید از وی که با من جهان پهلوانا بگوی
که افراسیاب آن بد اندیش مرد کجا جای گیرد به روز نبرد
چه پوشد کجا برافرازد درفش که پیداست تابان درفش بنفش
من امروز بند کمرگاه اوی بگیرم کشانش بیارم بروی
بدو گفت زال ای پسر گوش‌دار یک امروز با خویشتن هوش‌دار
که آن ترک در جنگ نر اژدهاست در آهنگ و در کینه ابر بلاست
درفشش سیاهست و خفتان سیاه ز آهنش ساعد ز آهن کلاه
همه روی آهن گرفته به زر نشانی سیه بسته بر خود بر
ازو خویشتن را نگه‌دار سخت که مردی دلیرست و پیروز بخت
بدو گفت رستم که ای پهلوان تو از من مدار ایچ رنجه روان
جهان آفریننده یار منست دل و تیغ و بازو حصار منست
برانگیخت آن رخش رویینه سم برآمد خروشیدن گاو دم
چو افراسیابش به هامون بدید شگفتید ازان کودک نارسید
ز ترکان بپرسید کین اژدها بدین گونه از بند گشته رها
کدامست کین را ندانم به نام یکی گفت کاین پور دستان سام
نبینی که با گرز سام آمدست جوانست و جویای نام آمدست
به پیش سپاه آمد افراسیاب چو کشتی که موجش برآرد ز آب
چو رستم ورا دید بفشارد ران بگردن برآورد گرز گران
چو تنگ اندر آورد با او زمین فرو کرد گرز گران را به زین
به بند کمرش اندر آورد چنگ جدا کردش از پشت زین پلنگ
همی خواست بردنش پیش قباد دهد روز جنگ نخستینش داد
ز هنگ سپهدار و چنگ سوار نیامد دوال کمر پایدار

گسست و به خاک اندر آمد سرش	سواران گرفتند گرد اندرش
سپهبد چو از جنگ رستم بجست	بخائید رستم همی پشت دست
چرا گفت نگرفتمش زیرکش	همی بر کمر ساختم بند خوش
چو آوای زنگ آمد از پشت پیل	خروشیدن کوس بر چند میل
یکی مژده بردند نزدیک شاه	که رستم بدرید قلب سپاه
چنان تا بر شاه ترکان رسید	درفش سپهدار شد ناپدید
گرفتش کمربند و بفگند خوار	خروشی ز ترکان برآمد بزار
ز جای اندر آمد چو آتش قباد	بجنبید لشگر چو دریا ز باد
برآمد خروشیدن دار و کوب	درخشیدن خنجر و زخم چوب
بران ترگ زرین و زرین سپر	غمی شد سر از چاک چاک تبر
تو گفتی که ابری برآمد ز کنج	ز شنگرف نیرنگ زد بر ترنج
ز گرد سواران در آن پهن دشت	زمین شش شد و آسمان گشت هشت
هزار و صد و شصت گرد دلیر	به یک زخم شد کشته چون نره شیر
برفتند ترکان ز پیش مغان	کشیدند لشگر سوی دامغان
وزانجا به جیحون نهادند روی	خلیده دل و با غم و گفت‌وگوی
شکسته سلیح و گسسته کمر	نه بوق و نه کوس و نه پای و نه سر

گریختن افراسیاب نزد پدرش، پشنگ

برفت از لب رود نزد پشنگ	زبان پر ز گفتار و کوتاه چنگ
بدو گفت کای نامبردار شاه	ترا بود ازین جنگ جستن گناه
یکی آنکه پیمان شکستن ز شاه	بزرگان پیشین ندیدند راه
نه از تخم ایرج جهان پاک شد	نه زهر گزاینده تریاک شد
یکی کم شود دیگر آید به جای	جهان را نمانند بی‌کدخدای
قباد آمد و تاج بر سر نهاد	به کینه یکی نو در اندر گشاد
سواری پدید آمد از تخم سام	که دستانش رستم نهادست نام
بیامد بسان نهنگ دژم	که گفتی زمین را بسوزد بدم

همی تاخت اندر فراز و نشیب	همی زد به گرز و به تیغ و رکیب
ز گرزش هوا شد پر از چاک چاک	نیرزید جانم به یک مشت خاک
همه لشکر ما به هم بر درید	کس اندر جهان این شگفتی ندید
درفش مرا دید بر یک کران	به زین اندر آورد گرز گران
چنان برگرفتم ز زین خدنگ	که گفتی ندارم به یک پشه سنگ
کمربند بگسست و بند قبای	ز چنگش فتادم نگون زیرپای
بدان زور هرگز نباشد هژبر	دو پایش به خاک اندر و سر به ابر
سواران جنگی همه همگروه	کشیدندم از پیش آن لخت کوه
تو دانی که شاهی دل و چنگ من	به جنگ اندرون زور و آهنگ من
به دست وی اندر یکی پشه‌ام	وزان آفرینش پر اندیشه‌ام
یکی پیلتن دیدم و شیرچنگ	نه هوش و نه دانش نه رای و درنگ
عنان را سپرده بران پیل مست	یکی گرزه‌ی گاو پیکر بدست
همانا که کوپال سیصدهزار	زدندش بران تارک ترگدار
تو گفتی که از آهنش کرده‌اند	ز سنگ و ز رویش برآورده‌اند
چه دریاش پیش و چه ببر بیان	چه درنده شیر و چه پیل ژیان
همی تاخت یکسان چو روز شکار	ببازی همی آمدش کارزار
چنو گر بدی سام را دستبرد	به ترکان نماندی سرافراز گرد
جز از آشتی جستنت رای نیست	که با او سپاه ترا پای نیست
زمینی کجا آفریدون گرد	بدانگه به تور دلاور سپرد
به من داده بودند و بخشیده راست	ترا کین پیشین نبایست خواست
تو دانی که دیدن نه چون آگهیست	میان شنیدن همیشه تهیست
گلستان که امروز باشد ببار	تو فردا چنی گل نیاید بکار
از امروز کاری بفردا ممان	که داند که فردا چه گردد زمان
ترا جنگ ایران چو بازی نمود	ز بازی سپه را درازی فزود
نگر تا چه مایه ستام بزر	هم از ترگ زرین و زرین سپر
همان تازی اسپان زرین لگام	همان تیغ هندی به زرین نیام
ازین بیشتر نامداران گرد	قباد اندر آمد به خواری ببرد
چو کلباد و چون بارمان دلیر	که بودی شکارش همه نره شیر
خزروان کجا زال بشکست خرد	نمودش بگرز گران دستبرد

شماساس کین توز لشکر پناه
که قارن بکشتش به آوردگاه

جزین نامداران کین صدهزار
فزون کشته آمد گه کارزار

بتر زین همه نام و ننگ شکست
شکستی که هرگز نشایدش بست

گر از من سر نامور گشته شد
که اغریرث پر خرد کشته شد

جوانی بد و نیکی روزگار
من امروز را دی گرفتم شمار

که پیش آمدندم همان سرکشان
پس پشت هر یک درفشی کشان

بسی یاد دادندم از روزگار
دمان از پس و من دوان زار و خوار

کنون از گذشته مکن هیچ یاد
سوی آشتی یاز با کیقباد

گرت دیگر آید یکی آرزوی
به گرد اندر آید سپه چارسوی

به یک دست رستم که تابنده هور
گه رزم با او نتابد به زور

بروی دگر قارن رزم زن
که چشمش ندیدست هرگز شکن

سه دیگر چو کشواد زرین کلاه
که آمد به آمل ببرد آن سپاه

چهارم چو مهراب کابل خدای
که دستور شاهست و زابل خدای

آشتی خواستن پشنگ از کیقباد

سپهدار ترکان دو دیده پرآب
شگفتی فرو ماند ز افراسیاب

یکی مرد با هوش را برگزید
فرسته به ایران چنان چون سزید

یکی نامه بنوشت ارتنگ‌وار
برو کرده صد گونه رنگ و نگار

به نام خداوند خورشید و ماه
که او داد بر آفرین دستگاه

وزو بر روان فریدون درود
کزو دارد این تخم ما تار و پود

گر از تور بر ایرج نیک‌بخت
بد آمد پدید از پی تاج و تخت

بران بر همی راند باید سخن
بباید که پیوند ماند به بن

گر این کینه از ایرج آمد پدید
منوچهر سرتاسر آن کین کشید

بران هم که کرد آفریدون نخست
کجا راستی را به بخشش بجست

سزد گر برانیم دل هم بران
نگردیم از آیین و راه سران

ز جیحون و تا ماورالنهر بر
که جیحون میانچیست اندر گذر

بر و بوم ما بود هنگام شاه
نکردی بران مرز ایرج نگاه

همان بخش ایرج ز ایران زمین
بداد آفریدون و کرد آفرین

ازان گر بگردیم و جنگ آوریم
جهان بر دل خویش تنگ آوریم

بود زخم شمشیر و خشم خدای
بیابیم بهره به هر دو سرای

و گر همچنان چون فریدون گرد
به تور و به سلم و به ایرج سپرد

ببخشیم و زان پس نجوییم کین
که چندین بلا خود نیرزد زمین

سراینده از سال چون برف گشت
ز خون کیان خاک شنگرف گشت

سرانجام هم جز به بالای خویش
نیابد کسی بهره از جای خویش

بمانیم روز پسین زیر خاک
سراپای کرباس و جای مغاک

و گر آزمندیست و اندوه و رنج
شدن تنگ‌دل در سرای سپنج

مگر رام گردد برین کیقباد
سر مرد بخرد نگردد ز داد

کس از ما نبینند جیحون بخواب
وز ایران نیایند ازین روی آب

مگر با درود و سلام و پیام
دو کشور شود زین سخن شادکام

چو نامه به مهر اندر آورد شاه
فرستاد نزدیک ایران سپاه

ببردند نامه بر کیقباد
سخن نیز ازین گونه کردند یاد

چنین داد پاسخ که دانی درست
که از ما نبد پیشدستی نخست

ز تور اندر آمد نخستین ستم
که شاهی چو ایرج شد از تخت کم

بدین روزگار اندر افراسیاب
بیامد به تیزی و بگذاشت آب

شنیدی که با شاه نوذر چه کرد
دل دام و دد شد پر از داغ و درد

ز کینه به اغریرث پرخرد
نه آن کرد کز مردمی در خورد

ز کردار بد گر پشیمان شوید
بنوی ز سر باز پیمان شوید

مرا نیست از کینه و آز رنج
بسیچیده‌ام در سرای سپنج

شما را سپردم ازان روی آب
مگر یابد آرامش افراسیاب

بنوی یکی باز پیمان نوشت
به باغ بزرگی درختی بکشت

فرستاده آمد بسان پلنگ
رسانید نامه به نزد پشنگ

بنه برنهاد و سپه را براند
همی گرد بر آسمان برفشاند

ز جیحون گذر کرد مانند باد
وزان آگهی شد بر کیقباد

که دشمن شد از پیش بی‌کارزار
بدان گشت شادان دل شهریار

بدو گفت رستم که ای شهریار
مجو آشتی درگه کارزار

نبد پیشتر آشتی را نشان	بدین روز گرز من آوردشان
چنین گفت با نامور کیقباد	که چیزی ندیدم نکوتر ز داد
نبیره فریدون فرخ پشنگ	به سیری همی سر بپیچد ز جنگ
سزد گر هر آنکس که دارد خرد	بکژی و ناراستی ننگرد
ز زاولستان تا بدریای سند	نوشتیم عهدی ترا بر پرند
سر تخت با افسر نیمروز	بدار و همی باش گیتی فروز
وزین روی کابل به مهراب ده	سراسر سنانت به زهراب ده
کجا پادشاهیست بی‌جنگ نیست	وگر چند روی زمین تنگ نیست
سرش را بیاراست با تاج زر	همان گردگاهش به زرین کمر
ز یک روی گیتی مرو را سپرد	ببوسید روی زمین مرد گرد
ازان پس چنین گفت فرخ قباد	که بی‌زال تخت بزرگی مباد
به یک موی دستان نیرزد جهان	که او ماندمان یادگار از مهان
یکی جامه‌ی شهریاری به زر	ز یاقوت و پیروزه تاج و کمر
نهادند مهد از بر پنج پیل	ز پیروزه رخشان بکردار نیل
بگسترد زر بفت بر مهد بر	یکی گنج کش کس ندانست مر
فرستاد نزدیک دستان سام	که خلعت مرا زین فزون بود کام
اگر باشدم زندگانی دراز	ترا دارم اندر جهان بی‌نیاز
همان قارن نیو و کشواد را	چو برزین و خراد پولاد را
برافگند خلعت چنان چون سزید	کسی را که خلعت سزاوار دید
درم داد و دینار و تیغ و سپر	کرا در خور آمد کلاه و کمر
وزانجا سوی پارس اندر کشید	که در پارس بد گنجها را کلید
نشستنگه آن گه به اسطخر بود	کیان را بدان جایگه فخر بود
جهانی سوی او نهادند روی	که او بود سالار دیهیم جوی
به تخت کیان اندر آورد پای	به داد و به آیین فرخنده‌رای
چنین گفت با نامور مهتران	که گیتی مرا از کران تا کران
اگر پیل با پشه کین آورد	همه رخنه در داد و دین آورد
نخواهم به گیتی جز از راستی	که خشم خدا آورد کاستی
تن آسانی از درد و رنج منست	کجا خاک و آبست گنج منست
سپاهی و شهری همه یکسرند	همه پادشاهی مرا لشکرند

همه در پناه جهاندار بید خردمند بید و بی‌آزار بید
هر آنکس که دارد خورید و دهید سپاسی ز خوردن به من برنهید
هرآنکس کجا بازماند ز خورد ندارد همی توشه‌ی کارکرد
چراگاهشان بارگاه منست هرآنکس که اندر سپاه منست
وزان رفته نام‌آوران یاد کرد به داد و دهش گیتی آباد کرد
برین گونه صدسال شادان بزیست نگر تا چنین در جهان شاه کیست
پسر بد مر او را خردمند چار که بودند زو در جهان یادگار
نخستین چو کاووس باآفرین کی آرش دوم و دگر کی پشین
چهارم کجا آرشش بود نام سپردند گیتی به آرام و کام
چو صد سال بگذشت با تاج و تخت سرانجام تاب اندر آمد به بخت
چو دانست کامد به نزدیک مرگ بپژمرد خواهد همی سبز برگ
سر ماه کاووس کی را بخواند ز داد و دهش چند با او براند
بدو گفت ما بر نهادیم رخت تو بسپار تابوت و بردار تخت
چنانم که گویی ز البرز کوه کنون آمدم شادمان با گروه
چو بختی که بی‌آگهی بگذرد پرستنده‌ی او ندارد خرد
تو گر دادگر باشی و پاک دین ز هر کس نیابی بجز آفرین
و گر آز گیرد سرت را به دام برآری یکی تیغ تیز از نیام
بگفت این و شد زین جهان فراخ گزین کرد صندوق بر جای کاخ
بسر شد کنون قصه‌ی کیقباد ز کاووس باید سخن کرد یاد

Shahnameh

کی کاووس

پادشاهی کاووس، آمدن رامشگری از مازندران نزد کاووس

درخت برومند چون شد بلند	گر آید ز گردون برو بر گزند
شود برگ پژمرده و بیخ مست	سرش سوی پستی گراید نخست
چو از جایگه بگسلد پای خویش	به شاخ نو آیین دهد جای خویش
مراو را سپارد گل و برگ و باغ	بهاری به کردار روشن چراغ
اگر شاخ بد خیزد از بیخ نیک	تو با شاخ تندی میاغاز ریک
پدر چون به فرزند ماند جهان	کند آشکارا برو بر نهان
گر از بفگند فر و نام پدر	تو بیگانه خوانش مخوانش پسر
کرا گم شود راه آموزگار	سزد گر جفا بیند از روزگار
چنین است رسم سرای کهن	سرش هیچ پیدا نبینی ز بن
چو رسم بدش بازداند کسی	نخواهد که ماند به گیتی بسی
چو کاووس بگرفت گاه پدر	مرا او را جهان بنده شد سر به سر
همان تخت و هم طوق و هم گوشوار	همان تاج زرین زبرجد نگار
همان تازی اسپان آگنده یال	به گیتی ندانست کس را همال
چنان بد که در گلشن زرنگار	همی خورد روزی می خوشگوار
یکی تخت زرین بلورینش پای	نشسته بروبر جهان کدخدای
ابا پهلوانان ایران به هم	همی رای زد شاه بر بیش و کم
چو رامشگری دیو زی پرده‌دار	بیامد که خواهد بر شاه بار
چنین گفت کز شهر مازندران	یکی خوشنوازم ز رامشگران
اگر در خورم بندگی شاه را	گشاید بر تخت او راه را
برفت از بر پرده سالار بار	خرامان بیامد بر شهریار
بگفتا که رامشگری بر درست	ابا بربط و نغز رامشگرست
بفرمود تا پیش او خواندند	بر رود سازانش بنشاندند
به بربط چو بایست بر ساخت رود	برآورد مازندرانی سرود
که مازندران شهر ما یاد باد	همیشه بر و بومش آباد باد

که در بوستانش همیشه گلست	به کوه اندرون لاله و سنبلست
هوا خوشگوار و زمین پرنگار	نه گرم و نه سرد و همیشه بهار
نوازنده بلبل به باغ اندرون	گرازنده آهو به راغ اندرون
همیشه بیاساید از خفت و خوی	همه ساله هرجای رنگست و بوی
گلابست گویی به جویش روان	همی شاد گردد ز بویش روان
دی و بهمن و آذر و فرودین	همیشه پر از لاله بینی زمین
همه ساله خندان لب جویبار	به هر جای باز شکاری به کار
سراسر همه کشور آراسته	ز دیبا و دینار وز خواسته
بتان پرستنده با تاج زر	همه نامداران به زرین کمر
چو کاووس بشنید از او این سخن	یکی تازه اندیشه افگند بن
دل رزمجویش ببست اندران	که لشکر کشد سوی مازندران
چنین گفت با سرفرازان رزم	که ما سر نهادیم یکسر به بزم
اگر کاهلی پیشه گیرد دلیر	نگردد ز آسایش و کام سیر
من از جم و ضحاک و از کیقباد	فزونم به بخت و به فر و به داد
فزون بایدم زان ایشان هنر	جهانجوی باید سر تاجور
سخن چون به گوش بزرگان رسید	ازیشان کس این رای فرخ ندید
همه زرد گشتند و پرچین بروی	کسی جنگ دیوان نکرد آرزوی
کسی راست پاسخ نیارست کرد	نهانی روانشان پر از باد سرد
چو طوس و چو گودرز کشواد و گیو	چو خراد و گرگین و رهام نیو
به آواز گفتند ما کهتریم	زمین جز به فرمان تو نسپریم
ازان پس یکی انجمن ساختند	ز گفتار او دل بپرداختند
نشستند و گفتند با یکدگر	که از بخت ما را چه آمد به سر
اگر شهریار این سخنها که گفت	به می خوردن اندر نخواهد نهفت
ز ما و ز ایران برآمد هلاگ	نماند برین بوم و بر آب و خاک
که جمشید با فر و انگشتری	به فرمان او دیو و مرغ و پری
ز مازندران یاد هرگز نکرد	نجست از دلیران دیوان نبرد
فریدون پردانش و پرفسون	همین را روانش نبد رهنمون
اگر شایدی بردن این بد بسر	به مردی و گنج و به نام و هنر
منوچهر کردی بدین پیشدست	نکردی برین بر دل خویش پست

یکی چاره باید کنون اندرین   که این بد بگردد ز ایران زمین
چنین گفت پس طوس با مهتران   که ای رزم دیده دلاور سران
مراین بند را چاره اکنون یکیست   بسازیم و این کار دشوار نیست
هیونی تکاور بر زال سام   بباید فرستاد و دادن پیام
که گر سر به گل داری اکنون مشوی   یکی تیز کن مغز و بنمای روی
مگر کاو گشاید لب پندمند   سخن بر دل شهریار بلند
بگوید که این اهرمن داد یاد   در دیو هرگز نباید گشاد
مگر زالش آرد ازین گفته باز   وگرنه سرآمد نشان فراز
سخنها ز هر گونه برساختند   هیونی تکاور برون تاختند
رونده همی تاخت تا نیمروز   چو آمد بر زال گیتی فروز
چنین داد از نامداران پیام   که ای نامور با گهر پور سام
یکی کار پیش آمد اکنون شگفت   که آسانش اندازه نتوان گرفت
برین کار گر تو نبندی کمر   نه تن ماند ایدر نه بوم و نه بر
یکی شاه را بر دل اندیشه خاست   بپیچیدش آهرمن از راه راست
به رنج نیاگانش از باستان   نخواهد همی بود همداستان
همی گنج بی‌رنج بگزایدش   چراگاه مازندران بایدش
اگر هیچ سرخاری از آمدن   سپهبد همی زود خواهد شدن
همی رنج تو داد خواهد به باد   که بردی ز آغاز باکیقباد
تو با رستم شیر ناخورده سیر   میان را ببستی چو شیر دلیر
کنون آن همه باد شد پیش اوی   بپیچید جان بداندیش اوی
چو بشنید دستان بپیچید سخت   تنش گشت لرزان بسان درخت
همی گفت کاووس خودکامه مرد   نه گرم آزموده ز گیتی نه سرد
کسی کاو بود در جهان پیش گاه   برو بگذرد سال و خورشید و ماه
که ماند که از تیغ او در جهان   بلرزند یکسر کهان و مهان
نباشد شگفت ار بمن نگرود   شوم خسته گر پند من نشنود
وزین رنج آسان کنم بر دلم   از اندیشه‌ی شاه دل بگسلم
نه از من پسندد جهان‌آفرین   نه شاه و نه گردان ایران زمین
شوم گویمش هرچ آید ز پند   ز من گر پذیرد بود سودمند
وگر تیز گردد گشادست راه   تهمتن هم ایدر بود با سپاه

پند دادن زال مر کاووس را

پر اندیشه بود آن شب دیرباز ‌ ‌ ‌ چو خورشید بنمود تاج از فراز
کمر بست و بنهاد سر سوی شاه ‌ ‌ ‌ بزرگان برفتند با او به راه
خبر شد به طوس و به گودرز و گیو ‌ ‌ ‌ به رهام و گرگین و گردان نیو
که دستان به نزدیک ایران رسید ‌ ‌ ‌ درفش همایونش آمد پدید
پذیره شدندش سران سپاه ‌ ‌ ‌ سری کاو کشد پهلوانی کلاه
چو دستان سام اندر آمد به تنگ ‌ ‌ ‌ پذیره شدندنش همه بی‌درنگ
برو سرکشان آفرین خواندند ‌ ‌ ‌ سوی شاه با او همی راندند
بدو گفت طوس ای گو سرفراز ‌ ‌ ‌ کشیدی چنین رنج راه دراز
ز بهر بزرگان ایران زمین ‌ ‌ ‌ برآرامش این رنج کردی گزین
همه سر به سر نیک خواه توایم ‌ ‌ ‌ ستوده به فر کلاه توایم
ابا نامداران چنین گفت زال ‌ ‌ ‌ که هر کس که او را نفرسود سال
همه پند پیرانش آید به یاد ‌ ‌ ‌ ازان پس دهد چرخ گردانش داد
نشاید که گیریم ازو پند باز ‌ ‌ ‌ کزین پند ما نیست خود بی‌نیاز
ز پند و خرد گر بگردد سرش ‌ ‌ ‌ پشیمانی آید ز گیتی برش
به آواز گفتند ما با توایم ‌ ‌ ‌ ز تو بگذرد پند کس نشنویم
همه یکسره نزد شاه آمدند ‌ ‌ ‌ بر نامور تخت گاه آمدند
همی رفت پیش اندرون زال زر ‌ ‌ ‌ پس او بزرگان زرین کمر
چو کاووس را دید دستان سام ‌ ‌ ‌ نشسته بر اورنگ بر شادکام
به کش کرده دست و سرافگنده پست ‌ ‌ ‌ همی رفت تا جایگاه نشست
چنین گفت کای کدخدای جهان ‌ ‌ ‌ سرافراز بر مهتران و مهان
چو تخت تو نشنید و افسر ندید ‌ ‌ ‌ نه چون بخت تو چرخ گردان شنید
همه ساله پیروز بادی و شاد ‌ ‌ ‌ سرت پر ز دانش دلت پر ز داد
شه نامبردار بنواختش ‌ ‌ ‌ بر خویش بر تخت بنشاختش
بپرسیدش از رنج راه دراز ‌ ‌ ‌ ز گردان و از رستم سرفراز

Shahnameh

چنین گفت مر شاه را زال زر   که نوشه بدی شاه و پیروزگر
همه شاد و روشن به بخت تواند   برافراخته سر به تخت تواند
ازان پس یکی داستان کرد یاد   سخنهای شایسته را در گشاد
چنین گفت کای پادشاه جهان   سزاوار تختی و تاج مهان
ز تو پیشتر پادشه بوده‌اند   که این راه هرگز نپیموده‌اند
که بر سر مرا روز چندی گذشت   سپهر از بر خاک چندی بگشت
منوچهر شد زین جهان فراخ   ازو ماند ایدر بسی گنج و کاخ
همان زو و با نوذر و کیقباد   چه مایه بزرگان که داریم یاد
ابا لشکر گشن و گرز گران   نکردند آهنگ مازندران
که آن خانه‌ی دیو افسونگرست   طلسمست و ز بند جادو درست
مران را به شمشیر نتوان شکست   به گنج و به دانش نیاید به دست
هم آن را به نیرنگ نتوان گشاد   مده رنج و گنج و درم را به باد
همایون ندارد کس آنجا شدن   وزایدر کنون رای رفتن زدن
سپه را بران سو نباید کشید   ز شاهان کس این رای هرگز ندید
گرین نامداران ترا کهترند   چنین بنده‌ی دادگر داورند
تو از خون چندین سرنامدار   ز بهر فزونی درختی مکار
که بار و بلندیش نفرین بود   نه آیین شاهان پیشین بود
چنین پاسخ آورد کاووس باز   کز اندیشه‌ی تو نیم بی‌نیاز
ولیکن من از آفریدون و جم   فزونم به مردی و فر و درم
همان از منوچهر و از کیقباد   که مازندران را نکردند یاد
سپاه و دل و گنجم افزونترست   جهان زیر شمشیر تیز اندرست
چو بردانشی شد گشاده جهان   به آهن چه داریم گیتی نهان
شوم‌شان یکایک به راه آورم   گر آیین شمشیر و گاه آورم
اگر کس نمانم به مازندران   وگر بر نهم باژ و ساو گران
چنان زار و خوارند بر چشم من   چه جادو چه دیوان آن انجمن
به گوش تو آید خود این آگهی   کزیشان شود روی گیتی تهی
تو با رستم ایدر جهاندار باش   نگهبان ایران و بیدار باش
جهان آفریننده یار منست   سر نره دیوان شکار منست
گرایدونک یارم نباشی به جنگ   مفرمای ما را بدین در درنگ

چو از شاه بنشنید زال این سخن	ندید ایچ پیدا سرش را ز بن
بدو گفت شاهی و ما بنده‌ایم	به دلسوزگی با تو گوینده‌ایم
اگر داد فرمان دهی گر ستم	برای تو باید زدن گام و دم
از اندیشه دل را بپرداختم	سخن آنچ دانستم انداختم
نه مرگ از تن خویش بتوان سپوخت	نه چشم جهان کس به سوزن بدوخت
به پرهیز هم کس نجست از نیاز	جهانجوی ازین سه نیابد جواز
همیشه جهان بر تو فرخنده باد	مبادا که پند من آیدت یاد
پشیمان مبادی ز کردار خویش	به تو باد روشن دل و دین و کیش
سبک شاه را زال پدرود کرد	دل از رفتن او پر از دود کرد
برون آمد از پیش کاووس شاه	شده تیره بر چشم او هور و ماه
برفتند با او بزرگان نیو	چو طوس و چو گودرز و رهام و گیو
به زال آنگهی گفت گیو از خدای	همی خواهم آنک او بود رهنمای
به جایی که کاووس را دسترس	نباشد ندارم مر او را به کس
ز تو دور باد آز و چشم نیاز	مبادا به تو دست دشمن دراز
به هر سو که آییم و اندر شویم	جز او آفرینت سخن نشنویم
پس از کردگار جهان‌آفرین	به تو دارد امید ایران زمین
ز بهر گوان رنج برداشتی	چنین راه دشوار بگذاشتی
پس آنگه گرفتندش اندر کنار	ره سیستان را برآراست کار

لشکر کشیدن کیکاووس به مازندران

چو زال سپهبد ز پهلو برفت	دمادم سپه روی بنهاد و تفت
به طوس و به گودرز فرمود شاه	کشیدن سپه سر نهادن به راه
چو شب روز شد شاه و جنگ‌آوران	نهادند سر سوی مازندران
به میلاد بسپرد ایران زمین	کلید در گنج و تاج و نگین
بدو گفت گر دشمن آید پدید	ترا تیغ کینه بباید کشید
ز هر بد به زال و به رستم پناه	که پشت سپاهند و زیبای گاه

دگر روز برخاست آوای کوس	سپه را همی راند گودرز و طوس
همی رفت کاووس لشکر فروز	به زدگاه بر پیش کوه اسپروز
به جایی که پنهان شود آفتاب	بدان جایگه ساخت آرام و خواب
کجا جای دیوان دژخیم بود	بدان جایگه پیل را بیم بود
بگسترد زربفت بر میش سار	هوا پر ز بوی از می خوشگوار
همه پهلوانان فرخنده پی	نشستند بر تخت کاووس کی
همه شب می و مجلس آراستند	به شبگیر کز خواب برخاستند
پراگنده نزدیک شاه آمدند	کمر بسته و با کلاه آمدند
بفرمود پس گیو را شهریار	دوباره ز لشکر گزیدن هزار
کسی کاو گراید به گرز گران	گشاینده‌ی شهر مازندران
هر آنکس که بینی ز پیر و جوان	تنی کن که با او نباشد روان
وزو هرچ آباد بینی بسوز	شب آور به جایی که باشی به روز
چنین تا به دیوان رسد آگهی	جهان کن سراسر ز دیوان تهی
کمر بست و رفت از بر شاه گیو	ز لشکر گزین کرد گردان نیو
بشد تا در شهر مازندران	ببارید شمشیر و گرز گران
زن و کودک و مرد با دستوار	نیافت از سر تیغ او زینهار
همی کرد غارت همی سوخت شهر	بپالود بر جای تریاک زهر
یکی چون بهشت برین شهر دید	پر از خرمی بر درش بهر دید
به هر برزنی بر فزون از هزار	پرستار با طوق و با گوشوار
پرستنده زین بیشتر با کلاه	به چهره به کردار تابنده ماه
به هر جای گنجی پراگنده زر	به یک جای دینار سرخ و گهر
بی‌اندازه گرد اندرش چارپای	بهشتیست گفتی همیدون به جای
به کاووس بردند از او آگهی	ازان خرمی جای و آن فرهی
همی گفت خرم زیاد آنک گفت	که مازندران را بهشتیست جفت
همه شهر گویی مگر بتکده‌ست	ز دیبای چین بر گل آذین زدست
بتان بهشتند گویی درست	به گلنارشان روی رضوان بشست
چو یک هفته بگذشت ایرانیان	ز غارت گشادند یکسر میان
خبر شد سوی شاه مازندران	دلش گشت پر درد و سر شد گران
ز دیوان به پیش اندرون سنجه بود	که جان و تنش زان سخن رنجه بود

۲۱۶

بدو گفت رو نزد دیو سپید
چنان رو که بر چرخ گردنده شید

بگویش که آمد به مازندران
بغارت از ایران سپاهی گران

جهانجوی کاووس شان پیش رو
یکی لشگری جنگ سازان نو

کنون گر نباشی تو فریادرس
نبینی بمازندران زنده کس

چو بشنید پیغام سنجه نهفت
بر دیو پیغام شه بازگفت

چنین پاسخش داد دیو سپید
که از روزگاران مشو ناامید

بیایم کنون با سپاهی گران
ببرم پی او ز مازندران

شب آمد یکی ابر شد با سپاه
جهان کرد چون روی زنگی سیاه

چو دریای قارست گفتی جهان
همه روشناییش گشته نهان

یکی خیمه زد بر سر او دود و قیر
سیه شد جهان چشمها خیره خیر

چو بگذشت شب روز نزدیک شد
جهانجوی را چشم تاریک شد

ز لشکر دو بهره شده تیره چشم
سر نامداران ازو پر ز خشم

از ایشان فراوان تبه کرد نیز
نبود از بدبخت مانده چیز

چو تاریک شد چشم کاووس شاه
بد آمد ز کردار او بر سپاه

همه گنج تاراج و لشکر اسیر
جوان دولت و بخت برگشت پیر

همه داستان یاد باید گرفت
که خیره نماید شگفت از شگفت

سپهبد چنین گفت چون دید رنج
که دستور بیدار بهتر ز گنج

به سختی چو یک هفته اندر کشید
به دیده ز ایرانیان کس ندید

بهشتم بغرید دیو سپید
که ای شاه بی‌بر به کردار بید

همی برتری را بیاراستی
چراگاه مازندران خواستی

همی نیروی خویش چون پیل مست
بدیدی و کس را ندادی تو دست

چو با تاج و با تخت نشکیفتی
خرد را بدین‌گونه بفریفتی

کنون آنچ اندر خور کار تست
دلت یافت آن آرزوها که جست

ازان نره دیوان خنجرگذار
گزین کرد جنگی ده و دوهزار

بر ایرانیان بر نگهدار کرد
سر سرکشان پر ز تیمار کرد

سران را همه بندها ساختند
چو از بند و بستن بپرداختند

خورش دادشان اندکی جان سپوز
بدان تا گذارند روزی به روز

ازان پس همه گنج شاه جهان
چه از تاج یاقوت و گرز گران

سپرد آنچ دید از کران تا کران
به ارژنگ سالار مازندران

بر شاه رو گفت و او را بگوی	که ز آهرمن اکنون بهانه مجوی
همه پهلوانان ایران و شاه	نه خورشید بینند روشن نه ماه
به کشتن نکردم برو بر نهیب	بدان تا بداند فراز و نشیب
به زاری و سختی برآیدش هوش	کسی نیز ننهد برین کار گوش
چو ارژنگ بشنید گفتار اوی	سوی شاه مازندران کرد روی
همی رفت با لشکر و خواسته	اسیران و اسپان آراسته
سپرد او به شاه و سبک بازگشت	بدان برز کوه آمد از پهن دشت

پیام کاووس به نزد زال

ازان پس جهانجوی خسته جگر	برون کرد مردی چو مرغی به پر
سوی زابلستان فرستاد زود	به نزدیک دستان و رستم درود
کنون چشم شد تیره و تیره بخت	به خاک اندر آمد سر تاج و تخت
جگر خسته در چنگ آهرمنم	همی بگسلد زار جان از تنم
چو از پندهای تو یادآورم	همی از جگر سرد باد آورم
نرفتم به گفتار تو هوشمند	ز کم دانشی بر من آمد گزند
اگر تو نبندی بدین بد میان	همه سود را مایه باشد زیان
چو پوینده نزدیک دستان رسید	بگفت آنچ دانست و دید و شنید
هم آن گنج و هم لشکر نامدار	بیاراسته چون گل اندر بهار
همه چرخ گردان به دیوان سپرد	تو گویی که باد اندر آمد ببرد
چو بشنید بر تن بدرید پوست	ز دشمن نهان داشت این هم ز دوست
به روشن دل از دور بدها بدید	که زین بر زمانه چه خواهد رسید
به رستم چنین گفت دستان سام	که شمشیر کوته شد اندر نیام
نشاید کزین پس چمیم و چریم	وگر تخت را خویشتن پروریم
که شاه جهان در دم اژدهاست	به ایرانیان بر چه مایه بلاست
کنون کرد باید ترا رخش زین	بخواهی به تیغ جهان بخش کین
همانا که از بهر این روزگار	ترا پرورانید پروردگار

نشاید بدین کار آهرمنی	که آسایش آری و گر دم زنی
برت را به ببر بیان سخت کن	سر از خواب و اندیشه پردخت کن
هران تن که چشمش سنان تو دید	که گوید که او را روان آرمید
اگر جنگ دریا کنی خون شود	از آوای تو کوه هامون شود
نباید که ارژنگ و دیو سپید	به جان از تو دارند هرگز امید
کنون گردن شاه مازندران	همه خرد بشکن بگرز گران
چنین پاسخش داد رستم که راه	درازست و من چون شوم کینه خواه
ازین پادشاهی بدان گفت زال	دو راهست و هر دو به رنج و وبال
یکی از دو راه آنک کاووس رفت	دگر کوه و بالا و منزل دو هفت
پر از دیو و شیرست و پر تیرگی	بماند بدو چشمت از خیرگی
تو کوتاه بگزین شگفتی ببین	که یار تو باشد جهان‌آفرین
اگرچه به رنجست هم بگذرد	پی رخش فرخ زمین بسپرد
شب تیره تا برکشد روز چاک	نیایش کنم پیش یزدان پاک
مگر باز بینم بر و یال تو	همان پهلوی چنگ و گوپال تو
و گر هوش تو نیز بر دست دیو	برآید به فرمان گیهان خدیو
تواند کسی این سخن بازداشت	چنان کاو گذارد بباید گذاشت
نخواهد همی ماند ایدر کسی	بخوانند اگرچه بماند بسی
کسی کاو جهان را بنام بلند	گذارد به رفتن نباشد نژند
چنین گفت رستم به فرخ پدر	که من بسته دارم به فرمان کمر
ولیکن بدوزخ چمیدن به پای	بزرگان پیشین ندیدند رای
همان از تن خویش نابوده سیر	نیاید کسی پیش درنده شیر
کنون من کمربسته و رفته‌گیر	نخواهم جز از دادگر دستگیر
تن و جان فدای سپهبد کنم	طلسم دل جادوان بشکنم
هرانکس که زنده است ز ایرانیان	بیارم ببندم کمر بر میان
نه ارژنگ مانم نه دیو سپید	نه سنجه نه پولاد غندی نه بید
به نام جهان‌آفرین یک خدای	که رستم نگرداند از رخش پای
مگر دست ارژنگ بسته چو سنگ	فگنده به گردنش در پالهنگ
سر و مغز پولاد را زیر پای	پی رخش برده زمین را ز جای

هفتخوان رستم

هفت خوان رستم

بپوشید ببر و برآورد یال / برو آفرین خواند بسیار زال
چو رستم برخش اندر آورد پای / رخش رنگ بر جای و دل هم به جای
بیامد پر از آب رودابه روی / همی زار بگریست دستان بروی
بدو گفت کای مادر نیکخوی / نه بگزیدم این راه برآرزوی
مرا در غم خود گذاری همی / به یزدان چه امیدداری همی
چنین آمدم بخشش روزگار / تو جان و تن من به زنهار دار
به پدرود کردنش رفتند پیش / که دانست کش باز بینند بیش
زمانه بدین سان همی بگذرد / دمش مرد دانا همی بشمرد
هران روز بد کز تو اندر گذشت / بر آنی کزو گیتی آباد گشت
برون رفت پس پهلو نیمروز / ز پیش پدر گرد گیتی فروز
دو روزه بیک روزه بگذاشتی / شب تیره را روز پنداشتی
بدین سان همی رخش ببرید راه / بتابنده روز و شبان سیاه
تنش چون خورش جست و آمد به شور / یکی دشت پیش آمدش پر ز گور
یکی رخش را تیز بنمود ران / تگ گور شد از تگ او گران
کمند و پی رخش و رستم سوار / نیابد ازو دام و دد زینهار
کمند کیانی بینداخت شیر / به حلقه درآورد گور دلیر
کشید و بیفگند گور آن زمان / بیامد برش چون هژبر دمان
ز پیکان تیرآتشی برفروخت / بدو خاک و خاشاک و هیزم بسوخت
بران آتش تیز بریانش کرد / ازان پس که بی‌پوست و بی‌جانش کرد
بخورد و بینداخت زو استخوان / همین بود دیگ و همین بود خوان
لگام از سر رخش برداشت خوار / چرا دید و بگذاشت در مرغزار
بر نیستان بستر خواب ساخت / در بیم را جای ایمن شناخت

خوان نخست
کشتن رخش، شیر را

دران نیستان بیشه‌ی شیر بود	که پیلی نیارست ازو نی درود
چو یک پاس بگذشت درنده شیر	به سوی کنام خود آمد دلیر
بر نی یکی پیل را خفته دید	بر او یکی اسپ آشفته دید
نخست اسپ را گفت باید شکست	چو خواهم سوارم خود آید به دست
سوی رخش رخشان برآمد دمان	چو آتش بجوشید رخش آن زمان
دو دست اندر آورد و زد بر سرش	همان تیز دندان به پشت اندرش
همی زد بران خاک تا پاره کرد	ددی را بران چاره بیچاره کرد
چو بیدار شد رستم تیزچنگ	جهان دید بر شیر تاریک و تنگ
چنین گفت با رخش کای هوشیار	که گفتت که با شیر کن کارزار
اگر تو شدی کشته در چنگ اوی	من این گرز و این مغفر جنگجوی
چگونه کشیدی به مازندران	کمند کیانی و گرز گران
چرا نامدی نزد من با خروش	خروش توام چون رسیدی به گوش
سرم گر ز خواب خوش آگه شدی	ترا جنگ با شیر کوته شدی
چو خورشید برزد سر از تیره کوه	تهمتن ز خواب خوش آمد ستوه
تن رخش بسترد و زین برنهاد	ز یزدان نیکی دهش کرد یاد

خوان دویم
گذر از بیابان خشک

یکی راه پیش آمدش ناگزیر	همی رفت بایست بر خیره خیر
پی اسپ و گویا زبان سوار	ز گرما و از تشنگی شد ز کار
پیاده شد از اسپ و ژوپین به دست	همی رفت پویان به کردار مست
همی جست بر چاره جستن رهی	سوی آسمان کرد روی آنگهی

۲۲۳

چنین گفت کای داور دادگر
همه رنج و سختی تو آری به سر
گرایدونک خشنودی از رنج من
بدان گیتی آگنده کن گنج من
بپویم همی تا مگر کردگار
دهد شاه کاووس را زینهار
هم ایرانیان را ز چنگال دیو
گشاید بی‌آزار گیهان خدیو
گنهکار و افگندگان تواند
پرستنده و بندگان تواند
تن پیلوارش چنان تفته شد
که از تشنگی سست و آشفته شد
بیفتاد رستم بر آن گرم خاک
زبان گشته از تشنگی چاک چاک
همانگه یکی میش نیکوسرین
بپیمود پیش تهمتن زمین
ازان رفتن میش اندیشه خاست
بدل گفت کابشخور این کجاست
همانا که بخشایش کردگار
فراز آمدست اندرین روزگار
بیفشارد شمشیر بر دست راست
به زور جهاندار بر پای خاست
بشد بر پی میش و تیغش به چنگ
گرفته به دست دگر پالهنگ
بره بر یکی چشمه آمد پدید
چو میش سراور بدانجا رسید
تهمتن سوی آسمان کرد روی
چنین گفت کای داور راستگوی
هرانکس که از دادگر یک خدای
بپیچد نیارد خرد را به جای
برین چشمه آبشخور میش نیست
همان غرم دشتی مرا خویش نیست
به جایی که تنگ اندر آید سخن
پناهت بجز پاک یزدان مکن
بران غرم بر آفرین کرد چند
که از چرخ گردان مبادت گزند
گیابر در و دشت تو سبز باد
مباد از تو هرگز دل یوز شاد
ترا هرک یازد به تیر و کمان
شکسته کمان باد و تیره گمان
که زنده شد از تو گو پیلتن
وگرنه پراندیشه بود از کفن
که در سینه‌ی اژدهای بزرگ
نگنجد بماند به چنگال گرگ
شده پاره پاره کنان و کشان
ز رستم به دشمن رسیده نشان
روانش چو پردخته شد ز آفرین
ز رخش تگاور جدا کرد زین
همه تن بشستش بران آب پاک
به کردار خورشید شد تابناک
چو سیراب شد ساز نخچیر کرد
کمر بست و ترکش پر از تیر کرد
بیفگند گوری چو پیل ژیان
جدا کرد ازو چرم پای و میان
چو خورشید تیز آتشی برفروخت
برآورد ز آب اندر آتش بسوخت
بپردخت ز آتش بخوردن گرفت
به خاک استخوانش سپردن گرفت

سوی چشمه‌ی روشن آمد بر آب	چو سیراب شد کرد آهنگ خواب
تهمتن به رخش سراینده گفت	که با کس مکوش و مشو نیز جفت
اگر دشمن آید سوی من بپوی	تو با دیو و شیران مشو جنگجوی
بخفت و بر آسود و نگشاد لب	چمان و چران رخش تا نیم شب

خوان سیوم
رزم رستم با اژدها

ز دشت اندر آمد یکی اژدها	کزو پیل گفتی نیابد رها
بدان جایگه بودش آرامگاه	نکردی ز بیمش برو دیو راه
بیامد جهانجوی را خفته دید	بر او یکی اسپ آشفته دید
پر اندیشه شد تا چه آمد پدید	که یارد بدین جایگاه آرمید
نیارست کردن کس آنجا گذر	ز دیوان و پیلان و شیران نر
همان نیز کامد نیابد رها	ز چنگ بداندیش نر اژدها
سوی رخش رخشنده بنهاد روی	دوان اسپ شد سوی دیهیم جوی
همی کوفت بر خاک رویینه سم	چو تندر خروشید و افشاند دم
تهمتن چو از خواب بیدار شد	سر پر خرد پر ز پیکار شد
به گرد بیابان یکی بنگرید	شد آن اژدهای دژم ناپدید
ابا رخش بر خیره پیکار کرد	ازان کاو سرخفته بیدار کرد
دگر باره چون شد به خواب اندرون	ز تاریکی آن اژدها شد برون
به بالین رستم تگ آورد رخش	همی کند خاک و همی کرد پخش
دگرباره بیدار شد خفته مرد	برآشفت و رخسارگان کرد زرد
بیابان همه سر به سر بنگرید	بجز تیرگی شب به دیده ندید
بدان مهربان رخش بیدار گفت	که تاریکی شب بخواهی نهفت
سرم را همی باز داری ز خواب	به بیداری من گرفتت شتاب
گر این‌بار سازی چنین رستخیز	سرت را ببرم به شمشیر تیز
پیاده شوم سوی مازندران	کشم ببر و شمشیر و گرز گران
سیم ره به خواب اندر آمد سرش	ز ببر بیان داشت پوشش برش

بغرید باز اژدهای دژم	همی آتش افروخت گفتی بدم
چراگاه بگذاشت رخش آنزمان	نیارست رفتن بر پهلوان
دلش زان شگفتی به دو نیم بود	کش از رستم و اژدها بیم بود
هم از بهر رستم دلش نارمید	چو باد دمان نزد رستم دوید
خروشید و جوشید و برکند خاک	ز نعلش زمین شد همه چاک چاک
چو بیدار شد رستم از خواب خوش	برآشفت با بارهی دستکش
چنان ساخت روشن جهان‌آفرین	که پنهان نکرد اژدها را زمین
برآن تیرگی رستم او را بدید	سبک تیغ تیز از میان برکشید
بغرید برسان ابر بهار	زمین کرد پر آتش از کارزار
بدان اژدها گفت بر گوی نام	کزین پس تو گیتی نبینی به کام
نباید که بی‌نام بر دست من	روانت برآید ز تاریک تن
چنین گفت دژخیم نر اژدها	که از چنگ من کس نیابد رها
صداندرصد از دشت جای منست	بلند آسمانش هوای منست
نیارد گذشتن به سر بر عقاب	ستاره نبیند زمینش به خواب
بدو اژدها گفت نام تو چیست	که زاینده را بر تو باید گریست
چنین داد پاسخ که من رستمم	ز دستان و از سام و از نیرمم
به تنها یکی کینه‌ور لشکرم	به رخش دلاور زمین بسپرم
برآویخت با او به جنگ اژدها	نیامد به فرجام هم زو رها
چو زور تن اژدها دید رخش	کزان سان برآویخت با تاجبخش
بمالید گوش اندر آمد شگفت	بلند اژدها را به دندان گرفت
بدرید کتفش بدندان چو شیر	برو خیره شد پهلوان دلیر
بزد تیغ و بنداخت از بر سرش	فرو ریخت چون رود خون از برش
زمین شد به زیر تنش ناپدید	یکی چشمه خون از برش بردمید
چو رستم برآن اژدهای دژم	نگه کرد برزد یکی تیز دم
بیابان همه زیر او بود پاک	روان خون گرم از بر تیره خاک
تهمتن ازو در شگفتی بماند	همی پهلوی نام یزدان بخواند
به آب اندر آمد سر و تن بشست	جهان جز به زور جهانبان نجست
به یزدان چنین گفت کای دادگر	تو دادی مرا دانش و زور و فر
که پیشم چه شیر و چه دیو و چه پیل	بیابان بی‌آب و دریای نیل

بداندیش بسیار و گر اندکیست   چو خشم آورم پیش چشمم یکیست

خوان چهارم
زن جادو

چو از آفرین گشت پرداخته   بیاورد گلرنگ را ساخته
نشست از بر زین و ره برگرفت   خم منزل جادو اندر گرفت
همی رفت پویان به راه دراز   چو خورشید تابان بگشت از فراز
درخت و گیا دید و آب روان   چنان چون بود جای مرد جوان
چو چشم تذروان یکی چشمه دید   یکی جام زرین برو پر نبید
یکی غرم بریان و نان از برش   نمکدان و ریچال گرد اندرش
خور جادوان بد چو رستم رسید   از آواز او دیو شد ناپدید
فرود آمد از باره زین برگرفت   به غرم و بنان اندر آمد شگفت
نشست از بر چشمه فرخنده‌پی   یکی جام زر دید پر کرده می
ابا می یکی نیز طنبور یافت   بیابان چنان خانه‌ی سور یافت
تهمتن مر آن را به بر در گرفت   بزد رود و گفتارها برگرفت
که آواره و بد نشان رستم است   که از روز شادیش بهره غم است
همه جای جنگست میدان اوی   بیابان و کوهست بستان اوی
همه جنگ با شیر و نر اژدهاست   کجا اژدها از کفش نا رهاست
می و جام و بویا گل و میگسار   نکردست بخشش ورا کردگار
همیشه به جنگ نهنگ اندر است   و گر با پلنگان به جنگ اندر است
به گوش زن جادو آمد سرود   همان ناله‌ی رستم و زخم رود
بیاراست رخ را بسان بهار   وگر چند زیبا نبودش نگار
بر رستم آمد پر از رنگ و بوی   بپرسید و بنشست نزدیک اوی
تهمتن به یزدان نیایش گرفت   ابر آفرینها فزایش گرفت
که در دشت مازندران یافت خوان   می و جام، با میگسار جوان
ندانست کاو جادوی ریمنست   نهفته به رنگ اندر اهریمنست

یکی طاس می بر کفش برنهاد	ز دادار نیکی دهش کرد یاد
چو آواز داد از خداوند مهر	دگرگونه‌تر گشت جادو به چهر
روانش گمان نیایش نداشت	زبانش توان ستایش نداشت
سیه گشت چون نام یزدان شنید	تهمتن سبک چون درو بنگرید
بینداخت از باد خم کمند	سر جادو آورد ناگه ببند
بپرسید و گفتش چه چیزی بگوی	بدان‌گونه کت هست بنمای روی
یکی گنده پیری شد اندر کمند	پر آژنگ و نیرنگ و بند و گزند
میانش به خنجر به دو نیم کرد	دل جادوان زو پر از بیم کرد

خوان پنجم
گرفتار شدن اولاد بر دست رستم

وزانجا سوی راه بنهاد روی	چنان چون بود مردم راه‌جوی
همی رفت پویان به جایی رسید	که اندر جهان روشنایی ندید
شب تیره چون روی زنگی سیاه	ستاره نه پیدا نه خورشید و ماه
تو خورشید گفتی به بند اندرست	ستاره به خم کمند اندرست
عنان رخش را داد و بنهاد روی	نه افراز دید از سیاهی نه جوی
وزانجا سوی روشنایی رسید	زمین پرنیان دید و یکسر خوید
جهانی ز پیری شده نوجوان	همه سبزه و آبهای روان
همه جامه بر برش چون آب بود	نیازش به آسایش و خواب بود
برون کرد ببر بیان از برش	به خوی اندرون غرقه بد مغفرش
بگسترد هر دو بر آفتاب	به خواب و به آسایش آمد شتاب
لگام از سر رخش برداشت خوار	رها کرد بر خوید در کشتزار
بپوشید چون خشک شد خود و ببر	گیاکرد بستر بسان هژبر
بخفت و بیاسود از رنج تن	هم از رخش غم بد هم از خویشتن
چو در سبزه دید اسپ را دشتوان	گشاده زبان سوی او شد دوان
سوی رستم و رخش بنهاد روی	یکی چوب زد گرم بر پای اوی
چو از خواب بیدار شد پیلتن	بدو دشتوان گفت کای اهرمن

چرا اسپ بر خوید بگذاشتی	بر رنج نابرده برداشتی
ز گفتار او تیز شد مرد هوش	بجست و گرفتش یکایک دو گوش
بیفشرد و برکند هر دو ز بن	نگفت از بد و نیک با او سخن
سبک دشتبان گوش را برگرفت	غریوان و مانده ز رستم شگفت
بدان مرز اولاد بد پهلوان	یکی نامجوی دلیر و جوان
بشد دشتبان پیش او با خروش	پر از خون به دستش گرفته دو گوش
بدو گفت مردی چو دیو سیاه	پلنگینه جوشن از آهن کلاه
همه دشت سرتاسر آهرمنست	وگر اژدها خفته بر جوشنست
برفتم که اسپش برانم ز کشت	مرا خود به اسپ و به کشته نهشت
مرا دید برجست و یافه نگفت	دو گوشم بکند و همانجا بخفت
چو بشنید اولاد برگشت زود	برون آمد از درد دل همچو دود
که تا بنگرد کاو چه مردست خود	ابا او ز بهر چه کردست بد
همی گشت اولاد در مرغزار	ابا نامداران ز بهر شکار
چو از دشتبان این شگفتی شنید	به نخچیرگه بر پی شیر دید
عنان را بتابید با سرکشان	بدان سو که بود از تهمتن نشان
چو آمد به تنگ اندرون جنگجوی	تهمتن سوی رخش بنهاد روی
نشست از بر رخش و رخشنده تیغ	کشید و بیامد چو غرنده میغ
بدو گفت اولاد نام تو چیست	چه مردی و شاه و پناه تو کیست
نبایست کردن برین ره گذر	ره نره دیوان پرخاشخر
چنین گفت رستم که نام من ابر	اگر ابر باشد به زور هژبر
همه نیزه و تیغ بار آورد	سران را سر اندر کنار آورد
به گوش تو گر نام من بگذرد	دم و جان و خون و دلت بفسرد
نیامد به گوشت به هر انجمن	کمند و کمان گو پیلتن
هران مام کاو چون تو زاید پسر	کفن دوز خوانیمش ار مویه‌گر
تو با این سپه پیش من رانده‌ای	همی گو ز برگنبد افشانده‌ای
نهنگ بلا برکشید از نیام	بیاویخت از پیش زین خم خام
چو شیر اندر آمد میان بره	همه رزمگه شد ز کشته خره
به یک زخم دو دو سرافگند خوار	همی یافت از تن به یک تن چهار
سران را ز زخمش به خاک آورید	سر سرکشان زیر پی گسترید

۲۲۹

Shahnameh

در و دشت شد پر ز گرد سوار   پراگنده گشتند بر کوه و غار
همی گشت رستم چو پیل دژم   کمندی به بازو درون شصت خم
به اولاد چون رخش نزدیک شد   به کردار شب روز تاریک شد
بیفگند رستم کمند دراز   به خم اندر آمد سر سرفراز
از اسپ اندر آمد دو دستش ببست   بپیش اندر افگند و خود برنشست
بدو گفت اگر راست گویی سخن   ز کژی نه سر یابم از تو نه بن
نمایی مرا جای دیو سپید   همان جای پولاد غندی و بید
به جایی که بستست کاووس کی   کسی کاین بدیها فگندست پی
نمایی و پیدا کنی راستی   نیاری به کار اندرون کاستی
من این تخت و این تاج و گرز گران   بگردانم از شاه مازندران
تو باشی برین بوم و بر شهریار   ار ایدونک کژی نیاری بکار
بدو گفت اولاد دل را ز خشم   بپرداز و بگشای یکباره چشم
تن من مپرداز خیره ز جان   بیابی ز من هرچ خواهی همان
ترا خانه‌ی بید و دیو سپید   نمایم من این را که دادی نوید
به جایی که بستست کاووس شاه   بگویم ترا یک به یک شهر و راه
از ایدر به نزدیک کاووس کی   صد افگنده بخشیده فرسنگ پی
وزانجا سوی دیو فرسنگ صد   بیاید یکی راه دشوار و بد
میان دو صد چاهساری شگفت   به پیمایش اندازه نتوان گرفت
میان دو کوهست این هول جای   نپرید بر آسمان بر همای
ز دیوان جنگی ده و دو هزار   به شب پاسبانند بر چاهسار
چو پولاد غندی سپهدار اوی   چو بیدست و سنجه نگهدار اوی
یکی کوه یابی مر او را به تن   بر و کتف و یالش بود ده رسن
ترا با چنین یال و دست و عنان   گذارنده‌ی گرز و تیغ و سنان
چنین برز و بالا و این کار کرد   نه خوب است با دیو جستن نبرد
کزو بگذری سنگلاخست و دشت   که آهو بران ره نیارد گذشت
چو زو بگذری رود آبست پیش   که پهنای او بر دو فرسنگ بیش
کنارنگ دیوی نگهدار اوی   همه نره دیوان به فرمان اوی
وزان روی بزگوش تا نرم پای   چو فرسنگ سیصد کشیده سرای
ز بزگوش تا شاه مازندران   رهی زشت و فرسنگهای گران

پراگنده در پادشاهی سوار	همانا که هستند سیصدهزار
ز پیلان جنگی هزار و دویست	کزیشان به شهر اندرون جای نیست
نتابی تو تنها و گر ز آهنی	بسایدت سوهان آهرمنی
چنان لشکری با سلیح و درم	نبینی ازیشان یکی را دژم
بخندید رستم ز گفتار اوی	بدو گفت اگر با منی راه جوی
ببینی کزین یک تن پیلتن	چه آید بران نامدار انجمن
به نیروی یزدان پیروزگر	به بخت و به شمشیر تیز و هنر
چو بینند تاو بر و یال من	به جنگ اندرون زخم گوپال من
به درد پی و پوستشان از نهیب	عنان را ندانند باز از رکیب
ازان سو کجا هست کاووس کی	مرا راه بنمای و بردار پی

خوان ششم
رسیدن رستم به نزد کاووس و ایرانیان

نیاسود تیره شب و پاک روز	همی راند تا پیش کوه اسپروز
بدانجا که کاووس لشکر کشید	ز دیوان جادو بدو بد رسید
چو یک نیمه بگذشت از تیره شب	خروش آمد از دشت و بانگ جلب
به مازندران آتش افروختند	به هر جای شمعی همی سوختند
تهمتن به اولاد گفت آن کجاست	که آتش برآمد همی چپ و راست
در شهر مازندران است گفت	که از شب دو بهره نیارند خفت
بدان جایگه باشد ارژنگ دیو	که هزمان برآید خروش و غریو
بخفت آن زمان رستم جنگجوی	چو خورشید تابنده بنمود روی
بپیچید اولاد را بر درخت	به خم کمندش درآویخت سخت
به زین اندر افگند گرز نیا	همی رفت یکدل پر از کیمیا
یکی مغفری خسروی بر سرش	خوی آلوده ببر بیان در برش
به ارژنگ سالار بنهاد روی	چو آمد بر لشکر نامجوی
یکی نعره زد در میان گروه	تو گفتی بدرید دریا و کوه

برون آمد از خیمه ارژنگ دیو	چو آمد به گوش اندرش آن غریو
چو رستم بدیدش برانگیخت اسپ	بیامد بر وی چو آذر گشسپ
سر و گوش بگرفت و یالش دلیر	سر از تن بکندش به کردار شیر
پر از خون سر دیو کنده ز تن	بینداخت ز آنسو که بود انجمن
چو دیوان بدیدند گوپال اوی	بدریدشان دل ز چنگال اوی
نکردند یاد بر و بوم و رست	پدر بر پسر بر همی راه جست
برآهیخت شمشیر کین پیلتن	بپردخت یکباره زان انجمن
چو برگشت پیروز گیتی‌فروز	بیامد دمان تا به کوه اسپروز
ز اولاد بگشاد خم کمند	نشستند زیر درختی بلند
تهمتن ز اولاد پرسید راه	به شهری کجا بود کاووس شاه
چو بشنید ازو تیز بنهاد روی	پیاده دوان پیش او راهجوی
چو آمد به شهر اندرون تاجبخش	خروشی برآورد چون رعد رخش
به ایرانیان گفت پس شهریار	که بر ما سرآمد بد روزگار
خروشیدن رخشم آمد به گوش	روان و دلم تازه شد زان خروش
به گاه قباد این خروشش نکرد	کجا کرد با شاه ترکان نبرد
بیامد هم اندر زمان پیش اوی	یل دانش‌افروز پرخاشجوی
به نزدیک کاووس شد پیلتن	همه سرفرازان شدند انجمن
غریوید بسیار و بردش نماز	بپرسیدش از رنجهای دراز
گرفتش به آغوش کاووس شاه	ز زالش بپرسید و از رنج راه
بدو گفت پنهان ازین جادوان	همی رخش را کرد باید روان
چو آید به دیو سپید آگهی	کز ارژنگ شد روی گیتی تهی
که نزدیک کاووس شد پیلتن	همه نره دیوان شوند انجمن
همه رنجهای تو بی‌بر شود	ز دیوان جهان پر ز لشکر شود
تو اکنون ره خانه‌ی دیو گیر	به رنج اندرآور تن و تیغ و تیر
مگر یار باشدت یزدان پاک	سر جادوان اندر آری به خاک
گذر کرد باید بر هفت کوه	ز دیوان به هر جای کرده گروه
یکی غار پیش آیدت هولناک	چنان چون شنیدم پر از بیم و باک
گذارت بران نره دیوان جنگ	همه رزم را ساخته چون پلنگ
به غار اندرون گاه دیو سپید	کزویند لشکر به بیم و امید

توانی مگر کردن او را تباه	که اویست سالار و پشت سپاه
سپه را ز غم چشمها تیره شد	مرا چشم در تیرگی خیره شد
پزشکان به درمانش کردند امید	به خون دل و مغز دیو سپید
چنین گفت فرزانه مردی پزشک	که چون خون او را بسان سرشک
چکانی سه قطره به چشم اندرون	شود تیرگی پاک با خون برون
گو پیلتن جنگ را ساز کرد	ازان جایگه رفتن آغاز کرد
به ایرانیان گفت بیدار بید	که من کردم آهنگ دیو سپید
یکی پیل جنگی و چاره‌گرست	فراوان به گرداندرش لشکرست
گر ایدونک پشت من آرد به خم	شما دیر مانید خوار و دژم
وگر یار باشد خداوند هور	دهد مر مرا اختر نیک زور
همان بوم و بر باز یابید و تخت	به بار آید آن خسروانی درخت
وزان جایگه تنگ بسته کمر	بیامد پر از کینه و جنگ سر
چو رخش اندر آمد بران هفت کوه	بران نره دیوان گشته گروه
به نزدیکی غار بی‌بن رسید	به گرد اندرون لشکر دیو دید
به اولاد گفت آنچ پرسیدمت	همه بر ره راستی دیدمت
کنون چون گه رفتن آمد فراز	مرا راه بنمای و بگشای راز
بدو گفت اولاد چون آفتاب	شود گرم و دیو اندر آید به خواب
بریشان تو پیروز باشی به جنگ	کنون یک زمان کرد باید درنگ
ز دیوان نبینی نشسته یکی	جز از جادوان پاسبان اندکی
بدانگه تو پیروز باشی مگر	اگر یار باشدت پیروزگر
نکرد ایچ رستم به رفتن شتاب	بدان تا برآمد بلند آفتاب
سراپای اولاد بر هم ببست	به خم کمند آنگهی برنشست
برآهیخت جنگی نهنگ از نیام	بغرید چون رعد و برگفت نام
میان سپاه اندر آمد چو گرد	سران را سر از تن همی دور کرد
ناستاد کس پیش او در به جنگ	نجستند با او یکی نام و ننگ
رهش باز دادند و بگریختند	به آورد با او نیاویختند

۲۳۳

خوان هفتم
رزم رستم با دیو سپید

وزان جایگه سوی دیو سپید — بیامد به کردار تابنده شید
به کردار دوزخ یکی غار دید — تن دیو از تیرگی ناپدید
زمانی همی بود در چنگ تیغ — نبد جای دیدار و راه گریغ
ازان تیرگی جای دیده ندید — زمانی بران جایگه آرمید
چو مژگان بمالید و دیده بشست — دران جای تاریک لختی بجست
به تاریکی اندر یکی کوه دید — سراسر شده غار ازو ناپدید
به رنگ شبه روی و چون شیر موی — جهان پر ز پهنای و بالای اوی
سوی رستم آمد چو کوهی سیاه — از آهنش ساعد ز آهن کلاه
ازو شد دل پیلتن پرنهیب — بترسید کامد به تنگی نشیب
برآشفت برسان پیل ژیان — یکی تیغ تیزش بزد بر میان
ز نیروی رستم ز بالای اوی — بینداخت یک ران و یک پای اوی
بریده برآویخت با او به هم — چو پیل سرافراز و شیر دژم
همی پوست کند این از آن آن ازین — همی گل شد از خون سراسر زمین
به دل گفت رستم گر امروز جان — بماند به من زنده‌ام جاودان
همیدون به دل گفت دیو سپید — که از جان شیرین شدم ناامید
گر ایدونک از چنگ این اژدها — بریده پی و پوست یابم رها
نه کهتر نه برتر منش مهتران — نبینند نیزم به مازندران
همی گفت ازین گونه دیو سپید — همی داد دل را بدینسان نوید
تهمتن به نیروی جان‌آفرین — بکوشید بسیار با درد و کین
بزد دست و برداشتش نره شیر — به گردن برآورد و افکند زیر
فرو برد خنجر دلش بردرید — جگرش از تن تیره بیرون کشید
همه غار یکسر پر از کشته بود — جهان همچو دریای خون گشته بود
بیامد ز اولاد بگشاد بند — به فتراک بربست پیچان کمند
به اولاد داد آن کشیده جگر — سوی شاه کاووس بنهاد سر

بدو گفت اولاد کای نره شیر   جهانی به تیغ آوریدی به زیر
نشانهای بند تو دارد تنم   به زیر کمند تو بد گردنم
به چیزی که دادی دلم را امید   همی باز خواهد امیدم نوید
به پیمان شکستن نه اندر خوری   که شیر ژیانی و کی منظری
بدو گفت رستم که مازندران   سپارم ترا از کران تا کران
ترا زین سپس بی‌نیازی دهم   به مازندران سرفرازی دهم
یکی کار پیشست و رنج دراز   که هم با نشیب است و هم با فراز
همی شاه مازندران را ز گاه   بباید ربودن فگندن به چاه
سر دیو جادو هزاران هزار   بیفگند باید به خنجر به زار
ازان پس اگر خاک را بسپرم   وگرنه ز پیمان تو نگذرم
رسید آنگهی نزد کاووس کی   یل پهلو افروز فرخنده پی
چنین گفت کای شاه دانش پذیر   به مرگ بداندیش رامش پذیر
دریدم جگرگاه دیو سپید   ندارد بدو شاه ازین پس امید
ز پهلوش بیرون کشیدم جگر   چه فرمان دهد شاه پیروزگر
برو آفرین کرد کاووس شاه   که بی‌تو مبادا نگین و کلاه
بران مام کاو چون تو فرزند زاد   نشاید جز از آفرین کرد یاد
مرا بخت ازین هر دو فرخترست   که پیل هژبر افگنم کهترست
به رستم چنین گفت کاووس کی   که ای گرد و فرزانه‌ی نیک پی
به چشم من اندر چکان خون اوی   مگر باز بینم ترا نیز روی
به چشمش چو اندر کشیدند خون   شد آن دیده‌ی تیره خورشیدگون
نهادند زیراندرش تخت عاج   بیاویختند از بر عاج تاج
نشست از بر تخت مازندران   ابا رستم و نامور مهتران
چو طوس و فریبرز و گودرز و گیو   چو رهام و گرگین و فرهاد نیو
برین گونه یک هفته با رود و می   همی رامش آراست کاووس کی
به هشتم نشستند بر زین همه   جهانجوی و گردنکشان و رمه
همه برکشیدند گرز گران   پراگنده در شهر مازندران
برفتند یکسر به فرمان کی   چو آتش که برخیزد از خشک نی
ز شمشیر تیز آتش افروختند   همه شهر یکسر همی سوختند
به لشکر چنین گفت کاووس شاه   که اکنون مکافات کرده گناه

چنان چون سزا بد بدیشان رسید	ز کشتن کنون دست باید کشید
بباید یکی مرد با هوش و سنگ	کجا باز داند شتاب از درنگ
شود نزد سالار مازندران	کند دلش بیدار و مغزش گران
بران کار خشنود شد پور زال	بزرگان که بودند با او همال
فرستاد نامه به نزدیک اوی	برافروختن جای تاریک اوی

نامه کیکاووس به شاه مازندران

یکی نامه‌ای بر حریر سپید	بدو اندرون چند بیم و امید
دبیری خرمند بنوشت خوب	پدید آورید اندرو زشت و خوب
نخست آفرین کرد بر دادگر	کزو دید پیدا به گیتی هنر
خرد داد و گردان سپهر آفرید	درشتی و تندی و مهر آفرید
به نیک و به بد دادمان دستگاه	خداوند گردنده خورشید و ماه
اگر دادگر باشی و پاک دین	ز هر کس نیابی به جز آفرین
وگر بدنشان باشی و بدکنش	ز چرخ بلند آیدت سرزنش
جهاندار اگر دادگر باشدی	ز فرمان او کی گذر باشدی
سزای تو دیدی که یزدان چه کرد	ز دیو و ز جادو برآورد گرد
کنون گر شوی آگه از روزگار	روان و خرد بادت آموزگار
همانجا بمان تاج مازندران	بدین بارگاه آی چون کهتران
که با چنگ رستم ندارید تاو	بده زود بر کام ما باژ و ساو
وگر گاه مازندران بایدت	مگر زین نشان راه بگشایدت
وگرنه چو ارژنگ و دیو سپید	دلت کرد باید ز جان ناامید
بخواند آن زمان شاه فرهاد را	گراینده‌ی تیغ پولاد را
گزین بزرگان آن شهر بود	ز بیکاری و رنج بی‌بهر بود
بدو گفت کاین نامه‌ی پندمند	ببر سوی آن دیو جسته ز بند
چو از شاه بشنید فرهاد گرد	زمین را ببوسید و نامه ببرد
به شهری کجا سست پایان بدند	سواران پولادخایان بدند

هم آنکس که بودند پا از دوال
لقبشان چنین بود بسیار سال

بدان شهر بد شاه مازندران
هم آنجا دلیران و کندآوران

چو بشنید کز نزد کاووس شاه
فرستاده‌ای باهش آمد ز راه

پذیره شدن را سپاه گران
دلیران و شیران مازندران

ز لشکر یکایک همه برگزید
ازیشان هنر خواست کاید پدید

چنین گفت کامروز فرزانگی
جدا کرد نتوان ز دیوانگی

همه راه و رسم پلنگ آورید
سر هوشمندان به چنگ آورید

پذیره شدندش پر از چین به روی
سخنشان نرفت ایچ بر آرزوی

یکی دست بگرفت و بفشاردش
پی و استخوانها بیازاردش

نگشت ایچ فرهاد را روی زرد
نیامد برو رنج بسیار و درد

ببردند فرهاد را نزد شاه
ز کاووس پرسید و ز رنج راه

پس آن نامه بنهاد پیش دبیر
می و مشک انداخته پر حریر

چو آگه شد از رستم و کار دیو
پر از خون شدش دیده دل پرغریو

به دل گفت پنهان شود آفتاب
شب آید بود گاه آرام و خواب

ز رستم نخواهد جهان آرمید
نخواهد شدن نام او ناپدید

غمی گشت از ارژنگ و دیو سپید
که شد کشته پولاد غندی و بید

چو آن نامه‌ی شاه یکسر بخواند
دو دیده به خون دل اندر نشاند

چنین داد پاسخ به کاووس کی
که گر آب دریا بود نیز می

مرا بارگه زان تو برترست
هزاران هزارم فزون لشکرست

به هر سو که بنهند بر جنگ روی
نماند به سنگ اندرون رنگ و بوی

بیارم کنون لشکری شیرفش
برآرم شما را سر از خواب خوش

ز پیلان جنگی هزار و دویست
که در بارگاه تو یک پیل نیست

از ایران برآرم یکی تیره خاک
بلندی ندانند باز از مغاک

چو بشنید فرهاد ازو داوری
بلندی و تندی و کندآوری

بکوشید تا پاسخ نامه یافت
عنان سوی سالار ایران شتافت

بیامد بگفت آنچ دید و شنید
همه پرده‌ی رازها بردرید

چنین گفت کاو ز آسمان برترست
نه رای بلندش به زیر اندرست

ز گفتار من سر بپیچید نیز
جهان پیش چشمش نیرزد به چیز

جهاندار مر پهلوان را بخواند
همه گفت فرهاد با او براند

چنین گفت کاووس با پیلتن — کزین ننگ بگذارم این انجمن
چو بشنید رستم چنین گفت باز — به پیش شهنشاه کهتر نواز
مرا برد باید بر او پیام — سخن برگشایم چو تیغ از نیام
یکی نامه باید چو برنده تیغ — پیامی به کردار غرنده میغ
شوم چون فرستاده‌ای نزد اوی — به گفتار خون اندر آرم به جوی
به پاسخ چنین گفت کاووس شاه — که از تو فروزد نگین و کلاه
پیمبر تویی هم تو پیل دلیر — به هر کینه گه بر سرافراز شیر
بفرمود تا رفت پیشش دبیر — سر خامه را کرد پیکان تیر
چنین گفت کاین گفتن نابکار — نه خوب آید از مردم هوشیار
اگر سرکنی زین فزونی تهی — به فرمان گرایی بسان رهی
وگرنه به جنگ تو لشگر کشم — ز دریا به دریا سپه برکشم
روان بداندیش دیو سپید — دهد کرگسان را به مغزت نوید

رفتن رستم به نزد شاه مازندران

چو نامه به مهر اندر آورد شاه — جهانجوی رستم بپیموده راه
به زین اندر افگند گرز گران — چو آمد به نزدیک مازندران
به شاه آگهی شد که کاووس کی — فرستادن نامه افگند پی
فرستاده‌ای چون هژبر دژم — کمندی به فتراک بر شست خم
به زیر اندرون باره‌ای گامزن — یکی ژنده پیلست گویی به تن
چو بشنید سالار مازندران — ز گردان گزین کرد چندی سران
بفرمودشان تا خبیره شدند — هژبر ژیان را پذیره شدند
چو چشم تهمتن بدیشان رسید — به ره بر درختی گشن شاخ دید
بکند و چو ژوپین به کف برگرفت — بماندند لشکر همه در شگفت
بینداخت چون نزد ایشان رسید — سواران بسی زیر شاخ آورید
یکی دست بگرفت و بفشاردش — همی آزمون را بیازاردش
بخندید ازو رستم پیلتن — شده خیره زو چشم آن انجمن

بدان خنده اندر بیفشارد چنگ / ببردش رگ از دست وز روی رنگ
بشد هوش از آن مرد رزم آزمای / ز بالای اسب اندر آمد به پای
یکی شد بر شاه مازندران / بگفت آنچ دید از کران تا کران
سواری که نامش کلاهور بود / که مازندران زو پر از شور بود
بسان پلنگ ژیان بد به خوی / نکردی به جز جنگ چیز آرزوی
پذیره شدن را فرا پیش خواند / به مردیش بر چرخ گردان نشاند
بدو گفت پیش فرستاده شو / هنرها پدیدار کن نو به نو
چنان کن که گردد رخش پر ز شرم / به چشم اندر آرد ز شرم آب گرم
بیامد کلاهور چون نره شیر / به پیش جهاندار مرد دلیر
بپرسید پرسیدنی چون پلنگ / دژم روی زانپس بدو داد چنگ
بیفشارد چنگ سرافراز پیل / شد از درد دستش به کردار نیل
بپیچید و اندیشه زو دورداشت / به مردی ز خورشید منشور داشت
بیفشارد چنگ کلاهور سخت / فرو ریخت ناخن چو برگ از درخت
کلاهور با دست آویخته / پی و پوست و ناخن فروریخته
بیاورد و بنمود و با شاه گفت / که بر خویشتن درد نتوان نهفت
ترا آشتی بهتر آید ز جنگ / فراخی مکن بر دل خویش تنگ
ترا با چنین پهلوان تاو نیست / اگر رام گردد به از ساو نیست
پذیریم از شهر مازندران / ببخشیم بر کهتر و مهتران
چنین رنج دشوار آسان کنیم / به آید که جان را هراسان کنیم
تهمتن بیامد هم اندر زمان / بر شاه برسان شیر ژیان
نگه کرد و بنشاند اندر خورش / ز کاووس پرسید و از لشکرش
سخن راند از راه و رنج دراز / که چون راندی اندر نشیب و فراز
ازان پس بدو گفت رستم توی / که داری بر و بازوی پهلوی
چنین داد پاسخ که من چاکرم / اگر چاکری را خود اندر خورم
کجا او بود من نیایم به کار / که او پهلوانست و گرد و سوار
بدو داد پس نامور نامه را / پیام جهانجوی خودکامه را
بگفت آنک شمشیر بار آورد / سر سرکشان در کنار آورد
چو پیغام بشنید و نامه بخواند / دژم گشت و اندر شگفتی بماند
به رستم چنین گفت کاین جست و جوی / چه باید همی خیره این گفت‌وگوی

بگویش که سالار ایران تویی | اگرچه دل و چنگ شیران تویی
منم شاه مازندران با سپاه | بر اورنگ زرین و بر سر کلاه
مرا بیهده خواندن پیش خویش | نه رسم کیان بد نه آیین پیش
براندیش و تخت بزرگان مجوی | کزین برتری خواری آید بروی
سوی گاه ایران بگردان عنان | وگرنه زمانت سرآرد سنان
اگر با سپه من بجنبم ز جای | تو پیدا نبینی سرت را ز پای
تو افتاده‌ای بی‌گمان در گمان | یکی راه برگیر و بفگن کمان
چو من تنگ روی اندر آرم بروی | سرآید شما را همه گفت‌وگوی
نگه کرد رستم به روشن روان | به شاه و سپاه و رد و پهلوان
نیامدش با مغز گفتار اوی | سرش تیزتر شد به پیکار اوی
تهمتن چو برخاست کاید به راه | بفرمود تا خلعت آرند شاه
نپذرفت ازو جامه و اسپ و زر | که ننگ آمدش زان کلاه و کمر
بیامد دژم از بر گاه اوی | همه تیره دید اختر و ماه اوی
برون آمد از شهر مازندران | سرش گشته بد زان سخنها گران
چو آمد به نزدیک شاه اندرون | دل کینه‌دارش پر از جوش خون
ز مازندران هرچ دید و شنید | همه کرد بر شاه ایران پدید
وزان پس ورا گفت مندیش هیچ | دلیری کن و رزم دیوان بسیچ
دلیران و گردان آن انجمن | چنان دان که خوارند بر چشم من
چو رستم ز مازندران گشت باز | شه اندر زمان رزم را کرد ساز
سراپرده از شهر بیرون کشید | سپه را همه سوی هامون کشید
سپاهی که خورشید شد ناپدید | چو گرد سیاه از میان بردمید
نه دریا پدید و نه هامون و کوه | زمین آمد از پای اسپان ستوه
همی راند لشکر بران سان دمان | نجست ایچ هنگام رفتن زمان

نبرد کاووس با شاه مازندران

چو آگاهی آمد به کاووس شاه — که تنگ اندر آمد ز دیوان سپاه
بفرمود تا رستم زال زر — نخستین بران کینه بندد کمر
به طوس و به گودرز کشوادگان — به گیو و به گرگین آزادگان
بفرمود تا لشکر آراستند — سنان و سپرها بپیراستند
سراپرده‌ی شهریار و سران — کشیدند بر دشت مازندران
ابر میمنه طوس نوذر به پای — دل کوه پر ناله‌ی کر نای
چو گودرز کشواد بر میسره — شده کوه آهن زمین یکسره
سپهدار کاووس در قلبگاه — ز هر سو رده برکشیده سپاه
به پیش سپاه اندرون پیلتن — که در جنگ هرگز ندیدی شکن
یکی نامداری ز مازندران — به گردن برآورده گرز گران
که جویان بدش نام و جوینده بود — گراینده‌ی گرز و گوینده بود
به دستوری شاه دیوان برفت — به پیش سپهدار کاووس تفت
همی جوشن اندر تنش برفروخت — همی تف تیغش زمین را بسوخت
بیامد به ایران سپه برگذشت — بتوفید از آواز او کوه و دشت
همی گفت با من که جوید نبرد — کسی کاو برانگیزد از آب گرد
نشد هیچکس پیش جویان برون — نه رگشان بجنبید در تن نه خون
به آواز گفت آن زمان شهریار — به گردان هشیار و مردان کار
که زین دیوتان سر چرا خیره شد — از آواز او رویتان تیره شد
ندادند پاسخ دلیران به شاه — ز جویان بپژمرد گفتی سپاه
یکی برگرایید رستم عنان — بر شاه شد تاب داده سنان
که دستور باشد مرا شهریار — شدن پیش این دیو ناسازگار
بدو گفت کاووس کاین کار تست — از ایران نخواهد کس این جنگ جست
چو بشنید ازو این سخن پهلوان — بیامد به کردار شیر ژیان
برانگیخت رخش دلاور ز جای — به چنگ اندرون نیزه‌ی سر گرای

به آورد گه رفت چون پیل مست	یکی پیل زیر اژدهایی به دست
عنان را بپیچید و برخاست گرد	ز بانگش بلرزید دشت نبرد
به جویان چنین گفت کای بد نشان	بیفگنده نامت ز گردنکشان
کنون بر تو بر جای بخشایش است	نه هنگام آورد و آرامش است
بگرید ترا آنک زاینده بود	فزاینده بود ار گزاینده بود
بدو گفت جویان که ایمن مشو	ز جویان و از خنجر سرد رو
که اکنون به درد جگر مادرت	بگرید بدین جوشن و مغفرت
چو آواز جویان به رستم رسید	خروشی چو شیر ژیان برکشید
پس پشت او اندر آمد چو گرد	سنان بر کمربند او راست کرد
بزد نیزه بر بند درع و زره	زره را نماند ایچ بند و گره
ز زینش جدا کرد و برداشتش	چو بر بابزن مرغ برگاشتش
بینداخت از پشت اسپش به خاک	دهان پر ز خون و زره چاک چاک
دلیران و گردان مازندران	به خیره فرو ماندند اندران
سپه شد شکسته دل و زرد روی	برآمد ز آورد گه گفت و گوی
بفرمود سالار مازندران	به یکسر سپاه از کران تا کران
که یکسر بتازید و جنگ آورید	همه رسم و راه پلنگ آورید
برآمد ز هر دو سپه بوق و کوس	هوا نیلگون شد زمین آبنوس
چو برق درخشنده از تیره میغ	همی آتش افروخت از گرز و تیغ
هوا گشت سرخ و سیاه و بنفش	ز بس نیزه و گونه‌گونه درفش
زمین شد به کردار دریای قیر	همه موجش از خنجر و گرز و تیر
دوان باد پایان چو کشتی بر آب	سوی غرق دارند گویی شتاب
همی گرز بارید بر خود و ترگ	چو باد خزان بارد از بید برگ
به یک هفته دو لشکر نامجوی	به روی اندر آورده بودند روی
به هشتم جهاندار کاووس شاه	ز سر برگرفت آن کیانی کلاه
به پیش جهاندار گیهان خدای	بیامد همی بود گریان به پای
از آن پس بمالید بر خاک روی	چنین گفت کای داور راستگوی
برین نره دیوان بی‌بیم و باک	تویی آفریننده‌ی آب و خاک
مرا ده تو پیروزی و فرهی	به من تازه کن تخت شاهنشهی
بپوشید ازان پس به مغفر سرش	بیامد بر نامور لشکرش

خروش آمد و ناله‌ی کرنای   بجنبید چون کوه لشکر ز جای
سپهبد بفرمود تا گیو و طوس   به پشت سپاه اندر آرند کوس
چو گودرز با زنگه‌ی شاوران   چو رهام و گرگین جنگ‌آوران
گرازه همی شد بسان گراز   درفشی برافراخته هفت یاز
چو فرهاد و خراد و برزین و گیو   برفتند با نامداران نیو
تهمتن به قلب اندر آمد نخست   زمین را به خون دلیران بشست
چو گودرز کشواد بر میمنه   سلیح و سپه برد و کوس و بنه
ازان میمنه تا بدان میسره   بشد گیو چون گرگ پیش بره
ز شبگیر تا تیره شد آفتاب   همی خون به جوی اندر آمد چو آب
ز چهره بشد شرم و آیین مهر   همی گرز بارید گفتی سپهر
ز کشته به هر جای بر توده گشت   گیاها به مغز سر آلوده گشت
چو رعد خروشنده شد بوق و کوس   خور اندر پس پرده‌ی آبنوس
ازان سو که بد شاه مازندران   بشد پیلتن با سپاهی گران
زمانی نکرد او یله جای خویش   بیفشارد بر کینه گه پای خویش
چو دیوان و پیلان پرخاشجوی   بروی اندر آورده بودند روی
جهانجوی کرد از جهاندار یاد   سنان‌دار نیزه به دارنده داد
برآهیخت گرز و برآورد جوش   هوا گشت از آواز او پرخروش
برآورد آن گرد سالار کش   نه با دیو جان و نه با پیل هش
فگنده همه دشت خرطوم پیل   همه کشته دیدند بر چند میل
ازان پس تهمتن یکی نیزه خواست   سوی شاه مازندران تاخت راست
چو بر نیزه‌ی رستم افگند چشم   نماند ایچ با او دلیری و خشم
یکی نیزه زد بر کمربند اوی   ز گبر اندر آمد به پیوند اوی
شد از جادویی تنش یک لخت کوه   از ایران بروبر نظاره گروه
تهمتن فرو ماند اندر شگفت   سناندار نیزه به گردن گرفت
رسید اندر آن جای کاووس شاه   ابا پیل و کوس و درفش و سپاه
به رستم چنین گفت کای سرفراز   چه بودت که ایدر بماندی دراز
بدو گفت رستم که چون رزم سخت   ببود و بیفروخت پیروز بخت
مرا دید چون شاه مازندران   به گردن برآورده گرز گران
به رخش دلاور سپردم عنان   زدم بر کمربند گبرش سنان

گمانم چنان بد که او شد نگون
کنون آید از کوهه‌ی زین برون

بر این گونه شد سنگ در پیش من
نبود آگه از رای کم بیش من

برین گونه خارا یکی کوه گشت
ز جنگ و ز مردی بی‌اندوه گشت

به لشکر گهش برد باید کنون
مگر کاید از سنگ خارا برون

ز لشکر هر آن کس که بد زورمند
بسودند چنگ آزمودند بند

نه برخاست از جای سنگ گران
میان اندرون شاه مازندران

گو پیلتن کرد چنگال باز
بران آزمایش نبودش نیاز

بران گونه آن سنگ را برگرفت
کزو ماند لشکر سراسر شگفت

ابر کردگار آفرین خواندند
برو زر و گوهر برافشاندند

به پیش سراپرده‌ی شاه برد
بیفگند و ایرانیان را سپرد

بدو گفت ار ایدونک پیدا شوی
به گردی ازین تنبل و جادوی

وگرنه به گرز و به تیغ و تبر
ببرم همه سنگ را سر به سر

چو بشنید شد چون یکی پاره ابر
به سر برش پولاد و بر تنش گبر

تهمتن گرفت آن زمان دست اوی
بخندید و زی شاه بنهاد روی

چنین گفت کاوردم ان لخت کوه
ز بیم تبر شد به چنگم ستوه

برویش نگه کرد کاووس شاه
ندیدش سزاوار تخت و کلاه

وزان رنجهای کهن یاد کرد
دلش خسته شد سر پر از باد کرد

به دژخیم فرمود تا تیغ تیز
بگیرد کند تنش را ریز ریز

به لشکر گهش کس فرستاد زود
بفرمود تا خواسته هرچ بود

ز گنج و ز تخت و ز در و گهر
ز اسپ و سلیح و کلاه و کمر

نهادند هرجای چون کوه کوه
برفتند لشکر همه هم گروه

سزاوار هرکس ببخشید گنج
به ویژه کسی کش فزون بود رنج

ز دیوان هرآنکس که بد ناسپاس
وز ایشان دل انجمن پرهراس

بفرمودشان تا بریدند سر
فگندند جایی که بد رهگذر

وز آن پس بیامد به جای نماز
همی گفت با داور پاک راز

به یک هفته بر پیش یزدان پاک
همی با نیایش بپیمود خاک

بهشتم در گنجها کرد باز
ببخشید بر هرکه بودش نیاز

همی گشت یک هفته زین گونه نیز
ببخشید آن را که بایست چیز

سیم هفته چون کارها گشت راست
می و جام یاقوت و میخواره خواست

به یک هفته با ویژگان می به چنگ	
به مازندران کرد زان پس درنگ	

بخشیدن کاووس مازندران را به اولاد

تهمتن چنین گفت با شهریار	که هرگونه‌ای مردم آید به کار
مرا این هنرها ز اولاد خاست	که بر هر سویی راه بنمود راست
به مازندران دارد اکنون امید	چنین دادمش راستی را نوید
کنون خلعت شاه باید نخست	یکی عهد و مهری بروبر درست
که تا زنده باشد به مازندران	پرستش کنندش همه مهتران
چو بشنید گفتار خسرو پرست	به بر زد جهاندار بیدار دست
سپرد آن زمان تخت شاهی بدوی	وزانجا سوی پارس بنهاد روی

باز آمدن کاووس به شهر ایران و رفتن رستم به سیستان

چو کاووس در شهر ایران رسید	ز گرد سپه شد هوا ناپدید
برآمد همی تا به خورشید جوش	زن و مرد شد پیش او با خروش
همه شهر ایران بیاراستند	می و رود و رامشگران خواستند
جهان سر به سر نو شد از شاه نو	ز ایران برآمد یکی ماه نو
چو بر تخت بنشست پیروز و شاد	در گنجهای کهن برگشاد
ز هر جای روزی‌دهان را بخواند	به دیوان دینار دادن نشاند
برآمد خروش از در پیلتن	بزرگان لشکر شدند انجمن
همه شادمان نزد شاه آمدند	بران نامور پیشگاه آمدند
تهمتن بیامد به سر بر کلاه	نشست از بر تخت نزدیک شاه
سزاوار او شهریار زمین	یکی خلعت آراست با آفرین
یکی تخت پیروزه و میش‌سار	یکی خسروی تاج گوهر نگار
یکی دست زربفت شاهنشهی	ابا یاره و طوق و با فرهی

صد از ماهرویان زرین کمر	صد از مشک مویان با زیب و فر
صد از اسپ با زین و زرین ستام	صد استر سیه موی و زرین لگام
همه بارشان دیبه‌ی خسروی	ز چینی و رومی و از پهلوی
ببردند صد بدره دینار نیز	ز رنگ و ز بوی و ز هرگونه چیز
ز یاقوت جامی پر از مشک ناب	ز پیروزه دیگر یکی پر گلاب
نوشته یکی نامه‌ای بر حریر	ز مشک و ز عنبر ز عود و عبیر
سپرد این به سالار گیتی فروز	به نوی همه کشور نیمروز
چنان کز پس عهد کاووس شاه	نباشد بران تخت کس را کلاه
مگر نامور رستم زال را	خداوند شمشیر و گوپال را
ازان پس برو آفرین کرد شاه	که بی‌تو مبیناد کس پیشگاه
دل تاجداران به تو گرم باد	روانت پر از شرم و آزرم باد
فرو برد رستم ببوسید تخت	بسیچ گذر کرد و بربست رخت
خروش تبیره برآمد ز شهر	ز شادی به هرکس رسانید بهر
بشد رستم زال و بنشست شاه	جهان کرد روشن به آیین و راه
به شادی بر تخت زرین نشست	همی جور و بیداد را در ببست
زمین را ببخشید بر مهتران	چو باز آمد از شهر مازندران
به طوس آن زمان داد اسپهبدی	بدو گفت از ایران بگردان بدی
پس آنگه سپاهان به گودرز داد	ورا کام و فرمان آن مرز داد
وزان پس به شادی و می دست برد	جهان را نموده بسی دستبرد
بزد گردن غم به شمشیر داد	نیامد همی بر دل از مرگ یاد
زمین گشت پر سبزه و آب و نم	بیاراست گیتی چو باغ ارم
توانگر شد از داد و از ایمنی	ز بد بسته شد دست اهریمنی
به گیتی خبر شد که کاووس شاه	ز مازندران بستد آن تاج و گاه
بماندند یکسر همه زین شگفت	که کاووس شاه این بزرگی گرفت
همه پاک با هدیه و با نثار	کشیدند صف بر در شهریار
جهان چون بهشتی شد آراسته	پر از داد و آگنده از خواسته
سر آمد کنون رزم مازندران	به پیش آورم جنگ هاماوران

گشتن کاووس بر گرد جهان

ازان پس چنین کرد کاووس رای — که در پادشاهی بجنبد ز جای
از ایران بشد تا به توران و چین — گذر کرد ازان پس به مکران زمین
ز مکران شد آراسته تا زره — میانها ندید ایچ رنج از گره
پذیرفت هر مهتری باژ و ساو — نکرد آزمون گاو با شیر تاو
چنین هم گرازان به بربر شدند — جهانجوی با تخت و افسر شدند
شه بربرستان بیاراست جنگ — زمانه دگرگونه‌تر شد به رنگ
سپاهی بیامد ز بربر به رزم — که برخاست از لشکر شاه بزم
هوا گفتی از نیزه چون بیشه گشت — خور از گرد اسپان پراندیشه گشت
ز گرد سپه پیل شد ناپدید — کس از خاک دست و عنان را ندید
به زخم اندر آمد همی فوج فوج — بران سان که برخیزد از آب موج
چو گودرز گیتی بران گونه دید — عمود گران از میان برکشید
بزد اسپ با نامداران هزار — ابا نیزه و تیر جوشن گذار
برآویخت و بدرید قلب سپاه — دمان از پس اندر همی رفت شاه
تو گفتی ز بربر سواری نماند — به گرد اندرون نیزه‌داری نماند
به شهر اندرون هرکه بد سالخورد — چو برگشته دیدند باد نبرد
همه پیش کاووس شاه آمدند — جگرخسته و پرگناه آمدند
که ما شاه را چاکر و بنده‌ایم — همه باژ را گردن افگنده‌ایم
به جای درم زر و گوهر دهیم — سپاسی ز گنجور بر سر نهیم
ببخشود کاووس و بنواختشان — یکی راه و آیین نو ساختشان
وزان جایگه بانگ سنج و درای — برآمد ابا ناله‌ی کره‌نای
چو آمد بر شهر مکران گذر — سوی کوه قاف آمد و باختر
چو آگاهی آمد بریشان ز شاه — نیایش‌کنان برگرفتند راه
پذیره شدندش همه مهتران — به سر برنهادند باژ گران
چو فرمان گزیدند بگرفت راه — بی‌آزار رفتند شاه و سپاه

سپه ره سوی زابلستان کشید	به مهمانی پور دستان کشید
ببد شاه یک ماه در نیمروز	گهی رود و می خواست گه باز و یوز
برین برنیامد بسی روزگار	که بر گوشه‌ی گلستان رست خار
کس از آزمایش نیابد جواز	نشیب آیدش چون شود بر فراز

رزم کاووس با شاه هاماوران

چو شد کار گیتی بر ان راستی	پدید آمد از تازیان کاستی
یکی با گهر مرد با گنج و نام	درفشی برافراخت از مصر و شام
ز کاووس کی روی برتافتند	در کهتری خوار بگذاشتند
چو آمد به شاه جهان آگهی	که انباز دارد به شاهنشهی
بزد کوس و برداشت از نیمروز	سپه شاد دل شاه گیتی‌فروز
همه بر سپرها نبشتند نام	بجوشید شمشیرها در نیام
سپه را ز هامون به دریا کشید	بدان سو کجا دشمن آمد پدید
بی‌اندازه کشتی و زورق بساخت	برآشفت و بر آب لشکر نشاخت
همانا که فرسنگ بودی هزار	اگر پای با راه کردی شمار
همی راند تا در میان سه شهر	ز گیتی برین‌گونه جویند بهر
به دست چپش مصر و بربر براست	زره در میانه بر آن سو که خواست
به پیش اندرون شهر هاماوران	به هر کشوری در سپاهی گران
خبر شد بدیشان که کاووس شاه	برآمد ز آب زره با سپاه
هم‌آواز گشتند یک با دگر	سپه را سوی بربر آمد گذر
یکی گشت چندان یل تیغ‌زن	به بربرستان در شدند انجمن
سپاهی که دریا و صحرا و کوه	شد از نعل اسپان ایشان ستوه
نبد شیر درنده را خوابگاه	نه گور ژیان یافت بر دشت راه
پلنگ از بر سنگ و ماهی در آب	هم اندر هوا ابر و پران عقاب
همی راه جستند و کی بود راه	دد و دام را بر چنان رزمگاه
چو کاووس لشکر به خشکی کشید	کس اندر جهان کوه و صحرا ندید

جهان گفتی از تیغ وز جوشن است ستاره ز نوک سنان روشن است
ز بس خود زرین و زرین سپر به گردن برآورده رخشان تبر
تو گفتی زمین شد سپهر روان همی بارد از تیغ هندی روان
ز مغفر هوا گشت چون سندروس زمین سر به سر تیره چون آبنوس
بدرید کوه از دم گاودم زمین آمد از سم اسپان به خم
ز بانگ تبیره به بربرستان تو گفتی زمین گشت لشکرستان
برآمد ز ایران سپه بوق و کوس برون رفت گرگین و فرهاد و طوس
وزان سوی گودرز کشواد بود چو گیو و چو شیدوش و میلاد بود
فگندند بر یال اسپان عنان به زهر آب دادند نوک سنان
چو بر کوهه‌ی زین نهادند سر خروش آمد و چاک چاک تبر
تو گفتی همی سنگ آهن کنند وگر آسمان بر زمین برزنند
بجنبید کاووس در قلب‌گاه سپاه اندرآمد به پیش سپاه
جهان گشت تاری سراسر ز گرد ببارید شنگرف بر لاژورد
تو گفتی هوا ژاله بارد همی به سنگ اندرون لاله کارد همی
ز چشم سنان آتش آمد برون زمین شد به کردار دریای خون
سه لشکر چنان شد ز ایرانیان که سر باز نشناختند از میان
نخستین سپهدار هاماوران بیفگند شمشیر و گرز گران
غمی گشت وز شاه زنهار خواست بدانست کان روزگار بلاست
به پیمان که از شهر هاماوران سپهبد دهد ساو و باژ گران
ز اسپ و سلیح و ز تخت و کلاه فرستد به نزدیک کاووس شاه
چو این داده باشد برو بگذرد سپاهش بروبوم او نسپرد
ز گوینده بشنید کاووس کی برین گفتها پاسخ افگند پی
که یکسر همه در پناه منید پرستنده‌ی تاج و گاه منید

بزن خواستن کاووس، سودابه دختر شاه هاماوران را

ازان پس به کاووس گوینده گفت که او دختری دارد اندر نهفت

که از سرو بالاش زیباترست
ز مشک سیه بر سرش افسرست

به بالا بلند و به گیسو کمند
زبانش چو خنجر لبانش چو قند

بهشتیست آراسته پرنگار
چو خورشید تابان به خرم بهار

نشاید که باشد به جز جفت شاه
چه نیکو بود شاه را جفت ماه

بجنبید کاووس را دل ز جای
چنین داد پاسخ که اینست رای

گزین کرد شاه از میان گروه
یکی مرد بیدار دانش‌پژوه

گرانمایه و گرد و مغزش گران
بفرمود تا شد به هاماوران

چنین گفت رایش به من تازه کن
بیارای مغزش به شیرین سخن

بگویش که پیوند ما در جهان
بجویند کار آزموده مهان

که خورشید روشن ز تاج منست
زمین پایه‌ی تخت عاج منست

هرانکس که در سایه‌ی من پناه
نیابد ازو کم شود پایگاه

کنون با تو پیوند جویم همی
رخ آشتی را بشویم همی

پس پرده‌ی تو یکی دخترست
شنیدم که گاه مرا درخورست

که پاکیزه تخم‌ست و پاکیزه تن
ستوده به هر شهر و هر انجمن

چو داماد یابی چو پور قباد
چنان دان که خورشید داد تو داد

بشد مرد بیدار روشن روان
به نزدیک سالار هاماوران

زبان کرد گویا و دل کرد گرم
بیاراست لب را به گفتار نرم

ز کاووس دادش فروان سلام
ازان پس بگفت آنچ بود از پیام

چو بشنید ازو شاه هاماوران
دلش گشت پر درد و سر شد گران

همی گفت هرچند کاو پادشاست
جهاندار و پیروز و فرمان رواست

مرا در جهان این یکی دخترست
که از جان شیرین گرامی‌ترست

فرستاده را گر کنم سرد و خوار
ندارم پی و مایه‌ی کارزار

همان به که این درد را نیز چشم
بپوشم و بر دل بخوابیم خشم

چنین گفت با مرد شیرین سخن
که سر نیست این آرزو را نه بن

همی خواهد از من گرامی دو چیز
که آن را سه دیگر ندانیم نیز

مرا پشت گرمی بد از خواسته
به فرزند بودم دل آراسته

به من زین سپس جان نماند همی
وگر شاه ایران ستاند همی

سپارم کنون هرچ خواهد بدوی
نتابم سر از رای و فرمان اوی

غمی گشت و سودابه را پیش خواند
ز کاووس با او سخنها براند

بدو گفت کز مهتر سرفراز	که هست از مهی و بهی بی‌نیاز
فرستاده‌ای چرب‌گوی آمدست	یکی نامه چون زند و استا به دست
همی خواهد از من که بی‌کام من	ببرد دل و خواب و آرام من
چه گویی تو اکنون هوای تو چیست	بدین کار بیدار رای تو چیست
بدو گفت سودابه زین چاره نیست	ازو بهتر امروز غمخواره نیست
کسی کاو بود شهریار جهان	بروبوم خواهد همی از مهان
ز پیوند با او چرایی دژم	کسی نشمرد شادمانی به غم
بدانست سالار هاماوران	که سودابه را آن نیامد گران
فرستاده شاه را پیش خواند	وزان نامدارانش برتر نشاند
ببستند بندی بر آیین خویش	بران سان که بود آن زمان دین خویش
به یک هفته سالار هاماوران	همی ساخت آن کار با مهتران
بیاورد پس خسرو خسته دل	پرستنده سیصد عماری چهل
هزار استر و اسپ و اشتر هزار	ز دیبا و دینار کردند بار
عماری به ماه نو آراسته	پس پشت و پیش اندرون خواسته
یکی لشکر آراسته چون بهشت	تو گفتی که روی زمین لاله کشت
چو آمد به نزدیک کاووس شاه	دل آرام با زیب و با فر و جاه
دو یاقوت خندان دو نرگس دژم	ستون دو ابرو چو سیمین قلم
نگه کرد کاووس و خیره بماند	به سودابه بر نام یزدان بخواند
یکی انجمن ساخت از بخردان	ز بیداردل پیر سر موبدان
سزا دید سودابه را جفت خویش	ببستند عهدی بر آیین و کیش

به بند افکندن شاه هاماوران، کاووس را

غمی بد دل شاه هاماوران	ز هرگونه‌ای چاره جست اندران
چو یک هفته بگذشت هشتم پگاه	فرستاده آمد به نزدیک شاه
که گر شاه بیند که مهمان خویش	بیاید خرامان به ایوان خویش
شود شهر هاماوران ارجمند	چو بینند رخشنده‌گاه بلند

بدین‌گونه با او همی چاره جست / نهان بند او بود رایش درست
مگر شهر و دختر بماند بدوی / نباشدش بر سر یکی باژجوی
بدانست سودابه رای پدر / که با سور پرخاش دارد به سر
به کاووس کی گفت کاین رای نیست / ترا خود به هاماوران جای نیست
ترا بی‌بهانه به چنگ آورند / نباید که با سور جنگ آورند
ز بهر منست این همه گفت‌وگوی / ترا زین شدن انده آید بروی
ز سودابه گفتار باور نکرد / نیامدش زیشان کسی را بمرد
بشد با دلیران و کندآوران / بمهمانی شاه هاماوران
یکی شهر بد شاه را شاهه نام / همه از در جشن و سور و خرام
بدان شهر بودش سرای و نشست / همه شهر سرتاسر آذین ببست
چو در شاهه شد شاه گردن‌فراز / همه شهر بردند پیشش نماز
همه گوهر و زعفران ریختند / به دینار و عنبر برآمیختند
به شهر اندر آوای رود و سرود / به هم برکشیدند چون تار و پود
چو دیدش سپهدار هاماوران / پیاده شدش پیش با مهتران
ز ایوان سالار تا پیش در / همه در و یاقوت بارید و زر
به زرین طبق‌ها فروریختند / به سر مشک و عنبر همی بیختند
به کاخ اندرون تخت زرین نهاد / نشست از بر تخت کاووس شاد
همی بود یک هفته با می به دست / خوش و خرم آمدش جای نشست
شب و روز بر پیش چون کهتران / میان بسته بد شاه هاماوران
ببسته همه لشکرش را میان / پرستنده بر پیش ایرانیان
بدین‌گونه تا یکسر ایمن شدند / ز چون و چرا و نهیب و گزند
همه گفته بودند و آراسته / سگالیده از جای برخاسته
ز بربر برین‌گونه آگه شدند / سگالش چنین بود همره شدند
شبی بانگ بوق آمد و تاختن / کسی را نبد آرزو ساختن
ز بربرستان چون بیامد سپاه / به هاماوران شاددل گشت شاه
گرفتند ناگاه کاووس را / چو گودرز و چون گیو و چون طوس را
چو گوید درین مردم پیش‌بین / چه دانی تو ای کاردان اندرین
چو پیوسته‌ی خون نباشد کسی / نباید برو بودن ایمن بسی
بود نیز پیوسته خونی که مهر / ببرد ز تو تا بگرددت چهر

چو مهر کسی را بخواهی ستود	بباید بسود و زیان آزمود
پسر گر به جاه از تو برتر شود	هم از رشک مهر تو لاغر شود
چنین است گیهان ناپاک رای	به هر باد خیره بجنبد ز جای
چو کاووس بر خیرگی بسته شد	به هاماوران رای پیوسته شد
یکی کوه بودش سر اندر سحاب	برآورده‌ی ایزد از قعر آب
یکی دژ برآورده از کوهسار	تو گفتی سپهرستش اندر کنار
بدان دژ فرستاد کاووس را	همان گیو و گودرز و هم طوس را
همان مهتران دگر را به بند	ابا شاه کاووس در دژ فگند
ز گردان نگهبان دژ شد هزار	همه نامداران خنجرگذار
سراپرده‌ی او به تاراج داد	به پرمایگان بدره و تاج داد
برفتند پوشیده رویان دو خیل	عماری یکی درمیانش جلیل
که سودابه را باز جای آورند	سراپرده را زیر پای آورند
چو سودابه پوشیدگان را بدید	ز بر جامه‌ی خسروی بردرید
به مشکین کمند اندرآویخت چنگ	به فندق‌گلان را بخون داد رنگ
بدیشان چنین گفت کاین کارکرد	ستوده ندارند مردان مرد
چرا روز جنگش نکردند بند	که جامه‌اش زره بود و تختش سمند
سپهدار چون گیو و گودرز و طوس	بدرید دلتان ز آوای کوس
همی تخت زرین کمینگه کنید	ز پیوستگی دست کوته کنید
فرستادگان را سگان کرد نام	همی ریخت خونابه بر گل مدام
جدایی نخواهم ز کاووس گفت	وگر چه لحد باشد او را نهفت
چو کاووس را بند باید کشید	مرا بی‌گنه سر بباید برید
بگفتند گفتار او با پدر	پر از کین شدش سر پر از خون جگر
به حصنش فرستاد نزدیک شوی	جگر خسته از غم به خون شسته روی
نشستن به یک خانه با شهریار	پرستنده او بود و هم غمگسار

آمدن تورانیان و تازیان به ایران

چو بسته شد آن شاه دیهیم‌جوی / سپاهش به ایران نهادند روی
پراگنده شد در جهان آگهی / که گم شد ز پالیز سرو سهی
چو بر تخت زرین ندیدند شاه / بجستن گرفتند هر کس کلاه
ز ترکان و از دشت نیزه‌وران / ز هر سو بیامد سپاهی گران
گران لشکری ساخت افراسیاب / برآمد سر از خورد و آرام و خواب
از ایران برآمد ز هر سو خروش / شد آرام گیتی پر از جنگ‌وجوش
برآشفت افراسیاب آن زمان / برآویخت با لشکر تازیان
به جنگ اندرون بود لشکر سه ماه / بدادند سرها ز بهر کلاه
چنین است رسم سرای سپنج / گهی ناز و نوش و گهی درد و رنج
سرانجام نیک و بدش بگذرد / شکارست مرگش همی بشکرد
شکست آمد از ترک بر تازیان / ز بهر فزونی سرآمد زیان
سپاه اندر ایران پراگنده شد / زن و مرد و کودک همه بنده شد

یاری خواستن ایرانیان از رستم

همه در گرفتند ز ایران پناه / به ایرانیان گشت گیتی سیاه
دو بهره سوی زاولستان شدند / به خواهش بر پور دستان شدند
که ما را ز بدها تو باشی پناه / چو گم شد سر تاج کاووس شاه
دریغست ایران که ویران شود / کنام پلنگان و شیران شود
همه جای جنگی سواران بدی / نشستنگه شهریاران بدی
کنون جای سختی و رنج و بلاست / نشستنگه تیزچنگ اژدهاست
کسی کز پلنگان بخوردست شیر / بدین رنج ما را بود دستگیر
کنون چاره‌ای باید انداختن / دل خویش ازین رنج پرداختن

ببارید رستم ز چشم آب زرد	دلش گشت پرخون و جان پر ز درد
چنین داد پاسخ که من با سپاه	میان بسته‌ام جنگ را کینه خواه
چو یابم ز کاووس شاه آگهی	کنم شهر ایران ز ترکان تهی
پس آگاهی آمد ز کاووس شاه	ز بند کمینگاه و کار سپاه
سپه را یکایک ز کابل بخواند	میان بسته بر جنگ و لشکر براند
یکی مرد بیدار جوینده راه	فرستاد نزدیک کاووس شاه
به نزدیک سالار هاماوران	بشد نامداری ز کندآوران
یکی نامه بنوشت با گیر و دار	پر از گرز و شمشیر و پرکارزار
که بر شاه ایران کمین ساختی	بپیوستن اندر بد انداختی
نه مردی بود چاره جستن به جنگ	نرفتن به رسم دلاور پلنگ
که در جنگ هرگز نسازد کمین	اگر چند باشد دلش پر ز کین
اگر شاه کاووس یابد رها	تو رستی ز چنگ و دم اژدها
وگرنه بیارای جنگ مرا	به گردن بپیمای هنگ مرا
فرستاده شد نزد هاماوران	بدادش پیام یکایک سران
چو پیغام بشنید و نامه بخواند	ز کردار خود در شگفتی بماند
چو برخواند نامه سرش خیره شد	جهان پیش چشمش همه تیره شد
چنین داد پاسخ که کاووس کی	به هامون دگر نسپرد نیز پی
تو هرگه که آیی به بربرستان	نبینی مگر تیغ و گرز گران
همین بند و زندانت آراستست	اگر رایت این آرزو خواستست
بیایم بجنگ تو من با سپاه	برین گونه سازیم آیین و راه
چو بشنید پاسخگو پیلتن	دلیران لشکر شدند انجمن
سوی راه دریا بیامد به جنگ	که بر خشک بر بود ره با درنگ
به کشتی و زورق سپاهی گران	بشد تا سر مرز هاماوران
به تاراج و کشتن نهادند روی	ز خون روی کشور شده جوی جوی
خبر شد به شاه هماور ازین	که رستم نهادست بر رخش زین
ببایست تا گاهش آمد به جنگ	نبد روزگار سکون و درنگ
چو بیرون شد از شهر خود با سپاه	به روز درخشان شب آمد سیاه
چپ و راست لشکر بیاراستند	به جنگ اندرون نامور خواستند
گو پیلتن گفت جنگی منم	بوردگه بر درنگی منم

Shahnameh

برآورد گرز گران را به دوش	برانگیخت رخش و برآمد خروش
چو دیدند لشکر بر و یال اوی	به چنگ اندرون گرز و گوپال اوی
تو گفتی که دلشان برآمد ز تن	ز هولش پراگنده شد انجمن
همان شاه با نامور سرکشان	ز رستم چو دیدند یک یک نشان
گریزان بیامد به هاماوران	ز پیش تهمتن سپاهی گران
چو بنشست سالار با رایزن	دو مرد جوان خواست از انجمن
بدان تا فرستد هم اندر زمان	به مصر و به بربر چو باد دمان
یکی نامه هر یک به چنگ اندرون	نوشته به درد دل از آب خون
کزین پادشاهی بدان نیست دور	بهم بود نیک و بد و جنگ و سور
گرایدونک باشید با من یکی	ز رستم نترسم به جنگ اندکی
وگرنه بدان پادشاهی رسد	درازست بر هر سویی دست بد
چو نامه به نزدیک ایشان رسید	که رستم بدین دشت لشکر کشید
همه دل پر از بیم برخاستند	سپاهی ز کشور بیاراستند
نهادند سر سوی هاماوران	زمین کوه گشت از کران تا کران
سپه کوه تا کوه صف برکشید	پی مور شد بر زمین ناپدید
چو رستم چنان دید نزدیک شاه	نهانی برافگند مردی به راه
که شاه سه کشور برآراستند	بر این گونه از جای برخاستند
اگر جنگ را من بجنبم ز جای	ندانند سر را بدین کین ز پای
نباید کزین کین به تو بد رسد	که کار بد از مردم بد رسد
مرا تخت بربر نیاید به کار	اگر بد رسد بر تن شهریار
فرستاده بشنید و آمد دوان	به نزدیک کاووس کی شد نهان
پیام تهمتن همه باز راند	چو بشنید کاووس خیره بماند
چنین داد پاسخ که مندیش ازین	نه گسترده از بهر من شد زمین
چنین بود تا بود گردان سپهر	که با نوش زهرست با جنگ مهر
و دیگر که دارنده یار منست	بزرگی و مهرش حصار منست
تو رخش درخشنده را ده عنان	بیارای گوشش به نوک سنان
ازیشان یکی زنده اندر جهان	ممان آشکارا نه اندر نهان
فرستاده پاسخ بیاورد زود	بر رستم زال زر شد چو دود
تهمتن چو بشنید گفتار اوی	بسیچید و زی جنگ بنهاد روی

رزم رستم با سه شاه و گشادن کاووس را از بند

دگر روز لشکر بیاراستند / درفش از دو رویه بپیراستند
به هاماوران بود صد ژنده پیل / یکی لشکری ساخته بر دو میل
از آوای گردان بتوفید کوه / زمین آمد از نعل اسپان ستوه
تو گفتی جهان سر به سر آهن‌ست / وگر کوه البرز در جوشن‌ست
پس پشت پیلان درفشان درفش / بگرد اندرون سرخ و زرد و بنفش
بدرید چنگ و دل شیر نر / عقاب دلاور بیفگند پر
همی ابر بگداخت اندر هوا / برابر که دید ایستادن روا
سپهبد چو لشکر به هامون کشید / سپاه سه شاه و سه کشور بدید
چنین گفت با لشکر سرفراز / که از نیزه‌ی مژگان مدارید باز
بش و یال بینید و اسپ و عنان / دو دیده نهاده به نوک سنان
اگر صدهزارند و ما صدسوار / فزونی لشکر نیاید به کار
برآمد درخشیدن تیر و خشت / تو گفتی هوا بر زمین لاله کشت
ز خون دشت گفتی میستان شدست / ز نیزه هوا چون نیستان شدست
بریده ز هر سو سر ترک‌دار / پراگنده خفتان همه دشت و غار
تهمتن مران رخش را تیز کرد / ز خون فرومایه پرهیز کرد
همی تاخت اندر پی شاه شام / بینداخت از باد خمیده خام
میانش به حلقه درآورد گرد / تو گفتی خم اندر میانش فسرد
ز زین برگرفتش به کردار گوی / چو چوگان به زخم اندر آمد بدوی
بیفگند و فرهاد دستش ببست / گرفتار شد نامبردار شست
ز خون خاک دریا شد و دشت کوه / ز بس کشته افگنده از هر گروه
شه بربرستان بچنگ گراز / گرفتار شد با چهل رزم‌ساز
ز کشته زمین گشت مانند کوه / همان شاه هاماوران شد ستوه
به پیمان که کاووس را با سران / بر رستم آرد ز هاماوران
سراپرده و گنج و تاج و گهر / پرستنده و تخت و زرین کمر

برین بر نهادند و برخاستند	سه کشور سراسر بیاراستند
چو از دژ رها کرد کاووس را	همان گیو و گودرز و هم طوس را
سلیح سه کشور سه گنج سه شاه	سراپرده و لشکر و تاج و گاه
سپهبد جزین خواسته هرچ دید	بگنج سپهدار ایران کشید
بیاراست کاووس خورشید فر	بدیبای رومی یکی مهد زر
ز پیروزه پیکر ز یاقوت گاه	گهر بافته بر جلیل سیاه
یکی اسپ رهوار زیراندرش	لگامی به زر آژده بر سرش
همه چوب بالاش از عود تر	برو بافته چندگونه گهر
بسودابه فرمود کاندر نشین	نشست و به خورشید کرد آفرین
به لشکرگه آورد لشکر ز شهر	ز گیتی برین گونه جویند بهر
سپاهش فزون شد ز سیصدهزار	زرهدار و برگستوانور سوار
برو انجمن شد ز بربر سوار	ز مصر و ز هاماوران صدهزار
بیامد گران لشکری بربری	سواران جنگ‌آور لشکری
فرستاده شد نزد قیصر ز شاه	سواری که اندر نوردید راه
بفرمود کز نامداران روم	کسی کاو بنازد بران مرز و بوم
جهان دیده باید عنان‌دار کس	سنان و سپر بایدش یار بس
چنین لشکری باید از مرز روم	که آیند با من به آباد بوم
پس آگاهی آمد ز هاماوران	بدشت سواران نیزه‌وران
که رستم به مصر و به بربر چه کرد	بران شهریاران به روز نبرد
دلیری بجستند گرد و سوار	عنان پیچ و مردافگن و نیزه‌دار
نوشتند نامه یکی مردوار	سخنهای شایسته و آبدار
چو از گرگساران بیامد سپاه	که جویند گاه سرافراز شاه
دل ما شد از کار ایشان بدرد	که دلشان چنین برتری یاد کرد
همی تاج او خواست افراسیاب	ز راه خرد سرش گشته شتاب
برفتیم با نیزه‌های دراز	برو تلخ کردیم آرام و ناز
ازیشان و از ما بسی کشته شد	زمانه به هر نیک و بد گشته شد
کنون کمد از کار او آگهی	که تازه شد آن تخت شاهنشهی
همه نامداران شمشیرزن	برین کینه گه بر شدند انجمن
چو شه برگراید ز بربر عنان	به گردن برآریم یکسر سنان

زمین کوه تا کوه پرخون کنیم	ز دشمن بیابان چو جیحون کنیم
فرستاده تازی برافگند و رفت	به بربرستان روی بنهاد و تفت

نامه کاووس به افراسیاب

چو نامه بر شاه ایران رسید	بران گونه گفتار بایسته دید
ازیشان پسند آمدش کارکرد	به افراسیاب آن زمان نامه کرد
که ایران بپرداز و بیشی مجوی	سر ما شد از تو پر از گفت‌وگوی
ترا شهر توران بسندست خود	به خیره همی دست یازی ببد
فزونی مجوی ار شدی بی‌نیاز	که درد آردت پیش رنج دراز
ترا کهتری کار بستن نکوست	نگه داشتن بر تن خویش پوست
ندانی که ایران نشست منست	جهان سر به سر زیر دست منست
پلنگ ژیان گرچه باشد دلیر	نیارد شدن پیش چنگال شیر
چو آگاهی آمد به افراسیاب	سرش پر ز کین گشت و دل پرشتاب
فرستاد پاسخش کاین گفت‌وگوی	نزیبد جز از مردم زشت خوی
ترا گر سزا بودی ایران بدان	نیازت نبودی به مازندران
چنین گفت کایران دو رویه مراست	بباید شنیدن سخنهای راست
که پور فریدون نیای منست	همه شهر ایران سرای منست
و دیگر به بازوی شمشیرزن	تهی کردم از تازیان انجمن
به شمشیر بستانم از کوه تیغ	عقاب اندر آرم ز تاریک میغ
کنون آمدم جنگ را ساخته	درفش درفشان برافراخته
فرستاده برگشت مانند باد	سخنها به کاووس کی کرد یاد
چو بشنید کاووس گفتار اوی	بیاراست لشکر به پیکار اوی
ز بربر بیامد سوی سوریان	یکی لشکری بیکران و میان
به جنگش بیاراست افراسیاب	به گردون همی خاک برزد ز آب
جهان کر شد از ناله‌ی بوق و کوس	زمین آهنین شد هوا آبنوس
ز زخم تبرزین و از بس ترنگ	همی موج خون خاست از دشت جنگ

سر بخت گردان افراسیاب	بران رزمگاه اندر آمد بخواب
دو بهره ز توران سپه کشته شد	سرسرکشان پاک برگشته شد
سپهدار چون کار زانگونه دید	بی‌آتش بجوشید همچون نبید
به آواز گفت ای دلیران من	گزیده یلان نره شیران من
شما را ز بهر چنین روزگار	همی پرورانیدم اندر کنار
بکوشید و هم پشت جنگ آورید	جهان را به کاووس تنگ آورید
یلان را به ژوپین و خنجر زنید	دلیرانشان سر به سر بفگنید
همان سگزی رستم شیردل	که از شیر بستد به شمشیر دل
بود کز دلیری ببند آورید	سرش را به دام گزند آورید
هرآنکس که او را به روز نبرد	ز زین پلنگ اندر آرد به گرد
دهم دختر خویش و شاهی ورا	برآرم سر از برج ماهی ورا
چو ترکان شنیدند گفتار اوی	سراسر سوی رزم کردند روی
بشد تیز با لشکر سوریان	بدان سود جستن سرآمد زیان
چو روشن زمانه بران گونه دید	ازانجا سوی شهر توران کشید
دلش خسته و کشته لشکر دو بهر	همی نوش جست از جهان یافت زهر

آراستن کاووس، جهان را

بیامد سوی پارس کاووس کی	جهانی به شادی نوافگند پی
بیاراست تخت و بگسترد داد	به شادی و خوردن دل اندر نهاد
فرستاد هر سو یکی پهلوان	جهاندار و بیدار و روشن‌روان
به مرو و نشاپور و بلخ و هری	فرستاد بر هر سویی لشکری
جهانی پر از داد شد یکسره	همی روی برتافت گرگ از بره
ز بس گنج و زیبایی و فرهی	پری و دد و دام گشتش رهی
مهان پیش کاووس کهتر شدند	همه تاجدارنش لشکر شدند
جهان پهلوانی به رستم سپرد	همه روزگار بهی زو شمرد
یکی خانه کرد اندر البرز کوه	که دیو اندران رنج‌ها شد ستوه

بفرمود کز سنگ خارا کنند	دو خانه برو هر یکی ده کمند
بیاراست آخر به سنگ اندرون	ز پولاد میخ و ز خارا ستون
ببستند اسپان جنگی بدوی	هم اشتر عماری‌کش و راه جوی
دو خانه دگر ز آبگینه بساخت	زبرجد به هر جایش اندر نشاخت
چنان ساخت جای خرام و خورش	که تن یابد از خوردنی پرورش
دو خانه ز بهر سلیح نبرد	بفرمو کز نقره‌ی خام کرد
یکی کاخ زرین ز بهر نشست	برآورد و بالاش داده دو شست
نبودی تموز ایچ پیدا ز دی	هوا عنبرین بود و بارانش می
به ایوانش یاقوت برده بکار	ز پیروزه کرده برو بر نگار
همه ساله روشن بهاران بدی	گلان چون رخ غمگساران بدی
ز درد و غم و رنج دل دور بود	بدی را تن دیو رنجور بود
به خواب اندر آمد بد روزگار	ز خوبی و از داد آموزگار
به رنجش گرفتار دیوان بدند	ز بادافره‌ی او غریوان بدند

پرواز کاووس بر آسمان

چنان بد که ابلیس روزی پگاه	یکی انجمن کرد پنهان ز شاه
به دیوان چنین گفت کامروز کار	به رنج و به سختیست با شهریار
یکی دیو باید کنون نغزدست	که داند ز هرگونه رای و نشست
شود جان کاووس بیره کند	به دیوان برین رنج کوته کند
بگرداندش سر ز یزدان پاک	فشاند بر آن فر زیباش خاک
شنیدند و بر دل گرفتند یاد	کس از بیم کاووس پاسخ نداد
یکی دیو دژخیم بر پای خاست	چنین گفت کاین چربدستی مراست
غلامی بیاراست از خویشتن	سخن‌گوی و شایسته‌ی انجمن
همی بود تا یک زمان شهریار	ز پهلو برون شد ز بهر شکار
بیامد بر او زمین بوس داد	یکی دسته‌ی گل به کاووس داد
چنین گفت کاین فر زیبای تو	همی چرخ‌گردان سزد جای تو

به کام تو شد روی گیتی همه / شبانی و گردنکشان چون رمه
یکی کار ماندست کاندر جهان / نشان تو هرگز نگردد نهان
چه دارد همی آفتاب از تو راز / که چون گردد اندر نشیب و فراز
چگونست ماه و شب و روز چیست / برین گردش چرخ سالار کیست
دل شاه ازان دیو بی‌راه شد / روانش ز اندیشه کوتاه شد
گمانش چنان شد که گردان سپهر / به گیتی مراو را نمودست چهر
ندانست کاین چرخ را مایه نیست / ستاره فراوان و ایزد یکیست
همه زیر فرمانش بیچاره‌اند / که با سوزش و جنگ و پتیاره‌اند
جهان آفرین بی‌نیازست ازین / ز بهر تو باید سپهر و زمین
پراندیشه شد جان آن پادشا / که تا چون شود بی پر اندر هوا
ز دانندگان بس بپرسید شاه / کزین خاک چندست تا چرخ ماه
ستاره شمر گفت و خسرو شنید / یکی کژ و ناخوب چاره گزید
بفرمود پس تا به هنگام خواب / برفتند سوی نشیم عقاب
ازان بچه بسیار برداشتند / به هر خانه‌ای بر دو بگذاشتند
همی پرورانیدشان سال و ماه / به مرغ و به گوشت بره چندگاه
چو نیرو گرفتند هر یک چو شیر / بدان سان که غرم آوریدند زیر
ز عود قماری یکی تخت کرد / سر درزها را به زر سخت کرد
به پهلوش بر نیزهای دراز / ببست و برانگونه بر کرد ساز
بیاویخت از نیزه ران بره / ببست اندر اندیشه دل یکسره
ازن پس عقاب دلاور چهار / بیاورد و بر تخت بست استوار
نشست از بر تخت کاووس شاه / که اهریمنش برده بد دل ز راه
چو شد گرسنه تیز پران عقاب / سوی گوشت کردند هر یک شتاب
ز روی زمین تخت برداشتند / ز هامون به ابر اندر افراشتند
بدان حد که شان بود نیرو به جای / سوی گوشت کردند آهنگ و رای
شنیدم که کاووس شد بر فلک / همی رفت تا بر رسد بر ملک
دگر گفت ازان رفت بر آسمان / که تا جنگ سازد به تیر و کمان
ز هر گونه‌ای هست آواز این / نداند بجز پر خرد راز این
پریدند بسیار و ماندند باز / چنین باشد آنکس که گیردش آز
چو با مرغ پرنده نیرو نماند / غمی گشت پرهاب خوی درنشاند

نگونسار گشتند ز ابر سیاه	کشان بر زمین از هوا تخت شاه
سوی بیشه‌ی شیرچین آمدند	به آمل بروی زمین آمدند
نکردش تباه از شگفتی جهان	همی بودنی داشت اندر نهان
سیاووش زو خواست کاید پدید	ببایست لختی چمید و چرید
به جای بزرگی و تخت نشست	پشیمانی و درد بودش به دست
بمانده به بیشه درون زار و خوار	نیایش همی کرد با کردگار
همی کرد پوزش ز بهر گناه	مر او را همی جست هر سو سپاه

آوردن پهلوانان، کاووس را

خبر یافت زو رستم و گیو و طوس	برفتند با لشکری گشن و کوس
به رستم چنین گفت گودرز پیر	که تا کرد مادر مرا سیر شیر
همی بینم اندر جهان تاج و تخت	کیان و بزرگان بیدار بخت
چو کاووس نشنیدم اندر جهان	ندیدم کس از کهتران و مهان
خرد نیست او را نه دانش نه رای	نه هوشش بجایست و نه دل بجای
رسیدند پس پهلوانان بدوی	نکوهش‌گر و تیز و پرخاشجوی
بدو گفت گودرز بیمارستان	ترا جای زیباتر از شارستان
به دشمن دهی هر زمان جای خویش	نگویی به کس بیهده رای خویش
سه بارت چنین رنج و سختی فتاد	سرت ز آزمایش نگشت اوستاد
کشیدی سپه را به مازندران	نگر تا چه سختی رسید اندران
دگرباره مهمان دشمن شدی	صنم بودی اکنون برهمن شدی
به گیتی جز از پاک یزدان نماند	که منشور تیغ ترا برنخواند
به جنگ زمین سر به سر تاختی	کنون باسمان نیز پرداختی
پس از تو بدین داستانی کنند	که شاهی برآمد به چرخ بلند
که تا ماه و خورشید را بنگرد	ستاره یکایک همی بشمرد
همان کن که بیدار شاهان کنند	ستاینده و نیک‌خواهان کنند
جز از بندگی پیش یزدان مجوی	مزن دست در نیک و بد جز بدوی

چنین داد پاسخ که از راستی	نیاید به کار اندرون کاستی
همی داد گفتی و بیداد نیست	ز نام تو جان من آزاد نیست
فروماند کاووس و تشویر خورد	ازان نامداران روز نبرد
بسیچید و اندر عماری نشست	پشیمانی و درد بودش بدست
چو آمد بر تخت و گاه بلند	دلش بود زان کار مانده نژند
چهل روز بر پیش یزدان به پای	بپیمود خاک و بپرداخت جای
همی ریخت از دیدگان آب زرد	همی از جهان‌آفرین یاد کرد
ز شرم از در کاخ بیرون نرفت	همی پوست گفتی برو بر به کفت
همی ریخت از دیده پالوده خون	همی خواست آمرزش رهنمون
ز شرم دلیران منش کرد پست	خرام و در بار دادن ببست
پشیمان شد و درد بگزید و رنج	نهاده ببخشید بسیار گنج
همی رخ بمالید بر تیره خاک	نیایش کنان پیش یزدان پاک
چو بگذشت یک چند گریان چنین	ببخشود بر وی جهان‌آفرین
یکی داد نو ساخت اندر جهان	که تابنده شد بر کهان و مهان
جهان گفتی از داد دیبا شدست	همان شاه بر گاه زیبا شدست
ز هر کشوری نامور مهتری	که بر سر نهادی بلند افسری
به درگاه کاووس شاه آمدند	وزان سرکشیدن به راه آمدند
زمانه چنان شد که بود از نخست	به آب وفا روی خسرو بشست
همه مهتران کهتر او شدند	پرستنده و چاکر او شدند
کجا پادشا دادگر بود و بس	نیازش نیاید بفریادرس
بدین داستان گفتم آن کم شنود	کنون رزم رستم بباید سرود

نبرد هفت پهلوان

چه گفت آن سراینده مرد دلیر	که ناگه برآویخت با نره شیر
که گر نام مردی بجویی همی	رخ تیغ هندی بشویی همی
ز بدها نبایدت پرهیز کرد	که پیش آیدت روز ننگ و نبرد

زمانه چو آمد بتنگی فراز　　هم از تو نگردد به پرهیز باز
چو همره کنی جنگ را با خرد　　دلیرت ز جنگ‌آوران نشمرد
خرد را و دین را رهی دیگرست　　سخنهای نیکو به بند اندرست
کنون از ره رستم جنگجوی　　یکی داستانست با رنگ و بوی
شنیدم که روزی گو پیلتن　　یکی سور کرد از در انجمن
به جایی کجا نام او بد نوند　　بدو اندرون کاخهای بلند
کجا آذر تیز برزین کنون　　بدانجا فروزد همی رهنمون
بزرگان ایران بدان بزمگاه　　شدند انجمن نامور یک سپاه
چو طوس و چو گودرز کشوادگان　　چو بهرام و چون گیو آزادگان
چو گرگین و چون زنگه‌ی شاوران　　چو گستهم و خراد جنگ‌آوران
چو برزین گردنکش تیغ زن　　گرازه کجا بد سر انجمن
ابا هر یک از مهتران مرد چند　　یکی لشکری نامدار ارجمند
نیاسود لشکر زمانی ز کار　　ز چوگان و تیر و نبید و شکار
به مستی چنین گفت یک روز گیو　　به رستم که ای نامبردار نیو
گر ایدون که رای شکار آیدت　　چو یوز دونده به کار آیدت
به نخچیرگاه رد افراسیاب　　بپوشیم تابان رخ آفتاب
ز گرد سواران و از یوز و باز　　بگیریم آرام روز دراز
به گور تگاور کمند افگنیم　　به شمشیر بر شیر بند افگنیم
بدان دشت توران شکاری کنیم　　که اندر جهان یادگاری کنیم
بدو گفت رستم که بی‌کام تو　　مبادا گذر تا سرانجام تو
سحرگه بدان دشت توران شویم　　ز نخچیر و از تاختن نغنویم
ببودند یکسر برین هم سخن　　کسی رای دیگر نیفگند بن
سحرگه چو از خواب برخاستند　　بران آرزو رفتن آراستند
برفتند با باز و شاهین و مهد　　گرازنده و شاد تا رود شهد
به نخچیرگاه رد افراسیاب　　ز یک دست ریگ و ز یک دست آب
دگر سو سرخس و بیابانش پیش　　گله گشته بر دشت آهو و میش
همه دشت پر خرگه و خیمه گشت　　از انبوه آهو سراسیمه گشت
ز درنده شیران زمین شد تهی　　به پرنده مرغان رسید آگهی
تلی هر سویی مرغ و نخجیر بود　　اگر کشته گر خسته‌ی تیر

ز خنده نیاسود لب یک زمان / ببودند روشن دل و شادمان
به یک هفته زین‌گونه با می بدست / گهی تاختن گه نشاط نشست
بهشتم تهمتن بیامد پگاه / یکی رای شایسته زد با سپاه
چنین گفت رستم بدان سرکشان / بدان گرزداران مردم‌کشان
که از ما به افراسیاب این زمان / همانا رسید آگهی بی‌گمان
یکی چاره سازد بیاید بجنگ / کند دشت نخچیر بر یوز تنگ
بباید طلایه به ره بر یکی / که چون آگهی یابد او اندکی
بیاید دهد آگهی از سپاه / نباید که گیرد بداندیش راه
گرازه به زه بر نهاده کمان / بیامد بران کار بسته میان
سپه را که چون او نگهدار بود / همه چاره‌ی دشمنان خوار بود
به نخچیر و خوردن نهادند روی / نکردند کس یاد پرخاشجوی

آگاه شدن افراسیاب از آمدن پهلوانان ایران به نخچیرگاه

پس آگاهی آمد به افراسیاب / ازیشان شب تیره هنگام خواب
ز لشکر جهان‌دیدگان را بخواند / ز رستم بسی داستانها براند
وزان هفت گرد سوار دلیر / که بودند هر یک به کردار شیر
که ما را بباید کنون ساختن / بناگاه بردن یکی تاختن
گراین هفت یل را بچنگ آوریم / جهان پیش کاووس تنگ آوریم
بکردار نخچیر باید شدن / بناگاه لشکر برایشان زدن
گزین کرد شمشیر زن سی‌هزار / همه رزمجو از در کارزار
چنین گفت با نامداران جنگ / که ما را کنون نیست جای درنگ
به راه بیابان برون تاختند / همه جنگ را گردن افراختند
ز هر سو فرستاد بی‌مر سپاه / بدان سرکشان تا بگیرند راه
گرازه چو گرد سپه را بدید / بیامد سپه را همه بنگرید
بدید آنک شد روی گیتی سیاه / درفش سپهدار توران سپاه
ازانجا چو باد دمان گشت باز / تو گفتی به زخم اندر آمد گراز

بیامد دمان تا به نخچیرگاه / تهمتن همی خورد می با سپاه
چنین گفت با رستم شیرمرد / که برخیز و از خرمی بازگرد
که چندان سپاهست کاندازه نیست / ز لشکر بلندی و پستی یکیست
درفش جفاپیشه افراسیاب / همی تابد از گرد چون آفتاب
چو بشنید رستم بخندید سخت / بدو گفت با ماست پیروز بخت
تو از شاه ترکان چه ترسی چنین / ز گرد سواران توران زمین
سپاهش فزون نیست از صدهزار / عنان پیچ و بر گستوان‌ور سوار
بدین دشت کین بر گر از ما یکی‌ست / همی جنگ ترکان بچشم اندکی‌ست
شده هفت گرد سوار انجمن / چنین نامبردار و شمشیرزن
یکی باشد از ما وزیشان هزار / سپه چند باید ز ترکان شمار
برین دشت اگر ویژه تنها منم / که بر پشت گلرنگ در جوشنم
چنو کینه خواهی بیاید مرا / از ایران سپاهی نباید مرا
تو ای می‌گسار از می بابلی / بپیمای تا سر یکی بلبلی
بپیمود می ساقی و داد زود / تهمتن شد از دادنش شاد زود
به کف بر نهاد آن درخشنده جام / نخستین ز کاووس کی برد نام
که شاه زمانه مرا یاد باد / همیشه بروبومش آباد باد
ازان پس تهمتن زمین داد بوس / چنین گفت کاین باده بر یاد طوس
سران جهاندار برخاستند / ابا پهلوان خواهش آراستند
که ما را بدین جام می جای نیست / به می با تو ابلیس را پای نیست
می و گرز یک زخم و میدان جنگ / جز از تو کسی را نیامد به چنگ
می بابلی سرخ در جام زرد / تهمتن بروی زواره بخورد
زواره چو بلبل به کف برنهاد / هم از شاه کاووس کی کرد یاد
بخورد و ببوسید روی زمین / تهمتن برو برگرفت آفرین
که جام برادر برادر خورد / هژبر آنک او جام می بشکرد
چنین گفت پس گیو با پهلوان / که ای نازش شهریار و گوان
شوم ره بگیرم به افراسیاب / نمانم که آید بدین روی آب
سر پل بگیرم بدان بدگمان / بدارمش ازان سوی پل یک زمان
بدان تا بپوشند گردان سلیح / که بر ما سرآمد نشاط و مزیح
بشد تازیان تا سر پل دمان / به زه بر نهاده دو زاغ کمان

چنین تا به نزدیکی پل رسید	چو آمد درفش جفا پیشه دید
که بگذشته بود او ازین روی آب	به پیش سپاه اندر افراسیاب
تهمتن بپوشید ببر بیان	نشست از بر ژنده پیل ژیان
چو در جوشن افراسیابش بدید	تو گفتی که هوش از دلش بر پرید
ز چنگ و بر و بازو و یال او	به گردن برآورده‌ی گوپال او
چو طوس و چو گودرز نیزه‌گذار	چو گرگین و چون گیو گرد و سوار
چو بهرام و چون زنگه‌ی شادروان	چو فرهاد و برزین جنگ‌آوران
چنین لشکری سرفرازان جنگ	همه نیزه و تیغ هندی به چنگ
همه یکسر از جای برخاستند	بسان پلنگان بیاراستند
بدان‌گونه شد گیو در کارزار	چو شیری که گم کرده باشد شکار
پس و پیش هر سو همی کوفت گرز	دو تا کرد بسیار بالای برز
رمیدند ازو رزمسازان چین	بشد خیره سالار توران زمین
ز رستم بترسید افراسیاب	نکرد ایچ بر کینه جستن شتاب
پس لشکر اندر همی راند گرم	گوان را ز لشکر همی خواند نرم
ز توران فراوان سران کشته شد	سر بخت گردنکشان گشته شد
ز پیران بپرسید افراسیاب	که این دشت رزمست گر جای خواب
که در رزم جستن دلیران بدیم	سگالش گرفتیم و شیران بدیم
کنون دشت روباه بینم همی	ز رزم آز کوتاه بینم همی
ز مردان توران خنیده تویی	جهان‌جوی و هم رزمدیده تویی
سنان را به تندی یکی برگرای	برو زود زیشان بپرداز جای
چو پیروزگر باشی ایران تراست	تن پیل و چنگال شیران تراست
چو پیران ز افراسیاب این شنید	چو از باد آتش دلش بردمید
بسیچید با نامور ده‌هزار	ز ترکان دلیران خنجرگذار
چو آتش بیامد بر پیلتن	کزو بود نیروی جنگ و شکن
تهمتن به لبها برآورده کف	تو گفتی که بستد ز خورشید تف
برانگیخت اسپ و برآمد خروش	بران سان که دریا برآید بجوش
سپر بر سر و تیغ هندی به مشت	ازان نامداران دو بهره بکشت
نگه کرد افراسیاب از کران	چنین گفت با نامور مهتران
که گر تا شب این جنگ هم زین نشان	میان دلیران و گردنکشان

بماند نماند سواری به جای / نبایست کردن بدین رزم رای
بپرسید کالکوس جنگی کجاست / که چندین همی رزم شیران بخواست
به مستی همی گیو را خواستی / همه جنگ با رستم آراستی
همیشه از ایران بدی یاد اوی / کجا شد چنان آتش و باد اوی
به الکوس رفت آگهی زین سخن / که سالار توران چه افگند بن
برانگیخت الکوس شبرنگ را / به خون شسته بد بی‌گمان چنگ را
برون رفت با او ز لشکر سوار / ز مردان جنگی فزون از هزار
همه با سنان سرافشان شدند / ابا جوشن و گرز و خفتان شدند
زواره پدیدار بد جنگجوی / بدو تیز الکوس بنهاد روی
گمانی چنان برد کو رستم‌ست / بدانست کز تخمه‌ی نیرم‌ست
زواره برآویخت با او به هم / چو پیل سرافراز و شیر دژم
سناندار نیزه به دو نیم کرد / دل شیر جنگی پر از بیم کرد
بزد دست و تیغ از میان برکشید / ز گرد سران شد زمین ناپدید
ز کین‌آوران تیغ بر هم شکست / سوی گرز بردند چون باد دست
بینداخت الکوس گرزی چو کوه / که از بیم او شد زواره ستوه
به زین اندر از زخم بی‌توش گشت / ز اسپ اندر افتاد و بیهوش گشت
فرود آمد الکوس تنگ از برش / همی خواست از تن بریدن سرش
چو رستم برادر بران‌گونه دید / به کردار آتش سوی او دوید
به الکوس بر زد یکی بانگ تند / کجا دست شد سست و شمشیر کند
چو الکوس آوای رستم شنید / دلش گفتی از پوست آمد پدید
به زین اندر آمد به کردار باد / ز مردی بدل در نیامدش یاد
بدو گفت رستم که چنگال شیر / نپیموده‌ای زان شدستی دلیر
زواره به درد از بر زین نشست / پر از خون تن و تیغ مانده به دست
برآویخت الکوس با پیلتن / بپوشید بر زین توزی کفن
یکی نیزه زد بر کمربند اوی / ز دامن نشد دور پیوند اوی
تهمتن یکی نیزه زد بر برش / به خون جگر غرقه شد مغفرش
به نیزه همیدون ز زین برگرفت / دو لشکر بمانده بدو در شگفت
زدش بر زمین همچو یک لخت کوه / پر از بیم شد جان توران گروه
برین همنشان هفت گرد دلیر / کشیدند شمشیر برسان شیر

پس پشت ایشان دلاور سران	نهادند بر کتف گرز گران
چنان برگرفتند لشکر ز جای	که پیدا نیامد همی سر ز پای
بکشتند چندان ز جنگ‌آوران	که شد خاک لعل از کران تا کران
فگنده چو پیلان به هر جای بر	چه با تن چه بی‌تن جدا کرده سر
به آوردگه جای گشتن نماند	سپه را ره برگذشتن نماند

گریختن افراسیاب از رزمگاه

تهمتن برانگیخت رخش از شتاب	پس پشت جنگ آور افراسیاب
چنین گفت با رخش کای نیک یار	مکن سستی اندر گه کارزار
که من شاه را بر تو بی‌جان کنم	به خون سنگ را رنگ مرجان کنم
چنان گرم شد رخش آتش گهر	که گفتی برآمد ز پهلوش پر
ز فتراک بگشاد رستم کمند	همی خواست آورد او را ببند
به ترک اندر افتاد خم دوال	سپهدار ترکان بدزدید یال
و دیگر که زیر اندرش بادپای	به کردار آتش برآمد ز جای
بجست از کمند گو پیلتن	دهن خشک وز رنج پر آب تن
ز لشکر هرانکس که بد جنگ‌ساز	دو بهره نیامد به خرگاه باز
اگر کشته بودند اگر خسته تن	گرفتار در دست آن انجمن
ز پرمایه اسپان زرین ستام	ز ترگ و ز شمشیر زرین نیام
جزین هرچه پرمایه‌تر بود نیز	به ایرانیان ماند بسیار چیز
میان بازنگشاد کس کشته را	نجستند مردان برگشته را
بدان دشت نخچیر باز آمدند	ز هر نیکویی بی‌نیاز آمدند
نوشتند نامه به کاووس شاه	ز ترکان وز دشت نخچیرگاه
وزان کز دلیران نشد کشته کس	زواره ز اسپ اندر افتاد و بس
بران دشت فرخنده بر پهلوان	دو هفته همی بود روشن‌روان
سیم را به درگاه شاه آمدند	به دیدار فرخ کلاه آمدند
چنین است رسم سرای سپنج	یکی زو تن آسان و دیگر به رنج

برین و بران روز هم بگذرد   خردمند مردم چرا غم خورد
سخنهای این داستان شد به بن   ز سهراب و رستم سرایم سخن

رستم و سهراب

داستان رستم و سهراب

اگر تندبادی براید ز کنج	بخاک افگند نارسیده ترنج
ستمکاره خوانیمش ار دادگر	هنرمند دانیمش ار بی‌هنر
اگر مرگ دادست بیداد چیست	ز داد این همه بانگ و فریاد چیست
ازین راز جان تو آگاه نیست	بدین پرده اندر ترا راه نیست
همه تا در آز رفته فراز	به کس بر نشد این در راز باز
برفتن مگر بهتر آیدش جای	چو آرام یابد به دیگر سرای
دم مرگ چون آتش هولناک	ندارد ز برنا و فرتوت باک
درین جای رفتن نه جای درنگ	بر اسپ فنا گر کشد مرگ تنگ
چنان دان که دادست و بیداد نیست	چو داد آمدش جای فریاد نیست
جوانی و پیری به نزدیک مرگ	یکی دان چو اندر بدن نیست برگ
دل از نور ایمان گر آگنده‌ای	ترا خامشی به که تو بنده‌ای
برین کار یزدان ترا راز نیست	اگر جانت با دیو انباز نیست
به گیتی دران کوش چون بگذری	سرانجام نیکی بر خود بری
کنون رزم سهراب رانم نخست	ازان کین که او با پدر چون بجست

آغاز داستان

ز گفتار دهقان یکی داستان	بپیوندم از گفته‌ی باستان
ز موبد برین گونه برداشت یاد	که رستم یکی روز از بامداد
غمی بد دلش ساز نخچیر کرد	کمر بست و ترکش پر از تیر کرد
سوی مرز توران چو بنهاد روی	چو شیر دژاگاه نخچیر جوی
چو نزدیکی مرز توران رسید	بیابان سراسر پر از گور دید
برافروخت چون گل رخ تاج‌بخش	بخندید وز جای برکند رخش

به تیر و کمان و به گرز و کمند — بیفگند بر دشت نخچیر چند
ز خاشاک وز خار و شاخ درخت — یکی آتشی برفروزید سخت
چو آتش پراگنده شد پیلتن — درختی بجست از در بابزن
یکی نره گوری بزد بر درخت — که در چنگ او پر مرغی نسخت
چو بریان شد از هم بکند و بخورد — ز مغز استخوانش برآورد گرد
بخفت و برآسود از روزگار — چمان و چران رخش در مرغزار
سواران ترکان تنی هفت و هشت — بران دشت نخچیر گه برگذشت
یکی اسپ دیدند در مرغزار — بگشتند گرد لب جویبار
چو بر دشت مر رخش را یافتند — سوی بند کردنش بشتافتند
گرفتند و بردند پویان به شهر — همی هر یک از رخش جستند بهر
چو بیدار شد رستم از خواب خوش — به کار امدش باره‌ی دستکش
بدان مرغزار اندرون بنگرید — ز هر سو همی بارگی را ندید
غمی گشت چون بارگی را نیافت — سراسیمه سوی سمنگان شتاف
همی گفت کاکنون پیاده‌دوان — کجا پویم از ننگ تیره‌روان
چه گویند گردان که اسپش که برد — تهمتن بدین سان بخفت و بمرد
کنون رفت باید به بیچارگی — سپردن به غم دل بیکبارگی
کنون بست باید سلیح و کمر — به جایی نشانش بیابم مگر
همی رفت زین سان پر اندوه و رنج — تن اندر عنا و دل اندر شکنج

رسیدن رستم به شهر سمنگان

چو نزدیک شهر سمنگان رسید — خبر زو بشاه و بزرگان رسید
که آمد پیاده‌گو تاج‌بخش — به نخچرگه زو رمیدست رخش
پذیره شدندش بزرگان و شاه — کسی کاو بسر بر نهادی کلاه
بدو گفت شاه سمنگان چه بود — که یارست با تو نبرد آزمود
درین شهر ما نیکخواه توایم — ستاده بفرمان و راه توایم
تن و خواسته زیر فرمان تست — سر ارجمندان و جان آن تست

چو رستم به گفتار او بنگرید	ز بدها گمانیش کوتاه دید
بدو گفت رخشم بدین مرغزار	ز من دور شد بی‌لگام و فسار
کنون تا سمنگان نشان پی است	وز آنجا کجا جویبار و نی است
ترا باشد ار بازجویی سپاس	بباشم بپاداش نیکی شناس
گر ایدونک ماند ز من ناپدید	سران را بسی سر بباید برید
بدو گفت شاه ای سزاوار مرد	نیارد کسی با تو این کار کرد
تو مهمان من باش و تندی مکن	به کام تو گردد سراسر سخن
یک امشب به می شاد داریم دل	وز اندیشه آزاد داریم دل
نماند پی رخش فرخ نهان	چنان باره‌ی نامدار جهان
تهمتن به گفتار او شاد شد	روانش ز اندیشه آزاد شد
سزا دید رفتن سوی خان او	شد از مژده دلشاد مهمان او
سپهبد بدو داد در کاخ جای	همی بود در پیش او بر به پای
ز شهر و ز لشکر مهانرا بخواند	سزاوار با او به شادی نشاند
گسارنده‌ی باده آورد ساز	سیه چشم و گلرخ بتان طراز
نشستند با رودسازان به هم	بدان تا تهمتن نباشد دژم
چو شد مست و هنگام خواب آمدش	همی از نشستن شتاب آمدش
سزاوار او جای آرام و خواب	بیاراست و بنهاد مشک و گلاب

آمدن تهمینه دخت شاه سمنگان ببالین رستم

چو یک بهره از تیره شب در گذشت	شباهنگ بر چرخ گردان بگشت
سخن گفتن آمد نهفته به راز	در خوابگه نرم کردند باز
یکی بنده شمعی معنبر به دست	خرامان بیامد به بالین مست
پس پرده اندر یکی ماه روی	چو خورشید تابان پر از رنگ و بوی
دو ابرو کمان و دو گیسو کمند	به بالا به کردار سرو بلند
روانش خرد بود تن جان پاک	تو گفتی که بهره ندارد ز خاک
از او رستم شیردل خیره ماند	برو بر جهان آفرین را بخواند

بپرسید زو گفت نام تو چیست	چه جویی شب تیره کام تو چیست
چنین داد پاسخ که تهمینه‌ام	تو گویی که از غم به دو نیمه‌ام
یکی دخت شاه سمنگان منم	ز پشت هژبر و پلنگان منم
به گیتی ز خوبان مرا جفت نیست	چو من زیر چرخ کبود اندکیست
کس از پرده بیرون ندیدی مرا	نه هرگز کس آوا شنیدی مرا
به کردار افسانه از هر کسی	شنیدم همی داستانت بسی
که از شیر و دیو و نهنگ و پلنگ	نترسی و هستی چنین تیزچنگ
شب تیره تنها به توران شوی	بگردی بران مرز و هم نغنوی
به تنها یکی گور بریان کنی	هوا را به شمشیر گریان کنی
هرآنکس که گرز تو بیند به چنگ	بدرد دل شیر و چنگ پلنگ
برهنه چو تیغ تو بیند عقاب	نیارد به نخچیر کردن شتاب
نشان کمند تو دارد هژبر	ز بیم سنان تو خون بارد ابر
چو این داستانها شنیدم ز تو	بسی لب به دندان گزیدم ز تو
بجستم همی کفت و یال و برت	بدین شهر کرد ایزد آبشخورت
تراام کنون گر بخواهی مرا	نبیند جزین مرغ و ماهی مرا
یکی آنک بر تو چنین گشته‌ام	خرد را ز بهر هوا کشته‌ام
ودیگر که از تو مگر کردگار	نشاند یکی پورم اندر کنار
مگر چون تو باشد به مردی و زور	سپهرش دهد بهره کیوان و هور
سه دیگر که اسپت به جای آورم	سمنگان همه زیر پای آورم
چو رستم برانسان پری چهره دید	ز هر دانشی نزد او بهره دید
و دیگر که از رخش داد آگهی	ندید ایچ فرجام جز فرهی
بفرمود تا موبدی پرهنر	بیاید بخواهد ورا از پدر
چو بشنید شاه این سخن شاد شد	بسان یکی سرو آزاد شد
بدان پهلوان داد آن دخت خویش	بدان سان که بودست آیین و کیش
به خشنودی و رای و فرمان اوی	به خوبی بیاراست پیمان اوی
چو بسپرد دختر بدان پهلوان	همه شاد گشتند پیر و جوان
ز شادی بسی زر برافشاندند	ابر پهلوان آفرین خواندند
که این ماه نو بر تو فرخنده باد	سر بدسگالان تو کنده باد
چو انباز او گشت با او براز	ببود آن شب تیره دیر و دراز

چو خورشید تابان ز چرخ بلند	همی خواست افگند رخشان کمند
به بازوی رستم یکی مهره بود	که آن مهره اندر جهان شهره بود
بدو داد و گفتش که این را بدار	اگر دختر آرد ترا روزگار
بگیر و بگیسوی او بر بدوز	به نیک اختر و فال گیتی فروز
ور ایدونک آید ز اختر پسر	ببندش ببازو نشان پدر
به بالای سام نریمان بود	به مردی و خوی کریمان بود
فرود آرد از ابر پران عقاب	نتابد به تندی بر او آفتاب
همی بود آن شب بر ماه روی	همی گفت از هر سخن پیش اوی
چو خورشید رخشنده شد بر سپهر	بیاراست روی زمین را به مهر
به پدرود کردن گرفتش به بر	بسی بوسه دادش به چشم و به سر
پری چهره گریان ازو بازگشت	ابا انده و درد انباز گشت
بر رستم آمد گرانمایه شاه	بپرسیدش از خواب و آرامگاه
چو این گفته شد مژده دادش به رخش	برو شادمان شد دل تاجبخش
بیامد بمالید وزین برنهاد	شد از رخش رخشان و از شاه شاد

زادن سهراب از مادر

چو نه ماه بگذشت بر دخت شاه	یکی پورش آمد چو تابنده ماه
تو گفتی گو پیلتن رستمست	وگر سام شیرست و گر نیرمست
چو خندان شد و چهره شاداب کرد	ورا نام تهمینه سهراب کرد
چو یک ماه شد همچو یک سال بود	برش چون بر رستم زال بود
چو سه ساله شد زخم چوگان گرفت	به پنجم دل تیر و پیکان گرفت
چو ده ساله شد زان زمین کس نبود	که یارست یا او نبرد آزمود
بر مادر آمد بپرسید زوی	بدو گفت گستاخ بامن بگوی
که من چون ز همشیرگان برترم	همی به آسمان اندر آید سرم
ز تخم کیم وز کدامین گهر	چه گویم چو پرسد کسی از پدر
گر این پرسش از من بماند نهان	نمانم ترا زنده اندر جهان

بدو گفت مادر که بشنو سخن	بدین شادمان باش و تندی مکن
تو پور گو پیلتن رستمی	ز دستان سامی و از نیرمی
ازیرا سرت ز آسمان برترست	که تخم تو زان نامور گوهرست
جهان‌آفرین تا جهان آفرید	سواری چو رستم نیامد پدید
چو سام نریمان به گیتی نبود	سرش را نیارست گردون بسود
یکی نامه از رستم جنگ جوی	بیاورد و بنمود پنهان بدوی
سه یاقوت رخشان به سه مهره زر	از ایران فرستاده بودش پدر
بدو گفت افراسیاب این سخن	نبایدکه داند ز سر تا به بن
پدر گر شناسد که تو زین نشان	شدستی سرافراز گردنگشان
چو داند بخواندت نزدیک خویش	دل مادرت گردد از درد ریش
چنین گفت سهراب کاندر جهان	کسی این سخن را ندارد نهان
بزرگان جنگ‌آور از باستان	ز رستم زنند این زمان داستان
نبرده نژادی که چونین بود	نهان کردن از من چه آیین بود
کنون من ز ترکان جنگ‌آوران	فراز آورم لشکری بی کران
برانگیزم از گاه کاووس را	از ایران ببرم پی طوس را
به رستم دهم تخت و گرز و کلاه	نشانمش بر گاه کاووس شاه
از ایران به توران شوم جنگ‌جوی	ابا شاه روی اندر آرم بروی
بگیرم سر تخت افراسیاب	سر نیزه بگذارم از آفتاب
چو رستم پدر باشد و من پسر	نباید به گیتی کسی تاجور
چو روشن بود روی خورشید و ماه	ستاره چرا برفرازد کلاه
ز هر سو سپه شد برو انجمن	که هم باگهر بود هم تیغ زن

فرستادن افراسیاب، هومان و بارمان را به نزد سهراب

خبر شد به نزدیک افراسیاب	که افگند سهراب کشتی بر آب
هنوز از دهن بوی شیر آیدش	همی رای شمشیر و تیر آیدش
زمین را به خنجر بشوید همی	کنون رزم کاووس جوید همی

سپاه انجمن شد برو بر بسی	نیاید همی یادش از هر کسی
سخن زین درازی چه باید کشید	هنر برتر از گوهر آمد پدید
چو افراسیاب آن سخنها شنود	خوش آمدش خندید و شادی نمود
ز لشکر گزید از دلاور سران	کسی کاو گراید به گرز گران
ده و دو هزار از دلیران گرد	چو هومان و مر بارمان را سپرد
به گردان لشکر سپهدار گفت	که این راز باید که ماند نهفت
چو روی اندر آرند هر دو بروی	تهمتن بود بی‌گمان چاره‌جوی
پدر را نباید که داند پسر	که بندد دل و جان به مهر پدر
مگر کان دلاور گو سالخورد	شود کشته بر دست این شیرمرد
ازان پس بسازید سهراب را	ببندید یک شب برو خواب را
برفتند بیدار دو پهلوان	به نزدیک سهراب روشن‌روان
به پیش اندرون هدیه‌ی شهریار	ده اسپ و ده استر به زین و به بار
ز پیروزه تخت و ز بیجاده تاج	سر تاج زر پایه‌ی تخت عاج
یکی نامه با لابه و دلپسند	نبشته به نزدیک آن ارجمند
که گر تخت ایران به چنگ آوری	زمانه برآساید از داوری
ازین مرز تا آن بسی راه نیست	سمنگان و ایران و توران یکی‌ست
فرستمت هرچند باید سپاه	تو بر تخت بنشین و برنه کلاه
به توران چو هومان و چون بارمان	دلیر و سپهبد نبد بی‌گمان
فرستادم اینک به فرمان تو	که باشند یک چند مهمان تو
اگر جنگ جویی تو جنگ آورند	جهان بر بداندیش تنگ آورند
چنین نامه و خلعت شهریار	ببردند با ساز چندان سوار

آمدن سهراب به ایران و گرفتن دژ سپید را

به سهراب آگاهی آمد ز راه	ز هومان و از بارمان و سپاه
پذیره بشد بانیا همچو باد	سپه دید چندان دلش گشت شاد
چو هومان ورا دید با یال و کفت	فروماند هومان ازو در شگفت

بدو داد پس نامه‌ی شهریار
ابا هدیه و اسپ و استر به بار

جهانجوی چون نامه‌ی شاه خواند
ازان جایگه تیز لشکر براند

کسی را نبد پای با او بجنگ
اگر شیر پیش آمدی گر پلنگ

دژی بود کش خواندندی سپید
بران دژ بد ایرانیان را امید

نگهبان دژ رزم دیده هجیر
که با زور و دل بود و با دار و گیر

هنوز آن زمان گستهم خرد بود
به خردی گراینده و گرد بود

یکی خواهرش بود گرد و سوار
بداندیش و گردنکش و نامدار

چو سهراب نزدیکی دژ رسید
هجیر دلارو سپه را بدید

نشست از بر بادپای چو گرد
ز دژ رفت پویان به دشت نبرد

چو سهراب جنگ‌آور او را بدید
برآشفت و شمشیر کین برکشید

ز لشکر برون تاخت برسان شیر
به پیش هجیر اندر آمد دلیر

چنین گفت با رزم‌دیده هجیر
که تنها به جنگ آمدی خیره خیر

چه مردی و نام و نژاد تو چیست
که زاینده را بر تو باید گریست

هجیرش چنین داد پاسخ که بس
به ترکی نباید مرا یار کس

هجیر دلیر و سپهبد منم
سرت را هم اکنون ز تن برکنم

فرستم به نزدیک شاه جهان
تنت را کنم زیر گل در نهان

بخندید سهراب کاین گفت‌وگوی
به گوش آمدش تیز بنهاد روی

چنان نیزه بر نیزه برساختند
که از یکدگر بازنشناختند

یکی نیزه زد بر میانش هجیر
نیامد سنان اندرو جایگیر

سنان باز پس کرد سهراب شیر
بن نیزه زد بر میان دلیر

ز زین برگرفتش به کردار باد
نیامد همی زو بدلش ایچ یاد

ز اسپ اندر آمد نشست از برش
همی خواست از تن بریدن سرش

بپیچید و برگشت بر دست راست
غمی شد ز سهراب و زنهار خواست

رها کرد ازو چنگ و زنهار داد
چو خشنود شد پند بسیار داد

ببستش ببند آنگهی رزمجوی
به نزدیک هومان فرستاد اوی

به دژ در چو آگه شدند از هجیر
که او را گرفتند و بردند اسیر

خروش آمد و ناله‌ی مرد و زن
که کم شد هجیر اندر آن انجمن

رزم سهراب با گرد آفرید

چو آگاه شد دختر گژدهم   که سالار آن انجمن گشت کم
زنی بود برسان گردی سوار   همیشه به جنگ اندرون نامدار
کجا نام او بود گردآفرید   زمانه ز مادر چنین ناورید
چنان ننگش آمد ز کار هجیر   که شد لاله رنگش به کردار قیر
بپوشید درع سواران جنگ   نبود اندر آن کار جای درنگ
نهان کرد گیسو به زیر زره   بزد بر سر ترگ رومی گره
فرود آمد از دژ به کردار شیر   کمر بر میان بادپایی به زیر
به پیش سپاه اندر آمد چو گرد   چو رعد خروشان یکی ویله کرد
که گردان کدامند و جنگ‌آوران   دلیران و کارآزموده سران
چو سهراب شیراوژن او را بدید   بخندید و لب را به دندان گزید
چنین گفت کامد دگر باره گور   به دام خداوند شمشیر و زور
بپوشید خفتان و بر سر نهاد   یکی ترگ چینی به کردار باد
بیامد دمان پیش گرد آفرید   چو دخت کمندافگن او را بدید
کمان را به زه کرد و بگشاد بر   نبد مرغ را پیش تیرش گذر
به سهراب بر تیر باران گرفت   چپ و راست جنگ سواران گرفت
نگه کرد سهراب و آمدش ننگ   برآشفت و تیز اندر آمد به جنگ
سپر بر سرآورد و بنهاد روی   ز پیگار خون اندر آمد به جوی
چو سهراب را دید گردآفرید   که برسان آتش همی بردمید
کمان به زه را به بازو فگند   سمندش برآمد به ابر بلند
سر نیزه را سوی سهراب کرد   عنان و سنان را پر از تاب کرد
برآشفت سهراب و شد چون پلنگ   چو بدخواه او چاره گر بد به جنگ
عنان برگرایید و برگاشت اسپ   بیامد به کردار آذرگشسپ
زدوده سنان آنگهی در ربود   درآمد بدو هم به کردار دود
بزد بر کمربند گردآفرید   ز ره بر برش یک به یک بردرید

ز زین برگرفتش به کردار گوی	چو چوگان به زخم اندر آید بدوی
چو بر زین بپیچید گرد آفرید	یکی تیغ تیز از میان برکشید
بزد نیزه‌ی او به دو نیم کرد	نشست از بر اسپ و برخاست گرد
به آورد با او بسنده نبود	بپیچید ازو روی و برگاشت زود
سپهبد عنان اژدها را سپرد	به خشم از جهان روشنایی ببرد
چو آمد خروشان به تنگ اندرش	بجنبید و برداشت خود از سرش
رها شد ز بند زره موی اوی	درفشان چو خورشید شد روی اوی
بدانست سهراب کاو دخترست	سر و موی او ازدر افسرست
شگفت آمدش گفت از ایران سپاه	چنین دختر آید به آوردگاه
سواران جنگی به روز نبرد	همانا به ابر اندر آرند گرد
ز فتراک بگشاد پیچان کمند	بینداخت و آمد میانش ببند
بدو گفت کز من رهایی مجوی	چرا جنگ جویی تو ای ماه روی
نیامد بدامم بسان تو گور	ز چنگم رهایی نیابی مشور
بدانست کاویخت گردآفرید	مر آن را جز از چاره درمان ندید
بدو روی بنمود و گفت ای دلیر	میان دلیران به کردار شیر
دو لشکر نظاره برین جنگ ما	برین گرز و شمشیر و آهنگ ما
کنون من گشایم چنین روی و موی	سپاه تو گردد پر از گفت‌وگوی
که با دختری او به دشت نبرد	بدین سان به ابر اندر آورد گرد
نهانی بسازیم بهتر بود	خرد داشتن کار مهتر بود
ز بهر من آهو ز هر سو مخواه	میان دو صف برکشیده سپاه
کنون لشکر و دژ به فرمان تست	نباید برین آشتی جنگ جست
دژ و گنج و دژبان سراسر تراست	چو آیی بدان ساز کت دل هواست
چو رخساره بنمود سهراب را	ز خوشاب بگشاد عناب را
یکی بوستان بد در اندر بهشت	به بالای او سرو دهقان نکشت
دو چشمش گوزن و دو ابرو کمان	تو گفتی همی بشکفد هر زمان
بدو گفت کاکنون ازین برمگرد	که دیدی مرا روزگار نبرد
برین باره‌ی دژ دل اندر مبند	که این نیست برتر ز ابر بلند
بپای آورد زخم کوپال من	نراندکسی نیزه بر یال من
عنان را بپیچید گرد آفرید	سمند سرافراز بر دژ کشید

Shahnameh

همی رفت و سهراب با او به هم	بیامد به درگاه دژ گژدهم
درباره بگشاد گرد آفرید	تن خسته و بسته بر دژ کشید
در دژ ببستند و غمگین شدند	پر از غم دل و دیده خونین شدند
ز آزار گردآفرید و هجیر	پر از درد بودند برنا و پیر
بگفتند کای نیکدل شیرزن	پر از غم بد از تو دل انجمن
که هم رزم جستی هم افسون و رنگ	نیامد ز کار تو بر دوده ننگ
بخندید بسیار گرد آفرید	به باره برآمد سپه بنگرید
چو سهراب را دید بر پشت زین	چنین گفت کای شاه ترکان چین
چرا رنجه گشتی کنون بازگرد	هم از آمدن هم ز دشت نبرد
بخندید و او را به افسوس گفت	که ترکان ز ایران نیابند جفت
چنین بود و روزی نبودت ز من	بدین درد غمگین مکن خویشتن
همانا که تو خود ز ترکان نه‌ای	که جز به آفرین بزرگان نه‌ای
بدان زور و بازوی و آن کتف و یال	نداری کس از پهلوانان همال
ولیکن چو آگاهی آید به شاه	که آورد گردی ز توران سپاه
شهنشاه و رستم بجنبد ز جای	شما با تهمتن ندارید پای
نماند یکی زنده از لشکرت	ندانم چه آید ز بد بر سرت
دریغ آیدم کاین چنین یال و سفت	همی از پلنگان بباید نهفت
ترا بهتر آید که فرمان کنی	رخ نامور سوی توران کنی
نباشی بس ایمن به بازوی خویش	خورد گاو نادان ز پهلوی خویش
چو بشنید سهراب ننگ آمدش	که آسان همی دژ به چنگ آمدش
به زیر دژ اندر یکی جای بود	کجا دژ بدان جای بر پای بود
به تاراج داد آن همه بوم و رست	به یکبارگی دست بد را بشست
چنین گفت کامروز بیگاه گشت	ز پیگارمان دست کوتاه گشت
برآرم به شبگیر ازین باره گرد	ببینند آسیب روز نبرد

نامه گژدهم به کیکاووس

چو برگشت سهراب گژدهم پیر / بیاورد و بنشاند مردی دبیر
یکی نامه بنوشت نزدیک شاه / برافگند پوینده مردی به راه
نخست آفرین کرد بر کردگار / نمود آنگهی گردش روزگار
که آمد بر ما سپاهی گران / همه رزم جویان کنداوران
یکی پهلوانی به پیش اندرون / که سالش ده و دو نباشد فزون
به بالا ز سرو سهی برترست / چو خورشید تابان به دو پیکرست
برش چون بر پیل و بالاش برز / ندیدم کسی را چنان دست و گرز
چو شمشیر هندی به چنگ آیدش / ز دریا و از کوه تنگ آیدش
چو آواز او رعد غرنده نیست / چو بازوی او تیغ برنده نیست
هجیر دلاور میان را ببست / یکی باره‌ی تیزتگ برنشست
بشد پیش سهراب رزم‌آزمای / بر اسپش ندیدم فزون زان به پای
که بر هم زند مژه را جنگ‌جوی / گراید ز بینی سوی مغز بوی
که سهرابش از پشت زین برگرفت / برش ماند زان بازو اندر شگفت
درست‌ست و اکنون به زنهار اوست / پراندیشه جان از پی کار اوست
سواران ترکان بسی دیده‌ام / عنان پیچ زین‌گونه نشنیده‌ام
مبادا که او در میان دو صف / یکی مرد جنگ‌آور آرد بکف
بران کوه بخشایش آرد زمین / که او اسپ تازد برو روز کین
عنان‌دار چون او ندیدست کس / تو گفتی که سام سوارست و بس
بلندیش بر آسمان رفته گیر / سر بخت گردان همه خفته گیر
اگر خود شکیبیم یک چند نیز / نکوشیم و دیگر نگوییم چیز
اگر دم زند شهریار زمین / نراند سپاه و نسازد کمین
دژ و باره گیرد که خود زور هست / نگیرد کسی دست او را به دست
که این باره را نیست پایاب اوی / درنگی شود شیر زاشتاب اوی
چو نامه به مهر اندر آمد به شب / فرستاده را جست و بگشاد لب

بگفتش چنان رو که فردا پگاه	نبیند ترا هیچ‌کس زان سپاه
فرستاد نامه سوی راه راست	پس نامه آنگاه بر پای خاست
بنه برنهاد و سراندر کشید	بران راه بی‌راه شد ناپدید
سوی شهر ایران نهادند روی	سپردند آن باره‌ی دژ بدوی
چو خورشید بر زد سر از تیره‌کوه	میان را ببستند ترکان گروه
سپهدار سهراب نیزه بدست	یکی بارکش باره‌ای برنشست
سوی باره آمد یکی بنگرید	به باره درون بس کسی را ندید
بیامد در دژ گشادند باز	ندیدند در دژ یکی رزمساز
به فرمان همه پیش او آمدند	به جان هرکسی چاره‌جو آمدند
چو نامه به نزدیک خسرو رسید	غمی شد دلش کان سخن‌ها شنید
گرانمایگان را ز لشکر بخواند	وزین داستان چندگونه براند
نشستند با شاه ایران به هم	بزرگان لشکر همه بیش و کم
چو طوس و چو گودرز کشواد و گیو	چو گرگین و بهرام و فرهاد نیو
سپهدار نامه بر ایشان بخواند	بپرسید بسیار و خیره بماند
چنین گفت با پهلوانان براز	که این کار گردد به ما بر دراز
برین سان که گژدهم گوید همی	از اندیشه دل را بشوید همی
چه سازیم و درمان این کار چیست	از ایران هم آورد این مرد کیست
بر آن برنهادند یکسر که گیو	به زابل شود نزد سالار نیو
به رستم رساند از این آگهی	که با بیم شد تخت شاهنشهی
گو پیلتن را بدین رزمگاه	بخواند که اویست پشت سپاه

نامه کیکاووس به رستم زال

نشست آنگهی رای زد با دبیر	که کاری گزاینده بد ناگزیر
یکی نامه فرمود پس شهریار	نوشتن بر رستم نامدار
نخست آفرین کرد بر کردگار	جهاندار و پرورده‌ی روزگار
دگر آفرین کرد بر پهلوان	که بیدار دل باش و روشن روان

دل و پشت گردان ایران تویی / به چنگال و نیروی شیران تویی
گشاینده‌ی بند هاماوران / ستاننده‌ی مرز مازندران
ز گرز تو خورشید گریان شود / ز تیغ تو ناهید بریان شود
چو گرد پی رخش تو نیل نیست / هم‌آورد تو در جهان پیل نیست
کمند تو بر شیر بندافگند / سنان تو کوهی ز بن برکند
تویی از همه بد به ایران پناه / ز تو برفرازند گردان کلاه
گزاینده کاری بد آمد به پیش / کز اندیشه‌ی آن دلم گشت ریش
نشستند گردان به پیشم به هم / چو خواندیم آن نامه‌ی گژدهم
چنان باد کاندر جهان جز تو کس / نباشد به هر کار فریادرس
بدان‌گونه دیدند گردان نیو / که پیش تو آید گرانمایه گیو
چو نامه بخوانی به روز و به شب / مکن داستان را گشاده دو لب
مگر با سواران بسیارهوش / ز زابل برانی برآری خروش
بر اینسان که گژدهم زو یاد کرد / نباید جز از تو ورا هم نبرد
به گیو آنگهی گفت برسان دود / عنان تگاور بباید بسود
بباید که نزدیک رستم شوی / به زابل نمانی و گر نغنوی
اگر شب رسی روز را بازگرد / بگویش که تنگ اندرآمد نبرد
وگرنه فرازست این مرد گرد / بداندیش را خوار نتوان شمرد
ازو نامه بستد به کردار آب / برفت و نجست ایچ آرام و خواب
چو نزدیکی زابلستان رسید / خروش طلایه به دستان رسید
تهمتن پذیره شدش با سپاه / نهادند بر سر بزرگان کلاه
پیاده شدش گیو و گردان بهم / هر آنکس که بودند از بیش و کم
ز اسپ اندرآمد گو نامدار / از ایران بپرسید وز شهریار
ز ره سوی ایوان رستم شدند / ببودند یکبار و دم برزدند
بگفت آنچ بشنید و نامه بداد / ز سهراب چندی سخن کرد یاد
تهمتن چو بشنید و نامه بخواند / بخندید و زان کار خیره بماند
که مانده‌ی سام گرد از مهان / سواری پدید آمد اندر جهان
از آزادگان این نباشد شگفت / ز ترکان چنین یاد نتوان گرفت
من از دخت شاه سمنگان یکی / پسر دارم و باشد او کودکی
هنوز آن گرامی نداند که جنگ / توان کرد باید گه نام و ننگ

Shahnameh

فرستادمش زر و گوهر بسی	بر مادر او به دست کسی
چنین پاسخ آمد که آن ارجمند	بسی برنیاید که گردد بلند
همی می خورد با لب شیربوی	شود بی‌گمان زود پرخاشجوی
بباشیم یک روز و دم برزنیم	یکی بر لب خشک نم برزنیم
ازان پس گراییم نزدیک شاه	به گردان ایران نماییم راه
مگر بخت رخشنده بیدار نیست	وگرنه چنین کار دشوار نیست
چو دریا به موج اندرآید ز جای	ندارد دم آتش تیزپای
درفش مرا چون ببیند ز دور	دلش ماتم آرد به هنگام سور
بدین تیزی اندر نیاید به جنگ	نباید گرفتن چنین کار تنگ
به می دست بردند و مستان شدند	ز یاد سپهبد به دستان شدند
دگر روز شبگیر هم پرخمار	بیامد تهمتن برآراست کار
ز مستی هم آن روز باز ایستاد	دوم روز رفتن نیامدش یاد
سه دیگر سحرگه بیاورد می	نیامد ورا یاد کاووس کی
به روز چهارم برآراست گیو	چنین گفت با گرد سالار نیو
که کاووس تندست و هشیار نیست	هم این داستان بر دلش خوار نیست
غمی بود ازین کار و دل پرشتاب	شده دور ازو خورد و آرام و خواب
به زابلستان گر درنگ آوریم	ز می باز پیگار و جنگ آوریم
شود شاه ایران به ما خشمگین	ز ناپاک رایی درآید بکین
بدو گفت رستم که مندیش ازین	که با ما نشورد کس اندر زمین
بفرمود تا رخش را زین کنند	دم اندر دم نای رویین کنند
سواران زابل شنیدند نای	برفتند با ترگ و جوشن ز جای

خشم گرفتن کاووس بر رستم

گرازان بدرگاه شاه آمدند	گشاده دل و نیک خواه آمدند
چو رفتند و بردند پیشش نماز	برآشفت و پاسخ نداد ایچ باز
یکی بانگ بر زد به گیو از نخست	پس آنگاه شرم از دو دیده بشست

که رستم که باشد فرمان من
کند پست و پیچد ز پیمان من

بگیر و ببر زنده بردارکن
وزو نیز با من مگردان سخن

ز گفتار او گیو را دل بخست
که بردی برستم بران‌گونه دست

برآشفت با گیو و با پیلتن
فرو ماند خیره همه انجمن

بفرمود پس طوس را شهریار
که رو هردو را زنده برکن به دار

خود از جای برخاست کاووس کی
برافروخت برسان آتش ز نی

بشد طوس و دست تهمتن گرفت
بدو مانده پرخاش جویان شگفت

که از پیش کاووس بیرون برد
مگر کاندر آن تیزی افسون برد

تهمتن برآشفت با شهریار
که چندین مدار آتش اندر کنار

همه کارت از یکدگر بدترست
ترا شهریاری نه اندرخورست

تو سهراب را زنده بر دار کن
پرآشوب و بدخواه را خوار کن

بزد تند یک دست بر دست طوس
تو گفتی ز پیل ژیان یافت کوس

ز بالا نگون اندرآمد به سر
برو کرد رستم به تندی گذر

به در شد به خشم اندرآمد به رخش
منم گفت شیراوژن و تاج‌بخش

چو خشم آورم شاه کاووس کیست
چرا دست یازد به من طوس کیست

زمین بنده و رخش گاه من‌ست
نگین گرز و مغفر کلاه من‌ست

شب تیره از تیغ رخشان کنم
به آورد گه بر سرافشان کنم

سر نیزه و تیغ یار من‌اند
دو بازو و دل شهریار من‌اند

چه آزاردم او نه من بنده‌ام
یکی بنده‌ی آفریننده‌ام

به ایران ار ایدون که سهراب گرد
بیاید نماند بزرگ و نه خرد

شما هر کسی چاره‌ی جان کنید
خرد را بدین کار پیچان کنید

به ایران نبینید ازین پس مرا
شما را زمین پر کرگس مرا

رایزنی در انجمن مهیستان ایران

غمی شد دل نامداران همه	که رستم شبان بود و ایشان رمه
به گودرز گفتند کاین کار تست	شکسته بدست تو گردد درست
سپهبد جز از تو سخن نشنود	همی بخت تو زین سخن نغنود
به نزدیک این شاه دیوانه رو	وزین در سخن یاد کن نو به نو
سخنهای چرب و دراز آوری	مگر بخت گم بوده بازآوری
سپهدار گودرز کشواد رفت	به نزدیک خسرو خرامید تفت
به کاووس کی گفت رستم چه کرد	کز ایران برآوردی امروز گرد
فراموش کردی ز هاماوران	وزان کار دیوان مازندران
که گویی ورا زنده بر دار کن	ز شاهان نباید گزافه سخن
چو او رفت و آمد سپاهی بزرگ	یکی پهلوانی به کردار گرگ
که داری که با او به دشت نبرد	شود برفشاند برو تیره گرد
یلان ترا سر به سر گژدهم	شنیدست و دیدست از بیش و کم
همی گوید آن روز هرگز مباد	که با او سواری کند رزم یاد
کسی را که جنگی چو رستم بود	بیازارد او را خرد کم بود
چو بشنید گفتار گودرز شاه	بدانست کاو دارد آیین و راه
پشیمان بشد زان کجا گفته بود	بیهودگی مغزش آشفته بود
به گودرز گفت این سخن درخورست	لب پیر با پند نیکوترست
خردمند باید دل پادشا	که تیزی و تندی نیارد بها
شما را بباید بر او شدن	به خوبی بسی داستانها زدن
سرش کردن از تیزی من تهی	نمودن بدو روزگار بهی
چو گودرز برخاست از پیش اوی	پس پهلوان تیز بنهاد روی
برفتند با او سران سپاه	پس رستم اندر گرفتند راه
چو دیدند گرد گو پیلتن	همه نامداران شدند انجمن
ستایش گرفتند بر پهلوان	که جاوید بادی و روشن‌روان

جهان سر به سر زیر پای تو باد	همیشه سر تخت جای تو باد
تو دانی که کاووس را مغز نیست	به تیزی سخن گفتنش نغز نیست
بجوشد همانگه پشیمان شود	به خوبی ز سر باز پیمان شود
تهمتن گر آزرده گردد ز شاه	هم ایرانیان را نباشد گناه
هم او زان سخنها پشیمان شدست	ز تندی بخاید همی پشت دست
تهمتن چنین پاسخ آورد باز	که هستم ز کاووس کی بی‌نیاز
مرا تخت زین باشد و تاج ترگ	قبا جوشن و دل نهاده به مرگ
چرا دارم از خشم کاووس باک	چه کاووس پیشم چه یک مشت خاک
سرم گشت سیر و دلم کرد بس	جز از پاک یزدان نترسم ز کس
ز گفتار چون سیر گشت انجمن	چنین گفت گودرز با پیلتن
که شهر و دلیران و لشکر گمان	به دیگر سخنها برند این زمان
کزین ترک ترسنده شد سرفراز	همی رفت زین گونه چندی به راز
که چونان که گژدهم داد آگهی	همه بوم و بر کرد باید تهی
چو رستم همی زو بترسد به جنگ	مرا و ترا نیست جای درنگ
از آشفتن شاه و پیگار اوی	بدیدم بدرگاه بر گفت‌وگوی
ز سهراب یل رفت یکسر سخن	چنین پشت بر شاه ایران مکن
چنین بر شده نامت اندر جهان	بدین بازگشتن مگردان نهان
و دیگر که تنگ اندرآمد سپاه	مکن تیره بر خیره این تاج و گاه
به رستم بر این داستانها بخواند	تهمتن چو بشنید خیره بماند
بدو گفت اگر بیم دارد دلم	نخواهم که باشد ز تن بگسلم
ازین ننگ برگشت و آمد به راه	گرازان و پویان به نزدیک شاه
چو در شد ز در شاه بر پای خاست	بسی پوزش اندر گذشته بخواست
که تندی مرا گوهرست و سرشت	چنان زیست باید که یزدان بکشت
وزین ناسگالیده بدخواه نو	دلم گشت باریک چون ماه نو
بدین چاره جستن ترا خواستم	چو دیر آمدی تندی آراستم
چو آزرده گشتی تو ای پیلتن	پشیمان شدم خاکم اندر دهن
بدو گفت رستم که گیهان تراست	همه کهترانیم و فرمان تراست
کنون آمدم تا چه فرمان دهی	روانت ز دانش مبادا تهی
بدو گفت کاووس کامروز بزم	گزینیم و فردا بسازیم رزم

۲۹۱

بیاراست رامشگهی شاهوار / شد ایوان به کردار باغ بهار
ز آواز ابریشم و بانگ نای / سمن عارضان پیش خسرو به پای
همی باده خوردند تا نیم شب / ز خنیاگران برگشاده دولب

لشکر کشیدن کاووس بجنگ سهراب

دگر روز فرمود تا گیو و طوس / ببستند شبگیر بر پیل کوس
در گنج بگشاد و روزی بداد / سپه برنشاند و بنه برنهاد
سپردار و جوشنوران صد هزار / شمرده به لشکر گه آمد سوار
یکی لشکر آمد ز پهلو به دشت / که از گرد ایشان هوا تیره گشت
سراپرده و خیمه زد بر دو میل / بپوشید گیتی به نعل و به پیل
هوا نیلگون گشت و کوه آبنوس / بجوشید دریا ز آواز کوس
همی رفت منزل به منزل جهان / شده چون شب و روز گشته نهان
درخشیدن خشت و ژوپین ز گرد / چو آتش پس پرده‌ی لاجورد
ز بس گونه‌گونه سنان و درفش / سپرهای زرین و زرینه کفش
تو گفتی که ابری به رنگ آبنوس / برآمد بببارید زو سندروس
جهان را شب و روز پیدا نبود / تو گفتی سپهر و ثریا نبود
ازینسان بشد تا در دژ رسید / بشد خاک و سنگ از جهان ناپدید
خروشی بلند آمد از دیدگاه / به سهراب گفتند کامد سپاه
چو سهراب زان دیده آوا شنید / به باره بیامد سپه بنگرید
به انگشت لشکر به هومان نمود / سپاهی که آن را کرانه نبود
چو هومان ز دور آن سپه را بدید / دلش گشت پربیم و دم درکشید
به هومان چنین گفت سهراب گرد / که اندیشه از دل بباید سترد
نبینی تو زین لشکر بیکران / یکی مرد جنگی و گرزی گران
که پیش من آید به آوردگاه / گر ایدون که یاری دهد هور و ماه
سلیح‌ست بسیار و مردم بسی / سرافراز نامی ندانم کسی
کنون من به بخت رد افراسیاب / کنم دشت را همچو دریای آب

به تنگی نداد ایچ سهراب دل	فرود آمد از باره شاداب دل
یکی جام می‌خواست از می‌گسار	نکرد ایچ رنجه دل از کارزار

کشته شدن ژنده رزم، بر دست رستم

وزانسو سراپرده‌ی شهریار	کشیدند بر دشت پیش حصار
ز بس خیمه و مرد و پرده‌سرای	نماند ایچ بر دشت و بر کوه جای
چو خورشید گشت از جهان ناپدید	شب تیره بر دشت لشکر کشید
تهمتن بیامد به نزدیک شاه	میان بسته‌ی جنگ و دل کینه خواه
که دستور باشد مرا تاجور	از ایدر شوم بی‌کلاه و کمر
ببینم که این نو جهاندار کیست	بزرگان کدامند و سالار کیست
بدو گفت کاووس کین کار تست	که بیدار دل بادی و تن درست
تهمتن یکی جامه‌ی ترکوار	بپوشید و آمد دوان تا حصار
بیامد چو نزدیکی دژ رسید	خروشیدن نوش ترکان شنید
بران دژ درون رفت مرد دلیر	چنان چون سوی آهوان نره شیر
چو سهراب را دید بر تخت بزم	نشسته به یک دست او ژنده‌رزم
به دیگر چو هومان سوار دلیر	دگر بارمان نام‌بردار شیر
تو گفتی همه تخت سهراب بود	بسان یکی سرو شاداب بود
دو بازو به کردار ران هیون	برش چون بر پیل و چهره چو خون
ز ترکان بگرد اندرش صد دلیر	جوان و سرافراز چون نره شیر
پرستار پنجاه با دست بند	به پیش دل افروز تخت بلند
همی یک به یک خواندند آفرین	بران برز و بالا و تیغ و نگین
همی دید رستم مر او را ز دور	نشست و نگه کرد مردان سور
به شایسته کاری برون رفت ژند	گوی دید برسان سرو بلند
بدان لشکر اندر چنو کس نبود	بر رستم آمد بپرسید زود
چه مردی بدو گفت با من بگوی	سوی روشنی آی و بنمای روی
تهمتن یکی مشت بر گردنش	بزد تیز و برشد روان از تنش

بدان جایگه خشک شد ژنده رزم   نشد ژنده رزم آنگهی سوی بزم
زمانی همی بود سهراب دیر   نیامد به نزدیک او ژند شیر
بپرسید سهراب تا ژنده‌رزم   کجا شد که جایش تهی شد ز بزم
برفتند و دیدنش افگنده خوار   برآسوده از بزم و از کارزار
خروشان ازان درد بازآمدند   شگفتی فرو مانده از کار ژند
به سهراب گفتند شد ژنده‌رزم   سرآمد برو روز پیگار و بزم
چو بشنید سهراب برجست زود   بیامد بر ژنده برسان دود
ابا چاکر و شمع و خنیاگران   بیامد ورا دید مرده چنان
شگفت آمدش سخت و خیره بماند   دلیران و گردنکشان را بخواند
چنین گفت کامشب نباید غنود   همه شب همی نیزه باید بسود
که گرگ اندر آمد میان رمه   سگ و مرد را آزمودش همه
اگر یار باشد جهان آفرین   چو نعل سمندم بساید زمین
ز فتراک زین برگشایم کمند   بخواهم از ایرانیان کین ژند
بیامد نشست از بر گاه خویش   گرانمایگان را همه خواند پیش
که گر کم شد از تخت من ژنده‌رزم   نیامد همی سیر جانم ز بزم
چو برگشت رستم بر شهریار   از ایران سپه گیو بد پاسدار
به ره بر گو پیلتن را بدید   بزد دست و گرز از میان برکشید
یکی بر خروشید چون پیل مست   سپر بر سر آورد و بنمود دست
بدانست رستم کز ایران سپاه   به شب گیو باشد طلایه به راه
بخندید و زان پس فغان برکشید   طلایه چو آواز رستم شنید
بیامد پیاده به نزدیک اوی   چنین گفت کای مهتر جنگجوی
پیاده کجا بوده‌ای تیره شب   تهمتن به گفتار بگشاد لب
بگفتش به گیو آن کجا کرده بود   چنان شیرمردی که آزرده بود
وزان جایگه رفت نزدیک شاه   ز ترکان سخن گفت وز بزم‌گاه
ز سهراب و از برز و بالای اوی   ز بازوی و کتف دلارای اوی
که هرگز ز ترکان چنین کس نخاست   بکردار سروست بالاش راست
به توران و ایران نماند به کس   تو گویی که سام سوارست و بس
وزان مشت بر گردن ژنده‌رزم   کزان پس نیامد به رزم و به بزم
بگفتند و پس رود و می خواستند   همه شب همی لشکر آراستند

نشان جستن سهراب از هجیر

چو افگند خور سوی بالا کمند / زبانه برآمد ز چرخ بلند
بپوشید سهراب خفتان جنگ / نشست از بر چرمه‌ی سنگ رنگ
یکی تیغ هندی به چنگ اندرش / یکی مغفر خسروی بر سرش
کمندی به فتراک بر شست خم / خم اندر خم و روی کرده دژم
بیامد یکی برز بالا گزید / به جایی که ایرانیان را بدید
بفرمود تا رفت پیشش هجیر / بدو گفت کژی نباید ز تیر
نشانه نباید که خم آورد / چو پیچان شود زخم کم آورد
به هر کار در پیشه کن راستی / چو خواهی که نگزایدت کاستی
سخن هرچه پرسم همه راست گوی / متاب از ره راستی هیچ روی
چو خواهی که یابی رهایی ز من / سرافراز باشی به هر انجمن
از ایران هر آنچت بپرسم بگوی / متاب از ره راستی هیچ روی
سپارم به تو گنج آراسته / بیابی بسی خلعت و خواسته
ور ایدون که کژی بود رای تو / همان بند و زندان بود جای تو
هجیرش چنین داد پاسخ که شاه / سخن هرچه پرسد ز ایران سپاه
بگویم همه آنچ دانم بدوی / به کژی چرا بایدم گفت‌وگوی
بدو گفت کز تو بپرسم همه / ز گردنکشان و ز شاه و رمه
همه نامداران آن مرز را / چو طوس و چو کاووس و گودرز را
ز بهرام و از رستم نامدار / ز هر کت بپرسم به من برشمار
بگو کان سراپرده‌ی هفت رنگ / بدو اندرون خیمه‌های پلنگ
به پیش اندرون بسته صد ژنده‌پیل / یکی مهد پیروزه برسان نیل
یکی برز خورشید پیکر درفش / سرش ماه زرین غلافش بنفش
به قلب سپاه اندرون جای کیست / ز گردان ایران ورا نام چیست
بدو گفت کان شاه ایران بود / بدرگاه او پیل و شیران بود
وزان پس بدو گفت بر میمنه / سواران بسیار و پیل و بنه
سراپرده‌ای بر کشیده سیاه / زده گردش اندر ز هر سو سپاه

به گرد اندرش خیمه ز اندازه بیش   پس پشت پیلان و بالاش پیش
زده پیش او پیل پیکر درفش   به در بر سواران زرینه کفش
چنین گفت کان طوس نوذر بود   درفشش کجاپیل‌پیکر بود
دگر گفت کان سرخ پرده‌سرای   سواران بسی گردش اندر به پای
یکی شیر پیکر درفشی به زر   درفشان یکی در میانش گهر
چنین گفت کان فر آزادگان   جهانگیر گودرز کشوادگان
بپرسید کان سبز پرده‌سرای   یکی لشکری گشن پیشش به پای
یکی تخت پرمایه اندر میان   زده پیش او اختر کاویان
برو بر نشسته یکی پهلوان   ابا فر و با سفت و یال گوان
ز هر کس که بر پای پیشش براست   نشسته به یک رش سرش برتر است
یکی باره پیشش به بالای اوی   کمندی فرو هشته تا پای اوی
برو هر زمان برخروشد همی   تو گویی که در زین بجوشد همی
بسی پیل برگستوان‌دار پیش   همی جوشد آن مرد بر جای خویش
نه مردست از ایران به بالای اوی   نه بینم همی اسپ همتای اوی
درفشی بدید اژدها پیکرست   بران نیزه بر شیر زرین سرست
چنین گفت کز چین یکی نامدار   بنوی بیامد بر شهریار
بپرسید نامش ز فرخ هجیر   بدو گفت نامش ندارم بویر
بدین دژ بدم من بدان روزگار   کجا او بیامد بر شهریار
غمی گشت سهراب را دل ازان   که جایی ز رستم نیامد نشان
نشان داده بود از پدر مادرش   همی دید و دیده نبد باورش
همی نام جست از زبان هجیر   مگر کان سخنها شود دلپذیر
نبشته به سر بر دگرگونه بود   ز فرمان نکاهد نخواهد فزود
ازان پس بپرسید زان مهتران   کشیده سراپرده بد برکران
سواران بسیار و پیلان به پای   برآید همی ناله‌ی کرنای
یکی گرگ پیکر درفش از برش   برآورده از پرده زرین سرش
بدو گفت کان پور گودرز گیو   که خوانند گردان وراگیو نیو
ز گودرزیان مهتر و بهترست   به ایرانیان بر دو بهره سرست
بدو گفت زان سوی تابنده شید   برآید یکی پرده بینم سپید
ز دیبای رومی به پیشش سوار   رده برکشیده فزون از هزار

پیاده سپردار و نیزه‌وران   شده انجمن لشکری بی‌کران
نشسته سپهدار بر تخت عاج   نهاده بران عاج کرسی ساج
ز هودج فرو هشته دیبا جلیل   غلام ایستاده رده خیل خیل
بر خیمه نزدیک پرده‌سرای   به دهلیز چندی پیاده به پای
بدو گفت کاو را فریبرز خوان   که فرزند شاهست و تاج گوان
بپرسید کان سرخ پرده‌سرای   به دهلیز چندی پیاده به پای
به گرد اندرش سرخ و زرد و بنفش   ز هرگونه‌ای برکشیده درفش
درفشی پس پشت پیکرگراز   سرش ماه زرین و بالا دراز
چنین گفت کاو را گرازست نام   که در چنگ شیران ندارد لگام
هشیوار و ز تخمه‌ی گیوگان   که بر دردر و سختی نگردد ژگان
نشان پدر جست و با او نگفت   همی داشت آن راستی در نهفت
تو گیتی چه سازی که خود ساختست   جهاندار ازین کار پرداختست
زمانه نبشته دگرگونه داشت   چنان کاو گذارد بباید گذاشت
دگر باره پرسید ازان سرفراز   ازان کش به دیدار او بد نیاز
ازان پرده‌ی سبز و مرد بلند   وزان اسپ و آن تاب داده کمند
ازان پس هجیر سپهبدش گفت   که از تو سخن را چه باید نهفت
گر از نام چینی بمانم همی   ازان است کاو را ندانم همی
بدو گفت سهراب کاین نیست داد   ز رستم نکردی سخن هیچ یاد
کسی کاو بود پهلوان جهان   میان سپه در نماند نهان
تو گفتی که بر لشکر او مهترست   نگهبان هر مرز و هر کشورست
چنین داد پاسخ مر او را هجیر   که شاید بدن کان گو شیرگیر
کنون رفته باشد به زابلستان   که هنگام بزمست در گلستان
بدو گفت سهراب کاین خود مگوی   که دارد سپهبد سوی جنگ روی
به رامش نشیند جهان پهلوان   برو بر بخندند پیر و جوان
مرا با تو امروز پیمان یکیست   بگوییم و گفتار ما اندکیست
اگر پهلوان را نمایی به من   سرافراز باشی به هر انجمن
ترا بی‌نیازی دهم در جهان   گشاده کنم گنجهای نهان
ور ایدون که این راز داری ز من   گشاده بپوشی به من بر سخن
سرت را نخواهد همی تن به جای   نگر تا کدامین به آیدت رای

نبینی که موبد به خسرو چه گفت	بدانگه که بگشاد راز از نهفت
سخن گفت ناگفته چون گوهرست	کجا نابسوده به سنگ اندرست
چو از بند و پیوند یابد رها	درخشنده مهری بود بی‌بها
چنین داد پاسخ هجیرش که شاه	چو سیر آید از مهر وز تاج و گاه
نبرد کسی جویداندر جهان	که او ژنده پیل اندر آرد ز جان
کسی را که رستم بود هم نبرد	سرش ز آسمان اندر آید به گرد
تنش زور دارد به صد زورمند	سرش برترست از درخت بلند
چنو خشم گیرد به روز نبرد	چه هم رزم او ژنده پیل و چه مرد
هم‌آورد او بر زمین پیل نیست	چو گرد پی رخش او نیل نیست
بدو گفت سهراب از آزادگان	سیه بخت گودرز کشوادگان
چرا چون ترا خواند باید پسر	بدین زور و این دانش و این هنر
تو مردان جنگی کجا دیده‌ای	که بانگ پی اسپ نشنیده‌ای
که چندین ز رستم سخن بایدت	زبان بر ستودنش بگشایدت
از آتش ترا بیم چندان بود	که دریا به آرام خندان بود
چو دریای سبز اندر آید ز جای	ندارد دم آتش تیزپای
سر تیرگی اندر آید به خواب	چو تیغ از میان برکشد آفتاب
به دل گفت پس کاردیده هجیر	که گر من نشان گو شیرگیر
بگویم بدین ترک با زور دست	چنین یال و این خسروانی نشست
ز لشکر کند جنگ او ز انجمن	برانگیزد این باره‌ی پیلتن
برین زور و این کتف و این یال اوی	شود کشته رستم به چنگال اوی
از ایران نیاید کسی کینه خواه	بگیرد سر تخت کاووس شاه
چنین گفت موبد که مردن به نام	به از زنده دشمن بدو شادکام
اگر من شوم کشته بر دست اوی	نگردد سیه روز چون آب جوی
چو گودرز و هفتاد پور گزین	همه پهلوانان با آفرین
نباشد به ایران تن من مباد	چنین دارم از موبد پاک یاد
که چون برکشد از چمن بیخ سرو	سزد گر گیا را نبوید تذرو
به سهراب گفت این چه آشفتنست	همه با من از رستمت گفتنست
نباید ترا جست با او نبرد	برآرد به آوردگاه از تو گرد
همی پیلتن را نخواهی شکست	همانا که آسان نیاید به دست

چو بشنید این گفتهای درشت	نهان کرد ازو روی و بنمود پشت
ز بالا زدش تند یک پشت دست	بیفگند و آمد به جای نشست
بپوشید خفتان و بر سر نهاد	یکی خود چینی به کردار باد
ز تندی به جوش آمدش خون برگ	نشست از بر باره‌ی تیزتگ
خروشید و بگرفت نیزه به دست	به آوردگه رفت چون پیل مست
کس از نامداران ایران سپاه	نیارست کردن بدو در نگاه
ز پای و رکیب و ز دست و عنان	ز بازوی وز آب داده سنان
ازان پس دلیران شدند انجمن	بگفتند کاینت گو پیلتن
نشاید نگه کردن اسان بدوی	که یارد شدن پیش او جنگجوی
ازان پس خروشید سهراب گرد	همی شاه کاووس را بر شمرد
چنین گفت با شاه آزاد مرد	که چون است کارت به دشت نبرد
چرا کرده‌ای نام کاووس کی	که در جنگ نه تاو داری نه پی
تنت را برین نیزه بریان کنم	ستاره بدین کار گریان کنم
یکی سخت سوگند خوردم به بزم	بدان شب کجا کشته شد ژنده‌رزم
کز ایران نمانم یکی نیزه‌دار	کنم زنده کاووس کی را به دار
که داری از ایرانیان تیز چنگ	که پیش من آید به هنگام جنگ
همی گفت و می بود جوشان بسی	از ایران ندادند پاسخ کسی
خروشان بیامد به پرده‌سرای	به نیزه درآورد بالا ز جای
خم آورد زان پس سنان کرد سیخ	بزد نیزه برکند هفتاد میخ
سراپرده یک بهره آمد ز پای	ز هر سو برآمد دم کرنای
رمید آن دلاور سپاه دلیر	به کردار گوران ز چنگال شیر
غمی گشت کاووس و آواز داد	کزین نامداران فرخ نژاد
یکی نزد رستم برید آگهی	کزین ترک شد مغز گردان تهی
ندارم سواری ورا هم نبرد	از ایران نیارد کس این کار کرد
بشد طوس و پیغام کاووس برد	شنیده سخن پیش او برشمرد
بدو گفت رستم که هر شهریار	که کردی مرا ناگهان خواستار
گهی گنج بودی گهی ساز بزم	ندیدم ز کاووس جز رنج رزم
بفرمود تا رخش را زین کنند	سواران بروها پر از چین کنند
ز خیمه نگه کرد رستم بدشت	ز ره گیو را دید کاندر گذشت

نهاد از بر رخش رخشنده زین همی گفت گرگین که بشتاب هین
همی بست بر باره رهام تنگ به برگستوان بر زده طوس چنگ
همی این بدان آن بدین گفت زود تهمتن چو از خیمه آوا شنود
به دل گفت کین کار آهرمنست نه این رستخیز از پی یک تنست
بزد دست و پوشید ببر بیان ببست آن کیانی کمر بر میان
نشست از بر رخش و بگرفت راه زواره نگهبان گاه و سپاه
درفشش ببردند با او بهم همی رفت پرخاشجوی و دژم
چو سهراب را دید با یال و شاخ برش چون بر سام جنگی فراخ
بدو گفت از ایدر به یکسو شویم بوردگه هر دو همرو شویم
بمالید سهراب کف را به کف بوردگه رفت از پیش صف
به رستم چنین گفت کاندر گذشت ز من جنگ و پیکار سوی تو گشت
از ایران نخواهی دگر یار کس چو من با تو باشم بورد بس
به آوردگه بر ترا جای نیست ترا خود به یک مشت من پای نیست
به بالا بلندی و با کتف و یال ستم یافت بالت ز بسیار سال
نگه کرد رستم بدان سرافراز بدان چنگ و یال و رکیب دراز
بدو گفت نرم ای جوان‌مرد گرم زمین سرد و خشک و سخن گرم و نرم
به پیری بسی دیدم آوردگاه بسی بر زمین پست کردم سپاه
تبه شد بسی دیو در جنگ من ندیدم بدان سو که بودم شکن
نگه کن مرا گر ببینی به جنگ اگر زنده مانی مترس از نهنگ
مرا دید در جنگ دریا و کوه که با نامداران توران گروه
چه کردم ستاره گوای منست به مردی جهان زیر پای منست
بدو گفت کز تو بپرسم سخن همه راستی باید افگند بن
من ایدون گمانم که تو رستمی گر از تخمه‌ی نامور نیرمی
چنین داد پاسخ که رستم نیم هم از تخمه‌ی سام نیرم نیم
که او پهلوانست و من کهترم نه با تخت و گاهم نه با افسرم
از امید سهراب شد ناامید برو تیره شد روی روز سپید

رزم رستم و سهراب

به آوردگه رفت نیزه بکفت / همی ماند از گفت مادر شگفت

یکی تنگ میدان فرو ساختند / به کوتاه نیزه همی باختند

نماند ایچ بر نیزه بند و سنان / به چپ باز بردند هر دو عنان

به شمشیر هندی برآویختند / همی ز آهن آتش فرو ریختند

به زخم اندرون تیغ شد ریز ریز / چه زخمی که پیدا کند رستخیز

گرفتند زان پس عمود گران / غمی گشت بازوی کندآوران

ز نیرو عمود اندر آورد خم / دمان باد پایان و گردان دژم

ز اسپان فرو ریخت بر گستوان / زره پاره شد بر میان گوان

فرو ماند اسپ و دلاور ز کار / یکی را نبد چنگ و بازو به کار

تن از خوی پر آب و همه کام خاک / زبان گشته از تشنگی چاک چاک

یک از یکدگر ایستادند دور / پر از درد باب و پر از رنج پور

جهانا شگفتی ز کردار تست / هم از تو شکسته هم از تو درست

ازین دو یکی را نجنبید مهر / خرد دور بد مهر ننمود چهر

همی بچه را باز داند ستور / چه ماهی به دریا چه در دشت گور

نداند همی مردم از رنج و آز / یکی دشمنی را ز فرزند باز

همی گفت رستم که هرگز نهنگ / ندیدم که آید بدین سان به جنگ

مرا خوار شد جنگ دیو سپید / ز مردی شد امروز دل ناامید

جوانی چنین ناسپرده جهان / نه گردی نه نام‌آوری از مهان

به سیری رسانیدم از روزگار / دو لشکر نظاره بدین کارزار

چو آسوده شد باره‌ی هر دو مرد / ز آورد و ز بند و ننگ و نبرد

به زه بر نهادند هر دو کمان / جوانه همان سالخورده همان

زره بود و خفتان و ببر بیان / ز کلک و ز پیکانش نامد زیان

غمی شد دل هر دو از یکدگر / گرفتند هر دو دوال کمر

تهمتن که گر دست بردی به سنگ / بکندی ز کوه سیه روز جنگ

کمربند سهراب را چاره کرد
که بر زین بجنباند اندر نبرد

میان جوان را نبود آگهی
بماند از هنر دست رستم تهی

دو شیراوژن از جنگ سیر آمدند
همه خسته و گشته دیر آمدند

دگر باره سهراب گرز گران
ز زین برکشید و بیفشارد ران

بزد گرز و آورد کتفش به درد
بپیچید و درد از دلیری بخورد

بخندید سهراب و گفت ای سوار
به زخم دلیران نه‌ای پایدار

به رزم اندرون رخش گویی خرست
دو دست سوار از همه بترست

اگرچه گوی سرو بالا بود
جوانی کند پیر کانا بود

به سستی رسید این ازان آن ازین
چنان تنگ شد بر دلیران زمین

که از یکدگر روی برگاشتند
دل و جان به اندوه بگذاشتند

تهمتن به توران سپه شد به جنگ
بدانسان که نخچیر بیند پلنگ

میان سپاه اندر آمد چو گرگ
پراگنده گشت آن سپاه بزرگ

عنان را بپچید سهراب گرد
به ایرانیان بر یکی حمله برد

بزد خویشتن را به ایران سپاه
ز گرزش بسی نامور شد تباه

دل رستم اندیشه‌ای کرد بد
که کاووس را بی‌گمان بد رسد

ازین پرهنر ترک نوخاسته
بخفتان بر و بازو آراسته

به لشکرگه خویش تازید زود
که اندیشه‌ی دل بدان گونه بود

میان سپه دید سهراب را
چو می لعل کرده به خون آب را

غمی گشت رستم چو او را بدید
خروشی چو شیر ژیان برکشید

بدو گفت کای ترک خونخواره مرد
از ایران سپه جنگ با تو که کرد

چرا دست یازی به سوی همه
چو گرگ آمدی در میان رمه

بدو گفت سهراب توران سپاه
ازین رزم بودند بر بی‌گناه

تو آهنگ کردی بدیشان نخست
کسی با تو پیگار و کینه نجست

بدو گفت رستم که شد تیره‌روز
چه پیدا کند تیغ گیتی فروز

برین دشت هم دار و هم منبرست
که روشن جهان زیر تیغ‌اندرست

گر ایدون که شمشیر با بوی شیر
چنین آشنا شد تو هرگز ممیر

بگردیم شبگیر با تیغ کین
برو تا چه خواهد جهان آفرین

بازگشتن رستم و سهراب به لشگرگاه

برفتند و روی هوا تیره گشت	ز سهراب گردون همی خیره گشت
تو گفتی ز جنگش سرشت آسمان	نیارامد از تاختن یک زمان
وگر باره زیر اندرش آهنست	شگفتی روانست و رویین تنست
شب تیره آمد سوی لشکرش	میان سوده از جنگ و از خنجرش
به هومان چنین گفت کامروز هور	برآمد جهان کرد پر جنگ و شور
شما را چه کرد آن سوار دلیر	که یال یلان داشت و آهنگ شیر
بدو گفت هومان که فرمان شاه	چنان بد کز ایدر نجنبد سپاه
همه کار ماسخت ناساز بود	بورد گشتن چه آغاز بود
بیامی یکی مرد پرخاشجوی	برین لشکر گشن بنهاد روی
تو گفتی ز مستی کنون خاستست	وگر جنگ بایک تن آراستست
چنین گفت سهراب کاو زین سپاه	نکرد از دلیران کسی را تباه
از ایرانیان من بسی کشته‌ام	زمین را به خون و گل آغشته‌ام
کنون خوان همی باید آراستن	بباید به می غم ز دل کاستن
وزان روی رستم سپه را بدید	سخن راند با گیو و گفت و شنید
که امروز سهراب رزم آزمای	چگونه به جنگ اندر آورد پای
چنین گفت با رستم گرد گیو	کزین گونه هرگز ندیدیم نیو
بیامد دمان تا به قلب سپاه	ز لشکر بر طوس شد کینه خواه
که او بود بر زین و نیزه بدست	چو گرگین فرود آمد او برنشست
بیامد چو با نیزه او را بدید	به کردار شیر ژیان بردمید
عمودی خمیده بزد بر برش	ز نیرو بیفتاد ترگ از سرش
نتابید با او بتابید روی	شدند از دلیران بسی جنگ جوی
ز گردان کسی مایه‌ی او نداشت	جز از پیلتن پایه‌ی او نداشت
هم آیین پیشین نگه داشتیم	سپاهی برو ساده بگماشتیم
سواری نشد پیش او یکتنه	همی تاخت از قلب تا میمنه

غمی گشت رستم ز گفتار اوی	بر شاه کاووس بنهاد روی
چو کاووس کی پهلوان را بدید	بر خویش نزدیک جایش گزید
ز سهراب رستم زبان برگشاد	ز بالا و برزش همی کرد یاد
که کس در جهان کودک نارسید	بدین شیرمردی و گردی ندید
به بالا ستاره بساید همی	تنش را زمین برگراید همی
دو بازو و رانش ز ران هیون	همانا که دارد ستبری فزون
به گرز و به تیغ و به تیر و کمند	ز هرگونه‌ای آزمودیم بند
سرانجام گفتم که من پیش ازین	بسی گرد را برگرفتم ز زین
گرفتم دوال کمربند اوی	بیفشاردم سخت پیوند اوی
همی خواستم کش ز زین برکنم	چو دیگر کسانش به خاک افگنم
گر از باد جنبان شود کوه خار	نجنبید بر زین بر آن نامدار
چو فردا بیاید به دشت نبرد	به کشتی همی بایدم چاره کرد
بکوشم ندانم که پیروز کیست	ببینیم تا رای یزدان به چیست
کزویست پیروزی و فر و زور	هم او آفریننده‌ی ماه و هور
بدو گفت کاووس یزدان پاک	دل بدسگالت کند چاک چاک
من امشب به پیش جهان آفرین	بمالم فراوان دو رخ بر زمین
کزویست پیروزی و دستگاه	به فرمان او تابد از چرخ ماه
کند تازه این بار کام ترا	برآرد به خورشید نام ترا
بدو گفت رستم که با فر شاه	برآید همه کامه‌ی نیک‌خواه
به لشکرگه خویش بنهاد روی	پراندیشه جان و سرش کینه‌جوی
زواره بیامد خلیده روان	که چون بود امروز بر پهلوان
ازو خوردنی خواست رستم نخست	پس آنگه ز اندیشگان دل بشست
چنین راند پیش برادر سخن	که بیدار دل باش و تندی مکن
به شبگیر چون من به آوردگاه	روم پیش آن ترک آوردخواه
بیاور سپاه و درفش مرا	همان تخت و زرینه کفش مرا
همی باش بر پیش پرده‌سرای	چو خورشید تابان برآید ز جای
گر ایدون که پیروز باشم به جنگ	به آوردگه بر نسازم درنگ
و گر خود دگرگونه گردد سخن	تو زاری میاغاز و تندی مکن
مباشید یک تن برین رزمگاه	مسازید جستن سوی رزم راه

یکایک سوی زابلستان شوید	از ایدر به نزدیک دستان شوید
تو خرسند گردان دل مادرم	چنین کرد یزدان قضا بر سرم
بگویش که تو دل به من در مبند	که سودی ندارت بودن نژند
کس اندر جهان جاودانه نماند	ز گردون مرا خود بهانه نماند
بسی شیر و دیو و پلنگ و نهنگ	تبه شد به چنگم به هنگام جنگ
بسی باره و دژ که کردیم پست	نیاورد کس دست من زیر دست
در مرگ را آن بکوبد که پای	باسپ اندر آرد بجنبد ز جای
اگر سال گشتی فزون ازهزار	همین بود خواهد سرانجام کار
چو خرسند گردد به دستان بگوی	که از شاه گیتی مبرتاب روی
اگر جنگ سازد تو سستی مکن	چنان رو که او راند از بن سخن
همه مرگ راییم پیر و جوان	به گیتی نماند کسی جاودان
ز شب نیمه‌ای گفت سهراب بود	دگر نیمه آرامش و خواب بود

کشتی گرفتن رستم با سهراب

چو خورشید تابان برآورد پر	سیه زاغ پران فرو برد سر
تهمتن بپوشید ببر بیان	نشست از بر ژنده پیل ژیان
کمندی به فتراک بر بست شست	یکی تیغ هندی گرفته بدست
بیامد بران دشت آوردگاه	نهاده به سر بر ز آهن کلاه
همه تلخی از بهر بیشی بود	مبادا که با آز خویشی بود
وزان روی سهراب با انجمن	همی می گساريد با رود زن
به هومان چنین گفت کاین شیر مرد	که با من همی گردد اندر نبرد
ز بالای من نیست بالاش کم	برزم اندرون دل ندارد دژم
بر و کتف و یالش همانند من	تو گویی که داننده بر زد رسن
نشانهای مادر بیابم همی	بدان نیز لختی بتابم همی
گمانی برم من که او رستمست	که چون او بگیتی نبرده کمست
نباید که من با پدر جنگ جوی	شوم خیره روی اندر آرم بروی

بدو گفت هومان که در کارزار / رسیدست رستم به من اند بار
شنیدم که در جنگ مازندران / چه کرد آن دلاور به گرز گران
بدین رخش ماند همی رخش اوی / ولیکن ندارد پی و پخش اوی
به شبگیر چون بردمید آفتاب / سر جنگ جویان برآمد ز خواب
بپوشید سهراب خفتان رزم / سرش پر ز رزم و دلش پر ز بزم
بیامد خروشان بران دشت جنگ / به چنگ اندرون گرزه‌ی گاورنگ
ز رستم بپرسید خندان دو لب / تو گفتی که با او به هم بود شب
که شب چون بدت روز چون خاستی / ز پیگار بر دل چه آراستی
ز کف بفگن این گرز و شمشیر کین / بزن جنگ و بیداد را بر زمین
نشنیم هر دو پیاده به هم / به می تازه داریم روی دژم
به پیش جهاندار پیمان کنیم / دل از جنگ جستن پشیمان کنیم
همان تا کسی دیگر آید به رزم / تو با من بساز و بیارای بزم
دل من همی با تو مهر آورد / همی آب شرمم به چهر آورد
همانا که داری ز گردان نژاد / کنی پیش من گوهر خویش یاد
بدو گفت رستم که‌ای نامجوی / نبودیم هرگز بدین گفت‌وگوی
ز کشتی گرفتن سخن بود دوش / نگیرم فریب تو زین در مکوش
نه من کودکم گر تو هستی جوان / به کشتی کمر بسته‌ام بر میان
بکوشیم و فرجام کار آن بود / که فرمان و رای جهانبان بود
بسی گشته‌ام در فراز و نشیب / نیم مرد گفتار و بند و فریب
بدو گفت سهراب کز مرد پیر / نباشد سخن زین نشان دلپذیر
مرا آرزو بد که در بسترست / برآید به هنگام هوش از برت
کسی کز تو ماند ستودان کند / بپرد روان تن به زندان کند
اگر هوش تو زیر دست منست / به فرمان یزدان بساییم دست
از اسپان جنگی فرود آمدند / هشیوار با گبر و خود آمدند
ببستند بر سنگ اسپ نبرد / برفتند هر دو روان پر ز گرد
بکشتی گرفتن برآویختند / ز تن خون و خوی را فرو ریختند
بزد دست سهراب چون پیل مست / برآوردش از جای و بنهاد پست
به کردار شیری که بر گور نر / زند چنگ و گور اندر آید به سر
نشست از بر سینه‌ی پیلتن / پر از خاک چنگال و روی و دهن

یکی خنجری آبگون برکشید	همی خواست از تن سرش را برید
به سهراب گفت ای یل شیرگیر	کمندافگن و گرد و شمشیرگیر
دگرگونه‌تر باشد آیین ما	جزین باشد آرایش دین ما
کسی کاو بکشتی نبرد آورد	سر مهتری زیر گرد آورد
نخستین که پشتش نهد بر زمین	نبرد سرش گرچه باشد به کین
گرش بار دیگر به زیر آورد	ز افگندنش نام شیر آورد
بدان چاره از چنگ آن اژدها	همی خواست کاید ز کشتن رها
دلیر جوان سر به گفتار پیر	بداد و ببود این سخن دلپذیر
یکی از دلی و دوم از زمان	سوم از جوانمردیش بی‌گمان
رها کرد زو دست و آمد به دشت	چو شیری که بر پیش آهو گذشت
همی کرد نخچیر و یادش نبود	ازان کس که با او نبرد آزمود
همی دیر شد تا که هومان چو گرد	بیامد بپرسیدش از هم نبرد
به هومان بگفت آن کجا رفته بود	سخن هرچه رستم بدو گفته بود
بدو گفت هومان گرد ای جوان	به سیری رسیدی همانا ز جان
دریغ این بر و بازو و یال تو	میان یلی چنگ و گوپال تو
هژبری که آورده بودی بدام	رها کردی از دام و شد کار خام
نگه کن کزین بیهده کارکرد	چه آرد به پیشت به دیگر نبرد
بگفت و دل از جان او برگرفت	پرانده همی ماند ازو در شگفت
به لشکرگه خویش بنهاد روی	به خشم و دل از غم پر از کار اوی
یکی داستان زد برین شهریار	که دشمن مدار ارچه خردست خوار
چو رستم ز دست وی آزاد شد	بسان یکی تیغ پولاد شد
خرامان بشد سوی آب روان	چنان چون شده باز یابد روان
بخورد آب و روی و سر و تن بشست	به پیش جهان آفرین شد نخست
همی خواست پیروزی و دستگاه	نبود آگه از بخشش هور و ماه
که چون رفت خواهد سپهر از برش	بخواهد ربودن کلاه از سرش
وزان آبخور شد به جای نبرد	پراندیشه بودش دل و روی زرد
همی تاخت سهراب چون پیل مست	کمندی به بازو کمانی به دست
گرازان و بر گور نعره‌زنان	سمندش جهان و جهان راکنان
همی ماند رستم ازو در شگفت	ز پیگارش اندازه‌ها برگرفت

چو سهراب شیراوژن او را بدید	ز باد جوانی دلش بردمید
چنین گفت کای رسته از چنگ شیر	جدا مانده از زخم شیر دلیر

کشته شدن سهراب به دست رستم

دگر باره اسپان ببستند سخت	به سر بر همی گشت بدخواه بخت
به کشتی گرفتن نهادند سر	گرفتند هر دو دوال کمر
هرآنگه که خشم آورد بخت شوم	کند سنگ خارا به کردار موم
سرافراز سهراب با زور دست	تو گفتی سپهر بلندش ببست
غمی بود رستم ببازید چنگ	گرفت آن بر و یال جنگی پلنگ
خم آورد پشت دلیر جوان	زمانه بیامد نبودش توان
زدش بر زمین بر به کردار شیر	بدانست کاو هم نماند به زیر
سبک تیغ تیز از میان برکشید	بر شیر بیدار دل بردرید
بپیچید زانپس یکی آه کرد	ز نیک و بد اندیشه کوتاه کرد
بدو گفت کاین بر من از من رسید	زمانه به دست تو دادم کلید
تو زین بیگناهی که این کوژپشت	مرابرکشید و به زودی بکشت
به بازی بکویند همسال من	به خاک اندر آمد چنین یال من
نشان داد مادر مرا از پدر	ز مهر اندر آمد روانم بسر
هرآنگه که تشنه شدستی به خون	بیالودی آن خنجر آبگون
زمانه به خون تو تشنه شود	براندام تو موی دشنه شود
کنون گر تو در آب ماهی شوی	و گر چون شب اندر سیاهی شوی
وگر چون ستاره شوی بر سپهر	ببری ز روی زمین پاک مهر
بخواهد هم از تو پدر کین من	چو بیند که خاکست بالین من
ازین نامداران گردنکشان	کسی هم برد سوی رستم نشان
که سهراب کشتست و افگنده خوار	ترا خواست کردن همی خواستار
چو بشنید رستم سرش خیره گشت	جهان پیش چشم اندرش تیره گشت
بپرسید زان پس که آمد به هوش	بدو گفت با ناله و با خروش

۳۰۸

که اکنون چه داری ز رستم نشان	که کم باد نامش ز گردنکشان
بدو گفت ار ایدونکه رستم تویی	بکشتی مرا خیره از بدخویی
ز هر گونه‌ای بودمت رهنمای	نجنبید یک ذره مهرت ز جای
چو برخاست آواز کوس از درم	بیامد پر از خون دو رخ مادرم
همی جانش از رفتن من بخست	یکی مهره بر بازوی من ببست
مرا گفت کاین از پدر یادگار	بدار و ببین تا کی آید به کار
کنون کارگر شد که بیکار گشت	پسر پیش چشم پدر خوار گشت
همان نیز مادر به روشن روان	فرستاد با من یکی پهلوان
بدان تا پدر را نماید به من	سخن برگشاید به هر انجمن
چو آن نامور پهلوان کشته شد	مرا نیز هم روز برگشته شد
کنون بند بگشای از جوشنم	برهنه نگه کن تن روشنم
چو بگشاد خفتان و آن مهره دید	همه جامه بر خویشتن بردرید
همی گفت کای کشته بر دست من	دلیر و ستوده به هر انجمن
همی ریخت خون و همی کند موی	سرش پر ز خاک و پر از آب روی
بدو گفت سهراب کین بدتریست	به آب دو دیده نباید گریست
ازین خویشتن کشتن اکنون چه سود	چنین رفت و این بودنی کار بود
چو خورشید تابان ز گنبد بگشت	تهمتن نیامد به لشکر ز دشت
ز لشکر بیامد هشیوار بیست	که تا اندر آوردگه کار چیست
دو اسپ اندر آن دشت برپای بود	پر از گرد رستم دگر جای بود
گو پیلتن را چو بر پشت زین	ندیدند گردان بران دشت کین
گمانشان چنان بد که او کشته شد	سرنامداران همه گشته شد
به کاووس کی تاختند آگهی	که تخت مهی شد ز رستم تهی
ز لشکر برآمد سراسر خروش	زمانه یکایک برآمد به جوش
بفرمود کاووس تا بوق و کوس	دمیدند و آمد سپهدار طوس
ازان پس بدو گفت کاووس شاه	کز ایدر هیونی سوی رزمگاه
بتازید تا کار سهراب چیست	که بر شهر ایران بباید گریست
اگر کشته شد رستم جنگجوی	از ایران که یارد شدن پیش اوی
به انبوه زخمی بباید زدن	برین رزمگه بر نشاید بدن
چو آشوب برخاست از انجمن	چنین گفت سهراب با پیلتن

که اکنون که روز من اندر گذشت
همه کار ترکان دگرگونه گشت

همه مهربانی بران کن که شاه
سوی جنگ ترکان نراند سپاه

که ایشان ز بهر مرا جنگجوی
سوی مرز ایران نهادند روی

بسی روز را داده بودم نوید
بسی کرده بودم ز هر در امید

نباید که بینند رنجی به راه
مکن جز به نیکی بر ایشان نگاه

نشست از بر رخش رستم چو گرد
پر از خون رخ و لب پر از باد سرد

بیامد به پیش سپه با خروش
دل از کرده‌ی خویش با درد و جوش

چو دیدند ایرانیان روی اوی
همه برنهادند بر خاک روی

ستایش گرفتند بر کردگار
که او زنده باز آمد از کارزار

چو زان گونه دیدند بر خاک سر
دریده برو جامه و خسته بر

به پرسش گرفتند کاین کار چیست
ترادل برین گونه از بهر کیست

بگفت آن شگفتی که خود کرده بود
گرامی‌تر خود بیازرده بود

همه برگرفتند با او خروش
زمین پر خروش و هوا پر ز جوش

چنین گفت با سرفرازان که من
نه دل دارم امروز گویی نه تن

شما جنگ ترکان مجویید کس
همین بد که من کردم امروز بس

چو برگشت ازان جایگه پهلوان
بیامد بر پور خسته روان

بزرگان برفتند با او بهم
چو طوس و چو گودرز و چون گستهم

همه لشکر از بهر آن ارجمند
زبان برگشادند یکسر ز بند

که درمان این کار یزدان کند
مگر کاین سخن بر تو آسان کند

یکی دشنه بگرفت رستم به دست
که از تن ببرد سر خویش پست

بزرگان بدو اندر آویختند
ز مژگان همی خون فرو ریختند

بدو گفت گودرز کاکنون چه سود
که از روی گیتی برآری تو دود

تو بر خویشتن گر کنی صدگزند
چه آسانی آید بدان ارجمند

اگر ماند او را به گیتی زمان
بماند تو بی‌رنج با او بمان

وگر زین جهان این جوان رفتنیست
به گیتی نگه کن که جاوید کیست

شکاریم یکسر همه پیش مرگ
سری زیر تاج و سری زیر ترگ

به گودرز گفت آن زمان پهلوان
کز ایدر برو زود روشن روان

پیامی ز من پیش کاووس بر
بگویش که مارا چه آمد به سر

به دشنه جگرگاه پور دلیر
دریدم که رستم مماناد دیر

گرت هیچ یادست کردار من / یکی رنجه کن دل به تیمار من
ازان نوشدارو که در گنج تست / کجا خستگان را کند تن درست
به نزدیک من با یکی جام می / سزد گر فرستی هم اکنون به پی
مگر کاو ببخت تو بهتر شود / چو من پیش تخت تو کهتر شود
بیامد سپهبد بکردار باد / به کاووس یکسر پیامش بداد
بدو گفت کاووس کز انجمن / اگر زنده ماند چنان پیلتن
شود پشت رستم به نیرو ترا / هلاک آورد بی‌گمانی مرا
اگر یک زمان زو به من بد رسد / نسازیم پاداش او جز به بد
کجا گنجد او در جهان فراخ / بدان فر و آن برز و آن یال و شاخ
شنیدی که او گفت کاووس کیست / گر او شهریارست پس طوس کیست
کجا باشد او پیش تختم به پای / کجا راند او زیر فر همای
چو بشنید گودرز برگشت زود / بر رستم آمد به کردار دود
بدو گفت خوی بد شهریار / درختیست خنگی همیشه به بار
ترا رفت باید به نزدیک او / درفشان کنی جان تاریک او
بفرمود رستم که تا پیشکار / یکی جامه افگند بر جویبار
جوان را بران جامه آن جایگاه / بخوابید و آمد به نزدیک شاه
گو پیلتن سر سوی راه کرد / کس آمد پسش زود و آگاه کرد
که سهراب شد زین جهان فراخ / همی از تو تابوت خواهد نه کاخ
پدر جست و برزد یکی سرد باد / بنالید و مژگان به هم بر نهاد
همی گفت زار ای نبرده جوان / سرافراز و از تخمه پهلوان
نبیند چو تو نیز خورشید و ماه / نه جوشن نه تخت و نه تاج و کلاه
کرا آمد این پیش کامد مرا / بکشتم جوانی به پیران سرا
نبیره جهاندار سام سوار / سوی مادر از تخمه‌ی نامدار
بریدن دو دستم سزاوار هست / جز از خاک تیره مبادم نشست
کدامین پدر هرگز این کار کرد / سزاوارم اکنون به گفتار سرد
به گیتی که کشتست فرزند را / دلیر و جوان و خردمند را
نکوهش فراوان کند زال زر / همان نیز رودابه‌ی پرهنر
بدین کار پوزش چه پیش آورم / که دلشان به گفتار خویش آورم
چه گویند گردان و گردنکشان / چو زین سان شود نزد ایشان نشان

چه گویم چو آگه شود مادرش	چه گونه فرستم کسی را برش
چه گویم چرا کشتمش بی‌گناه	چرا روز کردم برو بر سیاه
پدرش آن گرانمایه‌ی پهلوان	چه گوید بدان پاک‌دخت جوان
برین تخمه‌ی سام نفرین کنند	همه نام من نیز بی‌دین کنند
که دانست کاین کودک ارجمند	بدین سال گردد چو سرو بلند
به جنگ آیدش رای و سازد سپاه	به من برکند روز روشن سیاه
بفرمود تا دیبه‌ی خسروان	کشیدند بر روی پور جوان
همی آرزوگاه و شهر آمدش	یکی تنگ تابوت بهر آمدش
ازان دشت بردند تابوت اوی	سوی خیمه‌ی خویش بنهاد روی
به پرده سرای آتش اندر زدند	همه لشکرش خاک بر سر زدند
همان خیمه و دیبه‌ی هفت رنگ	همه تخت پرمایه زرین پلنگ
برآتش نهادند و برخاست غو	همی گفت زار ای جهاندار نو
دریغ آن رخ و برز و بالای تو	دریغ آن همه مردی و رای تو
دریغ این غم و حسرت جان گسل	ز مادر جدا وز پدر داغدل
همی ریخت خون و همی کند خاک	همه جامه‌ی خسروی کرد چاک
همه پهلوانان کاووس شاه	نشستند بر خاک با او به راه
زبان بزرگان پر از پند بود	تهمتن به درد از جگربند بود
چنینست کردار چرخ بلند	به دستی کلاه و به دیگر کمند
چو شادان نشیند کسی با کلاه	بخم کمندش رباید ز گاه
چرا مهر باید همی بر جهان	چو باید خرامید با همرهان
چو اندیشه‌ی گنج گردد دراز	همی گشت باید سوی خاک باز
اگر چرخ را هست ازین آگهی	همانا که گشتست مغزش تهی
چنان دان کزین گردش آگاه نیست	که چون و چرا سوی او راه نیست
بدین رفتن اکنون نباید گریست	ندانم که کارش به فرجام چیست
به رستم چنین گفت کاووس کی	که از کوه البرز تا برگ نی
همی برد خواهد به گردش سپهر	نباید فگندن بدین خاک مهر
یکی زود سازد یکی دیرتر	سرانجام بر مرگ باشد گذر
تو دل را بدین رفته خرسند کن	همه گوش سوی خردمند کن
اگر آسمان بر زمین بر زنی	وگر آتش اندر جهان در زنی

نیابی همان رفته را باز جای	روانش کهن شد به دیگر سرای
من از دور دیدم بر و یال اوی	چنان برز و بالا و گوپال اوی
زمانه برانگیختش با سپاه	که ایدر به دست تو گردد تباه
چه سازی و درمان این کار چیست	برین رفته تا چند خواهی گریست
بدو گفت رستم که او خود گذشت	نشستست هومان درین پهن دشت
ز توران سرانند و چندی ز چین	ازیشان بدل در مدار ایچ کین
زواره سپه را گذارد به راه	به نیروی یزدان و فرمان شاه
بدو گفت شاه ای گو نامجوی	ازین رزم اندوهت آید به روی
گر ایشان به من چند بد کرده‌اند	و گر دود از ایران برآورده‌اند
دل من ز درد تو شد پر ز درد	نخواهم از ایشان همی یاد کرد
وزان جایگه شاه لشکر براند	به ایران خرامید و رستم بماند
بدان تا زواره بیاید ز راه	بدو آگهی آورد زان سپاه
چو آمد زواره سپیده دمان	سپه راند رستم هم اندر زمان
پس آنگه سوی زابلستان کشید	چو آگاهی از وی به دستان رسید
همه سیستان پیش باز آمدند	به رنج و به درد و گداز آمدند
چو تابوت را دید دستان سام	فرود آمد از اسپ زرین ستام
تهمتن پیاده همی رفت پیش	دریده همه جامه دل کرده ریش
گشادند گردان سراسر کمر	همه پیش تابوت بر خاک سر
همی گفت زال اینت کاری شگفت	که سهراب گرز گران برگرفت
نشانی شد اندر میان مهان	نزاید چنو مادر اندر جهان
همی گفت و مژگان پر از آب کرد	زبان پر ز گفتار سهراب کرد
چو آمد تهمتن به ایوان خویش	خروشید و تابوت بنهاد پیش
ازو میخ برکند و بگشاد سر	کفن زو جدا کرد پیش پدر
تنش را بدان نامداران نمود	تو گفتی که از چرخ برخاست دود
مهان جهان جامه کردند چاک	به ابر اندر آمد سر گرد و خاک
همه کاخ تابوت بد سر به سر	غنوده بصندوق در شیر نر
تو گفتی که سام است با یال و سفت	غمی شد ز جنگ اندر آمد بخفت
بپوشید بازش به دیبای زرد	سر تنگ تابوت را سخت کرد
همی گفت اگر دخمه زرین کنم	ز مشک سیه گردش آگین کنم

چو من رفته باشم نماند بجای / وگرنه مرا خود جزین نیست رای
یکی دخمه کردش ز سم ستور / جهانی ز زاری همی گشت کور
چنین گفت بهرام نیکو سخن / که با مردگان آشنایی مکن
نه ایدر همی ماند خواهی دراز / بسیچیده باش و درنگی مساز
به تو داد یک روز نوبت پدر / سزد گر ترا نوبت آید بسر
چنین است و رازش نیامد پدید / نیابی به خیره چه جویی کلید
در بسته را کس نداند گشاد / بدین رنج عمر تو گردد بباد
یکی داستانست پر آب چشم / دل نازک از رستم آید بخشم
برین داستان من سخن ساختم / به کار سیاووش پرداختم

سیاوش

داستان سیاوش

کنون ای سخن گوی بیدار مغز
یکی داستانی بیرای نغز

سخن چون برابر شود با خرد
روان سراینده رامش برد

کسی را که اندیشه ناخوش بود
بدان ناخوشی رای اوگش بود

همی خویشتن را چلیپا کند
به پیش خردمند رسوا کند

ولیکن نبیند کس آهوی خویش
ترا روشن آید همه خوی خویش

اگر داد باید که ماند بجای
بیرای ازین پس بدانا نمای

چو دانا پسندد پسندیده گشت
به جوی تو در آب چون دیده گشت

زگفتار دهقان کنون داستان
تو برخوان و برگوی با راستان

کهن گشته این داستانها ز من
همی نو شود بر سر انجمن

اگر زندگانی بود دیریاز
برین وین خرم بمانم دراز

یکی میوه‌داری بماند ز من
که نازد همی بار او بر چمن

ازان پس که بنمود پنچاه و هشت
بسر بر فراوان شگفتی گذشت

همی آز کمتر نگردد بسال
همی روز جوید بتقویم و فال

چه گفتست آن موبد پیش رو
که هرگز نگردد کهن گشته نو

تو چندان که گویی سخن گوی باش
خردمند باش و جهانجوی باش

چو رفتی سر و کار با ایزدست
اگر نیک باشدت جای ار بدست

نگر تا چه کاری همان بدروی
سخن هرچه گویی همان بشنوی

درشتی ز کس نشنود نرم گوی
به جز نیکویی در زمانه مجوی

به گفتار دهقان کنون بازگرد
نگر تا چه گوید سراینده مرد

چنین گفت موبد که یک روز طوس
بدانگه که برخاست بانگ خروس

خود و گیو گودرز و چندی سوار
برفتند شاد از در شهریار

به نخچیر گوران به دشت دغوی
ابا باز و یوزان نخچیر جوی

فراوان گرفتند و انداختند
علوفه چهل روزه را ساختند

بدان جایگه ترک نزدیک بود
زمینش ز خرگاه تاریک بود

یکی بیشه پیش اندر آمد ز دور	به نزدیک مرز سواران تور
همی راند در پیش با طوس گیو	پس اندر پرستنده‌ای چند نیو
بران بیشه رفتند هر دو سوار	بگشتند بر گرد آن مرغزار
به بیشه یکی خوب رخ یافتند	پر از خنده لب هر دو بشتافتند
به دیدار او در زمانه نبود	برو بر ز خوبی بهانه نبود
بدو گفت گیوای فریبنده ماه	ترا سوی این بیشه چون بود راه
چنین داد پاسخ که ما را پدر	بزد دوش بگذاشتم بوم و بر
شب تیره مست آمد از دشت سور	همان چون مرا دید جوشان ز دور
یکی خنجری آبگون برکشید	همان خواست از تن سرم را برید
بپرسید زو پهلوان از نژاد	برو سروبن یک به یک کرد یاد
بدو گفت من خویش گرسیوزم	به شاه آفریدون کشد پروزم
پیاده بدو گفت چون آمدی	که بی‌باره و رهنمون آمدی
چنین داد پاسخ که اسپم بماند	ز سستی مرا بر زمین برنشاند
بی‌اندازه زر و گهر داشتم	به سر بر یکی تاج زر داشتم
بران روی بالا ز من بستدند	نیام یکی تیغ بر من زدند
چو هشیار گردد پدر بی‌گمان	سواری فرستد پس من دمان
بیید همی تازیان مادرم	نخواهد کزین بوم و بر بگذرم
دل پهلوانان بدو نرم گشت	سر طوس نوذر بی‌آزرم گشت
شه نوذری گفت من یافتم	از ایرا چنین تیز بشتافتم
بدو گفت گیو ای سپهدار شاه	نه با من برابر بدی بی‌سپاه
همان طوس نوذر بدان بستهید	کجا پیش اسپ من اینجا رسید
بدو گیو گفت این سخن خودمگوی	که من تاختم پیش نخچیرجوی
ز بهر پرستنده‌ای گرمگوی	نگردد جوانمرد پرخاشجوی
سخنشان به تندی بجایی رسید	که این ماه را سر بباید برید
میانشان چو آن داوری شد دراز	میانجی برآمد یکی سرفراز
که این را بر شاه ایران برید	بدان کاو دهد هر دو فرمان برید
نگشتند هر دو ز گفتار اوی	بر شاه ایران نهادند روی
چو کاووس روی کنیزک بدید	بخندید و لب را به دندان گزید
بهر دو سپهبد چنین گفت شاه	که کوتاه شد بر شما رنج راه

Shahnameh

برین داستان بگذارنیم روز	که خورشید گیرند گردان بیوز
گوزنست اگر آهوی دلبرست	شکاری چنین از در مهترست
بدو گفت خسرو نژاد تو چیست	که چهرت همانند چهر پریست
ورا گفت از مام خاتونیم	ز سوی پدر بر فریدونیم
نیایم سپهدار گرسیوزست	بران مرز خرگاه او مرکزست
بدو گفت کاین روی و موی و نژاد	همی خواستی داد هر سه به باد
به مشکوی زرین کنم شایدت	سر ماه رویان کنم بایدت
چنین داد پاسخ که دیدم ترا	ز گردنکشان برگزیدم ترا
بت اندر شبستان فرستاد شاه	بفرمود تا برنشیند به گاه
بیراستندش به دیبای زرد	به یاقوت و پیروزه و لاجورد
دگر ایزدی هر چه بایست بود	یکی سرخ یاقوت بد نابسود
بسی برنیمد برین روزگار	که رنگ اندر آمد به خرم بهار
جدا گشت زو کودکی چون پری	به چهره بسان بت آزری
بگفتند با شاه کاووس کی	که برخوردی از ماه فرخنده‌پی
یکی بچه‌ی فرخ آمد پدید	کنون تخت بر ابر باید کشید
جهان گشت ازان خوب پر گفت و گوی	کزان گونه نشنید کس موی و روی
جهاندار نامش سیاوخش کرد	برو چرخ گردنده را بخش کرد
ازان کاو شمارد سپهر بلند	بدانست نیک و بد و چون و چند
ستاره بران بچه آشفته دید	غمی گشت چون بخت او خفته دید
بدید از بد و نیک آزار او	به یزدان پناهید از کار او

بردن رستم سیاوش را به سیستان و پروریدن وی را

چنین تا برآمد برین روزگار	تهمتن بیامد بر شهریار
چنین گفت کاین کودک شیرفش	مرا پرورانید باید به کش
چو دارندگان ترا مایه نیست	مر او را بگیتی چو من دایه نیست
بسی مهتر اندیشه کرد اندر آن	نیمد همی بر دلش برگران

به رستم سپردش دل و دیده را / جهانجوی گرد پسندیده را
تهمتن ببردش به زابلستان / نشستن‌گهش ساخت در گلستان
سواری و تیر و کمان و کمند / عنان و رکیب و چه و چون و چند
نشستن‌گه مجلس و میگسار / همان باز و شاهین و کار شکار
ز داد و ز بیداد و تخت و کلاه / سخن گفتن رزم و راندن سپاه
هنرها بیاموختش سر به سر / بسی رنج برداشت و آمد به بر
سیاوش چنان شد که اندر جهان / به مانند او کس نبود از مهان
چو یک چند بگذشت و او شد بلند / سوی گردن شیر شد با کمند
چنین گفت با رستم سرفراز / که آمد به دیدار شاهم نیاز
بسی رنج بردی و دل سوختی / هنرهای شاهانم آموختی
پدر باید اکنون که بیند ز من / هنرهای آموزش پیلتن
گو شیردل کار او را بساخت / فرستادگان را ز هر سو بتاخت
ز اسپ و پرستنده و سیم و زر / ز مهر و ز تخت و کلاه و کمر
ز پوشیدنی هم ز گستردنی / ز هر سو بیورد آوردنی
ازین هر چه در گنج رستم نبود / ز گیتی فرستاد و آورد زود
گسی کرد ازان گونه او را به راه / که شد بر سیاوش نظاره سپاه
همی رفت با او تهمتن به هم / بدان تا نباشد سپهبد دژم
جهانی به آیین بیراستند / چو خشنودی نامور خواستند
همه زر به عنبر برآمیختند / ز گنبد به سر بر همی ریختند
جهان گشته پر شادی و خواسته / در و بام هر برزن آراسته
به زیر پی تازی اسپان درم / به ایران نبودند یک تن دژم
همه یال اسپ از کران تا کران / براندوه مشک و می و زعفران

باز آمدن سیاوش از زابلستان

چو آمد به کاووس شاه آگهی / که آمد سیاووش با فرهی
بفرمود تا با سپه گیو و طوس / برفتند با نای رویین و کوس

همه نامداران شدند انجمن	چو گرگین و خراد لشکرشکن
پذیره برفتند یکسر ز جای	به نزد سیاووش فرخنده رای
چو دیدند گردان گو پور شاه	خروش آمد و برگشادند راه
پرستار با مجمر و بوی خوش	نظاره برو دست کرده به کش
بهر کنج در سیصد استاده بود	میان در سیاووش آزاده بود
بسی زر و گوهر برافشاندند	سراسر همه آفرین خواندند
چو کاووس را دید بر تخت عاج	ز یاقوت رخشنده بر سرش تاج
نخست آفرین کرد و بردش نماز	زمانی همی گفت با خاک راز
وزان پس بیمد بر شهریار	سپهبد گرفتش سر اندر کنار
شگفتی ز دیدار او خیره ماند	بروبر همی نام یزدان بخواند
بدان اندکی سال و چندان خرد	که گفتی روانش خرد پرورد
بسی آفرین بر جهان آفرین	بخواند و بمالید رخ بر زمین
همی گفت کای کردگار سپهر	خداوند هوش و خداوند مهر
همه نیکویها به گیتی ز تست	نیایش ز فرزند گیرم نخست
ز رستم بپرسید و بنواختش	بران تخت پیروزه بنشاختش
بزرگان ایران همه با نثار	برفتند شادان بر شهریار
ز فر سیاوش فرو ماندند	بدادار برآفرین خواندند
بفرمود تا پیشش ایرانیان	ببستند گردان لشکر میان
به کاخ و به باغ و به میدان اوی	جهانی به شادی نهادند روی
به هر جای جشنی بیراستند	می و رود و رامشگران خواستند
یکی سور فرمود کاندر جهان	کسی پیش از وی نکرد از مهان
به یک هفته زان گونه بودند شاد	به هشتم در گنجها برگشاد
ز هر چیز گنجی بفرمود شاه	ز مهر و ز تیغ و ز تخت و کلاه
از اسپان تازی به زین پلنگ	ز بر گستوان و ز خفتان جنگ
ز دینار و از بدره‌های درم	ز دیبای و از گوهر بیش و کم
جز افسر که هنگام افسر نبود	بدان کودکی تاج در خور نبود
سیاووش را داد و کردش نوید	ز خوبی بدادش فراوان امید
چنین هفت سالش همی آزمود	به هر کار جز پاک زاده نبود
بهشتم بفرمود تا تاج زر	ز گوهر درافشان کلاه و کمر

نبشتند منشور بر پرنیان	به رسم بزرگان و فر کیان
زمین کهستان ورا داد شاه	که بود او سزای بزرگی و گاه
چنین خواندندش همی پیشتر	که خوانی ورا ماوراء النهر بر

شیفته شدن سودابه بر سیاوش

برآمد برین نیز یک روزگار	چنان بد که سودابه‌ی پرنگار
ز ناگاه روی سیاوش بدید	پراندیشه گشت و دلش بردمید
چنان شد که گفتی طراز نخ است	وگر پیش آتش نهاده یخ است
کسی را فرستاد نزدیک اوی	که پنهان سیاووش را این بگوی
که اندر شبستان شاه جهان	نباشد شگفت ار شوی ناگهان
فرستاده رفت و بدادش پیام	برآشفت زان کار او نیکنام
بدو گفت مرد شبستان نیم	مجویم که بابند و دستان نیم
دگر روز شبگیر سودابه رفت	بر شاه ایران خرامید تفت
بدو گفت کای شهریار سپاه	که چون تو ندیدست خورشید و ماه
نه اندر زمین کس چو فرزند تو	جهان شاد بادا به پیوند تو
فرستش به سوی شبستان خویش	بر خواهران و فغستان خویش
همه روی پوشیدگان را ز مهر	پر ازخون دلست و پر از آب چهر
نمازش برند و نثار آورند	درخت پرستش به بار آورند
بدو گفت شاه این سخن در خورست	برو بر ترا مهر صد مادرست
سپهبد سیاووش را خواند و گفت	که خون و رگ و مهر نتوان نهفت
پس پرده‌ی من ترا خواهرست	چو سودابه خود مهربان مادرست
ترا پاک یزدان چنان آفرید	که مهر آورد بر تو هرکت بدید
به ویژه که پیوسته‌ی خون بود	چو از دور بیند ترا چون بود
پس پرده پوشیدگان را ببین	زمانی بمان تا کنند آفرین
سیاوش چو بشنید گفتار شاه	همی کرد خیره بدو در نگاه
زمانی همی با دل اندیشه کرد	بکوشید تا دل بشوید ز گرد

گمانی چنان برد کاو را پدر	پژوهد همی تا چه دارد به سر
که بسیاردان است و چیره زبان	هشیوار و بینادل و بدگمان
بپیچید و بر خویشتن راز کرد	از انجام آهنگ آغاز کرد
که گر من شوم در شبستان اوی	ز سودابه یابم بسی گفت و گوی
سیاوش چنین داد پاسخ که شاه	مرا داد فرمان و تخت و کلاه
کز آنجایگه کفتاب بلند	برآید کند خاک را ارجمند
چو تو شاه ننهاد بر سر کلاه	به خوبی و دانش به آیین و راه
مرا موبدان ساز با بخردان	بزرگان و کارآزموده ردان
دگر نیزه و گرز و تیر و کمان	که چون پیچم اندر صف بدگمان
دگرگاه شاهان و آیین بار	دگر بزم و رزم و می و میگسار
چه آموزم اندر شبستان شاه	بدانش زنان کی نمایند راه
گر ایدونک فرمان شاه این بود	ورا پیش من رفتن آیین بود
بدو گفت شاه ای پسر شاد باش	همیشه خرد را تو بنیاد باش
سخن کم شنیدم بدین نیکوی	فزاید همی مغز کاین بشنوی
مدار ایچ اندیشه‌ی بد به دل	همه شادی آرای و غم برگسل
ببین پردگی کودکان را یکی	مگر شادمانه شوند اندکی
پس پرده اندر ترا خواهرست	پر از مهر و سودابه چون مادرست
سیاوش چنین گفت کز بامداد	بییم کنم هر چه او کرد یاد

رفتن سیاوش به شبستان کاووس

یکی مرد بد نام او هیربد	زدوده دل و مغز و رایش ز بد
که بتخانه را هیچ نگذاشتی	کلید در پرده او داشتی
سپهدار ایران به فرزانه گفت	که چون برکشد تیغ هور از نهفت
به پیش سیاوش همی رو بهوش	نگر تا چه فرماید آن دار گوش
به سودابه فرمود تا پیش اوی	نثار آورد گوهر و مشک و بوی
پرستندگان نیز با خواهران	زبرجد فشانند بر زعفران

چو خورشید برزد سر از کوهسار — سیاوش برآمد بر شهریار

برو آفرین کرد و بردش نماز — سخن گفت با او سپهد به راز

چو پردخته شد هیربد را بخواند — سخنهای شایسته چندی براند

سیااووش را گفت با او برو — بیرای دل را به دیدار نو

برفتند هر دو به یک جا به هم — روان شادمان و تهی دل ز غم

چو برداشت پرده ز در هیربد — سیاوش همی بود ترسان ز بد

شبستان همه پیشباز آمدند — پر از شادی و بزم ساز آمدند

همه جام بود از کران تا کران — پر از مشک و دینار و پر زعفران

درم زیر پایش همی ریختند — عقیق و زبرجد برآمیختند

زمین بود در زیر دیبای چین — پر از در خوشاب روی زمین

می و رود و آوای رامشگران — همه بر سران افسران گران

شبستان بهشتی شد آراسته — پر از خوبرویان و پرخواسته

سیاوش چو نزدیک ایوان رسید — یکی تخت زرین درفشنده دید

برو بر ز پیروزه کرده نگار — به دیبا بیراسته شاهوار

بران تخت سودابه ماه روی — بسان بهشتی پر از رنگ و بوی

نشسته چو تابان سهیل یمن — سر جعد زلفش سراسر شکن

یکی تاج بر سر نهاده بلند — فرو هشته تا پای مشکین کمند

پرستار نعلین زرین بدست — به پای ایستاده سرافگنده پست

سیاوش چو از پیش پرده برفت — فرود آمد از تخت سودابه تفت

بیمد خرامان و بردش نماز — به بر در گرفتش زمانی دراز

همی چشم و رویش ببوسید دیر — نیمد ز دیدار آن شاه سیر

همی گفت صد ره ز یزدان سپاس — نیایش کنم روز و شب بر سه پاس

که کس را بسان تو فرزند نیست — همان شاه را نیز پیوند نیست

سیاوش بدانست کان مهر چیست — چنان دوستی نز ره ایزدیست

به نزدیک خواهر خرامید زود — که آن جایگه کار ناساز بود

برو خواهران آفرین خواندند — به کرسی زرینش بنشاندند

بر خواهران بد زمانی دراز — خرامان بیمد سوی تخت باز

شبستان همه شد پر از گفت‌وگوی — که اینت سر و تاج فرهنگ جوی

تو گویی به مردم نماند همی — روانش خرد برفشاند همی

سیاوش به پیش پدر شد بگفت   که دیدم به پرده سرای نهفت
همه نیکویی در جهان بهر تست   ز یزدان بهانه نبایدت جست
ز جم و فریدون و هوشنگ شاه   فزونی به گنج و به شمشیر و گاه
ز گفتار او شاد شد شهریار   بیراست ایوان چو خرم بهار
می و بربط و نای برساختند   دل از بودنیها بپرداختند
چو شب گذشت پیدا و شد روز تار   شد اندر شبستان شه نامدار
پژوهنده سودابه را شاه گفت   که این رازت از من نباید نهفت
ز فرهنگ و رای سیاوش بگوی   ز بالا و دیدار و گفتار اوی
پسند تو آمد خردمند هست   از آواز به گر ز دیدن بهست
بدو گفت سودابه همتای شاه   ندیدست بر گاه خورشید و ماه
چو فرزند تو کیست اندر جهان   چرا گفت باید سخن در نهان
بدو گفت شاه ار به مردی رسد   نباید که بیند ورا چشم بد
بدو گفت سودابه گر گفت من   پذیره شود رای را جفت من
هم از تخم خویشش یکی زن دهم   نه از نامداران برزن دهم
که فرزند آرد ورا در جهان   به دیدار او در میان مهان
مرا دخترانند مانند تو   ز تخم تو و پاک پیوند تو
گر از تخم کی آرش و کی پشین   بخواهد به شادی کند آفرین
بدو گفت این خود بکام منست   بزرگی به فرجام نام منست
سیاوش به شبگیر شد نزد شاه   همی آفرین خواند بر تاج و گاه
پدر با پسر راز گفتن گرفت   ز بیگانه مردم نهفتن گرفت
همی گفت کز کردگار جهان   یکی آرزو دارم اندر نهان
که ماند ز تو نام من یادگار   ز تخم تو آید یکی شهریار
چنان کز تو من گشته‌ام تازه روی   تو دل برگشایی به دیدار اوی
چنین یافتم اخترت را نشان   ز گفت ستاره شمر موبدان
که از پشت تو شهریاری بود   که اندر جهان یادگاری بود
کنون از بزرگان یکی برگزین   نگه کن پس پرده‌ی کی پشین
به خان کی آرش همان نیز هست   ز هر سو بیرای و بپساو دست
بدو گفت من شاه را بنده‌ام   به فرمان و رایش سرافکنده‌ام
هرآن کس که او برگزیند رواست   جهاندار بربندگان پادشاست

نباید که سودابه این بشنود / دگرگونه گوید بدین نگرود

به سودابه زین‌گونه گفتار نیست / مرا در شبستان او کار نیست

ز گفت سیاوش بخندید شاه / نه آگاه بد ز آب در زیرکاه

گزین تو باید بدو گفت زن / ازو هیچ مندیش وز انجمن

که گفتار او مهربانی بود / به جان تو بر پاسبانی بود

سیاوش ز گفتار او شاد شد / نهانش ز اندیشه آزاد شد

به شاه جهان بر ستایش گرفت / نوان پیش تختش نیایش گرفت

نهانی ز سودابه‌ی چاره‌گر / همی بود پیچان و خسته جگر

بدانست کان نیز گفتار اوست / همی زو بدرید بر تنش پوست

بدین داستان نیز شب برگذشت / سپهر از بر کوه تیره بگشت

رفتن سیاوش به شبستان دو دیگر بار

نشست از بر تخت سودابه شاد / ز یاقوت و زر افسری برنهاد

همه دختران را بر خویش خواند / بیراست و بر تخت زرین نشاند

چنین گفت با هیربد ماه‌روی / کز ایدر برو با سیاوش بگوی

که باید که رنجه کنی پای خویش / نمایی مرا سرو بالای خویش

بشد هیربد با سیاووش گفت / برآورد پوشیده راز از نهفت

خرامان بیمد سیاوش برش / بدید آن نشست و سر و افسرش

به پیشش بتان نوآیین به پای / تو گفتی بهشت‌ست کاخ و سرای

فرود آمد از تخت و شد پیش اوی / به گوهر بیاراسته روی و موی

سیاوش بر تخت زرین نشست / ز پیشش بکش کرده سودابه دست

بتان را به شاه نوآیین نمود / که بودند چون گوهر نابسود

بدو گفت بنگر بدین تخت و گاه / پرستنده چندین بزرین کلاه

همه نارسیده بتان طراز / که بسرشتشان ایزد از شرم و ناز

کسی کت خوش آید ازیشان بگوی / نگه کن بدیدار و بالای اوی

سیاوش چو چشم اندکی برگماشت / ازیشان یکی چشم ازو برنداشت

همه یک به دیگر بگفتند ماه   نیارد بدین شاه کردن نگاه
برفتند هر یک سوی تخت خویش   ژکان و شمارنده بر بخت خویش
چو ایشان برفتند سودابه گفت   که چندین چه داری سخن در نهفت
نگویی مرا تا مراد تو چیست   که بر چهر تو فر چهر پریست
هر آن کس که از دور بیند ترا   شود بیهش و برگزیند ترا
ازین خوب رویان بچشم خرد   نگه کن که با تو که اندر خورد
سیاوش فرو ماند و پاسخ نداد   چنین آمدش بر دل پاک یاد
که من بر دل پاک شیون کنم   به آید که از دشمنان زن کنم
شنیدستم از نامور مهتران   همه داستانهای هاماوران
که از پیش با شاه ایران چه کرد   ز گردان ایران برآورد گرد
پر از بند سودابه کاو دخت اوست   نخواهد همی دوده را مغز و پوست
به پاسخ سیاوش چو بگشاد لب   پری چهره برداشت از رخ قصب
بدو گفت خورشید با ماه نو   گر ایدون که بینند بر گاه نو
نباشد شگفت ار شود ماه خوار   تو خورشید داری خود اندر کنار
کسی کاو چو من دید بر تخت عاج   ز یاقوت و پیروزه بر سرش تاج
نباشد شگفت ار به مه ننگرد   کسی را به خوبی به کس نشمرد
اگر با من اکنون تو پیمان کنی   نپیچی و اندیشه آسان کنی
یکی دختری نارسیده بجای   کنم چون پرستار پیشت به پای
به سوگند پیمان کن اکنون یکی   ز گفتار من سر مپیچ اندکی
چو بیرون شود زین جهان شهریار   تو خواهی بدن زو مرا یادگار
نمانی که آید به من بر گزند   بداری مرا همچو او ارجمند
من اینک به پیش تو استاده‌ام   تن و جان شیرین ترا داده‌ام
ز من هرچ خواهی همه کام تو   برآرم نپیچم سر از دام تو
سرش تنگ بگرفت و یک بوسه چاک   بداد و نبود آگه از شرم و باک
رخان سیاوش چو گل شد ز شرم   بیاراست مژگان به خوناب گرم
چنین گفت با دل که از کار دیو   مرا دور داراد گیهان خدیو
نه من با پدر بیوفایی کنم   نه با اهرمن آشنایی کنم
وگر سرد گویم بدین شوخ چشم   بجوشد دلش گرم گردد ز خشم
یکی جادوی سازد اندر نهان   بدو بگرود شهریار جهان

همان به که با او به آواز نرم — سخن گویم و دارمش چرب و گرم
سیاوش ازان پس به سودابه گفت — که اندر جهان خود تراکیست جفت
نمانی مگر نیمه‌ی ماه را — نشایی به گیتی بجز شاه را
کنون دخترت بس که باشد مرا — نشاید بجز او که باشد مرا
برین باش و با شاه ایران بگوی — نگه کن که پاسخ چه یابی ازوی
بخواهم من او را و پیمان کنم — زبان را به نزدت گروگان کنم
که تا او نگردد به بالای من — نبید به دیگر کسی رای من
و دیگر که پرسیدی از چهر من — بیمیخت با جان تو مهر من
مرا آفریننده از فر خویش — چنان آفرید ای نگارین ز پیش
تو این راز مگشای و با کس مگوی — مرا جز نهفتن همان نیست روی
سر بانوانی و هم مهتری — من ایدون گمانم که تو مادری
بگفت این و غمگین برون شد به در — ز گفتار او بود آسیمه سر
چو کاووس کی در شبستان رسید — نگه کرد سودابه او را بدید
بر شاه شد زان سخن مژده داد — ز کار سیاوش بسی کرد یاد
که آمد نگه کرد ایوان همه — بتان سیه چشم کردم رمه
چنان بود ایوان ز بس خوب چهر — که گفتی همی بارد از ماه مهر
جز از دختر من پسندش نبود — ز خوبان کسی ارجمندش نبود
چنان شاد شد زان سخن شهریار — که ماه آمدش گفتی اندر کنار
در گنج بگشاد و چندان گهر — ز دیبای زربفت و زرین کمر
همان یاره و تاج و انگشتری — همان طوق و هم تخت کنداوری
ز هر چیز گنجی بد آراسته — جهانی سراسر پر از خواسته
نگه کرد سودابه خیره بماند — به اندیشه افسون فراوان بخواند
که گر او نیاید به فرمان من — روا دارم ار بگسلد جان من
بد و نیک و هر چاره کاندر جهان — کنند آشکارا و اندر نهان
بسازم گر او سربپیچد ز من — کنم زو فغان بر سر انجمن

رفتن سیاوش به شبستان سدیگر بار

نشست از بر تخت باگوشوار	به سر بر نهاد افسری پرنگار
سیاوخش را در بر خویش خواند	ز هر گونه با او سخنها براند
بدو گفت گنجی بیاراست شاه	کزان سان ندیدست کس تاج و گاه
ز هر چیز چندان که اندازه نیست	اگر بر نهی پیل باید دویست
به تو داد خواهد همی دخترم	نگه کن بروی و سر و افسرم
بهانه چه داری تو از مهر من	بپیچی ز بالا و از چهر من
که تا من ترا دیده‌ام برده‌ام	خروشان و جوشان و آزرده‌ام
همی روز روشن نبینم ز درد	برآنم که خورشید شد لاجورد
کنون هفت سالست تا مهر من	همی خون چکاند بدین چهر من
یکی شاد کن در نهانی مرا	ببخشای روز جوانی مرا
فزون زان که دادت جهاندار شاه	بیارایمت یاره و تاج و گاه
و گر سر بپیچی ز فرمان من	نیاید دلت سوی پیمان من
کنم بر تو بر پادشاهی تباه	شود تیره بر روی تو چشم شاه
سیاوش بدو گفت هرگز مباد	که از بهر دل سر دهم من به باد
چنین با پدر بی‌وفایی کنم	ز مردی و دانش جدایی کنم
تو بانوی شاهی و خورشید گاه	سزد کز تو ناید بدینسان گناه
وزان تخت برخاست با خشم و جنگ	بدو اندر آویخت سودابه چنگ
بدو گفت من راز دل پیش تو	بگفتم نهان از بداندیش تو
مرا خیره خواهی که رسوا کنی	به پیش خردمند رعنا کنی
بزد دست و جامه بدرید پاک	به ناخن دو رخ را همی کرد چاک
برآمد خروش از شبستان اوی	فغانش ز ایوان برآمد به کوی
یکی غلغل از باغ و ایوان بخاست	که گفتی شب رستخیزست راست
به گوش سپهبد رسید آگهی	فرود آمد از تخت شاهنشهی
پراندیشه از تخت زرین برفت	به سوی شبستان خرامید تفت

بیامد چو سودابه را دید روی   خراشیده و کاخ پر گفت و گوی
ز هر کس بپرسید و شد تنگ‌دل   ندانست کردار آن سنگ دل
خروشید سودابه در پیش اوی   همی ریخت آب و همی کند موی
چنین گفت کامد سیاوش به تخت   برآراست چنگ و برآویخت سخت
که جز تو نخواهم کسی را ز بن   جز اینت همی راند باید سخن
که از تست جان و دلم پر ز مهر   چه پرهیزی از من تو ای خوب چهر
بینداخت افسر ز مشکین سرم   چنین چاک شد جامه اندر برم
پراندیشه شد زان سخن شهریار   سخن کرد هرگونه را خواستار
به دل گفت ار این راست گوید همی   وزین‌گونه زشتی نجوید همی
سیاووش را سر بباید برید   بدینسان بودبند بد را کلید
خردمند مردم چه گوید کنون   خوی شرم ازین داستان گشت خون
کسی را که اندر شبستان بدند   هشیوار و مهترپرستان بدند
گسی کرد و بر گاه تنها بماند   سیاووش و سودابه را پیش خواند
به هوش و خرد با سیاووش گفت   که این راز بر من نشاید نهفت
نکردی تو این بد که من کرده‌ام   ز گفتار بیهوده آزرده‌ام
چرا خواندم در شبستان ترا   کنون غم مرا بود و دستان ترا
کنون راستی جوی و با من بگوی   سخن بر چه سانست بنمای روی
سیاووش گفت آن کجا رفته بود   وزان در که سودابه آشفته بود
چنین گفت سودابه کاین نیست راست   که او از بتان جز تن من نخواست
بگفتم همه هرچ شاه جهان   بدو داد خواست آشکار و نهان
ز فرزند و ز تاج وز خواسته   ز دینار وز گنج آراسته
بگفتم که چندین برین بر نهم   همه نیکویها به دختر دهم
مرا گفت با خواسته کار نیست   به دختر مرا راه دیدار نیست
ترا بایدم زین میان گفت بس   نه گنجم به کارست بی تو نه کس
مرا خواست کارد به کاری به چنگ   دو دست اندر آویخت چون سنگ تنگ
نکردمش فرمان همی موی من   بکند و خراشیده شد روی من
یکی کودکی دارم اندر نهان   ز پشت تو ای شهریار جهان
ز بس رنج کشتنش نزدیک بود   جهان پیش من تنگ و تاریک بود
چنین گفت با خویشتن شهریار   که گفتار هر دو نیاید به کار

برین کار بر نیست جای شتاب	که تنگی دل آرد خرد را به خواب
نگه کرد باید بدین در نخست	گواهی دهد دل چو گردد درست
ببینم کزین دو گنهکار کیست	ببادافره‌ی بد سزاوار کیست
بدان بازجستن همی چاره جست	ببویید دست سیاوش نخست
بر و بازو و سرو بالای او	سراسر ببویید هرجای او
ز سودابه بوی می و مشک ناب	همی یافت کاووس بوی گلاب
ندید از سیاوش بدان گونه بوی	نشان بسودن نبود اندروی
غمی گشت و سودابه را خوار کرد	دل خویشتن را پرآزار کرد
به دل گفت کاین را به شمشیر تیز	بباید کنون کردنش ریز ریز
ز هاماوران زان پس اندیشه کرد	که آشوب خیزد پرآواز و درد
و دیگر بدانگه که در بند بود	بر او نه خویش و نه پیوند بود
پرستار سودابه بد روز و شب	که پیچید ازان درد و نگشاد لب
سه دیگر که یک دل پر از مهر داشت	ببایست زو هر بد اندر گذاشت
چهارم کزو کودکان داشت خرد	غم خرد را خوار نتوان شمرد
سیاوش ازان کار بد بی‌گناه	خردمندی وی بدانست شاه
بدو گفت ازین خود میندیش هیچ	هشیواری و رای و دانش بسیچ
مکن یاد این هیچ و با کس مگوی	نباید که گیرد سخن رنگ و بوی
چو دانست سودابه کاو گشت خوار	همان سرد شد بر دل شهریار
یکی چاره جست اندر آن کار زشت	ز کینه درختی بنوی بکشت
زنی بود با او سپرده درون	پر از جادوی بود و رنگ و فسون
گران بود اندر شکم بچه داشت	همی از گرانی به سختی گذاشت
بدو راز بگشاد و زو چاره جست	کز آغاز پیمانت خواهم نخست
چو پیمان ستد چیز بسیار داد	سخن گفت ازین در مکن هیچ یاد
یکی دارویی ساز کاین بفگنی	تهی مانی و راز من نشکنی
مگر کاین همه بند و چندین دروغ	بدین بچگان تو باشد فروغ
به کاووس گویم که این از منند	چنین کشته بر دست اهریمنند
مگر کین شود بر سیاوش درست	کنون چاره‌ی این ببایدت جست
گرین نشنوی آب من نزد شاه	شود تیره و دور مانم ز گاه
بدو گفت زن من ترا بنده‌ام	بفرمان و رایت سرافگنده‌ام

چو شب تیره شد داوری خورد زن
که بفتاد زو بچه‌ی اهرمن

دو بچه چنان چون بود دیوزاد
چه گونه بود بچه جادو نژاد

نهان کرد زن را و او خود بخفت
فغانش برآمد ز کاخ نهفت

در ایوان پرستار چندانک بود
به نزدیک سودابه رفتند زود

یکی طشت زرین بیارید پیش
بگفت آن سخن با پرستار خویش

نهاد اندران بچه‌ی اهرمن
خروشید و بفگند بر جامه تن

دو کودک بدیدند مرده به طشت
از ایوان به کیوان فغان برگذشت

چو بشنید کاووس از ایوان خروش
بلرزید در خواب و بگشاد گوش

بپرسید و گفتند با شهریار
که چون گشت بر ماه‌رخ روزگار

غمی گشت آن شب نزد هیچ دم
به شبگیر برخاست و آمد دژم

برانگونه سودابه را خفته دید
سراسر شبستان برآشفته دید

دو کودک بران گونه بر طشت زر
فگنده به خواری و خسته جگر

ببارید سودابه از دیده آب
بدو گفت روشن ببین آفتاب

همی گفت بنگر چه کرد از بدی
به گفتار او خیره ایمن شدی

دل شاه کاووس شد بدگمان
برفت و در اندیشه شد یک زمان

همی گفت کاین را چه درمان کنم
نشاید که این بر دل آسان کنم

ازان پس نگه کرد کاووس شاه
کسی را که کردی به اختر نگاه

بجست و ز ایشان بر خویش خواند
بپرسید و بر تخت زرین نشاند

ز سودابه و رزم هاماوران
سخن گفت هرگونه با مهتران

بدان تا شوند آگه از کار اوی
بدانش بدانند کردار اوی

وزان کودکان نیز بسیار گفت
همی داشت پوشیده اندر نهفت

همه زیج و صرلاب برداشتند
بران کار یک هفته بگذاشتند

سرانجام گفتند کاین کی بود
به جامی که زهر افگنی می بود

دو کودک ز پشت کسی دیگرند
نه از پشت شاه و نه زین مادرند

گر از گوهر شهریاران بدی
ازین زیجها جستن آسان بدی

نه پیداست رازش درین آسمان
نه اندر زمین این شگفتی بدان

نشان بداندیش ناپاک زن
بگفتند با شاه در انجمن

نهان داشت کاووس و باکس نگفت
همی داشت پوشیده اندر نهفت

برین کار بگذشت یک هفته نیز
ز جادو جهان را برآمد قفیز

Shahnameh

بنالید سودابه و داد خواست	ز شاه جهاندار فریاد خواست
همی گفت همداستانم ز شاه	به زخم و به افگندن از تخت و گاه
ز فرزند کشته بپیچد دلم	زمان تا زمان سر ز تن بگسلم
بدو گفت ای زن تو آرام گیر	چه گویی سخنهای نادلپذیر
همه روزبانان درگاه شاه	بفرمود تا برگرفتند راه
همه شهر و برزن به پای آورند	زن بدکنش را بجای آورند
به نزدیکی اندر نشان یافتند	جهان دیدگان نیز بشتافتند
کشیدند بدبخت زن را ز راه	به خواری ببردند نزدیک شاه
به خوبی بپرسید و کردش امید	بسی روز را داد نیزش نوید
وزان پس به خواری و زخم و به بند	به پردخت از او شهریار بلند
نبد هیچ خستو بدان داستان	نبد شاه پرمایه همداستان
بفرمود کز پیش بیرون برند	بسی چاره جویند و افسون برند
چو خستو نیاید میانش به ار	ببرید و این دانم آیین و فر
ببردند زن را ز درگاه شاه	ز شمشیر گفتند وز دار و چاه
چنین گفت جادو که من بی‌گناه	چه گویم بدین نامور پیشگاه
بگفتند باشاه کاین زن چه گفت	جهان آفرین داند اندر نهفت
به سودابه فرمود تا رفت پیش	ستاره شمر گفت گفتار خویش
که این هر دو کودک ز جادو زنند	پدیدند کز پشت اهریمنند
چنین پاسخ آورد سودابه باز	که نزدیک ایشان جز اینست راز
فزونستشان زین سخن در نهفت	ز بهر سیاوش نیارند گفت
ز بیم سپهبد گو پیلتن	بلرزد همی شیر در انجمن
کجا زور دارد به هشتاد پیل	ببندد چو خواهد ره آب نیل
همان لشکر نامور صدهزار	گریزند ازو در صف کارزار
مرا نیز پایاب او چون بود	مگر دیده همواره پرخون بود
جزان کاو بفرماید اخترشناس	چه گوید سخن وز که دارد سپاس
تراگر غم خرد فرزند نیست	مرا هم فزون از تو پیوند نیست
سخن گر گرفتی چنین سرسری	بدان گیتی افگندم این داوری
ز دیده فزون زان ببارید آب	که بردارد از رود نیل آفتاب
سپهبد ز گفتار او شد دژم	همی زار بگریست با او بهم

گسی کرد سودابه را خسته دل
بران کار بنهاد پیوسته دل

چنین گفت کاندر نهان این سخن
پژوهیم تا خود چه آید به بن

ز پهلو همه موبدان را بخواند
ز سودابه چندی سخنها براند

چنین گفت موبد به شاه جهان
که درد سپهبد نماند نهان

چو خواهی که پیدا کنی گفت‌وگوی
بباید زدن سنگ را بر سبوی

که هر چند فرزند هست ارجمند
دل شاه از اندیشه یابد گزند

وزین دختر شاه هاماوران
پر اندیشه گشتی به دیگر کران

ز هر در سخن چون بدین گونه گشت
بر آتش یکی را بباید گذشت

چنین است سوگند چرخ بلند
که بر بیگناهان نیاید گزند

جهاندار سودابه را پیش خواند
همی با سیاوش بگفتن نشاند

سرانجام گفت ایمن از هر دوان
نگردد مرا دل نه روشن روان

مگر کاتش تیز پیدا کند
گنه کرده را زود رسوا کند

چنین پاسخ آورد سودابه پیش
که من راست گویم به گفتار خویش

فگنده دو کودک نمودم بشاه
ازین بیشتر کس نبیند گناه

سیاووش را کرد باید درست
که این بد بکرد و تباهی بجست

به پور جوان گفت شاه زمین
که رایت چه بیند کنون اندرین

سیاوش چنین گفت کای شهریار
که دوزخ مرا زین سخن گشت خوار

اگر کوه آتش بود بسپرم
ازین تنگ خوارست اگر بگذرم

پراندیشه شد جان کاووس کی
ز فرزند و سودابه‌ی نیک‌پی

کزین دو یکی گر شود نابکار
ازان پس که خواند مرا شهریار

چو فرزند و زن باشدم خون و مغز
کرا بیش بیرون شود کار نغز

همان به کزین زشت کردار دل
بشویم کنم چاره‌ی دلگسل

چه گفت آن سپهدار نیکوسخن
که با بددلی شهریاری مکن

گذشتن سیاوش بر آتش

به دستور فرمود تا ساروان	هیون آرد از دشت صد کاروان
هیونان به هیزم کشیدن شدند	همه شهر ایران به دیدن شدند
به صد کاروان اشتر سرخ موی	همی هیزم آورد پرخاشجوی
نهادند هیزم دو کوه بلند	شمارش گذر کرد بر چون و چند
ز دور از دو فرسنگ هرکش بدید	چنین جست و جوی بلا را کلید
همی خواست دیدن در راستی	ز کار زن آید همه کاستی
چو این داستان سر به سر بشنوی	به آید ترا گر بدین بگروی
نهادند بر دشت هیزم دو کوه	جهانی نظاره شده هم گروه
گذر بود چندان که گویی سوار	میانه برفتی به تنگی چهار
بدانگاه سوگند پرمایه شاه	چنین بود آیین و این بود راه
وزان پس به موبد بفرمود شاه	که بر چوب ریزند نفط سیاه
بیمد دو صد مرد آتش فروز	دمیدند گفتی شب آمد به روز
نخستین دمیدن سیه شد ز دود	زبانه برآمد پس از دود زود
زمین گشت روشنتر از آسمان	جهانی خروشان و آتش دمان
سراسر همه دشت بریان شدند	بران چهر خندانش گریان شدند
سیاوش بیامد به پیش پدر	یکی خود زرین نهاده به سر
هشیوار و با جامهای سپید	لبی پر ز خنده دلی پرامید
یکی تازیی بر نشسته سیاه	همی خاک نعلش برآمد به ماه
پراگنده کافور بر خویشتن	چنان چون بود رسم و ساز کفن
بدانگه که شد پیش کاووس باز	فرود آمد از باره بردش نماز
رخ شاه کاووس پر شرم دید	سخن گفتنش با پسر نرم دید
سیاوش بدو گفت انده مدار	کزین سان بود گردش روزگار
سر پر ز شرم و بهایی مراست	اگر بیگناهم رهایی مراست
ور ایدونک زین کار هستم گناه	جهان آفرینم ندارد نگاه

به نیروی یزدان نیکی دهش	کزین کوه آتش نیابم تپش
خروشی برآمد ز دشت و ز شهر	غم آمد جهان را ازان کار بهر
چو از دشت سودابه آوا شنید	برآمد به ایوان و آتش بدید
همی خواست کاو را بد آید بروی	همی بود جوشان پر از گفت و گوی
جهانی نهاده به کاووس چشم	زبان پر ز دشنام و دل پر ز خشم
سیاوش سیه را به تندی بتاخت	نشد تنگدل جنگ آتش بساخت
ز هر سو زبانه همی برکشید	کسی خود و اسپ سیاوش ندید
یکی دشت با دیدگان پر ز خون	که تا او کی آید ز آتش برون
چو او را بدیدند برخاست غو	که آمد ز آتش برون شاه نو
اگر آب بودی مگر تر شدی	ز تری همه جامه بی‌بر شدی
چنان آمد اسپ و قبای سوار	که گفتی سمن داشت اندر کنار
چو بخشایش پاک یزدان بود	دم آتش و آب یکسان بود
چو از کوه آتش به هامون گذشت	خروشیدن آمد ز شهر و ز دشت
سواران لشکر برانگیختند	همه دشت پیشش درم ریختند
یکی شادمانی بد اندر جهان	میان کهان و میان مهان
همی داد مژده یکی را دگر	که بخشود بر بیگنه دادگر
همی کند سودابه از خشم موی	همی ریخت آب و همی خست روی
چو پیش پدر شد سیاووش پاک	نه دود و نه آتش نه گرد و نه خاک
فرود آمد از اسپ کاووس شاه	پیاده سپهبد پیاده سپاه
سیاووش را تنگ در برگرفت	ز کردار بد پوزش اندر گرفت
سیاوش به پیش جهاندار پاک	بیامد بمالید رخ را به خاک
که از تف آن کوه آتش برست	همه کامه‌ی دشمنان گشت پست
بدو گفت شاه ای دلیر جوان	که پاکیزه تخمی و روشن روان
چنانی که از مادر پارسا	بزاید شود در جهان پادشا
به ایوان خرامید و بنشست شاد	کلاه کیانی به سر برنهاد
می آورد و رامشگران را بخواند	همه کامها با سیاوش براند
سه روز اندر آن سور می در کشید	نبد بر در گنج بند و کلید
چهارم به تخت کیی برنشست	یکی گرزه‌ی گاو پیکر به دست
برآشفت و سودابه را پیش خواند	گذشت سخنها برو بر براند

۳۳۵

که بی‌شرمی و بد بسی کرده‌ای	فراوان دل من بیازرده‌ای
یکی بد نمودی به فرجام کار	که بر جان فرزند من زینهار
بخوردی و در آتش انداختی	برین گونه بر جادویی ساختی
نیاید ترا پوزش اکنون به کار	بپرداز جای و برآرای کار
نشاید که باشی تو اندر زمین	جز آویختن نیست پاداش این
بدو گفت سودابه کای شهریار	تو آتش بدین تارک من ببار
مرا گر همی سر بباید برید	مکافات این بد که بر من رسید
بفرمای و من دل نهادم برین	نبود آتش تیز با او به کین
سیاوش سخن راست گوید همی	دل شاه از غم بشوید همی
همه جادوی زال کرد اندرین	نخواهم که داری دل از من بکین
بدو گفت نیرنگ داری هنوز	نگردد همی پشت شوخیت کوز
به ایرانیان گفت شاه جهان	کزین بد که این ساخت اندر نهان
چه سازم چه باشد مکافات این	همه شاه را خواندند آفرین
که پاداش این آنکه بیجان شود	ز بد کردن خویش پیچان شود
به دژخیم فرمود کاین را به کوی	ز دار اندر آویز و برتاب روی
چو سودابه را روی برگاشتند	شبستان همه بانگ برداشتند
دل شاه کاووس پردرد شد	نهان داشت رنگ رخش زرد شد
سیاوش چنین گفت با شهریار	که دل را بدین کار رنجه مدار
به من بخش سودابه را زین گناه	پذیرد مگر پند و آید به راه
همی گفت با دل که بر دست شاه	گر ایدون که سودابه گردد تباه
به فرجام کار او پشیمان شود	ز من بیند او غم چو پیچان شود
بهانه همی جست زان کار شاه	بدان تا ببخشد گذشته گناه
سیاووش را گفت بخشیدمش	ازان پس که خون ریختن دیدمش
سیاوش ببوسید تخت پدر	وزان تخت برخاست و آمد بدر
شبستان همه پیش سودابه باز	دویدند و بردند او را نماز
برین گونه بگذشت یک روزگار	برو گرمتر شد دل شهریار
چنان شد دلش باز از مهر اوی	که دیده نه برداشت از چهر اوی
دگر باره با شهریار جهان	همی جادوی ساخت اندر نهان
بدان تا شود با سیاووش بد	بدانسان که از گوهر او سزد

ز گفتار او شاه شد در گمان	نکرد ایچ بر کس پدید از مهان
بجایی که کاری چنین اوفتاد	خرد باید و دانش و دین و داد
چنان چون بود مردم ترسکار	برآید به کام دل مرد کار
بجایی که زهر آگند روزگار	ازو نوش خیره مکن خواستار
تو با آفرینش بسنده نه‌ای	مشو تیز گر پرورنده نه‌ای
چنین‌ست کردار گردان سپهر	نخواهد گشادن همی بر تو چهر
برین داستان زد یکی رهنمون	که مهری فزون نیست از مهر خون
چو فرزند شایسته آمد پدید	ز مهر زنان دل بباید برید

تاختن افراسیاب به ایران

به مهر اندرون بود شاه جهان	که بشنید گفتار کارآگهان
که افراسیاب آمد و صدهزار	گزیده ز ترکان شمرده سوار
سوی شهر ایران نهادست روی	وزو گشت کشور پر از گفت و گوی
دل شاه کاووس ازان تنگ شد	که از بزم رایش سوی جنگ شد
یکی انجمن کرد از ایرانیان	کسی را که بد نیکخواه کیان
بدیشان چنین گفت کافراسیاب	ز باد و ز آتش ز خاک و ز آب
همانا که ایزد نکردش سرشت	مگر خود سپهرش دگرگونه کشت
که چندین به سوگند پیمان کند	زبان را به خوبی گروگان کند
چو گردآورد مردم کینه جوی	بتابد ز پیمان و سوگند روی
جز از من نشاید ورا کینه خواه	کنم روز روشن بدو بر سیاه
مگر گم کنم نام او در جهان	وگر نه چو تیر از کمان ناگهان
سپه سازد و رزم ایران کند	بسی زین بر و بوم ویران کند
بدو گفت موبد چه باید سپاه	چو خود رفت باید به آوردگاه
چرا خواسته داد باید بباد	در گنج چندین چه باید گشاد
دو بار این سر نامور گاه خویش	سپردی به تیزی به بدخواه خویش
کنون پهلوانی نگه کن گزین	سزاوار جنگ و سزاوار کین

چنین داد پاسخ بدیشان که من	نبینم کسی را بدین انجمن
که دارد پی و تاب افراسیاب	مرا رفت باید چو کشتی بر آب
شما بازگردید تا من کنون	بپیچم یکی دل برین رهنمون
سیاوش ازان دل پراندیشه کرد	روان را از اندیشه چون بیشه کرد
به دل گفت من سازم این رزمگاه	به خوبی بگویم بخواهم ز شاه
مگر کم رهایی دهد دادگر	ز سودابه و گفت و گوی پدر
دگر گر ازین کار نام آورم	چنین لشکری را به دام آورم
بشد با کمر پیش کاووس شاه	بدو گفت من دارم این پایگاه
که با شاه توران بجویم نبرد	سر سروران اندر آرم به گرد
چنین بود رای جهان آفرین	که او جان سپارد به توران زمین
به رای و به اندیشه‌ی نابکار	کجا بازگردد بد روزگار
بدین کار همداستان شد پدر	که بندد برین کین سیاوش کمر
ازو شادمان گشت و بنواختش	به نوی یکی پایگه ساختش
بدو گفت گنج و گهر پیش تست	تو گویی سپه سر به سر خویش تست
ز گفتار و کردار و از آفرین	که خوانند بر تو به ایران زمین
گو پیلتن را بر خویش خواند	بسی داستانهای نیکو براند
بدو گفت همزور تو پیل نیست	چو گرد پی رخش تو نیل نیست
ز گیتی هنرمند و خامش توی	که پروردگار سیاوش توی
چو آهن ببندد به کان در گهر	گشاده شود چون تو بستی کمر
سیاوش بیامد کمر بر میان	سخن گفت با من چو شیر ژیان
همی خواهد او جنگ افراسیاب	تو با او برو روی ازو برمتاب
چو بیدار باشی تو خواب آیدم	چو آرام یابی شتاب آیدم
جهان ایمن از تیر و شمشیر تست	سر ماه با چرخ در زیر تست
تهمتن بدو گفت من بنده‌ام	سخن هرچ گویی نیوشنده‌ام
سیاوش پناه و روان منست	سر تاج او آسمان منست
چو بشنید ازو آفرین کرد و گفت	که با جان پاکت خرد باد جفت

آراستن سیاوش، سپاه خود را

وزان پس خروشیدن نای و کوس	برآمد بیامد سپهدار طوس
به درگاه بر انجمن شد سپاه	در گنج دینار بگشاد شاه
ز شمشیر و گرز و کلاه و کمر	همان خود و درع و سنان و سپر
به گنجی که بد جامه‌ی نابرید	فرستاد نزد سیاوش کلید
که بر جان و بر خواسته کدخدای	توی ساز کن تا چه آیدت رای
گزین کرد ازان نامداران سوار	دلیران جنگی ده و دو هزار
هم از پهلو و پارس و کوچ و بلوچ	ز گیلان جنگی و دشت سروچ
سپرور پیاده ده و دو هزار	گزین کرد شاه از در کارزار
از ایران هرآنکس که گوزاده بود	دلیر و خردمند و آزاده بود
به بالا و سال سیاوش بدند	خردمند و بیدار و خامش بدند
ز گردان جنگی و نام‌آوران	چو بهرام و چون زنگه‌ی شاوران
همان پنج موبد از ایرانیان	برافراختند اختر کاویان
بفرمود تا جمله بیرون شدند	ز پهلو سوی دشت و هامون شدند
تو گفتی که اندر زمین جای نیست	که بر خاک او نعل را پای نیست
سراندر سپهر اختر کاویان	چو ماه درخشنده اندر میان
ز پهلو برون رفت کاووس شاه	یکی تیز برگشت گرد سپاه
یکی آفرین کرد پرمایه کی	که ای نامداران فرخنده پی
مبادا جز از بخت همراهتان	شده تیره دیدار بدخواهتان
به نیک اختر و تندرستی شدن	به پیروزی و شاد باز آمدن
وزان جایگه کوس بر پیل بست	به گردان بفرمود و خود برنشست
دو دیده پر از آب کاووس شاه	همی بود یک روز با او به راه
سرانجام مر یکدگر را کنار	گرفتند هر دو چو ابر بهار
ز دیده همی خون فرو ریختند	به زاری خروشی برانگیختند
گواهی همی داد دل در شدن	که دیدار ازان پس نخواهد بدن

چنین است کردار گردنده دهر	گهی نوش بار آورد گاه زهر

لشکر کشیدن سیاوس بسوی افراسیاب

سوی گاه بنهاد کاووس روی	سیاوش ابا لشکر جنگ‌جوی
سپه را سوی زابلستان کشید	ابا پیلتن سوی دستان کشید
همی بود یکچند با رود و می	به نزدیک دستان فرخنده پی
گهی با تهمتن بدی می بدست	گهی با زواره گزیدی نشست
گهی شاد بر تخت دستان بدی	گهی در شکار و شبستان بدی
چو یک ماه بگذشت لشکر براند	گوپیلتن رفت و دستان بماند
سپاهی برفتند با پهلوان	ز زابل هم از کابل و هندوان
ز هر سو که بد نامور لشکری	بخواند و بیامد به شهر هری
ازیشان فراوان پیاده ببرد	بنه زنگه‌ی شاوران را سپرد
سوی طالقان آمد و مرورود	سپهرش همی داد گفتی درود
ازانپس بیامد به نزدیک بلخ	نیازرد کس را به گفتار تلخ
وزان روی گرسیوز و بارمان	کشیدند لشکر چو باد دمان
سپهرم بد و بارمان پیش رو	خبر شد بدیشان ز سالار نو
که آمد سپاهی و شاهی جوان	از ایران گو پیلتن پهلوان
هیونی به نزدیک افراسیاب	برافگند برسان کشتی برآب
که آمد ز ایران سپاهی گران	سپهبد سیاووش و با او سران
سپه کش چو رستم گو پیلتن	به یک دست خنجر به دیگر کفن
تو لشکر بیاری و چندین مپای	که از باد کشتی بجنبد ز جای
برانگیخت برسان آتش هیون	کزین سان سخن راند با رهنمون
سیاووش زین سو به پاسخ نماند	سوی بلخ چون باد لشکر براند
چو تنگ اندر آمد ز ایران سپاه	نشایست کردن به پاسخ نگاه
نگه کرد گرسیوز جنگ‌جوی	جز از جنگ جستن ندید ایچ روی
چو ز ایران سپاه اندر آمد به تنگ	به دروازه‌ی بلخ برخاست جنگ

دو جنگ گران کرده شد در سه روز / بیامد سیاووش لشکر فروز
پیاده فرستاد بر هر دری / به بلخ اندر آمد گران لشکری
گریزان سپهرم بدان روی آب / بشدبا سپه نزد افراسیاب

نامه سیاوش به کاووس

سیاوش در بلخ شد با سپاه / یکی نامه فرمود نزدیک شاه
نوشتن به مشک و گلاب و عبیر / چانچون سزاوار بد بر حریر
نخست آفرین کرد بر کردگار / کزو گشت پیروز و به روزگار
خداوند خورشید و گردنده ماه / فرازنده‌ی تاج و تخت و کلاه
کسی را که خواهد برآرد بلند / یکی را کند سوگوار و نژند
چرا نه به فرمانش اندر نه چون / خرد کرد باید بدین رهنمون
ازان دادگر کاو جهان آفرید / ابا آشکارا نهان آفرید
همی آفرین باد بر شهریار / همه نیکوی باد فرجام کار
به بلخ آمدم شاد و پیروز بخت / به فر جهاندار باتاج و تخت
سه روز اندرین جنگ شد روزگار / چهارم ببخشود پروردگار
سپهرم به ترمذ شد و بارمان / به کردار ناوک بجست از کمان
کنون تا به جیحون سپاه منست / جهان زیر فر کلاه منست
به سغد است با لشکر افراسیاب / سپاه و سپهبد بدان روی آب
گر ایدونک فرمان دهد شهریار / سپه بگذرانم کنم کارزار
چو نامه بر شاه ایران رسید / سر تاج و تختش به کیوان رسید
به یزدان پناهید و زو جست بخت / بدان تا ببار آید آن نو درخت
به شادی یکی نامه پاسخ نوشت / چو تازه بهاری در اردیبهشت
که از آفریننده‌ی هور و ماه / جهاندار و بخشنده‌ی تاج و گاه
ترا جاودان شادمان باد دل / ز درد و بلا گشته آزاد دل
همیشه به پیروزی و فرهی / کلاه بزرگی و تاج مهی
سپه بردی و جنگ را خواستی / که بخت و هنر داری و راستی

همی از لبت شیر بوید هنوز	که زد بر کمان تو از جنگ توز
همیشه هنرمند بادا تنت	رسیده به کام دل روشنت
ازان پس که پیروز گشتی به جنگ	به کار اندرون کرد باید درنگ
نباید پراگنده کردن سپاه	بپیمای روز و برآرای گاه
که آن ترک بدپیشه و ریمنست	که هم بدنژادست و هم بدتنست
همان با کلاهست و با دستگاه	همی سر برآرد ز تابنده ماه
مکن هیچ بر جنگ جستن شتاب	به جنگ تو آید خود افراسیاب
گر ایدونک زین روی جیحون کشد	همی دامن خویش در خون کشد
نهاد از بر نامه بر مهر خویش	همانگه فرستاده را خواند پیش
بدو داد و فرمود تا گشت باز	همی تاخت اندر نشیب و فراز
فرستاده نزد سیاوش رسید	چو آن نامه‌ی شاه ایران بدید
زمین را ببوسید و دل شاد کرد	ز هر غم دل پاک آزاد کرد
ازان نامه‌ی شاه چون گشت شاد	بخندید و نامه بسر بر نهاد
نگه داشت بیدار فرمان اوی	نپیچید دل را ز پیمان اوی

خواب دیدن افراسیاب

وزان سو چو گرسیوز شوخ مرد	بیامد بر شاه ترکان چو گرد
بگفت آن سخنهای ناپاک و تلخ	که آمد سپهبد سیاوش به بلخ
سپه کش چو رستم سپاهی گران	بسی نامداران و جنگ آوران
ز هر یک ز ما بود پنجاه بیش	سرافراز با گرزه‌ی گاومیش
پیاده به کردار آتش بدند	سپردار با تیر و ترکش بدند
نپرد به کردار ایشان عقاب	یکی را سر اندر نیاید بخواب
سه روز و سه شب بود هم زین نشان	غمی شد سر و اسپ گردنکشان
ازیشان کسی را که خواب آمدی	ز جنگش بدانگه شتاب آمدی
بخفتی و آسوده برخاستی	به نوی یکی جنگ آراستی
برآشفت چون آتش افراسیاب	که چندش چه گویی ز آرام و خواب

به گرسیوز اندر چنان بنگرید　که گفتی میانش بخواهد برید
یکی بانگ برزد براندش ز پیش　کجا خواست راندن برو خشم خویش
بفرمود کز نامداران هزار　بخوانید وز بزم سازید کار
سراسر همه دشت پرچین نهید　به سغد اندر آرایش چین نهید
بدین سان به شادی گذر کرد روز　چو از چشم شد دور گیتی فروز
به خواب و به آرامش آمد شتاب　بغلتید بر جامه افراسیاب
چو یک پاس بگذشت از تیره شب　چنان چون کسی راز گوید به تب
خروشی برآمد ز افراسیاب　بلرزید بر جای آرام و خواب
پرستندگان تیز برخاستند　خروشیدن و غلغل آراستند
چو آمد به گرسیوز آن آگهی　که شد تیره دیهیم شاهنشهی
به تیزی بیامد به نزدیک شاه　ورا دید بر خاک خفته به راه
به بر در گرفتش بپرسید زوی　که این داستان با برادر بگوی
چنین داد پاسخ که پرسش مکن　مگو این زمان ایچ با من سخن
بمان تا خرد بازیابم یکی　به بر گیر و سختم بدار اندکی
زمانی برآمد چو آمد به هوش　جهان دیده با ناله و با خروش
نهادند شمع و برآمد به تخت　همی بود لرزان بسان درخت
بپرسید گرسیوز نامجوی　که بگشای لب زین شگفتی بگوی
چنین گفت پرمایه افراسیاب　که هرگز کسی این نبیند به خواب
کجا چون شب تیره من دیده‌ام　ز پیر و جوان نیز نشنیده‌ام
بیابان پر از مار دیدم به خواب　جهان پر ز گرد آسمان پر عقاب
زمین خشک شخی که گفتی سپهر　بدو تا جهان بود ننمود چهر
سراپرده‌ی من زده بر کران　به گردش سپاهی ز کندآوران
یکی باد برخاستی پر ز گرد　درفش مرا سر نگونسار کرد
برفتی ز هر سو یکی جوی خون　سراپرده و خیمه گشتی نگون
وزان لشکر من فزون از هزار　بریده سران و تن افگنده خوار
سپاهی ز ایران چو باد دمان　چه نیزه به دست و چه تیر و کمان
همه نیزهاشان سر آورده بار　وزان هر سواری سری در کنار
بر تخت من تاختندی سوار　سیه پوش و نیزه‌وران صد هزار
برانگیختندی ز جای نشست　مرا تاختندی همی بسته دست

نگه کردمی نیک هر سو بسی ز پیوسته پیشم نبودی کسی
مرا پیش کاووس بردی دوان یکی بادسر نامور پهلوان
یکی تخت بودی چو تابنده ماه نشسته برو پور کاووس شاه
دو هفته نبودی ورا سال بیش چو دیدی مرا بسته در پیش خویش
دمیدی به کردار غرنده میغ میانم بدو نیم کردی به تیغ
خروشیدمی من فراوان ز درد مرا ناله و درد بیدار کرد
بدو گفت گرسیوز این خواب شاه نباشد جز از کامه‌ی نیک خواه
همه کام دل باشد و تاج و تخت نگون گشته بر بدسگال تو بخت
گزارنده‌ی خواب باید کسی که از دانش اندازه دارد بسی
بخوانیم بیدار دل موبدان از اخترشناسان و از بخردان
هر آنکس کزین دانش آگه بود پراگنده گر بر در شه بود
شدند انجمن بر در شهریار بدان تا چرا کردشان خواستار
بخواند و سزاوار بنشاند پیش سخن راند با هر یک از کم و بیش
چنین گفت با نامور موبدان که‌ای پاک‌دل نیک‌پی بخردان
گر این خواب و گفتار من در جهان ز کس بشنوم آشکار و نهان
یکی را نمانم سر و تن به هم اگر زین سخن بر لب آرند دم
ببخشیدشان بیکران زر و سیم بدان تا نباشد کسی زو ببیم
ازان پس بگفت آنچ در خواب دید چو موبد ز شاه آن سخنها شنید
بترسید و ز شاه زنهار خواست که این خواب را کی توان گفت راست
مگر شاه با بنده پیمان کند زبان را به پاسخ گروگان کند
کزین در سخن هرچ داریم یاد گشاییم بر شاه و یابیم داد
به زنهار دادن زبان داد شاه کزان بد ازیشان نبیند گناه
زبان آوری بود بسیار مغز کجا برگشادی سخنهای نغز
چنین گفت کز خواب شاه جهان به بیدرای آمد سپاهی گران
یکی شاهزاده به پیش اندرون جهان دیده با وی بسی رهنمون
بران طالع او را گسی کرد شاه که این بوم گردد بما بر تباه
اگر با سیاوش کند شاه جنگ چو دیبه شود روی گیتی به رنگ
ز ترکان نماند کسی پارسا غمی گردد از جنگ او پادشا
وگر او شود کشته بر دست شاه به توران نماند سر و تاج و گاه

سراسر پر آشوب گردد زمین	ز بهر سیاوش بجنگ و به کین
بدانگاه یاد آیدت راستی	که ویران شود کشور از کاستی
جهاندار گر مرغ گردد بپر	برین چرخ گردان نیابد گذر
برین سان گذر کرد خواهد سپهر	گهی پر ز خشم و گهی پر ز مهر
غمی شد چو بشنید افراسیاب	نکرد ایچ بر جنگ جستن شتاب
به گرسیوز آن رازها برگشاد	نهفته سخنها بسی کرد یاد
که گر من به جنگ سیاوش سپاه	نرانم نیاید کسی کینه خواه
نه او کشته آید به جنگ و نه من	برآساید از گفت و گوی انجمن
نه کاووس خواهد ز من نیز کین	نه آشوب گیرد سراسر زمین
بجای جهان جستن و کارزار	مبادم بجز آشتی هیچ کار
فرستم به نزدیک او سیم و زر	همان تاج و تخت و فراوان گهر
مگر کاین بلاها ز من بگذرد	که ترسم روانم فرو پژمرد
چو چشم زمانه بدوزم به گنج	سزد گر سپهرم نخواهد به رنج
نخواهم زمانه جز آن کاو نوشت	چنان زیست باید که یزدان سرشت
چو بگذشت نیمی ز گردان سپهر	درخشنده خورشید بنمود چهر
بزرگان بدرگاه شاه آمدند	پرستنده و با کلاه آمدند
یکی انجمن ساخت با بخردان	هشیوار و کارآزموده ردان
بدیشان چنین گفت کز روزگار	نبینم همی بهره جز کارزار
بسا نامداران که بر دست من	تبه شد به جنگ اندرین انجمن
بسی شارستان گشت بیمارستان	بسی بوستان نیز شد خارستان
بسا باغ کان رزمگاه منست	به هر سو نشان سپاه منست
ز بیدادی شهریار جهان	همه نیکوی باشد اندر نهان
نزاید به هنگام در دشت گور	شود بچه‌ی باز را دیده کور
نپرد ز پستان نخچیر شیر	شود آب در چشمه‌ی خویش قیر
شود در جهان چشمه‌ی آب خشک	نگیرد به نافه درون بوی مشک
ز کژی گریزان شود راستی	پدید آید از هر سوی کاستی
کنون دانش و داد یاد آوریم	بجای غم و رنج داد آوریم
برآساید از ما زمانی جهان	نباید که مرگ آید از ناگهان
دو بهر از جهان زیر پای منست	به ایران و توران سرای منست

نگه کن که چندین ز کندآوران	بیارند هر سال باژ گران
گر ایدونک باشید همداستان	به رستم فرستم یکی داستان
در آشتی با سیاووش نیز	بجویم فرستم بی‌اندازه چیز
سران یک به یک پاسخ آراستند	همی خوبی و راستی خواستند
که تو شهریاری و ما چون رهی	بران دل نهاده که فرمان دهی
همه بازگشتند سر پر ز داد	نیامد کسی را غم و رنج یاد
به گرسیوز آنگه چنین گفت شاه	که ببسیج کار و بپیمای راه
به زودی بساز و سخن را مه‌ایست	ز لشگر گزین کن سواری دویست
به نزد سیاووش برخواسته	ز هر چیز گنجی بیاراسته
از اسپان تازی به زرین ستام	ز شمشیر هندی به زرین نیام
یکی تاج پرگوهر شاهوار	ز گستردنی صد شتروار بار
غلام و کنیزک به بر هم دویست	بگویش که با تو مرا جنگ نیست
بپرسش فراوان و او را بگوی	که ما سوی ایران نکردیم روی
زمین تا لب رود جیحون مراست	به سغدیم و این پادشاهی جداست
همانست کز تور و سلم دلیر	زبر شد جهان آن کجا بود زیر
از ایرج که بر بیگنه کشته شد	ز مغز بزرگان خرد گشته شد
ز توران به ایران جدایی نبود	که باکین و جنگ آشنایی نبود
ز یزدان بران گونه دارم امید	که آید درود و خرام و نوید
برانگیخت از شهر ایران ترا	که بر مهر دید از دلیران ترا
به بخت تو آرام گیرد جهان	شود جنگ و ناخوبی اندر نهان
چو گرسیوز آید به نزدیک تو	به بار آید آن رای تاریک تو
چنان چون به گاه فریدون گرد	که گیتی ببخشش به گردان سپرد
ببخشیم و آن رای بازآوریم	ز جنگ و ز کین پای بازآوریم
تو شاهی و با شاه ایران بگوی	مگر نرم گردد سر جنگجوی
سخنها همی گوی با پیلتن	به چربی بسی داستانها بزن
برین هم نشان نزد رستم پیام	پرستنده و اسپ و زرین ستام
به نزدیک او هم چنین خواسته	ببر تا شود کار پیراسته
جز از تخت زرین که او شاه نیست	تن پهلوان از در گاه نیست

رسیدن گرسیوز به نزد سیاوش

بیاورد گرسیوز آن خواسته	که روی زمین زو شد آراسته
دمان تا لب رود جیحون رسید	ز گردان فرستاده‌ای برگزید
بدان تا رساند به شاه آگهی	که گرسیوز آمد بدان فرهی
به کشتی به یکروز بگذاشت آب	بیامد سوی بلخ دل پر شتاب
فرستاده آمد به درگاه شاه	بگفتند گرسیوز آمد به راه
سیاوش گو پیلتن را بخواند	وزین داستان چند گونه براند
چو گوسیوز آمد به درگاه شاه	بفرمود تا برگشادند راه
سیاووش ورا دید بر پای خاست	بخندید و بسیار پوزش بخواست
ببوسید گرسیوز از دور خاک	رخش پر ز شرم و دلش پر ز باک
سیاووش بنشاندش زیر تخت	از افراسیابش بپرسید سخت
چو بنشست گرسیوز از گاه نو	بدید آن سر وافسر شاه نو
به رستم چنین گفت کافراسیاب	چو از تو خبر یافت اندر شتاب
یکی یادگاری به نزدیک شاه	فرستاد با من کنون در به راه
بفرمود تا پرده برداشتند	به چشم سیاووش بگذاشتند
ز دروازه‌ی شهر تا بارگاه	درم بود و اسپ و غلام و کلاه
کس اندازه نشاخت آنراکه چند	ز دینار و ز تاج و تخت بلند
غلامان همه با کلاه و کمر	پرستنده با یاره و طوق زر
پسند آمدش سخت بگشاد روی	نگه کرد و بشنید پیغام اوی
تهمتن بدو گفت یک هفته شاد	همی باش تا پاسخ آریم یاد
بدین خواهش اندیشه باید بسی	همان نیز پرسیدن از هر کسی
چو بشنید گرسیوز پیش بین	زمین را ببوسید و کرد آفرین
یکی خانه او را بیاراستند	به دیبا و خوالیگران خواستند
نشستند بیدار هر دو به هم	سگالش گرفتند بر بیش و کم
ازان کار شد پیلتن بدگمان	کزان گونه گرسیوز آمد دمان

طلایه ز هر سو برون تاختند   چنان چون ببایست برساختند
سیاوش ز رستم بپرسید و گفت   که این راز بیرون کنید از نهفت
که این آشتی جستن از بهر چیست   نگه کن که تریاک این زهر چیست
ز پیوسته‌ی خون به نزدیک اوی   ببین تا کدامند صد نامجوی
گروگان فرستد به نزدیک ما   کند روشن این رای تاریک ما
نباید که از ما غمی شد ز بیم   همی طبل سازد به زیر گلیم
چو این کرده باشیم نزدیک شاه   فرستاده باید یکی نیک‌خواه
برد زین سخن نزد او آگهی   مگر مغز گرداند از کین تهی
چنین گفت رستم که اینست رای   جزین روی پیمان نیاید بجای
به شبگیر گرسیوز آمد بدر   چنان چون بود با کلاه و کمر
بیامد به پیش سیاوش زمین   ببوسید و بر شاه کرد آفرین
سیاوش بدو گفت کز کار تو   پراندیشه بودم ز گفتار تو
کنون رای یکسر بران شد درست   که از کینه دل را بخواهیم شست
تو پاسخ فرستی به افراسیاب   که از کین اگر شد سرت پر شتاب
کسی کاو ببیند سرانجام بد   ز کردار بد بازگشتنش سزد
دلی کز خرد گردد آراسته   یکی گنج گردد پر از خواسته
اگر زیر نوش اندرون زهر نیست   دلت را ز رنج و زیان بهر نیست
چو پیمان همی کرد خواهی درست   که آزار و کینه نخواهیم جست
ز گردان که رستم بداند همی   کجا نامشان بر تو خواند همی
بر من فرستی به رسم نوا   که باشد به گفتار تو بر گوا
و دیگر ز ایران زمین هرچ هست   که آن شهرها را تو داری به دست
بپردازی و خود به توران شوی   زمانی ز جنگ و ز کین بغنوی
نباشد جز از راستی در میان   به کینه نبندم کمر بر میان
فرستم یکی نامه نزدیک شاه   مگر بشتی باز خواند سپاه
برافگند گرسیوز اندر زمان   فرستاده‌ای چون هژبر دمان
بدو گفت خیره منه سر به خواب   برو تازیان نزد افراسیاب
بگویش که من تیز بشتافتم   همی هرچ جستم همه یافتم
گروگان همی خواهد از شهریار   چو خواهی که برگردد از کارزار
فرستاده آمد بدادش پیام   ز شاه و ز گرسیوز نیک‌نام

چو گفت فرستاده بشنید شاه   فراوان بپیچید و گم کرد راه
همی گفت صد تن ز خویشان من   گر ایدونک کم گردد از انجمن
شکست اندر آید بدین بارگاه   نماند بر من کسی نیک‌خواه
وگر گویم از من گروگان مجوی   دروغ آیدش سر به سر گفت و گوی
فرستاد باید بر او نوا   اگر بی گروگان ندارد روا
بران سان که رستم همی نام برد   ز خویشان نزدیک صد بر شمرد
بر شاه ایران فرستادشان   بسی خلعت و نیکوی دادشان
بفرمود تا کوس با کره‌نای   زدند و فروهشت پرده‌سرای
به خارا و سغد و سمرقند و چاچ   سپیجاب و آن کشور و تخت عاج
تهی کرد و شد با سپه سوی گنگ   بهانه نجست و فریب و درنگ
چو از رفتنش رستم آگاه شد   روانش ز اندیشه کوتاه شد
به نزد سیاوش بیامد چو گرد   شنیده سخنها همه یاد کرد
بدو گفت چون کارها گشت راست   چو گرسیوز ار بازگردد رواست
بفرمود تا خلعت آراستند   سلیح و کلاه و کمر خواستند
یکی اسپ تازی به زرین ستام   یکی تیغ هندی به زرین نیام
چو گرسیوز آن خلعت شاه دید   تو گفتی مگر بر زمین ماه دید
بشد با زبانی پر از آفرین   تو گفتی مگر بر نوردد زمین
سیاوش نشست از بر تخت عاج   بیاویخته بر سر عاج تاج
همی رای زد با یکی چرب‌گوی   کسی کاو سخن را دهد رنگ و بوی
ز لشکر همی جست گردی سوار   که با او بسازد دم شهریار
چنین گفت با او گو پیلتن   کزین در که یارد گشادن سخن
همانست کاووس کز پیش بود   ز تندی نکاهد نخواهد فزود
مگر من شوم نزد شاه جهان   کنم آشکارا برو بر نهان
ببرم زمین گر تو فرمان دهی   ز رفتن نبینم همی جز بهی
سیاوش ز گفتار او شاد شد   حدیث فرستادگان باد شد
سپهدار بنشست و رستم به هم   سخن راند هرگونه از بیش و کم

نامه سیاوش به نزد کاووس و رفتن رستم

بفرمود تا رفت پیشش دبیر	نوشتن یکی نامه‌ای بر حریر
نخست آفرین کرد بر دادگر	کزو دید نیروی و فر و هنر
خداوند هوش و زمان و مکان	خرد پروراند همی با روان
گذر نیست کس را ز فرمان او	کسی کاو بگردد ز پیمان او
ز گیتی نبیند مگر کاستی	بدو باشد افزونی و راستی
ازو باد بر شهریار آفرین	جهاندار وز نامداران گزین
رسیده به هر نیک و بد رای او	ستودن خرد گشته بالای او
رسیدم به بلخ و به خرم بهار	همه شادمان بودم از روزگار
ز من چون خبر یافت افراسیاب	سیه شد به چشم اندرش آفتاب
بدانست کش کار دشوار گشت	جهان تیره شد بخت او خوار گشت
بیامد برادرش با خواسته	بسی خوبرویان آراسته
که زنهار خواهد ز شاه جهان	سپارد بدو تاج و تخت مهان
بسنده کند زین جهان مرز خویش	بداند همی پایه و ارز خویش
از ایران زمین بسپرد تیره خاک	بشوید دل از کینه و جنگ پاک
ز خویشان فرستاد صد نزد من	بدین خواهش آمد گو پیلتن
گر او را ببخشد ز مهرش سزاست	که بر مهر او چهر او بر گواست
چو بنوشت نامه یل جنگجوی	سوی شاه کاووس بنهاد روی
وزان روی گرسیوز نیک‌خواه	بیامد بر شاه توران سپاه
همه داستان سیاوش بگفت	که او را ز شاهان کسی نیست جفت
ز خوبی دیدار و کردار او	ز هوش و دل و شرم و گفتار او
دلیر و سخن‌گوی و گرد و سوار	تو گویی خرد دارد اندر کنار
بخندید و با او چنین گفت شاه	که چاره به از جنگ ای نیک‌خواه
و دیگر کزان خوابم آمد نهیب	ز بالا بدیدم نشان نشیب
پر از درد گشتم سوی چاره باز	بدان تا نبینم نشیب و فراز

به گنج و درم چاره آراستم / کنون شد بران سان که من خواستم

وزان روی چون رستم شیرمرد / بیامد بر شاه ایران چو گرد

به پیش اندر آمد بکش کرده دست / برآمده سپهبد ز جای نشست

بپرسید و بگرفتش اندر کنار / ز فرزند و از گردش روزگار

ز گردان و از رزم و کار سپاه / وزان تا چرا بازگشت او ز راه

نخست از سیاوش زبان برگشاد / ستودش فراوان و نامه بداد

چو نامه برو خواند فرخ دبیر / رخ شهریار جهان شد قیر

به رستم چنین گفت گیرم که اوی / جوانست و بد نارسیده بروی

چو تو نیست اندر جهان سر به سر / به جنگ از تو جویند شیران هنر

ندیدی بدیهای افراسیاب / که گم شد ز ما خورد و آرام و خواب

مرا رفت بایست کردم درنگ / مرا بود با او سری پر ز جنگ

نرفتم که گفتند ز ایدر مرو / بمان تا بسیچد جهاندار نو

چو بادافره‌ی ایزدی خواست بود / مکافات بدها بدی خواست بود

شما را بدان مردری خواسته / بدان گونه بر شد دل آراسته

کجا بستد از هر کسی بی‌گناه / بدان تا بپیچیدتان دل ز راه

به صد ترک بیچاره و بدنژاد / که نام پدرشان ندارید یاد

کنون از گروگان کی اندیشد او / همان پیش چشمش همان خاک کو

شما گر خرد را بسیچید کار / نه من سیرم از جنگ و از کارزار

به نزد سیاوش فرستم کنون / یکی مرد پردانش و پرفسون

بفرمایمش کتشی کن بلند / ببند گران پای ترکان ببند

برآتش بنه خواسته هرچ هست / نگر تا نیازی به یک چیز دست

پس آن بستگان را بر من فرست / که من سر بخواهم ز تن‌شان گسست

تو با لشکر خویش سر پر ز جنگ / برو تا به درگاه او بی‌درنگ

همه دست بگشای تا یکسره / چو گرگ اندر آید به پیش بره

چو تو سازگیری بد آموختن / سپاهت کند غارت و سوختن

بیاید بجنگ تو افراسیاب / چو گردد برو ناخوش آرام و خواب

تهمتن بدو گفت کای شهریار / دلت را بدین کار غمگین مدار

سخن بشنو از من تو ای شه نخست / پس آنگه جهان زیر فرمان تست

تو گفتی که بر جنگ افراسیاب / مران تیز لشکر بران روی آب

بمانید تا او بیاید به جنگ / که او خود شتاب آورد بی‌درنگ
ببودیم یک چند در جنگ سست / در آشتی او گشاد از نخست
کسی کاشتی جوید و سور و بزم / نه نیکو بود پیش رفتن برزم
و دیگر که پیمان شکستن ز شاه / نباشد پسندیده‌ی نیک‌خواه
سیاوش چو پیروز بودی بجنگ / برفتی بسان دلاور پلنگ
چه جستی جز از تخت و تاج و نگین / تن آسانی و گنج ایران زمین
همه یافتی جنگ خیره مجوی / دل روشنت به آب تیره مشوی
گر افراسیاب این سخنها که گفت / به پیمان شکستن بخواهد نهفت
هم از جنگ جستن نگشتیم سیر / بجایست شمشیر و چنگال شیر
ز فرزند پیمان شکستن مخواه / مکن آنچ نه اندر خورد با کلاه
نهانی چرا گفت باید سخن / سیاوش ز پیمان نگردد ز بن
وزین کار کاندیشه کردست شاه / بر آشوبد این نامور پیشگاه
چو کاووس بشنید شد پر ز خشم / برآشفت زان کار و بگشاد چشم
به رستم چنین گفت شاه جهان / که ایدون نماند سخن در نهان
که این در سر او تو افگنده‌ای / چنین بیخ کین از دلش کنده‌ای
تن آسانی خویش جستی برین / نه افروزش تاج و تخت و نگین
تو ایدر بمان تا سپهدار طوس / ببندد برین کار بر پیل کوس
من اکنون هیونی فرستم به بلخ / یکی نامه‌ی با سخنهای تلخ
سیاوش اگر سر ز پیمان من / بپیچد نیاید به فرمان من
بطوس سپهبد سپارد سپاه / خود و ویژگان باز گردد به راه
ببیند ز من هرچ اندر خورست / گر او را چنین داوری در سرست
غمی گشت رستم به آواز گفت / که گردون سر من بیارد نهفت
اگر طوس جنگی‌تر از رستم است / چنان دان که رستم ز گیتی کم است
بگفت این و بیرون شد از پیش اوی / پر از خشم چشم و پر آژنگ روی
هم اندر زمان طوس را خواند شاه / بفرمود لشکر کشیدن به راه
چو بیرون شد از پیش کاووس طوس / بفرمود تا لشکر و بوق و کوس
بسازند و آرایش ره کنند / وزان رزمگه راه کوته کنند
هیونی بیاراست کاووس شاه / بفرمود تا بازگردد به راه

پاسخ نامه کاووس به نزد سیاوش

نویسنده‌ی نامه را پیش خواند
به کرسی زر پیکرش برنشاند

یکی نامه فرمود پر خشم و جنگ
زبان تیز و رخساره چون بادرنگ

نخست آفرین کرد بر کردگار
خداوند آرامش و کارزار

خداوند بهرام و کیوان و ماه
خداوند نیک و بد و فر و جاه

بفرمان اویست گردان سپهر
ازو بازگسترده هرجای مهر

ترا ای جوان تندرستی و بخت
همیشه بماناد با تاج و تخت

اگر بر دلت رای من تیره گشت
ز خواب جوانی سرت خیره گشت

شنیدی که دشمن به ایران چه کرد
چو پیروز شد روزگار نبرد

کنون خیره آزرم دشمن مجوی
برین بارگه بر مبر آبروی

منه با جوانی سر اندر فریب
گر از چرخ‌گردان نخواهی نهیب

که من زان فریبنده گفتار او
بسی بازگشتم ز پیکار او

ترا گر فریبد نباشد شگفت
مرا از خود اندازه باید گرفت

نرفت ایچ با من سخن ز آشتی
ز فرمان من روی برگاشتی

همان رستم از گنج آراسته
نخواهد شدن سیر از خواسته

ازان مردری تاج شاهنشهی
ترا شد سر از جنگ جستن تهی

در بی‌نیازی به شمشیر جوی
به کشور بود شاه را آبروی

چو طوس سپهبد رسد پیش تو
بسازد چو باید کم و بیش تو

گروگان که داری به بند گران
هم اندر زمان بارکن بر خران

پرستار وز خواسته هرچ هست
به زودی مر آن را به درگه فرست

تو شوکین و آویختن را بساز
ازین در سخن‌ها مگردان دراز

چو تو ساز جنگ شبیخون کنی
ز خاک سیه رود جیحون کنی

سپهبد سراندر نیارد به خواب
بیاید به جنگ تو افراسیاب

و گر مهر داری بران اهرمن
نخواهی که خواندت پیمان شکن

سپه طوس رد را ده و بازگرد
نه‌ای مرد پرخاش روز نبرد

تو با خوبرویان برآمیختی	به بزم اندر از رزم بگریختی
نهادند بر نامه بر مهر شاه	هیون پر برآورد و ببرید راه
چو نامه به نزد سیاووش رسید	بران گونه گفتار ناخوب دید
فرستاده را خواند و پرسید چست	ازو کرد یکسر سخنها درست
بگفت آنک با پیلتن رفته بود	ز طوس و ز کاووس کاشفته بود
سیاوش چو بشنید گفتار اوی	ز رستم غمی گشت و برتافت روی
ز کار پدر دل پراندیشه کرد	ز ترکان و از روزگار نبرد
همی گفت صد مرد ترک و سوار	ز خویشان شاهی چنین نامدار
همه نیک خواه و همه بی‌گناه	اگرشان فرستم به نزدیک شاه
نپرسد نه اندیشد از کارشان	همانگه کند زنده بر دارشان
به نزدیک یزدان چه پوزش برم	بد آید ز کار پدر بر سرم
ور ایدونک جنگ آورم بی‌گناه	چنان خیره با شاه توران سپاه
جهاندار نپسندد این بد ز من	گشایند بر من زبان انجمن
وگر بازگردم به نزدیک شاه	به طوس سپهبد سپارم سپاه
ازو نیز هم بر تنم بد رسد	چپ و راست بد بینم و پیش بد
نیاید ز سودابه خود جز بدی	ندانم چه خواهد رسید ایزدی
دو تن را ز لشکر ز کندآوران	چو بهرام و چون زنگه‌ی شاوران
بران رازشان خواند نزدیک خویش	بپرداخت ایوان و بنشاند پیش
که رازش به هم بود با هر دو تن	ازان پس که رستم شد از انجمن
بدیشان چنین گفت کز بخت بد	فراوان همی بر تنم بد رسد
بدان مهربانی دل شهریار	بسان درختی پر از برگ و بار
چو سودابه او را فریبنده گشت	تو گفتی که زهر گزاینده گشت
شبستان او گشت زندان من	غمی شد دل و بخت خندان من
چنین رفت بر سر مرا روزگار	که با مهر او آتش آورد بار
گزیدم بدان شوربختیم جنگ	مگر دور مانم ز چنگ نهنگ
به بلخ اندرون بود چندان سپاه	سپهبد چو گرسیوز کینه‌خواه
نشسته به سغد اندرون شهریار	پر از کینه با تیغ زن صدهزار
برفتیم بر سان باد دمان	نجستیم در جنگ ایشان زمان
چو کشور سراسر بپرداختند	گروگان و آن هدیه‌ها ساختند

۳۵۴

همه موبدان آن نمودند راه / که ما بازگردیم زین رزم‌گاه
پسندش نیامد همی کار من / بکوشد به رنج و به آزار من
به خیره همی جنگ فرمایدم / بترسم که سوگند بگزایدم
وراگر ز بهر فزونیست جنگ / چو گنج آمد و کشور آمد به چنگ
چه باید همی خیره خون ریختن / چنین دل به کین اندر آویختن
همی سر ز یزدان نباید کشید / فراوان نکوهش بباید شنید
دو گیتی همی برد خواهد ز من / بمانم به کام دل اهرمن
نزادی مرا کاشکی مادرم / وگر زاد مرگ آمدی بر سرم
که چندین بلاها بباید کشید / ز گیتی همی زهر باید چشید
بدین گونه پیمان که من کرده‌ام / به یزدان و سوگندها خورده‌ام
اگر سر بگردانم از راستی / فراز آید از هر سوی کاستی
پراگنده شد در جهان این سخن / که با شاه ترکان فگندیم بن
زبان برگشایند هر کس به بد / به هرجای بر من چنان چون سزد
به کین بازگشتن بریدن ز دین / کشیدن سر از آسمان و زمین
چنین کی پسندد ز من کردگار / کجا بر دهد گردش روزگار
شوم کشوری جویم اندر جهان / که نامم ز کاووس ماند نهان
که روشن زمانه بران سان بود / که فرمان دادار گیهان بود
سری کش نباشد ز مغز آگهی / نه از بتری باز داند بهی
قباد آمد و رفت و گیتی سپرد / ورا نیز هم رفته باید شمرد
تو ای نامور زنگه شاوران / بیارای تن را به رنج گران
برو تا به درگاه افرسیاب / درنگی مباش و منه سر به خواب
گروگان و این خواسته هرچ هست / ز دینار و ز تاج و تخت نشست
ببر همچنین جمله تا پیش اوی / بگویش که ما را چه آمد به روی
بفرمود بهرام گودرز را / که این نامور لشکر و مرز را
سپردم ترا گنج و پیلان کوس / بمان تا بیاید سپهدار طوس
بدو ده تو این لشکر و خواسته / همه کارها یکسر آراسته
یکایک برو بر شمر هرچ هست / ز گنج و ز تاج و ز تخت نشست
چو بهرام بشنید گفتار اوی / دلش گشت پیچان به تیمار اوی
ببارید خون زنگه‌ی شاوران / بنفرید بر بوم هاماوران

پر از غم نشستند هر دو به هم	روانشان ز گفتار او شد دژم
بدو باز گفتند کاین رای نیست	ترا بی‌پدر در جهان جای نیست
یکی نامه بنویس نزدیک شاه	دگر باره زو پیلتن را بخواه
اگر جنگ فرمان دهد جنگ ساز	مکن خیره اندیشه‌ی دل دراز
مگردان به ما بر دژم روزگار	چو آمد درخت بزرگی به بار
نپذرفت زان دو خردمند پند	دگرگونه بد راز چرخ بلند
چنین داد پاسخ که فرمان شاه	برانم که برتر ز خورشید و ماه
ولیکن به فرمان یزدان دلیر	نباشد ز خاشاک تا پیل و شیر
کسی کاو ز فرمان یزدان بتافت	سراسیمه شد خویشتن را نیافت
همی دست یازید باید به خون	به کین دو کشور بدن رهنمون
وزان پس که داند کزین کارزار	کرا برکشد گردش روزگار
ز بهر نوا هم بیازارد او	سخنهای گم کرده بازآرد او
همان خشم و پیگار بار آورد	سرشک غم اندر کنار آورد
اگر تیره‌تان شد دل از کار من	بپیچید سرتان ز گفتار من
فرستاده خود باشم و رهنمای	بمانم برین دشت پرده‌سرای
سیاوش چو پاسخ چنین داد باز	بپژمرد جان دو گردن فراز
ز بیم جداییش گریان شدند	چو بر آتش تیز بریان شدند
همی دید چشم بد روزگار	که اندر نهان چیست با شهریار
نخواهد بدن نیز دیدار او	ازان چشم گریان شد از کار او
چنین گفت زنگه که ما بنده‌ایم	به مهر سپهبد دل آگنده‌ایم
فدای تو بادا تن و جان ما	چنین باد تا مرگ پیمان ما
چو پاسخ چنین یافت از نیکخواه	چنین گفت با زنگه بیدار شاه
که رو شاه توران سپه را بگوی	که زین کار ما را چه آمد بروی
ازین آشتی جنگ بهر منست	همه نوش تو درد و زهر منست
ز پیمان تو سر نگردد تهی	وگر دور مانم ز تخت مهی
جهاندار یزدان پناه منست	زمین تخت و گردون کلاه منست
و دیگر که بر خیره ناکرده کار	نشایست رفتن بر شهریار
یکی راه بگشای تا بگذرم	بجایی که کرد ایزد آبشخورم
یکی کشوری جویم اندر جهان	که نامم ز کاووس ماند نهان

ز خوی بد او سخن نشنوم ز پیگار او یک زمان بغنوم
بشد زنگه با نامور صد سوار گروگان ببرد از در شهریار

رفتن زنگنه شاروان و بردن گروگانان به نزد افراسیاب

چو در شهر سالار ترکان رسید خروش آمد و دیده‌بانش بدید
پذیره شدش نامداری بزرگ کجا نام او بود جنگی طورگ
چو زنگه بیامد به نزدیک شاه سپهدار برخاست از پیشگاه
گرفتش به بر تنگ و بنواختش گرامی بر خویش بنشاختش
چو بنشست با شاه پیغام داد سراسر سخنها بدو کرد یاد
چو بشنید پیچان شد افراسیاب دلش گشت پر درد و سر پر ز تاب
بفرمود تا جایگه ساختند ورا چون سزا بود بنواختند
چو پیران بیامد تهی کرد جای سخن رفت با نامور کدخدای
ز کاووس وز خام گفتار او ز خوی بد و رای و پیگار او
همی گفت و رخساره کرده دژم ز کار سیاووش دل پر ز غم
فرستادن زنگه‌ی شاوران همه یاد کرد از کران تا کران
بپرسید کاین را چه درمان کنیم وزین چاره جستن چه پیمان کنیم
بدو گفت پیران که ای شهریار انوشه بدی تا بود روزگار
تو از ما به هر کار داناتری ببایستها بر تواناتری
گمان و دل و دانش و رای من چنینست اندیشه بر جای من
که هر کس که بر نیکوی در جهان توانا بود آشکار و نهان
ازین شاهزاده نگیرند باز زگنج و ز رنج آنچ آید فراز
من ایدون شنیدم که اندر جهان کسی نیست مانند او از مهان
به بالا و دیدار و آهستگی به فرهنگ و رای و به شایستگی
هنر با خرد نیز بیش از نژاد ز مادر چنو شاهزاده نزاد
بدیدن کنون از شنیدن بهست گرانمایه و شاهزاد و مهست
وگر خود جز اینش نبودی هنر که از خون صد نامور با پدر

برآشفت و بگذاشت تخت و کلاه	همی از تو جوید بدین گونه راه
نه نیکو نماید ز راه خرد	کزین کشور آن نامور بگذرد
ترا سرزنش باشد از مهتران	سر او همان از تو گردد گران
و دیگر که کاووس شد پیرسر	ز تخت آمدش روزگار گذر
سیاوش جوانست و با فرهی	بدو ماند آیین و تخت مهی
اگر شاه بیند به رای بلند	نویسد یکی نامه‌ی سودمند
چنان چون نوازنده فرزند را	نوازد جوان خردمند را
یکی جای سازد بدین کشورش	بدارد سزاوار اندر خورش
بر آیین دهد دخترش را بدوی	بداردش با ناز و با آبروی
مگر کاو بماند به نزدیک شاه	کند کشور و بومت آرامگاه
و گر باز گردد سوی شهریار	ترا بهتری باشد از روزگار
سپاسی بود نزد شاه زمین	بزرگان گیتی کنند آفرین
برآساید از کین دو کشور مگر	اگر آردش نزد ما دادگر
ز داد جهان آفرین این سزاست	که گردد زمانه بدین جنگ راست
چو سالار گفتار پیران شنید	چنان هم همه بودنیها بدید
پس اندیشه کرد اندر آن یک زمان	همی داشت بر نیک و بد بر گمان
چنین داد پاسخ به پیران پیر	که هست اینک گفتی همه دلپذیر
ولیکن شنیدم یکی داستان	که باشد بدین رای همداستان
که چون بچه‌ی شیر نر پروری	چو دندان کند تیز کیفر بری
چو با زور و با چنگ برخیزد او	به پروردگار اندر آویزد او
بدو گفت پیران کاندر خرد	یکی شاه کندآوران بنگرد
کسی کز پدر کژی و خوی بد	نگیرد ازو بدخویی کی سزد
نبینی که کاووس دیرینه گشت	چو دیرینه گشت او بباید گذشت
سیاوش بگیرد جهان فراخ	بسی گنج بی‌رنج و ایوان و کاخ
دو کشور ترا باشد و تاج و تخت	چنین خود که یابد مگر نیک‌بخت
چو بشنید افراسیاب این سخن	یکی رای با دانش افگند بن

نامه افراسیاب به سیاوش

دبیر جهان‌دیده را پیش خواند
زبان برگشاد و سخن برفشاند

نخستین که بر خامه بنهاد دست
به عنبر سر خامه را کرد مست

جهان آفرین را ستایش گرفت
بزرگی و دانش نمایش گرفت

کجا برترست از مکان و زمان
بدو کی رسد بندگی را گمان

خداوند جانست و آن خرد
خردمند را داد او پرورد

ازو باد بر شاهزاده درود
خداوند گوپال و شمشیر و خود

خداوند شرم و خداوند باک
ز بیداد و کژی دل و دست پاک

شنیدم پیام از کران تا کران
ز بیدار دل زنگه‌ی شاوران

غمی شد دلم زانک شاه جهان
چنین تیز شد با تو اندر نهان

ولیکن به گیتی بجز تاج و تخت
چه جوید خردمند بیدار بخت

ترا این همه ایدر آراستست
اگر شهریاری و گر خواستست

همه شهر توران برندت نماز
مرا خود به مهر تو باشد نیاز

تو فرزند باشی و من چون پدر
پدر پیش فرزند بسته کمر

چنان دان که کاووس بر تو به مهر
بران گونه یک روز نگشاد چهر

کجا من گشایم در گنج بست
سپارم به تو تاج و تخت نشست

بدارمت بی‌رنج فرزندوار
به گیتی تو مانی زمن یادگار

چو از کشورم بگذری در جهان
نکوهش کنندم کهان و مهان

وزین روی دشوار یابی گذر
مگر ایزدی باشد آیین و فر

بدین راه پیدا نبینی زمین
گذر کرد باید به دریای چین

ازین کرد یزدان ترا بی نیاز
هم ایدر بباش و به خوبی بناز

سپاه و در گنج و شهر آن تست
به رفتن بهانه نبایدت جست

چو رای آیدت آشتی با پدر
سپارم ترا تاج و زرین کمر

که ز ایدر به ایران شوی با سپاه
ببندم به دلسوزگی با تو راه

نماند ترا با پدر جنگ دیر
کهن شد سرش گردد از جنگ سیر

گر آتش ببیند پی شصت و پنج
رسد آتش از باد پیری به رنج
ترا باشد ایران و گنج و سپاه
ز کشور به کشور رساند کلاه
پذیرفتم از پاک یزدان که من
بکوشم به خوبی به جان و به تن
نفرمایم و خود نسازم به بد
به اندیشه دل را نیازم به بد

نامه سیاوش به کاووس و رفتن به نزد افراسیاب

چو نامه به مهر اندر آورد شاه
بفرمود تا زنگه‌ی نیک‌خواه
به زودی به رفتن ببندد کمر
یکی خلعت آراست با سیم و زر
یکی اسپ بر سر ستام گران
بیامد دمان زنگه‌ی شاوران
چو نزدیک تخت سیاوش رسید
بگفت آنچ پرسید و بشنید و دید
سیاوش به یک روی زان شاد شد
به دیگر پر از درد و فریاد شد
که دشمن همی دوست بایست کرد
ز آتش کجا بردمد باد سرد
یکی نامه بنوشت نزد پدر
همه یاد کرد آنچ بد در به در
که من با جوانی خرد یافتم
بهر نیک و بد نیز بشتافتم
از آن زن یکی مغز شاه جهان
دل من برافروخت اندر نهان
شبستان او درد من شد نخست
ز خون دلم رخ ببایست شست
ببایست بر کوه آتش گذشت
مرا زار بگریست آهو به دشت
ازان ننگ و خواری به جنگ آمدم
خرامان به چنگ نهنگ آمدم
دو کشور بدین آشتی شاد گشت
دل شاه چون تیغ پولاد گشت
نیاید همی هیچ کارش پسند
گشادن همان و همان بود بند
چو چشمش ز دیدار من گشت سیر
بر سیر دیده نباشند دیر
ز شادی مبادا دل او رها
شدم من ز غم در دم اژدها
ندانم کزین کار بر من سپهر
چه دارد به راز اندر از کین و مهر
ازان پس بفرمود بهرام را
که اندر جهان تازه کن کام را
سپردم ترا تاج و پرده‌سرای
همان گنج آگنده و تخت و جای
درفش و سواران و پیلان کوس
چو ایدر بیاید سپهدار طوس

چنین هم پذیرفته او را سپار	تو بیدار دل باش و به روزگار
ز دیده ببارید خوناب زرد	لب رادمردان پر از باد سرد
ز لشکر گزین کرد سیصد سوار	همه گرد و شایسته‌ی کارزار
صد اسپ گزیده به زرین ستام	پرستار و زرین کمر صد غلام
بفرمود تا پیش او آورند	سلیح و ستام و کمر بشمرند
درم نیز چندان که بودش به کار	ز دینار وز گوهر شاهوار
ازان پس گرانمایگان را بخواند	سخنهای بایسته چندی براند
چنین گفت کز نزد افراسیاب	گذشتست پیران بدین روی آب
یکی راز پیغام دارد به من	که ایمن به دویست از انجمن
همی سازم اکنون پذیره شدن	شما را هم ایدر بباید بدن
همه سوی بهرام دارید روی	مپیچد دل را ز گفتار اوی
همی بوسه دادند گردان زمین	بران خوب سالار باآفرین
چو خورشید تابنده بنمود پشت	هوا شد سیاه و زمین شد درشت
سیاووش لشکر به جیحون کشید	به مژگان همی از جگر خون کشید
چو آمد به ترمذ درون بام و کوی	بسان بهاران پر از رنگ و بوی
چنان بد همه شهرها تا به چاچ	تو گفتی عروسیست باطوق و تاج
به هر منزلی ساخته خوردنی	خورشهای زیبا و گستردنی
چنین تا به قچقار باشی براند	فرود آمد آنجا و چندی بماند
چو آگاهی آمد پذیره شدند	همه سرکشان با تبیره شدند
ز خویشان گزین کرد پیران هزار	پذیره شدن را برآراست کار
بیاراسته چار پیل سپید	سپه را همه داد یکسر نوید
یکی برنهاده ز پیروزه تخت	درفشنده مهدی بسان درخت
سرش ماه زرین و بومش بنفش	به زر بافته پرنیایی درفش
ابا تخت زرین سه پیل دگر	صد از ماهرویان زرین کمر
سپاهی بران سان که گفتی سپهر	بیاراست روی زمین را به مهر
صد اسپ گرانمایه با زین زر	به دیبا بیاراسته سر به سر
سیاووش بشنید کامد سپاه	پذیره شدن را بیاراست شاه
درفش سپهدار پیران بدید	خروشیدن پیل و اسپان شنید
بشد تیز و بگرفتش اندر کنار	بپرسیدش از نامور شهریار

بدو گفت کای پهلوان سپاه
چرا رنجه کردی روان را به راه

همه بردل اندیشه این بد نخست
که بیند دو چشمم ترا تندرست

ببوسید پیران سر و پای او
همان خوب چهر دلارای او

چنین گفت کای شهریار جوان
مراگر بخواب این نمودی روان

ستایش کنم پیش یزدان نخست
چو دیدم ترا روشن و تندرست

ترا چون پدر باشد افراسیاب
همه بنده باشیم زین روی آب

ز پیوستگان هست بیش از هزار
پرستندگانند با گوشوار

تو بی‌کام دل هیچ دم بر مزن
ترا بنده باشد همی مرد و زن

مراگر پذیری تو با پیر سر
ز بهر پرستش ببندم کمر

برفتند هر دو به شادی به هم
سخن یاد کردند بر بیش و کم

همه ره ز آوای چنگ و رباب
همی خفته را سر برآمد ز خواب

همی خاک مشکین شد از مشک و زر
همی اسپ تازی برآورد پر

سیاوش چو آن دید آب از دو چشم
ببارید و ز اندیشه آمد به خشم

که یاد آمدش بوم زابلستان
بیاراسته تا به کابلستان

همان شهر ایرانش آمد به یاد
همی برکشید از جگر سرد باد

ز ایران دلش یاد کرد و بسوخت
به کردار آتش رخش برفروخت

ز پیران بپیچید و پوشید روی
سپهبد بدید آن غم و درد اوی

بدانست کاو را چه آمد بیاد
غمی گشت و دندان به لب بر نهاد

به قچقار باشی فرود آمدند
نشستند و یکبار دم بر زدند

نگه کرد پیران به دیدار او
نشست و بر و یال و گفتار او

بدو در دو چشمش همی خیره ماند
همی هر زمان نام یزدان بخواند

بدو گفت کای نامور شهریار
ز شاهان گیتی توی یادگار

سه چیزست بر تو که اندر جهان
کسی را نباشد ز تخم مهان

یکی آنک از تخمه‌ی کیقباد
همی از تو گیرند گویی نژاد

و دیگر زبانی بدین راستی
به گفتار نیکو بیاراستی

سه دیگر که گویی که از چهر تو
ببارد همی بر زمین مهر تو

چنین داد پاسخ سیاووش بدوی
که ای پیر پاکیزه و راست‌گوی

خنیده به گیتی به مهر و وفا
ز آهرمنی دور و دور از جفا

گر ایدونک با من تو پیمان کنی
شناسم که پیان من مشکنی

گر از بودن ایدر مرا نیکویست	برین کرده‌ی خود نباید گریست
و گر نیست فرمای تا بگذرم	نمایی ره کشوری دیگرم
بدو گفت پیران که مندیش زین	چو اندر گذشتی ز ایران زمین
مگردان دل از مهر افراسیاب	مکن هیچ‌گونه برفتن شتاب
پراگنده نامش به گیتی بدیست	ولیکن جز اینست مرد ایزدیست
خرد دارد و رای و هوش بلند	به خیره نیاید به راه گزند
مرا نیز خویشیست با او به خون	همش پهلوانم همش رهنمون
همانا برین بوم و بر صد هزار	به فرمان من بیش باشد سوار
همم بوم و بر هست و هم گوسفند	هم اسپ و سلیح و کمان و کمند
مرا بی‌نیازیست از هر کسی	نهفته جزین نیز هستم بسی
فدای تو بادا همه هرچ هست	گر ایدونک سازی به شادی نشست
پذیرفتم از پاک یزدان ترا	به رای و دل هوشمندان ترا
که بر تو نیاید ز بدها گزند	نداند کسی راز چرخ بلند
مگر کز تو آشوب خیزد به شهر	بیامیزی از دور تریاک و زهر
سیاووش بدان گفتها رام شد	برافروخت و اندر خور جام شد
بخوردن نشستند یک با دگر	سیاوش پسر گشت و پیران پدر
برفتند با خنده و شادمان	به ره بر نجستند جایی زمان
چنین تا رسیدند در شهر گنگ	کزان بود خرم سرای درنگ
پیاده به کوی آمد افراسیاب	از ایوان میان بسته و پر شتاب
سیاوش چو او را پیاده بدید	فرود آمد از اسپ و پیشش دوید
گرفتند مر یکدگر را به بر	بسی بوس دادند بر چشم و سر
ازان پس چنین گفت افراسیاب	که گردان جهان اندر آمد به خواب
ازین پس نه آشوب خیزد نه جنگ	به آبشخور آیند میش و پلنگ
برآشفت گیتی ز تور دلیر	کنون روی گیتی شد از جنگ سیر
دو کشور سراسر پر از شور بود	جهان را دل از آشتی کور بود
به تو رام گردد زمانه کنون	برآساید از جنگ وز جوش خون
کنون شهر توران ترا بنده‌اند	همه دل به مهر تو آگنده‌اند
مرا چیز با جان همی پیش تست	سپهبد به جان و به تن خویش تست
سیاوش برو آفرین کرد سخت	که از گوهر تو مگر داد بخت

سپاس از خدای جهان آفرین	کزویست آرام و پرخاش و کین
سپهدار دست سیاوش به دست	بیامد به تخت مهی بر نشست
به روی سیاوش نگه کرد و گفت	که این را به گیتی کسی نیست جفت
نه زین‌گونه مردم بود در جهان	چنین روی و بالا و فر و مهان
ازان پس به پیران چنین گفت رد	که کاووس تندست و اندک خرد
که بشکیبد از روی چونین پسر	چنین برز بالا و چندین هنر
مرا دیده از خوب دیدار او	بماندست دل خیره از کار او
که فرزند باشد کسی را چنین	دو دیده بگرداند اندر زمین
از ایوانها پس یکی برگزید	همه کاخ زربفتها گستريد
یکی تخت زرین نهادند پیش	همه پایها چون سر گاومیش
به دیبای چینی بیاراستند	فراوان پرستندگان خواستند
بفرمود پس تا رود سوی کاخ	بباشد به کام و نشیند فراخ
سیاوش چو در پیش ایوان رسید	سر طاق ایوان به کیوان رسید
بیامد بران تخت زر بر نشست	هشیوار جان اندر اندیشه بست
چو خوان سپهبد بیاراستند	کس آمد سیاووش را خواستند
ز هر گونه‌ای رفت بر خوان سخن	همه شادمانی فگندند بن
چو از خوان سالار برخاستند	نشستنگه می بیاراستند
برفتند با رود و رامشگران	بباده نشستند یکسر سران
بدو داد جان و دل افراسیاب	همی بی سیاوش نیامدش خواب
همی خورد می تا جهان تیره شد	سرمیگساران ز می خیره شد
سیاوش به ایوان خرامید شاد	به مستی ز ایران نیامدش یاد
بدان شب هم اندر بفرمود شاه	بدان کس که بودند بر بزمگاه
چنین گفت با شیده افراسیاب	که چون سر برآرد سیاوش ز خواب
تو با پهلوانان و خویشان من	کسی کاو بود مهتر انجمن
به شبگیر با هدیه و با غلام	گرانمایه اسپان زرین ستام
ز لشکر همی هر کسی با نثار	ز دینار وز گوهر شاهوار
ازین‌گونه پیش سیاوش روند	هشیوار و بیدار و خامش روند
فراوان سپهبد فرستاد چیز	بدین گونه یک هفته بگذشت نیز
شبی با سیاوش چنین گفت شاه	که فردا بسازیم هر دو پگاه

که با گوی و چوگان به میدان شویم	زمانی بتازیم و خندان شویم
ز هر کس شنیدم که چوگان تو	نبینند گردان به میدان تو
تو فرزند مایی و زیبای گاه	تو تاج کیانی و پشت سپاه
بدو گفت شاها انوشه بدی	روان را به دیدار توشه بدی
همی از تو جویند شاهان هنر	که یابد به هرکار بر تو گذر
مرا روز روشن به دیدار تست	همی از تو خواهم بد و نیک جست

هنر نمودن سیاوش پیش افراسیاب

به شبگیر گردان به میدان شدند	گرازان و تازان و خندان شدند
چنین گفت پس شاه توران بدوی	که یاران گزینیم در زخم گوی
تو باشی بدان‌روی و زین‌روی من	بدو نیم هم زین نشان انجمن
سیاوش بدو گفت کای شهریار	کجا باشدم دست و چوگان به کار
برابر نیارم زدن با تو گوی	به میدان هم‌آورد دیگر بجوی
چو هستم سزاوار یار توام	برین پهن میدان سوار توام
سپهبد ز گفتار او شاد شد	سخن گفتن هر کسی باد شد
به جان و سر شاه کاووس گفت	که با من تو باشی هم‌آورد و جفت
هنر کن به پیش سواران پدید	بدان تا نگویند کاو بد گزید
کنند آفرین بر تو مردان من	شگفته شود روی خندان من
سیاوش بدو گفت فرمان تراست	سواران و میدان و چوگان تراست
سپهبد گزین کرد کلباد را	چو گرسیوز و جهن و پولاد را
چو پیران و نستیهن جنگجوی	چو هومان که بردارد از آب گوی
به نزد سیاووش فرستاد یار	چو رویین و چون شیده‌ی نامدار
دگر اندریمان سوار دلیر	چو ارجاسپ اسپ افگن نره شیر
سیاوش چنین گفت کای نامجوی	ازیشان که یارد شدن پیشگوی
همه یار شاهند و تنها منم	نگهبان چوگان یکتا منم
گر ایدونک فرمان دهد شهریار	بیارم به میدان ز ایران سوار

مرا یار باشند بر زخم گوی — بران سان که آیین بود بر دو روی
سپهبد چو بشنید زو داستان — بران داستان گشت هم داستان
سیاوش از ایرانیان هفت مرد — گزین کرد شایسته‌ی کارکرد
خروش تبیره ز میدان بخاست — همی خاک با آسمان گشت راست
از آوای سنج و دم کره نای — تو گفتی بجنبید میدان ز جای
سیاووش برانگیخت اسپ نبرد — چو گوی اندر آمد به پیشش به گرد
بزد هم چنان چون به میدان رسید — بران سان که از چشم شد ناپدید
بفرمود پس شهریار بلند — که گویی به نزد سیاوش برند
سیاوش بران گوی بر داد بوس — برآمد خروشیدن نای و کوس
سیاوش به اسپی دگر برنشست — بیانداخت آن گوی خسرو به دست
ازان پس به چوگان برو کار کرد — چنان شد که با ماه دیدار کرد
ز چوگان او گوی شد ناپدید — تو گفتی سپهرش همی برکشید
ازان گوی خندان شد افراسیاب — سر نامداران برآمد ز خواب
به آواز گفتند هرگز سوار — ندیدیم بر زین چنین نامدار
ز میدان به یکسو نهادند گاه — بیامد نشست از برگاه شاه
سیاووش بنشست با او به تخت — به دیدار او شاد شد شاه سخت
به لشگر چنین گفت پس نامجوی — که میدان شما را و چوگان و گوی
همی ساختند آن دو لشکر نبرد — برآمد همی تا به خورشید گرد
چو ترکان به تندی بیاراستند — همی بردن گوی را خواستند
ربودند ایرانیان گوی پیش — بماندند ترکان ز کردار خویش
سیاووش غمی گشت ز ایرانیان — سخن گفت بر پهلوانی زبان
که میدان بازیست گر کارزار — برین گردش و بخشش روزگار
چو میدان سرآید بتابید روی — بدیشان سپارید یک‌بار گوی
سواران عنانها کشیدند نرم — نکردند زان پس کسی اسپ گرم
یکی گوی ترکان بینداختند — به کردار آتش همی تاختند
سپهبد چو آواز ترکان شنود — بدانست کان پهلوانی چه بود
چنین گفت پس شاه توران سپاه — که گفتنست با من یکی نیک‌خواه
که او را ز گیتی کسی نیست جفت — به تیر و کمان چون گشاید دو سفت
سیاوش چو گفتار مهتر شنید — ز قربان کمان کی برکشید

سپهبد کمان خواست تا بنگرد	یکی برگراید که فرمان برد
کمان را نگه کرد و خیره بماند	بسی آفرین کیانی بخواند
به گرسیوز تیغ زن داد مه	که خانه بمال و در آور به زه
بکوشید تا بر زه آرد کمان	نیامد برو خیره شد بدگمان
ازو شاه بستد به زانو نشست	بمالید خانه کمان را به دست
به زه کرد و خندان چنین گفت شاه	که اینت کمانی چو باید به راه
مرا نیز گاه جوانی کمان	چنین بود و اکنون دگر شد زمان
به توران و ایران کس این را به چنگ	نیارد گرفتن به هنگام جنگ
بر و یال و کتف سیاوش جزین	نخواهد کمان نیز بر دشت کین
نشانی نهادند بر اسپریس	سیاوش نکرد ایچ با کس مکیس
نشست از بر بادپایی چو دیو	برافشارد ران و برآمد غریو
یکی تیر زد بر میان نشان	نهاده بدو چشم گردنکشان
خدنگی دگر باره با چارپر	بینداخت از باد و بگشاد پر
نشانه دوباره به یک تاختن	مغربل بکرد اندر انداختن
عنان را بپیچید بر دست راست	بزد بار دیگر بران سو که خواست
کمان را به زه بر بباز و فگند	بیامد بر شهریار بلند
فرود آمد و شاه برپای خاست	برو آفرین ز آفریننده خواست
وزان جایگه سوی کاخ بلند	برفتند شادان دل و ارجمند
نشستند خوان و می آراستند	کسی کاو سزا بود بنشاستند
میی چند خوردند و گشتند شاد	به نام سیاووش کردند یاد
بخوان بر یکی خلعت آراست شاه	از اسپ و ستام و ز تخت و کلاه
همان دست زر جامه‌ی نابرید	که اندر جهان پیش ازان کس ندید
ز دینار وز بدرهای درم	ز یاقوت و پیروزه و بیش و کم
پرستار بسیار و چندی غلام	یکی پر ز یاقوت رخشنده جام
بفرمود تا خواسته بشمرند	همه سوی کاخ سیاوش برند
ز هر کش به توران زمین خویش بود	ورا مهربانی برو بیش بود
به خویشان چنین گفت کاو را همه	شما خیل باشید هم چون رمه
بدان شاهزاده چنین گفت شاه	که یک روز با من به نخچیرگاه
گر آیی که دل شاد و خرم کنیم	روان را به نخچیر بی‌غم کنیم

بدو گفت هرگه که رای آیدت بران سو که دل رهنمای آیدت
برفتند روزی به نخچیرگاه همی رفت با یوز و با باز شاه
سپاهی ز هرگونه با او برفت از ایران و توران بنخچیر تفت
سیاوش به دشت اندرون گور دید چو باد از میان سپه بردمید
سبک شد عنان و گران شد رکیب همی تاخت اندر فراز و نشیب
یکی را به شمشیر زد بدو نیم دو دستش ترازو بد و گور سیم
به یک جو ز دیگر گرانتر نبود نظاره شد آن لشکر شاه زود
بگفتند یکسر همه انجمن که اینت سرافراز و شمشیرزن
به آواز گفتند یک با دگر که ما را بد آمد ز ایران به سر
سر سروران اندر آمد به تنگ سزد گر بسازیم با شاه جنگ
سیاوش هیمدون به نخچیر بور همی تاخت و افگند در دشت گور
به غار و به کوه و به هامون بتاخت بشمشیر و تیر و بنیزه بیاخت
به هر جایگه بر یکی توده کرد سپه را ز نخچیر آسوده کرد
وزان جایگه سوی ایوان شاه همه شاد دل برگرفتند راه
سپهبد چه شادان چه بودی دژم بجز با سیاوش نبودی به هم
ز جهن و ز گرسیوز و هرک بود به کس راز نگشاد و شادان نبود
مگر با سیاوش بدی روز و شب ازو برگشادی به خنده دو لب
برین گونه یک سال بگذاشتند غم و شادمانی بهم داشتند

گفتار پیران با سیاوش

سیاوش یکی روز و پیران بهم نشستند و گفتند هر بیش و کم
بدو گفت پیران کزین بوم و بر چنانی که باشد کسی برگذر
بدین مهربانی که بر تست شاه به نام تو خسپد به آرامگاه
چنان دان که خرم بهارش توی نگارش تویی غمگسارش تویی
بزرگی و فرزند کاووس شاه سر از بس هنرها رسیده به ماه
پدر پیر سر شد تو برنا دلی نگر سر ز تاج کیی نگسلی

به ایران و توران توی شهریار	ز شاهان یکی پرهنر یادگار
بنه دل برین بوم و جایی بساز	چنان چون بود درخور کام و ناز
نبینمت پیوسته‌ی خون کسی	کجا داردی مهر بر تو بسی
برادر نداری نه خواهر نه زن	چو شاخ گلی بر کنار چمن
یکی زن نگه کن سزاوار خویش	از ایران منه درد و تیمار پیش
پس از مرگ کاووس ایران تراست	همان تاج و تخت دلیران تراست
پس پرده‌ی شهریار جهان	سه ماهست با زیور اندر نهان
اگر ماه را دیده بودی سیاه	از ایشان نه برداشتی چشم ماه
سه اندر شبستان گرسیوزاند	که از مام وز باب با پروزاند
نبیره فریدون و فرزند شاه	که هم جاه دارند و هم تاج و گاه
ولیکن ترا آن سزاوارتر	که از دامن شاه جویی گهر
پس پرده‌ی من چهارند خرد	چو باید ترا بنده باید شمرد
ازیشان جریرست مهتر بسال	که از خوبرویان ندارد همال
یکی دختری هستی آراسته	چو ماه درخشنده با خواسته
نخواهد کسی را که آن رای نیست	بجز چهر شاهش دلارای نیست
ز خوبان جریرست انباز تو	بود روز رخشنده دمساز تو
اگر رای باشد ترا بنده‌ایست	به پیش تو اندر پرستنده‌ایست
سیاوش بدو گفت دارم سپاس	مرا خود ز فرزند برتر شناس
گر او باشدم نازش جان و تن	نخواهم جزو کس ازین انجمن
سپاسی نهی زین همی بر سرم	که تا زنده‌ام حق آن نسپرم
پس آنگاه پیران ز نزدیک اوی	سوی خانه‌ی خویش بنهاد روی
چو پیران ز پیش سیاوش برفت	به نزدیک گلشهر تازید تفت
بدو گفت کار جریره بساز	به فر سیاووش خسرو به ناز
چگونه نباشیم امروز شاد	که داماد باشد نبیره قباد
بیورد گلشهر دخترش را	نهاد از بر تارک افسرش را
به دیبا و دینار و در و درم	به بوی و به رنگ و به هر بیش و کم
بیاراست او را چو خرم بهار	فرستاد در شب بر شهریار
مراو را بپیوست با شاه نو	نشاند از بر گاه چون ماه نو
ندانست کس گنج او را شمار	ز یاقوت و ز تاج گوهرنگار

۳۶۹

سیاوش چو روی جریره بدید
خوش آمدش خندید و شادی گزید

همی بود با او شب و روز شاد
نیامد ز کاووس و دستانش یاد

برین نیز چندی بگردید چرخ
سیاووش را بد ز نیکیش به رخ

ورا هر زمان پیش افراسیاب
فرونتر بدی حشمت و جاه و آب

یکی روز پیران به به روزگار
سیاووش را گفت کای نامدار

تو دانی که سالار توران سپاه
ز اوج فلک برفرازد کلاه

شب و روز روشن روانش توی
دل و هوش و توش و توانش توی

چو با او تو پیوسته‌ی خون شوی
ازین پایه هر دم به افزون شوی

بباشد امیدش به تو استوار
که خواهی بدن پیش او پایدار

اگر چند فرزند من خویش تست
مرا غم ز بهر کم و بیش تست

فرنگیس مهتر ز خوبان اوی
نبینی به گیتی چنان موی و روی

به بالا ز سرو سهی برترست
ز مشک سیه بر سرش افسرست

هنرها و دانش ز اندازه بیش
خرد را پرستار دارد به پیش

از افراسیاب ار بخواهی رواست
چنو بت به کشمیر و کابل کجاست

شود شاه پرمایه پیوند تو
درفشان شود فر و اورند تو

چو فرمان دهی من بگویم بدوی
بجویم بدین نزد او آبروی

سیاوش به پیران نگه کرد و گفت
که فرمان یزدان نشاید نهفت

اگر آسمانی چنین است رای
مرا با سپهر روان نیست پای

اگر من به ایران نخواهم رسید
نخواهم همی روی کاووس دید

چو دستان که پروردگار منست
تهمتن که روشن بهار منست

چو بهرام و چون زنگه‌ی شاوران
جزین نامداران کنداوران

چو از روی ایشان بباید برید
به توران همی جای باید گزید

پدر باش و این کدخدایی بساز
مگو این سخن با زمین جز به راز

اگر بخت باشد مرا نیکخواه
همانا دهد ره به پیوند شاه

همی گفت و مژگان پر از آب کرد
همی برزد اندر میان باد سرد

بدو گفت پیران که با روزگار
نسازد خرد یافته کارزار

نیابی گذر تو ز گردان سپهر
کزویست آرام و پرخاش و مهر

به ایران اگر دوستان داشتی
به یزدان سپردی و بگذاشتی

نشست و نشانت کنون ایدرست
سر تخت ایران به دست اندرست

بگفت این و برخاست از پیش او	چو آگاه گشت از کم و بیش او
به شادی بشد تا بدرگاه شاه	فرود آمد و برگشادند راه
همی بود بر پیش او یک زمان	بدو گفت سالار نیکوگمان
که چندین چه باشی به پیشم به پای	چه خواهی به گیتی چه آیدت رای
سپاه و در گنج من پیش تست	مرا سودمندی کم و بیش تست
کسی کاو به زندان و بند منست	گشادنش درد و گزند منست
ز خشم و ز بند من آزاد گشت	ز بهر تو پیگار من باد گشت
ز بسیار و اندک چه باید بخواه	ز تیغ و ز مهر و ز تخت و کلاه
خردمند پاسخ چنین داد باز	که از تو مبادا جهان بی‌نیاز
مرا خواسته هست و گنج و سپاه	به بخت تو هم تیغ و هم تاج و گاه
ز بهر سیاوش پیامی دراز	رسانم به گوش سپهبد به راز
مرا گفت با شاه ترکان بگوی	که من شاد دل گشتم و نامجوی
بپروردیم چون پدر در کنار	همه شادی آورد بخت تو بار
کنون همچنین کدخدایی بساز	به نیک و بد از تو نیم بی‌نیاز
پس پرده‌ی تو یکی دخترست	که ایوان و تخت مرا درخورست
فرنگیس خواند همی مادرش	شود شاد اگر باشم اندر خورش
پراندیشه شد جان افراسیاب	چنین گفت با دیده کرده پرآب
که من گفته‌ام پیش ازین داستان	نبودی بران گفته همداستان
چنین گفت با من یکی هوشمند	که رایش خرد بود و دانش بلند
که ای دایه‌ی بچه‌ی شیرنر	چه رنجی که جان هم نیاری به بر
و دیگر که از پیش کندآوران	ز کار ستاره شمر بخردان
شمار ستاره به پیش پدر	همی راندندی همه دربدر
کزین دو نژاده یکی شهریار	بیاید بگیرد جهان در کنار
به توران نماند برو بوم و رست	کلاه من اندازد از کین نخست
کنون باورم شد که او این بگفت	که گردون گردان چه دارد نهفت
چرا کشت باید درختی به دست	که بارش بود زهر و برگش کبست
ز کاووس وز تخم افراسیاب	چو آتش بود تیز یا موج آب
ندانم به توران گراید به مهر	وگر سوی ایران کند پاک چهر
چرا بر گمان زهر باید چشید	دم مار خیره نباید گزید

بدو گفت پیران که ای شهریار	دلت را بدین کار غمگین مدار
کسی کز نژاد سیاوش بود	خردمند و بیدار و خامش بود
بگفت ستاره‌شمر مگرو ایچ	خردگیر و کار سیاوش بسیچ
کزین دو نژاده یکی نامور	برآرد به خورشید تابنده سر
بایران و توران بود شهریار	دو کشور برآساید از کارزار
وگر زین نشان راز دارد سپهر	بیفزایدش هم باندیشه مهر
بخواهد بدن بی‌گمان بودنی	نکاهد به پرهیز افزودنی
نگه کن که این کار فرخ بود	ز بخت آنچ پرسند پاسخ بود
ز تخم فریدون وز کیقباد	فروزنده‌تر زین نباشد نژاد
به پیران چنین گفت پس شهریار	که رای تو بر بد نیاید به کار
به فرمان و رای تو کردم سخن	برو هرچ باید به خوبی بکن
دو تا گشت پیران و بردش نماز	بسی آفرین کرد و برگشت باز
به نزد سیاوش خرامید زود	برو بر شمرد آن کجا رفته بود
نشستند شادان دل آن شب بهم	به باده بشستند جان را ز غم

پیوند کردن سیاوش با افراسیاب

چو خورشید از چرخ گردنده سر	برآورد برسان زرین سپر
سپهدار پیران میان را ببست	یکی باره‌ی تیزرو برنشست
به کاخ سیاووش بنهاد روی	بسی آفرین خواند بر فر اوی
بدو گفت کامروز برساز کار	به مهمانی دختر شهریار
چو فرمان دهی من سزاوار او	میان را ببندم پی کار او
سیاووش را دل پر آزرم بود	ز پیران رخانش پر از شرم بود
بدو گفت رو هرچ باید بساز	تو دانی که از تو مرا نیست راز
چو بشنید پیران سوی خانه رفت	دل و جان ببست اندر آن کار تفت
در خانه‌ی جامه‌ی نابرید	به گلشهر بسپرد پیران کلید
کجا بود کدبانوی پهلوان	ستوده زنی بود روشن روان

به گنج اندرون آنچ بد نامدار	گزیده ز زربفت چینی هزار
زبرجد طبقها و پیروزه جام	پر از نافه‌ی مشک و پر عود خام
دو افسر پر از گوهر شاهوار	دو یاره یکی طوق و دو گوشوار
ز گستردنیها شتروار شست	ز زربفت پوشیدینها سه دست
همه پیکرش سرخ کرده به زر	برو بافته چند گونه گهر
ز سیمین و زرین شتربار سی	طبقها و از جامه‌ی پارسی
یکی تخت زرین و کرسی چهار	سه نعلین زرین زبرجد نگار
پرستنده سیصد به زرین کلاه	ز خویشان نزدیک صد نیک‌خواه
پرستار با جام زرین دو شست	گرفته ازان جام هر یک به دست
همان صد طبق مشک و صد زعفران	سپردند یکسر به فرمانبران
به زرین عماری و دیبا و جلیل	برفتند با خواسته خیل خیل
بیورد بانو ز بهر نثار	ز دینار با خویشتن سی‌هزار
به نزد فرنگیس بردند چیز	روانشان پر از آفرین بود نیز
وزان روی پیران و افراسیاب	ز بهر سیاوش همه پرشتاب
به یک هفته بر مرغ و ماهی نخفت	نیمد سر یک تن اندر نهفت
زمین باغ گشت از کران تا کران	ز شادی و آوای رامشگران
به پیوستگی بر گوا ساختند	چو زین عهد و پیمان بپرداختند
پیامی فرستاد پیران چو دود	به گلشهر گفتا فرنگیس زود
هم امشب به کاخ سیاوش رود	خردمند و بیدار و خامش رود
چو بانوی بشنید پیغام اوی	به سوی فرنگیس بنهاد روی
زمین را ببوسید گلشهر و گفت	که خورشید را گشت ناهید جفت
هم امشب بباید شدن نزد شاه	بیاراستن گاه او را به ماه
بیامد فرنگیس چون ماه نو	به نزدیک آن تاجور شاه نو
بدین کار بگذشت یک هفته نیز	سپهبد بیاراست بسیار چیز
از اسپان تازی و از گوسفند	همان جوشن و خود و تیغ و کمند
ز دینار و از بدرهای درم	ز پوشیدنیها و از بیش و کم
وزین مرز تا پیش دریای چین	همی نام بردند شهر و زمین
به فرسنگ صد بود بالای او	نشایست پیمود پهنای او
نوشتند منشور بر پرنیان	همه پادشاهی به رسم کیان

به خان سیاوش فرستاد شاه / یکی تخت زرین و زرین کلاه
ازان پس بیاراست میدان سور / هرآنکس که رفتی ز نزدیک و دور
می و خوان و خوالیگران یافتی / بخوردی و هرچند برتافتی
ببردی و رفتی سوی خان خویش / بدی شاد یک هفته مهمان خویش
در بسته زندانها برگشاد / ازو شادمان بخت و او نیز شاد
به هشتم سیاووش بیامد به گاه / اباگرد پیران به نزدیک شاه
گرفتند هر دو برو آفرین / که‌ای مهتر و شهریار زمین
همیشه ترا جاودان باد روز / به شادی و بدخواه را پشت کوز
وزان جایگه بازگشتند شاد / بسی از جهاندار کردند یاد

دادن افراسیاب کشوری را به سیاوش

چنین نیز یک سال گردان سپهر / همی گشت بیدار بر داد و مهر
فرستاده آمد ز نزدیک شاه / به نزد سیاوش یکی نیک‌خواه
که پرسد همی شاه را شهریار / همی گوید ای مهتر نامدار
بود کت ز من دل بگیرد همی / وزین برنشستن گزیرد همی
از ایدر ترا داده‌ام تا به چین / یکی گرد برگرد و بنگر زمین
به شهری که آرام و رای آیدت / همان آرزوها بجای آیدت
به شادی بباش و به نیکی بمان / ز خوبی مپرداز دل یک زمان
سیاوش ز گفتار او گشت شاد / بزد نای و کوس و بنه برنهاد
سلیح و سپاه و نگین و کلاه / ببردند زین‌گونه با او به راه
فراوان عماری بیاراستند / پس پرده خوبان بپیراستند
فرنگیس را در عماری نشاند / بنه برنهاد و سپه را براند
ازو بازنگسست پیران گرد / بنه برنهاد و سپه را ببرد
به شادی برفتند سوی ختن / همه نامداران شدند انجمن
که سالار پیران ازان شهر بود / که از بدگمانیش بی‌بهر بود
همی بود یکماه مهمان او / بران سر چنین بود پیمان او

ز خوردن نیاسود یک روز شاه	گهی رود و می گاه نخچیرگاه
سر ماه برخاست آوای کوس	برانگه که خیزد خروش خروس
بیامد سوی پادشاهی خویش	سپاه از پس پشت و پیران ز پیش
بران مرز و بوم اندر آگه شدند	بزرگان به راه شهنشه شدند
به شادی دل از جای برخاستند	جهانی به آیین بیاراستند
ازان پادشاهی خروشی بخاست	تو گفتی زمین گشت با چرخ راست
ز بس رامش و ناله‌ی کرنای	تو گفتی بجنبد همی دل ز جای
بجایی رسیدند کاباد بود	یکی خوب فرخنده بنیاد بود
به یک روی دریا و یک روی کوه	برو بر ز نخچیر گشته گروه
درختان بسیار و آب روان	همی شد دل سالخورده جوان
سیاوش به پیران سخن برگشاد	که اینت بر و بوم فرخ نهاد
بسازم من ایدر یکی خوب جای	که باشد به شادی مرا رهنمای
برآرم یکی شارستان فراخ	فراوان کنم اندرو باغ و کاخ
نشستن‌گهی برفرازم به ماه	چنان چون بود در خور تاج و گاه
بدو گفت پیران که ای خوب رای	بران رو که اندیشه آرد بجای
چو فرمان دهد من بران سان که خواست	برآرم یکی جای تا ماه راست
نخواهم که باشد مرا بوم و گنج	زمان و زمین از تو دارم سپنج
یکی شارستان سازم ایدر فراخ	فراوان بدو اندر ایوان و کاخ
سیاوش بدو گفت کای بختیار	درخت بزرگی تو آری به بار
مرا گنج و خوبی همه زان تست	به هر جای رنج تو بینم نخست
یکی شهر سازم بدین جای من	که خیره بماند دل انجمن
ازان بوم خرم چو گشتند باز	سیاوش همی بود با دل به راز
از اخترشناسان بپرسید شاه	که گر سازم ایدر یکی جایگاه
ازو فر و بختم به سامان بود	وگرکار با جنگ سازان بود
بگفتند یکسر به شاه گزین	که بس نیست فرخنده بنیاد این
از اخترشناسان برآورد خشم	دلش گشت پردرد و پرآب چشم
کجا گفته بودند با او ز پیش	که چون بگذرد چرخ بر کار خویش
سرانجام چون گرددت روزگار	به زشتی شود بخت آموزگار
عنان تگاور همی داشت نرم	همی ریخت از دیدگان آب گرم

بدو گفت پیران که ای شهریار چه بودت که گشتی چنین سوگوار
چنین داد پاسخ که چرخ بلند دلم کرد پردرد و جانم نژند
که هر چند گرد آورم خواسته هم از گنج و هم تاج آراسته
به فرجام یکسر به دشمن رسد بدی بد بود مرگ بر تن رسد

صفت کنگ دز سیاوش به ترکستان

کجا آن حکیمان و دانندگان همان رنج‌بردار خوانندگان
کجا آن سر تاج شاهنشهان کجا آن دلاور گرامی مهان
کجا آن بتان پر از ناز و شرم سخن گفتن خوب و آوای نرم
کجا آنک بر کوه بودش کنام رمیده ز آرام وز کام و نام
چو گیتی تهی ماند از راستان تو ایدر ببودن مزن داستان
ز خاکیم و باید شدن زیر خاک همه جای ترسست و تیمار و باک
تو رفتی و گیتی بماند دراز کسی آشکارا نداند ز راز
جهان سر به سر عبرت و حکمت‌ست چرا زو همه بهر من غفلت‌ست
چو شد سال برشست و شش چاره جوی ز بیشی و از رنج برتاب روی
تو چنگ فزونی زدی بر جهان گذشتند بر تو بسی همرهان
چو زان نامداران جهان شد تهی تو تاج فزونی چرا برنهی
نباشی بدین گفته همداستان یکی شو بخوان نامه‌ی باستان
کزیشان جهان یکسر آباد بود بدانگه که اندر جهان داد بود
ز من بشنو از گنگ دژ داستان بدین داستان باش همداستان
که چون گنگ دژ در جهان جای نیست بدان سان زمینی دلارای نیست
که آن را سیاوش برآورده بود بسی اندرو رنجها برده بود
به یک ماه زان روی دریای چین که بی‌نام بود آن زمان و زمین
بیابان بیاید چو دریا گذشت ببینی یکی پهن بی‌آب دشت
کزین بگذری بینی آباد شهر کزان شهرها بر توان داشت بهر
ازان پس یکی کوه بینی بلند که بالای او برتر از چون و چند

مرین کوه را گنگ دژ در میان — بدان کت ز دانش نیاید زیان
چو فرسنگ صد گرد بر گرد کوه — ز بالای او چشم گردد ستوه
ز هر سو که پویی بدو راه نیست — همه گرد بر گرد او در یکیست
بدین کوه بینی دو فرسنگ تنگ — ازین روی و زان روی دیوار سنگ
بدین چند فرسنگ اگر پنج مرد — بباشد به راه از پی کارکرد
نیابد بریشان گذر صد هزار — زره‌دار و بر گستوان ور سوار
چو زین بگذری شهر بینی فراخ — همه گلشن و باغ و ایوان و کاخ
همه شهر گرمابه و رود و جوی — به هر برزنی آتش و رنگ و بوی
همه کوه نخچیر و آهو به دشت — چو این شهر بینی نشاید گذشت
تذروان و طاووس و کبک دری — بیابی چو از کوهها بگذری
نه گرماش گرم و نه سرماش سرد — همه جای شادی و آرام و خورد
نبینی بدان شهر بیمار کس — یکی بوستان بهشتست و بس
همه آبها روشن و خوشگوار — همیشه بر و بوم او چون بهار
درازی و پهناش سی بار سی — بود گر بپیمایدش پارسی
یک و نیم فرسنگ بالای کوه — که از رفتنش مرد گردد ستوه
وزان روی هامونی آید پدید — کزان خوبتر جایها کس ندید
همه گلشن و باغ و ایوان بود — کش ایوانها سر به کیوان بود
بشد پور کاووس و آنجای دید — مر آن را ز ایران همی برگزید
تن خویش را نامبردار کرد — فزونی یکی نیز دیوار کرد
ز سنگ و ز گچ بود و چندی رخام — وزان جوهری کش ندانیم نام
دو صد رش فزونست بالای اوی — همان سی و پنچ‌ست پهنای اوی
که آن را کسی تا نبیند به چشم — تو گویی ز گوینده گیرند خشم
نیاید برو منجنیق و نه تیر — بباید ترا دیدن آن ناگزیر
ز تیغش دو فرسنگ تا بوم خاک — همه گرد بر گرد خاکش مغاک
نبیند ز بن دیده بر تیغ کوه — هم از بر شدن مرد گردد ستوه
بدان آفرین کان چنان آفرید — ابا آشکارا نهان آفرید
نبایست یار و نه آموزگار — برو بر همه کار دشوار خوار
جز او را مخوان کردگار جهان — جز او را مدان آشکار و نهان
به پیغمبرش بر کنیم آفرین — بیارانش بر هر یکی همچنین

مرا فر نیکی‌دهش یار بود	خردمندی و بخت بیدار بود
برین سان یکی شارستان ساختند	سرش را به پروین پرداختند
کنون اندرین هم به کار آوریم	بدو در فراوان نگار آوریم
چه بندی دل اندر سرای سپنج	چه یازی به رنج و چه نازی به گنج
که از رنج دیگر کسی برخورد	جهانجوی دشمن چرا پرورد
چو خرم شود جای آراسته	پدید آید از هر سوی خواسته
نباشد مرا بودن ایدر بسی	نشیند برین جای دیگر کسی
نه من شاد باشم نه فرزند من	نه پرمایه گردی ز پیوند من
نباشد مرا زندگانی دراز	ز کاخ و ز ایوان شوم بی‌نیاز
شود تخت من گاه افراسیاب	کند بی‌گنه مرگ بر من شتاب
چنین است رای سپهر بلند	گهی شاد دارد گهی مستمند
بدو گفت پیران کای سرفراز	مکن خیره اندیشه‌ی دل دراز
که افراسیاب از بلا پشت تست	به شاهی نگین اندر انگشت تست
مرا نیز تا جان بود در تنم	بکوشم که پیمان تو نشکنم
نمانم که بادی به تو بگذرد	وگر موی بر تو هوا بشمرد
سیاوش بدو گفت کای نیکنام	نبینم جز از نیکنامیت کام
تو پیمان چنین داری و رای راست	ولیکن فلک را جز اینست خواست
همه راز من آشکارا به تست	که بیدار دل بادی و تندرست
من آگاهی از فر یزدان دهم	هم از راز چرخ بلند آگهم
بگویم ترا بودنیها درست	ز ایوان و کاخ اندرآیم نخست
بدان تا نگویی چو بینی جهان	که این بر سیاوش چرا شد نهان
تو ای گرد پیران بسیار هوش	بدین گفتها پهن بگشای گوش
فراوان بدین نگذرد روزگار	که بر دست بیداردل شهریار
شوم زار من کشته بر بی‌گناه	کسی دیگر آراید این تاج و گاه
ز گفتار بدخواه و ز بخت بد	چنین بی‌گنه بر سرم بد رسد
ز کشته شود زندگانی دژم	برآشوبد ایران و توران بهم
پر از رنج گردد سراسر زمین	دو کشور شود پر ز شمشیر و کین
بسی سرخ و زرد و سیاه و بنفش	از ایران و توران ببینی درفش
بسی غارت و بردن خواسته	پراگندن گنج آراسته

بسا کشورا کان به پای ستور	بکوبند و گردد به جوی آب شور
از ایران و توران برآید خروش	جهانی ز خون من آید به جوش
جهاندار بر چرخ چونین نوشت	به فرمان او بردهد هرچ کشت
سپهدار ترکان ز کردار خویش	پشیمان شود هم ز گفتار خویش
پشیمانی آنگه نداردش سود	که برخیزد از بوم آباد دود
بیا تا به شادی خوریم و دهیم	چو گاه گذشتن بود بگذریم
چو بشنید پیران و اندیشه کرد	ز گفتار او شد دلش پر ز درد
چنین گفت کز من بد آمد به من	گر او راست گوید همی این سخن
ورا من کشیده به توران زمین	پراگندم اندر جهان تخم کین
شمردم همه باد گفتار شاه	چنین هم همی گفت با من پگاه
وزان پس چنین گفت با دل به مهر	که از جنبش و راز گردان سپهر
چه داند بدو رازها کی گشاد	همانا ز ایرانش آمد بیاد
ز کاووس و ز تخت شاهنشهی	بیاد آمدش روزگار بهی
دل خویش زان گفته خرسند کرد	نه آهنگ رای خردمند کرد
همه راه زینگونه بد گفت و گوی	دل از بودنیها پر از جست و جوی
چو از پشت اسپان فرود آمدند	ز گفتار یکباره دم برزدند
یکی خوان زرین بیاراستند	می و رود و رامشگران خواستند
ببودند یک هفته زینگونه شاد	ز شاهان گیتی گرفتند یاد
به هشتم یکی نامه آمد ز شاه	به نزدیک سالار توران سپاه
کزانجا برو تا به دریای چین	ازان پس گذر کن به مکران زمین
همی رو چنین تا سر مرز هند	وزانجا گذر کن به دریای سند
همه باژ کشور سراسر بخواه	بگستر به مرز خزر در سپاه
برآمد خروش از در پهلوان	ز بانگ تبیره زمین شد نوان
ز هر سو سپاه انجمن شد به روی	یکی لشکری گشت پرخاش جوی
به نزد سیاوش بسی خواسته	ز دینار و اسپان آراسته
به هنگام پدرود کردن بماند	به فرمان برفت و سپه را براند

ساختن سیاوش، سیاوشکرد را

هیونی ز نزدیک افراسیاب چو آتش بیامد به هنگام خواب
یکی نامه سوی سیاوش به مهر نوشته به کردار گردان سپهر
که تا تو برفتی نیم شادمان از اندیشه بی‌غم نیم یک زمان
ولیکن من اندر خور رای تو به توران بجستم همی جای تو
گر آنجا که هستی خوش و خرم است چنان چون بباید دلت بی‌غم است
به شادی بباش و به نیکی بمان تو شادان بداندیش تو با غمان
بدان پادشاهی همی بازگرد سر بدسگال اندرآور به گرد
سیاوش سپه برگرفت و برفت بدان سو که فرمود سالار تفت
صد اشتر ز گنج و درم بار کرد چهل را همه بار دینار کرد
هزار اشتر بختی سرخ موی بنه بر نهادند با رنگ و بوی
از ایران و توران گزیده سوار برفتند شمشیرزن ده هزار
به پیش سپاه اندرون خواسته عماری و خوبان آراسته
ز یاقوت و ز گوهر شاهوار چه از طوق و ز تاج وزگوشوار
چه مشک و چه کافور و عود و عبیر چه دیبا و چه تختهای حریر
ز مصری و چینی و از پارسی همی رفت با او شتر بار سی
چو آمد بران شارستان دست آخت دو فرسنگ بالا و پهناش ساخت
از ایوان و میدان و کاخ بلند ز پالیز وز گلشن ارجمند
بیاراست شهری بسان بهشت به هامون گل و سنبل و لاله کشت
بر ایوان نگارید چندی نگار ز شاهان وز بزم وز کارزار
نگار سر و تاج و کاووس شاه نگارید با یاره و گرز و گاه
بر تخت او رستم پیلتن همان زال و گودرز و آن انجمن
ز دیگر سو افراسیاب و سپاه چو پیران و گرسیوز کینه‌خواه
بهر گوشه‌ای گنبدی ساخته سرش را به ابراندر افراخته
نشسته سراینده رامشگران سر اندر ستاره سران سران

سیاووش گردش نهادند نام   همه شهر زان شارستان شادکام
چو پیران بیامد ز هند و ز چین   سخن رفت زان شهر با آفرین
خنیده به توران سیاووش گرد   کز اختر بنش کرده شد روز ارد
از ایوان و کاخ و ز پالیز و باغ   ز کوه و در و رود وز دشت راغ
شتاب آمدش تا ببیند که شاه   چه کرد اندران نامور جایگاه
هرآنکس که او از در کار بود   بدان مرز با او سزاوار بود
هزار از هنرمند گردان گرد   چو هنگامه‌ی رفتن آمد ببرد
چو آمد به نزدیک آن جایگاه   سیاوش پذیره شدش با سپاه
چو پیران به نزد سیاوش رسید   پیاده شد از دور کاو را بدید
سیاوش فرود آمد از نیل رنگ   مر او را گرفت اندر آغوش تنگ
بگشتند هر دو بدان شارستان   ز هر در زدند از هنر داستان
سراسر همه باغ و میدان و کاخ   همی دید هرسو بنای فراخ
سپهدار پیران ز هر سو براند   بسی آفرین بر سیاوش بخواند
بدو گفت گر فر و برز کیان   نبودیت با دانش اندر جهان
کی آغاز کردی بدین گونه جای   کجا آمدی جای زین سان به پای
بماناد تا رستخیز این نشان   میان دلیران و گردنکشان
پسر بر پسر همچنین شاد باد   جهاندار و پیروز و فرخ نژاد
چو یک بهره از شهر خرم بدید   به ایوان و باغ سیاوش رسید
به کاخ فرنگیس بنهاد روی   چنان شاد و پیروز و دیهیم جوی
پذیره شدش دختر شهریار   به پرسید و دینار کردش نثار
چو بر تخت بنشست و آن جای دید   بران سان بهشتی دلارای دید
بدان نیز چندی ستایش گرفت   جهان آفرین را نیایش گرفت
ازان پس بخوردن گرفتند کار   می و خوان و رامشگر و میگسار
ببودند یک هفته با می به دست   گهی خرم و شاددل گاه مست
به هشتم ره‌آورد پیش آورید   همان هدیه‌ی شارستان چون سزید
ز یاقوت و زگوهر شاهوار   ز دینار وز تاج گوهرنگار
ز دیبا و اسپان به زین پلنگ   به زرین ستام و جناغ خدنگ
فرنگیس را افسر و گوشوار   همان یاره و طوق گوهرنگار
بداد و بیامد بسوی ختن   همی رای زد شاد با انجمن

چو آمد به شادی به ایوان خویش	همانگاه شد در شبستان خویش
به گلشهر گفت آنک خرم بهشت	ندید و نداند که رضوان چه کشت
چو خورشید بر گاه فرخ سروش	نشسته به آیین و با فر و هوش
به رامش بپیمای لختی زمین	برو شارستان سیاوش ببین
خداوند ازان شهر نیکوترست	تو گویی فروزنده‌ی خاورست
وزان جایگه نزد افراسیاب	همی رفت برسان کشتی بر آب
بیامد بگفت آن کجا کرده بود	همان باژ کشور که آورده بود
بیاورد پیشش همه سربسر	بدادش ز کشور سراسر خبر
که از داد شه گشت آباد بوم	ز دریای چین تا به دریای روم
وزانجا به کار سیاوش رسید	سراسر همه یاد کرد آنچ دید
ز کار سیاوش بپرسید شاه	وزان شهر و آن کشور و جایگاه
بدو گفت پیران که خرم بهشت	کسی کاو نبیند به اردیبهشت
سروش آوریدش همانا خبر	که چونان نگاریدش آن بوم و بر
همانا ندانند ازان شهر باز	نه خورشید ازان مهتر سرافراز
یکی شهر دیدم که اندر زمین	نبیند دگر کس به توران و چین
ز بس باغ و ایوان و آب روان	برآمیخت گفتی خرد با روان
چو کاخ فرنگیس دیدم ز دور	چو گنج گهر بد به میدان سور
بدان زیب و آیین که داماد تست	ز خوبی به کام دل شاد تست
گله کرد باید به گیتی یله	ترا چون نباشد ز گیتی گله
گر ایدونک آید ز مینو سروش	نباشد بدان فر و اورنگ و هوش
و دیگر دو کشور ز جنگ و ز جوش	برآسود چون مهتر آمد به هوش
بماناد بر ما چنین جاودان	دل هوشمندان و رای ردان
زگفتار او شاد شد شهریار	که دخت برومندش آمد به بار
به گرسیوز این داستان برگشاد	سخنهای پیران همه کرد یاد
پس آنگه به گرسیوز آهسته گفت	نهفته همه برگشاد از نهفت
بدو گفت رو تا سیاووش گرد	ببین تا چه جایست بر گرد گرد
سیاوش به توران زمین دل نهاد	از ایران نگیرد دگر هیچ یاد
مگر کرد پدرود تخت و کلاه	چو گودرز و بهرام و کاووس شاه
بران خرمی بر یکی خارستان	همی بوم و بر سازد و شارستان

فرنگیس را کاخهای بلند	برآورد و دارد همی ارجمند
چو بینی به خوبی فراوان بگوی	به چشم بزرگی نگه کن به روی
چو نخچیر و می باشد و دشت و کوه	نشینند پیشت ز ایران گروه
بدانگه که یاد من آید به دست	چو خوردی به شادی بباید نشست
یکی هدیه آرای بسیار مر	ز دینار وز اسب و زرین کمر
همان گوهر و تخت و دیبای چین	همان یاره و گرز و تیغ و نگین
ز گستردنیها و از بوی و رنگ	ببین تا ز گنجت چه آید به چنگ
فرنگیس را هدیه بر همچنین	برو با زبانی پر از آفرین
اگر آب دارد ترا میزبان	بران شهر خرم دو هفته بمان
نگه کرد گرسیوز نامدار	سواران ترکان گزیده هزار
خنیده سپاه اندرآورد گرد	بشد شادمان تا سیاووش گرد

رفتن گرسیوز به نزد سیاوش

سیاوش چو بشنید بسپرد راه	پذیره شدش تازیان با سپاه
گرفتند مر یکدگر را کنار	سیاوش بپرسید از شهریار
به ایوان کشیدند زان جایگاه	سیاوش بیاراست جای سپاه
دگر روز گرسیوز آمد پگاه	بیاورد خلعت ز نزدیک شاه
سیاوش بدان خلعت شهریار	نگه کرد و شد چون گل اندر بهار
نشست از بر باره‌ی گام زن	سواران ایران شدند انجمن
همه شهر و برزن یکایک بدوی	نمود و سوی کاخ بنهاد روی
هم آنگه به نزد سیاوش چو باد	سواری بیامد ورا مژده داد
که از دختر پهلوان سپاه	یکی کودک آمد به مانند شاه
ورا نام کردند فرخ فرود	به تیره شب آمد چو پیران شنود
به زودی مرا با سواری دگر	بگفت اینک شو شاه را مژده بر
همان مادر کودک ارجمند	جریره سر بانوان بلند
بفرمود یکسر به فرمانبران	زدن دست آن خرد بر زعفران

۳۸۳

نهادند بر پشت این نامه بر	که پیش سیاووش خودکامه بر
بگویش که هر چند من سالخورد	بدم پاک یزدان مرا شاد کرد
سیاوش بدو گفت گاه مهی	ازین تخمه هرگز مبادا تهی
فرستاده را داد چندان درم	که آرنده گشت از کشیدن دژم
به کاخ فرنگیس رفتند شاد	بدید آن بزرگی فرخ نژاد
پرستار چندی به زرین کلاه	فرنگیس با تاج در پیشگاه
فرود آمد از تخت و بردش نثار	بپرسیدش از شهر و ز شهریار
دل و مغز گرسیوز آمد به جوش	دگرگونه‌تر شد به آیین و هوش
به دل گفت سالی چنین بگذرد	سیاوش کسی را به کس نشمرد
همش پادشاهیست و هم تاج و گاه	همش گنج و هم دانش و هم سپاه
نهان دل خویش پیدا نکرد	همی بود پیچان و رخساره زرد
بدو گفت برخوردی از رنج خویش	همه سال شادان دل از گنج خویش
نهادند در کاخ زرین دو تخت	نشستند شادان دل و نیک‌بخت
نوازنده‌ی رود با میگسار	بیامد بر تخت گوهرنگار
ز نالیدن چنگ و رود و سرود	به شادی همی داد دل را درود
چو خورشید تابنده بگشاد راز	به هرجای بنمود چهر از فراز
سیاوش ز ایوان به میدان گذشت	به بازی همی گرد میدان بگشت
چو گرسیوز آمد بینداخت گوی	سپهبد پس گوی بنهاد روی
چو او گوی در زخم چوگان گرفت	هم‌آورد او خاک میدان گرفت
ز چوگان او گوی شد ناپدید	تو گفتی سپهرش همی برکشید
بفرمود تا تخت زرین نهند	به میدان پرخاش ژوپین نهند
دو مهتر نشستند بر تخت زر	بدان تا کرا برفروزد هنر
بدو گفت گرسیوز ای شهریار	هنرمند وز خسروان یادگار
هنر بر گهر نیز کرده گذر	سزد گر نمایی به ترکان هنر
به نوک سنان و به تیر و کمان	زمین آورد تیرگی یک زمان
به بر زد سیاوش بدان کار دست	به زین اندر آمد ز تخت نشست
زره را به هم بر ببستند پنج	که از یک زره تن رسیدی به رنج
نهادند بر خط آوردگاه	نظاره برو بر ز هر سو سپاه
سیاوش یکی نیزه‌ی شاهوار	کجا داشتی از پدر یادگار

که در جنگ مازندران داشتی　　به نخچیر بر شیر بگذاشتی
بوردگه رفت نیزه بدست　　عنان را بپیچید چون پیل مست
بزد نیزه و برگرفت آن زره　　زره را نماند ایچ بند و گره
از آورد نیزه برآورد راست　　زره را بینداخت زان سو که خواست
سواران گرسیوز دام ساز　　برفتند با نیزهای دراز
فراوان بگشتند گرد زره　　ز میدان نه بر شد زره یک گره
سیاوش سپر خواست گیلی چهار　　دو چوبین و دو ز آهن آبدار
کمان خواست با تیرهای خدنگ　　شش اندر میان زد سه چوبه به تنگ
یکی در کمان راند و بفشارد ران　　نظاره به گردش سپاهی گران
بران چار چوبین و ز آهن سپر　　گذر کرد پیکان آن نامور
بزد هم بر آن گونه دو چوبه تیر　　برو آفرین کرد برنا و پیر
ازان ده یکی بی‌گذاره نماند　　برو هر کسی نام یزدان بخواند
بدو گفت گرسیوز ای شهریار　　به ایران و توران ترا نیست یار
بیا تا من و تو بوردگاه　　بتازیم هر دو به پیش سپاه
بگیریم هردو دوال کمر　　به کردار جنگی دو پرخاشخر
ز ترکان مرا نیست همتاکسی　　چو اسپم نبینی ز اسپان بسی
بمیدان کسی نیست همتای تو　　هم‌آورد تو گر ببالای تو
گر ایدونک بردارم از پشت زین　　ترا ناگهان برزنم بر زمین
چنان دان که از تو دلاورترم　　باسپ و بمردی ز تو برترم
و گر تو مرا برنهی بر زمین　　نگردم بجایی که جویند کین
سیاوش بدو گفت کین خود مگوی　　که تو مهتری شیر و پرخاشجوی
همان اسپ تو شاه اسپ منست　　کلاه تو آذر گشسپ منست
جز از خود ز ترکان یکی برگزین　　که با من بگردد نه بر راه کین
بدو گفت گرسیوز ای نامجوی　　ز بازی نشانی نیاید بروی
سیاوش بدو گفت کین رای نیست　　نبرد برادر کنی جای نیست
نبرد دو تن جنگ و میدان بود　　پر از خشم دل چهره خندان بود
ز گیتی برادر توی شاه را　　همی زیر نعل آوری ماه را
کنم هرچ گویی به فرمان تو　　برین نشکنم رای و پیمان تو
ز یاران یکی شیر جنگی بخوان　　برین تیزتگ بارگی برنشان

گر ایدونک رایت نبرد منست	سر سرکشان زیر گرد منست
بخندید گرسیوز نامجوی	همانا خوش آمدش گفتار اوی
به یاران چنین گفت کای سرکشان	که خواهد که گردد به گیتی نشان
یکی با سیاوش نبرد آورد	سر سرکشان زیر گرد آورد
نیوشنده بودند لب با گره	به پاسخ بیامد گروی زره
منم گفت شایسته‌ی کارکرد	اگر نیست او را کسی هم نبرد
سیاوش ز گفت گروی زره	برو کرد پرچین رخان پرگره
بدو گفت گرسیوز ای نامدار	ز ترکان لشکر ورا نیست یار
سیاوش بدو گفت کز تو گذشت	نبرد دلیران مرا خوار گشت
ازیشان دو یل باید آراسته	به میدان نبرد مرا خواسته
یکی نامور بود نامش دمور	که همتا نبودش به ترکان به زور
بیامد بران کار بسته میان	به نزد جهانجوی شاه کیان
سیاوش بورد بنهاد روی	برفتند پیچان دمور و گروی
ببند میان گروی زره	فرو برد چنگال و برزد گره
ز زین برگرفتش به میدان فگند	نیازش نیامد به گرز و کمند
وزان پس بپیچید سوی دمور	گرفت آن بر و گردن او به زور
چنان خوارش از پشت زین برگرفت	که لشکر بدو ماند اندر شگفت
چنان پیش گرسیوز آورد خوش	که گفتی ندارد کسی زیرکش
فرود آمد از باره بگشاد دست	پر از خنده بر تخت زرین نشست
برآشفت گرسیوز از کار اوی	پر از غم شدش دل پر از رنگ روی
وزان تخت زرین به ایوان شدند	تو گفتی که بر اوج کیوان شدند
نشستند یک هفته با نای و رود	می و ناز و رامشگران و سرود
به هشتم به رفتن گرفتند ساز	بزرگان و گرسیوز سرفراز
یکی نامه بنوشت نزدیک شاه	پر از لابه و پرسش و نیکخواه
ازان پس مراو را بسی هدیه داد	برفتند زان شهر آباد شاد
به رهشان سخن رفت یک با دگر	ازان پرهنر شاه و آن بوم و بر
چنین گفت گرسیوز کینه جوی	که مارا ز ایران بد آمد بروی
یکی مرد را شاه ز ایران بخواند	که از ننگ ما را به خوی در نشاند
دو شیر ژیان چون دمور و گروی	که بودند گردان پرخاشجوی

چنین زار و بیکار گشتند و خوار | به چنگال ناپاک تن یک سوار
سرانجام ازین بگذراند سخن | نه سر بینم این کار او را نه بن
چنین تا به درگاه افراسیاب | نرفت اندران جوی جز تیره آب
چو نزدیک سالار توران سپاه | رسیدند و هرگونه پرسید شاه
فراوان سخن گفت و نامه بداد | بخواند و بخندید و زو گشت شاد
نگه کرد گرسیوز کینه‌دار | بدان تازه رخساره‌ی شهریار
همی رفت یکدل پر از کین و درد | بدانگه که خورشید شد لاژورد
همه شب بپیچید تا روز پاک | چو شب جامه‌ی قیرگون کرد چاک
سر مرد کین اندرآمد ز خواب | بیامد به نزدیک افراسیاب
ز بیگانه پردخته کردند جای | نشستند و جستند هرگونه رای
بدو گفت گرسیوز ای شهریار | سیاوش جزان دارد آیین و کار
فرستاده آمد ز کاووس شاه | نهانی بنزدیک او چند گاه
ز روم و ز چین نیزش آمد پیام | همی یاد کاووس گیرد به جام
برو انجمن شد فراوان سپاه | بپیچید ازو یک زمان جان شاه
اگر تور را دل نگشتی دژم | ز گیتی به ایرج نکردی ستم
دو کشور یکی آتش و دیگر آب | بدل یک ز دیگر گرفته شتاب
تو خواهی کشان خیره جفت آوری | همی باد را در نهفت آوری
اگر کردمی بر تو این بد نهان | مرا زشت نامی بدی در جهان
دل شاه زان کار شد دردمند | پر از غم شد از روزگار گزند
بدو گفت بر من ترا مهر خون | بجنبید و شد مر ترا رهنمون
سه روز اندرین کار رای آوریم | سخنهای بهتر بجای آوریم
چو این رای گردد خرد را درست | بگوییم که دران چه بایدت جست
چهارم چو گرسیوز آمد بدر | کله بر سر و تنگ بسته کمر
سپهدار ترکان ورا پیش خواند | ز کار سیاوش فراوان براند
بدو گفت کای یادگار پشنگ | چه دارم به گیتی جز از تو به چنگ
همه رازها بر تو باید گشاد | به ژرفی ببین تا چه آیدت یاد
ازان خواب بد چون دلم شد غمی | به مغز اندر آورد لختی کمی
نبستم به جنگ سیاوش میان | ازو نیز ما را نیامد زیان
چو او تخت پرمایه پدرود کرد | خرد تار کرد و مرا پود کرد

ز فرمان من یک زمان سر نتافت	چو از من چنان نیکویها بیافت
سپردم بدو کشور و گنج خویش	نکردیم یاد از غم و رنج خویش
به خون نیز پیوستگی ساختم	دل از کین ایران بپرداختم
بپیچیدم از جنگ و فرزند روی	گرامی دو دیده سپردم بدوی
پس از نیکویها و هرگونه رنج	فدی کردن کشور و تاج و گنج
گر ایدونک من بدسگالم بدوی	ز گیتی برآید یکی گفت و گوی
بدو بر بهانه ندارم ببد	گر از من بدو اندکی بد رسد
زبان برگشایند بر من مهان	درفشی شوم در میان جهان
نباشد پسند جهان‌آفرین	نه نیز از بزرگان روی زمین
ز دد تیزدندان‌تر از شیر نیست	که اندر دلش بیم شمشیر نیست
اگر بچه‌ای از پدر دردمند	کند مرغزارش پناه از گزند
سزد گر بد آید بدو از پناه؟	پسندد چنین داور هور و ماه؟
ندانم جز آنکش بخوانم به در	وز ایدر فرستمش نزد پدر
اگر گاه جوید گر انگشتری	ازین بوم و بر بگسلد داوری
بدو گفت گرسیوز ای شهریار	مگیر اینچنین کار پرمایه خوار
از ایدر گر او سوی ایران شود	بر و بوم ما پاک ویران شود
هر آنگه که بیگانه شد خویش تو	بدانست راز کم و بیش تو
چو جویی دگر زو تو بیگانگی	کند رهنمونی به دیوانگی
یکی دشمنی باشد اندوخته	نمک را پراگنده بر سوخته
بدین داستان زد یکی رهنمون	که بادی که از خانه آید برون
ندانی تو بستن برو رهگذار	و گر بگذری نگذرد روزگار
سیاووش داند همه کار تو	هم از کار تو هم ز گفتار تو
نبینی تو زو جز همه درد و رنج	پراگندن دوده و نام و گنج
ندانی که پروردگار پلنگ	نبیند ز پرورده جز درد و چنگ
چو افراسیاب این سخن باز جست	همه گفت گرسیوز آمد درست
پشیمان شد از رای و کردار خویش	همی کژ دانست بازار خویش
چنین داد پاسخ که من زین سخن	نه سر نیک بینم بلا را نه بن
بباشیم تا رای گردان سپهر	چگونه گشاید بدین کار چهر
به هر کار بهتر درنگ از شتاب	بمان تا برآید بلند آفتاب

۳۸۸

ببینم که رای جهاندار چیست	رخ شمع چرخ روان سوی کیست
وگر سوی درگاه خوانمش باز	بجویم سخن تا چه دارد به راز
نگهبان او من بسم بی‌گمان	همی بنگرم تا چه گردد زمان
چو زو کژیی آشکارا شود	که با چاره دل بی‌مدارا شود
ازان پس نکوهش نباید به کس	مکافات بد جز بدی نیست بس
چنین گفت گرسیوز کینه‌جوی	کهای شاه بینادل و راست‌گوی
سیاوش بران آلت و فر و برز	بدان ایزدی شاخ و آن تیغ و گرز
بیاید به درگاه تو با سپاه	شود بر تو بر تیره خورشید و ماه
سیاوش نه آنست کش دیده شاه	همی ز آسمان برگذارد کلاه
فرنگیس را هم ندانی تو باز	تو گویی شدست از جهان بی‌نیاز
سپاهت بدو بازگردد همه	تو باشی رمه گر نیاری دمه
سپاهی که شاهی ببیند چنوی	بدان بخشش و رای و آن ماهروی
تو خوانی که ایدر مرا بنده باش	به خواری به مهر من آگنده باش
ندیدست کس جفت با پیل شیر	نه آتش دمان از بر و آب زیر
اگر بچه‌ی شیر ناخورده شیر	بپوشد کسی در میان حریر
به گوهر شود باز چون شد سترگ	نترسد ز آهنگ پیل بزرگ
پس افراسیاب اندر آن بسته شد	غمی گشت و اندیشه پیوسته شد
همی از شتابش به آمد درنگ	که پیروز باشد خداوند سنگ
ستوده نباشد سر بادسار	بدین داستان زد یکی هوشیار
که گر باد خیره بجستی ز جای	نماندی بر و بیشه و پر و پای
سبکسار مردم نه والا بود	و گرچه به تن سروبالا بود
برفتند پیچان و لب پر سخن	پر از کین دل از روزگار کهن
بر شاه رفتی زمان تا زمان	بداندیشه گرسیوز بدگمان
ز هرگونه رنگ اندرآمیختی	دل شاه ترکان برانگیختی
چنین تا برآمد برین روزگار	پر از درد و کین شد دل شهریار
سپهبد چنین دید یک روز رای	که پردخت ماند ز بیگانه جای
به گرسیوز این داستان برگشاد	ز کار سیاوش بسی کرد یاد
ترا گفت ز ایدر بباید شدن	بر او فراوان نباید بدن
بپرسی و گویی کزان جشن‌گاه	نخواهی همی کرد کس را نگاه

۳۸۹

به مهرت همی دل بجنبد ز جای	یکی با فرنگیس خیز ایدر آی
نیازست ما را به دیدار تو	بدان پرهنر جان بیدار تو
برین کوه ما نیز نخچیر هست	ز جام زبرجد می و شیر هست
گذاریم یک چند و باشیم شاد	چو آیدت از شهر آباد یاد
به رامش بباش و به شادی خرام	می و جام با من چرا شد حرام

رفتن گرسیوز به نزد سیاوش دیگر بار

برآراست گرسیوز دام ساز	دلی پر ز کین و سری پر ز راز
چو نزدیک شهر سیاوش رسید	ز لشکر زبان‌آوری برگزید
بدو گفت رو با سیاوش بگوی	که ای پاک زاده کی نام جوی
به جان و سر شاه توران سپاه	به فر و به دیهیم کاووس شاه
که از بهر من برنخیزی ز گاه	نه پیش من آیی پذیره به راه
که تو زان فزونی به فرهنگ و بخت	به فر و نژاد و به تاج و به تخت
که هر باد را بست باید میان	تهی کردن آن جایگاه کیان
فرستاده نزد سیاوش رسید	زمین را ببوسید کاو را بدید
چو پیغام گرسیوز او را بگفت	سیاوش غمی گشت و اندر نهفت
پراندیشه بنشست بیدار دیر	همی گفت رازیست این را به زیر
ندانم که گرسیوز نیکخواه	چه گفتست از من بدان بارگاه
چو گرسیوز آمد بران شهر نو	پذیره بیامد ز ایوان به کو
بپرسیدش از راه وز کار شاه	ز رسم سپاه و ز تخت و کلاه
پیام سپهدار توران بداد	سیاوش ز پیغام او گشت شاد
چنین داد پاسخ که با یاد اوی	نگردانم از تیغ پولاد روی
من اینک به رفتن کمر بسته‌ام	عنان با عنان تو پیوسته‌ام
سه روز اندرین گلشن زرنگار	بباشیم و ز باده سازیم کار
که گیتی سپنج است پر درد و رنج	بد آن را که با غم بود در سپنج
چو بشنید گفت خردمند شاه	بپیچید گرسیوز کینه‌خواه

به دل گفت ار ایدونک با من به راه	سیاوش بیاید به نزدیک شاه
بدین شیرمردی و چندین خرد	کمان مرا زیر پی بسپرد
سخن گفتن من شود بی فروغ	شود پیش او چاره‌ی من دروغ
یکی چاره باید کنون ساختن	دلش را به راه بد انداختن
زمانی همی بود و خامش بماند	دو چشمش بروی سیاوش بماند
فرو ریخت از دیدگان آب زرد	به آب دو دیده همی چاره کرد
سیاوش ورا دید پرآب چهر	بسان کسی کاو بپیچد به مهر
بدو گفت نرم ای برادر چه بود	غمی هست کان را بشاید شنود
گر از شاه ترکان شدستی دژم	به دیده درآوردی از درد نم
من اینک همی با تو آیم به راه	کنم جنگ با شاه توران سپاه
بدان تا ز بهر چه آزاردت	چرا کهتر از خویشتن داردت
و گر دشمنی آمدستت پدید	که تیمار و رنجش بباید کشید
من اینک به هر کار یار توام	چو جنگ آوری مایه دار توام
ور ایدونک نزدیک افراسیاب	ترا تیره گشتست بر خیره آب
به گفتار مرد دروغ آزمای	کسی برتر از تو گرفتست جای
بدو گفت گرسیوز نامدار	مرا این سخن نیست با شهریار
نه از دشمنی آمدستم به رنج	نه از چاره دورم به مردی و گنج
ز گوهر مرا با دل اندیشه خاست	که یاد آمدم زان سخنهای راست
نخستین ز تور ایدر آمد بدی	که برخاست زو فره‌ی ایزدی
شنیدی که با ایرج کم سخن	به آغاز کینه چه افگند بن
وزان جایگه تا به افراسیاب	شدست آتش ایران و توران چو آب
به یک جای هرگز نیامیختند	ز پند و خرد هر دو بگریختند
سپهدار ترکان ازان بترست	کنون گاو پیسه به چرم اندرست
ندانی تو خوی بدش بی‌گمان	بمان تا بیاید بدی را زمان
نخستین ز اغریرث اندازه گیر	که بر دست او کشته شد خیره خیر
برادر بد از کالبد هم ز پشت	چنان پرخرد بیگنه را بکشت
ازان پس بسی نامور بی‌گناه	شدستند بر دست او بر تباه
مرا زین سخن ویژه اندوه تست	که بیدار دل بادی و تن درست
تو تا آمدستی بدین بوم و بر	کسی را نیامد بد از تو به سر

همه مردمی جستی و راستی	جهانی به دانش بیاراستی
کنون خیره آهرمن دل گسل	ورا از تو کردست آزرده‌دل
دلی دارد از تو پر از درد و کین	ندانم چه خواهد جهان آفرین
تو دانی که من دوستدار توام	به هر نیک و بد ویژه یار توام
نباید که فردا گمانی بری	که من بودم آگاه زین داوری
سیاووش بدو گفت مندیش زین	که یارست با من جهان آفرین
سپهبد جزین کرد ما را امید	که بر من شب آرد به روز سپید
گر آزار بودیش در دل ز من	سرم برنیفراختی ز انجمن
ندادی به من کشور و تاج و گاه	بر و بوم و فرزند و گنج و سپاه
کنون با تو آیم به درگاه او	درخشان کنم تیره‌گون ماه او
هرانجا که روشن بود راستی	فروغ دروغ آورد کاستی
نمایم دلم را بر افراسیاب	درخشان‌تر از بر سپهر آفتاب
تو دل را بجز شادمانه مدار	روان را به بد در گمانه مدار
کسی کاو دم اژدها بسپرد	ز رای جهان آفرین نگذرد
بدو گفت گرسیوز ای مهربان	تو او را بدان سان که دیدی مدان
و دیگر بجایی که گردان سپهر	شود تند و چین اندرآرد به چهر
خردمند دانا نداند فسون	که از چنبر او سر آرد برون
بدین دانش و این دل هوشمند	بدین سرو بالا و رای بلند
ندانی همی چاره از مهر باز	بباید که بخت بد آید فراز
همی مر ترا بند و تنبل فروخت	به اورند چشم خرد را بدوخت
نخست آنک داماد کردت به دام	بخیره شدی زان سخن شادکام
و دیگر کت از خویشتن دور کرد	به روی بزرگان یکی سور کرد
بدان تا تو گستاخ باشی بدوی	فروماند اندر جهان گفت‌وگوی
ترا هم ز اغریرث ارجمند	فزون نیست خویشی و پیوند و بند
میانش به خنجر بدو نیم کرد	سپه را به کردار او بیم کرد
نهانش ببین آشکارا کنون	چنین دان و ایمن مشو زو به خون
مرا هرچ اندر دل اندیشه بود	خرد بود وز هر دری پیشه بود
همان آزمایش بد از روزگار	ازین کینه ور تیزدل شهریار
همه پیش تو یک به یک راندم	چو خورشد تابنده برخواندم

به ایران پدر را بینداختی	به توران همی شارستان ساختی
چنین دل بدادی به گفتار او	بگشتی همی گرد تیمار او
درختی بد این برنشانده به دست	کجا بار او زهر و بیخش کبست
همی گفت و مژگان پر از آب زرد	پر افسون دل و لب پر از باد سرد
سیاوش نگه کرد خیره بدوی	ز دیده نهاده به رخ بر دو جوی
چو یاد آمدش روزگار گزند	کزو بگسلد مهر چرخ بلند
نماند برو بر بسی روزگار	به روز جوانی سرآیدش کار
دلش گشت پردرد و رخساره زرد	پر از غم دل و لب پر از باد سرد
بدو گفت هرچونک می بنگرم	به بادافره‌ی بد نه اندرخورم
ز گفتار و کردار بر پیش و پس	ز من هیچ ناخوب نشنید کس
چو گستاخ شد دست با گنج او	بپیچید همانا تن از رنج او
اگرچه بد آید همی بر سرم	هم از رای و فرمان او نگذرم
بیابم برش هم کنون بی‌سپاه	ببینم که از چیست آزار شاه
بدو گفت گرسیوز ای نامجوی	ترا آمدن پیش او نیست روی
به پا اندر آتش نشاید شدن	نه بر موج دریا بر ایمن بدن
همی خیره بر بد شتاب آوری	سر بخت خندان به خواب آوری
ترا من همانا بسم پایمرد	بر آتش یکی برزنم آب سرد
یکی پاسخ نامه باید نوشت	پدیدار کردن همه خوب و زشت
ز کین گر ببینم سر او تهی	درخشان شود روزگار بهی
سواری فرستم به نزدیک تو	درفشان کنم رای تاریک تو
امیدستم از کردگار جهان	شناسنده‌ی آشکار و نهان
که او بازگردد سوی راستی	شود دور ازو کژی و کاستی
وگر بینم اندر سرش هیچ تاب	هیونی فرستم هم اندر شتاب
تو زان سان که باید به زودی بساز	مکن کار بر خویشتن بر دراز
برون ران از ایدر به هر کشوری	بهر نامداری و هر مهتری
صد و بیست فرسنگ ز ایدر به چین	همان سیصد و سی به ایران زمین
ازین سو همه دوستدار تواند	پرستنده و غمگسار تواند
وزان سو پدر آرزومند تست	جهان بنده‌ی خویش و پیوند تست
بهر کس یکی نامه‌ای کن دراز	بسیچیده باش و درنگی مساز

سیاوش به گفتار او بگروید	چنان جان بیدار او بغنوید
بدو گفت ازان در که رانی سخن	ز پیمان و رایت نگردم ز بن
تو خواهشگری کن مرا زو بخواه	همی راستی جوی و بنمای راه

نامه سیاوش به افراسیاب

دبیر پژوهنده را پیش خواند	سخنهای آگنده را برفشاند
نخست آفریننده را یاد کرد	ز وام خرد جانش آزاد کرد
ازان پس خرد را ستایش گرفت	ابر شاه ترکان نیایش گرفت
که ای شاه پیروز و به روزگار	زمانه مبادا ز تو یادگار
مرا خواستی شاد گشتم بدان	که بادا نشست تو با موبدان
و دیگر فرنگیس را خواستی	به مهر و وفا دل بیاراستی
فرنگیس نالنده بود این زمان	به لب ناچران و به تن ناچمان
بخفت و مرا پیش بالین ببست	میان دو گیتیش بینم نشست
مرا دل پر از رای و دیدار تست	دو کشور پر از رنج و آزار تست
ز نالندگی چون سبکتر شود	فدای تن شاه کشور شود
بهانه مرا نیز آزار اوست	نهانم پر از درد و تیمار اوست
چو نامه به مهر اندر آمد به داد	به زودی به گرسیوز بدنژاد
دلاور سه اسپ تگاور بخواست	همی تاخت یکسر شب و روز راست
چهارم بیامد به درگاه شاه	پر از بد روان و زبان پرگناه
فراوان بپرسیدش افراسیاب	چو دیدش پر از رنج و سر پرشتاب
چرا باشتاب آمدی گفت شاه	چگونه سپردی چنین تند راه
بدو گفت چون تیره شد روی کار	نشاید شمردن به بد روزگار
سیاوش نکرد ایچ بر کس نگاه	پذیره نیامد مرا خود به راه
سخن نیز نشنید و نامه نخواند	مرا پیش تختش به زانو نشاند
ز ایران بدو نامه پیوسته شد	به مادر همی مهر او بسته شد
سپاهی ز روم و سپاهی ز چین	همی هر زمان برخروشد زمین

تو در کار او گر درنگ آوری	مگر باد زان پس به چنگ آوری
و گر دیر گیری تو جنگ آورد	دو کشور به مردی به چنگ آورد
و گر سوی ایران براند سپاه	که یارد شدن پیش او کینه‌خواه
ترا کردم آگه ز دیدار خویش	ازین پس بپیچی ز کردار خویش
چو بشنید افراسیاب این سخن	برو تازه شد روزگار کهن
به گرسیوز از خشم پاسخ نداد	دلش گشت پرآتش و سر چو باد
بفرمود تا برکشیدند نای	همان سنج و شیپور و هندی درای
به سوی سیاووش بنهاد روی	ابا نامداران پرخاشجوی

خواب دیدن سیاوش

بدانگه که گرسیوز بدفریب	گران کرد بر زین دوال رکیب
سیاوش به پرده درآمد به درد	به تن لرز لرزان و رخساره زرد
فرنگیس گفت ای گو شیرچنگ	چه بودت که دیگر شدستی به رنگ
چنین داد پاسخ که ای خوبروی	به توران زمین شد مرا آب روی
بدین سان که گفتار گرسیوزست	ز پرگار بهره مرا مرکزست
فرنگیس بگرفت گیسو به دست	گل ارغوان را به فندق بخست
پر از خون شد آن بسد مشک‌بوی	پر از آب چشم و پر از گرد روی
همی اشک بارید بر کوه سیم	دو لاله ز خوشاب شد به دو نیم
همی کند موی و همی ریخت آب	ز گفتار و کردار افراسیاب
بدو گفت کای شاه گردن فراز	چه سازی کنون زود بگشای راز
پدر خود دلی دارد از تو به درد	از ایران نیاری سخن یاد کرد
سوی روم ره با درنگ آیدت	نپویی سوی چین که تنگ آیدت
ز گیتی کراگیری اکنون پناه	پناهت خداوند خورشید و ماه
ستم باد بر جان او ماه و سال	کجا بر تن تو شود بدسگال
همی گفت گرسیوز اکنون ز راه	بیاید همانا ز نزدیک شاه
چهارم شب اندر بر ماهروی	بخوان اندرون بود با رنگ و بوی

بلرزید وز خواب خیره بجست / خروشی برآورد چون پیل مست
همی داشت اندر برش خوب چهر / بدو گفت شاها چبودت ز مهر
خروشید و شمعی برافروختند / برش عود و عنبر همی سوختند
بپرسید زو دخت افراسیاب / که فرزانه شاها چه دیدی به خواب
سیاوش بدو گفت کز خواب من / لبت هیچ مگشای بر انجمن
چنین دیدم ای سرو سیمین به خواب / که بودی یکی بی‌کران رود آب
یکی کوه آتش به دیگر کران / گرفته لب آب نیزه وران
ز یک سو شدی آتش تیزگرد / برافروختی از سیاووش گرد
ز یک دست آتش ز یک دست آب / به پیش اندرون پیل و افراسیاب
بدیدی مرا روی کرده دژم / دمیدی بران آتش تیزدم
چو گرسیوز آن آتش افروختی / از افروختن مر مرا سوختی
فرنگیس گفت این بجز نیکوی / نباشد نگر یک زمان بغنوی
به گرسیوز آید همی بخت شوم / شود کشته بر دست سالار روم
سیاوش سپه را سراسر بخواند / به درگاه ایوان زمانی بماند
بسیچید و بنشست خنجر به چنگ / طلایه فرستاد بر سوی گنگ
دو بهره چو از تیره شب در گذشت / طلایه هم آنگه بیامد ز دشت
که افراسیاب و فراوان سپاه / پدید آمد از دور تازان به راه
ز نزدیک گرسیوز آمد نوند / که بر چاره‌ی جان میان را ببند
نیامد ز گفتار من هیچ سود / از آتش ندیدم جز از تیره دود
نگر تا چه باید کنون ساختن / سپه را کجا باید انداختن
سیاوش ندانست زان کار او / همی راست آمدش گفتار او
فرنگیس گفت ای خردمند شاه / مکن هیچ گونه به ما در نگاه
یکی باره‌ی گام‌زن برنشین / مباش ایچ ایمن به توران زمین
ترا زنده خواهم که مانی بجای / سر خویش گیر و کسی را مپای
سیاوش بدو گفت کان خواب من / بجا آمد و تیره شد آب من
مرا زندگانی سرآید همی / غم و درد و انده درآید همی
چنین است کار سپهر بلند / گهی شاد دارد گهی مستمند
گر ایوان من سر به کیوان کشید / همان زهر گیتی بباید چشید
اگر سال گردد هزار و دویست / بجز خاک تیره مرا جای نیست

ز شب روشنایی نجوید کسی	کجا بهره دارد ز دانش بسی
ترا پنج ماهست ز آبستنی	ازین نامور گر بود رستنی
درخت تو گر نر به بار آورد	یکی نامور شهریار آورد
سرافراز کیخسروش نام کن	به غم خوردن او دل آرام کن
چنین گردد این گنبد تیزرو	سرای کهن را نخوانند نو
ازین پس به فرمان افراسیاب	مرا تیره‌بخت اندرآید به خواب
ببرند بر بیگنه بر سرم	ز خون جگر برنهند افسرم
نه تابوت یابم نه گور و کفن	نه بر من بگرید کسی ز انجمن
نهالی مرا خاک توران بود	سرای کهن کام شیران بود
برین گونه خواهد گذشتن سپهر	نخواهد شدن رام با من به مهر
ز خورشید تابنده تا تیره‌خاک	گذر نیست از داد یزدان پاک
به خواری ترا روزبانان شاه	سر و تن برهنه برندت به راه
بیاید سپهدار پیران به در	بخواهش بخواهد ترا از پدر
به جان بیگنه خواهدت زینهار	به ایوان خویشش برد زار و خوار
وز ایران بیاید یکی چاره‌گر	به فرمان دادار بسته کمر
از ایدر ترا با پسر ناگهان	سوی رود جیحون برد در نهان
نشانند بر تخت شاهی ورا	به فرمان بود مرغ و ماهی ورا
ز گیتی برآرد سراسر خروش	زمانه ز کیخسرو آید به جوش
ز ایران یکی لشکر آرد به کین	پرآشوب گردد سراسر زمین
پی رخش فرخ زمین بسپرد	به توران کسی را به کس نشمرد
به کین من امروز تا رستخیز	نبینی جز از گرز و شمشیر تیز
برین گفتها بر تو دل سخت کن	تن از ناز و آرام پردخت کن
سیاوش چو با جفت غمها بگفت	خروشان بدو اندر آویخت جفت
رخش پر ز خون دل و دیده گشت	سوی آخر تازی اسپان گذشت
بیاورد شبرنگ بهزاد را	که دریافتی روز کین باد را
خروشان سرش را به بر در گرفت	لگام و فسارش ز سر برگرفت
به گوش اندرش گفت رازی دراز	که بیدار دل باش و با کس مساز
چو کیخسرو آید به کین خواستن	عنانش ترا باید آراستن
ورا بارگی باش و گیتی بکوب	چنان چون سر مار افعی به چوب

۳۹۷

از آخر ببر دل به یکبارگی	که او را تو باشی به کین بارگی
دگر مرکبان را همه کرد پی	برافروخت برسان آتش ز نی
خود و سرکشان سوی ایران کشید	رخ از خون دیده شده ناپدید

بهم رسیدن افراسیاب و سیاوش

چو یک نیم فرسنگ ببرید راه	رسید اندرو شاه توران سپاه
سپه دید با خود و تیغ و زره	سیاوش زده بر زره بر گره
به دل گفت گرسیوز این راست گفت	سخن زین نشانی که بود در نهفت
سیاوش بترسید از بیم جان	مگر گفت بدخواه گردد نهان
همی بنگرید این بدان آن بدین	که کینه نبدشان به دل پیش ازین
ز بیم سیاوش سواران جنگ	گرفتند آرام و هوش و درنگ
چه گفت آن خردمند بسیار هوش	که با اختر بد به مردی مکوش
چنین گفت زان پس به افراسیاب	که ای پرهنر شاه با جاه و آب
چرا جنگ جوی آمدی با سپاه	چرا کشت خواهی مرا بی‌گناه
سپاه دو کشور پر از کین کنی	زمان و زمین پر ز نفرین کنی
چنین گفت گرسیوز کم خرد	کزین در سخن خود کی اندر خورد
گر ایدر چنین بی‌گناه آمدی	چرا با زره نزد شاه آمدی
پذیره شدن زین نشان راه نیست	سنان و سپر هدیه‌ی شاه نیست
سیاوش بدانست کان کار اوست	برآشفتن شه ز بازار اوست
چو گفتار گرسیوز افراسیاب	شنید و برآمد بلند آفتاب
به ترکان بفرمود کاندر دهید	درین دشت کشتی به خون برنهید
از ایران سپه بود مردی هزار	همه نامدار از در کارزار
رده بر کشیدند ایرانیان	ببستند خون ریختن را میان
همه با سیاوش گرفتند جنگ	ندیدند جای فسون و درنگ
کنون خیره گفتند ما را کشند	بباید که تنها به خون در کشند
بمان تا ز ایرانیان دست برد	ببینند و مشمر چنین کار خرد

سیاوش چنین گفت کین رای نیست — همان جنگ را مایه و پای نیست
مرا چرخ گردان اگر بی‌گناه — به دست بدان کرد خواهد تباه
به مردی کنون زور و آهنگ نیست — که با کردگار جهان جنگ نیست
سرآمد بریشان بر آن روزگار — همه کشته گشتند و برگشته کار
ز تیر و ز ژوپین ببد خسته شاه — نگون اندر آمد ز پشت سپاه
همی گشت بر خاک و نیزه به دست — گروی زره دست او را ببست
نهادند بر گردنش پالهنگ — دو دست از پس پشت بسته چو سنگ
دوان خون بران چهره‌ی ارغوان — چنان روز نادیده چشم جوان
برفتند سوی سیاووش گرد — پس پشت و پیش سپه بود گرد
چنین گفت سالار توران سپاه — که ایدر کشیدش به یکسو ز راه
کنیدش به خنجر سر از تن جدا — به شخی که هرگز نروید گیا
بریزید خونش بران گرم خاک — ممانید دیر و مدارید باک
چنین گفت با شاه یکسر سپاه — کزو شهریارا چه دیدی گناه
چرا کشت خواهی کسی را که تاج — بگرید برو زار با تخت عاج
سری را کجا تاج باشد کلاه — نشاید برید ای خردمند شاه
به هنگام شادی درختی مکار — که زهر آورد بار او روزگار
همی بود گرسیوز بدنشان — ز بیهودگی یار مردم کشان
که خون سیاوش بریزد به درد — کزو داشت درد دل اندر نبرد
ز پیران یکی بود کهتر به سال — برادر بد او را و فرخ همال
کجا پیلسم بود نام جوان — یکی پرهنر بود و روشن روان
چنین گفت مر شاه را پیلسم — که این شاخ را بار دردست و غم
ز دانا شنیدم یکی داستان — خرد شد بران نیز همداستان
که آهسته دل کم پشیمان شود — هم آشفته را هوش درمان شود
شتاب و بدی کار آهرمنست — پشیمانی جان و رنج تنست
سری را که باشی بدو پادشا — به تیزی بریدن نبینم روا
ببندش همی دار تا روزگار — برین بد ترا باشد آموزگار
چو باد خرد بر دلت بروزد — از ان پس ورا سربریدن سزد
بفرمای بند و تو تندی مکن — که تندی پشیمانی آرد به بن
چه بری سری را همی بی‌گناه — که کاووس و رستم بود کینه خواه

پدر شاه و رستمش پروردگار   بپیچی به فرجام زین روزگار
چو گودرز و چون گیو و برزین و طوس   ببندند بر کوهه‌ی پیل کوس
دمنده سپهبد گو پیلتن   که خوارند بر چشم او انجمن
فریبرز کاووس درنده شیر   که هرگز ندیدش کس از جنگ سیر
برین کینه بندند یکسر کمر   در و دشت گردد پر از کینه‌ور
نه من پای دارم نه پیوند من   نه گردی ز گردان این انجمن
همانا که پیران بیاید پگاه   ازو بشنود داستان نیز شاه
مگر خود نیازت نیاید بدین   مگستر یکی تا جهانست کین
بدو گفت گرسیوز ای هوشمند   بگفت جوانان هوا را مبند
از ایرانیان دشت پر کرگس است   گر از کین بترسی ترا این بس است
همین بد که کردی ترا خود نه بس   که خیره همی بشنوی پند کس
سیاووش چو بخروشد از روم و چین   پر از گرز و شمشیر بینی زمین
بریدی دم مار و خستی سرش   به دیبا بپوشید خواهی برش
گر ایدونک او را به جان زینهار   دهی من نباشم بر شهریار
به بیغوله‌ای خیزم از بیم جان   مگر خود به زودی سرآید زمان
برفتند پیچان دمور و گروی   بر شاه ترکان پر از رنگ و بوی
که چندین به خون سیاوش مپیچ   که آرام خوار آید اندر بسیچ
به گفتار گرسیوز رهنمای   برآرای و بردار دشمن ز جای
زدی دام و دشمن گرفتی بدوی   ز ایران برآید یکی های و هوی
سزا نیست این را گرفتن به دست   دل بدسگالان بباید شکست
سپاهی بدین گونه کردی تباه   نگر تا چگونه بود رای شاه
اگر خود نیازردتی از نخست   به آب این گنه را توانست شست
کنون آن به آید که اندر جهان   نباشد پدید آشکار و نهان
بدیشان چنین پاسخ آورد شاه   کزو من ندیدم به دیده گناه
و لیکن ز گفت ستاره شمر   به فرجام زو سختی آید به سر
گر ایدونک خونش بریزم به کین   یکی گرد خیزد ز ایران زمین
رها کردنش بتر از کشتنست   همان کشتنش رنج و درد منست
به توران گزند مرا آمدست   غم و درد و بند مرا آمدست
خردمند گر مردم بدگمان   نداند کسی چاره‌ی آسمان

فرنگیس بشنید رخ را بخست   میان را به زنار خونین ببست
پیاده بیامد به نزدیک شاه   به خون رنگ داده دو رخساره ماه
به پیش پدر شد پر از درد و باک   خروشان به سر بر همی ریخت خاک
بدو گفت کای پرهنر شهریار   چرا کرد خواهی مرا خاکسار
دلت را چرا بستی اندر فریب   همی از بلندی نبینی نشیب
سر تاجداران مبر بی‌گناه   که نپسندد این داور هور و ماه
سیاوش که بگذاشت ایران زمین   همی از جهان بر تو کرد آفرین
بیازرد از بهر تو شاه را   چنان افسر و تخت و آن گاه را
بیامد ترا کرد پشت و پناه   کنون زو چه دیدی که بردت ز راه
نبرد سر تاجداران کسی   که با تاج بر تخت ماند بسی
مکن بی‌گنه بر تن من ستم   که گیتی سپنج است با باد و دم
یکی را به چاه افگند بی‌گناه   یکی با کله برنشاند به گاه
سرانجام هر دو به خاک اندرند   ز اختر به چنگ مغاک اندرند
شنیدی که از آفریدون گرد   ستمگاره ضحاک تازی چه برد
همان از منوچهر شاه بزرگ   چه آمد به سلم و به تور سترگ
کنون زنده بر گاه کاووس شاه   چو دستان و چون رستم کینه خواه
جهان از تهمتن بلرزد همی   که توران به جنگش نیرزد همی
چو بهرام و چون زنگه‌ی شاوران   که نندیشد از گرز کنداوران
همان گیو کز بیم او روز جنگ   همی چرم روباه پوشد پلنگ
درختی نشانی همی بر زمین   کجا برگ خون آورد بار کین
به کین سیاوش سیه پوشد آب   کند زار نفرین به افراسیاب
ستمگاره‌ای بر تن خویشتن   بسی یادت آید ز گفتار من
نه اندر شکاری که گور افگنی   دگر آهوان را به شور افگنی
همی شهریاری ربایی ز گاه   درین کار به زین نگه کن پگاه
مده شهر توران به خیره به باد   بباید که روز بد آیدت یاد
بگفت این و روی سیاوش بدید   دو رخ را بکند و فغان برکشید
دل شاه توران برو بر بسوخت   همی خیره چشم خرد را بدوخت
بدو گفت برگرد و ایدر مپای   چه دانی کزین بد مرا چیست رای
به کاخ بلندش یکی خانه بود   فرنگیس زان خانه بیگانه بود

مر او را دران خانه انداختند		در خانه را بند برساختند

کشته شدن سیاوش

بفرمود پس تا سیاووش را		مرآن شاه بی‌کین و خاموش را
که این را بجایی بریدش که کس		نباشد ورا یار و فریادرس
سرش را ببرید یکسر ز تن		تنش کرگسان را بپوشد کفن
بباید که خون سیاوش زمین		نبوید نروید گیا روز کین
همی تاختندش پیاده کشان		چنان روزبانان مردم کشان
سیاوش بنالید با کردگار		که‌ای برتر از گردش روزگار
یکی شاخ پیدا کن از تخم من		چو خورشید تابنده بر انجمن
که خواهد ازین دشمنان کین خویش		کند تازه در کشور آیین خویش
همی شد پس پشت او پیلسم		دو دیده پر از خون و دل پر ز غم
سیاوش بدو گفت پدرود باش		زمین تار و تو جاودان پود باش
درودی ز من سوی پیران رسان		بگویش که گیتی دگر شد بسان
به پیران نه زین‌گونه بودم امید		همی پند او باد بد من چو بید
مرا گفته بود او که با صد هزار		زره‌دار و بر گستوان‌ور سوار
چو برگرددت روز یار توام		بگاه چرا مرغزار توام
کنون پیش گرسیوز اندر دوان		پیاده چنین خوار و تیره‌روان
نبینم همی یار با خود کسی		که بخروشدی زار بر من بسی
چو از شهر و ز لشکر اندر گذشت		کشانش ببردند بر سوی دشت
ز گرسیوز آن خنجر آبگون		گروی زره بستد از بهر خون
بیفگند پیل ژیان را به خاک		نه شرم آمدش زان سپهبد نه باک
یکی تشت بنهاد زرین برش		جدا کرد زان سرو سیمین سرش
بجایی که فرموده بد تشت خون		گروی زره برد و کردش نگون
یکی باد با تیره گردی سیاه		برآمد بپوشید خورشید و ماه
همی یکدگر را ندیدند روی		گرفتند نفرین همه بر گروی

چو از سروبن دور گشت آفتاب
سر شهریار اندرآمد به خواب
چه خوابی که چندین زمان برگذشت
نجنبید و بیدار هرگز نگشت
چو از شاه شد گاه و میدان تهی
مه خورشید بادا مه سرو سهی
چپ و راست هر سو بتابم همی
سر و پای گیتی نیابم همی
یکی بد کند نیک پیش آیدش
جهان بنده و بخت خویش آیدش
یکی جز به نیکی جهان نسپرد
همی از نژندی فرو پژمرد
مدار ایچ تیمار با او به هم
به گیتی مکن جان و دل را دژم
ز خان سیاوش برآمد خروش
جهانی ز گرسیوز آمد به جوش
ز سر ماهرویان گسسته کمند
خراشیده روی و بمانده نژند
همه بندگان موی کردند باز
فرنگیس مشکین کمند دراز
برید و میان را به گیسو ببست
به فندق گل ارغوانرا بخست
به آواز بر جان افراسیاب
همی کرد نفرین و می‌ریخت آب
خروشش به گوش سپهبد رسید
چو آن ناله و زار نفرین شنید
به گرسیوز بدنشان شاه گفت
که او را به کوی آورید از نهفت
ز پرده به درگه بریدش کشان
بر روزبانان مردم کشان
بدان تا بگیرند موی سرش
بدرند بر بر همه چادرش
زنندش همی چوب تا تخم کین
بریزد برین بوم توران زمین
نخواهم ز بیخ سیاوش درخت
نه شاخ و نه برگ و نه تاج و نه تخت
همه نامداران آن انجمن
گرفتند نفرین برو تن به تن
که از شاه و دستور وز لشکری
ازین‌گونه نشنید کس داوری

آگاهانیدن پیلسم،پیران ویسه را

بیامد پر از خون دو رخ پیلسم
روان پر ز داغ و رخان پر ز نم
به نزدیک لهاک و فرشیدورد
سراسر سخنها همه یاد کرد
که دوزخ به از بوم افراسیاب
نباید بدین کشور آرام و خواب
بتازیم و نزدیک پیران شویم
به تیمار و درد اسیران شویم

سه اسپ گرانمایه کردند زین	همی برنوشتند گفتی زمین
به پیران رسیدند هر سه سوار	رخان پر ز خون همچو ابر بهار
برو بر شمردند یکسر سخن	که بخت از بدیها چه افگند بن
یکی زاریی خاست کاندر جهان	نبیند کسی از کهان و مهان
سیاووش را دست بسته چو سنگ	فگندند در گردنش پالهنگ
به دشتش کشیدند پر آب روی	پیاده دوان در به پیش گروی
تن پیل وارش بران گرم خاک	فگندند و از کس نکردند باک
یکی تشت بنهاد پیشش گروی	بپیچید چون گوسفندانش روی
برید آن سر شاهوارش ز تن	فگندش چو سرو سهی بر چمن
همه شهر پر زاری و ناله گشت	به چشم اندرون آب چون ژاله گشت
چو پیران به گفتار بنهاد گوش	ز تخت اندرافتاد و زو رفت هوش
همی جامه را بر برش کرد چاک	همی کند موی و همی ریخت خاک
بدو پیلسم گفت بشتاب زود	که دردی بدین درد و سختی فزود
فرنگیس رانیز خواهند کشت	مکن هیچ‌گونه برین کار پشت
به درگاه بردند مویش کشان	بر روزبانان مردم کشان
جهانی بدو کرده دیده پرآب	ز کردار بدگوهر افراسیاب
که این هول کاریست بادرد و بیم	که اکنون فرنگیس را بر دو نیم
زنند و شود پادشاهی تباه	مر او را نخواند کسی نیز شاه
ز آخر بیاورد پس پهلوان	ده اسپ سوار آزموده جوان
خود و گرد رویین و فرشیدورد	برآورد زان راه ناگاه گرد
بدو روز و دو شب بدرگه رسید	درنامور پرجفا پیشه دید
فرنگیس را دید چون بیهشان	گرفته ورا روزبانان کشان
به چنگال هر یک یکی تیغ تیز	ز درگاه برخواسته رستخیز
همانگاه پیران بیامد چو باد	کسی کش خرد بوی گشتند شاد
چو چشم گرامی به پیران رسید	شد از خون دیده رخش ناپدید
بدو گفت با من چه بد ساختی	چرا خیره بر آتش انداختی
ز اسپ اندر افتاد پیران به خاک	همه جامه‌ی پهلوی کرده چاک
بفرمود تا روزبانان در	زمانی ز فرمان بتابند سر
بیامد دمان پیش افراسیاب	دل از درد خسته دو دیده پر آب

بدو گفت شاها انوشه بدی — روان را به دیدار توشه بدی
چه آمد ز بد بر تو ای نیکخوی — که آوردت این روز بد آرزوی
چرا بر دلت چیره شد رای دیو — ببرد از رخت شرم گیهان خدیو
به کشتی سیاووش را بی‌گناه — به خاک اندر انداختی نام و جاه
به ایران رسد زین بدی آگهی — که شد خشک پالیز سرو سهی
بسا تاجداران ایران زمین — که با لشکر آیند پردرد و کین
جهان آرمیده ز دست بدی — شده آشکارا ره ایزدی
فریبنده دیوی ز دوزخ بجست — بیامد دل شاه ترکان بخست
بران اهرمن نیز نفرین سزد — که پیچد روانت سوی راه بد
پشیمان شوی زین به روز دراز — بپیچی زمانی به گرم و گداز
ندانم که این گفتن بد ز کیست — و زین آفریننده را رای چیست
چو دیوانه از جای برخاستی — چنین خیره بد را بیاراستی
کنون زو گذشتی به فرزند خویش — رسیدی به پیچاره پیوند خویش
نجوید همانا فرنگیس بخت — نه اورنگ شاهی نه تاج و نه تخت
به فرزند با کودکی در نهان — درفشی مکن خویشتن در جهان
که تا زنده‌ای بر تو نفرین بود — پس از زندگی دوزخ آیین بود
اگر شاه روشن کند جان من — فرستد ورا سوی ایوان من
گر ایدونک اندیشه زین کودک است — همانا که این درد و رنج اندک است
بمان تا جدا گردد از کالبد — بپیش تو آرم بدو ساز بد
بدو گفت زینسان که گفتی بساز — مرا کردی از خون او بی‌نیاز
سپهدار پیران بدان شاد شد — از اندیشه و درد آزاد شد
بیامد به درگاه و او را ببرد — بسی نیز بر روزبانان شمرد
بی‌آزار بردش به سوی ختن — خروشان همه درگه و انجمن
چو آمد به ایوان گلشهر گفت — که این خوب رخ را بباید نهفت
تو بر پیش این نامور زینهار — بباش و بدارش پرستاروار
برین نیز بگذشت یک چند روز — گران شد فرنگیس گیتی فروز

اندر زادن کیخسرو از مادر

شبی قیرگون ماه پنهان شده
به خواب اندرون مرغ و دام و دده

چنان دید سالار پیران به خواب
که شمعی برافروختی ز آفتاب

سیاوش بر شمع تیغی به دست
به آواز گفتی نشاید نشست

کزین خواب نوشین سر آزاد کن
ز فرجام گیتی یکی یاد کن

که روز نوآیین و جشنی نوست
شب سور آزاده کیخسروست

سپهبد بلرزید در خواب خوش
بجنبید گلهشر خورشید فش

بدو گفت پیران که برخیز و رو
خرامنده پیش فرنگیس شو

سیاووش را دیدم اکنون به خواب
درخشان‌تر از بر سپهر آفتاب

که گفتی مرا چند خسپی مپای
به جشن جهانجوی کیخسرو آی

همی رفت گلشهر تا پیش ماه
جدا گشته بود از بر ماه شاه

بدید و به شادی سبک بازگشت
همانگاه گیتی پرآواز گشت

بیامد به شادی به پیران بگفت
که اینت به آیین خور و ماه جفت

یکی اندر آی و شگفتی ببین
بزرگی و رای جهان آفرین

تو گویی نشاید مگر تاج را
و گر جوشن و ترگ و تاراج را

سپهبد بیامد بر شهریار
بسی آفرین کرد و بردش نثار

بران برز و بالا و آن شاخ و یال
تو گویی برو برگذشتست سال

ز بهر سیاوش دو دیده پر آب
همی کرد نفرین بر افراسیاب

چنین گفت با نامدار انجمن
که گر بگسلد زین سخن جان من

نمانم که یازد بدین شاه چنگ
مرا گر سپارد به چنگ نهنگ

بدانگه که بنمود خورشید چهر
به خواب اندر آمد سر تیره مهر

چو بیدار شد پهلوان سپاه
دمان اندر آمد به نزدیک شاه

همی ماند تا جای پردخت شد
به نزدیک آن نامور تخت شد

بدو گفت خورشید فش مهترا
جهاندار و بیدار و افسونگرا

به در بر یکی بنده بفزود دوش
تو گفتی ورا مایه دادست هوش

نماند ز خوبی جز از تو به کس	تو گویی که برگاه شاهست و بس
اگر تور را روز باز آمدی	به دیدار چهرش نیاز آمدی
فریدون گردست گویی بجای	به فر و به چهر و به دست و به پای
بر ایوان چنو کس نبیند نگار	بدو تازه شد فره‌ی شهریار
از اندیشه‌ی بد بپرداز دل	برافراز تاج و برفراز دل
چنان کرد روشن جهان آفرین	کزو دور شد جنگ و بیداد و کین
روانش ز خون سیاوش به درد	برآورد بر لب یکی باد سرد
پشیمان بشد زان کجا کرده بود	به گفتار بیهوده آزرده بود
بدو گفت من زین نوآمد بسی	سخنها شنیدستم از هر کسی
پرآشوب جنگست زو روزگار	همه یاد دارم ز آموزگار
که از تخمه‌ی تور وز کیقباد	یکی شاه سر برزند با نژاد
جهان را به مهر وی آید نیاز	همه شهر توران برندش نماز
کنون بودنی هرچ بایست بود	ندارد غم و رنج و اندیشه سود
مداریدش اندرمیان گروه	به نزد شبانان فرستش به کوه
بدان تا نداند که من خود کیم	بدیشان سپرده ز بهر چیم
نیاموزد از کس خرد گر نژاد	ز کار گذشته نیایدش یاد
بگفت آنچ یاد آمدش زین سخن	همه نو شمرد این سرای کهن
چه سازی که چاره بدست تو نیست	درازست در کام و شست تو نیست
گر ایدونک بد بینی از روزگار	به نیکی همو باشد آموزگار
بیامد به در پهلوان شادمان	بدل بر همه نیک بودش گمان
جهان آفرین را نیایش گرفت	به شاه جهان بر ستایش گرفت
پراندیشه بد تا به ایوان رسید	کزان رنج و مهرش چه آید پدید

سپردن پیران، کیخسرو را به شبانان

شبانان کوه قلا را بخواند	وزان خرد چندی سخنها براند
که این را بدارید چون جان پاک	نباید که بیند ورا باد و خاک

نباید که تنگ آیدش روزگار   اگر دیده و دل کند خواستار
شبان را ببخشید بسیار چیز   یکی دایه با او فرستاد نیز
بریشان سپرد آن دل و دیده را   جهانجوی گرد پسندیده را
بدین نیز بگذشت گردان سپهر   به خسرو بر از مهر بخشود چهر
چو شد هفت ساله گو سرفراز   هنر با نژادش همی گفت راز
ز چوبی کمان کرد وز روده زه   ز هر سو برافگند زه را گره
ابی پر و پیکان یکی تیر کرد   به دشت اندر آهنگ نخچیر کرد
چو ده‌ساله شد گشت گردی سترگ   به زخم گراز آمد و خرس و گرگ
وزان جایگه شد به شیر و پلنگ   هم آن چوب خمیده بد ساز جنگ
چنین تا برآمد برین روزگار   بیامد به فرمان آموزگار
شبان اندر آمد ز کوه و ز دشت   بنالید و نزدیک پیران گذشت
که من زین سرافراز شیر یله   سوی پهلوان آمدم با گله
همی کرد نخچیر آهو نخست   بر شیر و جنگ پلنگان نجست
کنون نزد او جنگ شیر دمان   همانست و نخچیر آهو همان
نباید که آید برو برگزند   بیاویزدم پهلوان بلند
چو بشنید پیران بخندید و گفت   نماند نژاد و هنر در نهفت
نشست از بر باره دست کش   بیامد بر خسرو شیرفش
بفرمود تا پیش او شد به مهر   نگه کرد پیران بران فر و چهر
به بر در گرفتش زمانی دراز   همی گفت با داور پاک راز
بدو گفت کیخسرو پاک دین   به تو باد رخشنده توران زمین
ازیرا کسی کت نداند همی   جز از مهربانت نخواند همی
شبان‌زاده‌ای را چنین در کنار   بگیری و از کس نیایدت عار
خردمند را دل برو بر بسوخت   به کردار آتش رخش برفروخت
بدو گفت کای یادگار مهان   پسندیده و ناسپرده جهان
که تاج سر شهریاران توی   که گوید که پور شبانان توی
شبان نیست از گوهر تو کسی   و زین داستان هست با من بسی
ز بهر جوان اسپ و بالای خواست   همان جامه‌ی خسروآرای خواست
به ایوان خرامید با او به هم   روانش ز بهر سیاوش دژم
همی پروراندش اندر کنار   بدو شادمان گردش روزگار

بدین نیز بگذشت چندی سپهر	به مغز اندرون داشت با شاه مهر
شب تیره هنگام آرام و خواب	کس آمد ز نزدیک افراسیاب
بران تیرگی پهلوان را بخواند	گذشته سخنها فراوان براند
کز اندیشه‌ی بد همه شب دلم	بپیچید وز غم همی بگسلم
ازین کودکی کز سیاوش رسید	تو گفتی مرا روز شد ناپدید
نبیره فریدون شبان پرورد	ز رای و خرد این کی اندر خورد
ازو گر نوشته به من بر بدیست	نشاید گذشتن که آن ایزدیست
چو کار گذشته نیارد به یاد	زید شاد و ما نیز باشیم شاد
وگر هیچ خوی بد آرد پدید	بسان پدر سر بباید برید
بدو گفت پیران که ای شهریار	ترا خود نباید کس آموزگار
یکی کودکی خرد چون بیهشان	ز کار گذشته چه دارد نشان
تو خود این میندیش و بد را مکوش	چه گفت آن خردمند بسیارهوش
که پروردگار از پدر برترست	اگر زاده را مهر با مادرست
نخستین به پیمان مرا شاد کن	ز سوگند شاهان یکی یاد کن
فریدون به داد و به تخت و کلاه	همی داشتی راستی را نگاه
ز پیران چو بشنید افراسیاب	سر مرد جنگی درآمد ز خواب
یکی سخت سوگند شاهانه خورد	به روز سپید و شب لاژورد
به دادار کاو این جهان آفرید	سپهر و دد و دام و جان آفرید
که ناید بدین کودک از من ستم	نه هرگز برو بر زنم تیزدم
زمین را ببوسید پیران و گفت	که ای دادگر شاه بی‌یار و جفت
برین بند و سوگند تو ایمنم	کنون یافت آرام جان و تنم
وزانجا بر خسرو آمد دمان	رخی ارغوان و دلی شادمان
بدو گفت کز دل خرد دور کن	چو رزم آورد پاسخش سور کن
مرو پیش او جز به دیوانگی	مگردان زبان جز به بیگانگی
مگرد ایچ گونه به گرد خرد	یک امروز بر تو مگر بگذرد
به سر بر نهادش کلاه کیان	ببستش کیانی کمر بر میان
یکی باره‌ی‌گام زن خواست نغز	برو بر نشست آن گو پاک مغز
بیامد به درگاه افراسیاب	جهانی برو دیده کرده پرآب
روارو برآمد که بشگای راه	که آمد نوآیین یکی پیشگاه

همی رفت پیش اندرون شاه گرد	سپهدار پیران ورا پیش برد
بیامد به نزدیک افراسیاب	نیا را رخ از شرم او شد پرآب
بران خسروی یال و آن چنگ او	بدان شاخ و آن فر و اورنگ او
زمانی نگه کرد و نیکو بدید	همی گشت رنگ رخش ناپدید
تن پهلوان گشت لرزان چو بید	ز جان جوان پاک بگسست امید
زمانی چنان بود بگشاد چهر	زمانه به دلش اندر آورد مهر
بپرسید کای نورسیده جوان	چه آگاه داری ز کار جهان
بر گوسفندان چه گردی همی	زمین را چه گونه سپردی همی
چنین داد پاسخ که نخچیر نیست	مرا خود کمان و پر تیر نیست
بپرسید بازش ز آموزگار	ز نیک و بد و گردش روزگار
بدو گفت جایی که باشد پلنگ	بدرد دل مردم تیزچنگ
سه دیگر بپرسیدش از مام و باب	ز ایوان و از شهر وز خورد و خواب
چنین داد پاسخ که درنده شیر	نیارد سگ کارزاری به زیر
بخندید خسرو ز گفتار اوی	سوی پهلوان سپه کرد روی
بدو گفت کاین دل ندارد بجای	ز سر پرسمش پاسخ آرد ز پای
نیاید همانا بد و نیک ازوی	نه زینسان بود مردم کینه جوی
رو این را به خوبی به مادر سپار	به دست یکی مرد پرهیزگار
گسی کن به سوی سیاووش گرد	مگردان بدآموز را هیچ گرد
ز اسپ و پرستنده و بیش و کم	بده هرچ باید ز گنج و درم
سپهبد برو کرد لختی شتاب	برون بردش از پیش افراسیاب
به ایوان خویش آمد افروخته	خرامان و چشم بدی دوخته
همی گفت کز دادگر کردگار	درخت نو آمد جهان را به بار
در گنجهای کهن کرد باز	ز هر گونه‌ای شاه را کرد ساز
ز دینار و دیبا و تیغ و گهر	ز اسب و سلیح و کلاه و کمر
هم از تخت وز بدرهای درم	ز گستردنیها و از بیش و کم
گسی کردشان سوی آن شارستان	کجا جملگی گشته بد خارستان
فرنگیس و کیخسرو آنجا رسید	بسی مردم آمد ز هر سو پدید
بدیده سپردند یک یک زمین	زبان دد و دام پرآفرین
همی گفت هرکس که بودش هنر	سپاس از جهان داور دادگر

کزان بیخ برکنده فرخ درخت / ازین‌گونه شاخی برآورد سخت
ز شاه کیان چشم بد دور باد / روان سیاوش پر از نور باد
همه خاک آن شارستان شاد شد / گیا بر چمن سرو آزاد شد
ز خاکی که خون سیاوش بخورد / به ابر اندر آمد درختی ز گرد
نگاریده بر برگها چهر او / همه بوی مشک آمد از مهر او
بدی مه نشان بهاران بدی / پرستشگه سوگواران بدی
چنین است کردار این گنده پیر / ستاند ز فرزند پستان شیر
چو پیوسته شد مهر دل بر جهان / به خاک اندر آرد سرش ناگهان
تو از وی بجز شادمانی مجوی / به باغ جهان برگ انده مبوی
اگر تاج داری و گر دست تنگ / نبینی همی روزگار درنگ
مرنجان روان کاین سرای تو نیست / بجز تنگ تابوت جای تو نیست
نهادن چه باید بخوردن نشین / بر امید گنج جهان‌آفرین
چو آمد به نزدیک سر تیغ شست / مده می که از سال شد مرد مست
بجای عنانم عصا داد سال / پراگنده شد مال و برگشت حال
همان دیده‌بان بر سر کوهسار / نبیند همی لشکر شهریار
کشیدن ز دشمن نداند عنان / مگر پیش مژگانش آید سنان
گراینده‌ی تیزپای نوند / همان شست بدخواه کردش به بند
همان گوش از آوای او گشت سیر / همش لحن بلبل هم آوای شیر
چو برداشتم جام پنجاه و هشت / نگیرم بجز یاد تابوت و تشت
دریغ آن گل و مشک و خوشاب سی / همان تیغ برنده‌ی پارسی
نگردد همی گرد نسرین تذرو / گل نارون خواهد و شاخ سرو
همی خواهم از روشن کردگار / که چندان زمان یابم از روزگار
کزین نامور نامه‌ی باستان / بمانم به گیتی یکی داستان
که هر کس که اندر سخن داد داد / ز من جز به نیکی نگیرند یاد
بدان گیتیم نیز خواهشگرست / که با تیغ تیزست و با افسرست
منم بنده‌ی اهل بیت نبی / ستاینده‌ی خاک پای وصی
برین زادم و هم برین بگذرم / چنان دان که خاک پی حیدرم
ابا دیگران مر مرا کار نیست / بدین اندرون هیچ گفتار نیست
به گفتار دهقان کنون بازگرد / نگر تا چه گوید سراینده مرد

آگاهی یافتن ایرانیان از کشته شدن سیاوش

چو آگاهی آمد به کاووس شاه
که شد روزگار سیاوش تباه
به کردار مرغان سرش را ز تن
جدا کرد سالار آن انجمن
ابر بی‌گناهش به خنجر به زار
بریدند سر زان تن شاهوار
بنالد همی بلبل از شاخ سرو
چو دراج زیر گلان با تذرو
همه شهر توران پر از داغ و درد
به بیشه درون برگ گلنار زرد
گرفتند شیون به هر کوهسار
نه فریادرس بود و نه خواستار
چو این گفته بشنید کاووس شاه
سر نامدارش نگون شد ز گاه
بر و جامه بدرید و رخ را بکند
به خاک اندر آمد ز تخت بلند
برفتند با مویه ایرانیان
بدان سوگ بسته به زاری میان
همه دیده پرخون و رخساره زرد
زبان از سیاوش پر از یادکرد
چو طوس و چو گودرز و گیو دلیر
چو شاپور و فرهاد و رهام شیر
همه جامه کرده کبود و سیاه
همه خاک بر سر بجای کلاه

رفتن رستم به نزدکیکاووس و کشتن سودابه را

پس آگاهی آمد سوی نیمروز
به نزدیک سالار گیتی فروز
که از شهر ایران برآمد خروش
همی خاک تیره برآمد به جوش
پراگند کاووس بر یال خاک
همه جامه‌ی خسروی کرد چاک
تهمتن چو بشنید زو رفت هوش
ز زابل به زاری برآمد خروش
به چنگال رخساره بشخود زال
همی ریخت خاک از بر شاخ و یال
چو یک هفته با سوگ بود و دژم
به هشتم برآمد ز شیپور دم
سپاهی فراوان بر پیلتن
ز کشمیر و کابل شدند انجمن
به درگاه کاووس بنهاد روی
دو دیده پر از آب و دل کینه جوی

چو نزدیکی شهر ایران رسید همه جامه‌ی پهلوی بردرید
به دادار دارنده سوگند خورد که هرگز تنم بی‌سلیح نبرد
نباشد بشویم سرم را ز خاک همه بر تن غم بود سوگناک
کله ترگ و شمشیر جام منست به بازو خم خام دام منست
چو آمد به نزدیک کاووس کی سرش بود پرخاک و پرخاک پی
بدو گفت خوی بد ای شهریار پراگندی و تخمت آمد ببار
ترا مهر سودابه و بدخوی ز سر برگرفت افسر خسروی
کنون آشکارا ببینی همی که بر موج دریا نشینی همی
از اندیشه‌ی خرد و شاه سترگ بیامد به ما بر زیانی بزرگ
کسی کاو بود مهتر انجمن کفن بهتر او را ز فرمان زن
سیاوش به گفتار زن شد به باد خجسته زنی کاو ز مادر نزاد
دریغ آن بر و برز و بالای او رکیب و خم خسرو آرای او
دریغ آن گو نامبرده سوار که چون او نبیند دگر روزگار
چو در بزم بودی بهاران بدی به رزم افسر نامداران بدی
همی جنگ با چشم گریان کنم جهان چون دل خویش بریان کنم
نگه کرد کاووس بر چهر او بدید اشک خونین و آن مهر او
نداد ایچ پاسخ مر او را ز شرم فرو ریخت از دیدگان آب گرم
تهمتن برفت از بر تخت اوی سوی خان سودابه بنهاد روی
ز پرده به گیسوش بیرون کشید ز تخت بزرگیش در خون کشید
به خنجر به دو نیم کردش به راه نجنبید بر جای کاووس شاه
بیامد به درگاه با سوگ و درد پر از خون دل و دیده رخساره زرد
همه شهر ایران به ماتم شدند پر از درد نزدیک رستم شدند
چو یک هفته با سوگ و با آب چشم به درگاه بنشست پر درد و خشم
به هشتم بزد نای رویین و کوس بیامد به درگاه گودرز و طوس
چو فرهاد و شیدوش و گرگین و گیو چو بهرام و رهام و شاپور نیو
فریبرز کاووس درنده شیر گرازه که بود اژدهای دلیر
فرامرز رستم که بد پیش رو نگهبان هر مرز و سالار نو
به گردان چنین گفت رستم که من برین کینه دادم دل و جان و تن
که اندر جهان چون سیاوش سوار نبندد کمر نیز یک نامدار

چنین کار یکسر مدارید خرد	چنین کینه را خرد نتوان شمرد
ز دلها همه ترس بیرون کنید	زمین را ز خون رود جیحون کنید
به یزدان که تا در جهان زنده‌ام	به کین سیاوش دل آگنده‌ام
بران تشت زرین کجا خون اوی	فرو ریخت ناکاردیده گروی
بمالید خواهم همی روی و چشم	مگر بر دلم کم شود درد و خشم
وگر همچنانم بود بسته چنگ	نهاده به گردن درون پالهنگ
به خاک اندرون خوار چون گوسفند	کشندم دو بازو به خم کمند
و گر نه من و گرز و شمشیر تیز	برانگیزم اندر جهان رستخیز
نبیند دو چشمم مگر گرد رزم	حرامست بر من می و جام و بزم
به درگاه هر پهلوانی که بود	چو زان گونه آواز رستم شنود
همه برگرفتند با او خروش	تو گفتی که میدان برآمد به جوش
ز میدان یکی بانگ برشد به ابر	تو گفتی زمین شد به کام هژبر
بزد مهره بر پشت پیلان به جام	یلان بر کشیدند تیغ از نیام
برآمد خروشیدن گاودم	دم نای رویین و رویینه خم
جهان پر شد از کین افراسیاب	به دریا تو گفتی به جوش آمد آب
نبد جای پوینده را بر زمین	ز نیزه هوا ماند اندر کمین
ستاره به جنگ اندر آمد نخست	زمین و زمان دست خون را بشست
ببستند گردان ایران میان	به پیش اندرون اختر کاویان
گزین کرد پس رستم زابلی	ز گردان شمشیرزن کابلی
ز ایران و از بیشه‌ی نارون	ده و دو هزار از یلان انجمن

لشکر کشیدن ایرانیان به کین سیاوش

سپه را فرامرز بد پیشرو	که فرزند گو بود و سالار نو
همی رفت تا مرز توران رسید	ز دشمن کسی را به ره بر ندید
دران مرز شاه سپیجاب بود	که با لشکر و گنج و با آب بود
ورازاد بد نام آن پهلوان	دلیر و سپه تاز و روشن روان

سپه بود شمشیرزن سی هزار	همه رزم جوی از در کارزار
ورازاد از قلب لشکر برفت	بیامد به نزد فرامرز تفت
بپرسید و گفتش چه مردی بگوی	چرا کرده‌ای سوی این مرز روی
سزد گر بگویی مرا نام خویش	بجویی ازین کار فرجام خویش
همانا به فرمان شاه آمدی	گر از پهلوان سپاه آمدی
چه داری ز افراسیاب آگهی	ز اورنگ و ز تاج و تخت مهی
نباید که بی‌نام بر دست من	روانت برآید ز تاریک تن
فرامرز گفت ای گو شوربخت	منم بار آن خسروانی درخت
که از نام او شیر پیچان شود	چو خشم آورد پیل بیجان شود
مرا با تو بدگوهر دیوزاد	چرا کرد باید همی نام یاد
گو پیلتن با سپاه از پس است	که اندر جهان کینه خواه او بس است
به کین سیاوش کمر بر میان	ببست و بیامد چو شیر ژیان
برآرد ازین مرز بی‌ارز دود	هوا گرد او را نیارد بسود
ورازاد بشنید گفتار او	همی خوار دانست پیگار او
به لشکر بفرمود کاندر دهید	کمان‌ها سراسر به زه بر نهید
رده بر کشید از دو رویه سپاه	به سر بر نهادند ز آهن کلاه
ز هر سو برآمد ز گردان خروش	همی کر شد از ناله‌ی کوس گوش
چو آواز کوس آمد و کرنای	فرامرز را دل برآمد ز جای
به یک حمله اندر ز گردان هزار	بیفگند و برگشت از کارزار
دگر حمله کردش هزار و دویست	ورازاد را گفت لشکر مه‌ایست
که امروز بادافره‌ی ایزدیست	مکافات بد را ز یزدان بدیست
چنین لشکر گشن و چندین سوار	سراسیمه شد از یکی نامدار
همی شد فرامرز نیزه به دست	ورازاد را راه یزدان ببست
فرامرز جنگی چو او را بدید	خروشی چو شیر ژیان برکشید
برانگیخت از جای شبرنگ را	بیفشرد بر نیزه بر چنگ را
یکی نیزه زد بر کمربند او	که بگسست زیر زره بند او
چنان برگرفتش ز زین خدنگ	که گفتی یک پشه دارد به چنگ
بیفگند بر خاک و آمد فرود	سیاووش را داد چندی درود
سر نامور دور کرد از تنش	پر از خون بیالود پیراهنش

چنین گفت کاینت سر کین نخست	پراگنده شد تخم پرخاش و رست
همه بوم و بر آتش اندرفگند	همی دود برشد به چرخ بلند
یکی نامه بنوشت نزد پدر	ز کار ورازاد پرخاشخر
که چون برگشادم در کین و جنگ	ورا برگرفتم ز زین پلنگ
به کین سیاوش بریدم سرش	برافروختم آتش از کشورش

آگاهی یافتن افراسیاب از سپاه ایران

وزان سو نوندی بیامد به راه	به نزدیک سالار توران سپاه
که آمد به کین رستم پیلتن	بزرگان ایران شدند انجمن
ورازاد را سر بریدند زار	برانگیخت از مرز توران دمار
سپه را سراسر بهم بر زدند	به بوم و به بر آتش اندر زدند
چو بشنید افراسیاب این سخن	غمی شد ز کردارهای کهن
نماند ایچ بر دشت ز اسپان یله	بیاورد چوپان به میدان گله
در گنج گوپال و برگستوان	همان نیزه و خنجر هندوان
همان گنج دینار و در و گهر	همان افسر و طوق زرین کمر
ز دستور گنجور بستد کلید	همه کاخ و میدان درم گسترید
چو لشکر سراسر شد آراسته	بریشان پراگنده شد خواسته
بزد کوس رویین و هندی درای	سواران سوی رزم کردند رای
سپهدار از گنگ بیرون کشید	سپه را ز تنگی به هامون کشید
فرستاد و مر سرخه را پیش خواند	ز رستم بسی داستانها براند
بدو گفت شمشیرزن سی هزار	ببر نامدار از در کارزار
نگه دار جان از بد پور زال	به رزمت نباشد جزو کس همال
تو فرزندی و نیکخواه منی	ستون سپاهی و ماه منی
چو بیدار دل باشی و راهجوی	که یارد نهادن بروی تو روی
کنون پیش رو باش و بیدار باش	سپه را ز دشمن نگهدار باش
ز پیش پدر سرخه بیرون کشید	درفش و سپه را به هامون کشید

طلایه چو گرد سپه دید تفت	بپیچید و سوی فرامرز رفت
از ایران سپه برشد آوای کوس	ز گرد سپه شد هوا آبنوس
خروش سواران و گرد سپاه	چو شب کرد گیتی نهان گشت ماه
درخشیدن تیغ الماس گون	سنانهای آهار داده به خون
تو گفتی که برشد به گیتی بخار	برافروختند آتش کارزار
ز کشته فگنده به هر سو سران	زمین کوه گشت از کران تا کران
چو سرخه بران گونه پیگار دید	درفش فرامرز سالار دید
عنان را به بور سرافراز داد	به نیزه درآمد کمان باز داد
فرامرز بگذاشت قلب سپاه	بر سرخه با نیزه شد کینه‌خواه
یکی نیزه زد همچو آذرگشسپ	ز کوهه ببردش سوی یال اسپ
ز ترکان به یاری او آمدند	پر از جنگ و پرخاشجو آمدند
از آشوب ترکان و از رزم سخت	فرامرز را نیزه شد لخت لخت
بدانست سرخه که پایاب اوی	ندارد غمی گشت و برگاشت روی
پس اندر فرامرز با تیغ تیز	همی تاخت و انگیخته رستخیز
سواران ایران به کردار دیو	دمان از پسش برکشیده غریو
فرامرز چون سرخه را یافت چنگ	بیازید زان سان که یازد پلنگ
گرفتش کمربند و از پشت زین	برآورد و زد ناگهان بر زمین
پیاده به پیش اندر افگند خوار	به لشکرگه آوردش از کارزار
درفش تهمتن همانگه ز راه	پدید آمد و گرد پیل و سپاه
فرامرز پیش پدر شد چو گرد	به پیروزی از روزگار نبرد
به پیش اندرون سرخه را بسته دست	بکرده ورازاد را یال پست
همه غار و هامون پر از کشته بود	سر دشمن از رزم برگشته بود
سپاه آفرین خواند بر پهلوان	بران نامبردار پور جوان
تهمتن برو آفرین کرد نیز	به درویش بخشید بسیار چیز
یکی داستان زد برو پیلتن	که هر کس که سر برکشد ز انجمن
خرد باید و گوهر نامدار	هنر یار و فرهنگش آموزگار
چو این گوهران را بجا آورد	دلاور شود پر و پا آورد
از آتش نبینی جز افروختن	جهانی چو پیش آیدش سوختن
فرامرز نشگفت اگر سرکش است	

چو آورد با سنگ خارا کند / که پولاد را دل پر از آتش است
به سرخه نگه کرد پس پیلتن / ز دل راز خویش آشکارا کند
برش چون بر شیر و رخ چون بهار / یکی سرو آزاده بد بر چمن
بفرمود پس تا برندش به دشت / ز مشک سیه کرده بر گل نگار
ببندند دستش به خم کمند / ابا خنجر و روزبانان و تشت
بسان سیاوش سرش را ز تن / بخوابند بر خاک چون گوسفند
چو بشنید طوس سپهبد برفت / ببرند و کرگس بپوشد کفن
بدو سرخه گفت ای سرافراز شاه / به خون ریختن روی بنهاد تفت
سیاوش مرا بود هم سال و دوست / چه ریزی همی خون من بی‌گناه
مرا دیده پرآب بد روز و شب / روانم پر از درد و اندوه اوست
بران کس که آن تشت و خنجر گرفت / همیشه به نفرین گشاده دو لب
دل طوس بخشایش آورد سخت / بران کس که آن شاه را سرگرفت
بر رستم آمد بگفت این سخن / بران نامبردار برگشته بخت
چنین گفت رستم که گر شهریار / که پور سپهدار افگند بن
همیشه دل و جان افراسیاب / چنان خسته‌دل شاید و سوگوار
همان تشت و خنجر زواره ببرد / پر از درد باد و دو دیده پرآب
سرش را به خنجر ببرید زار / بدان روزبانان لشکر سپرد
بریده سر و تنش بر دار کرد / زمانی خروشید و برگشت کار
بران کشته از کین برافشاند خاک / دو پایش زبر سر نگونسار کرد
جهانا چه خواهی ز پروردگان / تنش را به خنجر بکردند چاک
چو لشکر بیامد ز دشت نبرد / چه پروردگان داغ دل بردگان

آگاهی یافتن افراسیاب از کشته شدن سرخه

خبر شد ز ترکان به افراسیاب / تنان پر ز خون و سران پر ز گرد
همان سرخه نامور کشته شد / که بیدار بخت اندرآمد به خواب
بریده سرش را نگونسار کرد / چنان دولت تیز برگشته شد

همه شهر ایران جگر خسته‌اند	تنش را به خون غرقه بر دار کرد
نگون شد سر و تاج افراسیاب	به کین سیاوش کمر بسته‌اند
همی گفت رادا سرا موبدا	همی کند موی و همی ریخت آب
دریغ ارغوانی رخت همچو ماه	ردا نامدارا یلا بخردا
خروشان به سر بر پراگند خاک	دریغ آن کیی برز و بالای شاه
چنین گفت با لشکر افراسیاب	همه جامه‌ها کرد بر خویش چاک
همه کینه را چشم روشن کنید	که مارا بر آمد سر از خورد و خواب
چو برخاست آوای کوس از درش	نهالی ز خفتان و جوشن کنید
بزد نای رویین و بربست کوس	بجنبید بر بارگه لشکرش
به گردنکشان خسرو آواز کرد	همی آسمان بر زمین داد بوس
چو برخیزد آوای کوس از دو روی	که ای نامداران روز نبرد
همه رزم را دل پر از کین کنید	نجوید زمان مرد پرخاشجوی
خروش آمد و ناله‌ی کرنای	به ایرانیان پاک نفرین کنید
زمین آمد از سم اسپان به جوش	دم نای رویین و هندی درای
چو برخاست از دشت گرد سپاه	به ابر اندر آمد فغان و خروش
که آمد سپاهی چو کوه گران	کس آمد بر رستم از دیده‌گاه
ز تیغ دلیران هوا شد بنفش	همه رزم جویان کندآوران
برآمد خروش سپاه از دو روی	برفتند با کاویانی درفش
خور و ماه گفتی به رنگ اندرست	جهان شد پر از مردم جنگجوی
سپهدار ترکان برآراست جنگ	ستاره به چنگ نهنگ اندرست
بیامد سوی میمنه بارمان	گرفتند گوپال و خنجر به چنگ
سوی میسره کهرم تیغزن	سپاهی ز ترکان دنان و دمان
وزین روی رستم سپه برکشید	به قلب اندرون شاه با انجمن
بیاراست بر میمنه گیو و طوس	هوا شد ز تیغ یلان ناپدید
چو گودرز کشواد بر میسره	سواران بیدار با پیل و کوس
به قلب اندرون رستم زابلی	هجیر و گرانمایگان یکسره
تو گفتی نه شب بود پیدا نه روز	زره‌دار با خنجر کابلی
شد از سم اسپان زمین سنگ رنگ	نهان گشت خورشید گیتی‌فروز
تو گفتی هوا کوه آهن شدست	ز نیزه هوا همچو پشت پلنگ

به ابر اندر آمد سنان و درفش	سر کوه پر ترگ و جوشن شدست
بیامد ز قلب سپه پیلسم	درفشیدن تیغهای بنفش
چنین گفت با شاه توران سپاه	دلش پر ز خون کرده چهره دژم
گر ایدونک از من نداری دریغ	کهای پرهنر خسرو نیک‌خواه
ابا رستم امروز جنگ آورم	یکی باره و جوشن و گرز و تیغ
به پیش تو آرم سر و رخش او	همه نام او زیر ننگ آورم
ازو شاد شد جان افراسیاب	همان خود و تیغ جهان بخش او
بدو گفت کای نام بردار شیر	سر نیزه بگذاشت از آفتاب
اگر پیلتن را به چنگ آوری	همانا که پیلت نیارد به زیر
به توران چو تو کس نباشد به جاه	زمانه برآساید از داوری
به گردان سپهر اندرآری سرم	به گنج و به تیغ و به تخت و کلاه
از ایران و توران دو بهر آن تست	سپارم ترا دختر و کشورم
چو بشنید پیران غمی گشت سخت	همان گوهر و گنج و شهر آن تست
بدو گفت کاین مرد برنا و تیز	بیامد بر شاه خورشید بخت
همی در گمان افتد از نام خویش	همی بر تن خویش دارد ستیز
کسی سوی دوزخ نپوید به پا	نیندیشد از کار فرجام خویش
گر او با تهمتن نبرد آورد	و گر خیره سوی دم اژدها
شکسته شود دل گوان را به جنگ	سر خویش را زیر گرد آورد
برادر تو دانی که کهتر بود	بود این سخن نیز بر شاه ننگ
به پیران چنین گفت پس پیلسم	فزون‌تر برو مهر مهتر بود
که گر من کنم جنگ جنگی نهنگ	کزین پهلوان دل ندارد دژم
به پیش تو با نامور چار گرد	نیارم به بخت تو بر شاه ننگ
همانا کنون زورم افزونترست	چه کردم تو دیدی ز من دست برد
برآید به دست من این کارکرد	شکستن دل من نه اندرخورست
چو بشنید زو این سخن شهریار	به گرد در اختر بد مگرد
بدو داد با تیغ و بر گستوان	یکی اسپ شایسته‌ی کارزار
بیاراست آن جنگ را پیلسم	همان نیزه و درع و خود گوان
به ایرانیان گفت رستم کجاست	همی راند چون شیر با باد و دم
چو بشنید گیو این سخن بردمید	که گوید که او روز جنگ اژدهاست

بدو گفت رستم به یک ترک جنگ … بزد دست و تیغ از میان برکشید
برآویختند آن دو جنگی به هم … نسازد همانا که آیدش ننگ
یکی نیزه زد گیو را کز نهیب … دمان گیو گودرز با پیلسم
فرامرز چون دید یار آمدش … برون آمدش هر دو پا از رکیب
یکی تیغ بر نیزه‌ی پیلسم … همی یار جنگی به کار آمدش
دگر باره زد بر سر ترگ اوی … بزد نیزه از تیغ او شد قلم
همی گشت با آن دو یل پیلسم … شکسته شد آن تیغ پرخاشجوی
تهمتن ز قلب سپه بنگرید … به میدان به کردار شیر دژم
برآویخته با یکی شیرمرد … دو گرد دلیر و گرانمایه دید
بدانست رستم که جز پیلسم … به ابر اندر آورده از باد گرد
و دیگر که از نامور بخردان … ز ترکان ندارد کس آن زور و دم
ز اختر بد و نیک بشنوده بود … ز گفت ستاره‌شمر موبدان
که گر پیلسم از بد روزگار … جهان را چپ و راست پیموده بود
نبرده چنو در جهان سر به سر … خرد یابد و بند آموزگار
همانا که او را زمان آمدست … به ایران و توران نبندد کمر
به لشکر بفرمود کز جای خویش … که ایدر به چنگم دمان آمدست
شوم برگرایم تن پیلسم … مگر ناورند اندکی پای پیش
یکی نیزه‌ی بارکش برگرفت … ببینم که دارد پی و شاخ و دم
گران شد رکیب و سبک شد عنان … بیفشارد ران ترگ بر سر گرفت
غمی گشت و بر لب برآورد کف … به چشم اندر آورد رخشان سنان
چنین گفت کای نامور پیلسم … همی تاخت از قلب تا پیش صف
همی گفت و می‌تاخت برسان گرد … مرا خواستی تا بسوزی به دم
یکی نیزه زد بر کمرگاه اوی … یکی کرد با او سخن در نبرد
همی تاخت تا قلب توران سپاه … ز زین برگرفتش به کردار گوی
چنین گفت کاین را به دیبای زرد … بینداختش خوار در قلبگاه
عنان را بپیچید زان جایگاه … بپوشید کز گرد شد لاژورد
بیارید پیران ز مژگان سرشک … بیامد دمان تا به قلب سپاه
دل لشکر و شاه توران سپاه … تن پیلسم دور دید از پزشک
خروش آمد از لشکر هر دو سوی … شکسته شد و تیره شد رزمگاه

خروشیدن کوس بر پشت پیل	ده و دار گردان پرخاشجوی
زمین شد ز نعل ستوران ستوه	ز هر سو همی رفت تا چند میل
ز بس نعره و ناله‌ی کرهنای	همه کوه دریا شد و دشت کوه
همی سنگ مرجان شد و خاک خون	همی آسمان اندر آمد ز جای
بکشتند چندان ز هردو گروه	سراسر سر سروران شد نگون
یکی باد برخاست از رزمگاه	که شد خاک دریا و هامون چو کوه
دو لشکر به هامون همی تاختند	هوا را بپوشید گرد سپاه
جهان چون شب تیره تاریک شد	یک از دیگران بازنشناختند
چنین گفت با لشکر افراسیاب	تو گفتی به شب روز نزدیک شد
اگر سستی آرید یک تن به جنگ	که بیدار بخت اندر آمد به خواب
بریشان ز هر سو کمین آورید	نماند مرا روزگار درنگ
بیامد خود از قلب توران سپاه	به نیزه خور اندر زمین آورید
از ایران فراوان سپه را بکشت	بر طوس شد داغ دل کینه‌خواه
بر رستم آمد یکی چاره‌جوی	غمی شد دل طوس و بنمود پشت
همه رزمگه شد چو دریای خون	که امروز ازین رزم شد رنگ و بوی
بیامد ز قلب سپه پیلتن	درفش سپهدار ایران نگون
سپردار بسیار در پیش بود	پس او فرامرز با انجمن
همه خویش و پیوند افراسیاب	که دلشان ز رستم بداندیش بود
تهمتن فراوان ازیشان بکشت	همه دل پر از کین و سر پرشتاب
چو افراسیاب آن درفش بنفش	فرامرز و طوس اندر آمد به پشت
بدانست کان پیلتن رستمست	نگه کرد بر جایگاه درفش
برآشفت برسان جنگی پلنگ	سرافراز وز تخمه‌ی نیرمست
چو رستم درفش سیه را بدید	بیفشارد ران پیش او شد به جنگ
به جوش آمد آن نامبردار گرد	به کردار شیر ژیان بردمید
برآویخت با سرکش افراسیاب	عنان باره‌ی تیزتگ را سپرد
یکی نیزه سالار توران سپاه	به پیگار خون رفت چون رود آب
سنان اندر آمد ببند کمر	بزد بر بر رستم کینه‌خواه
تهمتن به کین اندر آورد روی	به ببر بیان بر نبد کارگر
تگاور ز درد اندر آمد به سر	یکی نیزه زد بر سر اسپ اوی

همی جست رستم کمرگاه او	بیفتاد زو شاه پرخاشخر
نگه کرد هومان بدید از کران	که از رزم کوته کند راه او
بزد بر سر شانه‌ی پیلتن	به گردن برآورد گرز گران
ز پس کرد رستم همانگه نگاه	به لشکر خروش آمد از انجمن
برآشفت گردافگن تاج‌بخش	بجست از کفش نامبردار شاه
بتازید چندی و چندی شتافت	بدنبال هومان برانگیخت رخش
سپهدار ترکان نشد زیر دست	زمانه بدش مانده او را نیافت
چو از جنگ رستم بپیچید روی	یکی باره‌ی تیزتگ برنشست
برآمد ز هر سو دم کرنای	گریزان همی رفت پرخاشجوی
به ابر اندر آمد خروش سران	همی آسمان اندر آمد ز جای
گوان سر به سر نعره برداشتند	گراییدن گرزهای گران
زمین سربسر کشته و خسته بود	سنانها به ابر اندر افراشتند
سپردند اسپان همی خون به نعل	وگر لاله بر زعفران رسته بود
هزیمت گرفتند ترکان چو باد	شده پای پیل از دل کشته لعل
سه فرسنگ چون اژدهای دمان	که رستم ز بازو همی داد داد
وزان جایگه پیلتن بازگشت	تهمتن همی شد پس بدگمان
ز رستم بپرسید پرمایه طوس	سپه یکسر از جنگ ناساز گشت
بدو گفت رستم که گرز گران	که چون یافت شیر از یکی گور کوس
دل سنگ و سندان نماند درست	چو یاد آرد از یال جنگ‌آوران
عمودی که کوبنده هومان بود	بر و یال کوبنده باید نخست
به لشکرگه خویش گشتند باز	تو آهن مخوانش که موم آن بود
همه دشت پر آهن و سیم و زر	سپه یکسر از خواسته بی‌نیاز
چو خورشید برزد سر از کوهسار	سنان و ستام و کلاه و کمر

پادشاهی رستم در تورانزمین

تهمتن همه خواسته گرد کرد بگسترد یاقوت بر جویبار
خروش آمد و ناله‌ی کرنای ببخشید یکسر به مردان مرد
نهادند سر سوی افراسیاب تهمتن برانگیخت لشکر ز جای
پس آگاهی آمد به پرخاشجوی همه رخ ز کین سیاوش پر آب
به پیران چنین گفت کایرانیان که رستم به توران در آورد روی
کنون بوم و بر جمله ویران شود بدی را ببستند یکسر میان
کسی نزد رستم برد آگهی به کام دلیران ایران شود
هم آنگه برندش به ایران سپاه ازین کودک شوم بی‌فرهی
نوندی برافگن هم اندر زمان یکی ناسزا برنهندش کلاه
که با مادر آن هر دو تن را به هم بر شوم پی‌زاده‌ی بدگمان
نوندی بیامد ببردندشان بیارد بگوید سخن بیش و کم
به نزدیک افراسیاب آمدند شدند آن دو بیچاره چون بیهشان
وز آن جایگه شاه توران زمین پر از درد و تیمار و تاب آمدند
تهمتن نشست از بر تخت اوی بیاورد لشکر به دریای چین
یکی داستانی بگفت از نخست به خاک اندر آمد سر بخت اوی
چو بدخواه پیش آیدت کشته به که پرمایه آنکس که دشمن نجست
از ایوان همه گنج او بازجست گر آواره از پیش برگشته به
غلامان و اسپ و پرستندگان بگفتند با او یکایک درست
در گنج دینار و پرمایه تاج همان مایه‌ور خوب رخ بندگان
یکایک ز هر سو به چنگ آمدش همان گوهر و دیبه و تخت عاج
سپه سر به سر زان توانگر شدند بسی گوهر از گنج گنگ آمدش
یکی طوس را داد زان تخت عاج ابا یاره و تخت و افسر شدند
ورا گفت هر کس که تاب آورد همان یاره و طوق و منشور چاج
همانگه سرش را ز تن دور کن وگر نام افراسیاب آورد

ازو کرگسان را یکی سور کن

کسی کاو خرد جوید و ایمنی
نیازد سوی کیش آهرمنی

چو فرزند باید که داری به ناز
ز رنج ایمن از خواسته بی‌نیاز

تو درویش را رنج منمای هیچ
همی داد و بر داد دادن بسیج

که گیتی سپنجست و جاوید نیست
فری برتر از فر جمشید نیست

سپهر بلندش به پا آورید
جهان را جزو کدخدا آورید

یکی تاج پرگوهر شاهوار
دو تا یاره و طوق با گوشوار

سپیجاب و سغدش به گودرز داد
بسی پند و منشور آن مرز داد

ستودش فراوان و کرد آفرین
که چون تو کسی نیست ز ایران زمین

بزرگی و فر و بلندی و داد
همان بزم و رزم از تو داریم یاد

ترا با هنر گوهرست و خرد
روانت همی از تو رامش برد

روا باشد ار پند من بشنوی
که آموزگار بزرگان توی

سپیجاب تا آب گلزریون
ز فرمان تو کس نیاید برون

فریبرز کاووس را تاج زر
فرستاد و دینار و تخت و کمر

بدو گفت سالار و مهتر توی
سیاووش رد را برادر توی

میان را به کین برادر ببند
ز فتراک مگشای بند کمند

به چین و ختن اندرآور سپاه
به هر جای از دشمنان کینه‌خواه

میاسای از کین افراسیاب
ز تن دور کن خورد و آرام و خواب

به ماچین و چین آمد این آگهی
که بنشست رستم به شاهنشهی

همه هدیه ها ساختند و نثار
ز دینار و ز گوهر شاهوار

تهمتن به جان داد زنهارشان
بدید آن روانهای بیدارشان

وزان پس به نخچیر به ایوز و باز
برآمد برین روزگاری دراز

چنان بد که روزی زواره برفت
به نخچیر گوران خرامید تفت

یکی ترک تا باشدش رهنمای
به پیش اندر افگند و آمد بجای

یکی بیشه دید اندران پهن دشت
که گفتی برو بر نشاید گذشت

ز بس بوی و بس رنگ و آب روان
همی نو شد از باد گفتی روان

پس آن ترک خیره زبان برگشاد
به پیش زواره همی کرد یاد

که نخچیرگاه سیاوش بد این
برین بود مهرش به توران زمین

بدین جایگه شاد و خرم بدی
جز ایدر همه جای با غم بدی

زواره چو بشنید زو این سخن

چو گفتار آن ترکش آمد به گوش   برو تازه شد روزگار کهن
یکی باز بودش به چنگ اندرون   ز اسپ اندر افتاد و زو رفت هوش
رسیدند یاران لشکر بدوی   رها کرد و مژگان شدش جوی خون
گرفتند نفرین بران رهنمای   غمی یافتندش پر از آب روی
زواره یکی سخت سوگند خورد   به زخمش فگندند هر یک ز پای
کزین پس نه نخچیر جویم نه خواب   فرو ریخت از دیدگان آب زرد
نمانم که رستم برآساید ایچ   نپردازم از کین افراسیاب
همانگه چو نزد تهمتن رسید   همی کینه را کرد باید بسیچ
بدو گفت کایدر به کین آمدیم   خروشید چون روی او را بدید
چو یزدان نیکی دهش زور داد   و گر لب پر از آفرین آمدیم
چرا باید این کشور آباد ماند   از اختر ترا گردش هور داد
فرامش مکن کین آن شهریار   یکی را برین بوم و بر شاد ماند
برانگیخت آن پیلتن را ز جای   که چون او نبیند دگر روزگار
همان غارت و کشتن اندر گرفت   تهمتن هم آن کرد کاو دید رای
ز توران زمین تا به سقلاب و روم   همه بوم و بر دست بر سر گرفت
همی سر بریدند برنا و پیر   نماندند یک مرز آباد بوم
برین گونه فرسنگ بیش از هزار   زن و کودک خرد کردند اسیر
هرآنکس که بد مهتری با گهر   برآمد ز کشور سراسر دمار
که بیزار گشتیم ز افراسیاب   همه پیش رفتند بر خاک سر
ازان خون که او ریخت بر بیگناه   نخواهیم دیدار او را به خواب
کنون انجمن گر پراگنده‌ایم   کسی را نبود اندر آن روی راه
چو چیره شدی بیگنه خون مریز   همه پیش تو چاکر و بنده‌ایم
ندانیم ماکان جفاگر کجاست   مکن چنگ گردون گردنده تیز
چو بشنید گفتار آن انجمن   به ابرست گر در دم اژدهاست
سوی مرز قچغار باشی براند   بپیچید بینادل پیلتن
شدند انجمن پیش او بخردان   سران سپه را سراسر بخواند
که کاووس بی‌دست و بی فر و پای   بزرگان و کارآزموده ردان
گر افراسیاب از رهی بی‌درنگ   نشستست بر تخت بی‌رهنمای
بیابد بران پیر کاووس دست   یکی لشکر آرد به ایران به جنگ

یکایک همه فام کین توختیم		شود کام و آرام ما جمله پست
کجا سالیان اندر آمد به شش		همه شهر آباد او سوختیم
کنون نزد آن پیر خسرو شویم		که نگذشت بر ما یکی روز خوش
چو دل بر نهی بر سرای کهن		چو رزم اندر آید همه نو شویم
تهمتن بران گشت همداستان		کند ناز و ز تو بپوشد سخن
چنین گفت خرم دل رهنمای		که فرخنده موبد زد این داستان
بنوش و بناز و بپوش و بخور		که خوبی گزین زین سپنجی سرای
سوی آز منگر که او دشمنست		ترا بهره اینست زین رهگذر
نگه کن که در خاک جفت تو کیست		دلش بردهٔ جان آهرمنست
تهمتن چو بشنید شرم آمدش		برین خواسته چند خواهی گریست

بازگشتن رستم به ایران و افراسیاب به توران

نگه کرد ز اسپان به هر سو گله		برفتن یکی رای گرم آمدش
غلام و پرستندگان ده هزار		که بودند بر دشت ترکان یله
همان نافه‌ی مشک و موی سمور		بیاورد شایسته‌ی شهریار
به رنگ و به بوی و به دیبا و زر		ز در سپید و ز کیمال بور
ز گستردنیها و از بیش و کم		شد آراسته پشت پیلان نر
ز گنج سلیح و ز تاج و ز تخت		ز پوشیدنیها و گنج و درم
ز توران سوی زابلستان کشید		به ایران کشیدند و بربست رخت
سوی پارس شد طوس و گودرز و گیو		به نزدیک فرخنده دستان کشید
نهادند سر سوی شاه جهان		سپاهی چنان نامبردار و نیو
وزان پس چو بشنید افراسیاب		همه نامداران فرخ نهان
شد از باختر سوی دریای گنگ		که بگذشت رستم بران روی آب
همه بوم زیر و زبر کرده دید		دلی پر ز کینه سری پر ز جنگ
نه اسپ و نه گنج و نه تاج و نه تخت		مهان کشته و کهتران برده دید
جهانی به آتش برافروخته		نه شاداب در باغ برگ درخت

ز دیده ببارید خونابه شاه ... همه کاخها کنده و سوخته

که هر کس که این را فرامش کند ... چنین گفت با مهتران سپاه

همه یک به یک دل پر از کین کنید ... همی جان بیدار خامش کند

به ایران سپه رزم و کین آوریم ... سپر بستر و تیغ بالین کنید

به یک رزم اگر باد ایشان بجست ... به نیزه خور اندر زمین آوریم

برآراست بر هر سوی تاختن ... نباید چنین کردن اندیشه پست

همی سوخت آباد بوم و درخت ... ندید ایچ هنگام پرداختن

ز باران هوا خشک شد هفت سال ... به ایرانیان بر شد آن کار سخت

شد از رنج و سختی جهان پر نیاز ... دگرگونه شد بخت و برگشت حال

چنان دید گودرز یک شب به خواب ... برآمد برین روزگار دراز

خواب دیدن گودرز، سروش را

بران ابر باران خجسته سروش ... که ابری برآمد ز ایران پرآب

چو خواهی که یابی ز تنگی رها ... به گودرز گفتی که بگشای گوش

به توران یکی نامداری نوست ... وزین نامور ترک نر اژدها

ز پشت سیاوش یکی شهریار ... کجا نام آن شاه کیخسروست

ازین تخمه از گوهر کیقباد ... هنرمند و از گوهر نامدار

چو آید به ایران پی فرخش ... ز مادر سوی تور دارد نژاد

میان را ببندد به کین پدر ... ز چرخ آنچ پرسد دهد پاسخش

به دریای قلزم به جوش آرد آب ... کند کشور تور زیر و زبر

همه ساله در جوشن کین بود ... نخارد سر از کین افراسیاب

ز گردان ایران و گردنکشان ... شب و روز در جنگ بر زین بود

چنین است فرمان گردان سپهر ... نیابد جز از گیو ازو کس نشان

چو از خواب گودرز بیدار شد ... بدو دارد از داد گسترده مهر

بمالید بر خاک ریش سپید ... نیایش کنان پیش دادار شد

چو خورشید پیدا شد از پشت زاغ ... ز شاه جهاندار شد پرامید

سپهبد نشست از بر تخت عاج　　　برآمد به کردار زرین چراغ
پر اندیشه مر گیو را پیش خواند　　　بیاراست ایوان به کرسی ساج
بدو گفت فرخ پی و روز تو　　　وزان خواب چندی سخنها براند
تو تا زادی از مادر به آفرین　　　همان اختر گیتی افروز تو
به فرمان یزدان خجسته سروش　　　پر از آفرین شد سراسر زمین
نشسته بر ابری پر از باد و نم　　　مرا روی بنمود در خواب دوش
مرا دید و گفت این همه غم چراست　　　بشستی جهان را سراسر ز غم
ازیرا که بی‌فر و برزست شاه　　　جهانی پر از کین و بی‌نم چراست
چو کیخسرو آید ز توران زمین　　　ندارد همی راه شاهان نگاه
نبیند کس او را ز گردان نیو　　　سوی دشمنان افگند رنج و کین
چنین کرد بخشش سپهر بلند　　　مگر نامور پور گودرز گیو
همی نام جستی میان دو صف　　　که از تو گشاید غم و رنج بند
که تا در جهان مردمست و سخن　　　کنون نام جاویدت آمد به کف
زمین را همان با سپهر بلند　　　چنین نام هرگز نگردد کهن
به رنجست گنج و به نامست رنج　　　به دست تو خواهد گشادن ز بند
اگر جاودانه نمانی بجای　　　همانا که نامت به آید ز گنج
جهان را یکی شهریار آوری　　　همی نام به زین سپنجی سرای
بدو گفت گیو ای پدر بنده‌ام　　　درخت وفا را به بار آوری
خریدارم این را گر آید بجای　　　بکوشم به رای تو تا زنده‌ام
به ایوان شد و ساز رفتن گرفت　　　به فرخنده نام و پی رهنمای
چو خورشید رخشنده آمد پدید　　　ز خواب پدر مانده اندر شگفت
بیامد کمربسته گیو دلیر　　　زمین شد بسان گل شنبلید
به گودرز گفت ای جهان پهلوان　　　یکی بارکش بادپایی به زیر
کمندی و اسپی مرا یار بس　　　دلیر و سرافراز و روشن روان
چو مردم برم خواستار آیدم　　　نشاید کشیدن بدان مرز کس
مرا دشت و کوهست یک چند جای　　　ازان پس مگر کارزار آیدم
به پیرزو بخت جهان پهلوان　　　مگر پیشم آید یکی رهنمای
تو مر بیژن خرد را در کنار　　　نیایم جز از شاد و روشن روان
ندانم که دیدار باشد جزین　　　بپرور نگهدارش از روزگار

تو پدرود باش و مرا یاد دار	که داند چنین جز جهان آفرین
چو شویی ز بهر پرستش رخان	روان را ز درد من آزاد دار
مگر باشدم دادگر رهنمای	به من بر جهان آفرین را بخوان
به فرمان بیاراست و آمد برون	به نزدیک آن نامور کدخدای
پدر پیر سر بود و برنا دلیر	پدر دل پر از درد و رخ پر ز خون
ندانست کاو باز بیند پسر	دهن جنگ را باز کرده چو شیر
بسا رنجها کز جهان دیده‌اند	ز رفتن دلش بود زیر و زبر
سرانجام بستر جز از خاک نیست	ز بهر بزرگی پسندیده‌اند
چو دانی که ایدر نمانی دراز	ازو بهره زهرست و تریاک نیست
همان آز را زیر خاک آوری	به تارک چرا بر نهی تاج آز
ترا زین جهان شادمانی بس است	سرش را سر اندر مغاک آوری
تو رنجی و آسان دگر کس خورد	کجا رنج تو بهر دیگر کس است
برو نیز شادی سرآید همی	سوی گور و تابوت تو ننگرد
ز روز گذر کردن اندیشه کن	سرش زیر گرد اندر آید همی
بترس از خدا و میازار کس	پرستیدن دادگر پیشه کن
کنون ای خردمند بیدار دل	ره رستگاری همین است و بس

رفتن گیو به ترکستان به جستن شاه کیخسرو

ترا کردگارست پروردگار	مشو در گمان پای درکش ز گل
چو گردن به اندیشه زیر آوری	توی بنده و کرده‌ی کردگار
نشاید خور و خواب با آن نشست	ز هستی مکن پرسش و داوری
دلش کور باشد سرش بی‌خرد	که خستو نباشد بیزدان که هست
ز هستی نشانست بر آب و خاک	خردمندش از مردمان نشمرد
توانا و دانا و دارنده اوست	ز دانش منش را مکن در مغاک
جهان آفرید و مکان و زمان	خرد را و جان را نگارنده اوست
چو سالار ترکان به دل گفت من	پی پشه‌ی خرد و پیل گران

چنان شاهزاده جوان را بکشت
به بیشی برآرم سر از انجمن
هم از پشت او روشن کردگار
ندانست جز گنج و شمشیر پشت
که با او بگفت آنک جز تو کس است
درختی برآورد یازان به بار
خداوند خورشید و کیوان و ماه
که اندر جهان کردگار او بس است
خداوند هستی و هم راستی
کزویست پیروزی و دستگاه
جز از رای و فرمان او راه نیست
نخواهد ز تو کژی و کاستی
پسر را بفرمود گودرز پیر
خور و ماه ازین دانش آگاه نیست

یافتن گیو، کیخسرو را

به فرمان او گیو بسته میان
به توران شدن کار را ناگریز
همی تاخت تا مرز توران رسید
بیامد به کردار شیر ژیان
زبان را به ترکی بیاراستی
هر آنکس که در راه تنها بدید
چو گفتی ندارم ز شاه آگهی
ز کیخسرو از وی نشان خواستی
به خم کمندش بیاویختی
تنش را ز جان زود کردی تهی
بدان تا نداند کسی راز او
سبک از برش خاک بربیختی
یکی را همی برد با خویشتن
همان نشنود نام و آواز او
همی رفت بیدار با او به راه
ورا رهنمون بود زان انجمن
بدو گفت روزی که اندر جهان
برو راز نگشاد تا چندگاه
گر ایدونک یابم ز تو راستی
سخن پرسم از تو یکی در نهان
ببخشم ترا هرچ خواهی ز من
بشویی به دانش دل از کاستی
چنین داد پاسخ که دانش بسست
ندارم دریغ از تو پرمایه تن
اگر زانک پرسیم هست آگهی
ولیکن پراگنده با هر کسست
بدو گفت کیخسرو اکنون کجاست
ز پاسخ زبان را نیابی تهی
چنین داد پاسخ که نشنیده‌ام
بباید به من برگشادنت راست
چو پاسخ چنین یافت از رهنمون
چنین نام هرگز نپرسیده‌ام
به توران همی رفت چون بیهشان
بزد تیغ و انداختش سرنگون

چنین تا برآمد برین هفت سال	مگر یابد از شاه جایی نشان
خورش گور و پوشش هم از چرم گور	میان سوده از تیغ و بند دوال
همی گشت گرد بیابان و کوه	گیا خوردن باره و آب شور
چنان بد که روزی پراندیشه بود	به رنج و به سختی و دور از گروه
بدان مرغزار اندر آمد دژم	به پیشش یکی بارور بیشه بود
زمین سبز و چشمه پر از آب دید	جهان خرم و مرد را دل به غم
فرود آمد و اسپ را برگذاشت	همی جای آرامش و خواب دید
همی گفت مانا که دیو پلید	بخفت و همی بر دل اندیشه داشت
ز کیخسرو ایدر نبینم نشان	بر پهلوان بد که آن خواب دید
کنون گر به رزماند یاران من	چه دارم همی خویشتن را کشان
یکی نامجوی و یکی شادروز	به بزم اندرون غمگساران من
همی برفشانم به خیره روان	مرا بخت بر گنبد افشاند گوز
همانا که خسرو ز مادر نزاد	خمیدست پشتم چو خم کمان
ز جستن مرا رنج و سختیست بهر	وگر زاد دادش زمانه به باد
سرش پر ز غم گرد آن مرغزار	انوشه کسی کاو بمیرد به زهر
یکی چشمه‌ای دید تابان ز دور	همی گشت شه را کنان خواستار
یکی جام پر می گرفته به چنگ	یکی سرو بالا دل آرام پور
ز بالای او فره‌ی ایزدی	به سر بر زده دسته‌ی بوی و رنگ
تو گفتی منوچهر بر تخت عاج	پدید آمد و رایت بخردی
همی بوی مهر آمد از روی او	نشستست بر سر ز پیروزه تاج
به دل گفت گیو این بجز شاه نیست	همی زیب تاج آمد از موی او
پیاده بدو تیز بنهاد روی	چنین چهره جز در خور گاه نیست
گره سست شد بر در رنج او	چو تنگ اندر آمد گو شاهجوی
چو کیخسرو از چشمه او را بدید	پدید آمد آن نامور گنج او
به دل گفت کاین گرد جز گیو نیست	بخندید و شادان دلش بردمید
مرا کرد خواهد همی خواستار	بدین مرز خود زین نشان نیونیست
چو آمد برش گیو بردش نماز	به ایران برد تا کند شهریار
برانم که پور سیاوش توی	بدو گفت کای نامور سرافراز
چنین داد پاسخ ورا شهریار	ز تخم کیانی و کیخسروی

بدو گفت گیو ای سر راستان	که تو گیو گودرزی ای نامدار
ز کشواد و گیوت که داد آگهی	ز گودرز با تو که زد داستان
بدو گفت کیخسرو ای شیر مرد	که با خرمی بادی و فرهی
که از فر یزدان گشادی سخن	مرا مادر این از پدر یاد کرد
همی گفت با نامور مادرم	بدانگه که اندرزش آمد به بن
سرانجام کیخسرو آید پدید	کز ایدر چه آید ز بد بر سرم
بدانگه که گردد جهاندار نیو	بجا آورد بندها را کلید
مر او را سوی تخت ایران برد	ز ایران بیاید سرافراز گیو
جهان را به مردی به پای آورد	بر نامداران و شیران برد
بدو گفت گیو ای سر سرکشان	همان کین ما را بجای آورد
نشان سیاوش پدیدار بود	ز فر بزرگی چه داری نشان
تو بگشای و بنمای بازو به من	چو بر گلستان نقطه‌ی قار بود
برهنه تن خویش بنمود شاه	نشان تو پیداست بر انجمن
که میراث بود از گه کیقباد	نگه کرد گیو آن نشان سیاه
چو گیو آن نشان دید بردش نماز	درستی بدان بد کیان را نژاد
گرفتش به بر شهریار زمین	همی ریخت آب و همی گفت راز
از ایران بپرسید و ز تخت و گاه	ز شادی برو بر گرفت آفرین
بدو گفت گیو ای جهاندار کی	ز گودرز وز رستم نیک‌خواه
جهاندار دارنده‌ی خوب و زشت	سرافراز و بیدار و فرخنده پی
همان هفت کشور به شاهنشهی	مراگر نمودی سراسر بهشت
نبودی دل من بدین خرمی	نهاد بزرگی و تاج مهی
که داند به گیتی که من زنده‌ام	که روی تو دیدم به توران ز می
سپاس از جهاندار کاین رنج سخت	به خاکم و گر بتش افگنده‌ام
برفتند زان بیشه هر دو به راه	به شادی و خوبی سرآورد بخت
وزان هفت ساله غم و درد او	بپرسید خسرو ز کاووس شاه
همی گفت با شاه یکسر سخن	ز گستردن و خواب وز خورد او
همان خواب گودرز و رنج دراز	که دادار گیتی چه افگند بن
ز کاووس کش سال بفگند فر	خور و پوشش و درد و آرام و ناز
ز ایران پراکنده شد رنگ و بوی	ز درد پسر گشت بی پای و پر

۴۳۳

دل خسرو از درد و رنجش بسوخت	سراسر به ویرانی آورد روی
بدو گفت کاکنون ز رنج دراز	به کردار آتش رخش برفروخت
مرا چون پدر باش و با کس مگوی	ترا بردهد بخت آرام و ناز
سپهبد نشست از بر اسپ گیو	ببین تا زمانه چه آرد به روی
یکی تیغ هندی گرفته به چنگ	پیاده همی رفت بر پیش نیو
زدی گیو بیدار دل گردنش	هر آنکس که پیش آمدی بی‌درنگ
برفتند سوی سیاووش گرد	به زیر گل و خاک کردی تنش
فرنگیس را نیز کردند یار	چو آمد دو تن را دل و هوش گرد
که هر سه به راه اندر آرند روی	نهانی بران بر نهادند کار
فرنگیس گفت ار درنگ آوریم	نهان از دلیران پرخاشجوی

گرفتن کیخسرو، شبرنگ بهزاد را

ازین آگهی یابد افراسیاب	جهان بر دل خویش تنگ آوریم
بیاید به کردار دیو سپید	نسازد بخورد و نیازد به خواب
یکی را ز ما زنده اندر جهان	دل از جان شیرین شود ناامید
جهان پر ز بدخواه و پردشمنست	نبیند کسی آشکار و نهان
تو ای بافرین شاه فرزند من	همه مرز ما جای آهرمنست
که گر آگهی یابد آن مرد شوم	نگر تا نیوشی یکی پند من
یکی مرغزارست ز ایدر نه دور	برانگیزد آتش ز آباد بوم
همان جویبارست و آب روان	به یکسو ز راه سواران تور
تو بر گیر زین و لگام سیاه	که از دیدنش تازه گردد روان
چو خورشید بر تیغ گنبد شود	برو سوی آن مرغزاران پگاه
گله هرچ هست اندر آن مرغزار	گه خواب و خورد سپهبد شود
به بهزاد بنمای زین و لگام	به آبشخور آید سوی جویبار
چو آیی برش نیک بنمای چهر	چو او رام گردد تو بگذار گام
سیاوش چو گشت از جهان ناامید	بیارای و ببسای رویش به مهر

چنین گفت شبرنگ بهزاد را	برو تیره شد روی روز سپید
همی باش بر کوه و در مرغزار	که فرمان مبر زین سپس باد را
ورا بارگی باش و گیتی بکوب	چو کیخسرو آید ترا خواستار
نشست از بر اسپ سالار نیو	ز دشمن زمین را به نعلت بروب
بدان تند بالا نهادند روی	پیاده همی رفت بر پیش گیو
فسیله چو آمد به تنگی فراز	چنان چون بود مردم چاره‌جوی
نگه کرد بهزاد و کی را بدید	بخوردند سیراب و گشتند باز
بدید آن نشست سیاوش پلنگ	یکی باد سرد از جگر برکشید
همی داشت در آبخور پای خویش	رکیب دراز و جناغ خدنگ
چو کیخسرو او را به آرام یافت	از آنجا که بد دست ننهاد پیش
بمالید بر چشم او دست و روی	بپویید و با زین سوی او شتافت
لگامش بدو داد و زین بر نهاد	بر و یال ببسود و بشخود موی
چو بنشست بر باره بفشارد ران	بسی از پدر کرد با درد یاد
به کردار باد هوا بردمید	برآمد ز جا آن هیون گران
غمی شد دل گیو و خیره بماند	بپرید وز گیو شد ناپدید
همی گفت کاهرمن چاره‌جوی	بدان خیرگی نام یزدان بخواند
کنون جان خسرو شد و رنج من	یکی بارگی گشت و بنمود روی
چو یک نیمه ببرید زان کوه شاه	همین رنج بد در جهان گنج من
همی بود تاپیش او رفت گیو	گران کرد باز آن عنان سیاه
که شاید که اندیشه‌ی پهلوان	چنین گفت بیدار دل شاه نیو
بدو گفت گیو ای شه سرفراز	کنم آشکارا به روشن روان
تو از ایزدی فر و برز کیان	سزد کاشکارا بود بر تو راز
بدو گفت زین اسپ فرخ نژاد	به موی اندر آیی ببینی میان
چنین بود اندیشه‌ی پهلوان	یکی بر دل اندیشه آمدت یاد
کنون رفت و رنج مرا باد کرد	که اهریمن آمد بر این جوان
ز اسپ اندر آمد جهاندیده گیو	دل شاد من سخت ناشاد کرد
که روز و شبان بر تو فرخنده باد	همی آفرین خواند بر شاه نیو
که با برز و اورندی و رای و فر	سر بدسگالان تو کنده باد
ز بالا به ایوان نهادند روی	ترا داد داور هنر با گهر

۴۳۵

چو نزد فرنگیس رفتند باز   پراندیشه مغز و روان راه‌جوی
بدان تا نهانی بود کارشان   سخن رفت چندی ز راه دارز
فرنگیس چون روی بهزاد دید   نباشد کسی آگه از رازشان
دو رخ را به یال و برش بر نهاد   شد از آب دیده رخش ناپدید
چو آب دو دیده پراگنده کرد   ز درد سیاوش بسی کرد یاد
به ایوان یکی گنج بودش نهان   سبک سر سوی گنج آگنده کرد
یکی گنج آگنده دینار بود   نبد زان کسی آگه اندر جهان
همان گنج گوپال و برگستوان   زره بود و یاقوت بسیار بود
در گنج بگشاد پیش پسر   همان خنجر و تیغ و گرز گران
چنین گفت با گیو کای برده رنج   پر از خون رخ از درد خسته جگر
ز دینار وز گوهر شاهوار   ببین تا ز گوهر چه خواهی ز گنج
ببوسید پیشش زمین پهلوان   ز یاقوت وز تاج گوهرنگار
همه پاسبانیم و گنج آن تست   بدو گفت کای مهتر بانوان
زمین از تو گردد بهار بهشت   فدی کردن جان و رنج آن تست
جهان پیش فرزند تو بنده باد   سپهر از تو زاید همی خوب و زشت
چو افتاد بر خواسته چشم گیو   سر بدسگالانش افگنده باد
ز گوهر که پرمایه‌تر یافتند   گزین کرد درع سیاووش نیو
همان ترگ و پرمایه برگستوان   ببردند چندانک برتافتند
سر گنج را شاه کرد استوار   سلیحی که بود از در پهلوان
چو این کرده شد برنهادند زین   به راه بیابان برآراست کار
فرنگیس ترگی به سر بر نهاد   بران باد پایان باآفرین
سران سوی ایران نهادند گرم   برفتند هر سه به کردار باد
بشد شهر یکسر پر از گفت و گوی   نهانی چنان چون بود نرم نرم

آگاه شدن پیران از گریختن کیخسرو و فرنگیس

نماند این سخن یک زمان در نهفت — که خسرو به ایران نهادست روی
که آمد ز ایران سرافراز گیو — کس آمد به نزدیک پیران بگفت
سوی شهر ایران نهادند روی — به نزدیک بیدار دل شاه نیو
چو بشنید پیران غمی گشت سخت — فرنگیس و شاه و گو جنگ‌جوی
ز گردان گزین کرد کلباد را — بلرزید برسان برگ درخت
بفرمود تا ترک سیصد سوار — چو نستیهن و گرد پولاد را
سر گیو بر نیزه سازید گفت — برفتند تازان بران کارزار
ببندید کیخسرو شوم را — فرنگیس را خاک باید نهفت
سپاهی برین گونه گرد و جوان — بداختر پی او بر و بوم را
فرنگیس با رنج دیده پسر — برفتند بیدار دو پهلوان
ز پیمودن راه و رنج شبان — به خواب اندر آورده بودند سر
دو تن خفته و گیو با رنج و خشم — جهانجوی را گیو بد پاسبان
به برگستوان اندرون اسپ گیو — به راه سواران نهاده دو چشم
زره در بر و بر سرش بود ترگ — چنان چون بود ساز مردان نیو
چو از دور گرد سپه را بدید — دل ارغنده و تن نهاده به مرگ
خروشی برآورد برسان ابر — بزد دست و تیغ از میان برکشید
میان سواران بیامد چو گرد — که تاریک شد مغز و چشم هژبر
زمانی به خنجر زمانی به گرز — ز پرخاش او خاک شد لاژورد
ازان زخم گوپال گیو دلیر — همی ریخت آهن ز بالای برز
دل گیو خندان شد از زور خشم — سران را همی شد سر از جنگ سیر
ازان پس گرفتندش اندر میان — که چون چشمه بودیش دریا به چشم
ز نیزه نیستان شد آوردگاه — چنان لشکری همچو شیر ژیان
غمی شد دل شیر در نیستان — بپوشید دیدار خورشید و ماه
ازیشان بیفگند بسیار گیو — ز خون نیستان کرد چون میستان

ستوه آمدند آن سواران ز نیو

به نستیهن گرد کلباد گفت
که این کوه خاراست نه یال و سفت

همه خسته و بسته گشتند باز
به نزدیک پیران گردن فراز

همه غار و هامون پر از کشته بود
ز خون خاک چون ارغوان گشته بود

چو نزدیک کیخسرو آمد دلیر
پر از خون بر و چنگ برسان شیر

بدو گفت کای شاه دل شاد دار
خرد را ز اندیشه آزاد دار

یکی لشکر آمد بر ما به جنگ
چو کلباد و نستیهن تیز چنگ

چنان بازگشتند آن کس که زیست
که بر یال و برشان بباید گریست

گذشته ز رستم به ایران سوار
ندانم که با من کند کارزار

ازو شاد شد خسرو پاک‌دین
ستودش فراوان و کرد آفرین

بخوردند چیزی کجا یافتند
سوی راه بی راه بشتافتند

چو ترکان به نزدیک پیران شدند
چنان خسته و زار و گریان شدند

برآشفت پیران به کلباد گفت
که چونین شگفتی نشاید نهفت

چه کردید با گیو و خسرو کجاست
سخن بر چه سانست برگوی راست

بدو گفت کلباد کای پهلوان
به پیش تو گر برگشایم زبان

که گیو دلاور به گردان چه کرد
دلت سیر گردد به دشت نبرد

فراوان به لشکر مرا دیده‌ای
نبرد مرا هم پسندیده‌ای

همانا که گوپال بیش از هزار
گرفتی ز دست من آن نامدار

سرش ویژه گفتی که سندان شدست
بر و ساعدش پیل دندان شدست

من آورد رستم بسی دیده‌ام
ز جنگ آوران نیز بشنیده‌ام

به زخمش ندیدم چنین پایدار
نه در کوشش و پیچش کارزار

همی هر زمان تیز و جوشان بدی
به نوی چو پیلی خروشان بدی

برآشفت پیران بدو گفت بس
که ننگست ازین یاد کردن به کس

نه از یک سوارست چندین سخن
تو آهنگ آورد مردان مکن

تو رفتی و نستیهن نامور
سپاهی به کردار شیران نر

کنون گیو را ساختی پیل مست
میان یلان گشت نام تو پست

چو زین یابد افراسیاب آگهی
بیندازد آن تاج شاهنشهی

که دو پهلوان دلیر و سوار
چنین لشکری از در کارزار

ز پیش سواری نمودید پشت
بسی از دلیران ترکان بکشت

گواژه بسی باشدت بافسوس

سواران گزین کرد پیران هزار	نه مرد نبردی و گوپال و کوس

رفتن پیران در پی شاه کیخسرو و رزم

بدیشان چنین گفت پیران که زود	همه جنگجوی و همه نامدار
شب و روز رفتن چو شیر ژیان	عنان تگاور بباید بسود
که گر گیو و خسرو به ایران شوند	نباید گشادن به ره بر میان
نماند برین بوم و بر خاک و آب	زنان اندر ایران چه شیران شوند
به گفتار او سر برافراختند	وزین داغ دل گردد افراسیاب
نجستند روز و شب آرام و خواب	شب و روز یکسر همی تاختند
چنین تا بیامد یکی ژرف رود	وزین آگهی شد به افراسیاب
بنش ژرف و پهناش کوتاه بود	سپه شد پراگنده چون تار و پود
نشسته فرنگیس بر پاس گاه	بدو بر به رفتن دژآگاه بود
فرنگیس زان جایگه بنگرید	به دیگر کران خفته بد گیو و شاه
دوان شد بر گیو و آگاه کرد	درفش سپهدار توران بدید
بدو گفت کای مرد با رنج خیز	بران خفتگان خواب کوتاه کرد
ترا گر بیابند بیجان کنند	که آمد ترا روزگار گریز
مرا با پسر دیده گردد پرآب	دل ما ز درد تو پیچان کنند
وزان پس ندانم چه آید گزند	برد بسته تا پیش افراسیاب
بدو گفت گیو ای مه بانوان	نداند کسی راز چرخ بلند
تو با شاه برشو به بالای تند	چرا رنجه کردی بدینسان روان
جهاندار پیروز یار منست	ز پیران و لشکر مشو هیچ کند
بدوگفت کیخسرو ای رزمساز	سر اختر اندر کنار منست
ز دام بلا یافتم من رها	کنون بر تو بر کار من شد دراز
به هامون مرارفت باید کنون	تو چندین مشو در دم اژدها
بدو گفت گیو ای شه سرفراز	فشاندن به شمشیر بر شید خون
پدر پهلوانست و من پهلوان	جهان را به نام تو آمد نیاز

۴۳۹

برادر مرا هست هفتاد و هشت	به شاهی نپیچیم جان و روان
بسی پهلوانست شاه اندکی	جهان شد چو نام تو اندر گذشت
اگر من شوم کشته دیگر بود	چه باشد چو پیدا نباشد یکی
اگر تو شوی دور از ایدر تباه	سر تاجور باشد افسر بود
شود رنج من هفت ساله به باد	نبینم کسی از در تاج و گاه
تو بالا گزین و سپه را ببین	دگر آنک ننگ آورم بر نژاد
بپوشید درع و بیامد چو شیر	مرا یاد باشد جهان آفرین
ازین سوی شه بود ز آنسو سپاه	همان باره دستکش را به زیر
چو رعد بهاران بغرید گیو	میانچی شده رود و بر بسته راه
چو بشنید پیرانش دشنام داد	ز سالار لشکر همی جست نیو
چو تنها بدین رزمگاه آمدی	بدو گفت کای بد رگ دیوزاد
کنون خوردنت نوک ژوپین بود	دلاور به پیش سپاه آمدی
اگر کوه آهن بود یک سوار	برت را کفن چنگ شاهین بود
شود خیره سر گرچه خردست مور	چو مور اندر آید به گردش هزار
کنند این زره بر تنش چاک چاک	نه مورست پوشیده مرد و ستور
یکی داستان زد هژبر دمان	چو مردار گردد کشندش به خاک
زمانه برو دم همی بشمرد	که چون بر گوزنی سرآید زمان
زمان آوریدت کنون پیش من	بیاید دمان پیش من بگذرد
بدو گفت گیو ای سپهدار شیر	همان پیش این نامدار انجمن
ببینی کزین پرهنر یک سوار	سزد گر به آب اندر آیی دلیر
هزارید و من نامور یک دلیر	چه آید ترا بر سر ای نامدار
چو من گرزهی سرگرای آورم	سر سرکشان اندر آرم به زیر
چو بشنید پیران برآورد خشم	سران را همه زیر پای آورم
برانگیخت اسپ و بیفشارد ران	دلش گشت پرخون و پرآب چشم
چو کشتی ز دشت اندر آمد به رود	به گردن برآورد گرز گران
نکرد ایچ گیو آزمون را شتاب	همی داد نیکی دهش را درود
ز بالا به پستی بپیچید گیو	بدان تا برآمد سپهبد ز آب
چو از آب وز لشکرش دور کرد	گریزان همی شد ز سالار نیو
گریزان ازو پهلوان بلند	به زین اندر افگند گرز نبرد

هم‌آورد با گیو نزدیک شد	ز فتراک بگشاد پیچان کمند
بپیچید گیو سرافراز یال	جهان چون شب تیره تاریک شد
سر پهلوان اندر آمد به بند	کمند اندرافگند و کردش دوال
پیاده به پیش اندر افگند خوار	ز زین برگرفتش به خم کمند
بیفگند بر خاک و دستش ببست	ببردش دمان تا لب رودبار
درفشش گرفته به چنگ اندرون	سلیحش بپوشید و خود بر نشست
چو ترکان درفش سپهدار خویش	بشد تا لب آب گلزریون
خروش آمد و ناله‌ی کرنای	بدیدند رفتند ناچار پیش
جهاندیده گیو اندر آمد به آب	دم نای رویین و هندی درای
برآورد گرز گران را به کفت	چو کشتی که از باد گیرد شتاب
سبک شد عنان وگران شد رکیب	سپه ماند از کار او در شگفت
به شمشیر و با نیزه‌ی سرگرای	سر سرکشان خیره گشت از نهیب
از افگنده شد روی هامون چون کوه	همی کشت ازیشان یل رهنمای
قفای یلان سوی او شد همه	ز یک تن شدند آن دلیران ستوه
چو لشکر هزیمت شد از پیش گیو	چو شیر اندر آمد به پیش رمه
چنان خیره برگشت و بگذاشت آب	چنان لشکری گشن و مردان نیو
دمان تا به نزدیک پیران رسید	که گفتی ندیدست لشکر به خواب
به خواری پیاده ببردش کشان	همی خواست از تن سرش را برید
چنین گفت کاین بددل و بی‌وفا	دمان و پر از درد چون بیهشان
سیاوش به گفتار او سر بداد	گرفتار شد در دم اژدها
ابر شاه پیران گرفت آفرین	گر او باد شد این شود نیز باد
همی گفت کای شاه دانش پژوه	خروشان ببوسید روی زمین
تو دانسته‌ای درد و تیمار من	چو خورشید تابان میان گروه
سزد گر من از چنگ این اژدها	ز بهر تو با شاه پیگار من
به کیخسرو اندر نگه کرد گیو	به بخت و به فر تو یابم رها
فرنگیس را دید دیده پرآب	بدان تا چه فرمان دهد شاه نیو
به گیو آن زمان گفت کای سرافراز	زبان پر ز نفرین افراسیاب
چنان دان که این پیرسر پهلوان	کشیدی بسی رنج راه دراز
پس از داور دادگر رهنمون	خردمند و رادست و روشن روان

ز بد مهر او پرده‌ی جان ماست	بدان کاو رهانید ما را ز خون
بدو گفت گیو ای سر بانوان	وزین کرده‌ی خویش زنهار خواست
یکی سخت سوگند خوردم به ماه	انوشه روان باش تا جاودان
که گر دست یابم برو روز کین	به تاج و به تخت شه نیک‌خواه
بدو گفت کیخسرو ای شیرفش	کنم ارغوانی ز خونش زمین
کنونش به سوگند گستاخ کن	زبان را ز سوگند یزدان مکش
چو از خنجرت خون چکد بر زمین	به خنجر وراگوش سوراخ کن
بشد گیو و گوشش به خنجر بسفت	هم از مهر یاد آیدت هم ز کین
چنین گفت پیران ازان پس به شاه	ز سوگند برتر درشتی نگفت
بفرمای کاسپم دهد باز نیز	که کلباد شد بی‌گمان با سپاه
بدو گفت گیو ای دلیر سپاه	چنان دان که بخشیده‌ای جان و چیز
به سوگند یابی مگر باره باز	چرا سست گشتی به آوردگاه
که نگشاید این بند تو هیچ‌کس	دو دستت ببندم به بند دراز
کجا مهتر بانوان تو اوست	گشاینده گلشهر خواهیم و بس
بدان گشت همداستان پهلوان	وزو نیست پیدا ترا مغز و پوست
که نگشاید آن بند را کس به راه	به سوگند بخرید اسپ و روان
بدو داد اسپ و دو دستش ببست	ز گلشهر سازد وی آن دستگاه
چو از لشگر آگه شد افراسیاب	ازان پس بفرمود تا برنشست

آگاه شدن افراسیاب از گریختن کیخسرو و گیو و فرنگیس

بزد کوس و نای و سپه برنشاند	برو تیره شد تابش آفتاب
دو منزل یکی کرد و آمد دوان	ز ایوان به کردار آتش براند
بیاورد لشکر بران رزمگاه	همی تاخت برسان تیر از کمان
همه مرز لشکر پراگنده دید	که آورد کلباد بد با سپاه
بپرسید کاین پهلوان با سپاه	به هر جای بر مردم افگنده دید
نبرد آگهی کس ز جنگ‌آوران	کی آمد ز ایران بدین رزمگاه

که برد آگهی نزد آن دیوزاد		که بگذشت زین سان سپاهی گران
اگر خاک بودیش پروردگار		که کس را دل و مغز پیران مباد
سپهرم بدو گفت کاسان بدی		ندیدی دو چشم من این روزگار
یکی گیو گودرز بودست و بس		اگر دل ز لشکر هراسان بدی
ستوه آمد از چنگ یک تن سپاه		سوار ایچ با او ندیدند کس
سپهبد چو گفت سپهرم شنید		همی رفت گیو و فرنگیس و شاه
سپهدار پیران به پیش اندرون		سپاهی ز پیش اندر آمد پدید
گمان برد کاو گیو را یافتست		سرو روی و یالش همه پر ز خون
چو نزدیکتر شد نگه کرد شاه		به پیروزی از پیش بشتافتست
ورا دید بر زین ببسته چو سنگ		چنان خسته بد پهلوان سپاه
بپرسید و زو ماند اندر شگفت		دو دست از پس پشت با پالهنگ
بدو گفت پیران که شیر ژیان		غمی گشت و اندیشه اندر گرفت
نباشد چنان در صف کارزار		نه درنده گرگ و نه ببر بیان
من آن دیدم از گیو کز پیل و شیر		کجا گیو تنها بد ای شهریار
بر آن سان کجا بردمد روز جنگ		نبیند جهاندیده مرد دلیر
نخست اندر آمد به گرز گران		ز نفسش به دریا بسوزد نهنگ
به اسپ و به گرز و به پای و رکیب		همی کوفت چون پتک آهنگران
همانا که باران نبارد ز میغ		سوار از فراز اندر آمد به شیب
چو اندر گلستان به زین بر بخفت		فزون زانک بارید بر سرش تیغ
سرانجام برگشت یکسر سپاه		تو گفتی که گشتست با کوه جفت
گریزان ز من تاب داده کمند		بجز من نشد پیش او کینه خواه
پراگنده شد دانش و هوش من		بیفگند و آمد میانم به بند
از اسپ اندر آمد دو دستم ببست		به خاک اندر آمد سر و دوش من
زمانی سر و پایم اندر کمند		برافگند بر زین و خود بر نشست
به جان و سر شاه و خورشید و ماه		به دیگر زمان زیر سوگند و بند
مرا داد زین‌گونه سوگند سخت		به دادار هرمزد و تخت و کلاه
که کس را نگویی که بگشای دست		بخوردم چو دیدم که برگشت بخت
ندانم چه رازست نزد سپهر		چنین رو دمان تا بجای نشست
چو بشنید گفتارش افراسیاب		بخواهد بریدن ز ما پاک مهر

یکی بانگ برزد ز پیشش براند
بدیده ز خشم اندرآورد آب

ازان پس به مغز اندر افگند باد
بپیچید پیران و خامش بماند

که گر گیو و کیخسرو دیوزاد
به دشنام و سوگند لب برگشاد

فرود آورمشان ز ابر بلند
شوند ابر غرنده گر تیز باد

میانشان ببرم به شمشیر تیز
بزد دست و ز گرز بگشاد بند

چو کیخسرو ایران بجوید همی
به ماهی دهم تا کند ریز ریز

خود و سرکشان سوی جیحون کشید
فرنگیس باری چه پوید همی

به هومان بفرمود کاندر شتاب
همی دامن از چشم در خون کشید

که چون گیو و خسرو ز جیحون گذشت
عنان را بکش تا لب رود آب

نشان آمد از گفته‌ی راستان
غم و رنج ما باد گردد بدشت

که از تخمه‌ی تور وز کیقباد
که دانا بگفت از گه باستان

که توران زمین را کند خارستان
یکی شاه خیزد ز هر دو نژاد

رسیدند پس گیو و خسرو بر آب
نماند برین بوم و بر شارستان

گفتگوی گیو با باژبان

گرفتند پیگار با باژخواه
همی بودشان بر گذشتن شتاب

نوندی کجا بادبانش نکوست
که کشتی کدامست بر باژگاه

چنین گفت با گیو پس باج خواه
به خوبی سزاوار کیخسرو اوست

همی گر گذر بایدت ز آب رود
که آب روان را چه چاکر چه شاه

بدو گفت گیو آنچ خواهی بخواه
فرستاد باید به کشتی درود

بخواهم ز تو باج گفت اندکی
گذر ده که تنگ اندر آمد سپاه

زره خواهم از تو گر اسپ سیاه
ازین چار چیزت بخواهم یکی

بدو گفت گیو ای گسسته خرد
پرستار و گر پور فرخنده ماه

به هر باژ گر شاه شهری بدی
سخن زان نشان گوی کاندر خورد

که باشی که شه را کنی خواستار
ترا زین جهان نیز بهری بدی

وگر مادر شاه خواهی همی
چنین باد پیمایی ای بادسار

سه دیگر چو شبرنگ بهزاد را — به باژ افسر ماه خواهی همی
چهارم چو جستی به خیره زره — که کوتاه دارد به تگ باد را
نگردد چنین آهن از آب تر — که آن را ندانی گره تا گره
نه نیزه نه شمشیر هندی نه تیر — نه آتش برو بر بود کارگر
کنون آب ما را و کشتی ترا — چنین باژ خواهی بدین آب‌گیر
بدو گفت گیو ار تو کیخسروی — بدین گونه شاهی درشتی ترا
فریدون که بگذاشت اروند رود — نبینی ازین آب جز نیکوی
جهانی شد او را سراسر رهی — فرستاد تخت مهی را درود
چه اندیشی ار شاه ایران توی — که با روشنی بود و با فرهی
به بد آب را کی بود بر تو راه — سرنامداران و شیران توی
اگر من شوم غرقه گر مادرت — که با فر و برزی و زیبای گاه
ز مادر تو بودی مراد جهان — گزندی نباید که گیرت سرت
مرا نیز مادر ز بهر تو زاد — که بیکار بد تخت شاهنشهان
که من بیگمانم که افراسیاب — ازین کار بر دل مکن هیچ یاد
مرا برکشد زنده بر دار خوار — بیاید دمان تا لب رود آب
به آب افگند ماهیان‌تان خورند — فرنگیس را با تو ای شهریار
بدو گفت کیخسرو اینست و بس — وگر زیر نعل اندرون بسپرند
فرود آمد از باره‌ی راه‌جوی — پناهم به یزدان فریادرس
همی گفت پشت و پناهم توی — بمالید و بنهاد بر خاک روی
درستی و پستی مرا فر تست — نماینده‌ی رای و راهم توی
به آب اندرون دلفزایم توی — روان و خرد سایه‌ی پر تست
به آب اندر افگند خسرو سیاه — به خشکی همان رهنمایم توی
پس او فرنگیس و گیو دلیر — چو کشتی همی راند تا باژگاه
بدان سو گذشتند هر سه درست — نترسد ز جیحون و زان آب شیر
بدان نیستان در نیایش گرفت — جهانجوی خسرو سر و تن بشست
چو از رود کردند هر سه گذر — جهان آفرین را ستایش گرفت
به یاران چنین گفت کاینت شگفت — نگهبان کشتی شد آسیمه سر
بهاران و جیحون و آب روان — کزین برتر اندیشه نتوان گرفت
بدین ژرف دریا چنین بگذرد — سه جوشنور و اسپ و برگستوان

پشیمان شد از کار و گفتار خویش	خرمندش از مردمان نشمرد
بیاراست کشتی به چیزی که داشت	تبه دید ازان کار بازار خویش
به پوزش برفت از پس شهریار	ز باد هوا بادبان برگذاشت
همه هدیه‌ها نزد شاه آورید	چو آمد به نزدیکی رودبار
بدو گفت گیو ای سگ بی‌خرد	کمان و کمند و کلاه آورید
چنین مایه‌ور پرهنر شهریار	توگفتی که این آب مردم خورد
ندادی کنون هدیه‌ی تو مباد	همی از تو کشتی کند خواستار
چنان خوار برگشت زو رودبان	بود روز کاین روزت آید به یاد
چو آمد به نزدیکی باژگاه	که جان را همی گفت پدرودمان
چو نزدیک رود آمد افراسیاب	هم آنگه ز توران بیامد سپاه
یکی بانگ زد تند بر باژخواه	ندید ایچ مردم نه کشتی برآب
چنین داد پاسخ کهای شهریار	که چون یافت این دیو بر آب راه
ندیدم نه هرگز شنیدم چنین	پدر باژبان بود و من باژدار
بهاران و این آب با موج تیز	که کردی کسی ز آب جیحون زمین
چنان برگذشتند هر سه سوار	چو اندر شوی نیست راه گریز
ازان پس بفرمود افراسیاب	تو گفتی هوا داشت شان برکنار
بدو گفت هومان که ای شهریار	که بشتاب و کشتی برافگن به آب
تو با این سواران به ایران شوی	براندیش و آتش مکن در کنار
چو گودرز و چون رستم پیلتن	همی در دم گاوشیدان شوی
همانا که از گاه سیر آمدی	چو طوس و چو گرگین و آن انجمن
ازین روی تا چین و ماچین تراست	که ایدر به چنگال شیر آمدی
تو توران نگهدار و تخت بلند	خور و ماه و کیوان و پروین تراست
پر از خون دل از رود گشتند باز	ز ایران کنون نیست بیم گزند
چو با گیو کیخسرو آمد به زم	برآمد برین روزگار دراز

رسیدن کیخسرو به ایران‌زمین

نوندی به هر سو برافگند گیو / جهان چند ازو شاد و چندی دژم
که آمد ز توران جهاندار شاد / یکی نامه از شاه وز گیو نیو
فرستاده‌ی بختیار و سوار / سر تخمه‌ی نامور کیقباد
گزین کرد ازان نامداران زم / خردمند و بینادل و دوستدار
بدو گفت ایدر برو به اصفهان / بگفت آنچ بشنید از بیش و کم
بگویش که کیخسرو آمد به زم / بر نیو گودرز کشوادگان
یکی نامه نزدیک کاووس شاه / که بادی نجست از بر او دژم
هیونان کفک افگن بادپای / فرستاده‌ای چست بگرفت راه
فرستاده‌ی گیو روشن روان / بجستند برسان آتش ز جای
پیامش همی گفت و نامه بداد / نخستین بیامد بر پهلوان
ز بهر سیاووش ببارید آب / جهان پهلوان نامه بر سر نهاد
فرستاده شد نزد کاووس کی / همی کرد نفرین بر افراسیاب
چو آمد به نزدیک کاووس شاه / ز یال هیونان بپالود خوی
خبر شد به گیتی که فرزند شاه / ز شادی خروش آمد از بارگاه
سپهبد فرستاده را پیش خواند / جهانجوی کیخسرو آمد ز راه
جهانی به شادی بیاراستند / بران نامه‌ی گیو گوهر فشاند
ازان پس ز کشور مهان جهان / بهر جای رامشگران خواستند
بیاراست گودرز کاخ بلند / برفتند یکسر سوی اصفهان
یکی تخت بنهاد پیکر به زر / همه دیبه‌ی خسروانی فگند
یکی تاج با یاره و گوشوار / بدو اندرون چند گونه گهر
به زر و به گوهر بیاراست گاه / یکی طوق پر گوهر شاهوار
سراسر همه شهر آیین ببست / چنان چون بباید سزاوار شاه
مهان سرافراز برخاستند / بیاراست میدان و جای نشست
برفتند هشتاد فرسنگ پیش / پذیره شدن را بیاراستند

چو چشم سپهبد برآمد به شاه / پذیره شدندش به آیین خویش
چو آمد پدیدار با شاه گیو / همان گیو را دید با او به راه
فرو ریخت از دیدگان آب زرد / پیاده شدند آن سواران نیو
ستودش فراوان و کرد آفرین / ز درد سیاوش بسی یاد کرد
ز تو چشم بدخواه تو دور باد / چنین گفت کای شهریار زمین
جهاندار یزدان گوای منست / روان سیاوش پر از نور باد
سیاووش را زنده گر دیدمی / که دیدار تو رهنمای منست
بزرگان ایران همه پیش اوی / بدین گونه از دل نخندیدمی
وزان جایگه شاد گشتند باز / یکایک نهادند بر خاک روی
ببوسید چشم و سر گیو گفت / فروزنده شد بخت گردن فراز
گزارنده‌ی خواب و جنگی توی / که بیرون کشیدی سپهر از نهفت
سوی خانه‌ی پهلوان آمدند / گه چاره مرد درنگی توی
ببودند یک هفته با می بدست / همه شاد و روشن روان آمدند
به هشتم سوی شهر کاووس شاه / بیاراسته بزمگاه و نشست
چو کیخسرو آمد بر شهریار / همه شاددل برگرفتند راه

رسیدن کیخسرو به نزدیک تخت کاووس کی

بر آیین جهانی شد آراسته / جهان گشت پر بوی و رنگ و نگار
نشسته به هر جای رامشگران / در و بام و دیوار پرخواسته
همه یال اسپان پر از مشک و می / گلاب و می و مشک با زعفران
چو کاووس کی روی خسرو بدید / درم با شکر ریخته زیر پی
فرود آمد از تخت و شد پیش اوی / سرشکش ز مژگان به رخ بر چکید
جوان جهانجوی بردش نماز / بمالید بر چشم او چشم و روی
فراوان ز ترکان بپرسید شاه / گرازان سوی تخت رفتند باز
چنین پاسخ آورد کان کم خرد / هم از تخت سالار توران سپاه
مرا چند ببسود و چندی بگفت / به بد روی گیتی همی بسپرد

بترسیدم از کار و کردار او	خرد با هنر کردم اندر نهفت
اگر ویژه ابری شود در بار	بپیچیدم از رنج و تیمار او
نخواند مرا موبد از آب پاک	کشنده پدر چون بود دوستدار
کنون گیو چندی به سختی ببود	که بپرستم او را پدر زیر خاک
اگر نیز رنجی نبودی جزین	به توران مرا جست و رنج آزمود
سرافراز دو پهلوان با سپاه	که با من بیامد ز توران زمین
من آن دیدم از گیو کز پیل مست	پس ما بیامد چو آتش به راه
گمانی نبردم که هرگز نهنگ	نبیند به هندوستان بت پرست
ازان پس که پیران بیامد چو شیر	ز دریا بران سان برآید به جنگ
به آب اندر آمد بسان نهنگ	میان بسته و بادپایی به زیر
بینداخت بر یال او بر کمند	که گفتی زمین را بسوزد به جنگ
بخواهشگری رفتم ای شهریار	سر پهلوان اندر آمد به بند
بدان کاو ز درد پدر خسته بود	وگرنه به کندی سرش را ز بار
چنین تا لب رود جیحون به جنگ	ز بد گفتن ما زبان بسته بود
سرانجام بگذاشت جیحون به خشم	نیاسود با گرزه‌ی گاورنگ
کسی را که چون او بود پهلوان	به آب و کشتی نیفگند چشم
یکی کاخ کشواد بد در صطخر	بود جاودان شاد و روشن روان
چو از تخت کاووس برخاستند	که آزادگان را بدو بود فخر
همی رفت گودرز با شهریار	به ایوان نو رفتن آراستند
بر اورنگ زرینش بنشاندند	چو آمد بدان گلشن زرنگار
ببستند گردان ایران کمر	برو بر بسی آفرین خواندند
که او بود با کوس و زرینه کفش	بجز طوس نوذر که پیچید سر
ازان کار گودرز شد تیز مغز	هم او داشتی کاویانی درفش
پیمبر سرافراز گیو دلیر	بر او پیامی فرستاد نغز
بدو گفت با طوس نوذر بگوی	که چنگ یلان داشت و بازوی شیر
بزرگان و گردان ایران زمین	که هنگام شادی بهانه مجوی
چرا سر کشی تو به فرمان دیو	همه شاه را خواندند آفرین
اگر تو بپیچی ز فرمان شاه	نبینی همی فر گیهان خدیو
فرستاده گیوست پیغام من	مرا با تو کین خیزد و رزمگاه

ز پیش پدر گیو بنمود پشت	به دستوری نامدار انجمن
بیامد به طوس سپهبد بگفت	دلش پر ز گفتارهای درشت
چو بشنید پاسخ چنین داد طوس	که این رای را با تو دیوست جفت
به ایران پس از رستم پیلتن	که بر ما نه خوبست کردن فسوس
نبیره منوچهر شاه دلیر	سرافرازتر کس منم ز انجمن
همان شیر پرخاشجویم به جنگ	که گیتی به تیغ اندر آورد زیر
همی بی من آیین و رای آورید	بدرم دل پیل و چنگ پلنگ
نباشم بدین کار همداستان	جهان را به نو کدخدای آورید
جهاندار کز تخم افراسیاب	ز خسرو مزن پیش من داستان
نخواهیم شاه از نژاد پشنگ	نشانیم بخت اندر آید به خواب
تو این رنجها را که بردی برست	فسیله نه نیکو بود با پلنگ
کسی کاو بود شهریار زمین	که خسرو جوانست و کندآورست
فریبرز کاووس فرزند شاه	هنر باید و گوهر و فر و دین
بهرسو ز دشمن ندارد نژاد	سزاوارتر کس به تخت و کلاه
دژم گیو برخاست از پیش او	همش فر و برزست و هم نام و داد
بیامد به گودرز کشواد گفت	که خام آمدش دانش و کیش او
دو چشمش تو گویی نبیند همی	که فر و خرد نیست با طوس جفت
برآشفت گودرز و گفت از مهان	فریبرز را برگزیند همی
نبیره پسر داشت هفتاد و هشت	همی طوس کم باد اندر جهان
سواران جنگی ده و دو هزار	بزد کوس ز ایوان به میدان گذشت
وزان رو بیامد سپهدار طوس	برون رفت بر گستوانور سوار
ببستند گردان ایران میان	ببستند بر کوه‌ی پیل کوس
چو گودرز را دید و چندان سپاه	به پیش سپاه اختر کاویان
یکی تخت بر کوه‌ی ژنده پیل	کزو تیره شد روی خورشید و ماه
جهانجوی کیسخرو تاج ور	ز پیروزه تابان به کردار نیل
به گرد اندرش ژنده‌پیلان دویست	نشسته بران تخت و بسته کمر
همی تافت زان تخت خسرو چو ماه	تو گفتی به گیتی جز آن جای نیست
غمی شد دل طوس و اندیشه کرد	ز یاقوت رخشنده بر سر کلاه
بسی کشته آید ز هر دو سپاه	که امروز اگر من بسازم نبرد

نباشد جز از کام افراسیاب	ز ایران نه برخیزد این کینه‌گاه
بدیشان رسد تخت شاهنشهی	سر بخت ترکان برآید ز خواب
خردمند مردی و جوینده راه	سرآید به ما روزگار مهی
که از ما یکی گر برین دشت جنگ	فرستاد نزدیک کاووس شاه
یکی کینه خیزد که افراسیاب	نهد بر کمان پر تیر خدنگ
چو بشنید زین‌گونه گفتار شاه	هم امشب همی آن ببیند به خواب
بر طوس و گودرز کشوادگان	بفرمود تا بازگردد به راه
که بر درگه آیند بی‌انجمن	گزیده سرافراز آزادگان
بشد طوس و گودرز نزدیک شاه	چنان چون بباید به نزدیک من
بدو گفت شاه ای خردمند پیر	زبان برگشادند بر پیش گاه
بنه تیغ و بگشای ز آهن میان	منه زهر برنده بر جام شیر
چنین گفت طوس سپهبد به شاه	نباید کزین سود دارد زیان
به فرزند باید که ماند جهان	که گر شاه سیر آید از تخت و گاه
چو فرزند باشد نبیره کلاه	بزرگی و دیهیم و تخت مهان
بدو گفت گودرز کای کم خرد	چرا برنهد برنشیند به گاه
به گیتی کسی چون سیاوش نبود	ترا بخرد از مردمان نشمرد
کنون این جهانجوی فرزند اوست	چنو راد و آزاد و خامش نبود
گر از تور دارد ز مادر نژاد	همویست گویی به چهر و به پوست
به توران و ایران چنو نیو کیست	هم از تخم شاهی نپیچد ز داد
دو چشمت نبیند همی چهر او	چنین خام گفتارت از بهر چیست
به جیحون گذر کرد و کشتی نجست	چنان برز و بالا و آن مهر او
بسان فریدون کز اروند رود	به فر کیانی و رای درست
ز مردی و از فره‌ی ایزدی	گذشت و به کشتی نیامد فرود
تو نوذر نژادی نه بیگانه‌ای	ازو دور شد چشم و دست بدی
سلیح من ار با منستی کنون	پدر تیز بود و تو دیوانه‌ای
بدو گفت طوس ای جهاندیده پیر	بر و یالت آغشته گشتی به خون
اگر تیغ تو هست سندان شکاف	سخن گوی لیکن همه دلپذیر
وگر گرز تو هست با سنگ و تاب	سنانم به درد دل کوه قاف
و گر تو ز کشواد داری نژاد	خدنگم بدوزد دل آفتاب

بدو گفت گودرز چندین مگوی	منم طوس نوذر مه و شاهزاد
به کاووس گفت ای جهاندار شاه	که چندین نبینم ترا آب روی
دو فرزند پرمایه را پیش خوان	تو دل را مگردان ز آیین و راه
ببین تا ز هر دو سزاوار کیست	سزاوار گاهند و هر دو جوان
بدو تاج بسپار و دل شاد دار	که با برز و با فره‌ی ایزدیست
بدو گفت کاووس کاین رای نیست	چو فرزند بینی همی شهریار
یکی را چو من کرده باشم گزین	که فرزند هر دو به دل بر یکیست
یکی کار سازم که هر دو ز من	دل دیگر از من شود پر ز کین
دو فرزند ما را کنون بر دو خیل	نگیرند کین اندرین انجمن
به مرزی که آنجا دژ بهمنست	بباید شدن تا در اردبیل
برنجست ز آهرمن آتش پرست	همه ساله پرخاش آهرمنست
ازیشان یکی کان بگیرد به تیغ	نباشد بران مرز کس را نشست
چو بشنید گودرز و طوس این سخن	ندارم ازو تخت شاهی دریغ
برین هر دو گشتند همداستان	که افگند سالار هشیار بن
برین یک سخن دل بیاراستند	ندانست ازین به کسی داستان
چو خورشید برزد سر از برج شیر	ز پیش جهاندار برخاستند

رفتن توس و فریبرز به دژ بهمن

فریبرز با طوس نوذر دمان	سپهر اندر آورد شب را به زیر
چنین گفت با شاه هشیار طوس	به نزدیک شاه آمدند آن زمان
همان من کشم کاویانی درفش	که من با سپهبد برم پیل و کوس
کنون همچنین من ز درگاه شاه	رخ لعل دشمن کنم چون بنفش
پس اندر فریبرز و کوس و درفش	بنه برنهم برنشانم سپاه
چو فرزند را فر و برز کیان	هوا کرده از سم اسپان بنفش
بدو گفت شاه ار تو رانی ز پیش	بباشد نبیره نبندد میان
برای خداوند خورشید و ماه	زمانه نگردد ز آیین خویش

فریبرز را گر چنین است رای	توان ساخت پیروزی و دستگاه
بشد طوس با کاویانی درفش	تو لشکر بیارای و منشین ز پای
فریبرز کاووس در قلبگاه	به پا اندرون کرده زرینه کفش
چو نزدیک بهمن دژ اندر رسید	به پیش اندرون طوس و پیل و سپاه
بشد طوس با لشکری جنگجوی	زمین همچو آتش همی بردمید
سر باره‌ی دژ بد اندر هوا	به تندی سوی دژ نهادند روی
سنانها ز گرمی همی برفروخت	ندیدند جنگ هوا کس روا
جهان سر به سر گفتی از آتش است	میان زره مرد جنگی بسوخت
سپهبد فریبرز را گفت مرد	هوا دام آهرمن سرکش است
به گرز گران و به تیغ و کمند	به چیزی چو آید به دشت نبرد
به پیرامن دژ یکی راه نیست	بکوشد که آرد به چیزی گزند
میان زیر جوشن بسوزد همی	ز آتش کسی را دل ای شاه نیست
بگشتند یک هفته گرد اندرش	تن بارکش برفروزد همی
به نومیدی از جنگ گشتند باز	بدیده ندیدند جای درش
چو آگاهی آمد به آزادگان	نیامد بر از رنج راه دراز
که طوس و فریبرز گشتند باز	بر پیر گودرز کشوادگان
بیاراست پیلان و برخاست غو	نیارست رفتن بر دژ فراز

رفتن کیخسرو و گودرز به دژ بهمن

یکی تخت زرین زبرجدنگار	بیامد سپاه جهاندار نو
به گرد اندرش با درفش بنفش	نهاد از بر پیل و بستند بار
جهانجوی بر تخت زرین نشست	به پا اندرون کرده زرینه کفش
دو یاره ز یاقوت و طوقی به زر	به سر برش تاجی و گرزی به دست
همی رفت لشکر گروها گروه	به زر اندرون نقش کرده گهر
چو نزدیک دژ شد همی برنشست	که از سم اسپان زمین شد چو کوه
نویسنده‌ای خواست بر پشت زین	بپوشید درع و میان را ببست

۴۵۳

ز عنبر نوشتند بر پهلوی	یکی نامه فرمود با آفرین
که این نامه از بنده‌ی کردگار	چنان چون بود نامه‌ی خسروی
که از بند آهرمن بد بجست	جهانجوی کیخسرو نامدار
که اویست جاوید برتر خدای	به یزدان زد از هر بدی پاک دست
خداوند بهرام و کیوان و هور	خداوند نیکی ده و رهنمای
مرا داد اورند و فر کیان	خداوند فر و خداوند زور
جهانی سراسر به شاهی مراست	تن پیل و چنگال شیر ژیان
گر این دژ بر و بوم آهرمنست	در گاو تا برج ماهی مراست
به فر و به فرمان یزدان پاک	جهان آفرین را به دل دشمنست
و گر جاودان راست این دستگاه	سراسر به گرز اندر آرم به خاک
چو خم دوال کمند آورم	مرا خود به جادو نباید سپاه
وگر خود خجسته سروش اندرست	سر جاودان را به بند آورم
همان من نه از دست آهرمنم	به فرمان یزدان یکی لشکرست
به فرمان یزدان کند این تهی	که از فر و برزست جان و تنم
یکی نیزه بگرفت خسرو به دست	که اینست پیمان شاهنشهی
بسان درفشی برآورد راست	همان نامه را بر سر نیزه بست
بفرمود تا گیو با نیزه تفت	به گیتی بجز فر یزدان نخواست
بدو گفت کاین نامه‌ی پندمند	به نزدیک آن بر شده باره رفت
بنه نامه و نام یزدان بخوان	ببر سوی دیوار حصن بلند
بشد گیو نیزه گرفته به دست	بگردان عنان تیز و لختی ممان
چو نامه به دیوار دژ برنهاد	پر از آفرین جان یزدان پرست
ز دادار نیکی دهش یاد کرد	به نام جهانجوی خسرو نژاد
شد آن نامه‌ی نامور ناپدید	پس آن چرمه‌ی تیزرو باد کرد
همانگه به فرمان یزدان پاک	خروش آمد و خاک دژ بردمید
تو گفتی که رعدست وقت بهار	ازان باره‌ی دژ برآمد تراک
جهان گشت چون روی زنگی سیاه	خروش آمد از دشت و ز کوهسار
تو گفتی برآمد یکی تیره ابر	چه از باره دژ چه گرد سپاه
برانگیخت کیخسرو اسپ سیاه	هوا شد به کردار کام هژبر
که بر دژ یکی تیر باران کنید	چنین گفت با پهلوان سپاه

۴۵۴

برآمد یکی میغ بارش تگرگ   هوا را چو ابر بهاران کنید
ز دیوان بسی شد به پیکان هلاک   تگرگی که بردارد از ابر مرگ
ازان پس یکی روشنی بردمید   بسی زهره کفته فتاده به خاک
جهان شد به کردار تابنده ماه   شد آن تیرگی سر به سر ناپدید
برآمد یکی باد با آفرین   به نام جهاندار پیروز شاه
برفتند دیوان به فرمان شاه   هوا گشت خندان و روی زمین
به دژ در شد آن شاه آزادگان   در دژ پدید آمد از جایگاه
یکی شهر دید اندر آن دژ فراخ   ابا پیر گودرز کشوادگان
بدانجای کان روشنی بردمید   پر از باغ و میدان و ایوان و کاخ
بفرمود خسرو بدان جایگاه   سر بارهٔ دژ بشد ناپدید
درازی و پهنای او ده کمند   یکی گنبدی تا به ابر سیاه
ز بیرون دو نیمی تگ تازی اسپ   به گرد اندرش طاقهای بلند
نشستند گرد اندرش موبدان   برآورد و بنهاد آذرگشسپ
دران شارستان کرد چندان درنگ   ستاره‌شناسان و هم بخردان
چو یک سال بگذشت لشکر براند   که آتشکده گشت با بوی و رنگ
چو آگاهی آمد به ایران ز شاه   بنه بر نهاد و سپه برنشاند

باز آمدن کیخسرو به پیروزی

جهانی فرو ماند اندر شگفت   ازان ایزدی فر و آن دستگاه
همه مهتران یک به یک با نثار   که کیخسرو آن فر و بالا گرفت
فریبرز پیش آمدش با گروه   برفتند شادان بر شهریار
چو دیدش فرود آمد از تخت زر   از ایران سپاهی بکردار کوه
نشاندش بر تخت زر شهریار   ببوسید روی برادر پدر
همان طوس با کاویانی درفش   که بود از در یاره و گوشوار
بیاورد و پیش جهاندار برد   همی رفت با کوس و زرینه کفش
بدو گفت کاین کوس و زرینه کفش   زمین را ببوسید و او را سپرد

ز لشکر ببین تا سزاوار کیست / به نیک اختری کاویانی درفش
ز گفتارها پوزش آورد پیش / یکی پهلوان از در کار کیست
جهاندار پیروز بنواختش / بپیچید زان بیهده رای خویش
بدو گفت کین کاویانی درفش / بخندید و بر تخت بنشاختش
نبینم سزای کسی در سپاه / هم آن پهلوانی و زرینه کفش
ترا پوزش اکنون نیاید به کار / ترا زیبد این کار و این دستگاه
چو پیروز برگشت شیر از نبرد / نه بیگانه‌ای خواستی شهریار
سوی پهلو پارس بنهاد روی / دل و دیده‌ی دشمنان تیره کرد
چو زو آگهی یافت کاووس کی / جوان بود و بیدار و دیهیم جوی
پذیره شدش با رخی ارغوان / که آمد ز ره پور فرخنده پی
چو از دود خسرو نیا را بدید / ز شادی دل پیر گشته جوان
پیاده شد و برد پیشش نماز / بخندید و شادان دلش بردمید
بخندید و او را به بر در گرفت / به دیدار او بد نیا را نیاز
وزانجا سوی کاخ رفتند باز / نیایش سزاوار او برگرفت
چو کاووس بر تخت زرین نشست / به تخت جهاندار دیهیم ساز

بر تخت نشاندن کاووس خسرو را

بیاورد و بنشاند بر جای خویش / گرفت آن زمان دست خسرو به دست
ببوسید و بنهاد بر سرش تاج / ز گنجور تاج کیان خواست پیش
ز گنجش زبرجد نثار آورید / به کرسی شد از نامور تخت عاج
بسی آفرین بر سیاوش بخواند / بسی گوهر شاهوار آورید
ز پهلو برفتند آزادگان / که خسرو به چهره جز او را نماند
به شاهی برو آفرین خواندند / سپهبد سران و گرانمایگان
جهان را چنین است ساز و نهاد / همه زر و گوهر برافشاندند
بدردیم ازین رفتن اندر فریب / ز یک دست بستد به دیگر بداد
اگر دل توان داشتن شادمان / زمانی فراز و زمانی نشیب

به خوشی بناز و به خوبی ببخش / به شادی چرا نگذرانی زمان

ترا داد و فرزند را هم دهد / مکن روز را بر دل خویش رخش

نبینی که گنجش پر از خواستست / درختی که از بیخ تو برجهد

کمی نیست در بخشش دادگر / جهانی به خوبی بیاراستست

فزونی بخوردست انده مخور

پادشاهی کیخسرو

آغاز داستان

به پالیز چون برکشد سرو شاخ	سر شاخ سبزش برآید ز کاخ
به بالای او شاد باشد درخت	چو بیندش بینادل و نیک‌بخت
سزد گر گمانی برد بر سه چیز	کزین سه گذشتی چه چیزست نیز
هنر با نژادست و با گوهر است	سه چیزست و هر سه به‌بنداندرست
هنر کی بود تا نباشد گهر	نژاده بسی دیده‌ای بی‌هنر
گهر آنک از فر یزدان بود	نیازد به بد دست و بد نشنود
نژاد آنک باشد ز تخم پدر	سزد کاید از تخم پاکیزه بر
هنر گر بیاموزی از هر کسی	بکوشی و پیچی ز رنجش بسی
ازین هر سه گوهر بود مایه‌دار	که زیبا بود خلعت کردگار
چو هر سه بیابی خرد بایدت	شناسنده‌ی نیک و بد بایدت
چو این چار با یک تن آید بهم	براساید از آز وز رنج و غم
مگر مرگ کز مرگ خود چاره نیست	وزین بدتر از بخت پتیاره نیست
جهانجوی از این چار بد بی‌نیاز	همش بخت سازنده بود از فراز
سخن راند گویا بدین داستان	دگر گوید از گفته‌ی باستان

آمدن زال و رستم به دیدن کیخسرو

کنون بازگردم به آغاز کار	که چون بود کردار آن شهریار
چو تاج بزرگی بسر برنهاد	ازو شاد شد تاج و او نیز شاد
به هر جای ویرانی آباد کرد	دل غمگنان از غم آزاد کرد
از ابر بهاران ببارید نم	ز روی زمین زنگ بزدود غم
جهان گشت پر سبزه و رود آب	سر غمگنان اندر آمد به خواب
زمین چون بهشتی شد آراسته	ز داد و ز بخشش پر از خواسته

چو جم و فریدون بیاراست گاه	ز داد و ز بخشش نیاسود شاه
جهان شد پر از خوبی و ایمنی	ز بد بسته شد دست اهریمنی
فرستادگان آمد از هر سوی	ز هر نامداری و هر پهلوی
پس آگاهی آمد سوی نیمروز	بنزد سپهدار گیتی‌فروز
که خسرو ز توران به ایران رسید	نشست از بر تخت کو را سزید
بیاراست رستم به دیدار شاه	ببیند که تا هست زیبای گاه
ابا زال، سام نریمان بهم	بزرگان کابل همه بیش و کم
سپاهی که شد دشت چون آبنوس	بدرید هر گوش ز اوای کوس
سوی شهر ایران گرفتند راه	زواره فرامرز و پیل و سپاه
به پیش اندرون زال با انجمن	درفش بنفش از پس پیلتن
پس آگاهی آمد بر شهریار	که آمد ز ره پهلوان سوار
زواره فرامرز و دستان سام	بزرگان که هستند با جاه و نام
دل شاه شد زان سخن شادمان	سراینده را گفت کاباد مان
که اویست پروردگار پدر	وزویست پیدا به گیتی هنر
بفرمود تا گیو و گودرز و طوس	برفتند با نای رویین و کوس
تبیره برآمد ز درگاه شاه	همه برنهادند گردان کلاه
یکی لشکر از جای برخاستند	پذیره شدن را بیاراستند
ز پهلو به پهلو پذیره شدند	همه با درفش و تبیره شدند
برفتند پیشش به دو روزه راه	چنین پهلوانان و چندین سپاه
درفش تهمتن چو آمد پدید	به خورشید گرد سپه بردمید
خروش آمد و ناله‌ی بوق و کوس	ز قلب سپه گیو و گودرز و طوس
به پیش گو پیلتن راندند	به شادی برو آفرین خواندند
گرفتند هر سه ورا در کنار	بپرسید شیراوژن از شهریار
ز رستم سوی زال سام آمدند	گشاده دل و شادکام آمدند
نهادند سوی فرامرز روی	گرفتند شادی به دیدار اوی
وزان جایگه سوی شاه آمدند	به دیدار فرخ کلاه آمدند
چو خسرو گو پیلتن را بدید	سرشکش ز مژگان به رخ بر چکید
فرود آمد از تخت و کرد آفرین	تهمتن ببوسید روی زمین
به رستم چنین گفت کای پهلوان	همیشه بدی شاد و روشن‌روان

به گیتی خردمند و خامش تویی	که پروردگار سیاوش تویی
سر زال زان پس به بر در گرفت	ز بهر پدر دست بر سر گرفت
گوان را به تخت مهی برنشاند	بریشان همی نام یزدان بخواند
نگه کرد رستم سرو پای اوی	نشست و سخن گفتن و رای اوی
رخش گشت پرخون و دل پر ز درد	زکار سیاوش بسی یاد کرد
به شاه جهان گفت کای شهریار	جهان را تویی از پدر یادگار
ندیدم من اندر جهان تاجور	بدین فر و مانندگی پدر
وزان پس چو از تخت برخاستند	نهادند خوان و می آراستند
جهاندار تا نیمی از شب نخفت	گذشته سخنها همه بازگفت

گردیدن کیخسرو گرد پادشاهی خود

چو خورشید تیغ از میان برکشید	شب تیره گشت از جهان ناپدید
تبیره برآمد ز درگاه شاه	به سر برنهادند گردان کلاه
چو طوس و چو گودرز و گیو دلیر	چو گرگین و گستهم و بهرام شیر
گرانمایگان نزد شاه آمدند	بران نامور بارگاه آمدند
به نخچیر شد شهریار جهان	ابا رستم نامور پهلوان
ز لشکر برفتند آزادگان	چو گیو و چو گودرز کشوادگان
سپاهی که شد تیره خورشید و ماه	همی رفت با یوز و با باز شاه
همه بوم ایران سراسر بگشت	به آباد و ویرانی اندر گذشت
هران بوم و برکان نه آباد بود	تبه بود و ویران ز بیداد بود
درم داد و آباد کردش ز گنج	ز داد و ز بخشش نیامدش رنج
به هر شهر بنشست و بنهاد تخت	چنانچون بود خسرو نیک بخت
همه بدره و جام و می خواستی	به دینار گیتی بیاراستی
وز آنجا سوی شهر دیگر شدی	همی با می و تخت و افسر شدی
همی رفت تا آذرابادگان	ابا او بزرگان و آزادگان
گهی باده خورد و گهی تاخت اسپ	بیامد سوی خان آذرگشسپ

جهان‌آفرین را ستایش گرفت به آتشکده در نیایش گرفت
بیامد خرامان ازان جایگاه نهادند سر سوی کاوس شاه
نشستند هر دو به هم شادمان نبودند جز شادمان یک زمان
چو پر شد سر از جام روشن‌گلاب به خواب و به آسایش آمد شتاب

پیمان بستن کیخسرو با کاووس در جنگ افراسیاب

چو روز درخشان برآورد چاک بگسترد یاقوت بر تیره خاک
جهاندار بنشست و کاوس کی دو شاه سرافراز و دو نیک‌پی
ابا رستم گرد و دستان به هم همی گفت کاوس هر بیش و کم
از افراسیاب اندر آمد نخست دو رخ را به خون دو دیده بشست
بگفت آنکه او با سیاوش چه کرد از ایران سراسر برآورد گرد
بسی پهلوانان که بیجان شدند زن و کودک خرد پیچان شدند
بسی شهر بینی ز ایران خراب تبه گشته از رنج افراسیاب
ترا ایزدی هرچ بایدت هست ز بالا و از دانش و زور دست
ز فر تمامی و نیک‌اختری ز شاهان به هر گونه‌ای برتری
کنون از تو سوگند خواهم یکی نباید که پیچی ز داد اندکی
که پرکین کنی دل ز افراسیاب دمی آتش اندر نیاری به آب
ز خویشی مادر بدو نگروی نپیچی و گفت کسی نشمری
به گنج و فزونی نگیری فریب همان گر فراز آیدت گر نشیب
به تاج و به تخت و نگین و کلاه به گفتار با او نگردی ز راه
بگویم که بنیاد سوگند چیست خرد را و جان ترا پند چیست
بگویی به دادار خورشید و ماه به تیغ و به مهر و به تخت و کلاه
به فر و به نیک‌اختر ایزدی که هرگز نپیچی به سوی بدی
میانجی نخواهی جز از تیغ و گرز منش برز داری و بالای برز
چو بشنید زو شهریار جوان سوی آتش آورد روی و روان
به دادار دارنده سوگند خورد به روز سپید و شب لاژورد

به خورشید و ماه و به تخت و کلاه	به مهر و به تیغ و به دیهیم شاه
که هرگز نپیچم سوی مهر اوی	نبینم بخواب اندرون چهر اوی
یکی خط بنوشت بر پهلوی	به مشکاب بر دفتر خسروی
گوا بود دستان و رستم برین	بزرگان لشکر همه همچنین
به زنهار بر دست رستم نهاد	چنان خط و سوگند و آن رسم و داد
ازان پس همی خوان و می خواستند	ز هر گونه مجلس بیاراستند
ببودند یک هفته با رود و می	بزرگان به ایوان کاوس کی
جهاندار هشتم سر و تن بشست	بیاسود و جای نیایش بجست
به پیش خداوند گردان سپهر	برفت آفرین را بگسترد چهر
شب تیره تا برکشید آفتاب	خروشان همی بود دیده پرآب
چنین گفت کای دادگر یک خدای	جهاندار و روزی ده و رهنمای
به روز جوانی تو کردی رها	مرا بی‌سپاه از دم اژدها
تو دانی که سالار توران سپاه	نه پرهیز داند نه شرم گناه
به ویران و آباد نفرین اوست	دل بیگناهان پر از کین اوست
به بیداد خون سیاوش بریخت	بدین مرز باران آتش ببیخت
دل شهریاران پر از بیم اوست	بلا بر زمین تخت و دیهیم اوست
به کین پدر بنده را دست گیر	ببخشای بر جان کاوس پیر
تو دانی که او را بدی گوهرست	همان بدنژادست و افسونگرست
فراوان بمالید رخ بر زمین	همی خواند بر کردگار آفرین
وزان جایگه شد سوی تخت باز	بر پهلوانان گردن‌فراز
چنین گفت کای نامداران من	جهانگیر و خنجر گزاران من
بپیمودم این بوم ایران بر اسپ	ازین مرز تا خان آذرگشسپ
ندیدم کسی را که دلشاد بود	توانگر بد و بومش آباد بود
همه خستگانند از افراسیاب	همه دل پر از خون و دیده پرآب
نخستین جگرخسته از وی منم	که پر دردازویست جان و تنم
دگر چون نیا شاه آزادمرد	که از دل همی برکشد باد سرد
به ایران زن و مرد ازو با خروش	ز بس کشتن و غارت و جنگ و جوش
کنون گر همه ویژه‌یار منید	به دل سربسر دوستدار منید
به کین پدر بست خواهم میان	بگردانم این بد ز ایرانیان

اگر همگنان رای جنگ آورید	بکوشید و رستم پلنگ آورید
مرا این سخن پیش بیرون شود	ز جنگ یلان کوه هامون شود
هران خون که آید به کین ریخته	گنهکار او باشد آویخته
وگر کشته گردد کسی زین سپاه	بهشت بلندش بود جایگاه
چه گویید و این را چه پاسخ دهید	همه یکسره رای فرخ نهید
بدانید کو شد به بد پیشدست	مکافات بد را نشاید نشست
بزرگان به پاسخ بیاراستند	به درد دل از جای برخاستند
که ای نامدار جهان شادباش	همیشه ز رنج و غم آزاد باش
تن و جان ما سربه‌سر پیش تست	غم و شادمانی کم و بیش تست
ز مادر همه مرگ را زاده‌ایم	همه بنده‌ایم ارچه آزاده‌ایم
چو پاسخ چنین یافت از پیلتن	ز طوس و ز گودرز و از انجمن
رخ شاه شد چون گل ارغوان	که دولت جوان بود و خسرو جوان
بدیشان فراوان بکرد آفرین	که آباد بادا به گردان زمین
بگشت اندرین نیز گردان سپهر	چو از خوشه خورشید بنمود چهر

شمردن کیخسرو پهلوانانرا و گنج بخشیدن ایشانرا

ز پهلو همه موبدانرا بخواند	سخنهای بایسته چندی براند
دو هفته در بار دادن ببست	بنوی یکی دفتر اندر شکست
بفرمود موبد به روزی دهان	که گویند نام کهان و مهان
نخستین ز خویشان کاوس کی	صد و ده سپهبد فگندند پی
سزاوار بنوشت نام گوان	چنانچون بود درخور پهلوان
فریبرز کاوسشان پیش رو	کجا بود پیوسته‌ی شاه نو
گزین کرد هشتاد تن نوذری	همه گرزدار و همه لشکری
زرسپ سپهبد نگهدارشان	که بردی به هر کار تیمارشان
که تاج کیان بود و فرزند طوس	خداوند شمشیر و گوپال و کوس
سه دیگر چو گودرز کشواد بود	که لشکر به رای وی آباد بود

نبیره پسر داشت هفتاد و هشت
دلیران کوه و سواران دشت

فروزنده‌ی تاج و تخت کیان
فرازنده‌ی اختر کاویان

چو شصت و سه از تخمه‌ی گژدهم
بزرگان و سالارشان گستهم

ز خویشان میلاد بد صد سوار
چو گرگین پیروزگر مایه‌دار

ز تخم لواده چو هشتادو پنج
سواران رزم و نگهبان گنج

کجا برته بودی نگهدارشان
به رزم اندرون دست بردارشان

چو سی و سه مهتر ز تخم پشنگ
که رویین بدی شاهشان روز جنگ

به گاه نبرد او بدی پیش کوس
نگهبان گردان و داماد طوس

ز خویشان شیروی هفتاد مرد
که بودند گردان روز نبرد

گزین گوان شهره فرهاد بود
گه رزم سندان پولاد بود

ز تخم گرازه صد و پنج گرد
نگهبان ایشان هم او را سپرد

کنارنگ وز پهلوانان جزین
ردان و بزرگان باآفرین

چنان بد که موبد ندانست مر
ز بس نامداران با برز و فر

نوشتند بر دفتر شهریار
همه نامشان تا کی آید به کار

بفرمود کز شهر بیرون شوند
ز پهلو سوی دشت و هامون شوند

سر ماه باید که از کرنای
خروش آید و زخم هندی درای

همه سر سوی رزم توران نهند
همه شادمانی و سوران نهند

نهادند سر پیش او بر زمین
همه یک به یک خواندند آفرین

که ما بندگانیم و شاهی تراست
در گاو تا برج ماهی تراست

به جایی که بودند ز اسپان یله
به لشکر گه آورد یکسر گله

بفرمود کان کو کمند افگنست
به زرم اندرون گرد و رویین تنست

به پیش فسیله کمند افگنند
سر بادپایان به بند افگنند

در گنج دینار بگشاد و گفت
که گنج از بزرگان نشاید نهفت

گه بخشش و کینه‌ی شهریار
شود گنج دینار بر چشم‌خوار

به مردان همی گنج و تخت آوریم
به خورشید بار درخت آوریم

چرا برد باید غم روزگار
که گنج از پی مردم آید به کار

بزرگان ایران از انجمن
نشسته به پیشش همه تن به تن

بیاورد صد جامه دیبای روم
همه پیکر از گوهر و زر بوم

هم از خز و منسوج و هم پرنیان
یکی جام پر گوهر اندر میان

نهادند پیش سرافراز شاه   چنین گفت شاه جهان با سپاه
که اینت بهای سر بی‌بها   پلاشان دژخیم نر اژدها
کجا پهلوان خواند افراسیاب   به بیداری او شود سیر خواب
سر و تیغ و اسپش بیارد چو گرد   به لشکر گه ما بروز نبرد
سبک بیژن گیو بر پای جست   میان کشتن اژدها را ببست
همه جامه برداشت وان جام زر   به جام اندرون نیز چندی گهر
بسی آفرین کرد بر شهریار   که خرم بدی تا بود روزگار
وزانجا بیامد به جای نشست   گرفته چنان جام گوهر به دست
به گنجور فرمود پس شهریار   که آرد دو صد جامه‌ی زرنگار
صد از خز و دیبا و صد پرنیان   دو گلرخ به زنار بسته میان
چنین گفت کین هدیه آن را دهم   وزان پس بدو نیز دیگر دهم
که تاج تژاو آورد پیش من   وگر پیش این نامدار انجمن
که افراسیابش به سر برنهاد   ورا خواند بیدار و فرخ نژاد
همان بیژن گیو برجست زود   کجا بود در جنگ برسان دود
بزد دست و آن هدیه‌ها برگرفت   ازو ماند آن انجمن در شگفت
بسی آفرین کرد و بنشست شاد   که گیتی به کیخسرو آباد باد
بفرمود تا با کمر ده غلام   ده اسپ گزیده به زرین ستام
ز پوشیده رویان ده آراسته   بیاورد موبد چنین خواسته
چنین گفت بیدار شاه رمه   که اسپان و این خوبرویان همه
کسی را که چون سر بپیچد تژاو   سزد گر ندارد دل شیر گاو
پرستنده‌ای دارد او روز جنگ   کز آواز او رام گردد پلنگ
به رخ چون بهار و به بالا چو سرو   میانش چو غرو و به رفتن چو تذرو
یکی ماهرویست نام اسپنوی   سمن پیکر و دلبر و مشک بوی
نباید زدن چون بیابدش تیغ   که از تیغ باشد چنان رخ دریغ
به خم کمر ار گرفته کمر   بدان سان بیارد مر او را به بر
بزد دست بیژن بدان هم به بر   بیامد بر شاه پیروزگر
به شاه جهان بر ستایش گرفت   جهان‌آفرین را نیایش گرفت
بدو شاد شد شهریار بزرگ   چنین گفت کای نامدار سترگ
چو تو پهلوان یار دشمن مباد   درخشنده جان تو بی‌تن مباد

۴۶۷

جهاندار از آن پس به گنجور گفت	که ده جام زرین بیار از نهفت
شمامه نهاده در آن جام زر	ده از نقره‌ی خام با شش گهر
پر از مشک جامی ز یاقوت زرد	ز پیروزه دیگر یکی لاژورد
عقیق و زمرد بر او ریخته	به مشک و گلاب آندرآمیخته
پرستنده‌ای با کمر ده غلام	ده اسپ گرانمایه زرین ستام
چنین گفت کین هدیه آن را که تاو	بود در تنش روز جنگ تژاو
سرش را بدین بارگاه آورد	به پیش دلاور سپاه آورد
ببر زد بدین گیو گودرز دست	میان رزم آن پهلوان را ببست
گرانمایه خوبان و آن خواسته	ببردند پیش وی آراسته
همی خواند بر شهریار آفرین	که بی تو مبادا کلاه و نگین
وزان پس به گنجور فرمود شاه	که ده جام زرین بنه پیش گاه
برو ریز دینار و مشک و گهر	یکی افسری خسروی با کمر
چنین گفت کین هدیه آن را که رنج	ندارد دریغ از پی نام و گنج
از ایدر شود تا در کاسه رود	دهد بر روان سیاوش درود
ز هیزم یکی کوه بیند بلند	فزونست بالای او ده کمند
چنان خواست کان ره کسی نسپرد	از ایران به توران کسی نگذرد
دلیری از ایران بباید شدن	همه کاسه رود آتش اندر زدن
بدان تا گر آنجا بود رزمگاه	پس هیزم اندر نماند سپاه
همان گیو گفت این شکار منست	برافروختن کوه کار منست
اگر لشکر آید نترسم ز رزم	برزم اندرون کرگس آرم ببزم
«ره لشکر از برف آسان کنم	دل ترک از آن هراسان کنم»
همه خواسته گیو را داد شاه	بدو گفت کای نامدار سپاه
که بی تیغ تو تاج روشن مباد	چنین باد و بی بت برهمن مباد
بفرمود صد دیبه‌ی رنگ رنگ	که گنجور پیش آورد بی‌درنگ
هم از گنج صد دانه خوشاب جست	که آب فسردست گفتی درست
ز پرده پرستار پنج آورید	سر جعد از افسر شده ناپدید
چنین گفت کین هدیه آن را سزاست	که برجان پاکش خرد پادشاست
دلیرست و بینا دل و چرب‌گوی	نه برتابد از شیر در جنگ روی
پیامی برد نزد افراسیاب	ز بیمش نیارد بدیده در آب

ز گفتار او پاسخ آرد بمن | که دانید از این نامدار انجمن
بیازید گرگین میلاد دست | بدان راه رفتن میان رابست
پرستار و آن جامه‌ی زرنگار | بیاورد با گوهر شاهوار
ابر شهریار آفرین کرد و گفت | که با جان خسرو خرد باد جفت
چو روی زمین گشت چون پر زاغ | ز افراز کوه اندر آمد چراغ
سپهبد بیامد بایوان خویش | برفتند گردان سوی خان خویش
می آورد و رامشگران را بخواند | همه شب همی زر و گوهر فشاند
چو از روز شد کوه چون سندروس | بابر اندر آمد خروش خروس
تهمتن بیامد به درگاه شاه | ز ترکان سخن رفت وز تاج و گاه
زواره فرامرز با او بهم | همی رفت هر گونه از بیش و کم
چنین گفت رستم به شاه زمین | که ای نامبردار باآفرین
بزاولستان در یکی شهر بود | کزان بوم و بر تور را بهر بود
منوچهر کرد آن ز ترکان تهی | یکی خوب جایست با فرهی
چو کاوس شد بی‌دل و پیرسر | بیفتاد ازو نام شاهی و فر
همی باژ و ساوش بتوران برند | سوی شاه ایران همی ننگرند
فراوان بدان مرز پیلست و گنج | تن بیگناهان از ایشان برنج
ز بس کشتن و غارت و تاختن | سر از باژ ترکان برافراختن
کنون شهریاری بایران تراست | تن پیل و چنگال شیران تراست
یکی لشکری باید اکنون بزرگ | فرستاد با پهلوانی سترگ
اگر باژ نزدیک شاه آورند | وگر سر بدین بارگاه آورند
چو آن مرز یکسر بدست آوریم | بتوران زمین بر شکست آوریم
برستم چنین پاسخ آورد شاه | که جاوید بادی که اینست راه
ببین تا سپه چند باید بکار | تو بگزین از این لشکر نامدار
زمینی که پیوسته‌ی مرز تست | بهای زمین درخور ارز تست
فرامرز را ده سپاهی گران | چنان چون بباید ز جنگ‌آوران
گشاده شود کار بر دست اوی | بکام نهنگان رسد شصت اوی
رخ پهلوان گشت ازان آبدار | بسی آفرین خواند بر شهریار
بفرمود خسرو بسالار بار | که خوان از خورشگر کند خواستار
می آورد و رامشگران را بخواند | وز آواز بلبل همی خیره ماند

سران با فرامرز و با پیلتن همی باده خوردند بر یاسمن
غریونده نای و خروشنده چنگ بدست اندرون دسته‌ی بوی و رنگ
همه تازه‌روی و همه شاددل ز درد و غمان گشته آزاددل
ز هرگونه گفتارها راندند سخنهای شاهان بسی خواندند
که هر کس که در شاهی او داد داد شود در دو گیتی ز کردار شاد
همان شاه بیدادگر در جهان نکوهیده باشد بنزد مهان
به گیتی بماند از او نام بد همان پیش یزدان سرانجام بد
کسی را که پیشه بجز داد نیست چنو در دو گیتی دگر شاد نیست
چو خورشید تابان برآمد ز کوه سراینده آمد ز گفتن ستوه

آراستن کیخسرو لشکر خود را

تبیره برآمد ز درگاه شاه رده برکشیدند بر بارگاه
ببستند بر پیل رویینه خم برآمد خروشیدن گاودم
نهادند بر کوهه‌ی پیل تخت ببار آمد آن خسروانی درخت
بیامد نشست از بر پیل شاه نهاده بسر بر ز گوهر کلاه
یکی طوق پر گوهر شاهوار فروهشته از تاج دو گوشوار
بزد مهره بر کوهه‌ی ژنده پیل زمین شد بکردار دریای نیل
ز تیغ و ز گرز و ز کوس و ز گرد سیه شد زمین آسمان لاژورد
تو گفتی بدام اندرست آفتاب وگر گشت خم سپهر اندر آب
همی چشم روشن عنانرا ندید سپهر و ستاره سنان را ندید
ز دریای ساکن چو برخاست موج سپاه اندر آمد همی فوج فوج
سراپرده بردند ز ایوان بدشت سپهر از خروشیدن آسیمه گشت
همی زد میان سپه پیل گام ابا زنگ زرین و زرین ستام
یکی مهره در جام بر دست شاه بکیوان رسیده خروش سپاه
چو بر پشت پیل آن شه نامور زدی مهره بر جام و بستی کمر
نبودی بهر پادشاهی روا نشستن مگر بر در پادشا

ازان نامور خسرو سرکشان
چنین بود در پادشاهی نشان

همی بود بر پیل در پهن دشت
بدان تا سپه پیش او برگذشت

نخستین فریبرز بد پیش رو
که بگذشت پیش جهاندار نو

ابا گرز و با تاج و زرینه کفش
پس پشت خورشید پیکر درفش

یکی باره‌ای برنشسته سمند
بفتراک بر حلقه کرده کمند

همی رفت با باد و با برز و فر
سپاهش همه غرقه در سیم و زر

برو آفرین کرد شاه جهان
که بیشی ترا باد و فر مهان

بهر کار بخت تو پیروز باد
بباز آمدن باد پیروز و شاد

پس شاه گودرز کشواد بود
که با جوشن و گرز پولاد بود

درفش از پس پشت او شیر بود
که جنگش بگرز و بشمشیر بود

بچپ بر همی رفت رهام نیو
سوی راستش چون سرافراز گیو

پس پشت شیدوش یل با درفش
زمین گشته از شیر پیکر بنفش

هزار از پس پشت آن سرفراز
عناندار با نیزه‌های دراز

یکی گرگ پیکر درفشی سیاه
پس پشت گیو اندرون با سپاه

درفش جهانجوی رهام ببر
که بفراخته بود سر تا بابر

پس بیژن اندر درفشی دگر
پرستارفش بر سرش تاج زر

نبیره پسر داشت هفتاد و هشت
از ایشان نبد جای بر پهن دشت

پس هر یک اندر دگرگون درفش
جهان گشته بد سرخ و زرد و بنفش

تو گفتی که گیتی همه زیر اوست
سر سروران زیر شمشیر اوست

چو آمد بنزدیکی تخت شاه
بسی آفرین خواند بر تاج و گاه

بگودرز و بر شاه کرد آفرین
چه بر گیو و بر لشکرش همچنین

پس پشت گودرز گستهم بود
که فرزند بیدار گژدهم بود

یکی نیزه بودی به چنگش بجنگ
کمان یار او بود و تیر خدنگ

ز بازوش پیکان بزندان بدی
همی در دل سنگ و سندان بدی

ابا لشکری گشن و آراسته
پر از گرز و شمشیر و پر خواسته

یکی ماه‌پیکر درفش از برش
بابر اندر آورده تابان سرش

همی خواند بر شهریار آفرین
ازو شاد شد شاه ایران‌زمین

پس گستهم اشکش تیزگوش
که با زور و دل بود و با مغز و هوش

یکی گرزدار از نژاد همای
براهی که جستیش بودی بپای

سپاهش ز گردان کوچ و بلوچ	سگالیده جنگ و برآورده خوچ
کسی در جهان پشت ایشان ندید	برهنه یک انگشت ایشان ندید
درفشی برآورده پیکر پلنگ	همی از درفشش ببارید جنگ
بسی آفرین کرد بر شهریار	بدان شادمان گردش روزگار
نگه کرد کیخسرو از پشت پیل	بدید آن سپه را زده بر دو میل
پسند آمدش سخت و کرد آفرین	بدان بخت بیدار و فرخنگین
ازان پس درآمد سپاهی گران	همه نامداران جوشن‌وران
سپاهی کز ایشان جهاندار شاه	همی بود شادان دل و نیک‌خواه
گزیده پس اندرش فرهاد بود	کزو لشکر خسرو آباد بود
سپه را بکردار پروردگار	بهر جای بودی به هر کار یار
یکی پیکرآهو درفش از برش	بدان سایه‌ی آهو اندر سرش
سپاهش همه تیغ هندی بدست	زره سغدی زین ترکی نشست
چو دید آن نشست و سرگاه نو	بسی آفرین خواند بر شاه نو
گرازه سر تخمه‌ی گیوگان	همی رفت پرخاشجوی و ژگان
درفشی پس پشت پیکر گراز	سپاهی کمندافگن و رزمساز
سواران جنگی و مردان دشت	بسی آفرین کرد و اندر گذشت
ازان شادمان شد که بودش پسند	بزین اندرون حلقه‌های کمند
دمان از پسش زنگه‌ی شاوران	بشد با دلیران و کنداوران
درفشی پس پشت پیکرهمای	سپاهی چو کوه رونده ز جای
هرانکس که از شهر بغداد بود	که با نیزه و تیغ و پولاد بود
همه برگذشتند زیر همای	سپهبد همی داشت بر پیل جای
بسی زنگه بر شاه کرد آفرین	بران برز و بالا و تیغ و نگین
ز پشت سپهبد فرامرز بود	که با فر و با گرز و باارز بود
ابا کوس و پیل و سپاهی گران	همه رزم جویان و کنداوران
ز کشمیر وز کابل و نیمروز	همه سرفرازان گیتی‌فروز
درفشی کجا چون دلاور پدر	که کس را ز رستم نبودی گذر
سرش هفت همچون سر اژدها	تو گفتی ز بند آمدستی رها
بیامد بسان درختی ببار	یکی آفرین خواند بر شهریار
دل شاه گشت از فرامرز شاد	همی کرد با او بسی پند یاد

بدو گفت پرورده‌ی پیلتن / سرافراز باشد بهر انجمن
تو فرزند بیداردل رستمی / ز دستان سامی و از نیرمی
کنون سربسر هندوان مر تراست / ز قنوج تا سیستان مر تراست
گر ایدونک با تو نجویند جنگ / برایشان مکن کار تاریک و تنگ
بهر جایگه یار درویش باش / همه رادبا مردم خویش باش
ببین نیک تا دوستدار تو کیست / خردمند و انده‌گسار تو کیست
بخوبی بیارای و فردا مگوی / که کژی پشیمانی آرد بروی
ترا دادم این پادشاهی بدار / بهر جای خیره مکن کارزار
مشو در جوانی خریدار گنج / ببی رنج کس هیچ منمای رنج
مجو ایمنی در سرای فسوس / که گه سندروسست و گاه آبنوس
ز تو نام باید که ماند بلند / نگر دل نداری بگیتی نژند
مرا و ترا روز هم بگذرد / دمت چرخ گردان همی بشمرد
دلت شاد باید تن و جان درست / سه دیگر ببین تا چه بایدت جست
جهان‌آفرین از تو خشنود باد / دل بدسگالت پر از دود باد
چو بشنید پند جهاندار نو / پیاده شد از باره‌ی تیزرو
زمین را ببوسید و بردش نماز / بتابید سر سوی راه دراز
بسی آفرین خواند بر شاه نو / که هر دم فزون باش چون ماه نو
تهمتن دو فرسنگ با او برفت / همی مغزش از رفتن او بتفت
بیاموختش بزم و رزم و خرد / همی خواست کش روز رامش برد
پر از درد از آن جایگه بازگشت / بسوی سراپرده آمد ز دشت
سپهبد فرود آمد از پیل مست / یکی باره‌ی تیزتگ برنشست
گرازان بیامد به پرده‌سرای / سری پر ز باد و دلی پر ز رای
چو رستم بیامد بیاورد می / بجام بزرگ اندر افگند پی
همی گفت شادی ترا مایه بس / بفردا نگوید خردمند کس
کجا سلم و تور و فریدون کجاست / همه ناپدیدند با خاک راست
بپوییم و رنجیم و گنج آگنیم / بدل بر همی آرزو بشکنیم
سرانجام زو بهره خاکست و بس / رهایی نیابد ز او هیچ کس
شب تیره سازیم با جام می / چو روشن شود بشمرد روز پی
بگوییم تا برکشد نای طوس / تبیره برآرند با بوق و کوس

ببینیم تا دست گردان سپهر / بدین جنگ سوی که یازد بمهر
بکوشیم وز کوشش ما چه سود / کز آغاز بود آنچ بایست بود

گفتار اندر رزم فرود سیاوشان

جهانجوی چون شد سرافراز و گرد / سپه را بدشمن نشاید سپرد
سرشک اندر آید بمژگان ز رشک / سرشکی که درمان نداند پزشک
کسی کز نژاد بزرگان بود / به بیشی بماند سترگ آن بود
چو بی‌کام دل بنده باید بدن / بکام کسی داستانها زدن
سپهبد چو خواند ورا دوستدار / نباشد خرد با دلش سازگار
گرش زآرزو بازدارد سپهر / همان آفرینش نخواند بمهر
ورا هیچ خوبی نخواهد به دل / شود آرزوهای او دلگسل
و دیگر کش از بن نباشد خرد / خردمندش از مردمان نشمرد
چو این داستان سربسر بشنوی / ببینی سر مایه‌ی بدخوی
چو خورشید بنمود بالای خویش / نشست از بر تند بالای خویش
بزیر اندر آورد برج بره / چنین تا زمین زرد شد یکسره
تبیره برآمد ز درگاه طوس / همان ناله‌ی بوق و آوای کوس
ز کشور برآمد سراسر خروش / زمین پرخروش و هوا پر ز جوش
از آواز اسپان و گرد سپاه / بشد قیرگون روی خورشید و ماه
ز چاک سلیح و ز آوای پیل / تو گفتی بیاگند گیتی به نیل
هوا سرخ و زرد و کبود و بنفش / ز تابیدن کاویانی درفش
بگردش سواران گودرزیان / میان اندرون اختر کاویان
سپهدار با افسر و گرز و نای / بیامد ز بالای پرده‌سرای
بشد طوس با کاویانی درفش / بپای اندرون کرده زرینه کفش
یکی پیل پیکر درفش از برش / بابر اندر آورده تابان سرش
بزرگان که با طوق و افسر بدند / جهانجوی وز تخم نوذر بدند
برفتند یکسر چو کوهی سیاه / گرازان و تازان بنزدیک شاه

بفرمود تا نامداران گرد / ز لشکر سپهبد سوی شاه برد
چو لشکر همه نزد شاه آمدند / دمان با درفش و کلاه آمدند
بدیشان چنین گفت بیدار شاه / که طوس سپهبد به پیش سپاه
بپایست با اختر کاویان / بفرمان او بست باید میان
بدو داد مهری به پیش سپاه / که سالار اویست و جوینده راه
بفرمان او بود باید همه / کجا بندها زو گشاید همه
بدو گفت مگذر ز پیمان من / نگه‌دار آیین و فرمان من
نیازرد باید کسی را براه / چنینست آیین تخت و کلاه
کشاورز گر مردم پیشه‌ور / کسی کو بلشکر نبندد کمر
نباید که بر وی وزد باد سرد / مکوش ایچ جز با کسی همنبرد
نباید نمودن ببی رنج رنج / که بر کس نماند سرای سپنج
گذر زی کلات ایچ گونه مکن / گر آن ره روی خام گردد سخن
روان سیاوش چو خورشید باد / بدان گیتیش جای امید باد
پسر بودش از دخت پیران یکی / که پیدا نبود از پدر اندکی
برادر به من نیز مانده بود / جوان بود و همسال و فرخنده بود
کنون در کلاتست و با مادرست / جهانجوی با فر و با لشکرست
نداند کسی را ز ایران بنام / ازان سو به نباید کشیدن لگام
سپه دارد و نامداران جنگ / یکی کوه بر راه دشوار و تنگ
همو مرد جنگست و گرد و سوار / بگوهر بزرگ و بتن نامدار
براه بیابان بباید شدن / نه نیکو بود راه شیران زدن
چنین گفت پس طوس با شهریار / که از رای تو نگذرد روزگار
براهی روم کم تو فرمان دهی / نیاید ز فرمان تو جز بهی
سپهبد بشد تیز و برگشت شاه / سوی کاخ با رستم و با سپاه
یکی مجلس آراست با پیلتن / رد و موبد و خسرو رای زن
فراوان سخن گفت ز افراسیاب / ز رنج تن خویش وز درد باب
ز آزردن مادر پارسا / که با ما چه کرد آن بد پرجفا
مرا زی شبانان بی‌مایه داد / ز من کس ندانست نام و نژاد
فرستادم این بار طوس و سپاه / ازین پس من و تو گذاریم راه
جهان بر بداندیش تنگ آوریم / سر دشمنان زیر سنگ آوریم

ورا پیلتن گفت کین غم مدار	به کام تو گردد همه روزگار
وزان روی منزل بمنزل سپاه	همی رفت و پیش‌اندر آمد دو راه
ز یک سو بیابان بی آب و نم	کلات از دگر سوی و راه چرم
بماندند بر جای پیلان و کوس	بدان تا بیاید سپهدار طوس
کدامین پسند آیدش زین دو راه	بفرمان رود هم بران ره سپاه
چو آمد بر سرکشان طوس نرم	سخن گفت ازان راه بی‌آب و گرم
بگودرز گفت این بیابان خشک	اگر گرد عنبر دهد باد مشک
چو رانیم روزی به تندی دراز	بب و بسایش آید نیاز
همان به که سوی کلات و چرم	برانیم و منزل کنیم از میم
چپ و راست آباد و آب روان	بیابان چه جوییم و رنج روان
مرا بود روزی بدین ره گذر	چو گژدهم پیش سپه راهبر
ندیدیم از این راه رنجی دراز	مگر بود لختی نشیب و فراز
بدو گفت گودرز پرمایه شاه	ترا پیش‌رو کرد پیش سپاه
بران ره که گفت او سپه را بران	نباید که آید کسی را زیان
نباید که گردد دل‌آزرده شاه	بد آید ز آزار او بر سپاه
بدو گفت طوس ای گو نامدار	ازین گونه اندیشه در دل مدار
کزین شاه را دل نگردد دژم	سزد گر نداری روان جفت غم
همان به که لشکر بدین سو بریم	بیابان و فرسنگها نشمریم
بدین گفته بودند همداستان	برین بر نزد نیز کس داستان
براندند ازان راه پیلان و کوس	بفرمان و رای سپهدار طوس
پس آگاهی آمد بنزد فرود	که شد روی خورشید تابان کبود
ز نعل ستوران وز پای پیل	جهان شد بکردار دریای نیل
چو بشنید ناکار دیده جوان	دلش گشت پر درد و تیره روان
بفرمود تا هرچ بودش یله	هیونان وز گوسفندان گله
فسیله ببند اندر آرند نیز	نماند ایچ بر کوه و بر دشت چیز
همه پاک سوی سپد کوه برد	ببند اندرون سوی انبوه برد
جریره زنی بود مام فرود	ز بهر سیاوش دلش پر ز دود
بر مادر آمد فرود جوان	بدو گفت کای مام روشن‌روان
از ایران سپاه آمد و پیل و کوس	بپیش سپه در سرافراز طوس

چه گویی چه باید کنون ساختن	نباید که آرد یکی تاختن
جریره بدو گفت کای رزمساز	بدین روز هرگز مبادت نیاز
بایران برادرت شاه نوست	جهاندار و بیدار کیخسروست
ترا نیک داند به نام و گهر	ز هم خون وز مهره‌ی یک پدر
برادرت گر کینه جوید همی	روان سیاوش بشوید همی
گر او کینه جوید همی از نیا	ترا کینه زیباتر و کیمیا
برت را بخفتان رومی بپوش	برو دل پر از جوش و سر پر خروش
به پیش سپاه برادر برو	تو کینخواه نو باش و او شاه نو
که زیبد کز این غم بنالد پلنگ	ز دریا خروشان برآید نهنگ
وگر مرغ با ماهیان اندر آب	بخوانند نفرین به افراسیاب
که اندر جهان چون سیاوش سوار	نبندد کمر نیز یک نامدار
به گردی و مردی و جنگ و نژاد	باورنگ و فرهنگ و سنگ و بداد
بدو داد پیران مرا از نخست	وگر نه ز ترکان همی زن نجست
نژاد تو از مادر و از پدر	همه تاجدار و هم نامور
تو پور چنان نامور مهتری	ز تخم کیانی و کی‌منظری
کمربست باید بکین پدر	بجای آوریدن نژاد و گهر
چنین گفت ازان پس بمادر فرود	کز ایران سخن با که باید سرود
که باید که باشد مرا پایمرد	ازین سرفرازان روز نبرد
کز ایشان ندانم کسی را بنام	نیامد بر من درود و پیام
بدو گفت ز ایدر برو با تخوار	مدار این سخن بر دل خویش خوار
کز ایران که و مه شناسد همه	بگوید نشان شبان و رمه
ز بهرام وز زنگه‌ی شاوران	نشان جو ز گردان و جنگ‌آوران
همیشه سر و نام تو زنده باد	روان سیاوش فروزنده باد
ازین هر دو هرگز نگشتی جدای	کنارنگ بودند و او پادشای
نشان خواه ازین دو گو سرفراز	کز ایشان مرا و ترا نیست راز
سران را و گردنکشان را بخوان	می و خلعت آرای و بالا و خوان
ز گیتی برادر ترا گنج بس	همان کین و آیین به بیگانه کس
سپه را تو باش این زمان پیش رو	تویی کینه‌خواه جهاندار نو
ترا پیش باید بکین ساختن	کمر بر میان بستن و تاختن

بدو گفت رای تو ای شیر زن	درفشان کند دوده و انجمن
چو برخاست آوای کوس از چرم	جهان کرد چون آبنوس از میم
یکی دیده‌بان آمد از دیده‌گاه	سخن گفت با او ز ایران سپاه
که دشت و در و کوه پر لشکرست	تو خورشید گویی ببند اندرست
ز دربند دژ تا بیابان گنگ	سپاهست و پیلان و مردان جنگ
فرود از در دژ فرو هشت بند	نگه کرد لشکر ز کوه بلند
وزان پس بیامد در دژ ببست	یکی باره‌ی تیز رو بر نشست
برفتند پویان تخوار و فرود	جوان را سر بخت بر گرد بود
از افراز چون کژ گردد سپهر	نه تندی بکار آید از بن نه مهر
گزیدند تیغ یکی برز کوه	که دیدار بد یکسر ایران گروه
جوان با تخوار سرایند گفت	که هر چت بپرسم نباید نهفت
کنارنگ وز هرک دارد درفش	خداوند گوپال و زرینه کفش
چو بینی به من نام ایشان بگوی	کسی را که دانی از ایران بروی
سواران رسیدند بر تیغ کوه	سپاه اندر آمد گروها گروه
سپردار با نیزه‌ور سی هزار	همه رزمجوی از در کارزار
سوار و پیاده بزرین کمر	همه تیغ دار و همه نیزه‌ور
ز بس ترگ زرین و زرین درفش	ز گوپال زرین و زرینه کفش
تو گفتی به کان اندرون زر نماند	برآمد یکی ابر و گوهر فشاند
ز بانگ تبیره میان دو کوه	دل کرگس اندر هوا شد ستوه
چنین گفت کاکنون درفش مهان	بگو و مدار ایچ گونه نهان
بدو گفت کان پیل پیکر درفش	سواران و آن تیغهای بنفش
کرا باشد اندر میان سپاه	چنین آلت ساز و این دستگاه
چو بشنید گفتار او را تخوار	چنین داد پاسخ که ای شهریار
پس پشت طوس سپهبد بود	که در کینه پیکار او بد بود
درفشی پش پشت او دیگرست	چو خورشید تابان بدو پیکرست
برادر پدر تست با فر و کام	سپهبد فریبرز کاوس نام
پسش ماه پیکر درفشی بزرگ	دلیران بسیار و گردی سترگ
ورانام گستهم گژدهم خوان	که لرزان بود پیل ازو ز استخوان
پسش گرگ پیکر درفشی دراز	بگردش بسی مردم رزمساز

۴۷۸

بزیر اندرش زنگه‌ی شاوران	دلیران و گردان و کنداوران
درفشی پرستار پیکر چو ماه	تنش لعل و جعد از حریر سیاه
ورا بیژن گیو راند همی	که خون بسمان برفشاند همی
درفشی کجا پیکرش هست ببر	همی بشکند زو میان هژبر
ورا گرد شیدوش دارد بپای	چو کوهی همی اندر آید ز جای
درفش گرازست پیکر گراز	سپاهی کمندافگن و رزم ساز
درفشی کجا پیکرش گاومیش	سپاه از پس و نیزه‌داران ز پیش
چنان دان که آن شهره فرهاد راست	که گویی مگر با سپهرست راست
درفشی کجا پیکرش دیزه گرگ	نشان سپهدار گیو سترگ
درفشی کجا شیر پیکر بزر	که گودرز کشواد دارد بسر
درفشی پلنگست پیکر گراز	پس ریونیزست با کام و ناز
درفشی کجا آهویش پیکرست	که نستوه گودرز با لشکرست
درفشی کجا غرم دارد نشان	ز بهرام گودرز کشوادگان
همه شیرمردند و گرد و سوار	یکایک بگویم درازست کار
چو یک‌یک بگفت از نشان گوان	بپیش فرود آن شه خسروان
مهان و کهان را همه بنگرید	ز شادی رخش همچو گل بشکفید
چو ایرانیان از بر کوهسار	بدیدند جای فرود و تخوار
برآشفت ازیشان سپهدار طوس	فروداشت بر جای پیلان و کوس
چنین گفت کز لشکر نامدار	سواری بباید کنون نیک‌یار
که جوشان شود زین میان گروه	برد اسپ تا بر سر تیغ کوه
ببیند که آن دو دلاور کیند	بران کوه سر بر ز بهر چیند
گر ایدونک از لشکر ما یکیست	زند بر سرش تازیانه دویست
وگر ترک باشند و پرخاش جوی	ببندد کشانش بیارد بروی
وگر کشته آید سپارد بخاک	سزد گر ندارد از آن بیم و باک
ورایدونک باشد ز کارآگاهان	که بشمرد خواهد سپه را نهان
همانجا بدونیم باید زدن	فروهشتن از کوه و باز آمدن
بسالار بهرام گودرز گفت	که این کار بر من نشاید نهفت
روم هرچ گفتی بجای آورم	سر کوه یکسر بپای آورم
بزد اسپ و راند از میان گروه	پراندیشه بنهاد سر سوی کوه

چنین گفت پس نامور با تخوار　　که این کیست کامد چنین خوارخوار
همانانیندیشد از ما همی　　بتندی برآید ببالا همی
بیک باره‌ای برنشسته سمند　　بفتراک بربسته دارد کمند
چنین گفت پس رای‌زن با فرود　　که این را بتندی نباید بسود
بنام و نشانش ندانم همی　　ز گودرزیانش گمانم همی
چو خسرو ز توران بایران رسید　　یکی مغفر شاه شد ناپدید
گمانی همی آن برم بر سرش　　زره تا میان خسروانی برش
ز گودرز دارد همانا نژاد　　یکی لب بپرسش بباید گشاد
چو بهرام بر شد ببالای تیغ　　بغرید برسان غرنده میغ
چه مردی بدو گفت بر کوهسار　　نبینی همی لشکر بیشمار
همی نشنوی ناله‌ی بوق و کوس　　نترسی ز سالار بیدار طوس
فرودش چنین پاسخ آورد باز　　که تندی ندیدی تو تندی مساز
سخن نرم گوی ای جهاندیده مرد　　میارای لب را بگفتار سرد
نه تو شیر جنگی و من گور دشت　　برین گونه بر ما نشاید گذشت
فزونی نداری تو چیزی ز من　　بگردی و مردی و نیروی تن
سر و دست و پای و دل و مغز و هوش　　زبانی سراینده و چشم و گوش
نگه کن بمن تا مرا نیز هست　　اگر هست بیهوده منمای دست
سخن پرسمت گر تو پاسخ دهی　　شوم شاد اگر رای فرخ نهی
بدو گفت بهرام بر گوی هین　　تو بر آسمانی و من بر زمین
فرود آن زمان گفت سالار کیست　　برزم اندرون نامبردار کیست
بدو گفت بهرام سالار طوس　　که با اختر کاویانست و کوس
ز گردان چو گودرز و رهام و گیو　　چو گرگین و شیدوش و فرهاد نیو
چو گستهم و چون زنگه‌ی شاوران　　گرازه سر مرد کنداوران
بدو گفت کز چه ز بهرام نام　　نبردی و بگذاشتی کار خام
ز گودرزیان ما بدوییم شاد　　مرا زو نکردی بلب هیچ یاد
بدو گفت بهرام کای شیرمرد　　چنین یاد بهرام با تو که کرد
چنین داد پاسخ مر او را فرود　　که این داستان من ز مادر شنود
مرا گفت چون پیشت آید سپاه　　پذیره شو و نام بهرام خواه
دگر نامداری ز کنداوران　　کجا نام او زنگه‌ی شاوران

همانند همشیرگان پدر	سزد گر بر ایشان بجویی گذر
بدو گفت بهرام کای نیکبخت	تویی بار آن خسروانی درخت
فرودی تو ای شهریار جوان	که جاوید بادی به روشن‌روان
بدو گفت کری فرودم درست	ازان سرو افگنده شاخی برست
بدو گفت بهرام بنمای تن	برهنه نشان سیاوش بمن
به بهرام بنمود بازو فرود	ز عنبر بگل بر یکی خال بود
کزان گونه بتگر بپرگار چین	نداند نگارید کس بر زمین
بدانست کو از نژاد قباد	ز تخم سیاوش دارد نژاد
برو آفرین کرد و بردش نماز	برآمد ببالای تند و دراز
فرود آمد از اسپ شاه جوان	نشست از بر سنگ روشن‌روان
ببهرام گفت ای سرافراز مرد	جهاندار و بیدار و شیر نبرد
دو چشم من ار زنده دیدی پدر	همانا نگشتی ازین شادتر
که دیدم ترا شاد و روشن‌روان	هنرمند و بینادل و پهلوان
بدان آمدستم بدین تیغ‌کوه	که از نامداران ایران گروه
بپرسم ز مردی که سالار کیست	برزم اندرون نامبردار کیست
یکی سور سازم چنانچون توان	ببینم بشادی رخ پهلوان
ز اسپ و ز شمشیر و گرز و کمر	ببخشم ز هر چیز بسیار مر
وزان پس گرایم به پیش سپاه	بتوران شوم داغدل کینه‌خواه
سزاوار این جستن کین منم	بجنگ آتش تیز برزین منم
سزد گر بگویی تو با پهلوان	که آید برین سنگ روشن‌روان
بباشیم یک هفته ایدر بهم	سگالیم هرگونه از بیش و کم
به هشتم چو برخیزد آوای کوس	بزین اندر آید سپهدار طوس
میان را ببندم بکین پدر	یکی جنگ سازم بدرد جگر
که با شیر جنگ آشنایی دهد	ز نر پر کرگس گوایی دهد
که اندر جهان کینه را زین نشان	نبندد میان کس ز گردنکشان
بدو گفت بهرام کای شهریار	جوان و هنرمند و گرد و سوار
بگویم من این هرچ گفتی بطوس	بخواهش دهم نیز بر دست بوس
ولیکن سپهبد خردمند نیست	سر و مغز او از در پند نیست
هنر دارد و خواسته هم نژاد	نیارد همی بر دل از شاه یاد

۴۸۱

بشورید با گیو و گودرز و شاه	ز بهر فریبرز و تخت و کلاه
همی گوید از تخمه‌ی نوذرم	جهان را بشاهی خود اندر خورم
سزد گر بپیچد ز گفتار من	گراید بتندی ز کردار من
جز از من هرآنکس که آید برت	نباید که بیند سر و مغفرت
که خودکامه مردیست بی تار و پود	کسی دیگر آید نیارد درود
و دیگر که با ما دلش نیست راست	که شاهی همی با فریبرز خواست
مرا گفت بنگر که بر کوه کیست	چو رفتی مپرسش که از بهر چیست
بگرز و بخنجر سخن گوی و بس	چرا باشد این روز بر کوه کس
بمژده من آیم چنو گشت رام	ترا پیش لشکر برم شادکام
وگر جز ز من دیگر آید کسی	نباید بدو بودن ایمن بسی
نیاید بر تو بجز یک سوار	چنینست آیین این نامدار
چو آید ببین تا چه آیدت رای	در دژ ببند و مپرداز جای
یکی گرز پیروزه دسته بزر	فرود آن زمان برکشید از کمر
بدو داد و گفت این ز من یادگار	همی دار تا خودکی آید بکار
چو طوس سپهبد پذیرد خرام	بباشیم روشن‌دل و شادکام
جزین هدیه‌ها باشد و اسپ و زین	بزر افسر و خسروانی نگین
چو بهرام برگشت با طوس گفت	که با جان پاکت خرد باد جفت
بدان کان فرودست فرزند شاه	سیاوش که شد کشته بر بی گناه
نمود آن نشانی که اندر نژاد	ز کاوس دارند و ز کیقباد
ترا شاه کیخسرو اندرز کرد	که گرد فرود سیاوش مگرد
چنین داد پاسخ ستمکاره طوس	که من دارم این لشکر و بوق و کوس
ترا گفتم او را بنزد من آر	سخن هیچگونه مکن خواستار
گر او شهریارست پس من کیم	برین کوه گوید ز بهر چیم
یکی ترک‌زاده چو زاغ سیاه	برین گونه بگرفت راه سپاه
نبینم ز خودکامه گودرزیان	مگر آنک دارد سپه را زیان
بترسیدی از بی‌هنر یک سوار	نه شیر ژیان بود بر کوهسار
سپه دید و برگشت سوی فریب	بخیره سپردی فراز و نشیب
وزان پس چنین گفت با سرکشان	که ای نامداران گردنکشان
یکی نامور خواهم و نامجوی	کز ایدر نهد سوی آن ترک روی

سرش را ببرد بخنجر ز تن	بپیش من آرد بدین انجمن
میان را ببست اندران ریونیز	همی زان نبردش سرآمد قفیز
بدو گفت بهرام کای پهلوان	مکن هیچ برخیره تیره روان
بترس از خداوند خورشید و ماه	دلت را بشرم آور از روی شاه
که پیوند اویست و همزاد اوی	سواریست نام‌آور و جنگ‌جوی
که گر یک سوار از میان سپاه	شود نزد آن پرهنر پور شاه
ز چنگش رهایی نیابد بجان	غم آری همی بر دل شادمان
سپهبد شد آشفته از گفت اوی	نبد پند بهرام یل جفت اوی
بفرمود تا نامبردار چند	بتازند نزدیک کوه بلند
ز گردان فراوان برون تاختند	نبرد وراگردن افراختند
بدیشان چنین گفت بهرام گرد	که این کار یکسر مدارید خرد
بدان کوه سر خویش کیخسروست	که یک موی او به ز صد پهلوست
هران کس که روی سیاوش بدید	نیارد ز دیدار او آرمید
چو بهرام داد از فرود این نشان	ز ره بازگشتند گردنکشان

رزم فرود با ریونیز و کشته شدن ریونیز

بیامد دگرباره داماد طوس	همی کرد گردون برو بر فسوس
ز راه چرم بر سپدکوه شد	دلش پرجفا بود نستوه شد
چو از تیغ بالا فرودش بدید	ز قربان کمان کیان برکشید
چنین گفت با رزم دیده تخوار	که طوس آن سخنها گرفتست خوار
که آمد سواری و بهرام نیست	مرا دل درشتست و پدرام نیست
ببین تا مگر یادت آید که کیست	سراپای در آهن از بهر چیست
چنین داد پاسخ مر او را تخوار	که این ریونیزست گرد و سوار
چهل خواهرستش چو خرم بهار	پسر خود جزین نیست اندر تبار
فریبنده و ریمن و چاپلوس	دلیر و جوانست و داماد طوس
چنین گفت با مرد بینا فرود	که هنگام جنگ این نباید شنود

چو آید به پیکار کنداوران بخوابمش بر دامن خواهران
بدو گر کند باد کلکم گذار اگر زنده ماند بمردم مدار
بتیر اسپ بیجان کنم گر سوار چه گویی تو ای کار دیده تخوار
بدو گفت بر مرد بگشای بر مگر طوس را زو بسوزد جگر
بداند که تو دل بیاراستی که بااو همی آشتی خواستی
چنین با تو بر خیره جنگ آورد همی بر برادرت ننگ آورد
چو از دور نزدیک شد ریونیز بزه برکشید آن خمانیده شیز
ز بالا خدنگی بزد بر برش که بر دوخت با ترگ رومی سرش
بیفتاد و برگشت زو اسپ تیز بخاک اندر آمد سر ریو نیز
ببالا چو طوس از میم بنگرید شد آن کوه بر چشم او ناپدید
چنین داستان زد یکی پرخرد که از خوی بد کوه کیفر برد

رزم فرود با زرسپ

چنین گفت پس پهلوان با زرسپ که بفروز دل را چو آذرگشسپ
سلیح سواران جنگی بپوش بجان و تن خویشتن دار گوش
تو خواهی مگر کین آن نامدار وگرنه نبینم کسی خواستار
زرسپ آمد و ترگ بر سر نهاد دلی پر ز کین و لبی پر ز باد
خروشان باسپ اندر آورد پای بکردار آتش درآمد ز جای
چنین گفت شیر ژیان با تخوار که آمد دگرگون یکی نامدار
ببین تا شناسی که این مرد کیست یکی شهریار است اگر لشکریست
چنین گفت با شاه جنگی تخوار که آمد گه گردش روزگار
که این پور طوسست نامش زرسپ که از پیل جنگی نگرداند اسپ
که جفتست با خواهر ریونیز بکین آمدست این جهانجوی نیز
چو بیند بر و بازوی و مغفرت خدنگی بباید گشاد از برت
بدان تا بخاک اندر آید سرش نگون اندر آید ز باره برش
بداند سپهدار دیوانه طوس که ایدر نبودیم ما بر فسوس

فرود دلاور برانگیخت اسپ   یکی تیر زد بر میان زرسپ
که با کوهه‌ی زین تنش را بدوخت   روانش ز پیکان او برفروخت
بیفتاد و برگشت ازو بادپای   همی شد دمان و دنان باز جای

رزم فرود با توس

خروشی برآمد ز ایران سپاه   زسر برگرفتند گردان کلاه
دل طوس پرخون و دیده پراب   بپوشید جوشن هم اندر شتاب
ز گردان جنگی بنالید سخت   بلرزید برسان برگ درخت
نشست از بر زین چو کوهی بزرگ   که بنهند بر پشت پیلی سترگ
عنان را بپیچید سوی فرود   دلش پر ز کین و سرش پر ز دود
تخوار سراینده گفت آن زمان   که آمد بر کوه کوهی دمان
سپهدار طوسست کامد بجنگ   نتابی تو با کار دیده نهنگ
برو تا در دژ ببندیم سخت   ببینیم تا چیست فرجام بخت
چو فرزند و داماد او را برزم   تبه کردی اکنون میندیش بزم
فرود جوان تیز شد با تخوار   که چون رزم پیش آید و کارزار
چه طوس و چه شیر و چه پیل ژیان   چه جنگی نهنگ و چه ببر بیان
بجنگ اندرون مرد را دل دهند   نه بر آتش تیز بر گل نهند
چنین گفت با شاهزاده تخوار   که شاهان سخن را ندارند خوار
تو هم یک سواری اگر ز آهنی   همی کوه خارا ز بن برکنی
از ایرانیان نامور سی هزار   برزم تو آیند بر کوهسار
نه دژ ماند اینجا نه سنگ و نه خاک   سراسر ز جا اندر آرند پاک
وگر طوس را زین گزندی رسد   به خسرو ز دردش نژندی رسد
بکین پدرت اندر آید شکست   شکستی که هرگز نشایدش بست
بگردان عنان و مینداز تیر   بدژ شو مبر رنج بر خیره‌خیر
سخن هرچ از پیش بایست گفت   نگفت و همی داشت اندر نهفت
ز بی‌مایه دستور ناکاردان   ورا جنگ سود آمد و جان زیان

فرود جوان را دژ آباد بود		بدژ درپرستنده هفتاد بود
همه ماهرویان بباره بدند		چو دیبای چینی نظاره بدند
ازان بازگشتن فرود جوان		ازیشان همی بود تیره‌روان
چنین گفت با شاهزاده تخوار		که گر جست خواهی همی کارزار
نگر نامور طوس را نشکنی		ترا آن به آید که اسپ افگنی
و دیگر که باشد مر او را زمان		نیاید به یک چوبه تیر از کمان
چو آمد سپهبد بر این تیغ کوه		بیاید کنون لشکرش همگروه
ترا نیست در جنگ پایاب اوی		ندیدی براوهای پرتاب اوی
فرود از تخوار این سخنها شنید		کمان را بزه کرد و اندر کشید
خدنگی بر اسپ سپهبد بزد		چنان کز کمان سواران سزد
نگون شد سر تازی و جان بداد		دل طوس پرکین و سر پر ز باد
بلشکر گه آمد بگردن سپر		پیاده پر از گرد و آسیمه سر
گواژه همی زد پس او فرود		که این نامور پهلوان را چه بود
که ایدون ستوه آمد از یک سوار		چگونه چمد در صف کارزار
پرستندگان خنده برداشتند		همی از چرم نعره برداشتند
که پیش جوانی یکی مرد پیر		ز افراز غلتان شد از بیم تیر
سپهبد فرود آمد از کوه سر		برفتند گردان پر اندوه سر
که اکنون تو بازآمدی تندرست		بب مژه رخ نبایست شست
بپیچید زان کار پرمایه گیو		که آمد پیاده سپهدار نیو
چنین گفت کین را خود اندازه نیست		رخ نامداران برین تازه نیست
اگر شهریارست با گوشوار		چه گیرد چنین لشکر کشن خوار
نباید که باشیم همداستان		به هر گونه‌ی کو زند داستان
اگر طوس یک بار تندی نمود		زمانه پرآزار گشت از فرود
همه جان فدای سیاوش کنیم		نباید که این بد فرامش کنیم
زرسپ گرانمایه زو شد بباد		سواری سرافراز نوذرنژاد
بخونست غرقه تن ریونیز		ازین بیش خواری چه بینیم نیز
گرو پور جمست و مغز قباد		بنادانی این جنگ را برگشاد

رزم فرود با گیو

همی گفت و جوشن همی بست گرم — همی بر تنش بر بدرید چرم
نشست از بر اژدهای دژم — خرامان بیامد براه چرم
فرود سیاوش چو او را بدید — یکی باد سرد از جگر برکشید
همی گفت کین لشکر رزمساز — ندانند راه نشیب و فراز
همه یک ز دیگر دلاورترند — چو خورشید تابان بدو پیکرند
ولیکن خرد نیست با پهلوان — سر بی‌خرد چون تن بی‌روان
نباشند پیروز ترسم بکین — مگر خسرو آید بتوران زمین
بکین پدر جمله پشت آوریم — مگر دشمنان را به مشت آوریم
بگوکین سوار سرافراز کیست — که بر دست و تیغش بباید گریست
نگه کرد ز افراز بالا تخوار — ببی دانشی بر چمن رست خار
بدو گفت کین اژدهای دژم — که مرغ از هوا اندر آرد بدم
که دست نیای تو پیران ببست — دو لشکر ز ترکان بهم برشکست
بسی بی‌پدر کرد فرزند خرد — بسی کوه و رود و بیابان سپرد
پدر نیز ازو شد بسی بی‌پسر — بپی بسپرد گردن شیر نر
بایران برادرت را او کشید — بجیحون گذر کرد و کشتی ندید
وراگیو خوانند پیلست و بس — که در رزم دریای نیلست و بس
چو بر زه بشست اندر آری گره — خدنگت نیابد گذر بر زره
سلیح سیاوش بپوشد بجنگ — نترسد ز پیکان تیر خدنگ
بکش چرخ و پیکان سوی اسپ ران — مگر خسته گردد هیون گران
پیاده شود بازگردد مگر — کشان چون سپهبد بگردن سپر
کمان را بزه کرد جنگی فرود — پس آن قبضه‌ی چرخ بر کف بسود
بزد تیر بر سینه‌ی اسپ گیو — فرود آمد از باره برگشت نیو
ز بام سپد کوه خنده بخاست — همی مغز گیو از گواژه بکاست
برفتند گردان همه پیش گیو — که یزدان سپاس ای سپهدار نیو

که اسپ است خسته تو خسته نه‌یی	توان شد دگر بار بسته نه‌یی
برگیو شد بیژن شیر مرد	فراوان سخنها بگفت از نبرد
که ای باب شیراوژن تیزچنگ	کجا پیل با تو نرفتی بجنگ
چرا دید پشت ترا یک سوار	که دست تو بودی بهر کارزار
ز ترکی چنین اسپ خسته بدست	برفتی سراسیمه برسان مست
بدو گفت چون کشته شد بارگی	بدو دادمی سر به یکبارگی
همی گفت گفتارهای درشت	چو بیژن چنان دید بنمود پشت
برآشفت گیو از گشاد برش	یکی تازیانه بزد بر سرش
بدو گفت نشنیدی از رهنمای	که با رزمت اندیشه باید بجای
نه تو مغز داری نه رای و خرد	چنین گفت را کس بکیفر برد
دل بیژن آمد ز تندی بدرد	بدادار دارنده سوگند خورد
که زین را نگردانم از پشت اسپ	مگر کشته آیم بکین زرسپ
وزآنجا بیامد دلی پر ز غم	سری پر ز کینه بر گستهم
کز اسپان تو باره‌ای دستکش	کجا بر خرامد بافراز خوش
بده تا بپوشم سلیح نبرد	یکی تا پدید آید از مردمرد
یکی ترک رفتست بر تیغ کوه	بدین سان نظاره برو بر گروه
چنین داد پاسخ که این نیست روی	ابر خیره گرد بلاها مپوی
زرسپ سپهدار چون ریونیز	سپهبد که گیتی ندارد بچیز
پدرت آنکه پیل ژیان بشکرد	بگردنده گردون همی ننگرد
ازو بازگشتند دل پر ز درد	کس آورد با کوه خارا نکرد
مگر پر کرگس بود رهنمای	وگرنه بران دژ که پوید بپای
بدو گفت بیژن که مشکن دلم	کنون یال و بازو ز هم بگسلم
یکی سخت سوگند خوردم بماه	بدادار گیهان و دیهیم شاه
کزین ترک من برنگردانم اسپ	زمانم سراید مگر چون زرسپ
بدو گفت پس گستهم راه نیست	خرد خود از این تیزی آگاه نیست
جهان پرفراز و نشیبست و دشت	گر ایدونک زینجا بباید گذشت
مرا بارگیر اینک جوشن کشد	دو ماندست اگر زین یکی را کشد
نیابم دگر نیز همتای او	برنگ و تگ و زور و بالای اوی
بدو گفت بیژن بکین زرسپ	پیاده بپویم نخواهم خود اسپ

چنین داد پاسخ بدو گستهم	که مویی نخواهم ز تو بیش و کم
مرا گر بود بارگی ده هزار	همه موی پر از گوهر شاهوار
ندارم بدین از تو آن را دریغ	نه گنج و نه جان و نه اسپ و نه تیغ
برو یک بیک بارگیها ببین	کدامت به آید یکی برگزین
بفرمای تا زین بر آن کت هواست	بسازند اگر کشته آید رواست
یکی رخش بودش بکردار گرگ	کشیده زهار و بلند و سترگ
ز بهر جهانجوی مرد جوان	برو برفگندند بر گستوان
دل گیو شد زان سخن پر ز دود	چو اندیشه کرد از گشاد فرود
فرستاد و مر گستهم را بخواند	بسی داستانهای نیکو براند
فرستاد درع سیاوش برش	همان خسروانی یکی مغفرش
بیاورد گستهم درع نبرد	بپوشید بیژن بکردار گرد
بسوی سپد کوه بنهاد روی	چنانچون بود مردم جنگجوی
چنین گفت شاه جوان با تخوار	که آمد بنوی یکی نامدار

رزم فرود با بیژن

نگه کن ببین تا ورا نام چیست	بدین مرد جنگی که خواهد گریست
بخسرو تخوار سراینده گفت	که این را ز ایران کسی نیست جفت
که فرزند گیوست مردی دلیر	بهر رزم پیروز باشد چو شیر
ندارد جز او گیو فرزند نیز	گرامیترستش ز گنج و ز چیز
تو اکنون سوی بارگی دار دست	دل شاه ایران نشاید شکست
و دیگر که دارد همی آن زره	کجا گیو زد بر میان برگره
برو تیر و ژوپین نیابد گذار	سزد گر پیاده کند کارزار
تو با او بسنده نباشی بجنگ	نگه کن که الماس دارد بچنگ
بزد تیر بر اسپ بیژن فرود	تو گفتی باسپ اندرون جان نبود
بیفتاد و بیژن جدا گشت ازوی	سوی تیغ با تیغ بنهاد روی
یکی نعره زد کای سوار دلیر	بمان تا ببینی کنون رزم شیر

ندانی که بی‌اسپ مردان جنگ	بیایند با تیغ هندی بچنگ
ببینی مرا گر بمانی بجای	به پیکار ازین پس نیایدت رای
چو بیژن همی برنگشت از فرود	فرود اندر آن کار تندی نمود
یکی تیر دیگر بیانداخت شیر	سپر بر سر آورد مرد دلیر
سپر بر درید و زره را نیافت	ازو روی بیژن بپستی نتافت
ازان تند بالا چو بر سر کشید	بزد دست و تیغ از میان برکشید
فرود گرانمایه زو بازگشت	همه باره‌ی دژ پرآواز گشت
دوان بیژن آمد پس پشت اوی	یکی تیغ بد تیز در مشت اوی
به برگستوان بر زد و کرد چاک	گرانمایه اسپ اندر آمد بخاک
به دربند حصن اندر آمد فرود	دلیران در دژ ببستند زود
ز باره فراوان بـبارید سنگ	بدانست کان نیست جای درنگ
خروشید بیژن که ای نامدار	ز مردی پیاده دلیر و سوار
چنین بازگشتی و شرمت نبود	دریغ آن دل و نام جنگی فرود
بیامد بر طوس زان رزمگاه	چنین گفت کای پهلوان سپاه
سزد گر برزم چنین یک دلیر	شود نامبردار یک دشت شیر
اگر کوه خارا ز پیکان اوی	شود آب و دریا بود کان اوی
سپهبد نباید که دارد شگفت	ازین برتر اندازه نتوان گرفت
سپهبد بدارنده سوگند خورد	کزین دژ برآرم بخورشید گرد
بکین زرسپ گرامی سپاه	برآرم بسازم یکی رزمگاه
تن ترک بدخواه بیجان کنم	ز خونش دل سنگ مرجان کنم

اندر خواب دیدن جریره مادر فرود

چو خورشید تابنده شد ناپدید	شب تیره بر چرخ لشکر کشید
دلیران دژدار مردی هزار	ز سوی کلات اندر آمد سوار
در دژ ببستند زین روی تنگ	خروش جرس خاست و آوای زنگ
جریره بتخت گرامی بخفت	شب تیره با درد و غم بود جفت

بخواب آتشی دید کز دژ بلند	برافروختی پیش آن ارجمند
سراسر سپد کوه بفروختی	پرستنده و دژ همی سوختی
دلش گشت پر درد و بیدار گشت	روانش پر از درد و تیمار گشت
بباره برآمد جهان بنگرید	همه کوه پرجوشن و نیزه دید
رخش گشت پرخون و دل پر ز دود	بیامد به بالین فرخ فرود
بدو گفت بیدار گرد ای پسر	که ما را بد آمد ز اختر بسر
سراسر همه کوه پر دشمنست	در دژ پر از نیزه و جوشنست
بمادر چنین گفت جنگی فرود	که از غم چه داری دلت پر ز دود
مرا گر زمانه شدست اسپری	زمانه ز بخشش فزون نشمری
بروز جوانی پدر کشته شد	مرا روز چون روز او گشته شد
بدست گروی آمد او را زمان	سوی جان من بیژن آمد دمان
بکوشم نمیرم مگر غرموار	نخواهم ز ایرانیان زینهار

رزم فرود با ایرانیان و کشته شدن فرود

سپه را همه ترگ و جوشن بداد	یکی ترگ رومی بسر برنهاد
میانرا بخفتان رومی ببست	بیامد کمان کیانی بدست
چو خورشید تابنده بنمود چهر	خرامان برآمد بخم سپهر
ز هر سو برآمد خروش سران	گراییدن گرزهای گران
غو کوس با نالهی کرنای	دم نای سرغین و هندی درای
برون آمد از بارهی دژ فرود	دلیران ترکان هرآنکس که بود
ز گرد سواران و ز گرز و تیر	سر کوه شد همچو دریای قیر
نبد هیچ هامون و جای نبرد	همی کوه و سنگ اسپ را خیره کرد
ازین گونه تا گشت خورشید راست	سپاه فرود دلاور بکاست
فراز و نشیبش همه کشته شد	سربخت مرد جوان گشته شد
بدو خیره ماندند ایرانیان	که چون او ندیدند شیر ژیان
ز ترکان نماند ایچ با او سوار	ندید ایچ تنها رخ کارزار

عنان را بپیچید و تنها برفت / ز بالا سوی دژ خرامید تفت
چو رهام و بیژن کمین ساختند / فراز و نشیبش همی تاختند
چو بیژن پدید آمد اندر نشیب / سبک شد عنان و گران شد رکیب
فرود جوان ترگ بیژن بدید / بزد دست و تیغ از میان برکشید
چو رهام گرد اندر آمد به پشت / خروشان یکی تیغ هندی به مشت
بزد بر سر کتف مرد دلیر / فرود آمد از دوش دستش به زیر
چو از وی جدا گشت بازوی و دوش / همی تاخت اسپ و همی زد خروش
بنزدیک دژ بیژن اندر رسید / بزخمی پی باره‌ی او برید
پیاده خود و چند زان چاکران / تبه گشته از چنگ کنداوران
بدژ در شد و در ببستند زود / شد آن نامور شیر جنگی فرود
بشد با پرستندگان مادرش / گرفتند پوشیدگان در برش
بزاری فگندند بر تخت عاج / نبد شاه را روز هنگام تاج
همه غالیه موی و مشکین کمند / پرستنده و مادر از بن بکند
همی کند جان آن گرامی فرود / همه تخت مویه همه حصن رود
چنین گفت چون لب ز هم برگرفت / که این موی کندن نباشد شگفت
کنون اندر آیند ایرانیان / به تاراج دژ پاک بسته میان
پرستندگان را اسیران کنند / دژ وباره کوه ویران کنند
دل هرک بر من بسوزد همی / ز جانم رخش برفروزد همی
همه پاک بر باره باید شدن / تن خویش را بر زمین بر زدن
کجا بهر بیژن نماند یکی / نمانم من ایدر مگر اندکی
کشنده تن و جان من درد اوست / پرستار و گنجم چه در خورد اوست
بگفت این و رخسارگان کرد زرد / برآمد روانش بتیمار و درد
ببازیگری ماند این چرخ مست / که بازی برآرد به هفتاد دست
زمانی بخنجر زمانی بتیغ / زمانی بباد و زمانی بمیغ
زمانی بدست یکی ناسزا / زمانی خود از درد و سختی رها
زمانی دهد تخت و گنج و کلاه / زمانی غم و رنج و خواری و چاه
همی خورد باید کسی را که هست / منم تنگدل تا شدم تنگدست
اگر خود نزادی خردمند مرد / ندیدی ز گیتی چنین گرم و سرد
بباید به کوری و ناکام زیست / برین زندگانی بباید گریست

سرانجام خاکست بالین اوی / دریغ آن دل و رای و آیین اوی
پرستندگان بر سر دژ شدند / همه خویشتن بر زمین برزدند
یکی آتشی خود جریره فروخت / همه گنجها را بتش بسوخت
یکی تیغ بگرفت زان پس بدست / در خانه‌ی تازی اسپان ببست
شکمشان بدرید و ببرید پی / همی ریخت از دیده خوناب و خوی
بیامد ببالین فرخ فرود / یکی دشنه با او چو آب کبود
دو رخ را بروی پسر بر نهاد / شکم بردرید و برش جان بداد
در دژ بکندند ایرانیان / بغارت ببستند یکسر میان
چو بهرام نزدیک آن باره شد / از اندوه یکسر دلش پاره شد
بایرانیان گفت کین از پدر / بسی خوارتر مرد و هم زارتر
کشنده سیاوش چاکر نبود / ببالینش بر کشته مادر نبود
همه دژ سراسر برافروخته / همه خان و مان کنده و سوخته
بایرانیان گفت کز کردگار / بترسید وز گردش روزگار
ببد بس درازست چنگ سپهر / به بیدادگر برنگردد بمهر
زکیخسرو اکنون ندارید شرم / که چندان سخن گفت با طوس نرم
بکین سیاوش فرستادتان / بسی پند و اندرزها دادتان
ز خون برادر چو آگه شود / همه شرم و آذرم کوته شود
ز رهام وز بیژن تیز مغز / نیاید بگیتی یکی کار نغز
همانگه بیامد سپهدار طوس / براه کلات اندر آورد کوس
چو گودرز و چون گیو کنداوران / ز گردان ایران سپاهی گران
سپهبد بسوی سپدکوه شد / وزانجا بنزدیکی انبوه شد
چو آمد ببالین آن کشته زار / بران تخت با مادر افگنده خوار
بیک دست بهرام پر آب چشم / نشسته ببالین او پر ز خشم
بدست دگر زنگه‌ی شاوران / برو انجمن گشته کنداوران
گوی چون درختی بران تخت عاج / بدیدار ماه و ببالای ساج
سیاوش بد خفته بر تخت زر / ابا جوشن و تیغ و گرز و کمر
برو زار بگریست گودرز و گیو / بزرگان چو گرگین و بهرام نیو
رخ طوس شد پر ز خون جگر / ز درد فرود و ز درد پسر
که تندی پشیمانی آردت بار / تو در بوستان تخم تندی مکار

چنین گفت گودرز با طوس و گیو	همان نامداران و گردان نیو
که تندی نه کار سپهبد بود	سپهبد که تندی کند بد بود
جوانی بدین سان ز تخم کیان	بدین فر و این برز و یال و میان
بدادی بتیزی و تندی بباد	زرسپ آن سپهدار نوذرنژاد
ز تیزی گرفتار شد ریونیز	نبود از بد بخت ما مانده چیز
هنر بی‌خرد در دل مرد تند	چو تیغی که گردد ز زنگار کند
چو چندین بگفتند آب از دو چشم	بباريد و آمد ز تندی بخشم
چنین پاسخ آورد کز بخت بد	بسی رنج وسختی بمردم رسد
بفرمود تا دخمه‌ی شاهوار	بکردند بر تیغ آن کوهسار
نهادند زیراندرش تخت زر	بدیبای زربفت و زرین کمر
تن شاهوارش بیاراستند	گل و مشک و کافور و می خواستند
سرش را بکافور کردند خشک	رخش را بعطر و گلاب و بمشک
نهادند بر تخت و گشتند باز	شد آن شیردل شاه گردن‌فراز
زراسپ سرافراز با ریونیز	نهادند در پهلوی شاه نیز
سپهبد بران ریش کافورگون	بباريد از دیدگان جوی خون
چنینست هرچند مانیم دیر	نه پیل سرافراز ماند نه شیر
دل سنگ و سندان بترسد ز مرگ	رهایی نیابد ازو بار و برگ
سه روزش درنگ آمد اندر چرم	چهارم برآمد ز شیپور دم
سپه برگرفت و بزد نای و کوس	زمین کوه تا کوه گشت آبنوس

رزم بیژن با پلاشان

هرآنکس که دیدی ز توران سپاه	بکشتی تنش را فگندی براه
همه مرزها کرد بی‌تار و پود	همی رفت پیروز تا کاسه‌رود
بدان مرز لشکر فرود آورید	زمین گشت زان خیمه‌ها ناپدید
خبر شد بترکان کز ایران سپاه	سوس کاسه رود اندر آمد براه
ز تران بیامد دلیری جوان	پلاشان بیداردل پهلوان
بیامد که لشکر همی بنگرد	درفش سران را همی بشمرد

بلشکرگه اندر یکی کوه بود   بلند و بیکسو ز انبوه بود
نشسته برو گیو و بیژن بهم   همی رفت هرگونه از بیش و کم
درفش پلاشان ز توران سپاه   بدیدار ایشان برآمد ز راه
چو از دور گیو دلاور بدید   بزد دست و تیغ از میان برکشید
چنین گفت کامد پلاشان شیر   یکی نامداری سواری دلیر
شوم گر سرش را ببرم ز تن   گرش بسته آرم بدین انجمن
بدو گفت بیژن که گر شهریار   مرا داد خلعت بدین کارزار
بفرمان مرا بست باید کمر   برزم پلاشان پرخاشخر
به بیژن چنین گفت گیو دلیر   که مشتاب در چنگ این نره شیر
نباید که با او نتابی بجنگ   کنی روز بر من برین جنگ تنگ
پلاشان چو شیر است در مرغزار   جز از مرد جنگی نجوید شکار
بدو گفت بیژن مرا زین سخن   به پیش جهاندار ننگی مکن
سلیح سیاوش مرا ده بجنگ   پس آنگه نگه کن شکار پلنگ
بدو داد گیو دلیر آن زره   همی بست بیژن زره را گره
یکی باره‌ی تیزرو برنشست   بهامون خرامید نیزه بدست
پلاشان یکی آهو افگنده بود   کبابش بر آتش پراگنده بود
همی خورد و اسپش چران و چمان   پلاشان نشسته به بازو کمان
چو اسپش ز دور اسپ بیژن بدید   خروشی برآورد و اندر دمید
پلاشان بدانست کامد سوار   بیامد بسیچیده‌ی کارزار
یکی بانگ برزد به بیژن بلند   منم گفت شیراوژن و و دیوبند
بگو آشکارا که نام تو چیست   که اختر همی بر تو خواهد گریست
دلاور بدو گفت من بیژنم   برزم اندرون پیل و رویین‌تنم
نیا شیر جنگی پدر گیو گرد   هم اکنون ببینی ز من دستبرد
بروز بلا در دم کارزار   تو بر کوه چون گرگ مردار خواه
همی دود و خاکستر و خون خوری   گه آمد که لشکر بهامون بری
پلاشان بپاسخ نکرد ایچ یاد   برانگیخت آن پیل‌تن را چو باد
سواران بنیزه برآویختند   یکی گرد تیره برانگیختند
سنانهای نیزه بهم برشکست   یلان سوی شمشیر بردند دست
بزخم اندرون تیغ شد لخت لخت   ببودند لرزان چو شاخ درخت

بب اندرون غرقه شد بارگی سرانشان غمی گشت یکبارگی

عمود گران برکشیدند باز دو شیر سرافراز و دو رزمساز

چنین تا برآورد بیژن خروش عمودگران برنهاده بدوش

بزد بر میان پلاشان گرد همه مهره‌ی پشت بشکست خرد

ز بالای اسپ اندر آمد تنش نگون شد بر و مغفر و جوشنش

فرود آمد از باره بیژن چو گرد سر مرد جنگی ز تن دور کرد

سلیح و سر و اسپ آن نامجوی بیاورد و سوی پدر کرد روی

دل گیو بد زان سخن پر ز درد که چون گردد آن باد روز نبرد

خروشان و جوشان بدان دیده‌گاه که تا گرد بیژن کی آید ز راه

همی آمد از راه پور جوان سر و جوشن و اسپ آن پهلوان

بیاورد و بنهاد پیش پدر بدو گفت پیروز باش ای پسر

برفتند با شادمانی ز جای نهادند سر سوی پرده‌سرای

بیاورد پیش سپهبد سرش همان اسپ با جوشن و مغفرش

چنان شاد شد زان سخن پهلوان که گفتی برافشاند خواهد روان

بدو گفت کای پور پشت سپاه سر نامداران و دیهیم شاه

همیشه بزی شاد و برترمنش ز تو دور بادا بد بدکنش

ازان پس خبر شد بافراسیاب که شد مرز توران چو دریای آب

سوی کاسه‌رود اندر آمد سپاه زمین شد ز کین سیاوش سیاه

سپهبد به پیران سالار گفت که خسرو سخن برگشاد از نهفت

مگر کین سخن را پذیره شویم همه با درفش و تبیره شویم

وگرنه ز ایران بیاید سپاه نه خورشید بینیم روشن نه ماه

برو لشکر آور ز هر سو فراز سخنها نباید که گردد دراز

وزین رو برآمد یکی تندباد که کس را ز ایران نبد رزم یاد

یکی ابر تند اندر آمد چو گرد ز سرما همی لب بدندان فسرد

سراپرده و خیمه‌ها گشت یخ کشید از بر کوه بر برف نخ

بیک هفته کس روی هامون ندید همه کشور از برف شد ناپدید

خور و خواب و آرامگه تنگ شد تو گفتی که روی زمین سنگ شد

کسی را نبد یاد روز نبرد همی اسپ جنگی بکشت و بخورد

تبه شد بسی مردم و چارپای یکی را نبد چنگ و بازو بجای

بهشتم برآمد بلند آفتاب / جهان شد سراسر چو دریای آب
سپهبد سپه را همی گرد کرد / سخن رفت چندی ز روز نبرد
که ایدر سپه شد ز تنگی تباه / سزد گر برانیم ازین رزمگاه
مبادا برین بوم و برها درود / کلات و سپدکوه گر کاسه رود
ز گردان سرافراز بهرام گفت / که این از سپهبد نشاید نهفت
تو ما را بگفتار خامش کنی / همی رزم پور سیاوش کنی
مکن کژ ابر خیره بر کار راست / بیک جان نگه کن که چندین بکاست
هنوز از بدی تا چه آیدت پیش / به چرم اندر است این زمان گاومیش
سپهبد چنین گفت کاذرگشسپ / نبد نامورتر ز جنگی زرسپ
بلشکر نگه کن که چون ریونیز / که بینی بمردی و دیدار نیز
نه بر بی‌گنه کشته آمد فرود / نوشته چنین بود بود آنچ بود
مرا جام ازو پر می و شیر بود / جوان را ز بالا سخن تیر بود
کنون از گذشته نیاریم یاد / به بیداد شد کشته او گر بداد
چو خلعت ستد گیو گودرز ز شاه / که آن کوه هیزم بسوزد براه
کنونست هنگام آن سوختن / به آتش سپهری برافروختن
گشاده شود راه لشکر مگر / بباشد سپه را بروبر گذر
بدو گفت گیو این سخن رنج نیست / وگر هست هم رنج بی‌گنج نیست
غمی گشت بیژن بدین داستان / نباشم بدین گفت همداستان
مرا با جوانی نباید نشست / بپیری کمر بر میان تو بست
برنج و بسختی بپروردیم / بگفتار هرگز نیازردیم
مرا برد باید بدین کار دست / نشاید تو با رنج و من با نشست
بدو گفت گیو آنک من ساختم / بدین کار گردن برافراختم
کنون ای پسر گاه آرایشست / نه هنگام پیری و بخشایشست
ازین رفتن من ندار ایچ غم / که من کوه خارا بسوزم به دم
بسختی گذشت از در کاسه‌رود / جهان را همه رنج برف آب بود
چو آمد بران کوه هیزم فراز / ندانست بالا و پهناش باز
ز پیکان تیر آتشی برفروخت / بکوه اندر افگند و هیزم بسوخت
ز آتش سه هفته گذرشان نبود / ز تف زبانه ز باد و ز دود
چهارم سپه برگذشتن گرفت / همان آب و آتش نشستن گرفت

سپهبد چو لشکر برو گرد شد	ز آتش براه گروگرد شد
سپاه اندر آمد چنانچون سزد	همه کوه و هامون سراپرده زد
چنانچون ببایست برساختند	ز هر سو طلایه برون تاختند
گروگرد بودی نشست تژاو	سواری که بودیش با شیر تاو
فسیله بدان جایگه داشتی	چنان کوه تا کوه بگذاشتی
خبر شد که آمد ز ایران سپاه	گله برد باید به یکسو ز راه
فرستاد گردی هم اندر شتاب	بنزدیک چوپان افراسیاب
کبوده بدش نام و شایسته بود	بشایستگی نیز بایسته بود
بدو گفت چون تیره گردد سپهر	تو ز ایدر برو هیچ منمای چهر
نگه کن که چندست ز ایران سپاه	ز گردان که دارد درفش و کلاه
ازیدر بر ایشان شبیخون کنیم	همه کوه در جنگ هامون کنیم
کبوده بیامد چو گرد سیاه	شب تیره نزدیک ایران سپاه
طلایه شب تیره بهرام بود	کمندش سر پیل را دام بود
برآورد اسپ کبوده خروش	ز لشکر برافراخت بهرام گوش
کمان را بزه کرد و بفشارد ران	درآمد ز جای آن هیون گران
یکی تیر بگشاد و نگشاد لب	کبوده نبود ایچ پیدا ز شب
بزد بر کمربند چوپان شاه	همی گشت رنگ کبوده سیاه
ز اسپ اندر افتاد و زنهار خواست	بدو گفت بهرام برگوی راست
که ایدر فرستنده‌ی تو که بود	کرا خواستی زین بزرگان بسود
ببهرام گفت ار دهی زینهار	بگویم ترا هرچ پرسی ز کار
تژاوست شاها فرستنده‌ام	بنزدیک او من پرستنده‌ام
مکش مر مرا تا نمایمت راه	بجایی که او دارد آرامگاه
بدو گفت بهرام با من تژاو	چو با شیر درنده پیکار گاو
سرش را بخنجر ببرید پست	بفتراک زین کیانی ببست
بلشکر گه آورد و بفگند خوار	نه نام‌آوری بد نه گردی سوار
چو خورشید بر زد ز گردون درفش	دم شب شد از خنجر او بنفش
غمی شد دل مرد پرخاشجوی	بدانست کو را بد آمد بروی
برآمد خروش خروس و چکاو	کبوده نیامد بنزد تژاو
سپاهی که بودند با او بخواند	وزان جایگه تیز لشکر براند

۴۹۸

تژاو سپهبد بشد با سپاه — بایران خروش آمد از دیده‌گاه
که آمد سپاهی ز ترکان بجنگ — سپهبد نهنگی درفشی پلنگ
ز گردنکشان پیش او رفت گیو — تنی چند با او ز گردان نیو
برآشفت و نامش بپرسید زوی — چنین گفت کای مرد پرخاشجوی
بدین مایه مردم بجنگ آمدی — ز هامون بکام نهنگ آمدی
بپاسخ چنین گفت کای نامدار — ببینی کنون رزم شیر سوار
بگیتی تژاوست نام مرا — بهر دم برآرند کام مرا
نژادم بگوهر از ایران بدست — ز گردان وز پشت شیران بدست
کنون مرزبانم بدین تخت و گاه — نگین بزرگان و داماد شاه
بدو گفت گیو اینکه گفتی مگوی — که تیره شود زین سخن آبروی
از ایران بتوران که دارد نشست — مگر خوردنش خون بود گر کبست
اگر مرزبانی و داماد شاه — چرا بیشتر زین نداری سپاه
بدین مایه لشکر تو تندی مجوی — بتندی بپیش دلیران مپوی
که این پرهنر نامدار دلیر — سر مرزبان اندر آرد بزیر
گر اایدونک فرمان کنی با سپاه — بایران خرامی بنزدیک شاه
کنون پیش طوس سپهبد شوی — بگویی و گفتار او بشنوی
ستانمت زو خلعت و خواسته — پرستنده و اسپ آراسته
تژاو فریبنده گفت ای دلیر — درفش مرا کس نیارد بزیر
مرا ایدر اکنون نگینست و گاه — پرستنده و گنج و تاج و سپاه
همان مرز و شاهی چو افراسیاب — کس این را ز ایران نبیند بخواب
پرستار وز مادیانان گله — بدشت گروگرد کرده یله
تو این اندکی لشکر من مبین — مراجوی با گرز بر پشت زین
من امروز با این سپاه آن کنم — کزین آمدن تان پشیمان کنم
چنین گفت بیژن بفرخ پدر — که ای نامور گرد پرخاشخر
سرافراز و بیداردل پهلوان — به پیری نه آنی که بودی جوان
ترا با تژاو این همه پند چیست — بترکی چنین مهر و پیوند چیست
همی گرز و خنجر بباید کشید — دل و مغز ایشان بباید درید
برانگیخت اسپ و برآمد خروش — نهادند گوپال و خنجر بدوش
یکی تیره گرد از میان بردمید — بدان سان که خورشید شد ناپدید

جهان شد چو آبار بهمن سیاه	ستاره ندیدند روشن نه ماه
بقلب سپاه اندرون گیو گرد	همی از جهان روشنایی ببرد
بپیش اندرون بیژن تیزچنگ	همی بزمگاه آمدش جای جنگ
وزان سوی با تاج بر سر تژاو	که بودیش با شیر درنده تاو
یلانش همه نیک‌مردان و شیر	که هرگز نشدشان دل از رزم سیر
بسی برنیامد برین روزگار	که آن ترک سیر آمد از کارزار
سه بهره ز توران سپه کشته شد	سربخت آن ترک برگشته شد
همی شد گریزان تژاو دلیر	پسش بیژن گیو برسان شیر
خروشان و جوشان و نیزه بدست	تو گفتی که غرنده شیرست مست
یکی نیزه زد بر میان تژاو	نماند آن زمان با تژاو ایچ تاو
گراینده بدبند رومی زره	بپیچید و بگشاد بند گره
بیفگند نیزه بیازید چنگ	چو بر کوه بر غرم تازد پلنگ
بدان سان که شاهین رباید چکاو	ربود آن گرانمایه تاج تژاو
که افراسیابش بسر برنهاد	نبودی جدا زو بخواب و بیاد
چنین تا در دژ همی تاخت اسپ	پس‌اندرش بیژن چو آذرگشسپ
چو نزدیکی دژ رسید اسپنوی	بیامد خروشان پر از آب روی
که از کین چنین پشت برگاشتی	بدین دژ مرا خوار بگذاشتی
سزد گر ز پس برنشانی مرا	بدین ره بدشمن نمانی مرا
تژاو سرافراز را دل بسوخت	بکردار آتش رخش برفروخت
فراز اسپنوی و تژاو از نشیب	بدو داد در تاختن یک رکیب
پس اندر نشاندش چو ماه دمان	برآمد ز جا باره زیرش دنان
همی تاخت چون گرد با اسپنوی	سوی راه توران نهادند روی
زمانی دوید اسپ جنگی تژاو	نماند ایچ با اسپ و با مرد تاو
تژاو آن زمان با پرستنده گفت	که دشوار کار آمد ای خوب جفت
فروماند این اسپ جنگی ز کار	ز پس بدسگال آمد و پیش غار
اگر دور از ایدر به بیژن رسم	بکام بداندیش دشمن رسم
ترا نیست دشمن بیکبارگی	بمان تا برانم من این بارگی
فرود آمد از اسپ او اسپنوی	تژاو از غم او پر از آب روی
سبکبار شد اسپ و تندی گرفت	پسش بیژن گیو کندی گرفت

چو دید آن رخ ماه‌روی اسپنوی	ز گلبرگ روی و پر از مشک موی
پس پشت خویش اندرش جای کرد	سوی لشکر پهلوان رای کرد
بشادی بیامد بدرگاه طوس	ز درگاه برخاست آوای کوس
که بیدار دل شیر جنگی سوار	دمان با شکار آمد از مرغزار
سپهدار و گردان پرخاشجوی	بویرانی دژ نهادند روی
ازان پس برفتند سوی گله	که بودند بر دشت ترکان یله
گرفتند هر یک کمندی بچنگ	چنانچون بود ساز مردان جنگ
بخم اندر آمد سر بارگی	بیاراست لشکر بیکبارگی
نشستند بر جایگاه تژاو	سواران ایران پر از خشم و تاو
تژاو غمی با دو دیده پرآب	بیامد بنزدیک افراسیاب
چنین گفت کامد سپهدار طوس	ابا لشکری گشن و پیلان کوس
پلاشان و آن نامداران مرد	بخاک اندر آمد سرانشان ز گرد
همه مرز و بوم آتش اندر زدند	فسیله سراسر بهم برزدند
چو بشنید افراسیاب این سخن	غمی گشت و بر چاره افگند بن
بپیران ویسه چنین گفت شاه	که گفتم بیاور ز هر سو سپاه
درنگ آمدت رای از کاهلی	ز پیری گران گشته و بددلی
نه دژ ماند اکنون نه اسپ و نه مرد	نشستن نشاید بدین مرز کرد
بسی خویش و پیوند ما برده گشت	بسی مرد نیک‌اختر آزرده گشت
کنون نیست امروز روز درنگ	جهان گشت بر مرد بیدار تنگ
جهاندار پیران هم اندر شتاب	برون آمد از پیش افراسیاب
ز هر مرز مردان جنگی بخواند	سلیح و درم داد و لشکر براند
چو آمد ز پهلو برون پهلوان	همی نامزد کرد جای گوان
سوی میمنه بارمان و تژاو	سواران که دارند با شیر تاو
چو نستهین گرد بر میسره	کجا شیر بودی بچنگش بره
جهان پر شد از ناله‌ی کرنای	ز غریدن کوس و هندی درای
هوا سربسر سرخ و زرد و بنفش	ز بس نیزه و گونه‌گونه درفش
سپاهی ز جنگ‌آوران صدهزار	نهاده همه سر سوی کارزار
ز دریا بدریا نبود ایچ راه	ز اسپ و ز پیل و هیون و سپاه
همی رفت لشکر گروها گروه	نبد دشت پیدا نه دریا نه کوه

بفرمود پیران که بیره روید / از ایدر سوی راه کوته روید
نباید که یابند خود آگهی / ازین نامداران با فرهی
مگر ناگهان بر سر آن گروه / فرود آرم این گشن لشکر چو کوه
برون کرد کارآگهان ناگهان / همی جست بیدار کار جهان
بتندی براه اندر آورد روی / بسوی گروگرد شد جنگجوی
میان سرخس است نزدیک طوس / ز باورد برخاست آوای کوس
بپیوست گفتار کارآگهان / بپیران بگفتند یک یک نهان
که ایشان همه میگسارند و مست / شب و روز با جام پر می بدست
سواری طلایه ندیدم براه / نه اندیشه‌ی رزم توران سپاه
چو بشنید پیران یلان را بخواند / ز لشکر فراوان سخنها براند
که در رزم ما را چنین دستگاه / نبودست هرگز بایران سپاه
گزین کرد زان لشکر نامدار / سواران شمشیرزن سی‌هزار
برفتند نیمی گذشته ز شب / نه بانگ تبیره نه بوق و جلب
چو پیران سالار لشکر براند / میان یلان هفت فرسنگ ماند
نخستین رسیدند پیش گله / کجا بود بر دشت توران یله
گرفتند بسیار و کشتند نیز / نبود از بد بخت مانند چیز
گله‌دار و چوپان بسی کشته شد / سر بخت ایرانیان گشته شد
وزان جایگه سوی ایران سپاه / برفتند برسان گرد سیاه
همه مست بودند ایرانیان / گروهی نشسته گشاده میان
بخیمه درون گیو بیدار بود / سپهدار گودرز هشیار بود
خروش آمد و بانگ زخم تبر / سراسیمه شد گیو پرخاشخر
ستاده ابر پیش پرده‌سرای / یکی اسپ بر گستوان ور بپای
برآشفت با خویشتن چون پلنگ / ز بافیدن پای آمدش ننگ
بیامد باسپ اندر آورد پای / بکردار باد اندر آمد ز جای
بپرده‌سرای سپهبد رسید / ز گرد سپه آسمان تیره دید
بدو گفت برخیز کامد سپاه / یکی گرد برخاست ز اوردگاه
وزان جایگه رفت نزد پدر / بچنگ اندرون گرزه‌ی گاو سر
همی گشت بر گرد لشکر چو دود / برانگیخت آن را که هشیار بود
یکی جنگ با بیژن افگند پی / که این دشت رزم است گر باغ می

وزان پس بیامد سوی کارزار	بره برشتابید چندی سوار
بدان اندکی برکشیدند نخ	سپاهی ز ترکان چو مور و ملخ
همی کرد گودرز هر سو نگاه	سپاه اندر آمد بگرد سپاه
سراسیمه شد خفته از داروگیر	برآمد یکی ابر بارانش تیر
بزیر سر مست بالین نرم	زبر گرز و گوپال و شمشیر گرم
سپیده چو برزد سر از برج شیر	بلشکر نگه کرد گیو دلیر
همه دشت از ایرانیان کشته دید	سر بخت بیدار برگشته دید
دریده درفش و نگونسار کوس	رخ زندگان تیره چون آبنوس
سپهبد نگه کرد و گردان ندید	ز لشکر دلیران و مردان ندید
همه رزمگه سربسر کشته بود	تنانشان بخون اندر آغشته بود
پسر بی‌پدر شد پدر بی‌پسر	همه لشگر گشن زیر و زبر
به بیچارگی روی برگاشتند	سراپرده و خیمه بگذاشتند
نه کوس و نه لشکر نه بار و بنه	همه میسره خسته و میمنه
ازین گونه لشکر سوی کاسه‌رود	برفتند بی‌مایه و تار و پود
چنین آمد این گنبد تیزگرد	گهی شادمانی دهد گاه درد
سواران توران پس پشت طوس	دلان پر ز کین و سران پر فسوس
همی گرز بارید گویی ز ابر	پس پشت بر جوشن و خود و گبر
نبد کس برزم اندرون پایدار	همه کوه کردند گردان حصار
فرومانده اسپان و مردان جنگ	یکی را نبد هوش و توش و نه هنگ
سپاهی ازین گونه گشتند باز	شده مانده از رزم و راه دراز
ز هامون سپهبد سوی کوه شد	ز پیکار ترکان بی‌اندوه شد
فراوان کم آمد ز ایرانیان	برآمد خروشی بدرد از میان
همه خسته و بسته بد هرک زیست	شد آن کشته بر خسته باید گریست
نه تاج و نه تخت و نه پرده‌سرای	نه اسپ و نه مردان جنگی بپای
نه آباد بوم نه مردان کار	نه آن خستگانرا کسی خواستار
پدر بر پسر چند گریان شده	وزان خستگان چند بریان شده
چنین است رسم جهان جهان	که کردار خویش از تو دارد نهان
همی با تو در پرده بازی کند	ز بیرون ترا بی‌نیازی کند
ز باد آمدی رفت خواهی به گرد	چه دانی که با تو چه خواهند کرد

ببند درازیم و در چنگ آز ندانیم باز آشکارا ز راز
دو بهره ز ایرانیان کشته بود دگر خسته از رزم برگشته بود
سپهبد ز پیکار دیوانه گشت دلش با خرد همچو بیگانه گشت
بلشکرگه اندر می و خوان و بزم سپاه آرزو کرد بر جای رزم
جهاندیده گودرز با پیر سر نه پور و نبیره نه بوم و نه بر
نه آن خستگان را خورش نه پزشک همه جای غم بود و خونین سرشک
جهاندیدگان پیش اوی آمدند شکسته دل و راه‌جوی آمدند
یکی دیدبان بر سر کوه کرد کجا دیدگان سوی انبوه کرد
طلایه فرستاد بر هر سویی مگر یابد آن درد را دارویی
یکی نامداری ز ایرانیان بفرمود تا تنگ بندند میان
دهد شاه را آگهی زین سخن که سالار لشکر چهه افگند بن
چه روز بد آمد بایرانیان سران را ز بخشش سرآمد زیان
رونده بر شاه برد آگهی که تیره شد آن روزگار مهی
چو شاه دلیر این سخنها شنید بجوشید وز غم دلش بردمید
ز کار برادر پر از درد بود بران درد بر درد لشکر فزود
زبان کرد گویا بنفرین طوس شب تیره تا گاه بانگ خروس

نامه کیخسرو به فریبرز کاووس

دبیر خردمند را پیش خواند دل آگنده بودش ز غم برفشاند
یکی نامه بنوشت پر آب چشم ز بهر برادر پر از درد و خشم
بسوی فریبرز کاوس شاه یکی سوی پرمایگان سپاه
سر نامه بود از نخست آفرین چنانچون بود رسم آیین و دین
بنام خداوند خورشید و ماه کجا داد بر نیکوی دستگاه
جهان و مکان و زمان آفرید پی مور و پیل گران آفرید
ازویست پیروزی و زو شکیب بنیک و ببد زو رسد کام و زیب
خرد داد و جان و تن زورمند بزرگی و دیهیم و تخت بلند

رهایی نیابد سر از بند اوی	یکی را همه فر و اورند اوی
یکی را دگر شوربختی دهد	نیاز و غم و درد و سختی دهد
ز رخشنده خورشید تا تیره خاک	همه داد بینم ز یزدان پاک
بشد طوس با کاویانی درفش	ز لشکر چهل مرد زرینه کفش
بتوران فرستادمش با سپاه	برادر شد از کین نخستین تباه
بایران چنو هیچ مهتر مباد	وزین گونه سالار لشکر مباد
دریغا برادر فرود جوان	سر نامداران و پشت گوان
ز کین پدر زار و گریان بدم	بران درد یک چند بریان بدم
کنون بر برادر بباید گریست	ندانم مرا دشمن و دوست کیست
مرو گفتم او را براه چرم	مزن بر کلات و سپدکوه دم
بران ره فرودست و با لشکرست	همان کی نژاد است و کنداور است
نداند که این لشکر از بن کیند	از ایران سپاهند گر خود چیند
ازان کوه جنگ آورد بی‌گمان	فراوان سران را سرآرد زمان
دریغ آنچنان گرد خسرونژاد	که طوس فرومایه دادش بباد
اگر پیش از این او سپهبد بدست	ز کاوس شاه اختر بد بدست
برزم اندرون نیز خواب آیدش	چو بی می‌نشیند شتاب آیدش
هنرها همه هست نزدیک اوی	مبادا چنان جان تاریک اوی
چو این نامه خوانی هم‌اندر شتاب	ز دل دور کن خورد آرام و خواب
سبک طوس را بازگردان بجای	ز فرمان مگرد و مزن هیچ رای
سپهدار و سالار زرینه کفش	تو می باش با کاویانی درفش
سرافراز گودرز ازان انجمن	بهر کار باشد ترا رای زن
مکن هیچ در جنگ جستن شتاب	ز می دور باش و مپیمای خواب
بتندی مجو ایچ رزم از نخست	همی باش تا خسته گردد درست
ترا پیش رو گیو باشد بجنگ	که با فر و برزست و چنگ پلنگ
فرازآور از هر سوی ساز رزم	مبادا که آید ترا رای بزم
نهاد از بر نامه بر مهر شاه	فرستاده را گفت برکش براه
ز رفتن شب و روز ماسای هیچ	بهر منزلی اسپ دیگر بسیج
بیامد فرستاده هم زین نشان	بنزدیک آن نامور سرکشان
بنزد فریبرز شد نامه دار	بدو داد پس نامه‌ی شهریار

فریبرز طوس و یلان را بخواند / ز کار گذشته فراوان براند
همان نامور گیو و گودرز را / سواران و گردان آن مرز را
چو برخواند آن نامه‌ی شهریار / جهان را درختی نو آمد ببار
بزرگان و شیران ایران زمین / همه شاه را خواندند آفرین
بیاورد طوس آن گرامی درفش / ابا کوس و پیلان و زرینه کفش
بنزد فریبرز بردند و گفت / که آمد سزا را سزاوار جفت
همه ساله بخت تو پیروز باد / همه روزگار تو نوروز باد
برفت و ببرد آنک بد نوذری / سواران جنگ‌آور و لشکری
بنزدیک شاه آمد از دشت جنگ / بره‌بر نکرد ایچ‌گونه درنگ
زمین را ببوسید در پیش شاه / نکرد ایچ خسرو بدو در نگاه
بدشنام بگشاد لب شهریار / بران انجمن طوس را کرد خوار
ازان پس بدو گفت کای بدنشان / که کمباد نامت ز گردنکشان
نترسی همی از جهاندار پاک / ز گردان نیامد ترا شرم و باک
نگفتم مرو سوی راه چرم / برفتی و دادی دل من به غم
نخستین بکین من آراستی / نژاد سیاوش را کاستی
برادر سرافراز جنگی فرود / کجا هم چنو در زمانه نبود
بکشتی کسی را که در کارزار / چو تو لشکری خواستی روزکار
وزان پس که رفتی بران رزمگاه / نبودت بجز رامش و بزمگاه
ترا جایگه نیست در شارستان / بزیبد ترا بند و بیمارستان
ترا پیش آزادگان کار نیست / کجا مر ترا رای هشیار نیست
سزاوار مسماری و بند و غل / نه اندر خور تاج و دیهیم و مل
نژاد منوچهر و ریش سپید / ترا داد بر زندگانی امید
وگرنه بفرمودمی تا سرت / بداندیش کردی جدا از برت
برو جاودان خانه زندان توست / همان گوهر بد نگهبان توست
ز پیشش براند و بفرمود بند / به بند از دلش بیخ شادی بکند

نشستن فریبرز کاووس به جای توس نوذران

فریبرز بنهاد بر سر کلاه — که هم پهلوان بود و هم پور شاه
ازان پس بفرمود رهام را — که پیدا کند با گهر نام را
بدو گفت رو پیش پیران خرام — ز من نزد آن پهلوان بر پیام
بگویش که کردار گردان سپهر — همیشه چنین بود پر درد و مهر
یکی را برآرد بچرخ بلند — یکی را کند زار و خوار و نژند
کسی کو بلاجست گرد آن بود — شبیخون نه کردار مردان بود
شبیخون نسازند کنداوران — کسی کو گراید بگرز گران
تو گر با درنگی درنگ آوریم — گرت رای جنگست جنگ آوریم
ز پیش فریبرز رهام گرد — برون رفت و پیغام و نامه ببرد
بیامد طلایه بدیدش براه — بپرسیدش از نام وز جایگاه
بدو گفت رهام جنگی منم — هنرمند و بیدار و سنگی منم
پیام فریبرز کاوس شاه — به پیران رسانم بدین رزمگاه
ز پیش طلایه سواری چو گرد — بیامد سخنها همه یاد کرد
که رهام گودرز زان رزمگاه — بیامد سوی پهلوان سپاه
بفرمود تا پیش اوی آورند — گشاده‌دل و تازه‌روی آورند
سراینده رهام شد پیش اوی — بترس از نهان بداندیش اوی
چو پیران ورا دید بنواختش — بپرسید و بر تخت بنشاختش
برآورد رهام راز از نهفت — پیام فریبرز با او بگفت
چنین گفت پیران برهام گرد — که این جنگ را خرد نتوان شمرد
شما را بد این پیش دستی بجنگ — ندیدیم با طوس رای و درنگ
بمرز اندر آمد چو گرگ سترگ — همی کشت بی‌باک خرد و بزرگ
چه مایه بکشت و چه مایه ببرد — بدو نیک این مرز یکسان شمرد
مکافات این بد کنون یافتند — اگر چند با کینه بشتافتند
کنون گر تویی پهلوان سپاه — چنانچون ترا باید از من بخواه

گر ایدونک یک ماه خواهی درنگ / ز لشکر نیاید سواری بجنگ
وگر جنگ جویی منم برکنار / بیارای و برکش صف کارزار
چو یک مه بدین آرزو بشمرید / که از مرز توران‌زمین بگذرید
برانید لشکر سوی مرز خویش / ببینید یکسر همه ارز خویش
وگرنه بجنگ اندر آرید چنگ / مخواهید زین پس زمان و درنگ
یکی خلعت آراست رهام را / چنانچون بود درخور نام را
بنزد فریبرز رهام گرد / بیاورد نامه چنانچون ببرد
فریبرز چون یافت روز درنگ / بهر سو بیازید چون شیرچنگ
سر بدره‌ها را گشادن گرفت / نهاده همه رای دادن گرفت
کشیدند و لشکر بیاراستند / ز هر چیز لختی بپیراستند
چو آمد سر ماه هنگام جنگ / ز پیمان بگشتند و از نام و ننگ
خروشی برآمد ز هر دو سپاه / برفتند یکسر سوی رزمگاه
ز بس ناله بوق و هندی درای / همی آسمان اندر آمد ز جای
هم از یال اسپان و دست و عنان / ز گوپال و تیغ و کمان و سنان
تو گفتی جهان دام نر اژدهاست / وگر آسمان بر زمین گشت راست
نبد پشه را روزگار گذر / ز بس گرز و تیغ و سنان و سپر
سوی میمنه گیو گودرز بود / رد و موبد و مهتر مرز بود
سوی میسره اشکش تیزچنگ / که دریای خون راند هنگام جنگ
یلان با فریبرز کاوس شاه / درفش از پس پشت در قلبگاه
فریبرز با لشکر خویش گفت / که ما را هنرها شد اندر نهفت
یک امروز چون شیر جنگ آوریم / جهان بر بداندیش تنگ آوریم
کزین ننگ تا جاودان بر سپاه / بخندند همی گرز و رومی کلاه
یکی تیرباران بکردند سخت / چو باد خزانی که ریزد درخت
تو گفتی هوا پر کرگس شدست / زمین از پی پیل پامس شدست
نبد بر هوا مرغ را جایگاه / ز تیر و ز گرز و ز گرد سپاه
درفشیدن تیغ الماس گون / بکردار آتش بگرد اندرون
تو گفتی زمین روی زنگی شدست / ستاره دل پیل جنگی شدست
ز بس نیزه و گرز و شمشیر تیز / برآمد همی از جهان رستخیز
ز قلب سپه گیو شد پیش صف / خروشان و بر لب برآورده کف

ابا نامداران گودرزیان　　کزیشان بدی راه سود و زیان
بتیغ و بنیزه برآویختند　　همی ز آهن آتش فرو ریختند
چو شد رزم گودرز و پیران درشت　　چو نهصد تن از تخم پیران بکشت
چو دیدند لهاک و فرشیدورد　　کزان لشکر گشن برخاست گرد
یکی حمله بردند برسوی گیو　　بران گرزداران و شیران نیو
ببارید تیر از کمان سران　　بران نامداران جوشن‌وران
چنان شد که کس روی کشور ندید　　ز بس کشتگان شد زمین ناپدید
یکی پشت بر دیگری برنگاشت　　نه بگذاشت آن جایگه را که داشت
چنین گفت هومان به فرشیدورد　　که با قلبگه جست باید نبرد
فریبرز باید کزان قلبگاه　　گریزان بیاید ز پشت سپاه
پس آسان بود جنگ با میمنه　　بچنگ آید آن رزمگاه و بنه
برفتند پس تا بقلب سپاه　　بجنگ فریبرز کاوس شاه
ز هومان گریزان بشد پهلوان　　شکست اندر آمد برزم گوان
بدادند گردنکشان جای خویش　　نبودند گستاخ با رای خویش
یکایک بدشمن سپردند جای　　ز گردان ایران نبد کس بپای
بماندند بر جای کوس و درفش　　ز پیکارشان دیده‌ها شد بنفش
دلیران بدشمن نمودند پشت　　ازان کارزار انده آمد بمشت
نگون گشته کوس و درفش و سنان　　نبود ایچ پیدا رکیب از عنان
چو دشمن ز هر سو بانبوه شد　　فریبرز بر دامن کوه شد
برفتند ز ایرانیان هرک زیست　　بران زندگانی بباید گریست
همی بود بر جای گودرز و گیو　　ز لشکر بسی نامبردار نیو
چو گودرز کشواد بر قلبگاه　　درفش فریبرز کاوس شاه
ندید و یلان سپه را ندید　　بکردار آتش دلش بردمید
عنان کرد پیچان براه گریز　　برآمد ز گودرزیان رستخیز
بدو گفت گیو ای سپهدار پیر　　بسی دیده‌ای گرز و گوپال و تیر
اگر تو ز پیران بخواهی گریخت　　بباید بسر بر مرا خاک ریخت
نماند کسی زنده اندر جهان　　دلیران و کارآزموده مهان
ز مردن مرا و ترا چاره نیست　　درنگی تر از مرگ پتیاره نیست
چو پیش آمد این روزگار درشت　　ترا روی بینند بهتر که پشت

بپیچیم زین جایگه سوی جنگ	نیاریم بر خاک کشواد ننگ
ز دانا تو نشنیدی آن داستان	که برگوید از گفته‌ی باستان
که گر دو برادر نهد پشت پشت	تن کوه را سنگ ماند بمشت
تو باشی و هفتاد جنگی پسر	ز دوده ستوده بسی نامور
بخنجر دل دشمنان بشکنیم	وگر کوه باشد ز بن برکنیم
چو گودرز بشنید گفتار گیو	بدید آن سر و ترگ بیدار نیو
پشیمان شد از دانش و رای خویش	بیفشارد بر جایگه پای خویش
گرازه برون آمد و گستهم	ابا برته و زنگه‌ی یل بهم
بخوردند سوگندهای گران	که پیمان شکستن نبود اندران
کزین رزمگه برنتابیم روی	گر از گرز خون اندر آید بجوی
وزان جایگه ران بیفشاردند	برزم اندرون گرز بگذاردند
ز هر سو سپه بیکران کشته شد	زمانه همی بر بدی گشته شد
به بیژن چنین گفت گودرز پیر	کز ایدر برو زود برسان تیر
بسوی فریبرز برکش عنان	بپیش من آر اختر کاویان
مگر خود فریبرز با آن درفش	بیاید کند روی دشمن بنفش
چو بشنید بیژن برانگیخت اسپ	بیامد بکردار آذرگشسپ
بنزد فریبرز و با او بگفت	که ایدر چه داری سپه در نهفت
عنان را چو گردان یکی برگرای	برین کوه سر بر فزون زین مپای
اگر تو نیایی مرا ده درفش	سواران و این تیغهای بنفش
چو بیژن سخن با فریبرز گفت	نکرد او خرد با دل خویش جفت
یکی بانگ برزد به بیژن که رو	که در کار تندی و در جنگ نو
مرا شاه داد این درفش و سپاه	همین پهلوانی و تخت و کلاه
درفش از در بیژن گیو نیست	نه اندر جهان سربسر نیو نیست
یکی تیغ بگرفت بیژن بنفش	بزد ناگهان بر میان درفش
بدو نیمه کرد اختر کاویان	یکی نیمه برداشت گرد از میان
بیامد که آرد بنزد سپاه	چو ترکان بدیدند اختر براه
یکی شیردل لشکری جنگجوی	همه سوی بیژن نهادند روی
کشیدند گوپال و تیغ بنفش	به پیکار آن کاویانی درفش
چنین گفت هومان که آن اخترست	که نیروی ایران بدو اندر است

درفش بنفش ار بچنگ آوریم   جهان جمله بر شاه تنگ آوریم
کمان را بزه کرد بیژن چو گرد   بریشان یکی تیرباران بکرد
سپه یکسر از تیر او دور شد   همی گرگ درنده را سور شد
بگفتند با گیو و با گستهم   سواران که بودند با او بهم
که مان رفت باید بتوران سپاه   ربودن ازیشان همی تاج و گاه
ز گردان ایران دلاور سران   برفتند بسیار نیزه‌وران
بکشتند زیشان فراوان سوار   بیامد ز ره بیژن نامدار
سپاه اندر آمد بگرد درفش   هوا شد ز گرد سواران بنفش
دگر باره از جای برخاستند   بران دشت رزمی نو آراستند
به پیش سپه کشته شد ریونیز   که کاوس را بد چو جان عزیز
یکی تاجور شاه کهتر پسر   نیاز فریبرز و جان پدر
سر و تاج او اندر آمد بخاک   بسی نامور جامه کردند چاک
ازان پس خروشی برآورد گیو   که ای نامداران و گردان نیو
چنویی نبود اندرین رزمگاه   جوان و سرافراز و فرزند شاه
نبیره جهاندار کاوس پیر   سه تن کشته شد زار بر خیره خیر
فرود سیاوش چون ریونیز   بگیتی فزون زین شگفتی چه چیز
اگر تاج آن نارسیده جوان   بدشمن رسد شرم دارد روان
اگر من بجنبم ازین رزمگاه   شکست اندر آید بایران سپاه
نباید که آن افسر شهریار   بترکان رسد در صف کارزار
فزاید بر این ننگها ننگ نیز   ازین افسر و کشتن ریو نیز
چنان بد که بشنید آواز گیو   سپهبد سرافراز پیران نیو
برامد بنوی یکی کارزار   ز لشکر بران افسر نامدار
فراوان ز هر سو سپه کشته شد   سربخت گردنکشان گشته شد
برآویخت چون شیر بهرام گرد   بنیزه بریشان یکی حمله برد
بنوک سنان تاج را برگرفت   دو لشکر بدو مانده اندر شگفت
همی بود زان گونه تا تیره گشت   همی دیده از تیرگی خیره گشت
چنین هر زمانی برآشوفتند   همی بر سر یکدگر کوفتند
ز گودرزیان هشت تن زنده بود   بران رزمگه دیگر افگنده بود
هم از تخمه‌ی گیو چون بیست و پنج   که بودند زیبای دیهیم و گنج

هم از تخم کاوس هفتاد مرد / سواران و شیران روز نبرد
جز از ریونیز آن سر تاجدار / سزد گر نیاید کسی در شمار
چو سیصد تن از تخم افراسیاب / کجا بختشان اندر آمد بخواب
ز خویشان پیران چو نهصد سوار / کم آمد برین روز در کارزار
همان دست پیران بد و روز اوی / ازان اختر گیتی‌افروز اوی
نبد روز پیکار ایرانیان / ازان جنگ جستن سرآمد زمان
از آوردگه روی برگاشتند / همی خستگان خوار بگذاشتند
بدانگه کجا بخت برگشته بود / دمان باره‌ی گستهم کشته بود
پیاده همی رفت نیزه بدست / ابا جوشن و خود برسان مست
چو بیژن بگستهم نزدیک شد / شب آمد همی روز تاریک شد
بدو گفت هین برنشین از پسم / گرامی‌تر از تو نباشد کسم
نشستند هر دو بران بارگی / چو خورشید شد تیره یکبارگی
همه سوی آن دامن کوهسار / گریزان برفتند برگشته کار
سواران ترکان همه شاددل / ز رنج و ز غم گشته آزاددل
بلشکرگه خویش بازآمدند / گرازنده و بزم ساز آمدند
ز گردان ایران برآمد خروش / همی کر شد از ناله‌ی کوس گوش
دوان رفت بهرام پیش پدر / که ای پهلوان یلان سربسر
بدانگه که آن تاج برداشتم / بنیزه بابراندر افراشتم
یکی تازیانه ز من گم شدست / چو گیرند بی‌مایه ترکان بدست
ببهرام بر چند باشد فسوس / جهان پیش چشمم شود آبنوس
نبشته بران چرم نام منست / سپهدار پیران بگیرد بدست
شوم تیز و تازانه بازآورم / اگر چند رنج دراز آورم
مرا این ز اختر بد آید همی / که نامم بخاک اندر آید همی
بدو گفت گودرز پیر ای پسر / همی بخت خویش اندر آری بسر
ز بهر یکی چوب بسته دوال / شوی در دم اختر شوم فال
چنین گفت بهرام جنگی که من / نیم بهتر از دوده و انجمن
بجایی توان مرد کاید زمان / بکژی چرا برد باید گمان
بدو گفت گیو ای برادر مشو / فراوان مرا تازیانه‌ست نو
یکی شوشه‌ی زر بسیم اندر است / دو شیبش ز خوشاب وز گوهرست

فرنگیس چون گنج بگشاد سر	مرا داد چندان سلیح و کمر
من آن درع و تازانه برداشتم	بتوران دگر خوار بگذاشتم
یکی نیز بخشید کاوس شاه	ز زر وز گوهر چو تابنده ماه
دگر پنج دارم همه زرنگار	برو بافته گوهر شاهوار
ترا بخشم این هفت ز ایدر مرو	یکی جنگ خیره میارای نو
چنین گفت با گیو بهرام گرد	که این ننگ را خرد نتوان شمرد
شما را ز رنگ و نگارست گفت	مرا آنک شد نام با ننگ جفت
گر ایدونک تازانه بازآورم	وگر سر ز گوشش بگاز آورم
بر او رای یزدان دگرگونه بود	همان گردش بخت وارونه بود
هرانگه که بخت اندر آید بخواب	ترا گفت دانا نیاید صواب
بزد اسپ و آمد بران رزمگاه	درخشان شده روی گیتی ز ماه
همی زار بگریست بر کشتگان	بران داغ دل بخت‌برگشتگان
تن ریونیز اندران خون و خاک	شده غرق و خفتان برو چاک چاک
همی زار بگریست بهرام شیر	که زار ای جوان سوار دلیر
چو تو کشته اکنون چه یک مشت خاک	بزرگان بایوان تو اندر مغاک
بران کشتگان بر یکایک بگشت	که بودند افگنده بر پهن‌دشت
ازان نامداران یکی خسته بود	بشمشیر ازیشان بجان رسته بود
همی بازدانست بهرام را	بنالید و پرسید زو نام را
بدو گفت کای شیر من زنده‌ام	بر کشتگان خوار افگنده‌ام
سه روزست تا نان و آب آرزوست	مرا بر یکی جامه خواب آرزوست
بشد تیز بهرام تا پیش اوی	بدل مهربان و بتن خویش اوی
برو گشت گریان و رخ را بخست	بدرید پیراهن او را ببست
بدو گفت مندیش کز خستگیست	تبه بودن این ز نابستگیست
چو بستم کنون سوی لشکر شوی	وزین خستگی زود بهتر شوی
یکی تازیانه بدین رزمگاه	ز من گم شدست از پی تاج شاه
چو آن بازیابم بیایم برت	رسانم بزودی سوی لشکرت
وزانجا سوی قلب لشکر شتافت	همی جست تا تازیانه بیافت
میان تل کشتگان اندرون	برآمیخته خاک بسیار و خون
فرود آمد از باره آن برگرفت	وزانجا خروشیدن اندر گرفت

خروش دم مادیان یافت اسپ بجوشید برسان آذرگشسپ
سوی مادیان روی بنهاد تفت غمی گشت بهرام و از پس برفت
همی شد دمان تا رسید اندروی ز ترگ و ز خفتان پر از آب روی
چو بگرفت هم در زمان برنشست یکی تیغ هندی گرفته بدست
چو بفشارد ران هیچ نگذارد پی سوار و تن باره پرخاک و خوی
چنان تنگدل شد بیکبارگی که شمشیر زد بر پی بارگی
وزان جایگه تا بدین رزمگاه پیاده بپیمود چون باد راه
سراسر همه دشت پرکشته دید زمین چون گل و ارغوان کشته دید
همی گفت کاکنون چه سازیم روی بر این دشت بی‌بارگی راه‌جوی
ازو سرکشان آگهی یافتند سواری صد از قلب بشتافتند
که او را بگیرند زان رزمگاه برندش بر پهلوان سپاه
کمان را بزه کرد بهرام شیر بببارید تیر از کمان دلیر
چو تیری یکی در کمان راندی بپیرامنش کس کجا ماندی
ازیشان فراوان بخست و بکشت پیاده نپیچید و ننمود پشت
سواران همه بازگشتند ازوی بنزدیک پیران نهادند روی
چو لشکر ز بهرام شد ناپدید ز هر سو بسی تیر گرد آورید
چو لشکر بیامد بر پهلوان بگفتند با او سراسر گوان
فراوان سخن رفت زان رزمساز ز پیکار او آشکارا و راز
بگفتند کاینت هژبر دلیر پیاده نگردد خود از جنگ سیر
بپرسید پیران که این مرد کیست ازان نامداران ورانام چیست
یکی گفت بهرام شیراوژن است که لشکر سراسر بدو روشن است
برویین چنین گفت پیران که خیز که بهرام را نیست جای گریز
مگر زنده او را بچنگ آوری زمانه براساید از داوری
ز لشکر کسی را که باید ببر کجا نامدارست و پرخاشخر
چو بشنید رویین بیامد دمان نبودش بس اندیشه‌ی بدگمان
بر تیر بنشست بهرام شیر نهاده سپر بر سر و چرخ زیر
یکی تیرباران برویین بکرد که شد ماه تابنده چون لاژورد
چو رویین پیران ز تیرش بخست یلان را همه کند شد پای و دست
بسستی بر پهلوان آمدند پر از درد و تیره‌روان آمدند

که هرگز چنین یک پیاده بجنگ	ز دریا ندیدیم جنگی نهنگ
چو بشنید پیران غمی گشت سخت	بلرزید برسان برگ درخت
نشست از بر باره‌ی تند تاز	همی رفت با او بسی رزمساز
بیامد بدو گفت کای نامدار	پیاده چرا ساختی کارزار
نه تو با سیاوش بتوران بدی	همانا بپرخاش و سوران بدی
مرا با تو نان و نمک خوردن است	نشستن همان مهر پروردن است
نباید که با این نژاد و گهر	بدین شیرمردی و چندین هنر
ز بالا بخاک اندر آید سرت	بسوزد دل مهربان مادرت
بیا تا بسازیم سوگند و بند	براهی که آید دلت را پسند
ازان پس یکی با تو خویشی کنیم	چو خویشی بود رای بیشی کنیم
پیاده تو با لشکری نامدار	نتابی مخور باتنت زینهار
بدو گفت بهرام کای پهلوان	خردمند و بیناو روشن‌روان
مرا حاجت از تو یکی بارگیست	وگر نه مرا جنگ یکبارگیست
بدو گفت پیران که ای نامجوی	ندانی که این رای را نیست روی
ترا این به آید که گفتم سخن	دلیری و بر خیره تندی مکن
ببین تا سواران آن انجمن	نهند این چنین ننگ بر خویشتن
که چندین تن از تخمه‌ی مهتران	ز دیهیم داران و کنداوران
ز پیکار تو کشته و خسته شد	چنین رزم ناگاه پیوسته شد
که جوید گذر سوی ایران کنون	مگر آنک جوشد ورا مغز و خون
اگر نیستی رنج افراسیاب	که گردد سرش زین سخن پرشتاب
ترا بارگی دادمی ای جوان	بدان تات بردی بر پهلوان
برفت او و آمد ز لشکر تژاو	سواری که بودیش با شیر تاو
ز پیران بپرسید و پیران بگفت	که بهرام را از یلان نیست جفت
بمهرش بدادم بسی پند خوب	نمودم بدو راه و پیوند خوب
سخن را نبد بر دلش هیچ راه	همی راه جوید بایران سپاه
بپیران چنین گفت جنگی تژاو	که با مهر جان ترا نیست تاو
شوم گر پیاده بچنگ آرمش	سر اندر زمان زیر سنگ آرمش
بیامد شتابان بدان رزمگاه	کجا بود بهرام یل بی‌سپاه
چو بهرام را دید نیزه بدست	یکی برخروشید چون پیل مست

بدو گفت ازین لشکر نامدار   پیاده یکی مرد و چندین سوار
بایران گرازید خواهی همی   سرت برفرازید خواهی همی
سران را سپردی سر اندر زمان   که آمد که بر تو سرآید زمان
پس آنگه بفرمود کاندر نهید   بتیر و بگرز و بژوپین دهید
برو انجمن شد یکی لشکری   هرانکس که بد از دلیران سری
کمان را بزه کرد بهرام گرد   بتیر از هوا روشنایی ببرد
چو تیر اسپری شد سوی نیزه گشت   چو دریای خون شد همه کوه و دشت
چو نیزه قلم شد بگرز و بتیغ   همی خون چکانید بر تیره میغ
چو رزمش برین گونه پیوسته شد   بتیرش دلاور بسی خسته شد
چو بهرام یل گشت بی‌توش و تاو   پس پشت او اندر آمد تژاو
یکی تیغ زد بر سر کتف اوی   که شیر اندر آمد ز بالا بروی
جدا شد ز تن دست خنجرگزار   فروماند از رزم و برگشت کار
تژاو ستمگاره را دل بسوخت   بکردار آتش رخش برفروخت
بپیچید ازو روی پر درد و شرم   بجوش آمدش در جگر خون گرم

رفتن گیو و بیژن از پس بهرام

چو خورشید تابنده بنمود پشت   دل گیو گشت از برادر درشت
ببیژن چنین گفت کای رهنمای   برادر نیامد همی باز جای
بباید شدن تا وراکار چیست   نباید که بر رفته باید گریست
دلیران برفتند هر دو چو گرد   بدان جای پرخاش و ننگ و نبرد
بدیدار بهرامشان بد نیاز   همی خسته و کشته جستند باز
همه دشت پرخسته و کشته بود   جهانی بخون اندر آغشته بود
دلیران چو بهرام را یافتند   پر از آب و خون دیده بشتافتند
بخاک و بخون اندر افگنده خوار   فتاده ازو دست و برگشته کار
همی ریخت آب از بر چهراوی   پر از خون دو تن دیده از مهر اوی
چو بازآمدش هوش بگشاد چشم   تنش پر ز خون بود و دل پر ز خشم

چنین گفت با گیو کای نامجوی ... مرا چون بپوشی بتابوت روی
تو کین برادر بخواه از تژاو ... ندارد مگر گاو با شیر تاو
مرا دید پیران ویسه نخست ... که با من بدش روزگاری نشست
همه نامداران و گردان چین ... بجستند با من بغاز کین
تن من تژاو جفاپیشه خست ... نکرد ایچ یاد از نژاد و نشست
چو بهرام گرد این سخن یاد کرد ... ببارید گیو از مژه آب زرد
بدادار دارنده سوگند خورد ... بروز سپید و شب لاژورد
که جز ترگ رومی نبیند سرم ... مگر کین بهرام بازآورم
پر از درد و پر کین بزین برنشست ... یکی تیغ هندی گرفته بدست
بدانگه که شد روی گیتی سیاه ... تژاو از طلایه برآمد براه
چو از دور گیو دلیرش بدید ... عنان را بپیچید و دم درکشید
چو دانست کز لشکر اندر گذشت ... ز گردان و گردنکشان دور گشت
سوی او بیفکند پیچان کمند ... میان تژاو اندر آمد به بند
بران اندر آورد و برگشت زود ... پس آسانش از پشت زین در ربود
بخاک اندر افگند خوار و نژند ... فرود آمد و دست کردش به بند
نشست از بر اسپ و او را کشان ... پس اندر همی برد چون بیهشان
چنین گفت با او بخواهش تژاو ... که با من نماند ای دلیر ایچ تاو
چه کردم کزین بی‌شمار انجمن ... شب تیره دوزخ نمودی بمن
بزد بر سرش تازیانه دویست ... بدو گفت کین جای گفتار نیست
ندانی همی ای بد شور بخت ... که در باغ کین تازه کشتی درخت
که بالاش با چرخ همبر بود ... تنش خون خورد بار او سر بود
شکار تو بهرام باید بجنگ ... ببینی کنون زخم کام نهنگ
چنین گفت با گیو جنگی تژاو ... که تو چون عقابی و من چون چکاو
ز بهرام بر بد نبردم گمان ... نه او را بدست من آمد زمان
که من چون رسیدم سواران چین ... ورا کشته بودند بر دشت کین
بران بد که بهرام بیجان شدست ... ز دردش دل گیو پیچان شدست
کشانش بیارد گیو دلیر ... بپیش جگر خسته بهرام شیر
بدو گفت کاینک سر بی‌وفا ... مکافات سازم جفا را جفا
سپاس از جهان‌آفرین کردگار ... که چندان زمان دیدم از روزگار

که تیره‌روان بداندیش تو بپردازم اکنون من از پیش تو
همی کرد خواهش بریشان تژاو همی خواست از کشتن خویش تاو
همی گفت ار ایدونک این کار بود سر من بخنجر بریدن چه سود
یکی بنده باشم روان ترا پرستش کنم گوربان ترا
چنین گفت با گیو بهرام شیر که ای نامور نامدار دلیر
گر ایدونک از وی بمن بد رسید همان روز مرگش نباید چشید
سر پر گناهش روان داد من بمان تا کند در جهان یاد من
برادر چو بهرام را خسته دید تژاو جفا پیشه را بسته دید
خروشید و بگرفت ریش تژاو بریدش سر از تن بسان چکاو
دل گیو زان پس بریشان بسوخت روانش ز غم آتشی برفروخت
خروشی برآورد کاندر جهان که دید این شگفت آشکار و نهان
که گر من کشم ور کشی پیش من برادر بود گر کسی خویش من
بگفت این و بهرام یل جان بداد جهان را چنین است ساز ونهاد
عنان بزرگی هرآنکو بجست نخستین بباید بخون دست شست
اگر خود کشد گر کشندش بدرد بگرد جهان تا توانی مگرد
خروشان بر اسپ تژاوش ببست به بیژن سپرد آنگهی برنشست
بیاوردش از جایگاه تژاو بنزدیک ایران دلش پر ز تاو
چو شد دور زان جایگاه نبرد بکردار ایوان یکی دخمه کرد
بیاگند مغزش بمشک و عبیر تنش را بپوشید چینی حریر
برآیین شاهانش بر تخت عاج بخوابید و آویخت بر سرش تاج
سر دخمه کردند سرخ و کبود تو گفتی که بهرام هرگز نبود
شد آن لشکر نامور سوگوار ز بهرام وز گردش روزگار

گریختن ایرانسپاه از پیران ویسه

چو برزد سر از کوه تابنده شید برآمد سر تاج روز سپید
سپاه پراگنده گردآمدند همی هر کسی داستانها زدند

که چندین ز ایرانیان کشته شد   سربخت سالار برگشته شد
چنین چیره دست ترکان بجنگ   سپه را کنون نیست جای درنگ
بر شاه باید شدن بی‌گمان   ببینیم تا بر چه گردد زمان
اگر شاه را دل پر از جنگ نیست   مرا و تو را جای آهنگ نیست
پسر بی‌پدر شد پدر بی‌پسر   بشد کشته و زنده خسته جگر
اگر جنگ فرمان دهد شهریار   بسازد یکی لشکر نامدار
بیاییم و دلها پر از کین و جنگ   کنیم این جهان بر بداندیش تنگ
برین رای زان مرز گشتند باز   همه دل پر از خون و جان پر گداز
برادر ز خون برادر به درد   زبانشان ز خویشان پر از یاد کرد
برفتند یکسر سوی کاسه رود   روانشان ازان کشتگان پر درود
طلایه بیامد بپیش سپاه   کسی را ندید اندران جایگاه
بپیران فرستاد زود آگهی   کز ایرانیان گشت گیتی تهی
چو بشنید پیران هم اندر زمان   بهر سو فرستاد کارآگهان
چو برگشتن مهتران شد درست   سپهبد روان را ز انده بشست
بیامد بشبگیر خود با سپاه   همی گشت بر گرد آن رزمگاه
همه کوه و هم دشت و هامون و راغ   سراپرده و خیمه بد همچو باغ
بلشکر ببخشید خود برگرفت   ز کار جهان مانده اندر شگفت
که روزی فرازست و روزی نشیب   گهی شاد دارد گهی با نهیب
همان به که با جام مانیم روز   همی بگذرانیم روزی بروز
بدان آگهی نزد افراسیاب   هیونی برافگند هنگام خواب
سپهبد بدان آگهی شاد شد   ز تیمار و درددل آزاد شد
همه لشکرش گشته روشن‌روان   ببستند آیین ره پهلوان
همه جامه‌ی زینت آویختند   درم بر سر او همی ریختند
چو آمد بنزدیکی شهر شاه   سپهبد پذیره شدش با سپاه
برو آفرین کرد و بسیار گفت   که از پهلوانان ترا نیست جفت
دو هفته ز ایوان افراسیاب   همی بر شد آواز چنگ و رباب
سیم هفته پیران چنان کرد رای   که با شادمانی شود باز جای
یکی خلعت آراست افراسیاب   که گر برشماری بگیرد شتاب
ز دینار وز گوهر شاهوار   ز زرین کمرهای گوهرنگار

از اسپان تازی بزرین ستام	ز شمشیر هندی بزرین نیام
یکی تخت پرمایه از عاج و ساج	ز پیروزه مهد و ز بیجاده تاج
پرستار چینی و رومی غلام	پر از مشک و عنبر دو پیروزه جام
بنزدیک پیران فرستاد چیز	ازان پس بسی پندها داد نیز
که با موبدان باش و بیدار باش	سپه را ز دشمن نگهدار باش
نگه کن خردمند کارآگهان	بهرجای بفرست گرد جهان
که کیخسرو امروز با خواستست	بداد و دهش گیتی آراستست
نژاد و بزرگی و تخت و کلاه	چو شد گرد ازین بیش چیزی مخواه
ز برگشتن دشمن ایمن مشو	زمان تا زمان آگهی خواه نو
بجایی که رستم بود پهلوان	تو ایمن بخسپی بپیچد روان
پذیرفت پیران همه پند اوی	که سالار او بود و پیوند اوی
سپهدار پیران و آن انجمن	نهادند سر سوی راه ختن
بپای آمد این داستان فرود	کنون رزم کاموس باید سرود

داستان کاموس کشانی

داستان کاموس کشانی

بنام خداوند خورشید و ماه											که دل را بنامش خرد داد راه
خداوند هستی و هم راستی											نخواهد ز تو کژی و کاستی
خداوند بهرام و کیوان و شید											ازویم نوید و بدویم امید
ستودن مر او را ندانم همی											از اندیشه جان برفشانم همی
ازو گشت پیدا مکان و زمان											پی مور بر هستی او نشان
ز گردنده خورشید تا تیره خاک											دگر باد و آتش همان آب پاک
بهستی یزدان گواهی دهند											روان ترا آشنایی دهند
ز هرچ آفریدست او بی‌نیاز											تو در پادشاهیش گردن فراز
ز دستور و گنجور و از تاج و تخت											ز کمی و بیشی و از ناز و بخت
همه بی‌نیازست و ما بنده‌ایم											بفرمان و رایش سرافگنده‌ایم
شب و روز و گردان سپهر آفرید											خور و خواب و تندی و مهر آفرید
جز او را مدان کردگار بلند											کزو شادمانی و زو مستمند
شگفتی بگیتی ز رستم بس است											کزو داستان بر دل هرکس است
سر مایه‌ی مردی و جنگ ازوست											خردمندی و دانش و سنگ ازوست
بخشکی چو پیل و بدریا نهنگ											خردمند و بینادل و مرد سنگ
کنون رزم کاموس پیش آوریم											ز دفتر بگفتار خویش آوریم

خوار کردن خسرو توس را

چو لشکر بیامد براه چرم											کلات از بر و زیر آب میم
همی یاد کردند رزم فرود											پشیمانی و درد و تیمار بود
همه دل پر از درد و از بیم شاه											دو دیده پر از خون و تن پر گناه
چنان شرمگین نزد شاه آمدند											جگر خسته و پر گناه آمدند

برادرش را کشته بر بی‌گناه　　بدشمن سپرده نگین و کلاه
همه یکسره دست کرده بکش　　برفتند پیشش پرستار فش
بدیشان نگه کرد خسرو بخشم　　دلش پر ز درد و پر از خون دو چشم
بیزدان چنین گفت کای دادگر　　تو دادی مرا هوش و رای و هنر
همی شرم دارم من از تو کنون　　تو آگه‌تری بی‌شک از چند و چون
وگرنه بفرمودمی تا هزار　　زدندی بمیدان پیکار دار
تن طوس را دار بودی نشست　　هرانکس که با او میان را ببست
ز کین پدر بودم اندر خروش　　دلش داشتم پر غم و درد و جوش
کنون کینه نو شد ز کین فرود　　سر طوس نوذر بباید درود
بگفتم که سوی کلات و چرم　　مرو گر فشانند بر سر درم
کزان ره فرودست و با مادرست　　سپهبد نژادست و کنداور است
دمان طوس نامدار ناهوشیار　　چرا برد لشکر بسوی حصار
کنون لاجرم کردگار سپهر　　ز طوس و ز لشکر ببرید مهر
بد آمد بگودرزیان بر ز طوس　　که نفرین برو باد و بر پیل و کوس
همی خلعت و پندها دادمش　　بجنگ برادر فرستادمش
جهانگیر چون طوس نوذر مباد　　چنو پهلوان پیش لشکر مباد
دریغ آن فرود سیاوش دریغ　　که با زور و دل بود و با گرز و تیغ
بسان پدر کشته شد بی‌گناه　　بدست سپهدار من با سپاه
بگیتی نباشد کم از طوس کس　　که او از در بند چاهست و بس
نه در سرش مغز و نه در تنش رگ　　چه طوس فرومایه پیشم چه سگ
ز خون برادر بکین پدر　　همی گشت پیچان و خسته جگر
سپه را همه خوار کرد و براند　　ز مژگان همی خون برخ برفشاند
در بار دادن بریشان ببست　　روانش بمرگ برادر بخست
بزرگان ایران بماتم شدند　　دلیران بدرگاه رستم شدند
بپوزش که این بودنی کار بود　　کرا بود آهنگ رزم فرود
بدانگه کجا کشته شد پور طوس　　سر سرکشان خیره گشت از فسوس
همان نیز داماد او ریونیز　　نبود از بد بخت مانند چیز
که دانست نام و نژاد فرود　　کجا شاه را دل بخواهد شخود
تو خواهشگری کن که برناست شاه　　مگر سر بپیچد ز کین سپاه

نه فرزند کاوس‌کی ریونیز	بجنگ اندرون کشته شد زار نیز
که کهتر پسر بود و پرخاشجوی	دریغ آنچنان خسرو ماهروی
چنین است انجام و فرجام جنگ	یکی تاج یابد یکی گور تنگ

بخشیدن خسرو گناه توس و ایرانیان را

چو شد روی گیتی ز خورشید زرد	بخم اندر آمد شب لاژورد
تهمتن بیامد بنزدیک شاه	ببوسید خاک از در پیشگاه
چنین گفت مر شاه را پیلتن	که بادا سرت برتر از انجمن
بخواهشگری آمدم نزد شاه	همان از پی طوس و بهر سپاه
چنان دان که کس بی‌بهانه نمرد	ازین در سخنها بباید شمرد
و دیگر کزان بدگمان بدسپاه	که فرخ برادر نبد نزد شاه
همان طوس تندست و هشیار نیست	و دیگر که جان پسر خوار نیست
چو در پیش او کشته شد ریونیز	زرسپ آن جوان سرافراز نیز
گر او برفروزد نباشد شگفت	جهانجوی را کین نباید گرفت
بدو گفت خسرو که ای پهلوان	دلم پر ز تیمار شد زان جوان
کنون پند تو داروی جان بود	وگر چه دل از درد پیچان بود
بپوزش بیامد سپهدار طوس	بپیش سپهبد زمین داد بوس
همی آفرین کرد بر شهریار	که نوشه بدی تا بود روزگار
زمین بنده‌ی تاج و تخت تو باد	فلک مایه‌ی فر و بخت تو باد
منم دل پر از غم ز کردار خویش	بغم بسته جان را ز تیمار خویش
همان نیز جانم پر از شرم شاه	زبان پر ز پوزش روان پر گناه
ز پاکیزه جان و فرود و زرسپ	همی برفروزم چو آذرگشسپ
اگر من گنهکارم از انجمن	همی پیچم از کرده‌ی خویشتن
بویژه ز بهرام وز ریونیز	همی جان خویشم نیاید بچیز
اگر شاه خشنود گردد ز من	وزین نامور بی‌گناه انجمن
شوم کین این ننگ بازآورم	سر شیب را برفراز آورم

همه رنج لشکر بتن برنهم	اگر جان ستانم اگر جان دهم
ازین پس بتخت و کله ننگرم	جز از ترک رومی نبیند سرم
ز گفتار او شاد شد شهریار	دلش تازه شد چون گل اندر بهار
چو تاج خور روشن آمد پدید	سپیده ز خم کمان بردمید
سپهبد بیامد بنزدیک شاه	ابا او بزرگان ایران سپاه
بدیشان چنین گفت شاه جهان	که هرگز پی کین نگردد نهان
ز تور و ز سلم اندر آمد سخن	ازان کین پیشین و رزم کهن
چنین ننگ بر شاه ایران نبود	زمین پر ز خون دلیران نبود
همه کوه پر خون گودرزیان	بزنار خونین ببسته میان
همان مرغ و ماهی بریشان بزار	بگرید بدریا و بر کوهسار
از ایران همه دشت تورانیان	سر و دست و پایست و پشت و میان
شما را همه شادمانیست رای	بکینه نجنبد همی دل ز جای
دلیران همه دست کرده بکش	بپیش خداوند خورشیدفش
همه همگنان خاک دادند بوس	چو رهام و گرگین، چو گودرز و طوس
چو خراد با زنگه‌ی شاوران	دگر بیژن و گیو و کنداوران
که ای شاه نیک‌اختر و شیردل	ببرده ز شیران بشمشیر دل
همه یک بیک پیش تو بنده‌ایم	ز تشویر خسرو سرافگنده‌ایم
اگر جنگ فرمان دهد شهریار	همه سرفشانیم در کارزار
سپهدار پس گیو را پیش خواند	بتخت گرانمایگان برنشاند
فراوانش بستود و بنواختش	بسی خلعت و نیکوی ساختش
بدو گفت کاندر جهان رنج من	تو بردی و بی‌بهری از گنج من
نباید که بی رای تو پیل و کوس	سوی جنگ راند سپهدار طوس
بتندی مکن سهمگین کار خرد	که روشن‌روان باد بهرام گرد
ز گفتار بدگوی وز نام و ننگ	جهان کرد بر خویشتن تار و تنگ
درم داد و روزی‌دهان را بخواند	بسی با سپهبد سخنها براند
همان رای زد با تهمتن بران	چنین تا رخ روز شد در نهان

فرستادن خسرو توس را به توران

چو خورشید بر زد سنان از نشیب	شتاب آمد از رفتن با نهیب
سپهبد بیامد بنزدیک شاه	ابا گیو گودرز و چندی سپاه
بدو داد شاه اختر کاویان	بران سان که بودی برسم کیان
ز اختر یکی روز فرخ بجست	که بیرون شدن را کی آید درست
همی رفت با کوس خسرو بدشت	بدان تا سپهبد بدو برگذشت
یکی لشکری همچو کوه سیاه	گذشتند بر پیش بیدار شاه
پس لشکر اندر سپهدار طوس	بیامد بر شه زمین داد بوس
برو آفرین کرد و بر شد خروش	جهان آمد از بانگ اسپان بجوش
یکی ابر بست از بر گرد سم	برآمد خروشیدن گاو دم
ز بس جوشن و کاویانی درفش	شده روی گیتی سراسر بنفش
تو خورشید گفتی به آب اندر است	سپهر و ستاره بخواب اندر است
نهاد از بر پیل پیروزه مهد	همی رفت زین گونه تا رود شهد

پیغام پیران به لشکر ایران

هیونی بکردار باد دمان	بدش نزد پیران هم اندر زمان
که من جنگ را گردن افراخته	سوی رود شهد آمدم ساخته
چو بشنید پیران غمی گشت سخت	فروبست بر پیل ناکام رخت
برون رفت با نامداران خویش	گزیده دلاور سواران خویش
که ایران سپه را ببیند که چیست	سرافراز چندست و با طوس کیست
رده برکشیدند زان سوی رود	فرستاد نزد سپهبد درود
وزین روی لشکر بیاورد طوس	درفش همایون و پیلان و کوس
سپهدار پیران یکی چرپ گوی	ز ترکان فرستاد نزدیک اوی

بگفت آنک من با فرنگیس و شاه — چه کردم ز خوبی بهر جایگاه
ز درد سیاوش خروشان بدم — چو بر آتش تیز جوشان بدم
کنون بار تریاک زهر آمدست — مرا زو همه رنج بهر آمدست
دل طوس غمگین شد از کار اوی — بپیچید زان درد و پیکار اوی
چنین داد پاسخ که از مهر تو — فراوان نشانست بر چهر تو
سر آزاد کن دور شو زین میان — ببند این در بیم و راه زیان
بر شاه ایران شوی با سپاه — مکافات یابی به نیکی ز شاه
بایران ترا پهلوانی دهد — همان افسر خسروانی دهد
چو یاد آیدش خوب کردار تو — دلش رنجه گردد ز تیمار تو
چنین گفت گودرز و گیو و سران — بزرگان و تیمارکش مهتران
سراینده‌ی پاسخ آمد چو باد — بنزدیک پیران ویسه نژاد
بگفت آنچ بشنید با پهلوان — ز طوس و ز گودرز روشن‌روان
چنین داد پاسخ که من روز و شب — بیاد سپهبد گشایم دو لب
شوم هرچ هستند پیوند من — خردمند کو بشنود پند من
بایران گذارم بر و بوم و رخت — سر نامور بهتر از تاج و تخت
وزین گفتنها بود مغزش تهی — همی جست نو روزگار بهی
هیونی برافگند هنگام خواب — فرستاد نزدیک افراسیاب
کزایران سپاه آمد و پیل و کوس — همان گیو و گودرز و رهام و طوس
فراوان فریبش فرستاده‌ام — ز هر گونه‌ای بندها داده‌ام
سپاهی ز جنگاوران برگزین — که بر زین شتابش بیاید ز کین
مگر بومشان از بنه برکنیم — بتخت و بگنج آتش اندر زنیم
وگر نه ز کین سیاوش سپاه — نیاساید از جنگ هرگز نه شاه
چو بشنید افراسیاب این سخن — سران را بخواند از همه انجمن
یکی لشکری ساخت افراسیاب — که تاریک شد چشمه‌ی آفتاب
دهم روز لشکر بپیران رسید — سپاهی کزو شد زمین ناپدید
چو لشکر بیاسود روزی بداد — سپه برگرفت و بنه برنهاد
ز پیمان بگردید وز یاد عهد — بیامد دمان تا لب رود شهد
طلایه بیامد بنزدیک طوس — که بربند بر کوهه‌ی پیل کوس
که پیران نداند سخن جز فریب — چو داند که تنگ اندر آمد نهیب

درفش جفا پیشه آمد پدید	سپه بر لب رود صف برکشید
بیاراست لشکر سپهدار طوس	بهامون کشیدند پیلان و کوس
دو رویه سپاه اندر آمد چو کوه	سواران ترکان و ایران گروه
چنان شد ز گرد سپاه آفتاب	که آتش برآمد ز دریای آب
درخشیدن تیغ و ژوپین و خشت	تو گفتی شب اندر هوا لاله کشت
ز بس ترگ زرین و زرین سپر	ز جوشن سواران زرین کمر
برآمد یکی ابر چون سندروس	زمین گشت از گرد چون آبنوس
سر سروران زیر گرز گران	چو سندان شد و پتک آهنگران
ز خون رود گفتی میستان شدست	ز نیزه هوا چون نیستان شدست
بسی سر گرفتار دام کمند	بسی خوار گشته تن ارجمند
کفن جوشن و بستر از خون و خاک	تن نازدیده بشمشیر چاک
زمین ارغوان و زمان سندروس	سپهر و ستاره پرآوای کوس
اگر تاج جوید جهانجوی مرد	وگر خاک گردد بروز نبرد
بناکام می‌رفت باید ز دهر	چه زو بهر تریاک یابی چه زهر
ندانم سرانجام و فرجام چیست	برین رفتن اکنون بباید گریست
یکی نامداری بد ارژنگ نام	بابر اندر آورده از جنگ نام
برآورد از دشت آورد گرد	از ایرانیان جست چندی نبرد
چو از دور طوس سپهبد بدید	بغرید و تیغ از میان برکشید
بپور زره گفت نام تو چیست	ز ترکان جنگی ترا یار کیست
بدو گفت ارژنگ جنگی منم	سرافراز و شیر درنگی منم
کنون خاک را از تو رخشان کنم	بوردگه برسرافشان کنم
چو گفتار پور زره شد ببن	سپهدار ایران شنید این سخن
بپاسخ ندید ایچ رای درنگ	همان آبداری که بودش بچنگ
بزد بر سر و ترگ آن نامدار	تو گفتی تنش سر نیاورد بار
برآمد ز ایران سپه بوق و کوس	که پیروز بادا سرافراز طوس
غمی گشت پیران ز توران سپاه	ز ترکان تهی ماند آوردگاه
دلیران توران و کنداوران	کشیدند شمشیر و گرز گران
که یکسر بکوشیم و جنگ آوریم	جهان بر دل طوس تنگ آوریم
چنین گفت هومان که امروز جنگ	بسازید و دل را مدارید تنگ

گر ایدونک زیشان یکی نامور	ز لشکر برارد به پیکار سر
پذیره فرستیم گردی دمان	ببینیم تا بر که گردد زمان
وزیشان بتندی نجویید جنگ	بباید یک امروز کردن درنگ
بدانگه که لشکر بجنبد ز جای	تبیره برآید ز پرده‌سرای
همه یکسره گرزها برکشیم	یکی از لب رود برتر کشیم
بانبوه رزمی بسازیم سخت	اگر یار باشد جهاندار و بخت

نبرد توس با هومان ویسه

باسپ عقاب اندر آورد پای	برانگیخت آن بارگی را ز جای
تو گفتی یکی باره‌ی آهنست	وگر کوه البرز در جوشنست
به پیش سپاه اندر آمد بجنگ	یکی خشت رخشان گرفته بچنگ
بجنبید طوس سپهبد ز جای	جهان پر شد از ناله‌ی کر نای
بهومان چنین گفت کای شوربخت	ز پالیز کین برنیامد درخت
نمودم بارژنگ یک دست برد	که بود از شما نامبردار و گرد
تو اکنون همانا بکین آمدی	که با خشت بر پشت زین آمدی
بجان و سر شاه ایران سپاه	که بی‌جوشن و گرز و رومی کلاه
بجنگ تو آیم بسان پلنگ	که از کوه یازد بنخچیر چنگ
ببینی تو پیکار مردان مرد	چو آورد گیرم بدشت نبرد
چنین پاسخ آورد هومان بدوی	که بیشی نه خوبست بیشی مجوی
گر ایدونک بیچاره‌ای را زمان	بدست تو آمد مشو در گمان
بجنگ من ارژنگ روز نبرد	کجا داشتی خویشتن را بمرد
دلیران لشکر ندارند شرم	نجوشد یکی را برگ خون گرم
که پیکار ایشان سپهبد کند	برزم اندرون دستشان بد کند
کجا بیژن و گیو آزادگان	جهانگیر گودرز کشوادگان
تو گر پهلوانی ز قلب سپاه	چرا آمدستی بدین رزمگاه
خردمند بیگانه خواند ترا	هشیوار دیوانه خواند ترا

تو شو اختر کاویانی بدار	سپهبد نیاید سوی کارزار
نگه کن که خلعت کرا داد شاه	ز گردان که جوید نگین و کلاه
بفرمای تا جنگ شیر آورند	زبردست را دست زیر آورند
اگر تو شوی کشته بر دست من	بد آید بدان نامدار انجمن
سپاه تو بی‌یار و بیجان شوند	اگر زنده مانند پیچان شوند
و دیگر که گر بشنوی گفت راست	روان و دلم بر زبانم گواست
که پر درد باشم ز مردان مرد	که پیش من آیند روز نبرد
پس از رستم زال سام سوار	ندیدم چو تو نیز یک نامدار
پدر بر پدر نامبردار و شاه	چو تو جنگجویی نیاید سپاه
تو شو تا ز لشکر یکی نامجوی	بیاید بروی اندر آریم روی
بدو گفت طوس ای سرافراز مرد	سپهبد منم هم سوار نبرد
تو هم نامداری ز توران سپاه	چرا رای کردی بوردگاه
دلت گر پذیرد یکی پند من	بجویی بدین کار پیوند من
کزین کینه تا زنده ماند یکی	نیاسود خواهد سپاه اندکی
تو با خویش وپیوند و چندین سوار	همه پهلوان و همه نامدار
بخیره مده خویشتن را بباد	بباید که پند من آیدت یاد
سزاوار کشتن هرآنکس که هست	بمان تا بیازند بر کینه دست
کزین کینه مرد گنهکار هیچ	رهایی نیابد خرد را مپیچ
مرا شاه ایران چنین داد پند	که پیران نباید که یابد گزند
که او ویژه پروردگار منست	جهاندیده و دوستدار منست
به بیداد بر خیره با او مکوش	نگه کن که دارد بپند تو گوش
چنین گفت هومان به بیداد و داد	چو فرمان دهد شاه فرخ نژاد
بران رفت باید ببیچارگی	سپردن بدو دل بیکبارگی
همان رزم پیران نه بر آرزوست	که او راد و آزاده و نیک خوست
بدین گفت و گوی اندرون بود طوس	که شد گیو را روی چون سندروس
ز لشکر بیامد بکردار باد	چنین گفت کای طوس فرخ نژاد
فریبنده هومان میان دو صف	بیامد دمان بر لب آورده کف
کنون با تو چندین چه گوید براز	میان دو صف گفت و گوی دراز
سخن جز بشمشیر با او مگوی	مجوی از در آشتی هیچ روی

چو بشنید هومان برآشفت سخت چنین گفت با گیو بیدار بخت
ایا گم شده بخت آزادگان که گم باد گودرز کشوادگان
فراوان مرا دیده‌ای روز جنگ بوردگه تیغ هندی بچنگ
کس از تخم کشواد جنگی نماند که منشور تیغ مرا برنخواند
ترا بخت چون روی آهرمنست بخان تو تا جاودان شیونست
اگر من شوم کشته بر دست طوس نه برخیزد آیین گوپال و کوس
بجایست پیران و افراسیاب بخواهد شدن خون من رود آب
نه گیتی شود پاک ویران ز من سخن راند باید بدین انجمن
وگر طوس گردد بدستم تباه یکی ره نیابند ز ایران سپاه
تو اکنون بمرگ برادر گری چه با طوس نوذر کنی داوری
بدو گفت طوس این چه آشفتنست بدین دشت پیکار تو با منست
بیا تا بگردیم و کین آوریم بجنگ ابروان پر ز چین آوریم
بدو گفت هومان که دادست مرگ سری زیر تاج و سری زیر ترگ
اگر مرگ باشد مرا بی‌گمان بوردگه به که آید زمان
بدست سواری که دارد هنر سپهبدسر و گرد و پرخاشخر
گرفتند هر دو عمود گران همی حمله برد آن برین این بران
ز می گشت گردان و شد روز تار یکی ابر بست از بر کارزار
تو گفتی شب آمد بریشان بروز نهان گشت خورشید گیتی فروز
ازان چاک چاک عمود گران سرانشان چو سندان آهنگران
بابر اندرون بانگ پولاد خاست بدریای شهد اندرون باد خاست
ز خون بر کف شیر کفشیر بود همه دشت پر بانگ شمشیر بود
خم آورد رویین عمود گران شد آهن به کردار چاچی کمان
تو گفتی که سنگ است سر زیر ترگ سیه شد ز خم یلان روی مرگ
گرفتند شمشیر هندی بچنگ فرو ریخت آتش ز پولاد و سنگ
ز نیروی گردنکشان تیغ تیز خم آورد و در زخم شد ریز ریز
همه کام پرخاک و پر خاک سر گرفتند هر دو دوال کمر
ز نیروی گردان گران شد رکیب یکی را نیامد سر اندر نشیب
سپهبد ترکش آورد چنگ کمان را بزه کرد و تیغ خدنگ
بران نامور تیرباران گرفت چپ و راست جنگ سواران گرفت

ز پولاد پیکان و پر عقاب　　سپر کرد بر پیش روی آفتاب
جهان چون ز شب رفته دو پاس گشت　　همه روی کشور پر الماس گشت
ز تیر خدنگ اسپ هومان بخست　　تن بارگی گشت با خاک پست
سپر بر سر آورد و ننمود روی　　نگه داشت هومان سر از تیر اوی
چو او را پیاده بران رزمگاه　　بدیدند گفتند توران سپاه
که پردخت ماند کنون جای اوی　　ببردند پرمایه بالای اوی
چو هومان بران زین توزی نشست　　یکی تیغ بگرفت هندی بدست
که آید دگر باره بر جنگ طوس　　شد از شب جهان تیره چون آبنوس
همه نامداران پرخاشجوی　　یکایک بدو در نهادند روی
چو شد روز تاریک و بیگاه گشت　　ز جنگ یلان دست کوتاه گشت
بپیچید هومان جنگی عنان　　سپهبد بدو راست کرده سنان
بنزدیک پیران شد از رزمگاه　　خروشی برآمد ز توران سپاه
ز تو خشم گردنکشان دور باد　　درین جنگ فرجام ما سور باد
که چون بود رزم تو ای نامجوی　　چو با طوس روی اندر آمد بروی
همه پاک ما دل پر از خون بدیم　　جز ایزد نداند که ما چون بدیم
بلشکر چنین گفت هومان شیر　　که ای رزم دیده سران دلیر
چو روشن شود تیره شب روز ماست　　که این اختر گیتی افروز ماست
شما را همه شادکامی بود　　مرا خوبی و نیکنامی بود
ز لشکر همی برخروشید طوس　　شب تیره تا گاه بانگ خروس
همی گفت هومان چه مرد منست　　که پیل ژیان هم نبرد منست
چو چرخ بلند از شبه تاج کرد　　شمامه پراگند بر لاژورد
طلایه ز هر سو برون تاختند　　بهر پرده‌ای پاسبان ساختند
چو برزد سر از برج خرچنگ شید　　جهان گشت چون روی رومی سپید
تبیره برآمد ز هر دو سرای　　جهان شد پر از ناله‌ی کر نای
هوا تیره گشت از فروغ درفش　　طبر خون و شبگون و زرد و بنفش
کشیده همه تیغ و گرز و سنان　　همه جنگ را گرد کرده عنان
تو گفتی سپهر و زمان و زمین　　بپوشد همی چادر آهنین
بپرده درون شد خور تابناک　　ز جوش سواران و از گرد و خاک
ز هرای اسپان و آوای کوس　　همی آسمان بر زمین داد بوس

سپهدار هومان دمان پیش صف　　یکی خشت رخشان گرفته بکف
همی گفت چون من برایم بجوش　　برانگیزم اسپ و برارم خروش
شما یک بیک تیغها برکشید　　سپرهای چینی بسر در کشید
مبینید جز یال اسپ و عنان　　نشاید کمان و نباید سنان
عنان پاک بر یال اسپان نهید　　بدانسان که آید خورید و دهید
بپیران چنین گفت کای پهلوان　　تو بگشای بند سلیح گوان
ابا گنج دینار جفتی مکن　　ز بهر سلیح ایچ زفتی مکن
که امروز گردیم پیروزگر　　بیابد دل از اختر نیک بر
وزین روی لشکر سپهدار طوس　　بیاراست برسان چشم خروش
بروبر یلان آفرین خواندند　　ورا پهلوان زمین خواندند
که پیروزگر بود روز نبرد　　ز هومان ویسه برآورد گرد
سپهبد بگودرز کشواد گفت　　که این راز بر کس نباید نهفت
اگر لشکر ما پذیره شوند　　سواران بدخواه چیره شوند
همه دست یکسر بیزدان زنیم　　منی از تن خویش بفگنیم
مگر دست گیرد جهاندار ما　　وگر نه بد است اختر کار ما
کنون نامداران زرینه کفش　　بباشید با کاویانی درفش
ازین کوه پایه مجنبید هیچ　　نه روز نبرد است و گاه بسیچ
همانا که از ما بهر یک دویست　　فزونست بدخواه اگر بیش نیست
بدو گفت گودرز اگر کردگار　　بگرداند از ما بد روزگار
به بیشی و کمی نباشد سخن　　دل و مغز ایرانیان بد مکن
اگر بد بود بخشش آسمان　　بپرهیز و بیشی نگردد زمان
تو لشکر بیارای و از بودنی　　روان را مکن هیچ بشخودنی
بیاراست لشکر سپهدار طوس　　بپیلان جنگی و مردان و کوس
پیاده سوی کوه شد با بنه　　سپهدار گودرز بر میمنه
رده برکشیده همه یکسره　　چو رهام گودرز بر میسره
ز نالیدن کوس با کرنای　　همی آسمان اندر آمد ز جای
دل چرخ گردان بدو چاک شد　　همه کام خورشید پرخاک شد
چنان شد که کس روی هامون ندید　　ز بس گرد کز رزمگه بردمید
ببارید الماس از تیره میغ　　همی آتش افروخت از گرز و تیغ

سنانهای رخشان و تیغ سران / درفش از بر و زیر گرز گران
هوا گفتی از گرز و از آهنست / زمین یکسر از نعل در جوشنست
چو دریای خون شد همه دشت و راغ / جهان چون شب و تیغها چون چراغ
ز بس نالهٔ کوس با کرنای / همی کس ندانست سر را ز پای
سپهبد به گودرز گفت آن زمان / که تاریک شد گردش آسمان
مرا گفته بود این ستاره‌شناس / که امروز تا شب گذشته سه پاس
ز شمشیر گردان چو ابر سیاه / همی خون فشاند بوردگاه
سرانجام ترسم که پیروزگر / نباشد مگر دشمن کینه ور
چو شیدوش و رهام و گستهم و گیو / زره‌دار خراد و برزین نیو
ز صف در میان سپاه آمدند / جگر خسته و کینه‌خواه آمدند
بابر اندر آمد ز هر سو غریو / بسان شب تار و انبوه دیو
وزان روی هومان بکردار کوه / بیاورد لشکر همه همگروه
وزان پس گزیدند مردان مرد / که بردشت سازند جای نبرد
گرازه سر گیوگان با نهل / دو گرد گرانمایه‌ی شیردل
چو رهام گودرز و فرشیدورد / چو شیدوش و لهاک شد هم نبرد
ابا بیژن گیو کلباد را / که بر هم زدی آتش و باد را
ابا شطرخ نامور گیو را / دو گرد گرانمایه‌ی نیو را
چو گودرز و پیران و هومان و طوس / نبد هیچ پیدا درنگ و فسوس
چنین گفت هومان که امروز کار / نباید که چون دی بود کارزار
همه جان شیرین بکف برنهید / چو من برخروشم دمید و دهید
تهی کرد باید ازیشان زمین / نباید که آیند زین پس بکین
بپیش اندر آمد سپهدار طوس / پیاده بیاورد و پیلان و کوس
صفی برکشیدند پیش سوار / سپردار و ژوپین‌ور و نیزه‌دار
مجنبید گفت ایچ از جای خویش / سپر با سنان اندرارید پیش
ببینیم تا این نبرده سران / چگونه گزارند گرز گران
ز ترکان یکی بود بازور نام / بافسوس بهر جای گسترده کام
بیاموخته کژی و جادوی / بدانسته چینی و هم پهلوی
چنین گفت پیران بافسون پژوه / کز ایدر برو تا سر تیغ کوه
یکی برف و سرما و باد دمان / بریشان بیاور هم اندر زمان

هوا تیره‌گون بود از تیر ماه	همی گشت بر کوه ابر سیاه
چو بازور در کوه شد در زمان	برآمد یکی برف و باد دمان
همه دست آن نیزه‌داران ز کار	فروماند از برف در کارزار
ازان رستخیز و دم زمهریر	خروش یلان بود و باران تیر
بفرمود پیران که یکسر سپاه	یکی حمله سازید زین رزمگاه
چو بر نیزه بر دستهاشان فسرد	نیاراست بنمود کس دست برد
وزان پس برآورد هومان غریو	یکی حمله آورد برسان دیو
بکشتند چندان ز ایران سپاه	که دریای خون گشت آوردگاه
در و دشت گشته پر از برف و خون	سواران ایران فتاده نگون
ز کشته نبد جای رفتن بجنگ	ز برف و ز افگنده شد جای تنگ
سیه گشت در دشت شمشیر و دست	بروی اندر افتاده برسان مست
نبد جای گردش دران رزمگاه	شده دست لشکر ز سرما تباه
سپهدار و گردنکشان آن زمان	گرفتند زاری سوی آسمان
که ای برتر از دانش و هوش و رای	نه در جای و بر جای و نه زیر جای
همه بنده‌ی پرگناه توایم	به بیچارگی دادخواه توایم
ز افسون و از جادوی برتری	جهاندار و بر داوران داوری
تو باشی به بیچارگی دستگیر	تواناتر از آتش و زمهریر
ازین برف و سرما تو فریادرس	نداریم فریادرس جز تو کس
بیامد یکی مرد دانش پژوه	برهام بنمود آن تیغ کوه
کجا جای بازور نستوه بود	بر افسون و تنبل بران کوه بود
بجنبید رهام زان رزمگاه	برون تاخت اسپ از میان سپاه
زره دامنش را بزد بر کمر	پیاده برآمد بران کوه سر
چو جادو بدیدش بیامد بجنگ	عمودی ز پولاد چینی بچنگ
چو رهام نزدیک جادو رسید	سبک تیغ تیز از میان برکشید
بیفگند دستش بشمشیر تیز	یکی باد برخاست چون رستخیز
ز روی هوا ابر تیره ببرد	فرود آمد از کوه رهام گرد
یکی دست با زور جادو بدست	بهامون شد و بارگی برنشست
هوا گشت زان سان که از پیش بود	فروزنده خورشید را رخ نمود
پدر را بگفت آنچ جادو چه کرد	چه آورد بر ما بروز نبرد

بدیدند ازان پس دلیران شاه   چو دریای خون گشته آوردگاه
همه دشت کشته ز ایرانیان   تن بی‌سران سر بی‌تنان
چنین گفت گودز آنگه بطوس   که نه پیل ماند و نه آوای کوس
همه یکسره تیغها برکشیم   براریم جوش ار کشند ار کشیم
همانا که ما را سر آمد زمان   نه روز نبردست و تیر و کمان
بدو گفت طوس ای جهاندیده مرد   هوا گشت پاک و بشد باد سرد
چرا سر همی داد باید بباد   چو فریادرس فره و زور داد
مکن پیشدستی تو در جنگ ما   کنند این دلیران خود اهنگ ما
بپیش زمانه پذیره مشو   بنزدیک بدخواه خیره مشو
تو در قلب با کاویانی درفش   همی دار در چنگ تیغ بنفش
سوی میمنه گیو و بیژن بهم   نگهبانش بر میسره گستهم
چو رهام و شیدوش بر پیش صف   گرازه بکین برلب آورده کف
شوم برکشم گرز کین از میان   کنم تن فدی پیش ایرانیان
ازین رزمگه برنگردانم اسپ   مگر خاک جایم بود چون زرسپ
اگر من شوم کشته زین رزمگاه   تو برکش سوی شاه ایران سپاه
مرا مرگ نامی‌تر از سرزنش   بهر جای بیغاره‌ی بدکنش
چنین است گیتی پرآزار و درد   ازو تا توان گرد بیشی مگرد
فزونیش یک روز بگزایدت   ببودن زمانی نیفزایدت
دگر باره بر شد دم کرنای   خروشیدن زنگ و هندی درای
ز بانگ سواران پرخاشخر   درخشیدن تیغ و زخم تبر
ز پیکان و از گرز و ژوپین و تیر   زمین شد بکردار دریای قیر
همه دشت بی‌تن سر و یال بود   همه گوش پر زخم گوپال بود
چو شد رزم ترکان برین گونه سخت   ندیدند ایرانیان روی بخت
همی تیره شد روی اختر درشت   دلیران بدشمن نمودند پشت
چو طوس و چو گودرز و گیو دلیر   چو شیدوش و بیژن چو رهام شیر
همه برنهادند جان را بکف   همه رزم جستند بر پیش صف
هرآنکس که با طوس در جنگ بود   همه نامدار و کنارنگ بود
بپیش اندرون خون همی ریختند   یلان از پس پشت بگریختند
یکی موبدی طوس یل را بخواند   پس پشت تو گفت جنگی نماند

نباید کت اندر میان آورند ‌‌‌‌‌‌‌‌‌‌‌‌‌‌‌‌‌‌‌‌ بجان سپهبد زیان آورند
به گیو دلیر آن زمان طوس گفت ‌‌‌‌‌‌‌‌‌‌‌‌‌‌‌‌‌‌‌‌ که با مغز لشکر خرد نیست جفت
که ما را بدین گونه بگذاشتند ‌‌‌‌‌‌‌‌‌‌‌‌‌‌‌‌‌‌‌‌ چنین روی از جنگ برگاشتند
برو بازگردان سپه را ز راه ‌‌‌‌‌‌‌‌‌‌‌‌‌‌‌‌‌‌‌‌ ز بیغاره‌ی دشمن و شرم شاه
بشد گیو و لشکر همه بازگشت ‌‌‌‌‌‌‌‌‌‌‌‌‌‌‌‌‌‌‌‌ پر از کشته دیدند هامون و دشت
سپهبد چنین گفت با مهتران ‌‌‌‌‌‌‌‌‌‌‌‌‌‌‌‌‌‌‌‌ که اینست پیکار جنگ‌آوران
کنون چون رخ روز شد تیره‌گون ‌‌‌‌‌‌‌‌‌‌‌‌‌‌‌‌‌‌‌‌ همه روی کشور چو دریای خون
یکی جای آرام باید گزید ‌‌‌‌‌‌‌‌‌‌‌‌‌‌‌‌‌‌‌‌ اگر تیره شب خود توان آرمید
مگر کشته یابد بجای مغاک ‌‌‌‌‌‌‌‌‌‌‌‌‌‌‌‌‌‌‌‌ یکی بستر از ریگ و چادر ز خاک
همه بازگشتند یکسر ز جنگ ‌‌‌‌‌‌‌‌‌‌‌‌‌‌‌‌‌‌‌‌ ز خویشان روان خسته و سر ز ننگ
سر از کوه برزد همانگاه ماه ‌‌‌‌‌‌‌‌‌‌‌‌‌‌‌‌‌‌‌‌ چو بر تخت پیروزه، پیروز شاه
سپهدار پیران سپه را بخواند ‌‌‌‌‌‌‌‌‌‌‌‌‌‌‌‌‌‌‌‌ همی گفت زیشان فراوان نماند
بدانگه که دریای یاقوت زرد ‌‌‌‌‌‌‌‌‌‌‌‌‌‌‌‌‌‌‌‌ زند موج بر کشور لاژورد
کسی را که زنده‌ست بیجان کنیم ‌‌‌‌‌‌‌‌‌‌‌‌‌‌‌‌‌‌‌‌ بریشان دل شاه پیچان کنیم
برفتند با شادمانی زجای ‌‌‌‌‌‌‌‌‌‌‌‌‌‌‌‌‌‌‌‌ نشستند بر پیش پرده‌سرای
همه شب ز آوای چنگ و رباب ‌‌‌‌‌‌‌‌‌‌‌‌‌‌‌‌‌‌‌‌ سپه را نیامد بران دشت خواب
وزین روی لشکر همه مستمند ‌‌‌‌‌‌‌‌‌‌‌‌‌‌‌‌‌‌‌‌ پدر بر پسر سوگوار و نژند
همه دشت پر کشته و خسته بود ‌‌‌‌‌‌‌‌‌‌‌‌‌‌‌‌‌‌‌‌ بخون بزرگان زمین شسته بود
چپ و راست آوردگه دست و پای ‌‌‌‌‌‌‌‌‌‌‌‌‌‌‌‌‌‌‌‌ نهادن ندانست کس پا بجای
همه شب همی خسته برداشتند ‌‌‌‌‌‌‌‌‌‌‌‌‌‌‌‌‌‌‌‌ چو بیگانه بد خوار بگذاشتند
بر خسته آتش همی سوختند ‌‌‌‌‌‌‌‌‌‌‌‌‌‌‌‌‌‌‌‌ گسسته ببستند و بردوختند
فراوان ز گودرزیان خسته بود ‌‌‌‌‌‌‌‌‌‌‌‌‌‌‌‌‌‌‌‌ بسی کشته بود و بسی بسته بود
چو بشنید گودرز برزد خروش ‌‌‌‌‌‌‌‌‌‌‌‌‌‌‌‌‌‌‌‌ زمین آمد از بانگ اسپان بجوش
همه مهتران جامه کردند چاک ‌‌‌‌‌‌‌‌‌‌‌‌‌‌‌‌‌‌‌‌ بسربر پراگند گودرز خاک
همی گفت کاندر جهان کس ندید ‌‌‌‌‌‌‌‌‌‌‌‌‌‌‌‌‌‌‌‌ به پیران سر این بد که بر من رسید
چرا بایدم زنده با پیر سر ‌‌‌‌‌‌‌‌‌‌‌‌‌‌‌‌‌‌‌‌ بخاک اندر افگنده چندین پسر
ازان روزگاری کجا زاده‌ام ‌‌‌‌‌‌‌‌‌‌‌‌‌‌‌‌‌‌‌‌ ز خفتان میان هیچ نگشاده‌ام
بفرجام چندین پسر ز انجمن ‌‌‌‌‌‌‌‌‌‌‌‌‌‌‌‌‌‌‌‌ ببینم چنین کشته در پیش من
جدا گشته از من چو بهرام پور ‌‌‌‌‌‌‌‌‌‌‌‌‌‌‌‌‌‌‌‌ چنان نامور شیر خودکام پور

ز گودرز چون آگهی شد بطوس مژه کرد پر خون و رخ سندروس
خروشی براورد آنگه بزار فراوان ببارید خون در کنار
همی گفت اگر نوذر پاک‌تن نکشتی بن و بیخ من بر چمن
نبودی مرا رنج و تیمار و درد غم کشته و گرم دشت نبرد
که تا من کمر بر میان بسته‌ام بدل خسته‌ام گر بجان رسته‌ام
هم‌اکنون تن کشتگان را بخاک بپوشید جایی که باشد مغاک
سران بریده سوی تن برید بنه سوی کوه هماون برید
برانیم لشکر همه همگروه سراپرده و خیمه بر سوی کوه
هیونی فرستیم نزدیک شاه دلش برفروزد فرستد سپاه
بدین من سواری فرستاده‌ام ورا پیش ازین آگهی داده‌ام
مگر رستم زال را با سپاه سوی ما فرستد بدین رزمگاه
وگرنه ز ما نامداری دلیر نماند بوردگه بر چو شیر
سپه برنشاند و بنه برنهاد وزان کشتنگان کرد بسیار یاد

پناه گرفتن ایرانیان در کوه هماون

ازین سان همی رفت روز و شبان پر از غم دل و ناچریده لبان
همه دیده پر خون و دل پر ز داغ ز رنج روان گشته چون پر زاغ
چو نزدیک کوه هماون رسید بران دامن کوه لشکر کشید
چنین گفت طوس سپهبد بگیو که ای پر خرد نامبردار نیو
سه روزست تا زین نشان تاختی بخواب و بخوردن نپرداختی
بیا و بیاسا و چیزی بخور برامش و جامه بنمای سر
که من بی‌گمانم که پیران بجنگ پس ما بیاید کنون بی‌درنگ
کسی را که آسوده‌تر زین گروه به بیژن بمان و تو برشو بکوه
همه خستگان را سوی که کشید ز آسودگان لشکری برگزید
چنین گفت کین کوه سر جای ماست بباید کنون خویشتن کرد راست
طلایه ز کوه اندر آمد بدشت بدان تا بریشان نشاید گذشت

خروش نگهبان و آوای زنگ	تو گفتی بجوش آمد از کوه سنگ
هم‌آنگه برآمد ز چرخ آفتاب	جهان گشت برسان دریای آب
ز درگاه پیران برآمد خروش	چنان شد که برخیزد از خاک جوش
بهومان چنین گفت کاکنون بجنگ	نباید همانا فراوان درنگ
سواران دشمن همه کشته‌اند	وگر خسته از جنگ برگشته‌اند
بزد کوس و از دشت برخاست غو	همی رفت پیش سپه پیشرو
رسیدند ترکان بدان رزمگاه	همه رزمگه خیمه بد بی‌سپاه
بشد نزد پیران یکی مژده‌خواه	که کس نیست ایدر ز ایران سپاه
ز لشکر بشادی برآمد خروش	بفرمان پیران نهادند گوش
سپهبد چنین گفت با بخردان	که ای نامور پرهنر موبدان
چه سازیم و این را چه دانید رای	که اکنون ز دشمن تهی ماند جای
سواران لشکر ز پیر و جوان	همه تیز گفتند با پهلوان
که لشکر گریزان شد از پیش ما	شکست آمد اندر بداندیش ما
یکی رزمگاهست پر خون و خاک	ازیشان نه هنگام بیم است و باک
بباید پی دشمن اندر گرفت	ز مولش سزد گر بمانی شگفت
گریزان ز باد اندرآید بب	به آید ز مولیدن ایدر شتاب
چنین گفت پیران که هنگام جنگ	شود سست پای شتاب از درنگ
سپاهی بکردار دریای آب	شدست انجمن پیش افراسیاب
بمانیم تا آن سپاه گران	بیایند گردان و جنگ‌آوران
ازان پس بایران نمانیم کس	چنین است رای خردمند و بس
بدو گفت هومان که ای پهلوان	مرنجان بدین کار چندین روان
سپاهی بدان زور و آن جوش و دم	شدی روی دریا ازیشان دژم
کنون خیمه و گاه و پرده‌سرای	همه مانده برجای و رفته ز جای
چنان دان که رفتن ز بیچارگیست	نمودن بما پشت یکبارگیست
نمانیم تا نزد خسرو شوند	بدرگاه او لشکری نو شوند
ز زابلستان رستم آید بجنگ	زیانی بود سهمگین زین درنگ
کنون ساختن باید و تاختن	فسونها و نیرنگها ساختن
چو گودرز را با سپهدار طوس	درفش همایون و پیلان و کوس
همه بی‌گمانی بچنگ آوریم	بد آید چو ایدر درنگ آوریم

چنین داد پاسخ بدو پهلوان	که بیدار دل باش و روشن‌روان
چنان کن که نیک‌اختر و رای تست	که چرخ فلک زیر بالای تست
پس لشکر اندر گرفتند راه	سپهدار پیران و توران سپاه
به لهاک فرمود کاکنون مایست	بگردان عنان با سواری دویست
بدو گفت مگشای بند از میان	ببین تا کجایند ایرانیان
همی رفت لهاک برسان باد	ز خواب و ز خوردن نکرد ایچ یاد
چو نیمی ز تیره شب اندر گذشت	طلایه بدیدش بتاریک دشت
خروش آمد از کوه و آوای زنگ	ندید ایچ لهاک جای درنگ
بنزدیک پیران بیامد ز راه	بدو آگهی داد ز ایران سپاه
که ایشان بکوه هماون درند	همه بسته بر پیش راه گزند
بهومان بفرمود پیران که زود	عنان و رکیبت بباید بسود
ببر چند باید ز لشکر سوار	ز گردان گردنکش نامدار
که ایرانیان با درفش و سپاه	گرفتند کوه هماون پناه
ازین رزم رنج آید اکنون بروی	خرد تیز کن چاره‌ی کار جوی
گر آن مرد با کاویانی درفش	بیاری، شود روی ایشان بنفش
اگر دستیابی بشمشیر تیز	درفش و همه نیزه کن ریزریز
من اینک پس‌اندر چو باد دمان	بیایم نسازم درنگ و زمان
گزین کرد هومان ز لشکر سوار	سپردار و شمشیرزن سی‌هزار
چو خورشید تابنده بنمود تاج	بگسترد کافور بر تخت عاج
پدید آمد از دور گرد سپاه	غو دیده‌بان آمد از دیده‌گاه
که آمد ز ترکان سپاهی پدید	بابر سیه گردشان برکشید
چو بشنید جوشن بپوشید طوس	برآمد دم بوق و آوای کوس
سواران ایران همه همگروه	رده برکشیدند بر پیش کوه
چو هومان بدید آن سپاه گران	گراییدن گرز و تیغ سران
چنین گفت هومان بگودرز و طوس	کز ایران برفتید با پیل و کوس
سوس شهر ترکان بکین آختن	بدان روی لشکر برون تاختن
کنون برگزیدی چو نخچیر کوه	شدستی ز گردان توران ستوه
نیایدت زین کار خود شرم و ننگ	خور و خواب و آرام بر کوه و سنگ
چو فردا برآید ز کوه آفتاب	کنم زین حصار تو دریای آب

بدانی که این جای بیچارگیست / برین کوه خارا بباید گریست
هیونی بپیران فرستاد زود / که اندیشه‌ی ما دگرگونه بود
دگرگونه بود آنچ انداختیم / بریشان همی تاختن ساختیم
همه کوه یکسر سپاهست و کوس / درفش از پس پشت گودرز و طوس
چنان کن که چون بردمد چاک روز / پدید آید از چرخ گیتی فروز
تو ایدر بوی ساخته با سپاه / شده روی هامون ز لشکر سیاه
فرستاده نزدیک پیران رسید / بجوشید چون گفت هومان شنید
بیامد شب تیره هنگام خواب / همی راند لشکر بکردار آب
چو خورشید زان چادر قیرگون / غمی شد بدرید و آمد برون
سپهبد بکوه هماون رسید / ز گرد سپه کوه شد ناپدید
بهومان چنین گفت کز رزمگاه / مجنب و مجنبان از ایدر سپاه
شوم تا سپهدار ایرانیان / چه دارد بپا اختر کاویان
بکوه هماون که دادش نوید / بدین بودن اکنون چه دارد امید
بیامد بنزدیک ایران سپاه / سری پر ز کینه دلی پرگناه
خروشید کای نامبردار طوس / خداوند پیلان و گوپال و کوس
کنون ماهیان اندر آمد به پنج / که تا تو همی رزم جویی برنج
ز گودرزیان آن کجا مهترند / بدان رزمگاهت همه بی‌سرند
تو چون غرم رفتستی اندر کمر / پر از داوری دل پر از کینه سر
گریزان و لشکر پس اندر دمان / بدام اندر آیی همی بی‌گمان
چنین داد پاسخ سرافراز طوس / که من بر دروغ تو دارم فسوس
پی کین تو افگندی اندر جهان / ز بهر سیاوش میان مهان
برین گونه تا چند گویی دروغ / دروغت بر ما نگیرد فروغ
علف تنگ بود اندران رزمگاه / ازان بر هماون کشیدم سپاه
کنون آگهی شد بشاه جهان / بیاید زمان تا زمان ناگهان
بزرگان لشکر شدند انجمن / چو دستان و چون رستم پیلتن
چو جنبیدن شاه کردم درست / نمانم بتوران بر و بوم و رست
کنون کامدی کار مردان ببین / نه گاه فریبست و روز کمین
چو بشنید پیران ز هر سو سپاه / فرستاد و بگرفت بر کوه راه
بهر سو ز توران بیامد گروه / سپاه انجمن کرد بر گرد کوه

بریشان چو راه علف تنگ شد	سپهبد سوی چاره‌ی جنگ شد
چنین گفت هومان بپیران گرد	که ما را پی کوه باید سپرد
یکی جنگ سازیم کایرانیان	نبندند ازین پس بکینه میان
بدو گفت پیران که بر ماست باد	نکردست با باد کس رزم یاد
ز جنگ پیاده بپیچید سر	شود تیره دیدار پرخاشخر
چو راه علف تنگ شد بر سپاه	کسی کوه خارا ندارد نگاه
همه لشکر آید بزنهار ما	ازین پس نجویند پیکار ما
بریشان کنون جای بخشایش است	نه هنگام پیکار و آرایش است

تاختن ایرانیان بر تورانیان

رسید این سگالش بگودرز و طوس	سر سرکشان خیره گشت از فسوس
چنین گفت با طوس گودرز پیر	که ما را کنون جنگ شد ناگزیر
سه روز ار بود خوردنی بیش نیست	ز یکسو گشاده رهی پیش نیست
نه خورد و نه چیز و نه بار و بنه	چنین چند باشد سپه گرسنه
کنون چون شود روی خورشید زرد	پدید آید آن چادر لاژورد
بباید گزیدن سواران مرد	ز بالا شدن سوی دشت نبرد
بسان شبیخون یکی رزم سخت	بسازیم تا چون بود یار بخت
اگر یک بیک تن بکشتن دهیم	وگر تاج گردنکشان برنهیم
چنین است فرجام آوردگاه	یکی خاک یابد یکی تاج و گاه
ز گودرز بشنید طوس این سخن	سرش گشت پردرد و کین کهن
ز یک سوی لشکر به بیژن سپرد	دگر سو بشیدوش و خراد گرد
درفش خجسته بگستهم داد	بسی پند و اندرزها کرد یاد
خود و گیو و گودرز و چندی سران	نهادند بر یال گرزگران
بسوی سپهدار پیران شدند	چو آتش بقلب سپه بر زدند
چو دریای خون شد همه رزمگاه	خروشی برآمد بلند از سپاه
درفش سپهبد بدو نیم شد	دل رزمجویان پر از بیم شد

چو بشنید هومان خروش سپاه   نشست از بر تازی اسپی سیاه
بیامد ز لشکر بسی کشته دید   بسی بیهش از رزم برگشته دید
فرو ریخت از دیده خون بر برش   یکی بانگ زد تند بر لشکرش
چنین گفت کایدر طلایه نبود   شما را ز کین ایچ مایه نبود
بهر یک ازیشان ز ما سیصدست   بوردگه خواب و خفتن بدست
هلا تیغ و گوپالها برکشید   سپرهای چینی بسر در کشید
ز هر سو بریشان بگیرید راه   کنون کز بره بر کشد تیغ ماه
رهایی نباید که یابند هیچ   بدین سان چه باید درنگ و بسیچ
برآمد خروشیدن کرنای   بهر سو برفتند گردان ز جای
گرفتندشان یکسر اندر میان   سواران ایران چو شیر ژیان
چنان آتش افروخت از ترگ و تیغ   که گفتی همی گرز بارد ز میغ
شب تار و شمشیر و گرد سپاه   ستاره نه پیدا نه تابنده ماه
ز جوشن تو گفتی ببار اندرند   ز تاری بدریای قار اندرند
بلشکر چنین گفت هومان که بس   ازین مهتران مفگنید ایچ کس
همه پیش من دستگیر آورید   نباید که خسته بتیر آورید
چنین گفت لشکر ببانگ بلند   که اکنون به بیچارگی دست بند
دهید ار بگرز و بژوپین دهید   سران را ز خون تاج بر سر نهید
چنین گفت با گیو و رهام طوس   که شد جان ما بیگمان بر فسوس
مگر کردگار سپهر بلند   رهاند تن و جان ما زین گزند
اگر نه بچنگ عقاب اندریم   وگر زیر دریای آب اندریم
یکی حمله بردند هر سه به هم   چو برخیزد از جای شیر دژم
ندیدند کس یال اسپ و عنان   ز تنگی بچشم اندر آمد سنان
چنین گفت هومان بواز تیز   که نه جای جنگست و راه گریز
برانگیخت از جایتان بخت بد   که تا بر تن بدکنش بد رسد
سه جنگ آور و خوار مایه سپاه   بماندند یکسر بدین رزمگاه
فراوان ز رستم گرفتند یاد   کجا داد در جنگ هر جای داد
ز شیدوش، وز بیژن گستهم   بسی یاد کردند بر بیش و کم
که باری کسی را ز ایران سپاه   بدی یارمان اندرین رزمگاه
نه ایدر به پیکار و جنگ آمدیم   که خیره بکام نهنگ آمدیم

دریغ آن در و گاه شاه جهان   که گیرند ما را کنون ناگهان
تهمتن به زاولستانست و زال   شود کار ایران کنون تال و مال
همی آمد آوای گوپال و کوس   بلشکر همی دیر شد گیو و طوس
چنین گفت شیدوش و گستهم شیر   که شد کار پیکار سالار دیر
به بیژن گرازه همی گفت باز   که شد کار سالار لشکر دراز
هوا قیر گون و زمین آبنوس   همی آمد از دشت آوای کوس
برفتند گردان بر آوای اوی   ز خون بود بر دشت هر جای جوی
ز گردان نیو و ز نیروی چنگ   تو گفتی برآمد ز دریا نهنگ
بدانست هومان که آمد سوار   همه گرزور بود و شمشیردار
چو دانست کامد ورا یار طوس   همی برخروشید برسان کوس
سبک شد عنان و گران شد رکیب   بلندی که دانست باز از نشیب
یکی رزم کردند تا چاک روز   چو پیدا شد از چرخ گیتی فروز
سپه بازگشتند یکسر ز جنگ   کشیدند لشکر سوی کوه تنگ
بگردان چنین گفت سالار طوس   که از گردش مهر تا زخم کوس
سواری چنین کز شما دیده‌ام   ز کنداوران هیچ نشنیده‌ام
یکی نامه باید که زی شه کنیم   ز کارش همه جمله آگه کنیم
چو نامه بنزدیک خسرو رسد   بدلش اندرون آتشی نو رسد
بیاری بیاید گو پیلتن   ز شیران یکی نامدار انجمن
بپیروزی از رزم گردیم باز   بدیدار کیخسرو آید نیاز
سخن هرچ رفت آشکار و نهان   بگویم بپیروز شاه جهان
بخوبی و خشنودی شهریار   بباشد بکام شما روزگار
چنانچون که گفتند برساختند   نوندی بنزدیک شه تاختند
دو لشکر بخیمه فرود آمدند   ز پیکار یکباره دم برزدند
طلایه برون آمد از هر دو روی   بدشت از دلیران پرخاشجوی
چو هومان رسید اندران رزمگاه   ز کشته ندید ایچ بر دشت راه
به پیران چنین گفت کامروز گرد   نه بر آرزو گشت گاه نبرد
چو آسوده گردند گردان ما   ستوده سواران و مردان ما
یکی رزم سازم که خورشید و ماه   ندیدست هرگز چنان رزمگاه

آگاهی یافتن کیخسرو از کار سپاه

ازان پس چو آمد بخسرو خبر	که پیران شد از رزم پیروزگر
سپهبد بکوه هماون کشید	ز لشکر بسی گرد شد ناپدید
در کاخ گودرز کشوادگان	تهی شد ز گردان و آزادگان
ستاره بر ایشان بنالد همی	ببالینشان خون بپالد همی
ازیشان جهان پر ز خاک است و خون	بلند اختر طوس گشته نگون
بفرمود تا رستم پیلتن	خرامد بدرگاه با انجمن
برفتند ز ایران همه بخردان	جهاندیده و نامور موبدان
سر نامداران زبان برگشاد	ز پیکار لشکر بسی کرد یاد
برستم چنین گفت کای سرفراز	بترسم که این دولت دیریاز
همی برگراید بسوی نشیب	دلم شد ز کردار او پرنهیب
توی پروارنندهی تاج و تخت	فروغ از تو گیرد جهاندار بخت
دل چرخ در نوک شمشیر تست	سپهر و زمان و زمین زیر تست
تو کندی دل و مغز دیو سپید	زمانه بمهر تو دارد امید
زمین گرد رخش ترا چاکرست	زمان بر تو چون مهربان مادرست
ز تیغ تو خورشید بریان شود	ز گرز تو ناهید گریان شود
ز نیروی پیکان کلک تو شیر	بروز بلا گردد از جنگ سیر
تو تا برنهادی بمردی کلاه	نکرد ایچ دشمن بایران نگاه
کنون گیو و گودرز و طوس و سران	فراوان ازین مرز کنداوران
همه دل پر از خون و دیده پرآب	گریزان ز ترکان افراسیاب
فراوان ز گودرزیان کشته مرد	شده خاک بستر بدشت نبرد
هرانکس کزیشان بجان رسته‌اند	بکوه هماون همه خسته‌اند
همه سر نهاده سوی آسمان	سوی کردگار مکان و زمان
که ایدر بباید گو پیلتن	بنیروی یزدان و فرمان من
شب تیره کین نامه بر خواندم	بسی از جگر خون برافشاندم

نگفتم سه روز این سخن را بکس	مگر پیش دادار فریاد رس
کنون کار ز اندازه اندر گذشت	دلم زین سخن پر ز تیمار گشت
امید سپاه و سپهبد بتست	که روشن روان بادی و تن درست
سرت سبز باد و دلت شادمان	تن زال دور از بد بدگمان
ز من هرچ باید فزونی بخواه	ز اسپ و سلیح و ز گنج و سپاه
برو با دلی شاد و رایی درست	نشاید گرفت این چنین کار سست
بپاسخ چنین گفت رستم بشاه	که بی تو مبادا نگین و کلاه
که با فر و برزی و بارای و داد	ندارد چو تو شاه گردون بیاد
شنیدست خسرو که تا کیقباد	کلاه بزرگی بسر بر نهاد
بایران بکین من کمر بسته‌ام	برام یک روز ننشسته‌ام
بیابان و تاریکی و دیو و شیر	چه جادو چه از اژدهای دلیر
همان رزم توران و مازندران	شب تیره و گرزهای گران
هم از تشنگی هم ز راه دراز	گزیدن در رنج بر جای ناز
چنین درد و سختی بسی دیده‌ام	که روزی ز شادی نپرسیده‌ام
تو شاه نو آیین و من چون رهی	میان بسته‌ام چون تو فرمان دهی
شوم با سپاهی کمر بر میان	بگردانم این بد ز ایرانیان
ازان کشتگان شاه بی‌درد باد	رخ بدسگالان او زرد باد
ز گودرزیان خود جگر خسته‌ام	کمر بر میان سوگ را بسته‌ام
چو بشنید کیخسرو آواز اوی	برخ برنهاد از دو دیده دو جوی
بدو گفت بی‌تو نخواهم زمان	نه اورنگ و تاج و نه گرز و کمان
فلک زیر خم کمند تو باد	سر تاجداران به بند تو باد
ز دینار و گنج و ز تاج و گهر	کلاه و کمان و کمند و کمر
بیاورد گنجور خسرو کلید	سر بدره‌های درم بردید
همه شاه ایران به رستم سپرد	چنین گفت کای نامدار گرد
جهان گنج و گنجور شمشیر تست	سر سروران جهان زیر تست
تو با گرزداران زاولستان	دلیران و شیران کابلستان
همی رو بکردار باد دمان	مجوی و مفرمای جستن زمان
ز گردان شمشیر زن سی هزار	ز لشکر گزین از در کارزار
فریبرز کاوس را ده سپاه	که او پیش رو باشد و کینه خواه

تهمتن زمین را ببوسید و گفت / که با من عنان و رکیبست جفت
سران را سر اندر شتاب آوریم / مبادا که آرام و خواب آوریم
سپه را درم دادن آغاز کرد / بدشت آمد و رزم را ساز کرد
فریبرز را گفت برکش پگاه / سپاه اندرآور به پیش سپاه
نباید که روز و شبان بغنوی / مگر نزد طوس سپهبد شوی
بگویی که در جنگ تندی مکن / فریب زمان جوی و کندی مکن
من اینک بکردار باد دمان / بیایم نجویم بره بر زمان
چو گرگین میلاد کار آزمای / سپه را زند بر بد و نیک رای
چو خورشید تابنده بنمود چهر / بسان بتی با دلی پر زمهر
بر آمد خروشیدن کرنای / تهمتن بیاورد لشکر زجای
پر اندیشه جان جهاندار شاه / دو فرسنگ با او بیامد براه
دو منزل همی کرد رستم یکی / نیاسود روز و شبان اندکی
شبی داغ دل پر ز تیمار طوس / بخواب اندر آمد گه زخم کوس

اندر خواب دیدن توس نوذر سیاوش را

چنان دید روشن روانش بخواب / که رخشنده شمعی برآمد ز آب
بر شمع رخشان یکی تخت عاج / سیاوش بران تخت با فر و تاج
لبان پر ز خنده زبان چرب‌گوی / سوی طوس کردی چو خورشید روی
که ایرانیان را هم ایدر بدار / که پیروزگر باشی از کارزار
بگو در زیان هیچ غمگین مشو / که ایدر یکی گلستانست نو
بزیر گل اندر همی می‌خوریم / چه دانیم کین باده تا کی خوریم
ز خواب اندر آمد شده شاد دل / ز درد و غمان گشته آزاد دل
بگودرز گفت ای جهان پهلوان / یکی خواب دیدم بروشن روان
نگه کن که رستم چو باد دمان / بیاید بر ما زمان تا زمان
بفرمود تا برکشیدند نای / بجنبید بر کوه لشکر ز جای
ببستند گردان ایران میان / برافراختند اختر کاویان

بیاورد زان روی پیران سپاه
شد از گرد خورشید تابان سیاه

از آواز گردان و باران تیر
همی چشم خورشید شد خیره خیر

دو لشکر بروی اندر آورده روی
ز گردان نشد هیچ کس جنگجوی

چنین گفت هومان بپیران که جنگ
همی جست باید چه جویی درنگ

نه لشکر بدشت شکار اندرند
که اسپان ما زیر بار اندرند

بدو گفت پیران که تندی مکن
نه روز شتابست و گاه سخن

سه تن دوش با خوار مایه سپاه
برفتند بیگاه زین رزمگاه

چو شیران جنگی و ما چون رمه
که از کوهسار اندر آید دمه

همه دشت پر جوی خون یافتیم
سر نامداران نگون یافتیم

یکی کوه دارند خارا و خشک
همی خار بویند اسپان چو مشک

بمان تا بران سنگ پیچان شوند
چو بیچاره گردند بیجان شوند

گشاده نباید که دارید راه
دو رویه پس و پیش این رزمگاه

چو بی‌رنج دشمن بچنگ آیدت
چو بشتابیش کار تنگ آیدت

چرا جست باید همی کارزار
طلایه برین دشت بس صد سوار

بباشیم تا دشمن از آب و نان
شود تنگ و زنهار خواهد بجان

مگر خاک‌گر سنگ خارا خورند
چو روزی سرآید خورند و مرند

سوی خیمه رفتند زان رزمگاه
طلایه بیامد به پیش سپاه

گشادند گردان سراسر کمر
بخوان و بخوردن نهادند سر

بلشکر گه آمد سپهدار طوس
پر از خون دل و روی چون سندروس

بگودرز گفت این سخن تیره گشت
سر بخت ایرانیان خیره گشت

همه گرد بر گرد ما لشکرست
خور بارگی خارگر خاورست

سپه را خورش بس فراوان نماند
جز از گرز و شمشیر درمان نماند

بشبگیر شمشیرها برکشیم
همه دامن کوه لشکر کشیم

اگر اختر نیک یاری دهد
بریشان مرا کامگاری دهد

ور ایدون کجا داور آسمان
بشمشیر بر ما سرآرد زمان

ز بخش جهان‌آفرین بیش و کم
نباشد مپیمای بر خیره دم

مرا مرگ خوشتر بنام بلند
ازین زیستن با هراس و گزند

برین برنهادند یکسر سخن
که سالار نیک اختر افگند بن

فرستادن افراسیاب خاقان چین و کلموس را به یاری توران

چو خورشید برزد ز خرچنگ چنگ / بدرید پیراهن مشک رنگ
به پیران فرستاده آمد ز شاه / که آمد ز هر جای بی‌مر سپاه
سپاهی که دریای چین را ز گرد / کند چون بیابان بروز نبرد
نخستین سپهدار خاقان چین / که تختش همی برنتابد زمین
تنش زور دارد چو صد نره شیر / سر ژنده پیل اندر آرد بزیر
یکی مهتر از ماورالنهر بر / که بگذارد از چرخ گردنده سر
ببالا چو سرو و بدیدار ماه / جهانگیر و نازان بدو تاج و گاه
سر سرافرازان و کاموس نام / برآرد ز گودرز و از طوس نام
ز مرز سپیجاب تا دشت روم / سپاهی که بود اندر آباد بوم
فرستادم اینک سوی کارزار / برآرند از طوس و خسرو دمار
چو بشنید پیران بتوران سپاه / چنین گفت کای سرفرازان شاه
بدین مژده‌ی شاه پیر و جوان / همه شاد باشید و روشن‌روان
بباید کنون دل ز تیمار شست / بایران نمانم بر و بوم و رست
سر از رزم و از رنج و کین خواستن / برآسود وز لشکر آراستن
بایران و توران و بر خشک و آب / نبینند جز کام افراسیاب
ز لشکر بر پهلوان پیش رو / بمژده بیامد همی نو بنو
بگفتند کای نامور پهلوان / همیشه بزی شاد و روشن‌روان
بدیدار شاهان دلت شاددار / روانت ز اندیشه آزاد دار
ز کشمیر تا برتر از رود شهد / درفش و سپاهست و پیلان و مهد
نخست اندر آیم ز خاقان چین / که تاجش سپهرست و تختش زمین
چو منشور جنگی که با تیغ اوی / بخاک اندر آید سر جنگجوی
دلاور چو کاموس شمشیرزن / که چشمش ندیدست هرگز شکن
همه کارهای شگرف آورد / چو خشم آورد باد و برف آورد
چو خشنود باشد بهار آردت / گل و سنبل جویبار آردت

Shahnameh

ز سقلاب چون کندر شیر مرد	چو پیروز کانی سپهر نبرد
چو سگسار غرچه چو شنگل ز هند	هوا پردرفش و زمین پر پرند
چغانی چو فرطوس لشکر فروز	گهار گهانی گو گردسوز
شمیران شگنی و گردوی وهر	پراگنده بر نیزه و تیغ زهر
تو اکنون سرافراز و رامش پذیر	کزین مژده بر نا شود مرد پیر
ز لشکر توی پهلو و پیش رو	همیشه بزی شاد و فرمانت نو
دل و جان پیران پر از خنده گشت	تو گفتی مگر مرده بد زنده گشت
بهومان چنین گفت پیران که من	پذیره شوم پیش این انجمن
که ایشان ز راه دراز آمدند	پراندیشه و رزمساز آمدند
ازین آمدن بی‌نیازند سخت	خداوند تاجاند و زیبای تخت
ندارند سر کم ز افراسیاب	که با تخت و گنجاند و با جاه و آب
شوم تا ببینم که چند و چیند	سپهبد کدامند و گردان کیند
کنم آفرین پیش خاقان چین	وگر پیش تختش ببوسم زمین
ببینم سرافراز کاموس را	برابر کنم شنگل و طوس را
چو باز آیم ایدر ببندم میان	برآرم دم و دود از ایرانیان
اگر خود ندارند پایاب جنگ	بریشان کنم روز تاریک و تنگ
هرانکس که هستند زیشان سران	کنم پای و گردن ببندگران
فرستم بنزدیک افراسیاب	نه آرام جویم بدین بر نه خواب
ز لشکر هر آنکس که آید بدست	سرانشان ببرم بشمشیر پست
بسوزم دهم خاک ایشان بباد	نگیریم زان بوم و بر نیز یاد
سه بهره ازان پس برانم سپاه	کنم روز بر شاه ایران سیاه
یکی بهره زیشان فرستم ببلخ	بایرانیان بر کنم روز تلخ
دگر بهره بر سوی کابلستان	بکابل کشم خاک زابلستان
سوم بهره بر سوی ایران برم	ز ترکان بزرگان و شیران برم
زن و کودک خرد و پیر و جوان	نمانم که باشد تنی با روان
بر و بوم ایران نمانم بجای	که مه دست بادا ازیشان مه پای
کنون تا کنم کارها را بسیچ	شما جنگ ایشان مجویید هیچ
بفگت این و دل پر ز کینه برفت	همی پوست بر تنش گفتی بکفت
بلکشر چنین گفت هومان گرد	که دلرا ز کینه نباید سترد

دو روز این یکی رنج بر تن نهید	دو دیده بکوه هماون نهید
نباید که ایشان شبی بی‌درنگ	گریزان برانند ازین جای تنگ
کنون کوه و رود و در و دشت و راه	جهانی شود پردرفش سپاه

آمدن خاقان چین به هماون

چو پیران بنزدیک لشکر رسید	در و دشت از سم اسپان ندید
جهان پر سراپرده و خیمه بود	زده سرخ و زرد و بنفش و کبود
ز دیبای چینی و از پرنیان	درفشی ز هر پرده‌ای در میان
فروماند و زان کارش آمد شگفت	بسی با دل اندیشه اندر گرفت
که تا این بهشتست یا رزمگاه	سپهر برینست گر تاج و گاه
بیامد بنزدیک خاقان چین	پیاده ببوسید روی زمین
چو خاقان بدیدش به بر درگرفت	بماند از بر و یال پیران شگفت
بپرسید بسیار و بنواختش	بر خویش نزدیک بنشاختش
بدو گفت بخ بخ که با پهلوان	نشینم چنین شاد و روشن‌روان
بپرسید زان پس کز ایران سپاه	که دارد نگین و درفش و کلاه
کدامست جنگی و گردان کیند	نشسته برین کوه سر بر چیند
چنین داد پاسخ بدو پهلوان	که بیدار دل باش و روشن‌روان
درود جهان آفرین بر تو باد	که کردی بپرسش دل بنده شاد
ببخت تو شادانم و تن درست	روانم همی خاک پای تو جست
از ایرانیان هرچ پرسید شاه	نه گنج و سپاهست و نه تاج و گاه
بی‌اندازه پیکار جستند و جنگ	ندارند از جنگ جز خاره سنگ
چو بی‌کام و بی‌نام و بی‌تن شدند	گریزان بکوه هماون شدند
سپهدار طوس است مردی دلیر	بهامون نترسد ز پیکار شیر
بزرگان چو گودرز کشوادگان	چو گیو و چو رهام ز آزادگان
ببخت سرافراز خاقان چین	سپهبد نبیند سپه را جزین
بدو گفت خاقان که نزدیک من	بباش و بیاور یکی انجمن

۵۵۱

یک امروز با کام دل می خوریم	غم روز ناآمده نشمریم
بیاراست خیمه چو باغ بهار	بهشتست گفتی برنگ و نگار
چو بر گنبد چرخ رفت آفتاب	دل طوس و گودرز شد پر شتاب
که امروز ترکان چرا خامش‌اند	برای بداند، ار ز می بیهش‌اند
اگر مستمندند گر شادمان	شدم در گمان از بد بدگمان
اگرشان به پیکار یار آمدست	چنان دان که بد روزگار آمدست
تو ایرانیان را همه کشته گیر	وگر زنده از رزم برگشته گیر
مگر رستم آید بدین رزمگاه	وگرنه بد آید بما زین سپاه
ستودان نیابیم یک تن نه گور	بکوبندمان سر بنعل ستور
بدو گفت گیو ای سپهدار شاه	چه بودت که اندیشه کردی تباه
از اندیشه‌ی ما سخن دیگرست	ترا کردگار جهان یاورست
بسی تخم نیکی پراگنده‌ایم	جهان آفرین را پرستنده‌ایم
و دیگر ببخت جهاندار شاه	خداوند شمشیر و تخت و کلاه
ندارد جهان آفرین دست یاز	که آید ببدخواه ما را نیاز
چو رستم بیاید بدین رزمگاه	بدیها سرآید همه بر سپاه
نباشد ز یزدان کسی ناامید	وگر شب شود روی روز سپید
بیک روز کز ما نجستند جنگ	مکن دل ز اندیشه بر خیره تنگ
نبستند بر ما در آسمان	بپایان رسد هر بد بدگمان
اگر بخشش کردگار بلند	چنانست کاید بمابر گزند
به پرهیز و اندیشه‌ی نابکار	نه برگردد از ما بد روزگار
یکی کنده سازیم پیش سپاه	چنانچون بود رسم و آیین و راه
همه جنگ را تیغها برکشیم	دو روز دگر ار کشند ار کشیم
ببینیم تا چیست آغازشان	برهنه شود بی‌گمان رازشان
از ایران بیاید همان آگهی	درخشان شود شاخ سرو سهی
سپهدار گودرز بر تیغ کوه	برآمد برفت از میان گروه
چو خورشید تابان ز گنبد بگشت	ز بالا همی سوی خاور گذشت
بزاری خروش آمد از دیده‌گاه	که شد کار گردان ایران تباه
سوی باختر گشت گیتی ز گرد	سراسر بسان شب لاژورد
شد از خاک خورشید تابان بنفش	ز بس پیل و بر پشت پیلان درفش

غو دیده بشنید گودرز و گفت — که جز خاک تیره نداریم جفت
رخش گشت ز اندوه برسان قیر — چنان شد کجا خسته گردد بتیر
چنین گفت کز اختر روزگار — مرا بهره کین آمد و کارزار
ز گیتی مرا شور بختیست بهر — پراگنده بر جای تریاک زهر
نبیره پسر داشتم لشکری — شده نامبردار هر کشوری
بکین سیاوش همه کشته شد — ز من بخت بیدار برگشته شد
ازین زندگانی شدم ناامید — سیه شد مرا بخت و روز سپید
نزادی مرا کاشکی مادرم — نگشتی سپهر بلند از برم
چنین گفت با دیده‌بان پهلوان — که ای مرد بینا و روشن‌روان
نگه کن بتوران و ایران سپاه — که آرام دارند از آوردگاه
درفش سپهدار ایران کجاست — نگه کن چپ لشکر و دست راست
بدو دیده‌بان گفت کز هر دو روی — نه بینم همی جنبش و گفت‌وگوی
ازان کار شد پهلوان پر ز درد — فرود ریخت از دیدگان آب زرد
بنالید و گفت اسپ را زین کنید — ازین پس مرا خشت بالین کنید
شوم پر کنم چشم و آغوش را — بگیرم ببر گیو و شیدوش را
همان بیژن گیو و رهام را — سواران جنگی و خودکام را
به پدرود کردن رخ هر کسی — ببوسم ببارم ز مژگان بسی
نهادند زین بر سمند چمان — خروش آمد از دیده هم در زمان
که ای پهلوان جهان شادباش — ز تیمار و درد و غم آزاد باش
که از راه ایران یکی تیره گرد — پدید آمد و روز شد لاژورد
فراوان درفش از میان سپاه — برآمد بکردار تابنده ماه
بپیش اندرون گرگ پیکر یکی — یکی ماه پیکر ز دور اندکی
درفشی بدید اژدها پیکرش — پدید آمد و شیر زرین سرش
بدو گفت گودرز انوشه‌ی بدی — ز دیدار تو دور چشم بدی
چو گفتارهای تو آید بجای — بدین سان که گفتی بپاکیزه رای
ببخشمت چندان گرانمایه چیز — کزان پس نیازت نیاید بنیز
وزان پس چو روزی بایران شویم — بنزدیک شاه دلیران شویم
ترا پیش تختش برم ناگهان — سرت برفرازم بجاه از مهان
چو باد دمنده ازان جایگاه — برو سوی سالار ایران سپاه

همه هرچ دیدی بدیشان بگوی	سبک باش و از هر کسی مژده جوی
بدو دیده‌بان گفت کز دیده‌گاه	نشاید شدن پیش ایران سپاه
چو بینم که روی زمین تار گشت	برین دیده گه دیده بیکار گشت
بکردار سیمرغ ازین دیده‌گاه	برم آگهی سوی ایران سپاه
چنین گفت با دیده‌بان پهلوان	که اکنون نگه کن بروشن روان
دگر باره بنگر ز کوه بلند	که ایشان بنزدیک ما کی رسند
چنین داد پاسخ که فردا پگاه	بکوه هماون رسد آن سپاه
چنان شاد شد زان سخن پهلوان	چو بیجان شده باز یابد روان
وزان روی پیران بکردار گرد	همی راند لشکر بدشت نبرد
سواری بمژده بیامد ز پیش	بگفت آن کجا رفته بد کم و بیش
چو بشنید هومان بخندید و گفت	که شد بی‌گمان بخت بیدار جفت
خروشی بشادی ازان رزمگاه	بابر اندر آمد ز توران سپاه
بزرگان ایران پر از داغ و درد	رخان زرد و لبها شده لاژورد
باندرز کردن همه همگروه	پراگنده گشتند بر گرد کوه
بهر جای کرده یکی انجمن	همی مویه کردند بر خویشتن
که زار این دلیران خسرونژاد	کزیشان بایران نگیرند یاد
کفنها کنون کام شیران بود	زمین پر ز خون دلیران بود
سپهدار با بیژن گیو گفت	که برخیز و بگشای راز از نهفت
برو تا سر تیغ کوه بلند	ببین تا کیند و چه و چون و چند
همی بر کدامین ره آید سپاه	که دارد سراپرده و تخت و گاه
بشد بیژن گیو تا تیغ کوه	برآمد بی‌انبوه دور از گروه
ازان کوه سر کرد هر سو نگاه	درفش سواران و پیل و سپاه
بیامد بسوی سپهبد دوان	دل از غم پر از درد و خسته روان
بدو گفت چندان سپاهست و پیل	که روی زمین گشت برسان نیل
درفش و سنان را خود اندازه نیست	خور از گرد بر آسمان تازه نیست
اگر بشمری نیست انداز و مر	همی از تبیره شود گوش کر
سپهبد چو بشنید گفتار اوی	دلش گشت پر درد و پر آب روی
سران سپه را همه گرد کرد	بسی گرم و تیمار لشکر بخورد
چنین گفت کز گردش روزگار	نبینم همی جز غم کارزار

بسی گشته‌ام بر فراز و نشیب	برویم نیامد ازینسان نهیب
کنون چاره‌ی کار ایدر یکیست	اگر چه سلیح و سپاه اندکیست
بسازیم و امشب شبیخون کنیم	زمین را ازیشان چو جیحون کنیم
اگر کشته آییم در کارزار	نکوهش نیابیم از شهریار
نگویند بی نام گردی بمرد	مگر زیر خاکم بباید سپرد
بدین رام گشتند یکسر سپاه	هرانکس که بود اندران رزمگاه

آگاه شدن توس از آمدن سپاه ایران

چو شد روی گیتی چو دریای قیر	نه ناهید پیدا نه بهرام و تیر
بیامد دمان دیده‌بان پیش طوس	دوان و شده روی چون سندروس
چنین گفت کای پهلوان سپاه	از ایران سپاه آمد از نزد شاه
سپهبد بخندید با مهتران	که ای نامداران و کنداوران
چو یار آمد اکنون نسازیم جنگ	گهی با شتابیم و گه با درنگ
بنیروی یزدان گو پیلتن	بیاری بیاید بدین انجمن
ازان دیده‌بان گشت روشن‌روان	همه مژده دادند پیر و جوان
طلایه فرستاد بر دشت جنگ	خروش آمد از کوه و آوای زنگ

رفتن خاقان چین به دیدن لشکر ایران

چو خورشید بر چرخ گنبد کشید	شب تار شد از جهان ناپدید
یکی انجمن کرد خاقان چین	بدیبا بیاراست روی زمین
بپیران چنین گفت کامروز جنگ	بسازیم و روزی نباید درنگ
یکی با سرافراز گردنکشان	خنیده سواران دشمن کشان
ببینیم کایرانیان برچیند	بدین رزمگه اندرون با کیند
چنین گفت پیران که خاقان چین	خردمند شاهیست با آفرین

بران رفت باید که او را هواست — که رای تو بر ما همه پادشاست
وزان پس برآمد ز پرده‌سرای — خروشیدن کوس با کرنای
سنانهای رخشان و جوشان سپاه — شده روی کشور ز لشکر سیاه
ز پیلان نهادند بر پنج زین — بیاراست دیگر بدیبای چین
زبرجد نشانده بزین اندرون — ز دیبای زربفت پیروزه‌گون
بزرین رکیب و جناغ پلنگ — بزرین و سیمین جرسها و زنگ
ز افسر سر پیلبان پرنگار — همه پاک با طوق و با گوشوار
هوا شد ز بس پرنیانی درفش — چو بازار چین سرخ و زرد و بنفش
سپاهی برفت اندران دشت رزم — کزیشان همی آرزو خواست بزم
زمین شد بکردار چشم خروس — ز بس رنگ و آرایش و پیل و کوس
برفتند شاهان لشکر ز جای — هوا پر شد از ناله‌ی کرنای
چو از دور طوس سپهبد بدید — سپاه آنچ بودش رده برکشید
ببستند گردان ایران میان — بیاورد گیو اختر کاویان
از آوردگه تا سر تیغ کوه — سپه بود از ایران گروها گروه
چو کاموس و منشور و خاقان چین — چو بیورد و چون شنگل بافرین
نظاره بکوه هماون شدند — نه بر آرزو پیش دشمن شدند
چو از دور خاقان چین بنگرید — خروش سواران ایران شنید
پسند آمدش گفت کاینت سپاه — سوران رزم آور و کینه‌خواه
سپهدار پیران دگرگونه گفت — هنرهای مردان نشاید نهفت
سپهدار کو چاه پوشد بخار — برو اسپ تازد بروز شکار
ازان به که بر خیره روز نبرد — هنرهای دشکن کند زیر گرد
ندیدم سواران و گردنکشان — بگردی و مردانگی زین نشان
بپیران چنین گفت خاقان چین — که اکنون چه سازیم بر دشت کین
ورا گفت پیران کز اندک سپاه — نگیرند یاد اندرین رزمگاه
کشیدی چنین رنج و راه دراز — سپردی و دیدی نشیب و فراز
بمان تا سه روز اندرین رزمگاه — بباشیم و آسوده گردد سپاه
سپه را کنم زان سپس به دو نیم — سرآمد کنون روز پیکار و بیم
بتازند شبگیر تا نیمروز — نبرده سواران گیتی‌فروز
بژوپین و خنجر بتیر و کمان — همی رزم جویند با بدگمان

دگر نیمه‌ی روز دیگر گروه / بکوشند تا شب برآید ز کوه
شب تیره آسودگان را بجنگ / برم تا بریشان شود کار تنگ
نمانم که آرام گیرند هیچ / سواران من با سپاه و بسیچ
بدو گفت کاموس کین رای نیست / بدین مولش اندر مرا جای نیست
بدین مایه مردم بدین گونه جنگ / چه باید بدین گونه چندین درنگ
بسازیم یکبار و جنگ‌آوریم / بریشان در و کوه تنگ آوریم
بایران گذاریم ز ایدر سپاه / نمانیم تخت و نه تاج و نه شاه
بر و بومشان پاک و یران کنیم / نه جنگ یلان جنگ شیران کنیم
زن و کودک خرد و پیر و جوان / نه شاه و کنارنگ و نه پهلوان
بایران نمانم بر و بوم و جای / نه کاخ و نه ایوان و نه چارپای
ببد روز چندین چه باید گذاشت / غم و درد و تیمار بیهوده داشت
یک امشب گشاده مدارید راه / که ایشان برانند زین رزمگاه
چو باد سپیده دمان بردمد / سپه جمله باید که اندر چمد
تلی کشته بینی ببالای کوه / تو فردا ز گردان ایران گروه
بدانسان که ایرانیان سربسر / ازین پی نبینند جز مویه گر
بدو گفت خاقان جزین رای نیست / بگیتی چو تو لشکر آرای نیست
همه نامدارن بدین هم سخن / که کاموس شیراوژن افگند بن
برفتند وز جای برخاستند / همه شب همی لشکر آراستند
چو خورشید بر گنبد لاژورد / سراپرده‌ای زد ز دیبای زرد

رسیدن فریبرز کاووس به کوه هماون

خروشی بلند آمد از دیده‌گاه / بگودرز کای پهلوان سپاه
سپاه آمد و راه نزدیک شد / ز گرد سپه روز تاریک شد
بجنبید گودرز از جای خویش / بیاورد پوینده بالای خویش
سوی گرد تاریک بنهاد روی / همی شد خلیده دل و راه‌جوی
بیامد چو نزدیک ایشان رسید / درفش فریبرز کاوس دید

که او بد بایران سپه پیش‌رو ··· پسندیده و خویش سالار نو
پیاده شد از اسپ گودرز پیر ··· همان لشکر افروز دانش‌پذیر
گرفتند مر یکدگر را کنار ··· خروشی برآمد ز هر دو بزار
فریبرز گفت ای سپهدار پیر ··· همیشه بجنگ اندری ناگزیر
ز کین سیاوش تو داری زیان ··· دریغا سواران گودرزیان
ازیشان ترا مزد بسیار باد ··· سر بخت دشمن نگونسار باد
سپاس از خداوند خورشید و ماه ··· که دیدم ترا زنده بر جایگاه
ازیشان ببارید گودرز خون ··· که بودند کشته بخاک اندرون
بدو گفت بنگر که از بخت بد ··· همی بر سرم هر زمان بد رسد
درین جنگ پور و نبیره نماند ··· سپاه و درفش و تبیره نماند
فرامش شدم کار آن کارزار ··· کنونست رزم و کنونست کار
سپاهست چندان برین دشت و راغ ··· که روی زمین گشت چون پر زاغ
همه لشکر طوس با این سپاه ··· چو تیره شبانست با نور ماه
ز چین و ز سقلاب وز هند و روم ··· ز ویران گیتی و آباد بوم
همانا نماندست یک جانور ··· مگر بسته بر جنگ ما بر کمر
کنون تا نگویی که رستم کجاست ··· ز غمها نگردد مرا پشت راست
فریبرز گفت از پس من ز جای ··· بیامد نبودش جز از رزم رای
شب تیره را تا سپیده دمان ··· بیاید بره بر نجوید زمان
کنون من کجا گیرم آرامگاه ··· کجا رانم این خوار مایه سپاه
بدو گفت گودرز رستم چه گفت ··· که گفتار او را نشاید نهفت
فریبرز گفت ای جهاندیده مرد ··· تهمتن نفرمود ما را نبرد
بباشید گفت اندران رزمگاه ··· نباید شدن پیش روی سپاه
بباید بدان رزمگاه آرمید ··· یکی تا درفش من آید پدید
برفت او و گودرز با او برفت ··· براه هماون خرامید تفت

رای زدن پیران با خاقان چین

چو لشکر پدید آمد از دیده‌گاه — بشد دیده‌بان پیش توران سپاه
کز ایران یکی لشکر آمد بدشت — ازان روی سوی هماون گذشت
سپهبد بشد پیش خاقان چین — که آمد سپاهی ز ایران زمین
ندانیم چندست و سالار کیست — چه سازیم و درمان این کار چیست
بدو گفت کاموس رزم آزمای — بجایی که مهتر تو باشی بپای
بزرگان درگاه افراسیاب — سپاهی بکردار دریای آب
تو دانی چه کردی بدین پنج ماه — برین دشت با خوار مایه سپاه
کنون چون زمین سربسر لشکرست — چو خاقان و منشور کنداورست
بمان تا هنرها پدید آوریم — تو در بستی و ما کلید آوریم
گر از کابل و زابل و مای و هند — شود روی گیتی چو رومی پرند
همانا به تنها تن من نیند — نگویی که ایرانیان خود کیند
تو ترسانی از رستم نامدار — نخستین ازو من برآرم دمار
گرش یک زمان اندر آرم بدام — نمانم که ماند بگیتیش نام
تو از لشکر سیستان خسته‌ای — دل خویش در جنگشان بسته‌ای
یکی بار دست من اندر نبرد — نگه کن که برخیزد از دشت گرد
بدانی که اندر جهان مرد کیست — دلیران کدامند و پیکار چیست
بدو گفت پیران کانوشه بدی — همیشه ز تو دور دست بدی
بپیران چنین گفت خاقان چین — که کاموس را راه دادی بکین
بکردار پیش آورد هرچ گفت — که با کوه یارست و با پیل جفت
از ایرانیان نیست چندین سخن — دل جنگجویان چنین بد مکن
بایران نمانیم یک سرفراز — برآریم گرد از نشیب و فراز
هرانکس که هستند با جاه و آب — فرستیم نزدیک افراسیاب
همه پای کرده به بندگران — وزیشان فگنده فراوان سران
بایران نمانیم برگ درخت — نه گاه و نه شاه و نه تاج و نه تخت

بخندید پیران و کرد آفرین	بران نامداران و خاقان چین
بلشکر گه آمد دلی شادمان	برفتند ترکان هم اندر زمان
چو هومان و لهاک و فرشیدورد	بزرگان و شیران روز نبرد
بگفتند کامد ز ایران سپاه	یکی پیش رو با درفشی سیاه
ز کارآگهان نامداری دمان	برفت و بیامد هم اندر زمان
فریبرز کاوس گفتند هست	سپاهی سرافراز و خسروپرست
چو رستم نباشد ازو باک نیست	دم او برین زهر تریاک نیست
ابا آنک کاموس روز نبرد	همی پیلتن را ندارد بمرد
مبادا که او آید ایدر بجنگ	وگر چند کاموس گردد نهنگ
نه رستم نه از سیستان لشکرست	فریبرز را خاک و خون ایدرست
چنین گفت پیران که از تخت و گاه	شدم سیر و بیزارم از هور و ماه
که چون من شنیدم کز ایران سپاه	خرامید و آمد بدین رزمگاه
بشد جان و مغز سرم پر ز درد	برآمد یکی از دلم باد سرد
بدو گفت کلباد کین درد چیست	چرا باید از طوس و رستم گریست
ز بس گرز و شمشیر و پیل و سپاه	میان اندرون باد را نیست راه
چه ایرانیان پیش ما در چه خاک	ز کیخسرو و طوس و رستم چه باک
پراگنده گشتند ازان جایگاه	سوی خیمه‌ی خویش کردند راه
ازان پس چو آگاهی آمد به طوس	که شد روی کشور پر آوای کوس
از ایران بیامد گو پیلتن	فریبرز کاوس و آن انجمن
بفرمود تا برکشیدند کوس	ز گرد سپه کوه گشت آبنوس
ز کوه هماون برآمد خروش	زمین آمد از بانگ اسپان بجوش
سپهبد بریشان زبان برگشاد	ز مازندران کرد بسیار یاد
که با دیو در جنگ رستم چه کرد	بریشان چه آورد روز نبرد
سپاه آفرین خواند بر پهلوان	که بیدار دل باش و روشن‌روان
بدین مژده گر دیده‌خواهی رواست	که این مژده آرایش جان ماست
کنون چون تهمتن بیامد بجنگ	ندارند پا این سپه با نهنگ
یکایک بران گونه رزمی کنیم	که این ننگ از ایرانیان بفگنیم
درفش سرافراز خاقان و تاج	سپرهای زرین و آن تخت عاج
همان افسر پیلبانان بزر	سنانهای زرین و زرین کمر

همان زنگ زرین و زرین جرس   که اندر جهان آن ندیدست کس
همان چتر کز دم طاوس نر   برو بافتستند چندان گهر
جزین نیز چندی بچنگ آوریم   چو جان را بکوشیم و جنگ آوریم
بلشکر چنین گفت بیدار طوس   که هم با هراسیم و هم با فسوس
همه دامن کوه پر لشکرست   سر نامداران ببند اندرست
چو رستم بیاید نکوهش کند   مگر کین سخن را پژوهش کند
که چون مرغ پیچیده بودم بدام   همه کار ناکام و پیکار خام
سپهبد همان بود و لشکر همان   کسی را ندیدم ز گردان دمان
یکی حمله آریم چون شیر نر   شوند از بن که مگر زاستر
سپه گفت کین برتری خود مجوی   سخن زین نشان هیچ گونه مگوی
کزین کوه کس پیشتر نگذرد   مگر رستم این رزمگه بنگرد
بباشیم بر پیش یزدان بپای   که اویست بر نیکوی رهنمای
بفرمان دارنده‌ی هور و ماه   تهمتن بیاید بدین رزمگاه
چه داری دژم اختر خویش را   درم بخش و دینار درویش را
بشادی ز گردان ایران گروه   خروشی برآمد ز بالای کوه
چو خورشید زد پنجه بر پشت گاو   ز هامون برآمد خروش چکاو
ز درگاه کاموس برخاست غو   که او بود اسپ افگن و پیش رو
سپاه انجمن کرد و جوشن بداد   دلش پر ز رزم و سرش پر ز باد
زره بود در زیر پیراهنش   کله ترگ بود و قبا جوشنش
بایران خروش آمد از دیده‌گاه   کزین روی تنگ اندر آمد سپاه
درفش سپهبد گو پیلتن   پدید آمد از دور با انجمن
وزین روی دیگر ز توران سپاه   هوا گشت برسان ابر سیاه
سپهبد سورای چو یک لخت کوه   زمین گشته از نعل اسپش ستوه
یکی گرز همچون سر گاومیش   سپاه از پس و نیزه‌دارانش پیش
همی جوشد از گرز آن یال و کفت   سزد گر بمانی ازو در شگفت
وزین روی ایران سپهدار طوس   بابر اندر آورد آوای کوس
خروشیدن دیده‌بان پهوان   چو بشنید شد شاد و روشن‌روان
ز نزدیک گودرز کشواد تفت   سواری بنزد فریبرز رفت
که توران سپه سوی جنگ آمدند   رده برکشیدند و تنگ آمدند

تو آن کن که از گوهر تو سزاست / که تو مهتری و پدر پادشاست
که گرد تهمتن برآمد ز راه / هم اکنون بیاید بدین رزمگاه
فریبرز با لشکری گرد نیو / بیامد بپیوست با طوس و گیو
بر کوه لشکر بیاراستند / درفش خجسته بپیراستند
چو با میسره راست شد میمنه / همان ساقه و قلب و جای بنه
برآمد خروشیدن کرنای / سپه چون سپهر اندر آمد ز جای
چو کاموس تنگ اندر آمد بجنگ / بهامون زمانی نبودش درنگ
سپه را بکردار دریای آب / که از کوه سیل اندر آید شتاب
بیاورد و پیش هماون رسید / هوا نیلگون شد زمین ناپدید
چو نزدیک شد سر سوی کوه کرد / پر از خنده رخ سوی انبوه کرد
که این لشکری گشن و کنداورست / نه پیران و هومان و آن لشکرست
که دارید ز ایرانیان جنگجوی / که با من بروی اندر آرند روی
ببینید بالا و برز مرا / برو بازوی و تیغ و گرز مرا
چو بشنید گیو این سخن بردمید / برآشفت و تیغ از میان برکشید
چو نزدیک‌تر شد بکاموس گفت / که این را مگر ژنده پیلست جفت
کمان برکشید و بزه بر نهاد / ز دادار نیکی دهش کرد یاد
بکاموس بر تیرباران گرفت / کمان را چو ابر بهاران گرفت
چو کاموس دست و گشادش بدید / بزیر سپر کرد سر ناپدید
بنیزه درآمد بکردار گرگ / چو شیری برافراز پیلی سترگ
چو آمد بنزدیک بدخواه اوی / یکی نیزه زد بر کمرگاه اوی
چو شد گیو جنبان بزین اندرون / ازو دور شد نیزه‌ی آبگون
سبک تیغ را برکشید از نیام / خروشید و جوشید و برگفت نام
به پیش سوار اندر آمد دژم / بزد تیغ و شد نیزه‌ی او قلم
ز قلب سپه طوس چون بنگرید / نگه کرد و جنگ دلیران بدید
بدانست کو مرد کاموس نیست / چنو نیزه‌ور نیز جز طوس نیست
خروشان بیامد ز قلب سپاه / بیاری بر گیو شد کینه‌خواه
عنان را بپیچید کاموس تنگ / میان دو گرد اندر آمد بجنگ
ز تگ اسپ طوس دلاور بماند / سپهبد برو نام یزدان بخواند
به نیزه پیاده به آوردگاه / همی گشت با او بپیش سپاه

دو گرد گرانمایه و یک سوار / کشانی نشد سیر زان کارزار
برین گونه تا تیره شد جای هور / همی بود بر دشت هر گونه شور
چو شد دشت بر گونه‌ی آبنوس / پراگنده گشتند کاموس و طوس
سوی خیمه رفتند هر دو گروه / یکی سوی دشت و دگر سوی کوه
چو گردون تهی شد ز خورشید و ماه / طلایه برون شد ز هر دو سپاه

رسیدن رستم به نزدیک ایرانیان

ازان دیده گه دیده، بگشاد لب / که شد دشت پر خاک و تاریک شب
پر از گفتگویست هامون و راغ / میان یلان نیز چندین چراغ
همانا که آمد گو پیلتن / دمان و ز زابل یکی انجمن
چو بشنید گودرز کشواد تفت / شب تیره از کوه خارا برفت
پدید آمد آن اژدهافش درفش / شب تیره‌گون کرد گیتی بنفش
چو گودرز روی تهمتن بدید / شد از آب دیده رخش ناپدید
پیاده شد از اسپ و رستم همان / پیاده بیامد چو باد دمان
گرفتند مر یکدگر را کنار / ز هر دو برآمد خروشی بزار
ازان نامدارن گودرزیان / که از کینه جستن سرآمد زمان
بدو گفت گودرز کای پهلوان / هشیوار و جنگی و روشن‌روان
همی تاج و گاه از تو گیرد فروغ / سخن هرچ گویی نباشد دروغ
تو ایرانیان را ز مام و پدر / بهی هم ز گنج و ز تخت و گهر
چنانیم بی‌تو چو ماهی بخاک / بتنگ اندرون سر تن اندر هلاک
چو دیدم کنون خوب چهر ترا / همین پرسش گرم و مهر ترا
مرا سوگ آن ارجمندان نماند / ببخت تو جز روی خندان نماند
بدو گفت رستم که دل شاد دار / ز غمهای گیتی سر آزاد دار
که گیتی سراسر فریبست و بند / گهی سودمندی و گاهی گزند
یکی را ببستر یکی را بجنگ / یکی را بنام و یکی را بننگ
همی رفت باید کزین چاره نیست / مرا نیز از مرگ پتیاره نیست
روان تو از درد بی‌درد باد / همه رفتن ما بورد باد

ازان پس چو آگاه شد طوس و گیو	ز ایران نبرده سواران نیو
که رستم به کوه هماون رسید	مر او را جهاندیده گودرز دید
برفتند چون باد لشکر ز جای	خروش آمد و نالهی کرنای
چو آمد درفش تهمتن پدید	شب تیره لشکر برستم رسید
سپاه و سپهبد پیاده شدند	میان بسته و دلگشاده شدند
خروشی برآمد ز لشکر بدرد	ازان کشتگان زیر خاک نبرد
دل رستم از درد ایشان بخست	بکینه بنوی میان را ببست
بنالید ازان پس بدرد سپاه	چو آگه شد از کار آوردگاه
بسی پندها داد و گفت ای سران	بپیش آمد امروز رزمی گران
چنین است آغاز و فرجام جنگ	یکی تاج یابد یکی گور تنگ
سراپرده زد گرد گیتیفروز	پس پشت او لشکر نیمروز
بکوه اندرون خیمهها ساختند	درفش سپهبد برافراختند
نشست از بر تخت بر پیلتن	بزرگان لشکر شدند انجمن
ز یک دست بنشست گودرز و گیو	بدست دگر طوس و گردان نیو
فروزان یکی شمع بنهاد پیش	سخن رفت هر گونه بر کم و بیش
ز کار بزرگان و جنگ سپاه	ز رخشنده خورشید و گردنده ماه
فراوان ازان لشکر بیشمار	بگفتند با مهتر نامدار
ز کاموس و شنگل ز خاقان چین	ز منشور جنگی و مردان کین
ز کاموس خود جای گفتار نیست	که ما را بدو راه دیدار نیست
درختیست بارش همه گرز و تیغ	نترسد اگر سنگ بارد ز میغ
ز پیلان جنگی ندارد گریز	سرش پر ز کینست و دل پر ستیز
ازین کوه تا پیش دریای شهد	درفش و سپاهست و پیلان و مهد
اگر سوی ما پهلوان سپاه	نکردی گذر کار گشتی تباه
سپاس از خداوند پیروزگر	ک او آورد رنج و سختی بسر
تن ما بتو زنده شد بیگمان	نبد هیچ کس را امید زمان
ازان کشتگان یک زمان پهلوان	همی بود گریان و تیرهروان
ازان پس چنین گفت کز چرخ ماه	برو تا سر تیره خاک سیاه
نبینی مگر گرم و تیمار و رنج	برینست رسم سرای سپنج
گزافست کردار گردان سپهر	گهی زهر و جنگست و گه نوش و مهر

۵۶۴

اگر کشته گر مرده هم بگذریم	سزد گر بچون و چرا ننگریم
چنان رفت باید که آید زمان	مشو تیز با گردش آسمان
جهاندار پیروزگر یار باد	سر بخت دشمن نگونسار باد
ازین پس همه کینه باز آوریم	جهان را بایران نیاز آوریم
بزرگان همه خواندند آفرین	که بی‌تو مبادا زمان و زمین
همیشه بدی نامبردار و شاد	در شاه پیروز بی‌تو مباد
چو از کوه بفروخت گیتی فروز	دو زلف شب تیره بگرفت روز

لشکر آراستن تورانیان و ایرانیان

ازان چادر قیر بیرون کشید	بدندان لب ماه در خون کشید
تبیره برآمد ز هر دو سرای	برفتند گردان لشکر ز جای
سپهدار هومان به پیش سپاه	بیامد همی کرد هر سو نگاه
که ایرانیان را که یار آمدست	که خرگاه و خیمه بکار آمدست
ز پیروزه دیبا سراپرده دید	فراوان بگرد اندرش پرده دید
درفش و سنان سپهبد بپیش	همان گردش اختر بد بپیش
سراپرده‌ای دید دیگر سیاه	درفشی درفشان بکردار ماه
فریبرز کاوس با پیل و کوس	فراوان زده خیمه نزدیک طوس
بیامد پر از غم بپیران بگفت	که شد روز با رنج بسیار جفت
کز ایران ده و دار و بانگ خروش	فراوان ز هر شب فزون بود دوش
بتنها برفتم ز خیمه پگاه	بلشکر بهر جای کردم نگاه
از ایران فراوان سپاه آمدست	بیاری برین رزمگاه آمدست
ز دیبا یکی سبز پرده‌سرای	یکی اژدهافش درفشی بپای
سپاهی بگرد اندرش زابلی	سپردار و با خنجر کابلی
گمانم که رستم ز نزدیک شاه	بیاری بیامد بدین رزمگاه
بدو گفت پیران که بد روزگار	اگر رستم آید بدین کارزار
نه کاموس ماند نه خاقان چین	نه شنگل نه گردان توران زمین

هم‌انگه ز لشکر گه اندر کشید / بیامد سپهدار را بنگرید
وزانجا دمان سوی کاموس شد / بنزدیک منشور و فرطوس شد
که شبگیر ز ایدر برفتم پگاه / بگشتم همه گرد ایران سپاه
بیاری فراوان سپاه آمدست / بسی کینه‌ور رزمخواه آمدست
گمانم که آن رستم پیلتن / که گفتم همی پیش این انجمن
برفت از در شاه ایران سپاه / بیاری بیامد بدین رزمگاه
بدو گفت کاموس کای پر خرد / دلت یکسر اندیشه‌ی بد برد
چنان دان که کیخسرو آمد بجنگ / مکن خیره دل را بدین کار تنگ
ز رستم چه رانی تو چندین سخن / ز زابلستان یاد چندین مکن
درفش مرا گر ببیند به چنگ / بدریای چین بر خروشد نهنگ
برو لشکر آرای و برکش سپاه / درفش اندر آور بوردگاه
چو من با سپاه اندر آیم بجنگ / نباید که باشد شما را درنگ
ببینی تو پیکار مردان کنون / شده دشت یکسر چو دریای خون
دل پهلوان زان سخن شاد گشت / ز اندیشه‌ی رستم آزاد گشت
سپه را همه ترگ و جوشن بداد / همی کرد گفتار کاموس یاد
وزان جایگه پیش خاقان چین / بیامد ببوسید روی زمین
بدو گفت شاها انوشه بدی / روانرا بدیدار توشه بدی
بریدی یکی راه دشوار و دور / خریدی چنین رنج ما را بسور
بدین سام بزرم افراسیاب / گذشتی به کشتی ز دریای آب
سپاه از تو دارد همی پشت راست / چنان کن که از گوهر تو سزاست
بیارای پیلان بزنگ و درای / جهان پر کن از ناله‌ی کرنای
من امروز جنگ آورم با سپاه / تو با پیل و با کوس در قلبگاه
نگه دار پشت سپاه مرا / بابر اندر آور کلاه مرا
چنین گفت کاموس جنگی بمن / که تو پیش‌رو باش زین انجمن
بسی سخت سوگندهای دراز / بخورد و بر آهیخت گرز از فراز
که امروز من جز بدین گرز جنگ / نسازم وگر بارد از ابر سنگ
چو بشنید خاقان بزد کرنای / تو گفتی که کوه اندر آمد ز جای
ز بانگ تبیره زمین و سپهر / بپوشید کوه و بیفگند مهر
بفرمود تا مهد بر پشت پیل / ببستند و شد روی گیتی چو نیل

بیامد گرازان بقلب سپاه
شد از گرد خورشید تابان سیاه

خروشیدن زنگ و هندی درای
همی دل برآورد گفتی ز جای

ز بس تخت پیروزه بر پشت پیل
درفشان بکردار دریای نیل

بچشم اندرون روشنایی نماند
همی باروان آشنایی نماند

پر از گرد شد چشم و کام سپهر
تو گفتی بقیر اندر اندود چهر

چو خاقان بیامد بقلب سپاه
بچرخ اندرون ماه گم کرد راه

ز کاموس چون کوه شد میمنه
کشیدند بر سوی هامون بنه

سوی میسره نیز پیران برفت
برادرش هومان و کلباد تفت

چو رستم بدید آنک خاقان چه کرد
بیاراست در قلب جای نبرد

چنین گفت رستم که گردان سپهر
ببینیم تا بر که گردد بمهر

چگونه بود بخشش آسمان
کرا زین بزرگان سرآید زمان

درنگی نبودم براه اندکی
دو منزل همی کرد رخشم یکی

کنون سم این بارگی کوفتست
ز راه دراز اندر آشوفتست

نیارم برو کرد نیرو بسی
شدن جنگ جویان به پیش کسی

یک امروز در جنگ یاری کنید
برین دشمنان کامگاری کنید

که گردان سپهر جهان یار ماست
مه و مهر گردون نگهدار ماست

بفرمود تا طوس بربست کوس
بیاراست لشکر چو چشم خروس

سپهبد بزد نای و رویینه خم
خروش آمد و ناله‌ی گاودم

بیاراست گودرز بر میمنه
فرستاد بر کوه خارا بنه

فریبرز کاوس بر میسره
جهان چون نیستان شده یکسره

بقلب اندرون طوس نوذر بپای
زمین شد پر از ناله‌ی کرنای

جهان شد بگرد اندرون ناپدید
کسی از یلان خویشتن را ندید

بشد پیلتن تا سر تیغ کوه
بدیدار خاقان و توران گروه

سپه دید چندانک دریای روم
ازیشان نمودی چو یک مهره موم

کشانی و شگنی و سقلاب و هند
چغانی و رومی و وهری و سند

جهانی شده سرخ و زرد و سیاه
دگرگونه جوشن دگرگون کلاه

زبانی دگرگون بهر گوشه‌ای
درفش نوآیین و نو توشه‌ای

ز پیلان و آرایش و تخت عاج
همان یاره و افسر و طوق و تاج

جهان بود یکسر چو باغ بهشت
بدیدار ایشان شده خوب زشت

بران کوه سر ماند رستم شگفت ببر گشتن اندیشه اندر گرفت
که تا چون نماید بما چرخ مهر چه بازی کند پیر گشته سپهر
فرود آمد از کوه و دل بد نکرد گذر بر سپاه و سپهبد نکرد
همی گفت تا من کمر بسته‌ام بیک جای یک سال ننشسته‌ام
فراوان سپه دیده‌ام پیش ازین ندانم که لشکر بود بیش ازین
بفرمود تا برکشیدند کوس بجنگ اندر آمد سپهدار طوس
ازان کوه سر سوی هامون کشید همی نیزه از کینه در خون کشید
بیک نیمه از روز لشکر گذشت کشیدند صف بر دو فرسنگ دشت
ز گرد سپه روشنایی نماند ز خورشید شب را جدایی نماند
ز تیر و ز پیکان هوا تیره گشت همی آفتاب اندران خیره گشت
خروش سواران و اسپان ز دشت ز بهرام و کیوان همی برگذشت
ز جوش سواران و زخم تبر همی سنگ خارا برآورد پر
همه تیغ و ساعد ز خون بود لعل خروشان دل خاک در زیر نعل
دل مرد بددل گریزان ز تن دلیان ز خفتان بریده کفن
برفتند ازان جای شیران نر عقاب دلاور برآورد پر
نماند ایچ با روی خورشید رنگ بجوش آمده خاک بر کوه و سنگ
بلشکر چنین گفت کاموس گرد که گر آسمان را بباید سپرد
همه تیغ و گرز و کمند آورید بایرانیان تنگ و بند آورید
جهانجوی را دل بجنگ اندرست وگرنه سرش زیر سنگ اندرست
دلیری که بد نام او اشکبوس همی بر خروشید بر سان کوس

رزم رستم با اشکبوس

بیامد که جوید ز ایران نبرد سر هم نبرد اندر آرد بگرد
بشد تیز رهام با خود و گبر همی گرد رزم اندر آمد بابر
برآویخت رهام با اشکبوس برآمد ز هر دو سپه بوق و کوس
بران نامور تیرباران گرفت کمانش کمین سواران گرفت

جهانجوی در زیر پولاد بود   بخفتانش بر تیر چون باد بود
نبد کارگر تیر بر گبر اوی   ازان تیزتر شد دل جنگجوی
بگرز گران دست برد اشکبوس   زمین آهنین شد سپهر ابنوس
برآهیخت رهام گرز گران   غمی شد ز پیکار دست سران
چو رهام گشت از کشانی ستوه   بپیچید زو روی و شد سوی کوه
ز قلب سپاه اندر آشفت طوس   بزد اسپ کاید بر اشکبوس
تهمتن برآشفت و با طوس گفت   که رهام را جام باده‌ست جفت
بمی در همی تیغ‌بازی کند   میان یلان سرفرازی کند
چرا شد کنون روی چون سندروس   سواری بود کمتر از اشکبوس
تو قلب سپه را بیین بدار   من اکنون پیاده کنم کارزار
کمان بزه را بباز و فگند   ببند کمر بر بزد تیر چند
خروشید کای مرد رزم آزمای   هم آوردت آمد مشو باز جای
کشانی بخندید و خیره بماند   عنان را گران کرد و او را بخواند
بدو گفت خندان که نام تو چیست   تن بی‌سرت را که خواهد گریست
تهمتن چنین داد پاسخ که نام   چه پرسی کزین پس نبینی تو کام
مرا مادرم نام مرگ تو کرد   زمانه مرا پتک ترگ تو کرد
کشانی بدو گفت بی‌بارگی   بکشتن دهی سر بیکبارگی
تهمتن چنین داد پاسخ بدوی   که ای بیهده مرد پرخاشجوی
پیاده ندیدی که جنگ آورد   سر سرکشان زیر سنگ اورد
بشهر تو شیر و نهنگ و پلنگ   سوار اندر آیند هر سه بجنگ
هم اکنون ترا ای نبرده سوار   پیاده بیاموزمت کارزار
پیاده مرا زان فرستاد طوس   که تا اسپ بستانم از اشکبوس
کشانی پیاده شود همچو من   ز دو روی خندان شوند انجمن
پیاده به از چون تو پانصد سوار   بدین روز و این گردش کارزار
کشانی بدو گفت با تو سلیح   نبینم همی جز فسوس و مزیح
بدو گفت رستم که تیر و کمان   ببین تا هم اکنون سراری زمان
چو نازش باسپ گرانمایه دید   کمان را بزه کرد و اندر کشید
یکی تیر زد بر بر اسپ اوی   که اسپ اندر آمد ز بالا بروی

بخندید رستم بواز گفت	که بنشین به پیش گرانمایه جفت
سزدگر بداری سرش درکنار	زمانی برآسایی از کارزار
کمان را بزه کرد زود اشکبوس	تنی لرز لرزان و رخ سندروس
برستم برآنگه ببارید تیر	تهمتن بدو گفت برخیره خیر
همی رنجه داری تن خویش را	دو بازوی و جان بداندیش را
تهمتن به بند کمر برد چنگ	گزین کرد یک چوبه تیر خدنگ
یکی تیر الماس پیکان چو آب	نهاده برو چار پر عقاب
کمان را بمالید رستم بچنگ	بشست اندر آورد تیر خدنگ
برو راست خم کرد و چپ کرد راست	خروش از خم چرخ چاچی بخاست
چو سوفارش آمد بپهنای گوش	ز شاخ گوزنان برآمد خروش
چو بوسید پیکان سرانگشت اوی	گذر کرد بر مهره‌ی پشت اوی
بزد بر بر و سینه‌ی اشکبوس	سپهر آن زمان دست او داد بوس
قضا گفت گیر و قدر گفت ده	فلک گفت احسنت و مه گفت زه
کشانی هم اندر زمان جان بداد	چنان شد که گفتی ز مادر نزاد
نظاره بریشان دو رویه سپاه	که دارند پیکار گردان نگاه
نگه کرد کاموس و خاقان چین	بران برز و بالا و آن زور و کین
چو برگشت رستم هم اندر زمان	سواری فرستاد خاقان دمان
کزان نامور تیر بیرون کشید	همه تیر تا پر پر از خون کشید
همه لشکر آن تیر برداشتند	سراسر همه نیزه پنداشتند
چو خاقان بدان پر و پیکان تیر	نگه کرد برنا دلش گشت پیر
بپیران چنین گفت کین مرد کیست	ز گردان ایران ورا نام چیست
تو گفتی که لختی فرومایه‌اند	ز گردنکشان کمترین پایه‌اند
کنون نیزه با تیر ایشان یکیست	دل شیر در جنگشان اندکیست
همی خوار کردی سراسر سخن	جز آن بد که گفتی ز سر تا به بن
بدو گفت پیران کز ایران سپاه	ندانم کسی را بدین پایگاه
کجا تیر او بگذرد بر درخت	ندانم چه دارد بدل شوربخت
از ایرانیان گیو و طوس‌اند مرد	که با فر و برزند روز نبرد
برادرم هومان بسی پیش طوس	جهان کرد بر گونه‌ی آبنوس
بایران ندانم که این مرد کیست	بدین لشکر او را هم آورد کیست

شوم بازپرسم ز پرده‌سرای بیارند ناکام نامش بجای
بیامد پر اندیشه و روی زرد بپرسید زان نامداران مرد
بپیران چنین گفت هومان گرد که دشمن ندارد خردمند خرد

پرسیدن پیران از آمدن رستم

بزرگان ایران گشاده‌دلند تو گویی که آهن همی بگسلند
کنون تا بیامد از ایران سپاه همی برخروشند زان رزمگاه
بدو گفت پیران که هر چند یار بیاید بر طوس از ایران سوار
چو رستم نباشد مرا باک نیست ز گرگین و بیژن دلم چاک نیست
سپه را دو رزم گرانست پیش بجویند هر کس بدین نام خویش
وزان جایگه پیش کاموس رفت بنزدیک منشور و فرطوس تفت
چنین گفت کامروز رزمی بزرگ برفت و پدید آمد از میش گرگ
ببینید تا چاره‌ی کار چیست بران خستگیها بر آزار چیست
چنین گفت کاموس کامروز جنگ چنان بد که نام اندر آمد بننگ
برزم اندرون کشته شد اشکبوس وزو شادمان شد دل گیو و طوس
دلم زان پیاده به دو نیم شد کزو لشکر ما پر از بیم شد
ببالای او بر زمین مرد نیست بدین لشکر او را هم آورد نیست
کمانش تو دیدی و تیر ایدرست بزور او ز پیل ژیان برترست
همانا که آن سگزی جنگجوی که چندین همی برشمردی ازوی
پیاده بدین رزمگاه آمدست بیاری ایران سپاه آمدست
بدو گفت پیران که او دیگرست سواری سرافراز و کنداورست
بترسید پس مرد بیدار دل کجا بسته بود اندران کار دل
ز پیران بپرسید کان شیر مرد چگونه خرامد بدشت نبرد
ز بازو و برزش چه داری نشان چه گوید بورد با سرکشان
چگونست مردی و دیدار اوی چگونه شوم من بپیکار اوی
گرا یدونک اویست کامد ز راه مرا رفت باید بوردگاه

بدو گفت پیران که این خود مباد	که او آید ایدر کند رزم یاد
یکی مرد بینی چو سرو سهی	بدیدار با زیب و با فرهی
بسا رزمگاها که افراسیاب	ازو گشت پیچان و دیده پرآب
یکی رزمسازست و خسروپرست	نخست او برد سوی شمشیر دست
بکین سیاوش کند کارزار	کجا او بپروردش اندر کنار
ز مردان کنند آزمایش بسی	سلیح ورا برنتابد کسی
نه برگیرد از جای گرزش نهنگ	اگر بفگند بر زمین روز جنگ
زهی بر کمانش بر از چرم شیر	یکی تیر و پیکان او ده ستیر
برزم اندر آید بپوشد زره	یکی جوشن از بر ببندد گره
یکی جامه دارد ز چرم پلنگ	بپوشد بر و اندر آید بجنگ
همی نام ببربیان خواندش	ز خفتان و جوشن فزون داندش
نسوزد در آتش نه از آب تر	شود چون بپوشد برآیدش پر
یکی رخش دارد بزیر اندرون	تو گفتی روان شد که بیستون
همی آتش افروزد از خاک و سنگ	نیارامد از بانگ هنگام جنگ
ابا این شگفتی بروز نبرد	سزد گر نداری تو او را بمرد
چو بشنید کاموس بسیار هوش	بپیران سپرد آن زمان چشم و گوش
همانا خوش آمدش گفتار اوی	برافروخت زان کار بازار اوی
بپیران چنین گفت کای پهلوان	تو بیدار دل باش و روشن‌روان
ببین تا چه خواهی ز سوگند سخت	که خوردند شاهان بیدار بخت
خورم من فزون زان کنون پیش تو	که روشن شود زان دل و کیش تو
که زین را نبردارم از پشت بور	بنیروی یزدان کیوان و هور
مگر بخت و رای تو روشن کنم	بریشان جهان چشم سوزن کنم
بسی آفرین خواند پیران بدوی	که ای شاه بینادل و راست‌گوی
بدین شاخ و این یال و بازوی و کفت	هنرمند باشی ندارم شگفت
بکام تو گردد همه کار ما	نماندست بسیار پیکار ما
وزان جایگه گرد لشکر بگشت	بهر خیمه و پرده‌ای برگذشت
بگفت این سخن پیش خاقان چین	همی گفت با هر کسی همچنین
ز خورشید چون شد جهان لعل فام	شب تیره بر چرخ بگذاشت گام
دلیران لشکر شدند انجمن	که بودند دانا و شمشیرزن

بخرگاه خاقان چین آمدند همه دل پر از رزم و کین آمدند
چو کاموس اسپ افگن شیر مرد چو منشور و فرطوس مرد نبرد
شمیران شگنی و شنگل ز هند ز سقلاب چون کندر وشاه سند
همی رای زد رزم را هر کسی از ایران سخن گفت هر کس بسی
ازان پس بران رایشان شد درست که یکسر بخون دست بایست شست
برفتند هر کس برام خویش بخفتند در خیمه با کام خویش
چو باریک و خمیده شد پشت ماه ز تاریک زلف شبان سیاه
بنزدیک خورشید چون شد درست برآمد پر از آب رخ را بشست
سپاه دو کشور برآمد بجوش بچرخ بلند اندر آمد خروش
چنین گفت خاقان که امروز جنگ نباید که چون دی بود با درنگ
گمان برد باید که پیران نبود نه بی او نشاید نبرد آزمود
همه همگنان رزمساز آمدیم بیاری ز راه دراز آمدیم
گر امروز چون دی درنگ آوریم همه نام را زیر ننگ آوریم
و دیگر که فردا ز افراسیاب سپاس اندر آرام جوییم و خواب
یکی رزم باید همه همگروه شدن پیش لشکر بکردار کوه
ز من هدیه و بردهٔ زابلی بیابید با شارهٔ کابلی
ز ده کشور ایدر سرافراز هست بخواب و به خوردن نباید نشست
بزرگان ز هر جای برخاستند بخاقان چین خواهش آراستند
که بر لشکر امروز فرمان تراست همه کشور چین و توران تراست
یک امروز بنگر بدین رزمگاه که شمشیر بارد ز ابر سیاه
وزین روی رستم بایرانیان چنین گفت کاکنون سرآمد زمان

کشته شدن الوای زابلی بر دست کاموس

اگر کشته شد زین سپاه اندکی نشد بیش و کم از دو سیصد یکی
چنین یکسره دل مدارید تنگ نخواهم تن زنده بی‌نام و ننگ
همه لشکر ترک از اشکبوس برفتند رخساره چون سندروس

کنون یکسره دل پر از کین کنید
بروهای جنگی پر از چین کنید

که من رخش را بستم امروز نعل
بخون کرد خواهم سر تیغ لعل

بسازید کامروز روز نوست
زمین سربسر گنج کیخسروست

میان را ببندید کز کارزار
همه تاج یابید با گوشوار

بزرگان برو خواندند آفرین
که از تو فروزد کلاه و نگین

بپوشید رستم سلیح نبرد
بوردگه رفت با داروبرد

زره زیر بد جوشن اندر میان
ازان پس بپوشید ببربیان

گرانمایه مغفر بسر بر نهاد
همی کرد بدخواهش از مرگ یاد

بنیروی یزدان میان را ببست
نشست از بر رخش چون پیل مست

ز بالای او آسمان خیره گشت
زمین از پی رخش او تیره گشت

برآمد ز هر دو سپه بوق و کوس
زمین آهنین شد سپهر آبنوس

جهان لرز لرزان شد و دشت و کوه
زمین شد ز نعل ستوران ستوه

وزین روی کاموس بر میمنه
پس پشت او ژنده پیل و بنه

ابر میسره لشکر آرای هند
زره‌دار با تیغ و هندی پرند

بقلب اندرون جای خاقان چین
شده آسمان تار و جنبان زمین

وزین رو فریبرز بر میسره
چو خورشید تابان ز برج بره

سوی میمنه پور کشواد بود
که کتفش همه زیر پولاد بود

بقلب اندرون طوس نوذر بپای
به پیش سپه کوس با کرنای

همی دود آتش برآمد ز آب
نبیند چنین رزم جنگی بخواب

برآمد ز هر سوی لشکر خروش
همی پیل را زان بدرید گوش

نخستین که آمد میان دو صف
ز خون جگر بر لب آورده کف

سپهبد سرافراز کاموس بود
که با لشکر و پیل و با کوس بود

همی برخروشید چون پیل مست
یکی گرزه‌ی گام پیکر بدست

که آن جنگجوی پیاده کجاست
که از نامداران چنین رزم خواست

کنون گر بیاید بوردگاه
تهی ماند از تیر او جایگاه

ورا دیده بودند گردان نیو
چو طوس سرافراز و رهام و گیو

کسی را نیامد همی رزم رای
ز گردان ایران تهی ماند جای

که با او کسی را نبد تاو جنگ
دلیران چو آهو و او چون پلنگ

یکی زابلی بود الوای نام
سبک تیغ کین برکشید از نیام

کجا نیزه‌ی رستم او داشتی	پس پشت او هیچ نگذاشتی
بسی رنج برده بکار عنان	بیاموخته گرز و تیر و سنان
برنج و بسختی جگر سوخته	ز رستم هنرها بیاموخته
بدو گفت رستم که بیدار باش	بورد این ترک هشیار باش
مشو غرق ز آب هنرهای خویش	نگه‌دار بر جایگه پای خویش
چو قطره بر ژرف دریا بری	بدیوانگی ماند این داوری
شد الوای آهنگ کاموس کرد	که جوید بورد با او نبرد
نهادند آوردگاهی بزرگ	کشانی بیامد بکردار گرگ
بزد نیزه و برگرفتش ز زین	بینداخت آسان بروی زمین
عنان را گران کرد و او را بنعل	همی کوفت تا خاک او کرد لعل
تهمتن ز الوای شد دردمند	ز فتراک بگشاد پیچان کمند
چو آهنگ جنگ سران داشتی	کمندی و گرزی گران داشتی

نبرد رستم با کاموس کشانی

بیامد بغرید چون پیل مست	کمندی ببازو و گرزی بدست
بدو گفت کاموس چندین مدم	بنیروی این رشته‌ی شصت خم
چنین پاسخ آورد رستم که شیر	چو نخچیر بیند بغرد دلیر
نخستین برین کینه بستی کمر	ز ایران بکشتی یکی نامور
کنون رشته خوانی کمند مرا	ببینی همی تنگ و بند مرا
زمانه ترا از کشانی براند	چو ایدر بدت خاک جایت نماند
برانگیخت کاموس اسپ نبرد	هم آورد را دید با دارو برد
بینداخت تیغ پرند آورش	همی خواست از تن بریدن سرش
سر تیغ بر گردن رخش خورد	ببرید بر گستوان نبرد
تن رخش را زان نیامد گزند	گو پیلتن حلقه کرد آن کمند
بینداخت و افگندش اندر میان	برانگیخت از جای پیل ژیان
بزین اندر آورد و کردش دوال	عقابی شده رخش با پر و بال

سوار از دلیری بیفشارد ران	گران شد رکیب و سبک شد عنان
همی خواست کان خم خام کمند	بنیرو ز هم بگسلاند ز بند
شد از هوش کاموس و نگسست خام	گو پیلتن رخش را کرد رام
عنان را بپیچید و او را ز زین	نگون اندر آورد و زد بر زمین
بیامد ببستش بخم کمند	بدو گفت کاکنون شدی بی‌گزند
ز تو تنبل و جادوی دور گشت	روانت بر دیو مزدور گشت
سرآمد بتو بر همه روز کین	نبینی زمین کشانی و چین
گمان تو آن بد که هنگام جنگ	کسی چون تو نگرفت خنجر بچنگ
مبادا که کین آورد سرفراز	که بس زود بیند نشیب و فراز
دو دست از پس پشت بستش چو سنگ	بخم کمند اندر آورد چنگ
بیامد خرامان بایران سپاه	بزیر کش اندر تن کینه‌خواه
بگردان چنین گفت کین رزمجوی	ز بس زور و کین اندر آمد بروی
چنین است رسم سرای فریب	گهی در فراز و گهی در نشیب
بایران همی شد که ویران کند	کنام پلنگان و شیران کند
به زابلستان و به کابلستان	نه ایوان بود نیز و نه گلستان
نیندازد از دست گوپال را	مگر گم کند رستم زال را
کفن شد کنون مغفر و جوشنش	ز خاک افسر و گرد پیراهنش
شما را بکشتن چگونست رای	که شد کار کاموس جنگی ز پای
بیفگند بر خاک پیش سران	ز لشکر برفتند کنداوران
تنش را بشمشیر کردند چاک	بخون غرقه شد زیر او سنگ و خاک
بمردی نباید شد اندر گمان	که بر تو درازست دست زمان
بپایان شد این رزم کاموس گرد	همی شد که جان آورد جان ببرد

داستان خاقان چین

خبر یافتن خاقان از کشته شدن کاموس

کنون ای خردمند روشن‌روان	بجز نام یزدان مگردان زبان
که اویست بر نیک و بد رهنمای	وزویست گردون گردان بجای
همی بگذرد بر تو ایام تو	سرایی جزین باشد آرام تو
چو باشی بدین گفته همداستان	که دهقان همی گوید از باستان
ازان پس خبر شد بخاقان چین	که شد کشته کاموس بر دشت کین
کشانی و شگنی و گردان بلخ	ز کاموس‌شان تیره شد روز و تلخ
همه یک بدیگر نهادند روی	که این پرهنر مرد پرخاشجوی
چه مردست و این مرد را نام چیست	همورد او در جهان مرد کیست
چنین گفت هومان به پیران شیر	که امروز شد جانم از رزم سیر
دلیران ما چون فرازند چنگ	که شد کشته کاموس جنگی بجنگ
بگیتی چنو نامداری نبود	وزو پیلتن‌تر سواری نبود
چو کاموس گو را بخم کمند	بوردگه بر توان کرد بند
سزد گر سر پیل را روز کین	بگیرد برآرد زند بر زمین
سپه سربسر پیش خاقان شدند	ز کاموس با درد و گریان شدند
که آغاز و فرجام این رزمگاه	شنیدی و دیدی بنزد سپاه
کنون چاره‌ی کار ما بازجوی	بتنها تن خویش و کس را مگوی
بلشکر نگه کن ز کارآگهان	کسی کو سخن باز جوید نهان
ببیند که این شیر دل مرد کیست	وزین لشکر او را هم آورد کیست
از آن پس همه تن بکشتن دهیم	بوردگه بر سر و تن نهیم
بپیران چنین گفت خاقان چین	که خود درد ازینست و تیمار ازین
که تا کیست زان لشکر پرگزند	کجا پیل گیرد بخم کمند
ابا آنک از مرگ خود چاره نیست	ره خواهش و پرسش و یاره نیست
ز مادر همه مرگ را زاده‌ایم	بناکام گردن بدو داده‌ایم
کس از گردش آسمان نگذرد	وگر بر زمین پیل را بشکرد

شما دل مدارید ازو مستمند	کجا کشته شد زیر خم کمند
مرا نرا که کاموس ازو شد هلاک	ببند کمند اندر آرم بخاک
همه شهر ایران کنم رود آب	بکام دل خسرو افراسیاب
ز لشکر بسی نامور گرد کرد	ز خنجرگزاران و مردان مرد
چنین گفت کین مرد جنگی بتیر	سوار کمندافگن و گردگیر
نگه کرد باید که جایش کجاست	بگرد چپ لشکر و دست راست
هم از شهر پرسد هم از نام او	ازانپس بسازیم فرجام او

رزم چنگش با رستم

سواری سرافراز و خسروپرست	بیامد ببر زد برین کار دست
که چنگش بدش نام و جوینده بود	دلیر و به هر کار پوینده بود
بخاقان چنین گفت کای سرفراز	جهان را بمهر تو بادا نیاز
گر او شیر جنگیست بیجان کنم	بدانگه که سر سوی ایران کنم
بتنها تن خویش جنگ‌آورم	همه نام او زیر ننگ آورم
ازو کین کاموس جویم نخست	پس از مرگ نامش بیارم درست
برو آفرین کرد خاقان چین	بپیشش ببوسید چنگش زمین
بدو گفت ار این کینه بازآوری	سوی من سر بی‌نیاز آوری
ببخشمت چندان گهرها ز گنج	کزان پس نباید کشیدنت رنج
ازان دشت چنگش برانگیخت اسپ	همی رفت برسان آذرگشسپ
چو نزدیک ایرانیان شد بجنگ	ز ترکش برآورد تیر خدنگ
چنین گفت کین جای جنگ منست	سر نامداران بچنگ منست
کجا رفت آن مرد کاموس گیر	که گاهی کمند افگند گاه تیر
کنون گر بیاید بوردگاه	نمانم که ماند بنزد سپاه
بجنبید با گرز رستم ز جای	همانگه برخش اندر آورد پای
منم گفت شیراوژن و گردگیر	که گاهی کمند افگنم گاه تیر
هم اکنون ترا همچو کاموس گرد	بدیده همی خاک باید سپرد

بدو گفت چنگش که نام تو چیست
نژادت کدامست و کام تو چیست

بدان تا بدانم که روز نبرد
کرا ریختم خون چو برخاست گرد

بدو گفت رستم که ای شوربخت
که هرگز مبادا گل آن درخت

کجا چون تو در باغ بار آورد
چو تو میوه اندر شمار آورد

سر نیزه و نام من مرگ تست
سرت را بباید ز تن دست شست

بیامد همانگاه چنگش چو باد
دو زاغ کمان را بزه بر نهاد

کمان جفا پیشه چون ابر بود
هم آورد با جوشن و گبر بود

سپر بر سرآورد رستم چو دید
که تیرش زره را بخواهد برید

بدو گفت باش ای سوار دلیر
که اکنون سرت گردد از رزم سیر

نگه کرد چنگش بران پیلتن
ببالای سرو سهی بر چمن

بد آن اسپ در زیر یک لخت کوه
نیامد همی از کشیدن ستوه

بدل گفت چنگش که اکنون گریز
به از با تن خویش کردن ستیز

برانگیخت آن بارکش را ز جای
سوی لشکر خویشتن کرد رای

بکردار آتش دلاور سوار
برانگیخت رخش از پس نامدار

همانگاه رستم رسید اندروی
همه دشت زیشان پر از گفت و گوی

دم اسپ ناپاک چنگش گرفت
دو لشکر بدو مانده اندر شگفت

زمانی همی داشت تا شد غمی
ز بالا بزد خویشتن بر زمی

بیفتاد زو ترگ و زنهار خواست
تهمتن ورا کرد با خاک راست

همانگاه کردش سر از تن جدا
همه کام و اندیشه شد بی‌نوار

همه نامداران ایران زمین
گرفتند بر پهلوان آفرین

همی بود رستم میان دو صف
گرفته یکی خشت رخشان بکف

وزان روی خاقان غمی گشت سخت
برآشفت با گردش چرخ و بخت

فرستادن خاقان هومان را نزد رستم

بهومان چنین گفت خاقان چین
که تنگست بر ما زمان و زمین

مران نامور پهلوان را تو نام
شوی بازجویی فرستی پیام

بدو گفت هومان که سندان نیم	برزم اندرون پیل دندان نیم
بگیتی چو کاموس جنگی نبود	چنو رزمخواه و درنگی نبود
بخم کمندش گرفت این سوار	تو این گرد را خوار مایه مدار
شوم تا چه خواهد جهان آفرین	که پیروز گردد بدین دشت کین
بخیمه درآمد بکردار باد	یکی ترگ دیگر بسر برنهاد
درفشی دگر جست و اسپی دگر	دگرگونه جوشن دگرگون سپر
بیامد چو نزدیک رستم رسید	همی بود تا یال و شاخش بدید
برستم چنین گفت کای نامدار	کمندافگن وگرد و جنگی سوار
بیزدان که بیزارم از تاج و گاه	که چون تو ندیدم یکی رزمخواه
ز تو بگذرد زین سپاه بزرگ	نبینم همی نامداری سترگ
دلیری که چندین بجوید نبرد	برآرد همی از دل شیر گرد
ز شهر و نژاد و ز آرام خویش	سخن گوی و از تخمه و نام خویش
جز از تو کسی را ز ایران سپاه	ندیدم که دارد دل رزمگاه
مرا مهربانیست بر مرد جنگ	بویژه که دارد نهاد پلنگ
کنون گر بگویی مرا نام خویش	برو بوم و پیوند وآرام خویش
سپاسی برین کار بر من نهی	کز اندیشه گردد دل من تهی
بدو گفت رستم که چندین سخن	که گفتی و افگندی از مهر بن
چرا تو نگویی مرا نام خویش	بر و کشور و بوم و آرام خویش
چرا آمدستی بنزدیک من	بنرمی و چربی و چندین سخن
اگر آشتی جست خواهی همی	بکوشی که این کینه کاهی همی
نگه کن که خون سیاوش که ریخت	چنین آتش کین بما بر که بیخت
همان خون پرمایه گودرزیان	که بفزود چندین زیان بر زیان
بزرگان کجا با سیاوش بدند	نجستند پیکار و خامش بدند
گنهکار خون سر بیگناه	نگر تا که یابی ز توران سپاه
ز مردان و اسپان آراسته	کز ایران بیاورد با خواسته
چو یکسر سوی ما فرستید باز	من از جنگ ترکان شوم بی‌نیاز
ازان پس همه نیکخواه منید	سراسر بر آیین و راه منید
نیازم بکین و نجویم نبرد	نیارم سر سرکشان زیر گرد
وزان پس بگویم بکیخسرو این	بشویم دل و مغزش از درد و کین

۵۸۱

بتو بر شمارم کنون نامشان
که مه نامشان باد و مه کامشان
سر کین ز گرسیوز آمد نخست
که درد دل و رنج ایران بجست
کسی را که دانی تو از تخم کور
که بر خیره این آب کردند شور
گروی زره و آنک از وی بزاد
نژادی که هرگز مباد آن نژاد
ستم بر سیاوش ازیشان رسید
که زو آمد این بند بد را کلید
کسی کو دل و مغز افراسیاب
تبه کرد و خون راند برسان آب
و دیگر کسی را کز ایرانیان
نبد کین و بست اندرین کین میان
بزرگان که از تخمه‌ی ویسه‌اند
دو رویند و با هر کسی پیسه‌اند
چو هومان و لهاک و فرشیدورد
چو کلباد و نستیهن آن شوخ مرد
اگر این که گفتم بجای آورید
سر کینه جستن بپای آورید
ببندم در کینه بر کشورت
بجوشن نپوشید باید برت
و گر جز بدین گونه گویی سخن
کنم تازه پیکار و کین کهن
که خوکرده‌ی جنگ توران منم
یکی نامداری از ایران منم
بسی سر جدا کرده دارم ز تن
که جز کام شیران نبودش کفن
مرا آزمودی بدین رزمگاه
همینست رسم و همینست راه
ازین گونه هرگز نگفتم سخن
بجز کین نجستم ز سر تا به بن
کنون هرچ گفتم ترا گوش دار
سخنهای خوب اندر آغوش دار
چو بشنید هومان بترسید سخت
بلرزید برسان برگ درخت
کزان گونه گفتار رستم شنید
همه کینه از دوده‌ی خویش دید
چنین پاسخ آورد هومان بدوی
که ای شیر دل مرد پرخاشجوی
بدین زور و این برز و بالای تو
سر تخت ایران سزد جای تو
نباشی جز از پهلوانی بزرگ
وگر نامداری ز ایران سترگ
بپرسیدی از گوهر و نام من
بدل دیگر آمد ترا کام من
مرا کوه گوشست نام ای دلیر
پدر بوسپاسست مردی چو شیر
من از وهر با این سپاه آمدم
سپاهی بدین رزمگاه آمدم
ازان باز جویم همی نام تو
که پیدا کنم در جهان کام تو
کنون گر بگویی مرا نام خویش
شوم شاد دل سوی آرام خویش
همه هرچ گفتی بدین رزمگاه
یکایک بگویم به پیش سپاه
همان پیش منشور و خاقان چین
بزرگان و گردان توران زمین

بدو گفت رستم که نامم مجوی	ز من هرچ دیدی بدیشان بگوی
ز پیران مرا دل بسوزد همی	ز مهرش روان برفروزد همی
ز خون سیاوش جگرخسته اوست	ز ترکان کنون راد و آهسته اوست
سوی من فرستش هم اکنون دمان	ببینیم تا بر چه گردد زمان
بدو گفت هومان که ای سرفراز	بدیدار پیرانت آمد نیاز
چه دانی تو پیران و کلباد را	گروی زره را و پولاد را
بدو گفت چندین چه پیچی سخن	سر آب را سوی بالا مکن
نبینی که پیکار چندین سپاه	بدویست و زو آمد این رزمگاه

رای زدن پیران با هومان و خاقان

بشد تیز هومان هم اندر زمان	شده گونه از روی و آمد دمان
بپیران چنین گفت کای نیک بخت	بد افتاد ما را ازین کار سخت
که این شیردل رستم زابلیست	برین لشکر اکنون بباید گریست
که هرگز نتابند با او بجنگ	بخشکی پلنگ و بدریا نهنگ
سخن گفت و بشنید پاسخ بسی	همی یاد کرد از بد هر کسی
نخست ای برادر مرا نام برد	ز کین سیاوش بسی برشمرد
ز کار گذشته بسی کرد یاد	ز پیران و گردان ویسه‌نژاد
ز بهرام وز تخم گودرزیان	ز هر کس که آمد بریشان زیان
بجز بر تو بر کس ندیدمش مهر	فراوان سخن گفت و نگشاد چهر
ازین لشکر اکنون ترا خواستست	ندانم که بر دل چه آراستست
برو تا ببینیش نیزه بدست	تو گویی که بر کوه دارد نشست
ابا جوشن و ترگ و ببر بیان	بزیر اندرون ژنده پیلی ژیان
ببینی که من زین نجستم دروغ	همی گیرد آتش ز تیغش فروغ
ترا تا نبیند نجنبد ز جای	ز بهر تو ماندست زان سان بپای
چو بینیش با او سخن نرم گوی	برهنه مکن تیغ و منمای روی
بدو گفت پیران که ای رزمساز	بترسم که روز بد آید فراز

گر ایدونک این تیغ زن رستمست	بدین دشت ما را گه ماتمست
بر آتش بسوزد بر و بوم ما	ندانم چه کرد اختر شوم ما
بشد پیش خاقان پر از آب چشم	جگر خسته و دل پر از درد و خشم
بدو گفت کای شاه تندی مکن	که اکنون دگرگونه گشت این سخن
چو کاموس گو را سرآمد زمان	همانگاه برد این دل من گمان
که این بارهی آهنین رستمست	که خام کمندش خم اندر خمست
گر افراسیاب آید اکنون چو آب	نبینند جز سهم او را بخواب
ازو دیو سیر اید اندر نبرد	چه یک مرد با او چه یک دشت مرد
بزابلستان چند پرمایه بود	سیاوش را آن زمان دایه بود
پدروار با درد جنگ آورد	جهان بر جهاندار تنگ آورد
شوم بنگرم تا چه خواهد همی	که از غم روانم بکاهد همی
بدو گفت خاقان برو پیش اوی	چنانچون بباید سخن نرم گوی
اگر آشتی خواهد و دستگاه	چه باید برین دشت رنج سپاه
بسی هدیه بپذیر و پس باز گرد	سزد گر نجوییم چندین نبرد
وگر زیر چرم پلنگ اندرست	همانا که رایش بجنگ اندرست
همه یکسره نیز جنگ آوریم	برو دشت پیکار تنگ آوریم
همه پشت را سوی یزدان کنیم	بنیروی او رزم شیران کنیم
هم او را تن از آهن و روی نیست	جز از خون وز گوشت وز موی نیست
نه اندر هوا باشد او را نبرد	دلت را چه سوزی بتیمار و درد
چنان دان که گر سنگ و آهن خورد	همان تیر و ژوپین برو بگذرد
بهر مرد ازیشان ز ما سیصدست	درین رزمگه غم کشیدن بدست
همین زابلی نامبردار مرد	ز پیلی فزون نیست گاه نبرد
یکی پیلبازی نمایم بدوی	کزان پس نیارد سوی جنگ روی
همی رفت پیران پر از درد و بیم	شد از کار رستم دلش به دو نیم
بیامد بنزدیک ایران سپاه	خروشید کای مهتر رزم خواه
شنیدم کزین لشکر بی شمار	مرا یاد کردی بهنگام کار
خرامیدم از پیش آن انجمن	بدین انجمن تا چه خواهی ز من
بدو گفت رستم که نام تو چیست	بدین آمدن رای و کام تو چیست
چنین داد پاسخ که پیران منم	سپهدار این شیر گیران منم

ز هومان ویسه مرا خواستی	بخوبی زبان را بیاراستی
دلم تیز شد تا تو از مهتران	کدامی ز گردان جنگ آوران
بدو گفت من رستم زابلی	زره‌دار با خنجر کابلی
چو بشنید پیران ز پیش سپاه	بیامد بر رستم کینه خواه
بدو گفت رستم که ای پهلوان	درودت ز خورشید روشن روان
هم از مادرش دخت افراسیاب	که مهر تو بیند همیشه بخواب
بدو گفت پیران که ای پیلتن	درودت ز یزدان و از انجمن
ز نیکی دهش آفرین بر تو باد	فلک را گذر بر نگین تو باد
ز یزدان سپاس و بدویم پناه	که دیدم ترا زنده بر جایگاه
زواره فرامرز و زال سوار	که او ماند از خسروان یادگار
درستند و شادان دل و سرفراز	کزیشان مبادا جهان بی‌نیاز
بگویم ترا گر نداری گران	گله کردن کهتر از مهتران
بکشتم درختی بباغ اندرون	که بارش کبست آمد و برگ خون
ز دیده همی آب دادم برنج	بدو بد مرا زندگانی و گنج
مرا زو همه رنج بهر آمدست	کزو بار تریاک زهر آمدست
سیاوش مرا چون پدر داشتی	به پیش بدیها سپر داشتی
بسا درد و سختی و رنجا که من	کشیدم ازان شاه و زان انجمن
گوای من اندر جهان ایزدست	گوا خواستن دادگر را بدست
که اکنون برآمد بسی روزگار	شنیدم بسی پند آموزگار
که شیون نه برخاست از خان من	همی آتش افروزد از جان من
همی خون خروشم بجای سرشک	همیشه گرفتارم اندر پزشک
ازین کار بهر من آمد گزند	نه بر آرزو گشت چرخ بلند
ز تیره شب و دیده‌ام نیست شرم	که من چند جوشیده‌ام خون گرم
ز کار سیاوش چو آگه شدم	ز نیک و ز بد دست کوته شدم
میان دو کشور دو شاه بلند	چنین خوارم و زار و دل مستمند
فرنگیس را من خریدم بجان	پدر بر سر آورده بودش زمان
بخانه نهانش همی داشتم	برو پشت هرگز نه برگاشتم
بپاداش جان خواهد از من همی	سر بدگمان خواهد از من همی
پر از دردم ای پهلوان از دو روی	ز دو انجمن سر پر از گفتگوی

۵۸۵

نه راه گریزست ز افراسیاب	نه جای دگر دارم آرام و خواب
همم گنج و بوم است و هم چارپای	نبینم همی روی رفتن بجای
پسر هست و پوشیده‌رویان بسی	چنین خسته و بسته‌ی هر کسی
اگر جنگ فرماید افراسیاب	نماند که چشم اندر آید بخواب
بناکام لشکر باید کشید	نشاید ز فرمان او آرمید
بمن بر کنون جای بخشایشست	سپاه اندر آوردن آرایشست
اگر نیستی بر دلم درد و غم	ازین تخمه جز کشتن پیلسم
جز او نیز چندی دلیر و جوان	که در جنگ سیر آمدند از روان
ازین پس مرا بیم جانست نیز	سخن چند گویم ز فرزند و چیز
به پیروزگر بر تو ای پهلوان	که از من نباشی خلیده‌روان
ز خویشان من بد نداری نهان	براندیشی از کردگار جهان
بروشن روان سیاوش که مرگ	مرا خوشتر از جوشن و تیغ و ترگ
گر ایدونکه جنگی بود هم گروه	تلی کشته بینی ببالای کوه
کشانی و سقلاب و شگنی و هند	ازین مرز تا پیش دریای سند
ز خون سیاوش همه بیگناه	سپاهی کشیده بدین رزمگاه
ترا آشتی بهتر آید که جنگ	نباید گرفتن چنین کار تنگ
نگر تا چه بینی تو داناتری	برزم دلیران تواناتری
ز پیران چو بشنید رستم سخن	نه بر آرزو پاسخ افگند بن
بدو گفت تا من بدین رزمگاه	کمر بسته‌ام با دلیران شاه
ندیدستم از تو بجز راستی	ز ترکان همه راستی خواستی
پلنگ این شناسد که پیکار و جنگ	نه خوبست و داند همی کوه و سنگ
چو کین سر شهریاران بود	سر و کار با تیرباران بود
کنون آشتی را دو راه ایدرست	نگر تا شما را چه اندرخورست
یکی آنک هر کس که از خون شاه	بگسترد بر خیره این رزمگاه
ببندی فرستی بر شهریار	سزد گر نفرماید این کارزار
گنهکار خون سر بیگناه	سزد گر نباشد بدین رزمگاه
و دیگر که با من ببندی کمر	بیایی بر شاه پیروزگر
ز چیزی که ایدر بمانی همی	تو آن را گرانمایه دانی همی
بجای یکی ده بیابی ز شاه	مکن یاد بنگاه توران سپاه

بدل گفت پیران که ژرفست کار	ز توران شدن پیش آن شهریار
دگر چون گنه کار جوید همی	دل از بیگناهان بشوید همی
بزرگان و خویشان افراسیاب	که با گنج و تختند و با جاه و آب
ازین در کجا گفت یارم سخن	نه سر باشد این آرزو را نه بن
چو هومان و کلباد و فرشیدورد	کجا هست گودرز زیشان بدرد
همه زین شمارند و این روی نیست	مر این آب را در جهان جوی نیست
مرا چاره‌ی خویش باید گرفت	ره جست را پیش باید گرفت
بدو گفت پیران که ای پهلوان	همیشه جوان باش و روشن‌روان
شوم بازگویم بگردان همین	بمنشور و شنگل بخاقان چین
هیونی فرستم بافراسیاب	بگویم سرش را برآرم ز خواب
و زانجا بیامد بلشکر چو باد	کسی را که بودند ویسه نژاد
یکی انجمن کرد و بگشاد راز	چنین گفت کامد نشیب و فراز
بدانید کین شیر دل رستمست	جهانگیر و از تخمه‌ی نیرمست
بزرگان و شیران زابلستان	همه نامداران کابلستان
چنو کینه‌ور باشد و رهنمای	سواران گیتی ندارند پای
چو گودرز کشواد و چون گیو و طوس	بناکام رزمی بود با فسوس
ز ترکان گنهکار خواهد همی	دل از بیگناهان بکاهد همی
که دانی که ایدر گنهکار نیست	دل شاه ازو پر ز تیمار نیست
نگه کن که این بوم ویران شود	بکام دلیران ایران شود
نه پیر و جوان ماند ایدر نه شاه	نه گنج و سپاه و نه تخت و کلاه
همی گفتم این شوم بیداد را	که چندین مدار آتش و باد را
که روزی شوی ناگهان سوخته	خرد سوخته چشم دل دوخته
نکرد آن جفاپیشه فرمان من	نه فرمان این نامدار انجمن
بکند این گرانمایگان را ز جای	نزد با دلیر و خردمند رای
ببینی که نه شاه ماند نه تاج	نه پیلان جنگی نه این تخت عاج
بدین شاددل شاه ایران بود	غم و درد بهر دلیران بود
دریغ آن دلیران و چندین سپاه	که با فر و برزند و با تاج و گاه
بتاراج بینی همه زین سپس	نه برگردد از رزمگه شاد کس
بکوبند ما را بنعل ستور	شود آب این بخت بیدار شور

Shahnameh

ز هومان دل من بسوزد همی	ز رویین روان برفروزد همی
دل رستم آگنده از کین اوست	بروهاش یکسر پر از چین اوست
پر از غم شوم پیش خاقان چین	بگویم که ما را چه آمد ز کین
بیامد بنزدیک خاقان چو گرد	پر از خون رخ و دیده پر آب زرد
سراپرده‌ی او پر از ناله دید	ز خون کشته بر زعفران لاله دید
ز خویشان کاموس چندی سپاه	بنزدیک خاقان شده دادخواه
همی گفت هر کس که افراسیاب	ازین پس بزرگی نبیند بخواب
چرا کین پی افگند کش نیست مرد	که آورد سازد بروز نبرد
سپاه کشانی سوی چین شویم	همه دیده پر آب و باکین شویم
ز چین و ز بربر سپاه آوریم	که کاموس را کینه‌خواه آوریم
ز بزگوش و سگسار و مازندران	کس آریم با گرزهای گران
مگر سیستان را پر آتش کنیم	بریشان شب و روز ناخوش کنیم
سر رستم زابلی را بدار	برآریم بر سوگ آن نامدار
تنش را بسوزیم و خاکسترش	همی برفشانیم گرد درش
اگر کین همی جوید افراسیاب	نه آرام باید که یابد نه خواب
همی از پی دوده هر کس بدرد	ببارید بر ارغوان آب زرد
چو بشنید پیران دلش خیره گشت	ز آواز ایشان رخش تیره گشت
بدل گفت کای زار و بیچارگان	پر از درد و تیمار و غمخوارگان
ندارید ازین اگهی بی‌گمان	که ایدر شما را سرآمد زمان
ز دریا نهنگی بجنگ آمدست	که جوشنش چرم پلنگ آمدست
بیامد بخاقان چنین گفت باز	که این رزم کوتاه ما شد دراز
از این نامداران هر کشوری	ز هر سو که بد نامور مهتری
بیاورد و این رنجها شد به باد	کجا خیزد از کار بیداد داد
سر شاه کشور چنین گشته شد	سیاوش بر دست او کشته شد
بفرمان گرسیوز کم خرد	سر اژدها را کسی نسپرد
سیاوش جهاندار و پرمایه بود	ورا رستم زابلی دایه بود
هر آنگه که او جنگ و کین آورد	همی آسمان بر زمین آورد
نه چنگ پلنگ و نه خرطوم پیل	نه کوه بلند و نه دریای نیل
بسندست با او بوردگاه	چو آورد گیرد به پیش سپاه

۵۸۸

یکی رخش دارد بزیر اندرون | که گویی روان شد که بیستون
کنون روز خیره نباید شمرد | که دیدند هر کس ازو دستبرد
یکی آتش آمد ز چرخ کبود | دل ما شد از تف او پر ز دود
کنون سر بسر تیزهش بخردان | بخوانید با موبدان و ردان
ببینید تا چاره‌ی کار چیست | بدین رزمگه مرد پیکار کیست
همی رای باید که گردد درست | از آغاز کینه نبایست جست
مگر زین بلا سوی کشور شویم | اگر چند با بخت لاغر شویم
ز پیران غمی گشت خاقان چین | بسی یاد کرد از جهان آفرین
بدو گفت ما را کنون چیست روی | چو آمد سپاهی چنین جنگجوی
چنین گفت شنگل که ای سرفراز | چه باید کشیدن سخنها دراز
بیاری افراسیاب آمدیم | ز دشت و ز دریای آب آمدیم
بسی باره و هدیه‌ها یافتیم | ز هر کشوری تیز بشتافتیم
بیک مرد سگزی که آمد بجنگ | چرا شد چنین بر شما کار تنگ
ز یک مرد ننگست گفتن سخن | دگرگونه‌تر باید افگند بن
اگر گرد کاموس را زو زمان | بیامد نباید شدن بدگمان
سپیده‌دمان گرزها برکشیم | وزین دشت یکسر سراندر کشیم
هوا را چو ابر بهاران کنیم | بریشان یکی تیرباران کنیم
ز گرد سواران و زخم تبر | نباید که داند کس از پای سر
شما یکسره چشم بر من نهید | چو من برخروشم دمید و دهید
همانا که جنگ‌آوران صد هزار | فزون باشد از ما دلیر و سوار
ز یک تن چنین زار و پیچان شدیم | همه پاک ناکشته بیجان شدیم
چنان دان که او ژنده پیلست مست | بوردگه شیر گیرد بدست
یکی پیل‌بازی نمایم بدوی | کزان پس نیارد سوی رزم روی
چو بشنید لشکر ز شنگل سخن | جوان شد دل مرد گشته کهن
بدو گفت پیران کانوشه بدی | روان را بپیگار توشه بدی
همه نامداران و خاقان چین | گرفتند بر شاه هند آفرین
چو پیران بیامد بپرده سرای | برفتند پرمایه ترکان ز جای
چو هومان و نستیهن و بارمان | که با تیغ بودند گر با سنان
بپرسید هومان ز پیران سخن | که گفتارشان بر چه آمد به بن

همی آشتی را کند پایگاه
و گر کینه جوید سپاه از سپاه
بهومان بگفت آنچ شنگل بگفت
سپه گشت با او به پیگار جفت
غمی گشت هومان ازان کار سخت
برآشفت با شنگل شوربخت
به پیران چنین گفت کز آسمان
گذر نیست تا بر چه گردد زمان
بیامد بره پیش کلباد گفت
که شنگل مگر با خرد نیست جفت
بباید شدن یک زمان زین میان
نگه کرد باید بسود و زیان
ببینی کزین لشکر بی‌کران
جهانگیر و با گرزهای گران
دو بهره بود زیر خاک اندرون
کفن جوشن و ترگ شسته بخون
بدو گفت کلباد ای تیغ زن
چنین تا توان فال بد را مزن
تن خویش یکباره غمگین مکن
مگر کز گمان دیگر اید سخن
بنا آمده کار دل را بغم
سزد گر نداری نباشی دژم

سخن گفتن رستم با لشکر خویش

وزین روی رستم یلان را بخواند
سخنهای بایسته چندی براند
چو طوس و چو گودرز و رهام و گیو
فریبرز و گستهم و خراد نیو
چو گرگین کارآزموده سوار
چو بیژن فروزنده‌ی کارزار
تهمتن چنین گفت با بخردان
هشیوار و بیدار دل موبدان
کسی را که یزدان کند نیکبخت
سزاوار باشد ورا تاج و تخت
جهانگیر و پیروز باشد بجنگ
نباید که بیند ز خود زور چنگ
ز یزدان بود زور ما خود کییم
بدین تیره خاک اندرون بر چییم
بباید کشیدن گمان از بدی
ره ایزدی باید و بخردی
که گیتی نماند همی بر کسی
نباید بدو شاد بودن بسی
همی مردمی باید و راستی
ز کژی بود کمی و کاستی
چو پیران بیامد بر من دمان
سخن گفت با درد دل یک زمان
که از نیکوی با سیاوش چه کرد
چه آمد برویش ز تیمار و درد
فرنگیس و کیخسرو از اژدها
بگفتار و کردار او شد رها

ابا آنک اندر دلم شد درست / که پیران بکین کشته آید نخست
برادرش و فرزند در پیش اوی / بسی با گهر نامور خویش اوی
ابر دست کیخسرو افراسیاب / شود کشته این دیده‌ام من بخواب
گنهکار یک تن نماند بجای / مگر کشته افگنده در زیر پای
و لیکن نخواهم که بر دست من / شود کشته این پیر با انجمن
که او را بجز راستی پیشه نیست / ز بد بر دلش راه اندیشه نیست
گر ایدونک باز آرد این را که گفت / گناه گذشته بباید نهفت
گنهکار با خواسته هرچ بود / سپارد بما کین نباید فزود
ازین پس مرا جای پیکار نیست / به از راستی در جهان کار نیست
ورین نامداران ابا تخت و پیل / سپاهی بدین سان چو دریای نیل
فرستند نزدیک ما تاج و گنج / ازایشان نباشیم زین پس برنج
نداریم گیتی بکشتن نگاه / که نیکی‌دهش را جز اینست راه
جهان پر ز گنجست و پر تاج و تخت / نباید همه بهر یک نیک‌بخت
چو بشنید گودرز بر پای خاست / بدو گفت کای مهتر راد و راست
ستون سپاهی و زیبای گاه / فروزان بتو شاه و تخت و کلاه
سر مایه‌ی تست روشن خرد / روانت همی از خرد بر خورد
ز جنگ آشتی بی‌گمان بهترست / نگه کن که گاوت بچرم اندرست
بگویم یکی پیش تو داستان / کنون بشنو از گفته‌ی باستان
که از راستی جان بدگوهران / گریزد چو گردون ز بار گران
گر ایدونک بیچاره پیمان کند / بکوشد که آن راستی بشکند
چو کژ آفریدش جهان آفرین / تو مشنو سخن زو و کژی مبین
نخستین که ما رزمگه ساختیم / سخن رفت زین کار و پرداختیم
ز پیران فرستاده آمد برین / که بیزارم از دشت وز رنج و کین
که من دیده دارم همیشه پر آب / ز گفتار و کردار افراسیاب
میان بسته‌ام بندگی شاه را / نخواهم بر و بوم و خرگاه را
بسی پند و اندرز بشنید و گفت / کزین پس نباشد مرا جنگ جفت
شوم گفت بپسیچم این کار تفت / بخویشان بگویم که ما را چه رفت
مرا تخت و گنجست و هم چارپای / بدیشان نمایم سزاوار جای
چو گفت این بگفتیم کاری رواست / بتوران ترا تخت و گنج و نواست

یکی گوشه‌ای گیر تا نزد شاه ... ز تو آشکارا نگردد گناه
بگفتیم و پیران برین بازگشت ... شب تیره با دیو انباز گشت
هیونی فرستاد نزدیک شاه ... که لشکر برآرای کامد سپاه
تو گفتی که با ما نگفت این سخن ... نه سر بود ازان کار هرگز نه بن
کنون با تو ای پهلوان سپاه ... یکی دیگر افگند بازی براه
جز از رنگ و چاره نداند همی ... ز دانش سخن برفشاند همی
کنون از کمند تو ترسیده شد ... روا بد که ترسیده از دیده شد
همه پشت ایشان بکاموس بود ... سپهبد چو سگسار و فر طوس بود
سر بخت کاموس برگشته دید ... بخم کمند اندرش کشته دید
در آشتی جوید اکنون همی ... نیارد نشستن بهامون همی
چو داند که تنگ اندر آمد نشیب ... بکار آورد بند و رنگ و فریب
گنهکار با گنج و با خواسته ... که گفتست پیش آرم آراسته
ببینی که چون بردمد زخم کوس ... بجنگ اندر آید سپهدار طوس
سپهدار پیران بود پیش رو ... که جنگ آورد هر زمان نوبنو
دروغست یکسر همه گفت اوی ... نشاید جز او اهرمن جفت اوی
اگر بشنوی سر بسر پند من ... نگه کن ببهرام فرزند من
سپه را بدان چاره اندر نواخت ... ز گودرزیان گورستانی بساخت
که تا زنده‌ام خون سرشک منست ... یکی تیغ هندی پزشک منست
چو بشنید رستم بگودرز گفت ... که گفتار تو با خرد باد جفت
چنین است پیران و این راز نیست ... که او نیز با ما همواز نیست
ولیکن من از خوب کردار اوی ... نجویم همی کین و پیکار اوی
نگه کن که با شاه ایران چه کرد ... ز کار سیاوش چه تیمار خورد
گر از گفته‌ی خویش باز آید اوی ... بنزدیک ما رزم‌ساز آید اوی
بفتراک بر بسته دارم کمند ... کجا ژنده پیل اندرآرم ببند
ز نیکو گمان اندر آیم نخست ... نباید مگر جنگ و پیکار جست
چنو باز گردد ز گفتار خویش ... ببینند ز ما درد و تیمار خویش
برو آفرین کرد گودرز و طوس ... که خورشید بر تو ندارد فسوس
بنزدیک تو بند و رنگ و دروغ ... سخنهای پیران نگیرد فروغ
مباد این جهان بی سرو تاج شاه ... تو بادی همیشه ورا پیش‌گاه

چنین گفت رستم که شب تیره گشت
ز گفتارها مغزها خیره گشت

بباشیم و تا نیم‌شب می خوریم
دگر نیمه تیمار لشکر بریم

ببینیم تا کردگار جهان
برین آشکارا چه دارد نهان

بایرانیان گفت کامشب بمی
یکی اختری افگنم نیک‌پی

که فردا من این گرز سام سوار
بگردن بر آرم کنم کارزار

از ایدر بران سان شوم سوی جنگ
بدانگه کجا پای دارد نهنگ

سراپرده و افسر و گنج و تاج
همان ژنده پیلان و هم تخت عاج

بیارم سپارم بایرانیان
اگر تاختن را ببندم میان

برآمد خروشی ز جای نشست
ازان نامداران خسروپرست

سوی خیمه‌ی خویش رفتند باز
بخواب و بسایش آمد نیاز

لشکر آراستن ایرانیان و تورانیان

چو خورشید بنمود رخشان کلاه
چو سیمین سپر دید رخسار ماه

بترسید ماه از پی گفت و گوی
بخم اندر امد بپوشید روی

تبیره برآمد ز درگاه طوس
شد از گرد اسپان زمین ابنوس

زمین نیلگون شد هوا پر ز گرد
بپوشید رستم سلیح نبرد

سوی میمنه پور کشواد بود
که با جوشن و گرز پولاد بود

فریبرز بر میسره جای جست
دل نامداران ز کینه بشست

بقلب اندرون طوس نوذر بپای
نماند آن زمان بر زمین نیز جای

تهمتن بیامد بپیش سپاه
که دارد یلان را ز دشمن نگاه

و زان روی خاقان بقلب اندرون
ز پیلان زمین چون که‌ی بیستون

ابر میمنه کندر شیر گیر
سواری دلاور بشمشیر و تیر

سوی میسره جنگ دیده گهار
زمین خفته در زیر نعل سوار

همی گشت پیران به پیش سپاه
بیامد بر شنگل رزم‌خواه

بدو گفت کای نامبردار هند
ز بربر بفرمان تو تا بسند

مرا گفته بودی که فردا پگاه
ز هر سو بجنگ اندر آرم سپاه

وزان پس ز رستم بجویم نبرد — سرش را ز ابر اندرآرم بگرد
بدو گفت شنگل من از گفت خویش — نگردم نبینی ز من کم و بیش
هم اکنون شوم پیش این گرد گیر — تنش را کنم پاره پاره بتیر
ازو کین کاموس جویم بجنگ — بایرانیان بر کنم کار تنگ
هم آنگه سپه را بسه بهر کرد — بزد کوس وز دشت برخاست گرد
برفتند یک بهره با ژنده پیل — سپه بود صف برکشیده دو میل
سر پیلبان پر ز رنگ و رنگار — همه پاک با افسر و گوشوار
بیاراسته گردن از طوق زر — میان بند کرده بزرین کمر
فروهشته از پیل دیبای چین — نهاده برو تخت و مهدی زرین
برآمد دم ناله‌ی کرنای — برفتند پیلان جنگی ز جای
بیامد سوی میسره سی هزار — سواران گردنکش و نیزه‌دار
سوی میمنه سی هزار دگر — کمان برگرفتند و چینی سپر
بقلب اندرون پیل و خاقان چین — همی برنوشتند روی زمین
جهان سربسر آهنین گشته بود — بهر جایگه‌بر تلی کشته بود
ز بس ناله‌ی نای و بانگ درای — زمین و زمان اندر آمد ز جای
ز جوش سواران و از دار و گیر — هوا دام کرگس بد از پر تیر
کسی را نماند اندر آن دشت هوش — ز بانگ تبیره شده کره گوش
همی گشت شنگل میان دو صف — یکی تیغ هندی گرفته بکف
یکی چتر هندی بسر بر بپای — بسی مردم از دنبر و مرغ و مای
پس پشت و دست چپ و دست راست — بجنگ اندر آورده زان سو که خواست
چو پیران چنان دید دل شاد کرد — ز رزم تهمتن دل آزاد کرد
بهومان چنین گفت کامروز کار — بکام دل ما کند روزگار
بدین ساز و چندین سوار دلیر — سرافراز هر یک بکردار شیر
تو امروز پیش صف اندر مپای — یک امروز و فردا مکن رزم رای
پس پشت خاقان چینی بایست — که داند ترا با سواری دویست
که گر زابلی با درفش سیاه — ببینند ترا کار گردد تباه
ببینیم تا چون بود کار ما — چه بازی کند بخت بیدار ما
وزان جایگه شد بدان انجمن — بجایی که بد سایه‌ی پیلتن
فرود آمد و آفرین کرد چند — که زور از تو گیرد سپهر بلند

مبادا که روز تو گیرد نشیب	مبادا که آید برویت نهیب
دل شاه ایران بتو شاد باد	همه کار تو سربسر داد باد
برفتم ز نزد تو ای پهلوان	پیامت بدادم بپیر و جوان
بگفتم هنرهای تو هرچ بود	بگیتی ترا خود که یارد ستود
هم از آشتی راندم هم ز جنگ	سخن گفتم از هر دری بی‌درنگ
بفرجام گفتند کین چون کنیم	که از رای او کینه بیرون کنیم
توان داد گنج و زر و خواسته	ز ما هر چه او خواهد آراسته
نشاید گنهکار دادن بدوی	براندیش و این رازها بازجوی
گنهکار جز خویش افراسیاب	که دانی سخن را مزن در شتاب
ز ما هرک خواهد همه مهترند	بزرگند و با تخت و با افسرند
سپاهی بیامد بدین سان ز چین	ز سقلاب و ختلان و توران زمین
کجا آشتی خواهد افراسیاب	که چندین سپاه آمد از خشک و آب
بپاسخ نکوهش بسی یافتم	بدین سان سوی پهلوان تافتم
وزیشان سپاهی چو دریای آب	گرفتند بر جنگ جستن شتاب
نبرد تو خواهد همی شاه هند	بتیر و کمان و بهندی پرند
مرا این درستست کز پیلتن	بفرجام گریان شوند انجمن
چو بشنید رستم برآشفت سخت	بپیران چنین گفت کای شوربخت
تو با این چنین بند و چندین فریب	کجا پای داری بروز نهیب
مرا از دروغ تو شاه جهان	بسی یاد کرد آشکار و نهان
وزان پس کجا پیر گودرز گفت	همه بند و نیرنگت اندر نهفت
بدیدم کنون دانش و رای تو	دروغست یکسر سراپای تو
بغلتی همی خیره در خون خویش	بدست این و زین بتر آیدت پیش
چنین زندگانی نیارد بها	که باشد سر اندر دم اژدها
مگر گفتم آن خاک بیداد و شوم	گذاری بیایی بباد بوم
ببینی مگر شاه باداد و مهر	جوان و نوازنده و خوب‌چهر
بدارد ترا چون پدر بی‌گمان	برآرد سرت برتر از آسمان
ترا پوشش از خود و چرم پلنگ	همی خوشتر آید ز دیبای رنگ
ندارد کسی با تو این داوری	ز تخم پراکند خود بر خوری
بدو گفت پیران که ای نیکبخت	برومند و شاداب و زیبا درخت

سخنها که داند جز از تو چنین / که از مهتران بر تو باد آفرین
مرا جان و دل زیر فرمان تست / همیشه روانم گروگان تست
یک امشب زنم رای با خویشتن / بگویم سخن نیز با انجمن
وزانجا بیامد بقلب سیاه / زبان پر دروغ و روان کینه‌خواه
چو برگشت پیران ز هر دو گروه / زمین شد بکردار جوشنده کوه
چنین گفت رستم بایرانیان / که من جنگ را بسته دارم میان
شما یک بیک سر پر از کین کنید / بروهای جنگی پر از چین کنید
که امروز رزمی بزرگست پیش / پدید آید اندازه‌ی گرگ و میش
مرا گفته بود آن ستاره‌شناس / ازین روز بودم دل اندر هراس
که رزمی بود در میان دو کوه / جهانی شوند اندر آن همگروه
شوند انجمن کاردیده مهان / بدان جنگ بی‌مرد گردد جهان
پی کین نهان گردد از روی بوم / شود گرز پولاد برسان موم
هر آنکس که آید بر ما بجنگ / شما دل مدارید از آن کار تنگ
دو دستش ببندم بخم کمند / اگر یار باشد سپهر بلند
شما سربسر یک بیک همگروه / مباشید از آن نامداران ستوه
مرا گر برزم اندر آید زمان / نمیرم ببزم اندرون بی‌گمان
همی نام باید که ماند دراز / نمانی همی کار چندین مساز
دل اندر سرای سپنجی مبند / که پر خون شوی چون بباید کند
اگر یار باشد روان با خرد / بنیک و ببد روز را بشمرد
خداوند تاج و خداوند گنج / نبندد دل اندر سرای سپنج
چنین داد پاسخ برستم سپاه / که فرمان تو برتر از چرخ ماه
چنان رزم سازیم با تیغ تیز / که ماند ز ما نام تا رستخیز
ز دو رویه تنگ اندر آمد سپاه / یکی ابر گفتی برآمد سیاه
که باران او بود شمشیر و تیر / جهان شد بکردار دریای قیر
ز پیکان پولاد و پر عقاب / سیه گشت رخشان رخ آفتاب
سنانهای نیزه بگرد اندرون / ستاره بیالود گفتی بخون
چرنگیدن گرزه‌ی گاوچهر / تو گفتی همی سنگ بارد سپهر
بخون و بمغز اندرون خار و خاک / شده غرق و برگستوان چاک چاک
همه دشت یکسر پر از جوی خون / بهر جای چندی فگنده نگون

چو پیلان فگنده بهم میل میل	برخ چون زریر و بلب همچو نیل
چنین گفت گودرز با پیر سر	که تا من ببستم بمردی کمر
ندیدم که رزمی بود زین نشان	نه هرگز شنیدم ز گردنکشان
که از کشته گیتی برین سان بود	یکی خوار و دیگر تن آسان بود
بغرید شنگل ز پیش سپاه	منم گفت گرداوژن رزمخواه
بگویید کان مرد سگزی کجاست	یکی کرد خواهم برو نیزه راست
چو آواز شنگل برستم رسید	ز لشکر نگه کرد و او را بدید
بدو گفت هان آمدم رزمخواه	نگر تا نگیری بلشکر پناه
چنین گفت رستم که از کردگار	نجستم جزین آرزوی آشکار
که بیگانه‌ای زان بزرگ انجمن	دلیری کند رزم جوید ز من
نه سقلاب ماند ازیشان نه هند	نه شمشیر هندی نه چینی پرند
پی و بیخ ایشان نمانم بجای	نمانم بترکان سر و دست و پای
بر شنگل آمد بواز گفت	که ای بدنژاد فرومایه جفت
مرا نام رستم کند زال زر	تو سگزی چرا خوانی ای بدگهر
نگه کن که سگزی کنون مرگ تست	کفن بی‌گمان جوشن و ترگ تست
همی گشت با او بوردگاه	میان دو صف برکشیده سپاه
یکی نیزه زد برگرفتش ز زین	نگونسار کرد و بزد بر زمین
برو بر گذر کرد و او را نخست	بشمشیر برد آنگهی شیر دست
برفتند زان روی کنداوران	بزهر آب داده پرندآوران
چو شنگل گریزان شد از پیلتن	پراگنده گشتند زان انجمن
دو بهره ازیشان بشمشیر کشت	دلیران توران نمودند پشت
بجان شنگل از دست رستم بجست	زره بود و جوشن تنش را نخست
چنین گفت شنگل که این مرد نیست	کس او را بگیتی هم آورد نیست
یکی ژنده پیلست بر پشت کوه	مگر رزم سازند یکسر گروه
بتنها کسی رزم با اژدها	نجوید چو جوید نیابد رها
بدو گفت خاقان ترا بامداد	دگر بود رای و دگر بود یاد
سپه را بفرمود تا همگروه	برانند یکسر بکردار کوه
سرافراز را در میان آورند	تنومند را جان زیان آورند
بشمشیر برد آن زمان شیر دست	چپ لشکر چینیان برشکست

۵۹۷

هر آنگه که خنجر برانداختی	همه ره تن بی سر انداختی
نه با جنگ او کوه را پای بود	نه با خشم او پیل را جای بود
بدان سان گرفتند گرد اندرش	که خورشید تاریک شد از برش
چنان نیزه و خنجر و گرز و تیر	که شد ساخته بر یل شیرگیر
گمان برد کاندر نیستان شدست	ز خون روی کشور میستان شدست
بیک زخم ده نیزه کردی قلم	خروشان و جوشان و دشمن دژم
دلیران ایران پس پشت اوی	بکینه دل آگنده و جنگ جوی
ز بس نیزه و گرز و گوپال و تیغ	تو گفتی همی ژاله بارد ز میغ
ز کشته همه دشت آوردگاه	تن و پشت و سر بود و ترگ و کلاه
ز چینی و شگنی و از هندوی	ز سقلاب و هری و از پهلوی
سپه بود چون خاک در پای کوه	ز یک مرد سگزی شده همگروه
که با او بجنگ اندرون پای نیست	چنو در جهان لشکر آرای نیست
کسی کو کند زین سخن داستان	نباشد خردمند همداستان
که پرخاشخر نامور صد هزار	بسنده نبودند با یک سوار
ازین کین بد آمد بافراسیاب	ز رستم کجا یابد آرام و خواب
چنین گفت رستم بایرانیان	کزین جنگ دشمن کند جان زیان
هم‌اکنون ز پیلان و از خواسته	همان تخت و آن تاج آراسته
ستانم ز چینی بایران دهم	بدان شادمان روز فرخ نهم
نباشد جز ایرانیان شاد کس	پی رخش و ایزد مرا یار بس
یکی را ز شگنان و سقلاب و چین	نمانم که پی برنهد بر زمین
که امروز پیروزی روز ماست	بلند آسمان لشکر افروز ماست
گر ایدونک نیرو دهد دادگر	پدید آورد رخش رخشان هنر
برین دشت من گورستانی کنم	برومند را شارستانی کنم
یکی از شما سوی لشکر شوید	بکوشید و با باد همبر شوید
بکوبید چون من بجنبم ز جای	شما برفرازید سنج و درای
زمین را سراسر کنید آبنوس	بگرد سواران و آوای کوس
بکوبید گوپال و گرز گران	چو پولاد را پتک آهنگران
از انبوه ایشان مدارید باک	ز دریا بابر اندر آرید خاک
همه دیده بر مغفر من نهید	چو من بر خروشم دمید و دهید

۵۹۸

بدرید صفهای سقلاب و چین ... نباید که بیند هوا را زمین
وزان جایگه رفت چون پیل مست ... یکی گرزه‌ی گاوپیکر بدست
خروشان سوی میمنه راه جست ... ز لشکر سوی کندر آمد نخست
همه میمنه پاک بر هم درید ... بسی ترگ و سر بد که تن را ندید

نبرد رستم با ساوه شاه و و گهارگهانی و کشته شدن هر دو بر دست رستم

یکی خویش کاموس بد ساوه نام ... سرافراز و هر جای گسترده کام
بیامد بپیش تهمتن بجنگ ... یکی تیغ هندی گرفته بچنگ
بگردید گرد چپ و دست راست ... ز رستم همی کین کاموس خواست
برستم چنین گفت کای ژنده پیل ... ببینی کنون موج دریای نیل
بخواهم کنون کین کاموس خوار ... اگر باشدم زین سپس کارزار
چو گفتار ساوه برستم رسید ... بزد دست و گرز گران برکشید
بزد بر سرش گرز را پیلتن ... که جانش برون شد بزاری ز تن
برآورد و زد بر سر و مغفرش ... ندیدست گفتی تنش را سرش
بیفگند و رخش از بر او براند ... ز ساوه بگیتی نشانی نماند
درفش کشانی نگونسار کرد ... و زو جان لشکر پرآزار کرد
نبد نیز کس پیش او پایدار ... همه خاک مغز سر آورد بار
پس از میمنه شد سوی میسره ... غمی گشت لشکر همه یکسره
گهار گهانی بدان جایگاه ... گوی شیرفش با درفش سیاه
برآشفت چون ترگ رستم بدید ... خروشی چو شیر ژیان برکشید
بدو گفت من کین ترکان چین ... بخواهم ز سگزی برین دشت کین
برانگیخت اسپ از میان سپاه ... بیامد بر پیلتن کینه‌خواه
ز نزدیک چون ترگ رستم بدید ... یکی باد سرد از جگر برکشید
بدل گفت پیکار با ژنده پیل ... چو غوطه است خوردن بدریای نیل
گریزی بهنگام با سر بجای ... به از رزم جستن بنام و برای
گریزان بیامد سوی قلبگاه ... برو بر نظاره ز هر سو سپاه

درفش تهمتن میان گروه — بسان درخت از بر تیغ کوه
همی تاخت رستم پس او چو گرد — زمین لعل گشت و هوا لاژورد
گهار گهانی بترسید سخت — کزو بود برگشتن تاج و تخت
برآورد یک بانگ برسان کوس — که بشنید آواز گودرز و طوس
همی خواست تا کارزاری کند — ندانست کین بار زاری کند
چه نیکو بود هر که خود را شناخت — چرا تا ز دشمن بیایدش تاخت
پس او گرفته گو پیلتن — که هان چاره‌ی گور کن گر کفن
یکی نیزه زد بر کمربند اوی — بدرید خفتان و پیوند اوی
بینداختش همچو برگ درخت — که بر شاخ او بر زند باد سخت
نگونسار کرد آن درفش کبود — تو گفتی گهار گهانی نبود
بدیدند گردان که رستم چه کرد — چپ و راست برخاست گرد نبرد
درفش همایون ببردند و کوس — بیامد سرافراز گودرز و طوس
خروشی برآمد ز ایران سپاه — چو پیروز شد گرد لشکر پناه
بفرمود رستم کز ایران سوار — بر من فرستند صد نامدار
هم اکنون من آن پیل و آن تخت عاج — همان یاره و سنج و آن طوق و تاج
ستانم ز چین و بایران دهم — به پیروز شاه دلیران دهم
از ایران بیامد همی صد سوار — زره‌دار با گرزه‌ی گاوسار
چنین گفت رستم بایرانیان — که یکسر ببندند کین را میان
بجان و سر شاه و خورشید و ماه — بخاک سیاوش بایران سپاه
بیزدان دادار جان آفرین — که پیروزی آورد بر دشت کین
که گر نامداران ز ایران سپاه — هزیمت پذیرد ز توران سپاه
سرش را ز تن برکنم در زمان — ز خونش کنم جویهای روان
بدانست لشکر که او شیرخوست — بچنگش سرین گوزن آرزوست
همه سوی خاقان نهادند روی — بنیزه شده هر یکی جنگ جوی
تهمتن بپیش اندرون حمله برد — عنان را برخش تگاور سپرد
همی خون چکانید بر چرخ ماه — ستاره نظاره بر آن رزمگاه
ز بس گرد کز رزمگه بردمید — چنان شد که کس روی هامون ندید
ز بانگ سواران و زخم سنان — نبود ایچ پیدا رکیب از عنان
هوا گشت چون روی زنگی سیاه — ز کشته ندیدند بر دشت راه

همه مرز تن بود و خفتان و خود	تنان را همی داد سرها درود
ز گرد سوار ابر بر باد شد	زمین پر ز آواز پولاد شد
بسی نامدار از پی نام و ننگ	بدادند بر خیره سرها بجنگ
برآورد رستم برانسان خروش	که گفتی برآمد زمانه بجوش
چنین گفت کان پیل و آن تخت عاج	همان یاره و افسر و طوق و تاج
سپرهای چینی و پرده سرای	همان افسر و آلت چارپای
بایران سزاوار کیخسروست	که او در جهان شهریار نوست
که چون او بگیتی سرافراز شاه	نبود و ندیدست خورشید و ماه
شما را چه کارست با تاج زر	بدین زور و این کوشش و این هنر
همه دستها سوی بند آورید	میان را بخم کمند آورید
شما را ز من زندگانی بسست	که تاج و نگین بهر دیگر کسست
فرستم بنزدیک شاه زمین	چه منشور و شنگل چه خاقان چین
و گرنه من این خاک آوردگاه	بنعل ستوران برآرم بماه
بدشنام بگشاد خاقان زبان	بدو گفت کای بدتن بدروان
مه ایران مه آن شاه و آن انجمن	همی زینهاریت باید چو من
تو سگزی که از هر کسی بتری	همی شاه چین بایدت لشکری
یکی تیر باران بکردند سخت	چو باد خزان برجهد بر درخت
هوا را بپوشید پر عقاب	نبیند چنان رزم جنگی بخواب
چو گودرز باران الماس دید	ز تیمار رستم دلش بردمید
برهام گفت ای درنگی مایست	برو با کمان وز سواری دویست
کمانهای چاچی و تیر خدنگ	نگه‌دار پشت تهمتن بجنگ
بگیو آن زمان گفت برکش سپاه	برین دشت زین بیش دشمن مخواه
نه هنگام آرام و آسایش است	نه نیز از در رای و آرایش است
برو با دلیران سوی دست راست	نگه کن که پیران و هومان کجاست
تهمتن نگر پیش خاقان چین	همی آسمان برزند بر زمین
برآشفت رهام همچون پلنگ	بیامد بپشت تهمتن بجنگ
چنین گفت رستم برهام شیر	که ترسم که رخشم شد از کار سیر
چنو سست گردد پیاده شوم	بخون و خوی آهار داده شوم
یکی لشکرست این چو مور و ملخ	تو با پیل و با پیلبانان مچخ

۶۰۱

همه پاک در پیش خسرو بریم   ز شگنان و چین هدیه‌ی نو بریم
و زان جایگه برخروشید و گفت   که با روم و چین اهرمن باد جفت
ایا گم شده بخت بیچارگان   همه زار و با درد غمخوارگان
شما را ز رستم نبود آگهی   مگر مغزتان از خرد شد تهی
کجا اژدها را ندارد بمرد   همی پیل جوید بروز نبرد
شما را سر از رزم من سیر نیست   مرا هدیه جز گرز و شمشیر نیست
ز فتراک بگشاد پیچان کمند   خم خام در کوهه‌ی زین فگند
برانگیخت رخش و برآمد خروش   همی اژدها را بدرید گوش
بهر سو که خام اندر انداختی   زمین از دلیران بپرداختی
هرانگه که او مهتری را ز زین   ربودی بخم کمند از کمین
بدین رزمگه بر سرافراز طوس   بابر اندر افراختی بوق و کوس
ببستی از ایران کسی دست اوی   ز هامون نهادی سوی کوه روی
نگه کرد خاقان ازان پشت پیل   زمین دید برسان دریای نیل
یکی پیل بر پشت کوه بلند   ورا نام بد رستم دیو بند
همی کرگس آورد ز ابر سیاه   نظاره بران اختر و چرخ ماه
یکی نامداری ز لشکر بجست   که گفتار ایران بداند درست
بدو گفت رو پیش آن شیر مرد   بگویش که تندی مکن در نبرد
چغانی و شگنی و چینی و وهر   کزین کینه هرگز ندارند بهر
یکی شاه ختلان یکی شاه چین   ز بیگانه مردم ترا نیست کین
یکی شهریارست افراسیاب   که آتش همی بد شناسد ز آب
جهانی بدین گونه کرد انجمن   بد آورد ازین رزم بر خویشتن
کسی نیست بی‌آز و بی نام و ننگ   همان آشتی بهتر آید ز جنگ
فرستاده آمد بر پیلتن   زبان پر ز گفتار و دل پر شکن
بدو گفت کای مهتر رزمجوی   چو رزمت سرآمد کنون بزم جوی
نداری همانا ز خاقان چین   ز کار گذشته بدل هیچ کین
چنو باز گردد تو زو باز گرد   که اکنون سپه را سرآمد نبرد
چو کاموس بر دست تو کشته شد   سر رزمجویان همه گشته شد
چنین داد پاسخ که پیلان و تاج   بنزدیک من باید و تخت عاج
بتاراج ایران نهادست روی   چه باید کنون لابه و گفت و گوی

چو داند که لشکر بجنگ آمدست	شتاب سپاه از درنگ آمدست
فرستاده گفت ای خداوند رخش	بدشت آهوی ناگرفته مبخش
که داند که خود چون بود روزگار	که پیروز برگردد از کارزار
چو بشنید رستم برانگیخت رخش	منم گفت شیراوژن تاجبخش
تنی زورمند و ببازو کمند	چه روز فریبست و هنگام بند
چه خاقان چینی کمند مرا	چه شیر ژیان دست بند مرا
بینداخت آن تابداده کمند	سران سواران همی کرد بند
چو آمد بنزدیک پیل سپید	شد آن شاه چین از روان ناامید
چو از دست رستم رها شد کمند	سر شاه چین اندر آمد ببند
ز پیل اندر آورد و زد بر زمین	ببستند بازوی خاقان چین
پیاده همی راند تا رود شهد	نه پیل و نه تاج و نه تخت و نه مهد
چنینست رسم سرای فریب	گهی بر فراز و گهی بر نشیب
چنین بود تا بود گردان سپهر	گهی جنگ و زهرست و گه نوش و مهر
ازان پس بگرز گران دست برد	بزرگش همان و همان بود خرد
چنان شد در و دشت آوردگاه	که شد تنگ بر مور و بر پشه راه
ز بس کشته و خسته شد جوی خون	یکی بیسر و دیگری سرنگون
چنان بخت تابنده تاریک شد	همانا بشب روز نزدیک شد
برآمد یکی ابر و بادی سیاه	بشد روشنایی ز خورشید و ماه
سر از پای دشمن ندانست باز	بیابان گرفتند و راه دراز
نگه کرد پیران بدان کارزار	چنان تیز برگشتن روزگار
نه منشور و فرطوس و خاقان چین	نه آن نامداران و مردان کین
درفش بزرگان نگونسار دید	بخاک اندرون خستگان خوار دید
بنستیهن گرد و کلباد گفت	که شمشیر و نیزه بباید نهفت
نگونسار کرد آن درفش سیاه	برفتند پویان ببی راه و راه
همه میمنه گیو تاراج کرد	در و دشت چون پر دراج کرد
بجست از چپ لشکر و دست راست	بدان تا بداند که پیران کجاست
چو او را ندیدند گشتند باز	دلیران سوی رستم سرفراز
تبه گشته اسپان جنگی ز کار	همه رنجه و خسته‌ی کارزار
برفتند با کام دل سوی کوه	تهمتن بپیش اندرون با گروه

۶۰۳

همه ترگ و جوشن بخون و بخاک / شده غرق و بر گستوان چاک چاک
تن از جنگ خسته دل از رزم شاد / جهان را چنینست ساز و نهاد
پر از خون بر و تیغ و پای و رکیب / ز کشته نه پیدا فراز از نشیب
چنین تا بشستن نپرداختند / یک از دیگری باز نشناختند
سر و تن بشستند و دل شسته بود / که دشمن ببند گران بسته بود
چنین گفت رستم بایرانیان / که اکنون بباید گشادن میان
بپیش جهاندار پیروزگر / نه گوپال باید نه بند کمر
همه سر بخاک سیه بر نهید / کزین پس همه تاج بر سر نهید
کزین نامدارن یکی نیست کم / که اکنون شدستی دل ما دژم
چنین گفت رستم بگودرز و گیو / بدان نامداران و گردان نیو
چو آگاهی آمد بشاه جهان / بمن باز گفت این سخن در نهان
که طوس سپهبد بکوه آمدست / ز پیران و هومان ستوه آمدست
از ایران برفتیم با رای و هوش / برآمد ز پیکار مغزم بجوش
ز بهرام گودرز وز ریونیز / دلم تیر تر گشت برسان شیز
از ایران همی تاختم تیزچنگ / زمانی بجایی نکردم درنگ
چو چشمم برآمد بخاقان چین / بران نامداران و مردان کین
بویژه بکاموس و آن فر و برز / بران یال و آن شاخ و آن دست و گرز
که بودند هر یک چو کوهی بلند / بزیر اندرون ژنده پیلی نژند
بدل گفتم آمد زمانم بسر / که تا من ببستم بمردی کمر
ازین بیش مردان و زین بیش ساز / ندیدم بجایی بسال دراز
رسیدم بدیوان مازندران / شب تیره و گرزهای گران
ز مردی نپیچید هرگز دلم / نگفتم که از آرزو بگسلم
جز آن دم که دیدم ز کاموس جنگ / دلم گشت یکباره زین کینه تنگ
کنون گر همه پیش یزدان پاک / بغلتیم با درد یک یک بخاک
سزاوار باشد که او داد زور / بلند اختر و بخش کیوان و هور
مبادا که این کار گیرد نشیب / مبادا که آید بما بر نهیب
نگه کن که کارآگهان ناگهان / برند آگهی نزد شاه جهان
بیاراید آن نامور بارگاه / بسر بر نهد خسروانی کلاه
ببخشد فراوان بدرویش چیز / که بر جان او آفرین باد نیز

کنون جامه‌ی رزم بیرون کنید	بسایش آرایش افزون کنید
غم و کام دل بی‌گمان بگذرد	زمانه دم ما همی بشمرد
همان به که ما جام می بشمریم	بدین چرخ نامهربان ننگریم
سپاس از جهاندار پیروزگر	کزویست مردی و بخت و هنر
کنون می گساریم تا نیم‌شب	بیاد بزرگان گشاییم لب
سزد گر دل اندر سرای سپنج	نداریم چندین بدرد و برنج
بزرگان برو خواندند آفرین	که بی‌تو مبادا کلاه و نگین
کسی را که چون پیلتن کهترست	ز گرودن گردان سرش برترست
پسندیده باد این نژاد و گهر	هم آن بوم کو چون تو آرد ببر
تو دانی که با ما چه کردی بمهر	که از جان تو شاد بادا سپهر
همه مرده بودیم و برگشته روز	بتو زنده گشتیم و گیتی‌فروز
بفرمود تا پیل با تخت عاج	بیارند با طوق زرین و تاج
می خسروانی بیاورد و جام	نخستین ز شاه جهان برد نام
بزد کرنای از بر ژنده پیل	همی رفت آوازشان بر دو میل
چو خرم شد از می رخ پهلوان	برفتند شادان و روشن‌روان
چو پیراهن شب بدرید ماه	نهاد از بر چرخ پیروزه‌گاه
طلایه پراگند بر گرد دشت	چو زنگی درنگی شب اندر گذشت
پدید آمد آن خنجر تابناک	بکردار یاقوت شد روی خاک
تبیره برآمد ز پرده‌سرای	برفتند گردان لشکر ز جای
چنین گفت رستم بگردنکشان	که جایی نیامد ز پیران نشان
بباید شدن سوی آن رزمگاه	بهر سو فرستاد باید سپاه
شد از پیش او بیژن شیر مرد	بجایی کجا بود دشت نبرد
جهان دید پر کشته و خواسته	بهر سو نشستی بیاراسته
پراگنده کشور پر از خسته دید	بخاک اندر افگنده پا بسته دید
ندیدند زنده کسی را بجای	زمین بود و خرگاه و پرده‌سرای
بنزدیک رستم رسید آگهی	که شد روی کشور ز ترکان تهی
ز ناباکی و خواب ایرانیان	برآشفت رستم چو شیر ژیان
زبان را بدشنام بگشاد و گفت	که کس را خرد نیست با مغز جفت

بدین گونه دشمن میان دو کوه	سپه چون گریزد ز ما همگروه
طلایه نگفتم که بیرون کنید	در و راغ چون دشت و هامون کنید
شما سر بسایش و خوابگاه	سپردید و دشمن بسیچید راه
تن آسان غم و رنجبار آورد	چو رنج آوری گنج بار آورد
چو گویی که روزی تن آسان شوند	ز تیمار ایران هراسان شوند
ازین پس تو پیران و کلباد را	چو هومان و رویین و پولاد را
نگه کن بدین دشت با لشکری	تو در کشوری رستم از کشوری
اگر تاو دارید جنگ آورید	مرا زین سپس کی بچنگ آورید
که پیروز برگشتم از کارزار	تبه شد نکو گشته فرجام کار
برآشفت با طوس و شد چون پلنگ	که این جای خوابست گر دشت جنگ
طلایه نگه کن که از خیل کیست	سرآهنگ آن دوده را نام چیست
چو مرد طلایه بیابی بچوب	هم اندر زمان دست و پایش بکوب
ازو چیز بستان و پایش ببند	نگه کن یکی پشت پیلی بلند
بدین سان فرستش بنزدیک شاه	مگر پخته گردد بدان بارگاه
ز یاقوت وز گوهر و تخت عاج	ز دینار وز افسر و گنج و تاج
نگر تا که دارد ز ایران سپاه	همه یکسره خواسته پیش خواه
ازین هدیه‌ی شاه باید نخست	پس آنگه مرا و ترا بهر جست
بدان دشت بسیار شاهان بدند	همه نامداران گیهان بدند
ز چین و ز سقلاب وز هند و وهر	همه گنج داران گیرنده شهر
سپهبد بیامد همه گرد کرد	برفتند گردان بدشت نبرد
کمرهای زرین و بیجاده تاج	ز دیبای رومی و از تخت عاج
ز تیر و کمان و ز بر گستوان	ز گوپال وز خنجر هندوان
یکی کوه بد در میان دو کوه	نظاره شده گردش اندر گروه
کمان‌کش سواری گشاده‌بری	بتن زورمندی و کنداوری
خدنگی بینداختی چارپر	ازین سو بدان سو نکردی گذر
چو رستم نگه کرد خیره بماند	جهان آفرین را فراوان بخواند
چنین گفت کین روز ناپایدار	گهی بزم سازد گهی کارزار
همی گردد این خواسته زان برین	بنفرین بود گه گهی بفرین
زمانه نماند برام خویش	چنینست تا بود آیین و کیش

۶۰۶

یکی گنج ازین سان همی پرورد / یکی دیگر آید کزو برخورد
بران بود کاموس و خاقان چین / که آتش برآرد ز ایران زمین
بدین ژنده پیلان و این خواسته / بدین لشکر و گنج آراسته
به گنج و بانبوه بودند شاد / زمانی ز یزدان نکردند یاد
که چرخ سپهر و زمان آفرید / بسی آشکار و نهان آفرید
ز یزدان شناس و بیزدان سپاس / بدو بگرود مرد نیکی‌شناس
کزو بودمان زور و فر و هنر / ازو دردمندی و هم زو گهر
سپه بود و هم گنج آباد بود / سگالش همه کار بیداد بود
کنون از بزرگان هر کشوری / گزیده ز هر کشوری مهتری
بدین ژنده پیلان فرستم بشاه / همان تخت زرین و زرین کلاه
همان خواسته بر هیونان مست / فرستم سزاوار چیزی که هست
وز ایدر شوم تازیان چون پلنگ / درنگی نه والا بود مرد سنگ
کسی کو گنهکار و خونی بود / بکشور بمانی زبونی بود
زمین را بخنجر بشویم ز کین / بدان را نمانم همی بر زمین
بدو گفت گودرز کای نیک رای / تو تا جای ماند بمانی بجای
بکام دل شاد بادی و راد / بدین رزم دادی چو بایست داد
تهمتن فرستاده‌ای را بجست / که با شاه گستاخ باشد نخست
فریبرز کاوس را برگزید / که با شاه نزدیکی او را سزید
چنین گفت کای نیک پی نامدار / هم از تخم شاهی و هم شهریار
هنرمند و با دانش و بانژاد / تو شادان و کاوس شاه از تو شاد
یکی رنج برگیر و ز ایدر برو / ببر نامه‌ی من بر شاه نو
ابا خویشتن بستگان را ببر / هیونان و این خواسته سربسر
همان افسر و یاره و گرز و تاج / همان ژنده پیلان و هم تخت عاج
فریبرز گفت ای هژبر ژیان / منم راه را تنگ بسته میان

نامه رستم زال به کیخسرو

دبیر جهاندیده را پیش خواند		سخن هرچ بایست با او براند
بفرمود تا نامه‌ی خسروی		ز عنبر نوشتند بر پهلوی
سرنامه کرد آفرین خدای		کجا هست و باشد همیشه بجای
برازنده‌ی ماه و کیوان و هور		نگارنده‌ی فر و دیهیم و زور
سپهر و زمان و زمین آفرید		روان و خرد داد و دین آفرید
وزو آفرین باد بر شهریار		زمانه مبادا ازو یادگار
رسیدم بفرمان میان دو کوه		سپاه دو کشور شده همگروه
همانا که شمشیرزن صد هزار		ز دشمن فزون بود در کارزار
کشانی و شگنی و چینی و هند		سپاهی ز چین تا بدریای سند
ز کشمیر تا دامن رود شهد		سراپرده و پیل دیدیم و مهد
نترسیدم از دولت شهریار		کزین رزمگاه اندر آید نهار
چهل روز با هم همی جنگ بود		تو گفتی بریشان جهان تنگ بود
همه شهریاران کشور بدند		نه بر باد «و» با بخت لاغر بدند
میان دو کوه از بر راغ و دشت		ز خون و ز کشته نشاید گذشت
همانا که فرسنگ باشد چهل		پراگنده از خون زمین بود گل
سرانجام ازین دولت دیریاز		سخن گویم این نامه گردد دراز
همه شهریاران که دارند بند		ز پیلان گرفتم بخم کمند
سوی جنگ دارم کنون رای و روی		مگر پیش گرز من آید گروی
زبانها پر از آفرین تو باد		سر چرخ گردان زمین تو باد
چو نامه بمهر اندر آمد بداد		بمهتر فریبرز خسرو نژاد
ابا شاه و پیل و هیونی هزار		ازان رزمگه برنهادند بار
فریبرز کاوس شادان برفت		بنزدیک خسرو بسیچید و تفت
همی رفت با او گو پیلتن		بزرگان و گردان آن انجمن
به پدرود کردن گرفتش کنار		ببارید آب از غم شهریار

وزان جایگه سوی لشکر کشید	چو جعد دو زلف شب آمد پدید
نشستند با آرامش و رود و می	یکی دست رود و دگر دست نی
برفتند هر کس برام خویش	گرفته ببر هر کسی کام خویش
چو خورشید با رنگ دیبای زرد	ستم کرد بر توده‌ی لاژورد
همانگه ز دهلیز پرده‌سرای	برآمد خروشیدن کرنای
تهمتن میان تاختن را ببست	بران باره‌ی تیزتگ برنشست
بفرمود تا توشه برداشتند	همی راه دشوار بگذاشتند
بیابان گرفتند و راه دراز	بیامد چنان لشکری رزمساز
چنین گفت با طوس و گودرز و گیو	که ای نامداران و گردان نیو
من این بار چنگ اندر آرم بچنگ	بداندیشگان را شود کار تنگ
که دانست کین چاره‌گر مرد سند	سپاه آرد از چین و سقلاب و هند
من او را چنان مست و بیهش کنم	تنش خاک گور سیاوش کنم
که از هند و سقلاب و توران و چین	نخوانند ازین پس برو آفرین
بزد کوس وز دشت برخاست گرد	هوا پر ز گرد و زمین پر ز مرد
ازان نامداران پرخاشجوی	بابر اندر آمد یکی گفت و گوی
دو منزل برفتند زان جایگاه	که از کشته بد روی گیتی سیاه
یکی بیشه دیدند و آمد فرود	سیه شد ز لشکر همه دشت و رود
همی بود با رامش و می بدست	یکی شاد و خرم یکی خفته مست
فرستاده آمد ز هر کشوری	ز هر نامداری و هر مهتری
بسی هدیه و ساز و چندی نثار	ببردند نزدیک آن نامدار
چو بگذشت ازین داستان روز چند	ز گردش بیاسود چرخ بلند
کس آمد بر شاه ایران سپاه	که آمد فریبرز کاوس شاه
پذیره شدش شاه کنداوران	ابا بوق و کوس و سپاهی گران
فریبرز نزدیک خسرو رسید	زمین را ببوسید کو را بدید
نگه کرد خسرو بران بستگان	هیونان و پیلان و آن خستگان
عنان را بپیچید و آمد براه	ز سر برگرفت آن کیانی کلاه
فرود آمد و پیش یزدان بخاک	بغلتید و گفت ای جهاندار پاک
ستمکاره‌ای کرد بر من ستم	مرا بی‌پدر کرد با درد و غم
تو از درد و سختی رهانیدیم	همی تاج را پرورانیدیم

زمین و زمان پیش من بنده شد	جهانی ز گنج من آگنده شد
سپاس از تو دارم نه از انجمن	یکی جان رستم تو مستان ز من
بزد اسپ و زان جایگه بازگشت	بران پیل وان بستگان برگذشت
بسی آفرین کرد بر پهلوان	که او باد شادان و روشن‌روان
بایوان شد و نامه پاسخ نوشت	بباغ بزرگی درختی بکشت
نخست آفرین کرد بر کردگار	کزو بود روشن دل و بختیار
خداوند ناهید و گردان سپهر	کزویست پرخاش و آرام و مهر
سپهری برین گونه بر پای کرد	شب و روز را گیتی آرای کرد
یکی را چنین تیره‌بخت آفرید	یکی را سزاوار تخت آفرید
غم و شادمانی ز یزدان شناس	کزویست هر گونه بر ما سپاس
رسید آنچ دادی بدین بارگاه	اسیران و پیلان و تخت و کلاه
هیونان بسیار و افگندنی	ز پوشیدنی هم ز گستردنی
همه آلت ناز و سورست و بزم	بپیش تو زین سان که آید برزم
مگر آنکسی کش سرآید بپیش	بدین گونه سیر آید از جان خویش
وزان رنج بردن ز توران سپاه	شب و روز بودن بوردگاه
ز کارت خبر بد مرا روز و شب	گشاده نکردم به بیگانه لب
شب و روز بر پیش یزدان پاک	نوان بودم و دل شده چاک چاک
کسی را که رستم بود پهلوان	سزد گر بماند همیشه جوان
پرستنده چون تو ندارد سپهر	ز تو بخت هرگز مبراد مهر
نویسنده پردخته شد ز آفرین	نهاد از بر نامه خسرو نگین
بفرمود تا خلعت آراستند	ستام و کمرها بپیراستند
صد از جعد مویان زرین کمر	صد اسپ گرانمایه با زین زر
صد اشتر همه بار دیبای چین	صد اشتر ز افگندنی هم چنین
ز یاقوت رخشان دو انگشتری	ز خوشاب و در افسری بر سری
ز پوشیدن شاه دستی بزر	همان یاره و طوق و زرین کمر
سران را همه هدیه‌ها ساختند	یکی گنج زین سان بپرداختند
فریبرز با تاج و گرز و درفش	یکی تخت زرین و زرینه کفش
فرستاد و فرمود تا بازگشت	از ایران بسوی سپهبد گذشت
چنین گفت کز جنگ افراسیاب	نه آرام باید نه خورد و نه خواب

مگر کان سر شهریار گزند بخم کمند تو آید ببند
فریبرز برگشت زان بارگاه بکام دل شاه ایران سپاه

آگاهی سافتن افراسیاب از کار لشکر

پس آگاهی آمد بافراسیاب که آتش برآمد ز دریای آب
ز کاموس و منشور و خاقان چین شکستی نو آمد بتوران زمین
از ایران یکی لشکر آمد بجنگ که شد چرخ گردنده را راه تنگ
چهل روز یکسان همی جنگ بود شب و روز گیتی بیک رنگ بود
ز گرد سواران نبود آفتاب چو بیدار بخت اندر آمد بخواب
سرانجام زان لشکر بیشمار سواری نماند از در کارزار
بزرگان و آن نامور مهتران ببستند یکسر ببند گران
بخواری فگندند بر پشت پیل سپه بود گرد آمده بر دو میل
ز کشته چنان بد که در رزمگاه کسی را نبد جای رفتن براه
وزین روی پیران براه ختن بشد با یکی نامدار انجمن
کشانی و شگنی و وهری نماند که منشور شمشیر رستم نخواند
وزین روی تنگ اندر آمد سپاه بپیش اندرون رستم کینه‌خواه
گر آیند زی ما برزم آن گروه شود کوه هامون و هامون چو کوه
چو افراسیاب این سخنها شنود دلش گشت پر درد و سر پر ز دود

رای زدن افراسیاب با بزرگان توران در کار جنگ

همه موبدان و ردان را بخواند ز کار گذشته فراوان براند
کز ایران یکی لشکری جنگجوی بدان نامداران نهادست روی
شکسته شدست آن سپاه گران چنان ساز و آن لشکر بی‌کران
ز اندوه کاموس و خاقان چین ببستند گفتی مرا بر زمین

سپاهی چنان بسته و خسته شد	دو بهره ز گردنکشان بسته شد
بایران کشیدند بر پشت پیل	زمین پر ز خون بود تا چند میل
چه سازیم و این را چه درمان کنیم	نشاید که این بر دل آسان کنیم
گر ایدونک رستم بود پیش رو	نماند برین بوم و بر خار و خو
که من دستبرد ورا دیده‌ام	ز کار آگهان نیز بشنیده‌ام
که او با بزرگان ایران زمین	چه کردست از نیکوی روز کین
چه کردست با شاه مازندران	ز گرزش چه آمد بران مهتران
گرانمایگان پاسخ آراستند	همه یکسر از جای برخاستند
که گر نامداران سقلاب و چین	بایران همی رزم جستند و کین
نه از لشکر ما کسی کم شدست	نه این کشور از خون دمادم شدست
ز رستم چرا بیم داری همی	چنین کام دشمن بخاری همی
ز مادر همه مرگ را زاده‌ایم	میان تا ببستیم نگشاده‌ایم
اگر خاک ما را بپی بسپرند	ازین کرده‌ی خویش کیفر برند
بکین گر ببندیم زین پس میان	نماند کسی زنده ز ایرانیان
ز پرمایگان شاه پاسخ شنید	ز لشکر زبان‌آوری برگزید
دلیران و گردنکشان را بخواند	ز خواب و ز آرام و خوردن بماند
در گنج بگشاد و دینار داد	روان را بخون دل آهار داد
چنان شد ز گردان جنگی زمین	که گفتی سپهر اندر آمد بکین
چو این بند بد را سر آمد کلید	فریبرز نزدیک رستم رسید
بدل شاد با خلعت شهریار	بدو اندرون تاج گوهر نگار
ازان شادمان شد گو پیلتن	بزرگان لشکر شدند انجمن
گرفتند بر پهلوان آفرین	که آباد بادا برستم زمین
بدو جان شاه جهان شاد باد	بر و بوم ایرانش آباد باد
همه مر ترا چاکر و بنده‌ایم	بفرمان و رایت سرافگنده‌ایم
وزان جایگه شاد لشکر براند	بیامد بسغد و دو هفته بماند
بنخچیر گور و بمی دست برد	ازین گونه یک چند خورد و شمرد
وزان جایگه لشکر اندر کشید	بیک منزلی بر یکی شهر دید
کجا نام آن شهر بیداد بود	دژی بود وز مردم آباد بود
همه خوردنیشان ز مردم بدی	پری چهره‌ای هر زمان گم بدی

بخوان چنان شهریار پلید	نبودی جز از کودک نارسید
پرستندگانی که نیکو بدی	به دیدار و بالا بی‌آهو بدی
از آن ساختندی بخوان بر خورش	بدین گونه بد شاه را پرورش
تهمتن بفرمود تا سه هزار	زرهدار بر گستوان ور سوار
بدان دژ فرستاد با گستهم	دو گرد خردمند با اوبهم
مرین مرد را نام کافور بود	که او را بران شهر منشور بود
بپوشید کافور خفتان جنگ	همه شهر با او بسان پلنگ
کمندافگن و زورمندان بدند	بزرم اندرون پیل دندان بدند
چو گستهم گیتی بران گونه دید	جهان در کف دیو وارونه دید
بفرمود تا تیر باران کنند	بریشان کمین سواران کنند
چنین گفت کافور با سرکشان	که سندان نگیرد ز پیکان نشان
همه تیغ و گرز و کمند آورید	سر سرکشان را ببند آورید
زمانی بران سان برآویختند	که آتش ز دریا برانگیختند
فراوان ز ایرانیان کشته شد	بسر بر سپهر بلا گشته شد
ببیژن چنین گفت گستهم زود	که لختی عنانت بباید بسود
برستم بگویی که چندین مایست	بجنبان عنان با سواری دویست
بشد بیژن گیو برسان باد	سخن بر تهمتن همه کرد یاد
گران کرد رستم زمانی رکیب	ندانست لشکر فراز از نشیب
بدانسان بیامد بدان رزمگاه	که باد اندر آید ز کوه سیاه
فراوان ز ایرانیان کشته دید	بسی سرکش از جنگ برگشته دید
بکافور گفت ای سگ بدگهر	کنون رزم و رنج تو آمد بسر
یکی حمله آورد کافور سخت	بران بارور خسروانی درخت
بینداخت تیغی بکردار تیر	که آید مگر بر یل شیرگیر
بپیش اندر آورد رستم سپر	فرو ماند کافور پرخاشخر
کمندی بینداخت بر سوی طوس	بسی کرد رستم برو بر فسوس
عمودی بزد بر سرش پور زال	که بر هم شکستش سر و ترگ و یال
چنین تا در دژ یکی حمله برد	بزرگان نبودند پیدا ز خرد
در دژ ببستند وز باره تیز	برآمد خروشیدن رستخیز
بگفتند کای مرد بازور و هوش	برین گونه با ما بکینه مکوش

پدر نام تو چون بزادی چه کرد　　کمندافگنی گر سپهر نبرد
دریغست رنج اندرین شارستان　　که داننده خواند ورا کارستان
چو تور فریدون ز ایران براند　　ز هر گونه دانندگان را بخواند
یکی باره افگند زین گونه پی　　ز سنگ و ز خشت و ز چوب و ز نی
برآودر ازینسان بافسون و رنج　　بپالود رنج و تهی کرد گنج
بسی رنج بردند مردان مرد　　کزین باره‌ی دژ برآرند گرد
نبدکس بدین شارستان پادشا　　بدین رنج بردن نیارد بها
سلیحست و ایدر بسی خوردنی　　بزیر اندرون راه آوردنی
اگر سالیان رنج و رزم آوری　　نباشد بدستت جز از داوری
نیاید برین باره بر منجنیق　　از افسون سلم و دم جاثلیق
چو بشنید رستم پر اندیشه شد　　دلش از غم و درد چون بیشه شد
یکی رزم کرد آن نه بر آرزوی　　سپاه اندر آورد بر چار سوی
بیک روی گودرز و یک روی طوس　　پس پشت او پیل با بوق و کوس
بیک روی بر لشکر زابلی　　زره‌دار با خنجر کابلی
چو آن دید دستم کمان برگرفت　　همه دژ بدو ماند اندر شگفت
هر آنکس که از باره سر بر زدی　　زمانه سرش را بهم در زدی
ابا مغز پیکان همی راز گفت　　ببدسازگاری همی گشت جفت
بن باره زان پس بکندن گرفت　　ز دیوار مردم فگندن گرفت
ستونها نهادند زیر اندرش　　بیالود نفط سیاه از برش
چو نیمی ز دیوار دژکنده شد　　بچوب اندر آتش پراگنده شد
فرود آمد آن باره‌ی تور گرد　　ز هر سو سپاه اندر آمد بگرد
بفرمود رستم که جنگ آورید　　کمانها و تیر خدنگ آورید
گوان از پی گنج و فرزند خویش　　همان از پی بوم و پیوند خویش
همه سر بدادند یکسر بباد　　گرامی‌تر آنکو ز مادر نزاد
دلیران پیاده شدند آن زمان　　سپرهای چینی و تیر و کمان
برفتند با نیزه‌داران بهم　　بپیش اندرون بیژن و گستهم
دم آتش تیز و باران تیر　　هزیمت بود زان سپس ناگزیر
چو از باره‌ی دژ بیرون شدند　　گریزان گریزان بهامون شدند
در دژ ببست آن زمان جنگجوی　　بتاراج و کشتن نهادند روی

چه مایه بکشتند و چندی اسیر　　ببردند زان شهر برنا و پیر
بسی سیم و زر و گرانمایه چیز　　ستور و غلام و پرستار نیز
تهمتن بیامد سر و تن بشست　　بپیش جهانداور آمد نخست
ز پیروز گشتن نیایش گرفت　　جهان آفرین را ستایش گرفت
بایرانیان گفت با کردگار　　بیامد نهانی هم از آشکار
بپیروزی اندر نیایش کنید　　جهان آفرین را ستایش کنید
بزرگان بپیش جهان‌آفرین　　نیایش گرفتند سر بر زمین
چو از پاک یزدان بپرداختند　　بران نامدار آفرین ساختند
که هر کس که چون تو نباشد بجنگ　　نشستن به آید بنام و بننگ
تن پیل داری و چنگال شیر　　زمانی نباشی ز پیگار سیر
تهمتن چنین گفت کین زور و فر　　یکی خلعتی باشد از دادگر
شما سربسر بهره دارید زین　　نه جای گله‌ست از جهان آفرین
بفرمود تا گیو با ده هزار　　سپردار و بر گستوان ور سوار
شود تازیان تا بمرز ختن　　نماند که ترکان شوند انجمن
چو بنمود شب جعد زلف سیاه　　از اندیشه خمیده شد پشت ماه
بشد گیو با آن سواران جنگ　　سه روز اندر آن تاختن شد درنگ
بدانگه که خورشید بنمود تاج　　برآمد نشست از بر تخت عاج
ز توران بیامد سرافراز گیو　　گرفته بسی نامداران نیو
بسی خوب چهر بتان طراز　　گرانمایه اسپان و هرگونه ساز
فرستاد یک نیمه نزدیک شاه　　ببخشید دیگر همه بر سپاه
وزان پس چو گودرز و چون طوس و گیو　　چو گستهم و شیدوش و فرهاد نیو
ابا بیژن گیو برخاستند　　یکی آفرین نو آراستند
چنین گفت گودرز کای سرفراز　　جهان را بمهر تو آمد نیاز
نشاید که بی‌آفرین تو لب　　گشاییم زین پس بروز و بشب
کسی کو بپیمود روی زمین　　جهان دید و آرام و پرخاش و کین
بیک جای زین بیش لشکر ندید　　نه از موبد سالخورده شنید
ز شاهان و پیلان وز تخت عاج　　ز مردان و اسپان و از گنج و تاج
ستاره بدان دشت نظاره بود　　که این لشکر از جنگ بیچاره بود
بگشتیم گرد دژ ایدر بسی　　ندیدیم جز کینه درمان کسی

که خوشان بدیم از دم اژدها	کمان تو آورد ما را رها
توی پشت ایران و تاج سران	سزاوار و ما پیش تو کهتران
مکافات این کار یزدان کند	که چهر تو همواره خندان کند
بپاداش تو نیستمان دسترس	زبانها پر از آفرینست و بس
بزرگیت هر روز بافزون ترست	هنرمند رخش تو صد لشکرست
تهمتن بریشان گرفت آفرین	که آباد بادا بگردان زمین
مرا پشت ز آزادگانست راست	دل روشنم بر زبانم گواست
ازان پس چنین گفت کایدر سه روز	بباشیم شادان و گیتی فروز
چهارم سوی جنگ افراسیاب	برانیم و آتش برآریم ز آب
همه نامداران بگفتار اوی	ببزم و بخوردند نهادند روی
پس آگاهی آمد بافراسیاب	که بوم و بر از دشمنان شد خراب
دلش زان سخن پر ز تیمار شد	همه پرنیان بر تنش خار شد
بدل گفت پیگار او کار کیست	سپاهست بسیار و سالار کیست
گر آنست رستم که من دیده‌ام	بسی از نبردش بپیچیده‌ام
بپیچید وزان پس بواز گفت	که با او که داریم در جنگ جفت
یکی کودکی بود برسان نی	که من لشکر آورده بودم بری
بیامد تن من ز زین برگرفت	فرو ماند زان لشکر اندر شگفت
چنین گفت لشکر بافراسیاب	که چندین سر از جنگ رستم متاب
تو آنی که از خاک آوردگاه	همی جوش خون اندر آری بماه
سلیحست بسیار و مردان جنگ	دل از کار رستم چه داری بتنگ
ز جنگ سواری تو غمگین مشو	نگه کن بدین نامداران نو
چنان دان که او یکسر از آهنست	اگر چه دلیرست هم یک تنست
سخنهای کوتاه زو شد دراز	تو با لشکری چاره‌ی او را بساز
سرش را ز زین اندرآور بخاک	ازان پس خود از شاه ایران چه باک
نه کیخسرو آباد ماند نه گنج	نداریم این زرم کردن برنج
نگه کن بدین لشکر نامدار	جوانان و شایسته‌ی کارزار
ز بهر بر و بوم و پیوند خویش	زن و کودک خرد و فرزند خویش
همه سربسر تن بکشتن دهیم	به آید که گیتی بدشمن دهیم
چو بشنید افراسیاب این سخن	فراموش کرد آن نبرد کهن

بفرمود تا لشکر آراستند | بکین نو از جای برخاستند
ز بوم نیاکان وز شهر خویش | یکی تازه اندیشه بنهاد پیش
چنین داد پاسخ که من ساز جنگ | بپیش آورم چون شود کار تنگ
نمانم که کیخسرو از تخت خویش | شود شاد و پدرام از بخت خویش
سر زابلی را بروز نبرد | بچنگ دراز اندر آرم بگرد
برو سرکشان آفرین خواندند | سرافراز را سوی کین خواندند
که جاوید و شادان و پیروز باش | بکام دلت گیتی افروز باش
سپهبد بسی جنگها دیده بود | ز هر کار بهری پسندیده بود
یکی شیر دل بود فرغار نام | قفس دیده و جسته چندی ز دام
ز بیگانگان جای پردخته کرد | بفرغار گفت ای گرانمایه مرد
هم اکنون برو سوی ایران سپاه | نگه کن بدین رستم رزمخواه
سواران نگه کن که چنداند و چون | که دارد برین بوم و بر رهنمون
وزان نامداران پرخاشجوی | ببینی که چنداند و بر چند روی
ز گردان پهلومنش چند مرد | که آورد سازند روز نبرد
چو فرغار برگشت و آمد براه | بکارآگهی شد بایران سپاه
غمی شد دل مرد پرخاشجوی | ببیگانگان ایچ ننمود روی
فرستاد و فرزند را پیش خواند | بسی راز بایسته با او براند
بشیده چنین گفت کای پر خرد | سپاه تو تیمار تو کی خورد
چنین دان که این لشکر بی‌شمار | که آمد برین مرز چندین هزار
سپهدارشان رستم شیر دل | که از خاک سازد بشمشیر گل
گو پیلتن رستم زابلیست | ببین تا مر او را هم آورد کیست
چو کاموس و منشور و خاقان چین | گهار و چو گرگوی با آفرین
دگر کندر و شنگل آن شاه هند | سپاهی ز کشمیر تا پیش سند
بنیروی این رستم شیر گیر | بکشتند و بردند چندی اسیر
چهل روز بالشکر آویز بود | گهی رزم و گه بزم و پرهیز بود
سرانجام رستم بخم کمند | ز پیل اندر آورد و بنهاد بند
سواران و گردان هر کشوری | ز هر سو که بود از بزرگان سری
بدین کشور آمد کنون زین نشان | همان تاجداران گردنکشان
من ایدر نمانم بسی گنج و تخت | که گردان شدست اندرین کار سخت

کنون هرچ گنجست و تاج و کمر   همان طوق زرین و زرین سپر
فرستم همه سوی الماس رود   نه هنگام جامست و بزم و سرود
هراسانم از رستم تیز چنگ   تن آسان که باشد بکام نهنگ
بمردم نماند بروز نبرد   نپیچد ز بیم و ننالد ز درد
ز نیزه نترسد نه از تیغ تیز   برآرد ز دشمن همی رستخیز
تو گفتی که از روی وز آهنست   نه مردم نژادست کهرمنست
سلیحست چندان برو روز کین   که سیر آمد از بار پشت زمین
زره دارد و جوشن و خود و گبر   بغرد بکردار غرنده ابر
نه برتابد آهنگ او ژنده پیل   نه کشتی سلیحش بدریای نیل
یکی کوه زیرش بکردار باد   تو گویی که از باد دارد نژاد
تگ آهوان دارد و هول شیر   بناورد با شیر گردد دلیر
سخن گوید ار زو کنی خواستار   بدریا چو کشتی بود روز کار
مرا با دلاور بسی بود جنگ   یکی جوشنستش ز چرم پلنگ
سلیحم نیامد برو کارگر   بسی آزمودم بگرز و تبر
کنون آزمون را یکی کارزار   بسازیم تا چون بود روزگار
گر ایدونک یزدان بود یارمند   بگردد ببایست چرخ بلند
نه آن شهر ماند نه آن شهریار   سرآید مگر بر من این کارزار
اگر دست رستم بود روز جنگ   نسازم من ایدر فراوان درنگ
شوم تا بدان روی دریای چین   بدو مانم این مرز توران زمین
بدو شیده گفت ای خردمند شاه   انوشه بدی تا بود تاج و گاه
ترا فر و برزست و مردانگی   نژاد و دل و بخت و فرزانگی
نباید ترا پند آموزگار   نگه کن بدین گردش روزگار
چو پیران و هومان و فرشیدورد   چو کلباد و نستیهن شیر مرد
شکسته سلیح و گسسته دلند   ز بیم وز غم هر زمان بگسلند
تو بر باد این جنگ کشتی مران   چو دانی که آمد سپاهی گران
ز شاهان گیتی گزیده توی   جهانجوی و هم کار دیده توی
بجان و سر شاه توران سپاه   بخورشید و ماه و بتخت و کلاه
که از کار کاموس و خاقان چین   دلم گشت پر خون و سر پر ز کین
شب تیره بگشاد چشم دژم   ز غم پشت ماه اندر آمد بخم

جهان گشت برسان مشک سیاه / چو فرغار برگشت ز ایران سپاه
بیامد بنزدیک افراسیاب / شب تیره هنگام آرام و خواب
چنین گفت کز بارگاه بلند / برفتم سوی رستم دیوبند
سراپرده‌ی سبز دیدم بزرگ / سپاهی بکردار درنده گرگ
یکی اژدهافش درفشی بپای / نه آرام دارد تو گفتی نه جای
فروهشته بر کوهه‌ی زین لگام / بفتراک بر حلقه‌ی خم خام
بخیمه درون ژنده پیلی ژیان / میان تنگ بسته به ببر بیان
یکی بور ابرش به پیشش بپای / تو گفتی همی اندر آید ز جای
سپهدار چون طوس و گودرز و گیو / فریبرز و شیدوش و گرگین نیو
طلایه گرازست با گستهم / که با بیژن گیو باشد بهم
غمی شد ز گفتار فرغار شاه / کس آمد بر پهلوان سپاه
بیامد سپهدار پیران چو گرد / بزرگان و مردان روز نبرد
ز گفتار فرغار چندی بگفت / که تا کیست با او به پیکار جفت
بدو گفت پیران که ما را ز جنگ / چه چارست جز جستن نام و ننگ
چو پاسخ چنین یافت افراسیاب / گرفت اندران کینه جستن شتاب
بپیران بفرمود تا با سپاه / بیاید بر رستم کینه‌خواه
ز پیش سپهبد به بیرون کشید / همی رزم را سوی هامون کشید
خروش آمد از دشت و آوای کوس / جهان شد ز گرد سپاه آبنوس
سپه بود چندانک گفتی جهان / همی گردد از گرد اسپان نهان
تبیره زنان نعره برداشتند / همی پیل بر پیل بگذاشتند
از ایوان بدشت آمد افراسیاب / همی کرد بر جنگ جستن شتاب
بپیران بگفت آنچ بایست گفت / که راز بزرگان بباید نهفت

نامه افراسیاب به پولادوند

یکی نامه نزدیک پولادوند / بیارای وز رای بگشای بند
بگویش که ما را چه آمد بسر / ازین نامور گرد پرخاشخر

اگر یارمندست چرخ بلند / بیاید بدین دشت پولادوند
بسی لشکر از مرز سقلاب و چین / نگونسار و حیران شدند اندرین
سپاهست برسان کوه روان / سپهدارشان رستم پهلوان
سپهکش چو رستم سپهدار طوس / بابر اندر اورده آوای کوس
چو رستم بدست تو گردد تباه / نیابد سپهر اندرین مرز راه
همه مرز را رنج زویست و بس / تو باش اندرین کار فریادرس
گر او را بدست تو آید زمان / شود رام روی زمین بی‌گمان
من از پادشاهی آباد خویش / نه برگیرم از رنج یک رنج بیش
دگر نیمه دیهیم و گنج آن تست / که امروز پیگار و رنج آن تست
نهادند بر نامه بر مهر شاه / چو برزد سر از برج خرچنگ ماه
کمر بست شیده ز پیش پدر / فرستاده او بود و تیمار بر
بکردار آتش ز بیم گزند / بیامد بنزدیک پولادوند
برو آفرین کرد و نامه بداد / همه کار رستم برو کرد یاد
که رستم بیامد ز ایران بجنگ / ابا او سپاهی بسان پلنگ
ببند اندر آورد کاموس را / چو خاقان و منشور و فرطوس را
اسیران بسیار و پیلان رمه / فرستاد یکسر بایران همه
کنارنگ و جنگ آورانرا بخواند / ز هر گونه‌ای داستانها براند
بدیشان بگفت انچ در نامه بود / جهانگیر برنا و خودکامه بود
بفرمود تا کوس بیرون برند / سراپرده‌ی او به هامون برند
سپاه انجمن شد بکردار دیو / برآمد ز گردان لشکر غریو
درفش از پس و پیش پولادوند / سپردار با ترکش و با کمند
فرود آمد از کوه و بگذاشت آب / بیامد بنزدیک افراسیاب
پذیره شدندش یکایک سپاه / تبیره برآمد ز درگاه شاه
ببر در گرفتش جهاندیده مرد / ز کار گذشته بسی یاد کرد
بگفت آنک تیمار ترکان ز کیست / سرانجام درمان این کار چیست
خرامان بایوان خسرو شدند / برای و باندیشه‌ی نو شدند
سخن راند هر گونه افراسیاب / ز کار درنگ و ز بهر شتاب
ز خون سیاوش که بر دست اوی / چه آمد ز پرخاش وز گفت و گوی
ز خاقان و منشور و کاموس گرد / گذشته سخنها همه برشمرد

بگفت آنک این رنجم از یک تنست — که او را پلنگینه پیراهنست
نیامد سلیحم بدو کارگر — بران ببر و آن خود و چینی سپر
بیابان سپردی و راه دراز — کنون چاره‌ی کار او را بساز
پر اندیشه شد جان پولادوند — که آن بند را چون شود کاربند
چنین داد پاسخ بافراسیاب — که در جنگ چندین نباید شتاب
گر آنست رستم که مازندران — تبه کرد و بستد بگرز گران
بدرید پهلوی دیو سپید — جگرگاه پولاد غندی و بید
مرا نیست پایاب با جنگ اوی — نیارم ببد کردن آهنگ اوی
تن و جان من پیش رای تو باد — همیشه خرد رهنمای تو باد
من او را بر اندیشه دارم بجنگ — بگردش بگردم بسان پلنگ
تو لشکر برآغال بر لشکرش — بانبوه تا خیره گردد سرش
مگر چاره سازم و گر نی بدست — بر و یال او را نشاید شکست
ازو شاد شد جان افراسیاب — می روشن آورد و چنگ و رباب
بدانگه که شد مست پولادوند — چنین گفت با او ببانگ بلند
که من بر فریدون و ضحاک و جم — خور و خواب و آرام کردم دژم
برهمن بترسد ز آواز من — وزین لشکر گردن‌افراز من
من این زابلی را بشمشیر تیز — برآوردگه بر کنم ریز ریز

رزم رستم زال با پولادوند

چو بنمود خورشید تابان درفش — معصفر شد آن پرنیان بنفش
تبیره برآمد ز درگاه شاه — بابر اندر آمد خروش سپاه
بپیش سپه بود پولادوند — بتن زورمند و ببازو کمند
چو صف برکشیدند هر دو سپاه — هوا شد بنفش و زمین شد سیاه
تهمتن بپوشید ببر بیان — نشست از بر ژنده پیل ژیان
برآشفت و بر میمنه حمله برد — ز ترکان بیفگند بسیار گرد
ازان پس غمی گشت پولادوند — ز فتراک بگشاد پیچان کمند
برآویخت با طوس چون پیل مست — کمندی ببازوی گرزی بدست

کمربند بگرفت و او را ز زین — برآورد و آسان بزد بر زمین
به پیگار او گیو چون بنگرید — سر طوس نوذر نگونسار دید
برانگیخت از جای شبدیز را — تن و جان بیاراست آویز را
برآویخت با دیو چون شیر نر — زره‌دار با گرزه‌ی گاوسر
کمندی بینداخت پولادوند — سر گیو گرد اندر آمد دببند
نگه کرد رهام و بیژن ز راه — بدان زور و بالا و آن دستگاه
برفتند تا دست پولادوند — ببندند هر دو بخم کمند
بزد دست پولاد بسیار هوش — برانگیخت اسپ و برآمد خروش
دو گرد از دلیران پر مایه را — سرافراز و گرد و گرانمایه را
بخاک اندر افگند و بسپرد خوار — نظاره بران دشت چندان سوار
بیامد بر اختر کاویان — بخنجر بدو نیم کردش میان
خروشی برآمد ز ایران سپاه — نماند ایچ گرد اندر آوردگاه
فریبرز و گودرز و گردنکشان — گرفتند از آن دیو جنگی نشان
بگفتند با رستم کینه‌خواه — که پولادوند اندرین رزمگاه
بزین بر یکی نامداری نماند — ز گردان لشکر سواری نماند
که نفگند بر خاک پولادوند — بگرز و بخنجر بتیر و کمند
همه رزمگه سربسر ماتمست — بدین کار فریادرس رستمست
ازان پس خروشیدن ناله خاست — ز قلب و چپ لشکر و دست راست
چو کم شد ز گودرز هر دو پسر — بنالید با داور دادگر
که چندین نبیره پسر داشتم — همی سر ز خورشید بگذاشتم
برزم اندرون پیش من کشته شد — چنین اختر و روز من گشته شد
جوانان و من زنده با پیر سر — مرا شرم باد از کلاه و کمر
کمر برگشاد و کله برگرفت — خروشیدن و ناله اندر گرفت
چو بشنید رستم دژم گشت سخت — بلرزید برسان برگ درخت
بیامد بنزدیک پولادوند — ورا دید برسان کوه بلند
سپه را همه بیشتر خسته دید — وزان روی پرخاش پیوسته دید
بدل گفت کین روز ما تیره گشت — سرنامداران ما خیره گشت
همانا که برگشت پرگار ما — غنوده شد آن بخت بیدار ما
بیفشارد ران رخش را تیز کرد — برآشفت و آهنگ آویز کرد

بدو گفت کای دیو ناسازگار ‌ ‌ ببینی کنون گردش روزگار

چو آواز رستم بگردان رسید ‌ ‌ تهمتن یلان را پیاده بدید

دژم گشته زو چار گرد دلیر ‌ ‌ چو گوران و دشمن بکردار شیر

چنین گفت با کردگار جهان ‌ ‌ که ای برتر از آشکار و نهان

مرا چشم اگر تیره گشتی بجنگ ‌ ‌ بهستی ز دیدار این روز تنگ

کزین سان برآمد ز ایران غریو ‌ ‌ ز پیران و هومان وز نره دیو

پیاده شده گیو و رهام و طوس ‌ ‌ چو بیژن که بر شیر کردی فسوس

تبه گشته اسپ بزرگان بتیر ‌ ‌ بدین سان برآویخته خیره خیر

بدو گفت پولادوند ای دلیر ‌ ‌ جهاندیده و نامبردار و شیر

که بگریزد از پیش تو ژنده پیل ‌ ‌ ببینی کنون موج دریای نیل

نگه کن کنون آتش جنگ من ‌ ‌ کمند و دل و زور و آهنگ من

کزین پس نیابی ز شاهت نشان ‌ ‌ نه از نامداران و گردنکشان

نبینی زمین زین سپس جز بخواب ‌ ‌ سپارم سپاهت بافراسیاب

چنین گفت رستم بپولادوند ‌ ‌ که تا چند ازین بیم و نیرنگ و بند

ز جنگ آوران تیز گویا مباد ‌ ‌ چو باشد دهد بی‌گمان سر بباد

چو بشنید پولادوند این سخن ‌ ‌ بیاد آمدش گفته‌های کهن

که هر کو ببیداد جوید نبرد ‌ ‌ جگر خسته باز آید و روی زرد

گر از دشمنت بد رسد گر ز دوست ‌ ‌ بد و نیک را داد دادن نکوست

همان رستمست این که مازندران ‌ ‌ شب تیره بستد بگرز گران

بدو گفت کای مرد رزم آزمای ‌ ‌ چه باشیم برخیره چندین بپای

بگشتند وز دشت برخاست گرد ‌ ‌ دو پیل ژیان و دو شیر نبرد

برانگیخت آن باره پولادوند ‌ ‌ بینداخت پس تاب داده کمند

بدزدید یال آن نبرده سوار ‌ ‌ چو زین گونه پیوسته شد کارزار

بزد تیغ و بند کمندش برید ‌ ‌ بجای آمد آن بند بد را کلید

بپیچید زان پس سوی دست راست ‌ ‌ بدانست کان روز روز بلاست

عمودی بزد بر سرش پیلتن ‌ ‌ که بشنید آواز او انجمن

چنان تیره شد چشم پولادوند ‌ ‌ که دستش عنان را نبد کار بند

تهمتن بران بد که مغز سرش ‌ ‌ ببیند پر از رنگ تیره برش

چو پولادوند از بر زین بماند ‌ ‌ تهمتن جهان آفرین را بخواند

که ای برتر از گردش روزگار / جهاندار و بینا و پروردگار
گرین گردش جنگ من داد نیست / روانم بدان گیتی آباد نیست
روا دارم از دست پولادوند / روان مرا برگشاید ز بند
ور افراسیابست بیدادگر / تو مستان ز من دست و زور و هنر
که گر من شوم کشته بر دست اوی / بایران نماند یکی جنگجوی
نه مرد کشاورز و نه پیشه‌ور / نه خاک و نه کشور نه بوم و نه بر
بکشتی گرفتن نهادند روی / دو گرد سرافراز و دو جنگجوی
بپیمان که از هر دو روی سپاه / بیاری نیاید کسی کینه‌خواه
میان سپه نیم فرسنگ بود / ستاره نظاره بران جنگ بود
چو پولادوند و تهمتن بهم / برآویختند آن دو شیر دژم
همی دست سودند یک با دگر / گرفته دو جنگی دوال کمر
چو شیده بر و یال رستم بدید / یکی باد سرد از جگر برکشید
پدر را چنین گفت کین زورمند / که خوانی ورا رستم دیوبند
بدین برز بالا و این دست برد / بخاک اندر آرد سر دیو گرد
نبینی ز گردان ما جز گریز / مکن خیره با چرخ گردان ستیز
چنین گفت با شیده افراسیاب / که شد مغز من زین سخن پرشتاب
برو تا ببینی که پولادوند / بکشتی همی چون کند دست بند
چنین گفت شیده که پیمان شاه / نه این بود با او بپیش سپاه
چو پیمان شکن باشی و تیره مغز / نیایید ز دست تو پیگار نغز
تو این آب روشن مگردان سیاه / که عیب آورد بر تو بر عیب‌خواه
بدشنام بگشاد خسرو زبان / برآشفت و شد با پسر بدگمان
بدو گفت اگر دیو پولادوند / ازین مرد بدخواه یابد گزند
نماند بدین رزمگه زنده کس / ترا از هنرها زبانست و بس
عنان برگرایید و آمد چو شیر / بوردگاه دو مرد دلیر
نگه کرد پیکار دو پیل مست / درآورده بر یکدگر هر دو دست
بپولاد گفت ای سرافراز شیر / بکشتی گر آری مر او را بزیر
بخنجر جگرگاه او را بکاف / هنر باید از کار کردن نه لاف
نگه کرد گیو اندر افراسیاب / بدان خیره گفتار و چندان شتاب
برانگیخت اسپ و برآمد دمان / چو بشکست پیمان همی بدگمان

برستم چنین گفت کای جنگجوی — چه فرمان دهی کهتران را بگوی
نگه کن به پیمان افراسیاب — چو جای بلا دید و جای شتاب
بیمد همی دل بیافروزدش — بکشتی درون خنجر آموزدش
بدو گفت رستم که جنگی منم — بکشتی گرفتن درنگی منم
شما را چرا بیم آید همی — چرا دل به دو نیم آید همی
اگر نیستتان جنگ را زور و دست — دل من بخیره نباید شکست
گر ایدونک این جادوی بی‌خرد — ز پیمان یزدان همی بگذرد
شما را ز پیمان شکستن چه باک — گر او ریخت بر تارک خویش خاک
من آکنون سر دیو پولادوند — بخاک اندر آرم ز چرخ بلند
وزان پس بیازید چون شیر چنگ — گرفت آن بر و یال جنگی نهنگ
بگردن برآورد و زد بر زمین — همی خواند بر کردگار افرین
خروشی بر آمد ز ایران سپاه — تبیره زنان برگرفتند راه
بابر اندر آمد دم کرنای — خروشیدن نای و صنج و درای
که پولادوندست بیجان شده — بران خاک چون مار پیچان شده
گمان برد رستم که پولادوند — ندارد بتن در درست ایچ بند
برخش دلیر اندر آورد پای — بماند آن تن اژدها را بجای
چو پیش صف آمد یل شیرگیر — نگه کرد پولاد برسان تیر
گریزان بشد پیش افراسیاب — دلش پر ز خون و رخش پر ز آب
بخفت از بر خاک تیره دراز — زمانی بشد هوش زان رزمساز
تهمتن چو پولاد را زنده دید — همه دشت لشکر پراگنده دید
دلش تنگ‌تر گشت و لشکر براند — جهاندیده گودرز را پیش خواند
بفرمود تا تیرباران کنند — هوا را چو ابر بهاران کنند
ز یک دست بیژن ز یک دست گیو — جهانجوی رهام و گرگین نیو
تو گفتی که آتش برافروختند — جهان را بخنجر همی سوختند
بلشکر چنین گفت پولادوند — که بی‌تخت و بی‌گنج و نام بلند
چرا سر همی داد باید بباد — چرا کرد باید همی رزم یاد
سپه را بپیش اندر افگند و رفت — ز رستم همی بند جانش بکفت
چنین گفت پیران بافراسیاب — که شد روی گیتی چو دریای آب
نگفتم که با رستم شوم دست — نشاید درین کشور ایمن نشست

Shahnameh

ز خون جوانی که بد ناگریز   بخستی دل ما بپیکار تیز
چه باشی که با تو کس اندر نماند   بشد دیو پولاد و لشکر براند
همانا ز ایرانیان صد هزار   فزونست بر گستوان ور سوار
بپیش اندرون رستم شیر گیر   زمین پر ز خون و هوا پر ز تیر
ز دریا و دشت و ز هامون و کوه   سپاه اندر آمد همه همگروه
چو مردم نماند آزمودیم دیو   چنین جنگ و پیکار و چندین غریو
سپه را چنین صف کشیده بمان   تو با ویژگان سوی دریا بران
سپهبد چنان کرد کو راه دید   همی دست ازان رزم کوتاه دید
چو رستم بیامد مرا پای نیست   جز از رفتن از پیش او رای نیست
بباید شدن تا بدان روی چین   گر ایدونک گنجد کسی در زمین
درفشش بماندند و او خود برفت   سوی چین و ماچین خرامید تفت
سپاه اندر آمد بپیش سپاه   زمین گشت برسان ابر سیاه
تهمتن بواز گفت آن زمان   که نیزه مدارید و تیر و کمان
بکوشید و شمشیر و گرز آورید   هنرها ز بالای برز آورید
پلنگ آن زمان پیچد از کین خویش   که نخچیر بیند ببالین خویش
سپه سربسر نعره برداشتند   همه نیزه بر کوه بگذاشتند
چنان شد در و دشت آوردگاه   که از کشته جایی ندیدند راه
برفتند یک بهره زنهار خواه   گریزان برفتند بهری براه
شد از بی‌شبانی رمه تال و مال   همه دشت تن بود بی‌دست و یال
چنین گفت رستم که کشتن بسست   که زهر زمان بهر دیگر کسست
زمانی همی بار زهر آورد   زمانی ز تریاک بهر آورد
همه جامه‌ی رزم بیرون کنید   همه خوبکاری بافزون کنید
چه بندی دل اندر سرای سپنج   که دانا نداند یکی را ز پنج
زمانی چو آهرمن آید بجنگ   زمانی عروسی پر از بوی و رنگ
بی‌آزاری و جام می‌برگزین   که گوید که نفرین به از آفرین
بخور آنچ داری و انده مخور   که گیتی سپنج است و ما بر گذر
میازار کس را ز بهر درم   مکن تا توانی بکس بر ستم
بجست اندران دشت چیزی که بود   ز زرین وز گوهر نابسود
سراسر فرستاد نزدیک شاه   غلامان و اسپان و تیغ و کلاه

وزان بهره‌ی خویشتن برگرفت همه افسر و مشک و عنبر گرفت

ببخشید دیگر همه بر سپاه ز چیزی که بود اندران رزمگاه

نشان خواست از شاه توران سپاه ز هر سو بجستند بی راه و راه

نشانی نیامد ز افراسیاب نه بر کوه و دریا نه بر خشک و آب

شتر یافت چندان و چندان گله که از بارگی شد سپه بی‌گله

ز توران سپه برنهادند رخت سلیح گرانمایه و تاج و تخت

خروش آمد و ناله‌ی گاودم جرس برکشیدند و رویینه خم

سوی شهر ایران نهادند روی سپاهی بران گونه با رنگ و بوی

چو آگاهی آمد ز رستم بشاه خروش آمد از شهر وز بارگاه

از ایران تبیره برآمد بابر که آمد خداوند گوپال و ببر

یکی شادمانی بد اندر جهان خنیده میان کهان و مهان

دل شاه شد چون بهشت برین همی خواند بر کردگار آفرین

بفرمود تا پیل بردند پیش بجنبید کیخسرو از جای خویش

جهانی ببین شد آراسته می و رود و رامشگر و خواسته

تبیره برآمد ز هر جای و نای چو شاه جهان اندر آمد ز جای

همه روی پیل از کران تا کران پر از مشک بود و می و زعفران

ز افسر سر پیلبان پرنگار ز گوش اندر آویخته گوشوار

بسی زعفران و درم ریختند ز بر مشک و عنبر همی بیختند

همه شهر آوای رامشگران نشسته ز هر سو کران تا کران

چنان بد جهان را ز شادی و داد که گیتی روان را دوامست و شاد

تهمتن چو تاج سرافراز دید جهانی سراسر پرآواز دید

فرود آمد و برد پیشش نماز بپرسید خسرو ز راه دراز

گرفتش بغوش در شاه تنگ چنین تا برآمد زمانی درنگ

همی آفرین خواند شاه جهان بران نامور موبد و پهلوان

بفرمود تا پیلتن برنشست گرفته همه راه دستش بدست

همی گفت چندین چرا ماندی که بر ما همی آتش افشاندی

چو طوس و فریبرز و گودرز و گیو چو رهام و گرگین و گردان نیو

ز ره سوی ایوان شاه آمدند بدان نامور بارگاه آمدند

نشست از بر تخت زر شهریار بنزدیک او رستم نامدار

فریبرز و گودرز و رهام و گیو نشستند با نامداران نیو
سخن گفت کیخسرو از رزمگاه ازان رنج و پیگار توران سپاه
بدو گفت گودرز کای شهریار سخنها درازست زین کارزار
می و جام و آرام باید نخست پس آنگاه ازین کار پرسی درست
نهادند خوان و بخندید شاه که ناهار بودی همانا به راه
بخوان بر می آورد و رامشگران بپرسش گرفت از کران تا کران
ز افراسیاب وز پولادوند ز کشتی و از تابداده کمند
بدو گفت گودرز کای شهریار ز مادر نزاید چو رستم سوار
اگر دیو پیش آید ار اژدها ز چنگ درازش نیابد رها
هزار افرین باد بر شهریار بویژه برین شیردل نامدار
بگفت آنچ کرد او بپولادوند ز کشتی و نیرنگ وز رنگ و بند
ز افگندن دیو وز کشتنش همان جنگ و پیگار و کین جستنش
چو افتاد بر خاک زو رفت هوش برآمد ز گردان دیوان خروش
چو آمد بهوش آن سرافراز دیو برآمد بناگاه زو یک غریو
همانگه درآمد باسپ و برفت همی بند جانش ز رستم بکفت
چنان شاد شد زان سخن تاجور که گفتی ز ایوان برآورد سر
چنین داد پاسخ که ای پهلوان توی پیر و بیدار و روشن‌روان
کسی کش خرد باشد آموزگار نگه داردش گردش روزگار
ازین پهلوان چشم بد دور باد همه زندگانیش در سور باد
همی بود یک هفته با می بدست ازو شادمان تاج و تخت و نشست
سخنهای رستم بنای و برود بگفتند بر پهلوانی سرود
تهمتن بیک ماه نزدیک شاه همی بود با جام در پیشگاه
ازان پس چنین گفت با شهریار که ای پرهنر نامور تاجدار
جهاندار با دانش و نیک‌خوست ولیکن مرا چهر زال آرزوست
در گنج بگشاد شاه جهان ز پرمایه چیزی که بودش نهان
ز یاقوت وز تاج و انگشتری ز دینار وز جامه‌ی ششتری
پرستار با افسر و گوشوار همان جعد مویان سیمین عذار
طبقهای زرین پر از مشک و عود دو نعلین زرین و زرین عمود
برو بافته گوهر شاهوار چنانچون بود در خور شهریار

بنزد تهمتن فرستاد شاه	دو منزل همی رفت با او براه
چو خسرو غمی شد ز راه دراز	فرود آمد و برد رستم نماز
ورا کرد پدرود و ز ایران برفت	سوی زابلستان خرامید تفت
سراسر جهان گشت بر شاه راست	همی گشت گیتی بران سان که خواست
سر آوردم این رزم کاموس نیز	درازست و کم نیست زو یک پشیز
گر از داستان یک سخن کم بدی	روان مرا جای ماتم بدی
دلم شادمان شد ز پولادوند	که بفزود بر بند پولاد بند

داستان اکوان دیو

آغاز داستان

تو بر کردگار روان و خرد   ستایش گزین تا چه اندر خورد
ببین ای خردمند روشن‌روان   که چون باید او را ستودن توان
همه دانش ما به بیچارگیست   به بیچارگان بر بباید گریست
تو خستو شو آنرا که هست و یکیست   روان و خرد را جزین راه نیست
ابا فلسفه‌دان بسیار گوی   بپویم براهی که گویی مپوی
ترا هرچ بر چشم سر بگذرد   نگنجد همی در دلت با خرد
سخن هرچ بایست توحید نیست   بنا گفتن و گفتن او یکیست
تو گر سخته‌ای شو سخن سخته‌گوی   نیاید به بن هرگز این گفت و گوی
بیک دم زدن رستی از جان و تن   همی بس بزرگ آیدت خویشتن
همی بگذرد بر تو ایام تو   سرای جز این باشد آرام تو
نخست از جهان آفرین یاد کن   پرستش برین یاد بنیاد کن
کزویست گردون گردان بپای   هم اویست بر نیک و بد رهنمای
جهان پر شگفتست چون بنگری   ندارد کسی آلت داوری
که جانت شگفتست و تن هم شگفت   نخست از خود اندازه باید گرفت
دگر آنک این گرد گردان سپهر   همی نو نمایدت هر روز چهر
نباشی بدین گفته همداستان   که دهقان همی گوید از باستان
خردمند کین داستان بشنود   بدانش گراید بدین نگرود
ولیکن چو معنیش یادآوری   شود رام و کوته کند داوری
تو بشنو ز گفتار دهقان پیر   گر ایدونک باشد سخن دلپذیر
سخنگوی دهقان چنین کرد یاد   که یک روز کیخسرو از بامداد
بیاراست گلشن بسان بهار   بزرگان نشستند با شهریار
چو گودرز و چون رستم و گستهم   چو برزین گرشاسپ از تخم جم
چو گیو و چو رهام کار آزمای   چو گرگین و خراد فرخنده رای
چو از روز یک ساعت اندر گذشت   بیامد بدرگاه چوپان ز دشت

که گوری پدید آمد اندر گله	چو شیری که از بند گردد یله
همان رنگ خورشید دارد درست	سپهرش بزر آب گویی بشست
یکی برکشیده خط از یال اوی	ز مشک سیه تا بدنبال اوی
سمندی بزرگست گویی بجای	ورا چار گرزست آن دست و پای
یکی نره شیرست گویی دژم	همی بفگند یال اسپان ز هم
بدانست خسرو که آن نیست گور	که برنگذرد گور ز اسپی بزور
برستم چنین گفت کین رنج نیز	به پیگار بر خویشتن سنج نیز
برو خویشتن را نگه‌دار ازوی	مگر باشد آهرمن کینه‌جوی
چنین گفت رستم که با بخت تو	نترسد پرستنده‌ی تخت تو
نه دیو و نه شیر و نه نر اژدها	ز شمشیر تیزم نیابد رها

جستن رستم اکوان دیو را

برون شد بنخچیر چون نره شیر	کمندی بدست اژدهایی بزیر
بدشتی کجا داشت چوپان گله	وزانسو گذر داشت گور یله
سه روزش همی جست در مرغزار	همی کرد بر گرد اسپان شکار
چهارم بدیدش گرازان بدشت	چو باد شمالی برو بر گذشت
درخشنده زرین یکی باره بود	بچرم اندرون زشت پتیاره بود
برانگیخت رخش دلاور ز جای	چو تنگ اندر آمد دگر شد برای
چنین گفت کین را نباید فگند	بباید گرفتن بخم کمند
نشایدش کردن بخنجر تباه	بدین سانش زنده برم نزد شاه
بینداخت رستم کیانی کمند	همی خواست کرد سرش را ببند
چو گور دلاور کمندش بدید	شد از چشم او در زمان ناپدید
بدانست رستم که آن نیست گور	ابا او کنون چاره باید نه زور
جز اکوان دیو این نشاید بدن	ببایستش از باد تیغی زدن
بشمشیر باید کنون چاره کرد	دواندین خون بران چرم زرد
ز دانا شنیدم که این جای اوست	که گفتند بستاند از گور پوست

همانگه پدید آمد از دشت باز — سپهبد برانگیخت آن تند تاز
کمان را بزه کرد و از باد اسپ — بینداخت تیری چو آذر گشسپ
همان کو کمان کیان درکشید — دگر باره شد گور ازو ناپدید
همی تاخت اسپ اندران پهن دشت — چو سه روز و سه شب برو بر گذشت
ببش گرفت آرزو هم بنان — سر از خواب بر کوهه‌ی زین زنان
چو بگرفتش از آب روشن شتاب — به پیش آمدش چشمه‌ی چون گلاب
فرود آمد و رخش را آب داد — هم از ماندگی چشم را خواب داد
کمندش ببازوی و ببر بیان — بپوشیده و تنگ بسته میان
ز زین کیانیش بگشاد تنگ — به بالین نهاد آن جناغ خدنگ
چراگاه رخش آمد و جای خواب — نمدزین برافگند بر پیش آب
بدان جایگه خفت و خوابش ربود — که از رنج وز تاختن مانده بود

انداختن اکوان دیو رستم را به دریا

چو اکوانش از دور خفته بدید — یکی باد شد تا بر او رسید
زمین گرد ببرید و برداشتش — ز هامون بگردون برافراشتش
غمی شد تهمتن چو بیدار شد — سر پر خرد پر ز پیکار شد
چو رستم بجنبید بر خویشتن — بدو گفت اکوان که ای پیلتن
یکی آرزو کن که تا از هوا — کجات آید افگندن اکنون هوا
سوی آبت اندازم ار سوی کوه — کجا خواهی افتاد دور از گروه
چو رستم بگفتار او بنگرید — هوا در کف دیو واژونه دید
چنین گفت با خویشتن پیلتن — که بد نامبردار هر انجمن
گر اندازدم گفت بر کوهسار — تن و استخوانم نیاید بکار
بدریا به آید که اندازدم — کفن سینه‌ی ماهیان سازدم
وگر گویم او را بدریا فگن — بکوه افگند بدگهر اهرمن
همه واژگونه بود کار دیو — که فریادرس باد گیهان خدیو
چنین داد پاسخ که دانای چین — یکی داستانی زدست اندرین

که در آب هر کو بر آیدش هوش / به مینو روانش نبیند سروش
بزاری هم ایدر بماند بجای / خرامش نیاید بدیگر سرای
بکوهم بینداز تا ببر و شیر / ببینند چنگال مرد دلیر
ز رستم چو بشنید اکوان دیو / برآورد بر سوی دریا غریو
بجایی بخواهم فگندنت گفت / که اندر دو گیتی بمانی نهفت
بدریای ژرف اندر انداختش / ز کینه خور ماهیان ساختش
همان کز هوا سوی دریا رسید / سبک تیغ تیز از میان برکشید
نهنگان که کردند آهنگ اوی / ببودند سرگشته از چنگ اوی
بدست چپ و پای کرد آشناه / بدیگر ز دشمن همی جست راه
بکارش نیامد زمانی درنگ / چنین باشد آن کو بود مرد جنگ
اگر ماندی کس بمردی بپای / پی او زمانه نبردی ز جای
ولیکن چنینست گردنده دهر / گهی نوش یابند ازو گاه زهر
ز دریا بمردی به یکسو کشید / برآمد بهامون و خشکی بدید
ستایش گرفت آفریننده را / رهانیده از بد تن بنده را
برآسود و بگشاد بند میان / بر چشمه بنهاد ببر بیان
کمند و سلیحش چو بفگند نم / زره را بپوشید شیر دژم
بدان چشمه آمد کجا خفته بود / بران دیو بدگوهر آشفته بود
نبود رخش رخشان بران مرغزار / جهانجوی شد تند با روزگار
برآشفت و برداشت زین و لگام / بشد بر پی رخش تا گاه شام
پیاده همی رفت جویان شکار / به پیش اندر آمد یکی مرغزار
همه بیشه و آبهای روان / بهر جای دراج و قمری نوان
گله‌دار اسپان افراسیاب / به بیشه درون سر نهاده بخواب
دمان رخش بر مادیانان چو دیو / میان گله برکشیده غریو
چو رستم بدیدش کیانی کمند / بیفگند و سرش اندر آمد به بند
بمالیدش از گرد و زین برنهاد / ز یزدان نیکی دهش کرد یاد
لگامش بسر بر زد و برنشست / بران تیز شمشیر بنهاد دست
گله هر کجا دید یکسر براند / بشمشیر بر نام یزدان بخواند
گله‌دار چون بانگ اسبان شنید / سرآسیمه از خواب سر بر کشید
سواران که بودند با او بخواند / بر اسپ سرافرازشان برنشاند

گرفتند هر کس کمند و کمان / بدان تا که باشد چنین بدگمان
که یارد بدین مرغزار آمدن / بنزدیک چندین سوار آمدن
پس اندر سواران برفتند گرم / که بر پشت رستم بدرند چرم
چو رستم شتابندگان را بدید / سبک تیغ تیز از میان برکشید
بغرید چون شیر و برگفت نام / که من رستمم پور دستان سام
بشمشیر ازیشان دو بهره بکشت / چو چوپان چنان دید بنمود پشت
چو باد از شگفتی هم اندر شتاب / بدیدار اسپ آمد افراسیاب
بجایی که هر سال چوپان گله / بران دشت و آن آب کردی یله
خود و دو هزار از یل نامدار / رسیدند تازان بران مرغزار
ابا باده و رود و گردان بهم / بدان تا کند بر دل اندیشه کم
چو نزدیک آن مرغزاران رسید / ز اسپان و چوپان نشانی ندید
یکایک خروشیدن آمد ز دشت / همه اسپ یک بر دگر برگذشت
ز خاک پی رخش بر سرکشان / پدید آمد از دور پیدا نشان
چو چوپان بر شاه توران رسید / بدو باز گفت آن شگفتی که دید
که تنها گله برد رستم ز دشت / ز ما کشت بسیار و اندر گذشت
ز ترکان برآمد یکی گفت و گوی / که تنها بجنگ آمد این کینه‌جوی
بباید کشیدن یکایک سلیح / که این کار بر ما گذشت از مزیح
چنین زار گشتیم و خوار و زبون / که یک تن سوی ما گراید بخون
همی بفگند نام مردی ز ما / بتیغ او براند ز خون آسیا
همی بگذراند بیک تن گله / نشاید چنین کار کردن یله
سپهدار با چار پیل و سپاه / پس رستم اندر گرفتند راه
چو گشتند نزدیک رستم کمان / ز بازو برون کرد و آمد دمان
بریشان ببارید چو ژاله میغ / چه تیر از کمان و چه پولاد تیغ
چو افگنده شد شست مرد دلیر / بگرز اندر آمد ز شمشیر شیر
همی گرز بارید همچون تگرگ / همی چاک چاک آمد از خود و ترگ
ازیشان چهل مرد دیگر بکشت / غمی شد سپهدار و بنمود پشت
ازو بستد آن چار پیل سپید / شدند آن سپاه از جهان ناامید
پس پشتشان رستم گرزدار / دو فرسنگ برسان ابر بهار

کشته شدن اکوان دیو بر دست رستم

چو برگشت برداشت پیل و رمه   بنه هرچ آمد بچنگش همه
بیامد گرازان بران چشمه باز   دلش جنگ جویان بچنگ دراز
دگر باره اکوان بدو باز خورد   نگشتی بدو گفت سیر از نبرد
برستی ز دریا و چنگ نهنگ   بدشت آمدی باز پیچان بجنگ
تهمتن چو بنشید گفتار دیو   برآورد چون شیر جنگی غریو
ز فتراک بگشاد پیچان کمند   بیفگند و آمد میانش به بند
بپیچید بر زین و گرز گران   برآهیخت چون پتک آهنگران
بزد بر سر دیو چون پیل مست   سر و مغزش از گرز او گشت پست
فرود آمد آن آبگون خنجرش   برآهیخت و ببرید جنگی سرش
همی خواند بر کردگار آفرین   کزو بود پیروزی و زور کین
تو مر دیو را مردم بد شناس   کسی کو ندارد ز یزدان سپاس
هرانکو گذشت از ره مردمی   ز دیوان شمر مشمر از آدمی
خرد گر برین گفتها نگرود   مگر نیک مغزش همی نشنود
گر آن پهلوانی بود زورمند   ببازو ستبر و ببالا بلند
گوان خوان و اکوان دیوش مخوان   که بر پهلوانی بگردد زیان
چه گویی تو ای خواجه‌ی سالخورد   چشیده ز گیتی بسی گرم و سرد
که داند که چندین نشیب و فراز   به پیش آرد این روزگار دراز
تگ روزگار از درازی که هست   همی بگذراند سخنها ز دست
که داند کزین گنبد تیزگرد   درو سور چند است و چندی نبرد
چو ببرید رستم سر دیو پست   بران باره‌ی پیل پیکر نشست
به پیش اندر آورد یکسر گله   بنه هرچ کردند ترکان یله
همی رفت با پیل و با خواسته   وزو شد جهان یکسر آراسته
ز ره چون بشاه آمد این آگهی   که برگشت ستم بدان فرهی
از ایدر میان را بدان کرد بند   کجا گور گیرد بخم کمند

کنون دیو و پیل آمدستش بچنگ
بخشکی پلنگ و بدریا نهنگ

نیابد گذر شیر بر تیغ اوی
همان دیو و هم مردم کینه‌جوی

پذیره شدن را بیاراست شاه
بسر بر نهادند گردان کلاه

درفش شهنشاه با کرنای
ببردند با ژنده پیل و درای

چو رستم درفش جهاندار شاه
نگه کرد کامد پذیره براه

فرود آمد و خاک را داد بوس
خروش سپاه آمد و بوق و کوس

سر سرکشان رستم تاج بخش
بفرمود تا برنشیند برخش

وزانجا بایوان شاه آمدند
گشاده دل و نیک خواه آمدند

به ایرانیان بر گله بخش کرد
نشست تن خویشتن رخش کرد

فرستاد پیلان بر پیل شاه
که بر شیر پیلان بگیرند راه

بیک هفته ایوان بیاراستند
می و رود و رامشگران خواستند

بمی رستم آن داستان برگشاد
وز اکوان همی کرد بر شاه یاد

که گوری ندیدم بخوبی چنوی
بدان سرافرازی و آن رنگ و بوی

چو خنجر بدرید بر تنش پوست
بروبر نبخشود دشمن نه دوست

سرش چون سر پیل و مویش دراز
دهن پر زدندانهای گراز

دو چشمش کبود و لبانش سیاه
تنش را نشایست کردن نگاه

بدان زور و آن تن نباشد هیون
همه دشت ازو شد چو دریای خون

سرش کردم از تن بخنجر جدا
چو باران ازو خون شد اندر هوا

ازو ماند کیخسرو اندر شگفت
چو بنهاد جام آفرین برگرفت

بران کو چنان پهلوان آفرید
کسی این شگفتی بگیتی ندید

که مردم بود خود بکردار اوی
بمردی و بالا و دیدار اوی

همی گفت اگر کردگار سپهر
ندادی مرا بهره از داد و مهر

نبودی بگیتی چنین کهترم
که هزمان بدو دیو و پیل اشکرم

دو هفته بران گونه بودند شاد
ز اکوان وز بزم کردند یاد

سه دیگر تهمتن چنین کرد رای
که پیروز و شادان شود باز جای

مرا بویه‌ی زال سامست گفت
چنین آرزو را نشاید نهفت

شوم زود و آیم بدرگاه باز
بباید همی کینه را کرد ساز

که کین سیاوش به پیل و گله
نشاید چنین خوار کردن یله

در گنج بگشاد شاه جهان
گرانمایه چیزی که بودش نهان

بیاورد ده جام گوهر ز گنج	بزر بافته جامه‌ی شاه پنج
غلامان روزمی بزرین کمر	پرستندگان نیز با طوق زر
ز گستردنیها و از تخت عاج	ز دیبا و دینار و پیروزه تاج
بنزدیک رستم فرستاد شاه	که این هدیه با خویشتن بر براه
یک امروز با ما بباید بدن	وزان پس ترا رای رفتن زدن
ببود و بپیمود چندی نبید	بشبگیر جز رای رفتن ندید
دو فرسنگ با او بشد شهریار	بپدرود کردن گرفتش کنار
چو با راه رستم هم آواز گشت	سپهدار ایران ازو بازگشت
جهان پاک بر مهر او گشت راست	همی داشت گیتی بر انسان که خواست
برین گونه گردد همی چرخ پیر	گهی چون کمانست و گاهی چو تیر
چو این داستان سربسر بشنوی	از اکوان سوی کین بیژن شوی

۶۳۹

Copyright © 2025 by Rumi's Path Institute.

All rights reserved. No part of this publication may be reproduced, distributed or transmitted in any form or by any means, including photocopying, recording, or other electronic or mechanical methods, without the prior written permission of the publisher, except in the case of brief quotations embodied in critical reviews and certain other noncommercial uses permitted by copyright law. For permission requests, write to the publisher, addressed "Attention: Permissions Coordinator," at the address below.

Published by: Rumi's Path Institute
Vancouver, BC CANADA
Email: Info@rumispath.com
www.rumispath.com

Ordering Information:

Quantity sales. Special discounts are available on quantity purchases by universities, schools, corporations, associations, and others. For details, contact the "Sales Department" at the above mentioned email address.

Shahnameh by Ferdowsi, New Style edition;
Vol.1 of 3: ISBN 978-1-77899-045-8   Paperback
Vol.2 of 3: ISBN 978-1-77899-046-5   Paperback
Vol.3 of 3: ISBN 978-1-77899-047-2   Paperback

Shahnameh

by Ferdowsi
Vol. 1 of 3

Rumi's Path Institute

Vancouver, BC CANADA

www.rumispath.com   info@rumispath.com

Educational Code: RPI-OT-002